BIBLIOTHÈQUE
DE L'ÉCOLE
DES HAUTES ÉTUDES

PUBLIÉE SOUS LES AUSPICES

DU MINISTÈRE DE L'INSTRUCTION PUBLIQUE

SCIENCES PHILOLOGIQUES ET HISTORIQUES

CENT-QUATORZIÈME FASCICULE

ÉTUDE SUR LE GREC DU NOUVEAU TESTAMENT, COMPARÉ AVEC CELUI DES SEPTANTE :
SUJET, COMPLÉMENT ET ATTRIBUT,

PAR M. L'ABBÉ JOSEPH VITEAU, DOCTEUR ÈS LETTRES,
ÉLÈVE DIPLÔMÉ DE L'ÉCOLE PRATIQUE DES HAUTES ÉTUDES

LIBRAIRIE ÉMILE BOUILLON, ÉDITEUR
67, RUE DE RICHELIEU, AU PREMIER

1896

ÉTUDE

SUR LE

GREC DU NOUVEAU TESTAMENT

COMPARÉ AVEC CELUI DES SEPTANTE

SUJET, COMPLÉMENT & ATTRIBUT

ÉTUDE

SUR LE

GREC DU NOUVEAU TESTAMENT

COMPARÉ AVEC CELUI DES SEPTANTE

SUJET, COMPLÉMENT ET ATTRIBUT

PAR

M. L'ABBÉ Joseph VITEAU

DOCTEUR ÈS LETTRES
ÉLÈVE DIPLÔMÉ DE L'ÉCOLE PRATIQUE DES HAUTES ÉTUDES

PARIS
LIBRAIRIE ÉMILE BOUILLON, ÉDITEUR
67, RUE DE RICHELIEU, AU PREMIER
1896

Tous droits réservés.

Sur l'avis de M. E. Tournier, directeur de la Conférence de Philologie grecque et de MM. Desrousseaux et Carrière, commissaires responsables, le présent Mémoire a valu à M. l'abbé Joseph Viteau le titre d'Élève diplômé de la *Section d'histoire et de philologie de l'École pratique des Hautes Études.*

Paris, le 26 mars 1893.

Les Commissaires responsables :

    A.-M. DESROUSSEAUX,

    A. CARRIÈRE.

Le Directeur de la Conférence de Philologie grecque :

    ED. TOURNIER.

Le Président de la Section,

    G. PARIS.

A LA MÉMOIRE

DE

M. L'ABBÉ PIERRE RÉMOND

ARCHIPRÊTRE D'AUXERRE

CHANOINE HONORAIRE DE SENS

INTRODUCTION

Nous renvoyons le lecteur à l'*Introduction* placée en tête de notre *Étude sur le grec du Nouveau Testament, syntaxe des propositions* (voy. plus loin, XXII)[1]. Nous faisons ici quelques additions à cette *Introduction*.

IV, p. VIII. — L'araméen est une langue très ancienne, bien antérieure à la captivité de Babylone, dans la Syrie du Nord[2].

P. VIII-XI. — Au premier siècle de notre ère, par exemple, les Juifs se divisaient, pour la langue, en trois classes : ceux qui ne savaient que l'araméen (et l'hébreu); ceux qui ne savaient que le grec; ceux qui savaient l'araméen (et l'hébreu) et le grec. Le canon des seconds et des troisièmes comprenait non seulement les livres composés en hébreu et traduits en grec, mais aussi les livres composés en grec. Le canon des Juifs qui savaient le grec était donc plus étendu que le canon des Juifs qui ne savaient que l'hébreu, et leur canon était le seul complet.

XVI, p. XXXVI sqq. — L'hébreu et l'araméen sont des langues essentiellement familières et populaires. Le grec des LXX et celui du N. T. présentent le même caractère. L'hébreu et l'araméen n'ont pu que favoriser l'adoption de la langue grecque

---

1. Ce travail-ci aurait dû précéder celui-là. Mais la publication en a dû être ajournée pour différentes raisons.
2. Voy. sur l'araméen : *Notes sur quelques textes araméens du Corpus*, par M. J. Halévy, dans la *Revue des Études juives*, 1890, vol. II, p. 224 seqq.

familière, et, en particulier, l'emploi des constructions grecques populaires correspondant à celles de l'hébreu et de l'araméen.

La langue du N. T. n'est pas dérivée de celle des LXX; elle en est la sœur. C'est la même langue grecque familière qui se trouve employée dans l'un et l'autre recueil.

Mais le grec des LXX a exercé une influence considérable sur celui du N. T.

XVIII, pp. xli-xlv. — J'appelle l'attention sur un caractère curieux que présente le style du N. T. et qui se retrouve principalement dans les livres historiques, Évangiles et Actes, et surtout dans les dialogues et les discours. Le voici :

Les livres historiques du N. T., et surtout leurs dialogues et leurs discours, ne sont pleinement et vraiment intelligibles pour nous qu'en les lisant à haute voix dans le texte grec original, et en suppléant l'intonation, les gestes, les mouvements, etc., c'est-à-dire en reconstituant par l'imagination la scène elle-même[1]. En conséquence :

Il faut parfois suppléer l'intonation, le geste, l'attitude, pour saisir le sens d'un passage. Exemples :

Mat., VIII, 29 : ἰδοὺ ἔκραξαν (οἱ δαιμονιζόμενοι) λέγοντες Τί ἡμῖν καὶ σοί, υἱὲ τοῦ θεοῦ; ἦλθες ὧδε πρὸ καιροῦ βασανίσαι ἡμᾶς; et cf. *J.*, II, 4 : καὶ λέγει αὐτῇ ὁ Ἰησοῦς Τί ἐμοὶ καὶ σοί, γύναι; οὔπω ἥκει ἡ ὥρα μου; le ton est certainement différent pour les deux phrases τί ἡμῖν..., et τί ἐμοί... — *L.*, III, 12 : διδάσκαλε, τί ποιήσωμεν; et cf. *J.*, XI, 47 : ἔλεγον Τί ποιοῦμεν ὅτι οὗτος ὁ ἄνθρωπος πολλὰ ποιεῖ σημεῖα; Le changement de temps dans l'interrogation correspond à la différence du ton. — *J.*, IV, 21 : πίστευέ μοι, γύναι, ὅτι ἔρχεται ὥρα ὅτε οὔτε ἐν τῷ ὄρει τούτῳ οὔτε ἐν Ἱεροσολύμοις προσκυνήσετε τῷ πατρί. En disant ἐν τῷ ὄρει τούτῳ, celui qui parle montre de la main le mont Garizim. — *J.*, XI, 38 : Ἰησοῦς οὖν πάλιν ἐμβριμώμενος ἐν ἑαυτῷ, et XIII, 21 : ταῦτα εἰπὼν Ἰησοῦς ἐταράχθη τῷ πνεύματι. Il faut supposer dans les deux cas une agitation corporelle extérieure, qui est exprimée d'ailleurs XI, 33 : Ἰησοῦς οὖν... ἐνεβριμήσατο τῷ πνεύματι καὶ ἐτάραξεν ἑαυτόν. — *J.*, XIII, 32-33 : νῦν ἐδοξάσθη ὁ υἱὸς τοῦ ἀνθρώπου... καὶ ὁ θεὸς δοξάσει αὐτὸν ἐν αὐτῷ καὶ εὐθὺς δοξάσει αὐτόν.

---

[1] Les livres du N. T. sont écrits pour être *dits à haute voix*, plutôt que pour être *lus des yeux* comme nous le faisons. On les lisait d'ailleurs à haute voix dans les assemblées des chrétiens. — Cf. 17-48.

Τεκνία, ἔτι μικρὸν μεθ' ὑμῶν εἰμὶ... Le discours passe brusquement à τεκνία. L'orateur jette son regard sur ceux qui sont là et leur adresse la parole avec un ton de voix suffisamment indiqué par le choix de τεκνία. — *J.*, XIX, 14 : καὶ λέγει (ὁ Πειλᾶτος) τοῖς Ἰουδαίοις Ἴδε ὁ βασιλεὺς ὑμῶν. Pilate montre Jésus de la main et du regard.

Il faut, dans les discours et les dialogues notamment, suppléer le ton, les gestes, les attitudes, qui varient avec l'interlocuteur, avec l'accroissement de l'émotion ou le mouvement du raisonnement. On détermine ainsi les nuances de sens, les oppositions d'idées, la suite du raisonnement. C'est le seul moyen de le faire, quand toute indication et toute particule de liaison font défaut. Il en est ainsi dans Jean, très pauvre en particules oratoires; il a épuisé sa liste, ou peu s'en faut, quand il a employé καί, δέ, οὖν.

Bien plus, il faut parfois suppléer un acte que rien n'indique dans le texte, mais qui était présent dans la mémoire de l'auteur quand il écrivait. Ainsi *J.*, XX, 14-16 : ταῦτα εἰποῦσα ἐστράφη εἰς τὰ ὀπίσω καὶ θεωρεῖ τὸν Ἰησοῦν ἑστῶτα... Λέγει αὐτῇ Ἰησοῦς Γύναι, τί κλαίεις; τίνα ζητεῖς; Ἐκείνη δοκοῦσα ὅτι ὁ κηπουρός ἐστιν λέγει αὐτῷ Κύριε, εἰ σὺ ἐβάστασας αὐτόν, εἰπέ μοι ποῦ ἔθηκας αὐτόν κἀγὼ αὐτὸν ἀρῶ. Λέγει αὐτῇ Ἰησοῦς Μαριάμ. Στραφεῖσα ἐκείνη λέγει αὐτῷ... Remarquez que ἐστράφη et στραφεῖσα indiquent le même mouvement répété. En disant κύριε, εἰ σὺ ἐβάστασας... Marie de Magdala s'est tournée vers le tombeau; d'où στραφεῖσα... — *J.*, XXI, 20 : ἐπιστραφεὶς ὁ Πέτρος βλέπει τὸν μαθητὴν ὃν ἠγάπα ὁ Ἰησοῦς ἀκολουθοῦντα. Ce dernier mot indique que la scène précédente (vv. 15-19) avait lieu en marchant, ou bien que, entre les versets 19 et 20, Jésus et ses disciples se sont mis en marche.

Comment s'explique ce caractère du style du N. T.? C'est que l'auteur trouve très clair ce qu'il écrit, parce que, pendant qu'il tient le *calame,* sa mémoire lui retrace tous les détails de la scène où il assistait comme témoin oculaire ou auriculaire; mais il oublie qu'il écrit pour un lecteur qui n'y assistait pas.

XXI, 3, p. LIV seqq. — Le grec des LXX est si étrange de prime abord que l'on y supposerait facilement des contre-sens, beaucoup de solécismes et d'incorrections, de grandes corruptions de texte, et de nombreuses erreurs de copistes. Il n'en est rien, ou du moins, si l'on juge ce grec d'après ses règles particulières, on voit que ces quatre classes de fautes sont très réduites. Nous pensons qu'on en trouvera la preuve dans ce travail. Le grec des LXX y occupe une place considérable. Nous y donnons le résultat de nos recherches personnelles, faites méthodiquement et pour la plupart absolument nouvelles. Si nous n'avons pas le mérite d'avoir résolu les difficultés du texte, nous aurons celui d'y avoir contribué en signalant, recueillant, et classant les passages obscurs ou singuliers.

Les recherches de Thiersch (voy. plus loin XXII) ne portent que sur le Pentateuque; elles sont très insuffisantes et très incomplètes, du moins pour la syntaxe.

Le grec des LXX est très difficile et très étrange, mais lorsqu'on est arrivé à le comprendre suffisamment, on trouve que cette version possède une valeur supérieure à celle que lui assigne l'opinion courante.

XXII, p. LVII seqq. Ajoutez :

Clavis librorum V. T. apocryphorum philologica, auctore C. A. WAHL; Lipsiæ, 1853.

Novum Testamentum græce... volumen tertium; Prolegomena scripsit C. R. GREGORY; pars ultima; Leipzig, 1894.

Étude sur le grec du N. T.; Le Verbe; Syntaxe des propositions, par l'abbé J. VITEAU; Paris, 1893.

Essai sur la syntaxe des voix dans le grec du N. T. par l'abbé J. VITEAU; dans la *Revue de Philologie*, janvier 1894.

F. G. STURZII, *de Dialecto macedonica et alexandrina liber;* Lipsiæ, 1808.

De Pentateuchi versione Alexandrina libri tres; H. W. Jos. THIERSCH; Erlangen, 1840.

DRIVER : *A treatise on the use of the tenses in hebrew*; Oxford, 1892.

Syntax of the moods and tenses in New Testament Greek; by DE WITT BURTON; Edinburgh, 1894.

H. ANZ : *Subsidia ad cognoscendum Græcorum sermonem vulgarem a Pentateuchi versione Alexandrina;* Halle, 1894.

The Old Testament in Greek according to the Septuagint, edited by H. B. SWETE; 3 vol. Cambridge, 1887, 1891, 1894.

C'est de cette édition, aujourd'hui complète, que nous nous sommes servi presque toujours.

Nous remplissons maintenant un devoir très doux en exprimant toute notre reconnaissance aux professeurs de l'École pratique des Hautes-Études de la Sorbonne, qui ont été nos maîtres ou nos conseillers, ou les juges de cette thèse : MM. Tournier, Haussoullier, Jacob et Desrousseaux ; M. Carrière ; MM. Héron de Villefosse et Chatelain ; enfin, M. l'abbé Duchesne, qui, pendant quatre années, a été notre initiateur et notre guide dans l'étude de l'antiquité chrétienne.

ÉTUDE

sur le

GREC DU NOUVEAU TESTAMENT

PRÉLIMINAIRES

1. Ce travail se divise en quatre parties : *Principes généraux.* — *Verbe et sujet.* — *Verbe et complément.* — *Verbe et attribut.*

Nous y joignons de courts appendices.

2. En établissant les principes généraux qui vont suivre, nous citons seulement quelques exemples pour faire comprendre notre pensée, et nous renvoyons aux diverses parties de l'ouvrage ; on y trouvera d'autres passages très nombreux auxquels ces principes s'appliquent.

PREMIÈRE PARTIE

PRINCIPES GÉNÉRAUX

3. Avant d'exposer la *Syntaxe des Propositions,* nous disions: « Un des caractères les mieux marqués de la langue du N. T. consiste dans la répugnance ou l'impuissance à combiner, synthétiser, subordonner les divers éléments de la pensée, et, par suite, à construire des périodes telles qu'en offre la langue littéraire des écrivains classiques. A cette répugnance ou à cette impuissance correspond une tendance très visible à *dissocier* les éléments de la pensée pour les exprimer séparément. — Cette répugnance et cette tendance ne sont que deux aspects du même phénomène, et elles apparaissent dans toutes les parties de la syntaxe des propositions[1]... » Nous ajoutions plus loin : « Il en résulte une foule d'accidents de syntaxe : asyndètes, anacoluthes, changements de nombre, changements de personnes, constructions *ad sensum,* constructions prégnantes, prolepses, zeugmas, accords bizarres, absences d'accords, appositions qui ne se rapportent à rien grammati-

---

1. *Syntaxe des propositions,* 18; 25. — Elles apparaissent aussi dans tous les livres du N. T., sauf dans les *Actes* et la *Lettre aux Hébreux,* en ce sens qu'elles sont beaucoup moins fréquentes dans ces deux livres, dont les auteurs semblent réagir.

calement, répétitions et suppressions de quelques mots ou parties de la phrase, etc. La vivacité d'impression et la mobilité d'imagination des écrivains du N. T. augmentent encore la tendance à dissocier les éléments de la phrase, et, par suite, le nombre des accidents de syntaxe. »

Ce caractère du grec du N. T. se retrouve constamment dans la structure générale de la langue, et en particulier dans les rapports entre le verbe, le sujet, le complément et l'attribut, dont nous nous occupons spécialement dans notre travail. Il se présente tantôt sous la forme d'une dissociation ou d'une séparation effective des idées et des mots qui devraient se réunir et s'accorder, tantôt sous la forme d'une juxtaposition de ces idées et de ces mots [1].

Quelques mots d'explication sont nécessaires.

En général, à mesure qu'une langue se développe et se perfectionne, elle tend à combiner les idées et à les subordonner (ὑπόταξις), au lieu de les coordonner en les exprimant les unes à la suite des autres (παράταξις). La langue acquiert ainsi son caractère littéraire et oratoire. Au premier siècle de notre ère, le grec était arrivé depuis très longtemps à ce degré de perfection.

Au contraire, l'hébreu et l'araméen, quoique écrits depuis très longtemps, n'ont pas subi le même développement et sont demeurés complètement étrangers à ce caractère de la langue grecque. On a continué d'écrire dans ces langues en plaçant les idées à la suite les unes des autres sur un seul et même plan. Il y a eu *absence* de synthèse, de combinaison, et de subordination des idées.

Lorsqu'aux derniers siècles avant notre ère, et au premier siècle de notre ère, des Juifs ont employé le grec, comme l'ont fait les LXX et les écrivains du N. T., ils ont été entraînés à modeler leur nouvelle langue sur leur langue maternelle. Il est arrivé alors ce que nous avons appelé la *dissociation* de la langue grecque (et pour les causes voy. mon *Étude*, etc., p. 9-16).

Pour le Juif, c'était une *absence d'association et de subordination*, comme dans sa langue. Pour le Grec, c'était une *dissociation de sa langue*, telle qu'il l'écrivait lui-même.

Voici maintenant les conséquences les plus importantes de cette loi fondamentale pour la structure générale de la phrase, et pour les éléments essentiels de la proposition.

---

1. Dans sa *Syntaxe hébraïque*, Ewald fait çà et là les mêmes remarques pour l'hébreu. — Cf. aussi Driver, *ouv. cit.*, *Appendix V*; n. 265.

CHAPITRE I

Structure générale de la phrase.

Nous nous occupons d'abord des conséquences relatives à la structure générale de la phrase.

4. La pensée règle seule le rapport à établir entre un mot et un autre mot qui dépend du premier. La pensée est donc la seule règle de la construction et de l'accord.

Par suite, quand l'auteur écrit un mot qui se rapporte à un autre grammaticalement, il oublie souvent ce rapport grammatical.

Il établit alors le rapport entre le mot qu'il écrit et celui qui est dans sa pensée au moment où il l'écrit. Le sujet est alors *mental,* comme le rapport lui-même.

C'est la raison de toutes les constructions *ad sensum* (κατὰ σύνεσιν) si fréquentes dans le grec biblique, et qui se retrouvent d'ailleurs, plus rarement, dans le grec classique. C'est aussi la raison de presque toutes les constructions plus ou moins étranges propres au grec biblique. Elles ont été extrêmement favorisées par la mobilité d'esprit et la vivacité d'imagination et d'impression qui caractérisent en général les écrivains bibliques. Cf. 45 ; 46 ; 68-74 ; 75-77 ; 78-87 ; 107 ; 110 ; 118 ; 119 ; 125-136 ; 150-157 ; 167-172 ; 183 ; etc.

5. Toutes les fois qu'une idée est complexe et comprend deux idées élémentaires, comme les idées de cause et d'effet, de contenant et de contenu, de signe et de chose signifiée, de déterminé et de déterminant, etc., celui qui parle peut passer de l'une à l'autre de ces deux idées ou inversement. L'accord se fait en conséquence, avec l'une ou l'autre, ou avec les deux. Mais l'accord grammatical rigoureux est interrompu.

Il en est ainsi avec les idées suivantes (cf. 43) :

a) L'acte, et l'agent ou l'instrument ; le don et le donataire ;

b) Le possesseur, et la chose ou la personne possédée ;

c) Le contenant et le contenu ;

d) Le tout et la partie ; la classe et l'individu qui la représente ;

e) Le cadavre et la personne ;

f) Le nom et la chose ; le signe et la chose signifiée ; l'objet vendu et le prix de vente ; la voix et la personne ;

g) L'abstrait et le concret correspondant ;

h) Et, d'une manière générale, le déterminé et le déterminant.

Exemples :

a) 1 Cor., XII, 28-29 : οὓς μὲν ἔθετο ὁ θεὸς ἐν τῇ ἐκκλησίᾳ πρῶτον ἀποστόλους, δεύτερον προφήτας, τρίτον διδασκάλους, ἔπειτα δυνάμεις, ἔπειτα χαρίσματα ἰαμάτων, ἀντιλήμψεις, κυβερνήσεις, γένη γλωσσῶν. Μὴ πάντες ἀπόστολοι ; μὴ πάντες προφῆται ; μὴ πάντες διδάσκαλοι ; μὴ πάντες δυνάμεις ; μὴ πάντες χαρίσματα ἔχουσιν ἰαμάτων ; κτλ. Et cf. *R.*, XII, 7-8. — *Col.*, III, 5 : νεκρώσατε οὖν τὰ μέλη τὰ ἐπὶ τῆς γῆς, πορνείαν, ἀκαθαρσίαν, πάθος, ἐπιθυμίαν κακήν, καὶ τὴν πλεονεξίαν..., δι᾽ ἃ ἔρχεται ἡ ὀργὴ τοῦ θεοῦ· ἐν οἷς καὶ ὑμεῖς περιεπατήσατέ ποτε...

b) A., VIII, 7 : πολλοὶ γὰρ τῶν ἐχόντων πνεύματα ἀκάθαρτα βοῶντα φωνῇ μεγάλῃ ἐξήρχοντο, et cf. *Mar.*, V, 10 et 12 ; IX, 20. — *Apoc.*, XXI, 9 : ἦλθεν εἷς ἐκ τῶν ἑπτὰ ἀγγέλων τῶν ἐχόντων τὰς ἑπτὰ φιάλας, τῶν γεμόντων τῶν ἑπτὰ πληγῶν τῶν ἐσχάτων.

c) L. XXII, 20 : τοῦτο τὸ ποτήριον ἡ καινὴ διαθήκη ἐν τῷ αἵματί μου, τὸ ὑπὲρ ὑμῶν ἐκχυννόμενον. — *Apoc.*, XIV, 19 : εἰς τὴν ληνὸν τοῦ θυμοῦ τοῦ θεοῦ τὸν μέγαν.

d) L., XX, 27 : προσελθόντες δέ τινες Σαδδουκαίων, οἱ λέγοντες ἀνάστασιν μὴ εἶναι. Le participe οἱ λέγοντες a pour antécédent logique Σαδδουκαίων. — *R.*, X, 14 : πῶς δὲ ἀκούσωσιν χωρὶς κηρύσσοντος ; πῶς δὲ κηρύξωσιν ἐὰν μὴ ἀποσταλῶσιν ; avec le sujet οἱ κηρύσσοντες qui reprend κηρύσσοντος, singulier de la catégorie.

e) L., XXIII, 52-53 : ᾐτήσατο τὸ σῶμα τοῦ Ἰησοῦ καὶ καθελὼν ἐνετύλιξεν αὐτὸ σινδόνι καὶ ἔθηκεν αὐτὸν ἐν μνήματι.

f) A., IV, 10 : εἰ ἡμεῖς σήμερον ἀνακρινόμεθα... ἐν τίνι οὗτος σέσωσται, γνωστὸν ἔστω πᾶσιν ὑμῖν καὶ παντὶ τῷ λαῷ Ἰσραὴλ ὅτι ἐν τῷ ὀνόματι Ἰησοῦ Χριστοῦ τοῦ Ναζωραίου, ὃν ὑμεῖς ἐσταυρώσατε, ὃν ὁ θεὸς ἤγειρεν ἐκ νεκρῶν, ἐν τούτῳ οὗτος παρέστηκεν ἐνώπιον ὑμῶν ὑγιής. Les mots ἐν τούτῳ se rapportent à ὁ Ἰησοῦς et ne reprennent pas ἐν τῷ ὀνόματι. — *Apoc.*, III, 4 : ὀλίγα ὀνόματα, *des personnes*. — *Mat.*, XIII, 19 seqq. : οὗτός ἐστιν ὁ παρὰ τὴν ὁδὸν σπαρείς... Ὁ δὲ ἐπὶ τὴν καλὴν γῆν σπαρείς, οὗτός ἐστιν..., et cf. *L.*, VIII, 11 seqq : οἱ δὲ παρὰ τὴν ὁδόν εἰσιν οἱ ἀκούσαντες... Τὸ δὲ ἐν τῇ καλῇ γῇ, οὗτοί εἰσιν οἵτινες..., et cf. *Apoc.*, XVII, 16. — *J.*, XII, 5 : διὰ τί τοῦτο τὸ μύρον οὐκ ἐπράθη τριακοσίων δηναρίων καὶ ἐδόθη πτωχοῖς ; — *Apoc.*, IX, 13-15 : φωνήν... λέγοντα.

g) Mat., XIX, 4 : ἄρσεν καὶ θῆλυ ἐποίησεν αὐτούς. — *J.*, VII, 51 : μὴ ὁ νόμος ἡμῶν κρίνει τὸν ἄνθρωπον ἐὰν μὴ ἀκούσῃ πρῶτον παρ' αὐτοῦ... τί ποιεῖ ; avec ὁ νόμος = ὁ δικαστής, sujet de ἀκούσῃ. — *1 J.*, I, 1-2 : ὃ ἦν ἀπ' ἀρχῆς, ὃ ἀκηκόαμεν, ὃ ἑωράκαμεν τοῖς ὀφθαλμοῖς ἡμῶν, ὃ ἐθεασάμεθα καὶ αἱ χεῖρες ἡμῶν ἐψηλάφησαν, περὶ τοῦ λόγου τῆς ζωῆς, — καὶ ἡ ζωὴ ἐφανερώθη, καὶ ἑωράκαμεν καὶ μαρτυροῦμεν καὶ ἀπαγγέλλομεν ὑμῖν τὴν ζωὴν τὴν αἰώνιον ἥτις ἦν πρὸς τὸν πατέρα καὶ ἐφανερώθη ἡμῖν, — ὃ ἑωράκαμεν καὶ ἀπαγγέλλομεν καὶ ὑμῖν, ἵνα καὶ ὑμεῖς κοινωνίαν ἔχητε μεθ' ἡμῶν · καὶ ἡ κοινωνία δὲ ἡ ἡμετέρα μετὰ τοῦ πατρὸς καὶ μετὰ τοῦ υἱοῦ αὐτοῦ Ἰησοῦ Χριστοῦ. — *1 Tim.*, I, 9-10 : δικαίῳ νόμος οὐ κεῖται, ἀνόμοις δὲ καὶ ἀνυποτάκτοις...., ψεύσταις, ἐπιόρκοις, καὶ εἴ τι ἕτερον τῇ ὑγιαινούσῃ διδασκαλίᾳ ἀντίκειται, = καὶ τοῖς τῇ... διδασκαλίᾳ ἀντικειμένοις.

h) L., XIX, 37 : ἤρξαντο ἅπαν τὸ πλῆθος τῶν μαθητῶν χαίροντες αἰνεῖν... — *Apoc.*, III, 10 : ἐκ τῆς ὥρας τοῦ πειρασμοῦ τῆς μελλούσης ἔρχεσθαι. — IX, 7 : καὶ τὰ ὁμοιώματα τῶν ἀκρίδων ὅμοια (*v. l.* ὅμοιοι) ἵπποις... La variante ὅμοιοι, s'accordant en genre et nombre avec τῶν ἀκρίδων et en cas avec ὁμοιώματα, est possible.

Cf. 43 ; 53 [note]; 69 ; 70 ; 71 ; 75 ; 122 seqq ; 125-136 ; etc.

Le même principe s'applique aux LXX, *Gen.*, IX, 12 : τοῦτο τὸ σημεῖον τῆς διαθήκης ὃ ἐγὼ δίδωμι ἀνὰ μέσον ἐμοῦ καὶ ὑμῶν... (et cf. vv. 15-16), avec ὅ quand on attendrait ἥν; cf. IX, 17 : τοῦτο τὸ σημεῖον τῆς διαθήκης ἧς διεθέμην ἀνὰ μέσον ἐμοῦ καὶ ἀνὰ μέσον πάσης σαρκός. — *1 Paral.*, XII, 23 : καὶ ταῦτα τὰ ὀνόματα τῶν ἀρχόντων τῆς στρατιᾶς, οἱ ἐλθόντες πρὸς Δαυίδ. — *2 Esd.*, IV, 24 : τότε ἤργησε τὸ ἔργον οἴκου τοῦ θεοῦ τοῦ ἐν Ἰερουσαλὴμ καὶ ἦν ἀργῶν... — *Let. Jérém.*, 22 : ὅθεν γνώσεσθε ὅτι οὐκ εἰσὶ θεοί· μὴ οὖν φοβεῖσθε αὐτά, avec passage de θεοί à εἴδωλα. Et cf. 38 : τοῖς ἀπὸ τοῦ ὄρους λίθοις ὡμοιωμένοι εἰσὶ τὰ ξύλινα καὶ τὰ περίχρυσα καὶ τὰ περιάργυρα. — *Dan.*, II, 41 : εἶδες τοὺς πόδας καὶ τοὺς δακτύλους μέρος μέν τι ὀστράκινον, μέρος δέ τι σιδηροῦν. — Et très souvent dans tous les cas indiqués pour le N. T.

6. Il faut distinguer soigneusement la construction grammaticale et la construction oratoire d'une phrase.

La première demande que tous les mots soient exprimés, qu'ils s'accordent tous entre eux suivant les lois grammaticales, qu'ils soient tous à leur place régulière.

La construction oratoire est souvent différente de la précédente, parfois même contraire. Elle tient à la mobilité d'esprit de celui qui parle, au mouvement du raisonnement, à la vivacité de l'impression. De là l'expression ou la suppression d'une idée accessoire ou intermédiaire, la permutation des constructions, le détachement d'un mot d'une proposition ou d'une partie de la proposition.

Voici des exemples de construction oratoire :
Mat., XII, 36 : πᾶν ῥῆμα ἀργὸν ὃ λαλήσουσιν οἱ ἄνθρωποι, ἀποδώσουσιν περὶ αὐτοῦ λόγον ἐν ἡμέρᾳ κρίσεως. — *R.*, IV, 13-16 : εἰ γὰρ οἱ ἐκ νόμου κληρονόμοι, κεκένωται ἡ πίστις... Διὰ τοῦτο ἐκ πίστεως, ἵνα κατὰ χάριν, εἰς τὸ εἶναι βεβαίαν τὴν ἐπαγγελίαν. — *2 Cor.*, I, 20 : ἀλλὰ Ναί ἐν αὐτῷ γέγονεν · ὅσαι γὰρ ἐπαγγελίαι θεοῦ, ἐν αὐτῷ τὸ Ναί.
Cf. 45, 46, 47 ; 168-172 ; 176 ; 183, *c* ; etc.

7. Lorsque l'on supprime un ou plusieurs mots que la grammaire demande mais que l'éloquence repousse, il y a concision, ellipse, brachylogie, etc.

Lorsqu'au contraire l'éloquence fait exprimer plus de mots que la grammaire n'en exige, il y a verbosité, répétition, pléonasme, redondance, etc.

Nota. — Les auteurs grecs offrent évidemment des exemples de tous ces accidents.

8. La construction oratoire fait souvent détacher un mot, un groupe de mots, une proposition entière, ou intervertir leur ordre.

Lorsqu'il en est ainsi, tout mot, ou groupe de mots, qui se trouve hors de sa place régulière et ordinaire dans la phrase, est par là même mis en relief. Ainsi :
A., VII, 35 : τοῦτον τὸν Μωυσῆν, ὃν ἠρνήσαντο εἰπόντες Τίς σε κατέστησεν ἄρχοντα καὶ δικαστήν; τοῦτον ὁ θεὸς καὶ ἄρχοντα καὶ λυτρωτὴν ἀπέσταλκεν... — Cf. 54, 55, etc.

9. Mais une fois détaché et mis en relief, tout mot, ou groupe de mots, tend à devenir indépendant, et il en est ainsi quand il est détaché au commencement ou à la fin de la phrase.

Dès lors, il est détaché, non plus seulement pour la place, mais aussi pour la construction. Il n'en est que plus fortement mis en relief.

Le mot, ou groupe de mots, détaché, est souvent au nominatif indépendant, ou même sert à former une proposition indépendante.

Comme exemples, voy. plus haut (6) *Mat.*, XII, 36. — Avec *A.*, VII, 35 (8), cf. v. 40 : ὁ γὰρ Μωυσῆς οὗτος, ὃς ἐξήγαγεν ἡμᾶς ἐκ γῆς Αἰγύπτου, οὐκ οἴδαμεν τί ἐγένετο αὐτῷ. — *Apoc.*, II, 20 : ἀφεῖς τὴν γυναῖκα Ἰεζάβελ, ἡ λέγουσα ἑαυτὴν προφῆτιν, καὶ διδάσκει..., *tu laisses ta femme Jézabel, qui se prétend inspirée, enseigner et égarer...*
— II, 26 : καὶ ὁ νικῶν καὶ ὁ τηρῶν ἄχρι τέλους τὰ ἔργα μου, δώσω αὐτῷ ἐξουσίαν... — IV, 1 : μετὰ ταῦτα εἶδον, καὶ ἰδοὺ θύρα ἠνεῳγμένη

ἐν τῷ οὐρανῷ, = εἶδον θύραν ἠγεῳγμένην ἐν τῷ οὐρανῷ. Le complément logique de εἶδον devient une proposition détachée indépendante.

De même dans les LXX, *Néh.*, V, 3 : εἰσί τινες λέγοντες· Ἀγροὶ ἡμῶν καὶ ἀμπελῶνες ἡμῶν καὶ οἰκίαι ἡμῶν, ἡμεῖς διεγγυῶμεν καὶ ληψόμεθα σῖτον καὶ φαγόμεθα, *nos champs... et nos maisons, engageons-les pour nous procurer du blé.* — V, 4 : καὶ εἰσί τινες λέγοντες Ἐδανεισάμεθα ἀργύριον εἰς φόρους τοῦ βασιλέως, ἀγροὶ ἡμῶν καὶ ἀμπελῶνες ἡμῶν καὶ οἰκίαι ἡμῶν, *nous avons emprunté de l'argent pour payer les impôts royaux, (sur) nos champs...* — *Ps.*, CII, 15 : ἄνθρωπος, ὡσεὶ χόρτος αἱ ἡμέραι αὐτοῦ..

Cf. 47 ; 95, d ; 114, etc.

La construction tend donc à cesser plus ou moins complètement dans beaucoup de passages.

On s'explique cette tendance quand la phrase est longue. Mais dans bien des cas, la construction est interrompue même dans une phrase courte, ou dès le début de la phrase.

10. Quand la phrase se développe et s'étend, l'accord grammatical tend à s'interrompre et à cesser complètement. Chaque partie de la phrase, à mesure qu'elle s'éloigne du mot dont elle dépend, tend à quitter la construction grammaticale pour passer à une construction indépendante ou différente.

L., XXIV, 46 : εἶπεν αὐτοῖς ὅτι οὕτως γέγραπται παθεῖν τὸν Χριστὸν καὶ ἀναστῆναι ἐκ νεκρῶν τῇ τρίτῃ ἡμέρᾳ καὶ κηρυχθῆναι ἐπὶ τῷ ὀνόματι αὐτοῦ μετάνοιαν εἰς ἄφεσιν ἁμαρτιῶν εἰς πάντα τὰ ἔθνη, — ἀρξάμενοι ἀπὸ Ἰερουσαλήμ, ὑμεῖς μάρτυρες τούτων. — *R.*, II, 6-8 : ἀποδώσει ἑκάστῳ κατὰ τὰ ἔργα αὐτοῦ· τοῖς μὲν καθ' ὑπομονὴν ἔργου ἀγαθοῦ, δόξαν καὶ τιμὴν καὶ ἀφθαρσίαν, ζητοῦσιν ζωὴν αἰώνιον· τοῖς δὲ ἐξ ἐριθίας καὶ ἀπειθοῦσι τῇ ἀληθείᾳ, πειθομένοις δὲ τῇ ἀδικίᾳ ὀργὴ καὶ θυμός, θλῖψις καὶ στενοχωρία. — XII, 6-9 : ἔχοντες δὲ χαρίσματα κατὰ τὴν χάριν τὴν δοθεῖσαν ἡμῖν διάφορα, εἴτε προφητείαν κατὰ τὴν ἀναλογίαν τῆς πίστεως, εἴτε διακονίαν ἐν τῇ διακονίᾳ, εἴτε ὁ διδάσκων ἐν τῇ διδασκαλίᾳ, εἴτε ὁ παρακαλῶν ἐν τῇ παρακλήσει, ὁ μεταδιδοὺς ἐν ἁπλότητι, ὁ προϊστάμενος ἐν σπουδῇ, ὁ ἐλεῶν ἐν ἱλαρότητι. ἡ ἀγάπη ἀνυπόκριτος. — *Eph.*, III, 14-18 : κάμπτω τὰ γόνατά μου πρὸς τὸν πατέρα, ἐξ οὗ πᾶσα πατριὰ ἐν οὐρανοῖς καὶ ἐπὶ γῆς ὀνομάζεται, ἵνα δῷ ὑμῖν κατὰ τὸ πλοῦτος τῆς δόξης αὐτοῦ δυνάμει κραταιωθῆναι διὰ τοῦ πνεύματος αὐτοῦ εἰς τὸν ἔσω ἄνθρωπον, κατοικῆσαι τὸν Χριστὸν διὰ τῆς πίστεως ἐν ταῖς καρδίαις ὑμῶν ἐν ἀγάπῃ· ἐρριζωμένοι καὶ τεθεμελιωμένοι, ἵνα ἐξισχύσητε καταλαβέσθαι σὺν πᾶσιν τοῖς ἁγίοις τί τὸ πλάτος..., ἵνα πληρωθῆτε εἰς πᾶν τὸ πλήρωμα τοῦ θεοῦ. — *Apoc.*, I, 13-16 ; II, 18 ; V, 6 : εἶδον... ἀρνίον ἑστηκὸς (v. l. ἑστηκὼς) ὡς ἐσφαγμένον, ἔχων κέρατα ἑπτὰ καὶ ὀφθαλμοὺς... — VII, 14 ; IX, 13-14 ;

XIV, 6 : καὶ εἶδον ἄλλον ἄγγελον πετόμενον ἐν μεσουρανήματι, ἔχοντα εὐαγγέλιον αἰώνιον εὐαγγελίσαι ἐπὶ τοὺς καθημένους ἐπὶ τῆς γῆς καὶ ἐπὶ πᾶν ἔθνος καὶ φυλὴν καὶ γλῶσσαν καὶ λαόν, λέγων ἐν φωνῇ μεγάλῃ... — XVII, 2.

Cf. 45; 68 seqq. : 3; 108 e; 112 bis; 115; 117; 118; 119; 130-132; 136. 215; 269-280; 300-313; etc.

Il en est souvent de même dans les LXX, *1 Paral.* XIII, 2 : ἀποστείλωμεν πρὸς τοὺς ἀδελφοὺς ὑμῶν τοὺς ὑπολελειμμένους ἐν πάσῃ γῇ Ἰσραήλ, καὶ μετ᾽ αὐτῶν οἱ ἱερεῖς οἱ λευῖται ἐν πόλεσι κατασχέσεως αὐτῶν, καὶ συναχθήσονται πρὸς ἡμᾶς, = μεθ᾽ ὧν εἰσὶν οἱ ἱερεῖς. Le sens est : *envoyons vers nos frères..., et vers les prêtres Lévites...* — *Jér.,* XXXVII, 6.

10bis. Mais assez souvent l'interruption de la construction a lieu immédiatement, et l'idée n'en est que plus fortement mise en relief, comme :

L., VI, 25 : οὐαὶ ὑμῖν, οἱ ἐμπεπλησμένοι νῦν, ὅτι πεινάσετε. οὐαί, οἱ γελῶντες νῦν, ὅτι... — XIX, 2 : καὶ ἰδοὺ ἀνὴρ ὀνόματι καλούμενος Ζακχαῖος, καὶ αὐτὸς ἦν ἀρχιτελώνης καὶ αὐτὸς (*v. l.* καὶ ἦν) πλούσιος, = ἀρχιτελώνης ὢν καὶ πλούσιος. — *J.,* I, 32 : καὶ ἔμεινεν. — V, 44; VIII, 53; 2 *J.,* 2 : καὶ μεθ᾽ ἡμῶν ἔσται. — *1 Cor.,* VII, 12-13 : καὶ γυνὴ ἥτις ἔχει ἄνδρα ἄπιστον, καὶ οὗτος συνευδοκεῖ οἰκεῖν μετ᾽ αὐτῆς, μὴ ἀφιέτω τὸν ἄνδρα, = ἄνδρα ἄπιστον, συνευδοκοῦντα οἰκεῖν... — VII, 37; *2 Cor.,* VI, 9 : ὡς ἀποθνήσκοντες καὶ ἰδοὺ ζῶμεν. — *Col.,* I, 26; *Apoc.,* II, 2; 9 : οἶδά σου τὴν θλῖψιν καὶ τὴν πτωχείαν, ἀλλὰ πλούσιος εἶ, καὶ τὴν βλασφημίαν ἐκ τῶν λεγόντων Ἰουδαίους εἶναι ἑαυτούς, καὶ οὐκ εἰσίν, ἀλλὰ συναγωγὴ τοῦ Σατανᾶ. — II, 18; III, 9; IX, 1, 17; X, 1; XIX, 11, etc.

Cf. 108 e; 113; 114; 117; 118; 119; 130-132; 136; 215; 300-313.

Il en est souvent de même dans les LXX. *Judith,* X, 7 : ὡς δὲ εἶδον αὐτήν, καὶ ἦν ἠλλοιωμένον τὸ πρόσωπον αὐτῆς. — *Zach.,* V, 9-10; *Jér.,* XXXVIII, 31 seqq. avec ἐπιγράψω = ἐπιγράφων, comme on a διδούς. Cité dans le N. T., *H.,* VIII, 10; αὕτη est expliqué par καὶ ἔσομαι αὐτοῖς κτλ. La citation n'est pas absolument littérale. — Cf. *2 Paral.,* XIX, 7 : φυλάσσετε καὶ ποιήσετε, *prenez garde et alors vous agirez,* = *prenez garde à ce que vous allez faire.*

11. *a)* La typographie nous donne la commodité des notes. Les notes contiennent une indication accessoire que nous rejetons au bas de la page pour ne pas interrompre le raisonnement ou le récit. Les anciens auteurs n'avaient pas cette facilité. Aussi trouve-t-on dans leurs ouvrages des indications accessoires intercalées dans le cours du récit ou dans la suite du raisonnement. Elles prennent souvent chez les écrivains bibliques une forme absolue, complètement détachée du contexte, qui indique leur nature. Voy. *J.*, I, 15; IV, 2; *A.*, IV, 6, etc.

b) En particulier, toute proposition incidente, parenthétique, exprimant un détail accessoire, tend à se construire d'une manière indépendante et à prendre alors son sujet ou son complément, au lieu de se fondre dans le reste de la phrase.

L., II, 36 : καὶ ἦν Ἄννα προφῆτις, θυγάτηρ Φανουήλ, ἐκ φυλῆς Ἀσήρ, αὕτη προβεβηκυῖα ἐν ἡμέραις πολλαῖς, ζήσασα μετὰ ἀνδρὸς ἔτη ἑπτὰ ἀπὸ τῆς παρθενίας αὐτῆς, καὶ αὐτὴ χήρα ἕως ἐτῶν ὀγδοήκοντα τεσσάρων, ἣ οὐκ ἀφίστατο τοῦ ἱεροῦ. — VIII, 42 : ὅτι θυγάτηρ μονογενὴς ἦν αὐτῷ ὡς ἐτῶν δώδεκα, καὶ αὐτὴ ἀπέθνησκεν. — *J.*, III, 1 : ἦν δὲ ἄνθρωπος ἐκ τῶν Φαρισαίων, Νικόδημος ὄνομα αὐτῷ, ἄρχων τῶν Ἰουδαίων. — *Apoc.*, I, 5, 14; II, 9. — Cf. 59.

Il en est souvent de même dans les LXX, *Jug.*, VIII, 11 : καὶ ἐπάταξεν τὴν παρεμβολήν, καὶ ἡ παρεμβολὴ ἦν πεποιθυῖα, καὶ ἔφυγον Ζεβεε καὶ Σελμανά. — 2 *R.*, IV, 2 : δύο ἄνδρες ἡγούμενοι συστρεμμάτων τῷ Μεμφιβόσθε υἱῷ Σαούλ, ὄνομα τῷ ἑνὶ Βαανὰ καὶ ὄνομα τῷ δευτέρῳ Ρηχάβ, υἱοὶ Ρεμμών. — IV, 4; *Judith*, X, 7; *Ps.*, CII, 2-3.

12. Le N. T. renferme beaucoup de citations des LXX[1]. En outre, on y rencontre très souvent des lambeaux de phrases empruntés aux LXX[2] : un mot, un nom et son complément, une courte partie d'une proposition, etc. Ces lambeaux s'unissent parfois dans le N. T. pour y former des propositions ou des phrases entières. Ce ne sont pas des citations, et le sens des mots peut changer en prenant place dans un nouveau contexte. Ce sont des réminiscences qui s'éveillent d'elles-mêmes dans la mémoire de l'écrivain et se glissent dans la phrase.

Parfois, ces fragments, empruntés tels quels, s'accordent mal soit entre eux, soit avec la partie de la phrase déjà écrite quand ils se présentent à l'esprit de l'écrivain. Ils sont alors juxtaposés. Visible dans tous les livres du N. T., ce fait est surtout fréquent et remarquable dans l'Apocalypse. Ainsi s'explique, dans certains passages, le défaut d'accord ou l'absence d'ajustement entre les différentes parties d'une même phrase[3].

---

1. Au sens expliqué par nous, *Syntaxe des propositions*, p. LV seq.
2. Voy. l'édition du N. T. par Westcott et Hort. Les principaux emprunts sont indiqués par un caractère spécial. *Aucune* des 36 pages de l'*Apocalypse* n'en est exempte.
3. Les ressemblances de ce genre entre le N. T. et les LXX sont extrêmement nombreuses, sans que nous prétendions cependant que tous les exemples qu'on

a) Voici des exemples de l'*Apocalypse :*

Apoc., I, 4 : ἀπὸ ὁ ὢν καὶ ὁ ἦν καὶ ὁ ἐρχόμενος καὶ ἀπὸ τῶν ἑπτὰ πνευμάτων. Les mots ὁ ὤν... ὁ ἐρχόμενος forment un nom propre composé invariable ; ὁ ὢν est pris de *Ex.*, III, 14 : ἐγώ εἰμι ὁ ὤν, et ὁ ὢν ἀπέσταλκέ με. Ὁ ἐρχόμενος se trouve *Ps.*, CXVII, 26 : εὐλογημένος ὁ ἐρχόμενος ἐν ὀνόματι κυρίου (et, pour l'idée, cf. encore *Ps.*, XXIX, 8 ; *Mal.*, III, 1 ; *Dan.*, IX, 26), sans compter *Mat.*, XI, 3, etc. Ὁ ἦν est formé d'après les deux précédents — I, 5 : ἀπὸ Ἰησοῦ Χριστοῦ, ὁ μάρτυς ὁ πιστὸς κτλ., et cf. LXX, *Ps.*, LXXXVIII, 38 : καὶ ὁ μάρτυς ἐν οὐρανῷ πιστός. — I, 7 : καὶ κόψονται ἐπ' αὐτὸν πᾶσαι αἱ... et cf. *Zach.*, XII, 10 : καὶ κόψονται ἐπ' αὐτόν. — I, 19 : ἃ μέλλει κτλ., et cf. *Daniel* (LXX), II, 28, 29. — I, 20 : τὸ μυστήριον, et cf. *Daniel*, II, 27. — II, 7 est formé d'après *Gen.*, II, 9 et 16, 17. — II, 9 : συναγωγὴ τοῦ Σατανᾶ, en antithèse avec LXX, *Nom.*, XVI, 3 : τὴν συναγωγὴν κυρίου. — II, 23 : καὶ τὰ τέκνα αὐτῆς ἀποκτενῶ ἐν θανάτῳ, d'après *Jér.*, XIV, 12 : ἐν θανάτῳ ἐγὼ συντελέσω αὐτούς, et *Ez.*, XXXIII, 27 : θανάτῳ ἀποκτενῶ. — II, 27 est formé d'après *Ps.*, II, 9. — III, 7 : τάδε λέγει ὁ ἅγιος, ὁ ἀληθινός, ὁ ἔχων τὴν κλεῖν Δαυείδ, ὁ ἀνοίγων καὶ οὐδεὶς κλείσει, καὶ κλείων καὶ οὐδεὶς ἀνοίγει, est formé avec *Es.*, XXX, 12 : τάδε λέγει ὁ ἅγιος τοῦ Ἰσραήλ, et LXV, 16 (cf. *Ps.*, LXXXV, 15) : τὸν θεὸν τὸν ἀληθινόν, et XXII, 22 (*v. l.*) : καὶ δώσω αὐτῷ τὴν κλεῖδα οἴκου Δαυὶδ ἐπὶ τῷ ὤμῳ αὐτοῦ καὶ ἀνοίξει καὶ οὐκ ἔσται ὁ ἀποκλείων, καὶ κλείσει καὶ οὐκ ἔσται ὁ ἀνοίγων. — III, 9 : ποιήσω αὐτοὺς ἵνα ἥξουσιν καὶ προσκυνήσουσιν ἐνώπιον τῶν ποδῶν σου, et, cf. pour les futurs, *Es.*, XXVII, 13 : καὶ ἥξουσιν οἱ ἀπολόμενοι... καὶ προσκυνήσουσιν τῷ κυρίῳ. — III, 17 : πλούσιός εἰμι καὶ πεπλούτηκα, et on a *Ex.*, V, 17 : σχολάζετε, σχολασταί ἐστε. — XI, 4 : οὗτοί εἰσιν αἱ δύο ἐλαῖαι καὶ αἱ δύο λυχνίαι [αἱ] ἐνώπιον τοῦ κυρίου τῆς γῆς ἑστῶτες, d'après *Zach.*, IV, 2, 3, 11 : τί αἱ δύο ἐλαῖαι αἱ ἐκ δεξιῶν... ; et 14 : οὗτοι οἱ δύο υἱοὶ τῆς πιότητος παρεστήκασι κυρίῳ πάσης τῆς γῆς. — XI, 18 : δοῦναι τὸν μισθὸν τοῖς δούλοις σου τοῖς προφήταις... καὶ τοῖς φοβουμένοις τὸ ὄνομά σου, τοὺς μικροὺς καὶ τοὺς μεγάλους. Ce dernier accusatif est transcrit textuellement de *Ps.*, CXIII, 21 : εὐλόγησε τοὺς φοβουμένους τὸν κύριον, τοὺς μικροὺς μετὰ τῶν μεγάλων, et sur la possibilité de cet accusatif voy. 5. — XII, 5 : καὶ ἔτεκεν υἱόν, ἄρσεν, ὃς μέλλει ποιμαίνειν πάντα τὰ ἔθνη ἐν ῥάβδῳ σιδηρᾷ, formé de *Ex.*, II, 22 : ἡ γυνὴ ἔτεκεν υἱόν, et II, 2 : καὶ ἔτεκεν ἄρσεν (et cf. *Apoc.*, XII, 13 : ἥτις ἔτεκεν

---

pourrait en donner soient des réminiscences réelles ou des imitations voulues. Quoi qu'il en soit, ces ressemblances, réminiscences ou imitations, sont trop fréquentes et trop frappantes pour qu'on les attribue, au moins la plupart, au hasard seulement.

τὸν ἄρσενα), et cf. *Es.*, LXVI, 7 : ἐξέφυγε καὶ ἔτεκεν ἄρσεν, puis du *Ps.* II, 9 : ποιμανεῖς αὐτοὺς ἐν ῥάβδῳ σιδηρᾷ. — XVI, 13 : βάτραχοι, cf. *Ex.*, VIII, 4. — XXII, 5 : καὶ οὐκ ἔχουσιν χρείαν φωτὸς λύχνου καὶ φῶς ἡλίου ὅτι κύριος ὁ θεὸς φωτίσει [ἐπ'] αὐτούς. Les mots φῶς ἡλίου doivent être pris textuellement de *Es.*, XXX, 26 : καὶ ἔσται τὸ φῶς τῆς σελήνης ὡς τὸ φῶς τοῦ ἡλίου, καὶ τὸ φῶς τοῦ ἡλίου ἔσται ἑπταπλάσιον.

On pourrait multiplier indéfiniment les exemples. L'Apocalypse est, dans son ensemble, une mosaïque de mots, de lambeaux de phrases ou de propositions, tirés du grec des LXX, peut-être aussi d'apocryphes, s'accordant généralement suivant les lois de la syntaxe grecque, ou au moins suivant celles de l'hébreu, mais parfois juxtaposés sans changement. Ce système était d'autant plus facile pour l'auteur que la plupart des idées développées dans son livre n'ont rien de spécialement chrétien, et se rapprochent beaucoup plus de celles des LXX (livres apocalyptiques surtout), dont la langue et le vocabulaire lui suffisaient en général.

b) Ce système se retrouve d'ailleurs dans les autres livres du N. T., mais à un degré beaucoup plus faible :

Mat., XIX, 4 : οὐκ ἀνέγνωτε ὅτι ὁ κτίσας ἀπ' ἀρχῆς ἄρσεν καὶ θῆλυ ἐποίησεν αὐτούς, et cf. *Eccl.*, III, 11 : ὃ ἐποίησεν ὁ θεὸς ἀπ' ἀρχῆς, *Sag. Sir.*, XXIV, 9 : ἀπ' ἀρχῆς ἔκτισέ με, *Es.*, XLV, 8 : ἐγώ εἰμι κύριος ὁ κτίσας σε, *Gen.*, I, 27 : ἄρσεν καὶ θῆλυ ἐποίησεν αὐτούς. — *Mat.*, XXIV, 15 : ὅταν οὖν ἴδητε τὸ βδέλυγμα τῆς ἐρημώσεως τὸ ῥηθὲν διὰ Δανιὴλ τοῦ προφήτου ἑστὸς ἐν τόπῳ ἁγίῳ et *Mar.*, XIII, 14 : ὅταν δὲ ἴδητε τὸ βδέλυγμα τῆς ἐρημώσεως ἑστηκότα ὅπου οὐ δεῖ..., cf. maintenant *Daniel* (LXX), IX, 27 : ἐπὶ τὸ ἱερὸν βδέλυγμα τῶν ἐρημώσεων ἔσται, XI, 31 : καὶ δώσουσι βδέλυγμα ἐρημώσεως, VIII, 11 : καὶ τὸ ἅγιον ἐρημωθήσεται, *Es.*, LX, 13 : τὸν τόπον τὸν ἅγιόν μου et *Ez.*, XLII, 13 : διότι ὁ τόπος ἅγιος. Le masculin ἑστηκότα vient de ce que τὸ βδέλυγμα τῆς ἐρημώσεως signifie réellement τὸν βδελύσσοντα καὶ ἐρημοῦντα. — *A.*, II, 30 : ὅρκῳ ὤμοσεν αὐτῷ ὁ θεὸς ἐκ καρποῦ τῆς ὀσφύος αὐτοῦ καθίσαι ἐπὶ τὸν θρόνον αὐτοῦ. Cf. *Nom.*, XXX, 3 : ὃς ἄν... ὀμόσῃ ὅρκον (et cf. *1 R.*, XIV, 28), *Ps.*, CXXXI, 11 : ὤμοσε κύριος τῷ Δαυὶδ ἀλήθειαν... Ἐκ καρποῦ τῆς κοιλίας σου θήσομαι ἐπὶ τὸν θρόνον σου, *2 Paral.*, VI, 9 : ὁ υἱός σου ὃς ἐξελεύσεται ἐκ τῆς ὀσφύος σου. — *A.*, VII, 9-10 : καὶ ἦν ὁ θεὸς μετ' αὐτοῦ καὶ ἐξείλατο αὐτὸν ἐκ πασῶν τῶν θλίψεων αὐτοῦ καὶ ἔδωκεν αὐτῷ χάριν καὶ σοφίαν ἐναντίον Φαραὼ βασιλέως Αἰγύπτου. Cette phrase est correcte, mais elle offre cependant une allure générale hébraïsante; cf. *Gen.*, XXXIX, 3 : κύριος μετ' αὐτοῦ, XXXIX, 21 : ἦν κύριος μετὰ Ἰωσὴφ... καὶ ἔδωκεν αὐτῷ χάριν ἐναντίον τοῦ ἀρχιδεσμοφύλακος, *I R.*, XXVI, 24 : ἐξελεῖταί με ἐκ πάσης θλίψεως. — *R.*, IX, 20-21 est tiré de *Es.*, XXIX, 16; XLV, 9; *Jér.*, XVIII, 6; *Sag. Sir.*, XXXVI, 13, et particulièrement de *Sag. Sal.*, XV, 7[1].

c) Ajoutez encore à ce qui précède l'influence des LXX, telle que nous la constaterons, pour le sujet mental et pour le complément mental (75, 76, 77; 86, 87; 187, 188), et pour le changement de personnes (155, 156, 157).

13. Malgré la tendance du grec biblique à séparer les idées en propositions distinctes, il existe des cas où cette séparation n'est pas indiquée, et se fait d'après le contexte. Ainsi :

Mat., I, 18 : εὑρέθη ἐν γαστρὶ ἔχουσα ἐκ πνεύματος ἁγίου. L'idée indique que ἐκ πνεύματος ἁγίου n'est pas le complément de εὑρέθη, et le sens est : *elle se trouva enceinte, et elle l'était réellement, mais du Saint-Esprit,* = εὑρέθη ἐν γαστρὶ ἔχουσα (εἶχεν δὲ) ἐκ πνεύματος ἁγίου. — Cf. 53 *b* et la note pour *J.*, VI, 46.

Cf. dans les LXX, *Jug.*, VI, 24 : καὶ ᾠκοδόμησεν ἐκεῖ Γεδεὼν θυσιαστήριον τῷ κυρίῳ, καὶ ἐπεκάλεσεν αὐτῷ Εἰρήνη κυρίου, ἕως τῆς ἡμέρας ταύτης, ἔτι αὐτοῦ ὄντος ἐν Ἐφραθά, *Gédéon y bâtit un autel au Seigneur et lui donna le nom de Paix du Seigneur, (nom qu'on lui donne) encore aujourd'hui, puisqu'il existe encore à Ephratha,* = καὶ ἐπεκάλεσεν αὐτῷ Εἰρήνη κυρίου (· ἐπεκάλεσαν δὲ οὕτως) ἕως τῆς ἡμέρας..., ἔτι αὐτοῦ ὄντος...

14. Quand la phrase ou une partie quelconque de la phrase, se développe et s'étend, chaque idée du développement est mise régulièrement à sa place logique, en se juxtaposant à ce qui précède et à ce qui suit, avec ou sans coordination, subordination, accord, ou liaison grammaticale quelconque avec ce qui précède et ce qui suit. Il suffit qu'il existe un lien, un rapport, un enchaînement logique entre les idées, de manière que l'une appelle l'autre au point de vue du sens, quel que soit d'ailleurs le rapport grammatical établi entre elles. — Ce principe s'applique à un certain nombre d'anomalies du N. T., et, très fréquemment, au grec des LXX. — Ainsi :

L., XI, 11 : τίνα δὲ ἐξ ὑμῶν τὸν πατέρα αἰτήσει ὁ υἱὸς ἰχθύν, μὴ ἀντὶ ἰχθύος ὄφιν αὐτῷ ἐπιδώσει; = τίς δὲ ἐξ ὑμῶν τῷ υἱῷ αὐτοῦ αἰτοῦντι ἰχθὺν ἀντὶ ἰχθύος ὄφιν ἐπιδώσει; — *A.*, X, 36-37 : τὸν λόγον ἀπέστειλεν τοῖς υἱοῖς Ἰσραὴλ εὐαγγελιζόμενος εἰρήνην διὰ Ἰησοῦ Χριστοῦ· οὗτός ἐστιν πάντων κύριος. ὑμεῖς οἴδατε τὸ γενόμενον ῥῆμα καθ' ὅλης τῆς Ἰουδαίας, ἀρξάμενος ἀπὸ τῆς Γαλιλαίας μετὰ τὸ βάπτισμα ὃ ἐκήρυξεν Ἰωάνης, Ἰησοῦν

---

1. Ces exemples n'offrent pas tous un défaut d'accord. Ils sont destinés à montrer que les auteurs du N. T. écrivaient tous, plus ou moins, sous l'influence des LXX, même sans y penser.

τὸν ἀπὸ Ναζαρέθ, ὡς ἔχρισεν αὐτὸν ὁ θεὸς πνεύματι ἁγίῳ καὶ δυνάμει, ὃς διῆλθεν εὐεργετῶν καὶ ἰώμενος πάντας τοὺς καταδυναστευομένους ὑπὸ τοῦ διαβόλου, ὅτι ὁ θεὸς ἦν μετ' αὐτοῦ· καὶ ἡμεῖς μάρτυρες κτλ. Dans ce passage 'Ιησοῦ Χριστοῦ est défini par οὑτός ἐστιν πάντων κύριος, proposition détachée qui met vivement l'idée en relief (ce qui n'aurait pas eu lieu avec l'accord grammatical : πάντων κυρίου). La proposition τὸ γενόμενον... 'Ιουδαίας a besoin d'être corrigée par une indication de lieu et de temps qui se trouvent dans ἀρξάμενος-'Ιωάνης; mais ἀρξάμενος se rapporte réellement à οὗτος... κύριος, sujet réel. Alors τὸ γενόμενον ῥῆμα κτλ. a besoin d'être précisé par 'Ιησοῦν τὸν ἀπὸ Ναζαρέθ, et expliqué par ce qui suit. Etc.

2 *Cor.*, I, 6 : εἴτε δὲ θλιβόμεθα, ὑπὲρ τῆς ὑμῶν παρακλήσεως καὶ σωτηρίας· εἴτε παρακαλούμεθα, ὑπὲρ τῆς ὑμῶν παρακλήσεως τῆς ἐνεργουμένης ἐν ὑπομονῇ τῶν αὐτῶν παθημάτων ὧν καὶ ἡμεῖς πάσχομεν, καὶ ἡ ἐλπὶς ἡμῶν βεβαία ὑπὲρ ὑμῶν· εἰδότες ὅτι ὡς κοινωνοί ἐστε τῶν παθημάτων, οὕτως καὶ τῆς παρακλήσεως. — *Eph.*, I, 16 seqq. : οὐ παύομαι εὐχαριστῶν ὑπὲρ ὑμῶν μνείαν ποιούμενος ἐπὶ τῶν προσευχῶν μου, ἵνα ὁ θεὸς τοῦ κυρίου ἡμῶν 'Ιησοῦ Χριστοῦ, ὁ πατὴρ τῆς δόξης δῴη ὑμῖν πνεῦμα σοφίας καὶ ἀποκαλύψεως ἐν ἐπιγνώσει αὐτοῦ, πεφωτισμένους τοὺς ὀφθαλμοὺς τῆς καρδίας ὑμῶν εἰς τὸ εἰδέναι ὑμᾶς τίς ἐστιν ἡ ἐλπὶς τῆς κλήσεως αὐτοῦ κτλ. Dans ce passage εὐχαριστῶν est complété et expliqué par μνείαν ποιούμενος κτλ. Le but de ces prières est indiqué ensuite par ἵνα δῴη ὑμῖν-αὐτοῦ. Le résultat de δῴη ὑμῖν πνεῦμα est exprimé par πεφωτισμένους-ὑμῶν, et la conséquence de πεφωτισμένους est ensuite marquée par εἰς τὸ εἰδέναι, etc. — III, 14-18, développement exactement semblable au précédent. — Cf. *Mar.*, III, 14 seq. ; *R.*, II, 17-21 ; V, 12 seqq., XII, 6-8 ; 15-16 ; XVI, 25 seq. ; *Eph.*, I, et II ; *Gal.*, IV, 9 seq. ; *Col.*, I ; *2 Th.*, II, 3-4 ; *1 Tim.*, I, 3 seq. ; *H.*, III, 15 seq. ; *2 P.*, II, 4-10 ; *Apoc.*, I, 12-16 ; III, 12-21 ; VII, 4-9 ; XI, 8 ; XIV, 12.

Cf. 45 ; 47 ; etc.

14bis. Il faut remarquer le développement logique par juxtaposition dans la description d'un objet ou dans l'exposition d'une pensée, quand les détails sont énumérés par l'écrivain. Au lieu de se préoccuper de l'harmonie à établir d'une manière continue d'un bout à l'autre de la description, l'auteur peut juxtaposer des propositions de nature différente ; l'expression de la pensée en retire beaucoup de mobilité et de relief, mais parfois aux dépens de l'accord ou de la régularité. Ainsi :

R., XII, 6 seqq. — *1 P.*, IV, 7-11 : σωφρονήσατε οὖν καὶ νήψατε εἰς προσευχάς· πρὸ πάντων τὴν εἰς ἑαυτοὺς ἀγάπην ἐκτενῆ ἔχοντες, ὅτι ἀγάπη καλύπτει πλῆθος ἁμαρτιῶν· φιλόξενοι εἰς ἀλλήλους ἄνευ γογγυσμοῦ· ἕκαστος καθὼς ἔλαβεν χάρισμα, εἰς ἑαυτοὺς αὐτὸ διακονοῦντες ὡς καλοὶ οἰκονόμοι· ποικίλης χάριτος θεοῦ· εἴ τις λαλεῖ, ὡς λόγια θεοῦ· εἴ τις διακονεῖ, ὡς ἐξ ἰσχύος ἧς χορηγεῖ ὁ θεός· ἵνα ἐν πᾶσιν δοξάζηται ὁ θεὸς διὰ Ἰησοῦ Χριστοῦ, ᾧ ἐστιν ἡ δόξα καὶ τὸ κράτος εἰς τοὺς αἰῶνας τῶν αἰώνων. L'idée générale σωφρονήσατε... προσευχάς est développée par l'indication de chacune de ses parties : 1° πρὸ πάντων... ἁμαρτιῶν; 2° φιλόξενοι (ὄντες)... γογγυσμοῦ ; 3° ἕκαστος... θεοῦ ; 4° εἴ τις λαλεῖ, (λαλῶν) ὡς... ὁ θεός; enfin le but de tout ce qui précède est ἵνα ἐν πᾶσιν... — *1 J.*, I, 1-3.

Apoc., XXI, 11-14 : ἔδειξέν μοι τὴν πόλιν τὴν ἁγίαν Ἱερουσαλὴμ καταβαίνουσαν ἐκ τοῦ οὐρανοῦ ἀπὸ τοῦ θεοῦ, ἔχουσαν τὴν δόξαν τοῦ θεοῦ· ὁ φωστὴρ αὐτῆς ὅμοιος λίθῳ τιμιωτάτῳ, ὡς λίθῳ ἰάσπιδι κρυσταλλίζοντι· ἔχουσα τεῖχος μέγα καὶ ὑψηλόν, ἔχουσα πυλῶνας δώδεκα καὶ ἐπὶ τοῖς πυλῶσιν ἀγγέλους δώδεκα καὶ ὀνόματα ἐπιγεγραμμένα ἅ ἐστιν τῶν δώδεκα φυλῶν υἱῶν Ἰσραήλ· ἀπὸ ἀνατολῆς πυλῶνες τρεῖς... καὶ ἀπὸ δυσμῶν πυλῶνες τρεῖς· καὶ τὸ τεῖχος τῆς πόλεως ἔχων θεμελίους δώδεκα, καὶ ἐπ' αὐτῶν δώδεκα ὀνόματα τῶν δώδεκα ἀποστόλων τοῦ ἀρνίου. — XVII, 3 ; εἶδον γυναῖκα καθημένην ἐπὶ θηρίον κόκκινον, γέμοντα ὀνόματα βλασφημίας, ἔχων (*v. l.* ἔχοντα) κεφαλὰς ἑπτὰ καὶ κέρατα δέκα, avec γέμοντα et ἔχων se rapportant à θηρίον.

Dans les LXX, *2 Paral.*, IV, 2 seqq. : ἐποίησε τὴν θάλασσαν χυτήν, δέκα πήχεων τὴν διαμέτρησιν,... καὶ τὸ κύκλωμα τριάκοντα πήχεων· καὶ ὁμοίωμα μόσχων ὑποκάτω αὐτῆς κύκλῳ κυκλοῦσιν αὐτήν · δέκα πήχεις περιέχουσι τὸν λουτῆρα κυκλόθεν · δύο γένη ἐχώνευσαν τοὺς μόσχους ἐν τῇ χωνεύσει αὐτῶν ᾗ ἐποίησαν αὐτούς, δώδεκα μόσχους, οἱ τρεῖς βλέποντες βορρᾶν... καὶ οἱ τρεῖς κατ' ἀνατολάς, καὶ ἡ θάλασσα ἐπ' αὐτῶν ἄνω, ἦσαν τὰ ὀπίσθια αὐτῶν ἔσω.

La juxtaposition logique des idées dans un développement est surtout fréquente et remarquable avec l'apposition.

Nous avons longuement exposé comment la construction tend à devenir indépendante dans le grec biblique, surtout quand la phrase se développe.

Mais il existe aussi une tendance contraire : la tendance à revenir à la construction première, régulière, qui a été ou qui aurait pu être employée :

15. *a)* Il y a retour à la construction régulière, qui a été d'abord employée par l'auteur et qui a cédé la place à une construction indépendante[1] :

J., I, 14 : καὶ ὁ λόγος σὰρξ ἐγένετο καὶ ἐσκήνωσεν ἐν ἡμῖν, καὶ ἐθεασάμεθα τὴν δόξαν αὐτοῦ, δόξαν ὡς μονογενοῦς παρὰ πατρός, πλήρης χάριτος καὶ ἀληθείας. On voit πλήρης revenir au nominatif et s'accorder avec le sujet dominant de la phrase ὁ λόγος. — *A.*, X, 36-38, ἀρξάμενος revient au nominatif et s'accorde avec οὗτος κύριος, tandis que Ἰησοῦν revient à l'accusatif et s'accorde avec τὸ ῥῆμα. — *Ph.* III, 18-19; *Apoc.*, XII, 1-2 : καὶ σημεῖον μέγα ὤφθη ἐν τῷ οὐρανῷ, γυνὴ περιβεβλημένη τὸν ἥλιον, καὶ ἡ σελήνη ὑποκάτω τῶν ποδῶν αὐτῆς καὶ ἐπὶ τῆς κεφαλῆς αὐτῆς στέφανος ἀστέρων δώδεκα, καὶ ἐν γαστρὶ ἔχουσα. La construction revient au nominatif du participe avec ἔχουσα qui s'accorde avec γυνή. — XIII, 1-3. Cf. XIX, 11-13; XXI, 1-2, avec répétition du verbe.

Il en est de même dans les LXX, *Josué*, XIII, 15-17 et cf. avec 8-10, et d'ailleurs 8-32. — *Judith*, X, 7 : ὡς δὲ εἶδον αὐτήν, καὶ ἦν ἠλλοιωμένον τὸ πρόσωπον αὐτῆς, καὶ τὴν στολὴν μεταβεβληκυῖαν αὐτῆς, où μεταβεβληκυῖαν revient à l'accusatif et s'accorde avec αὐτήν.

Cf. d'ailleurs 216 et 217, pour le complément.

b) Il y a retour à la construction grammaticale qui aurait pu être employée au début du développement dans les deux cas suivants.

1° L'auteur a commencé d'exprimer l'idée par une périphrase, au lieu de l'exprimer directement par elle-même. Dès lors, les parties éloignées du développement reviennent à la construction directe et simple qui aurait *pu* être employée au début[2]. Il en est ainsi avec les verbes d'exhortation comme παρακαλῶ :

1 P., II, 11-12 : ἀγαπητοί, παρακαλῶ ὡς παροίκους καὶ παρεπιδήμους ἀπέχεσθαι τῶν σαρκικῶν ἐπιθυμιῶν, αἵτινες στρατεύονται κατὰ τῆς ψυχῆς· τὴν ἀναστροφὴν ὑμῶν ἐν τοῖς ἔθνεσιν ἔχοντες καλήν, ἵνα, ἐν ᾧ καταλαλοῦσιν ὑμῶν ὡς κακοποιῶν, ἐκ τῶν καλῶν ἔργων ἐποπτεύοντες δοξάσωσι... L'expression directe de l'idée aurait été : ἀγαπητοί, ὡς πάροικοι

---

1. Voy. la note 1 de 17, *a*.
2. C'est en même temps une application du principe établi au n. 14, en vertu duquel une partie de phrase, en s'éloignant du mot auquel elle se rapporte grammaticalement, tend à se construire d'une manière indépendante. Mais ici cette construction est celle qui aurait été naturellement employée si l'écrivain avait exprimé simplement et directement sa pensée, comme on aurait eu *Jude*, 16 : καὶ λαλοῦσιν ὑπέρογκα θαυμάζοντες.

καὶ παρεπίδημοι ἀπέχεσθε τῶν σαρκικῶν ἐπιθυμιῶν... ἔχοντες. Et cf. pour l'expression directe, *1 P.*, IV, 11 : σωφρονήσατε οὖν... ἔχοντες... — *2 P.*, III, 1-3. — De même nature est *Jude*, 16 : καὶ τὸ στόμα αὐτῶν λαλεῖ ὑπέρογκα, θαυμάζοντες πρόσωπα ὠφελίας χάριν. — *Eph.*, IV, 1 : παρακαλῶ οὖν ὑμᾶς ὁ δέσμιος ἐν κυρίῳ ἀξίως περιπατῆσαι τῆς κλήσεως ἧς ἐκλήθητε, μετὰ πάσης ταπεινοφροσύνης καὶ πραΰτητος, μετὰ μακροθυμίας, ἀνεχόμενοι ἀλλήλων ἐν ἀγάπη, σπουδάζοντες τηρεῖν τὴν ἑνότητα... = παρακαλῶ οὖν ὑμᾶς ἐγὼ δέσμιος ἐν κυρίῳ· ἀξίως περιπατήσατε τῆς κλήσεως... σπουδάζοντες... — *Apoc.*, XI, 3 (voy. 20).

Cf. 113 *bis*, *c* et *f*.

2° Au lieu de donner au verbe son complément direct à l'accusatif, l'auteur construit ce complément d'une manière indépendante ; puis il revient à l'accusatif, comme :

Apoc., IV, 1-4 : μετὰ ταῦτα εἶδον,, καὶ ἰδοὺ θύρα ἠνεῳγμένη ἐν τῷ οὐρανῷ... θρόνοι (*v. l.* θρόνους) εἴκοσι τέσσαρες, καὶ ἐπὶ τοὺς θρόνους εἴκοσι τέσσαρας πρεσβυτέρους... On aurait pu avoir μετὰ ταῦτα εἶδον θύραν ἠνεῳγμένην ἐν τῷ οὐρανῷ, et une suite d'accusatifs jusqu'à εἴκοσι τέσσαρας πρεσβυτέρους.

Cf. d'ailleurs pour le complément, 216-217.

Remarque. — Lorsque l'auteur passe du style indirect au style direct, il y a dissociation et passage à la construction indépendante, comme nous l'avons vu plus haut, 10 (*L.*, XXIV, 46).

L'inverse est au contraire une *synthèse* des éléments de la phrase ; mais il est extrêmement rare qu'il en soit ainsi dans le N. T. et sans doute aussi dans les LXX. Pour ces exemples, cf. *A.*, XIX, 27.

Voy. ma *Syntaxe des propositions*, 368, *a*, 4°.

CHAPITRE II

Apposition et juxtaposition.

Nous venons de considérer la structure générale de la phrase dans le grec biblique, en raisonnant comme un Grec et en nous plaçant au point de vue de la grammaire grecque.

Il faut pénétrer maintenant plus profondément dans le sujet en parlant comme le Juif et en nous plaçant au point de vue de la grammaire hébraïque et de son influence sur le *grec biblique*.

16. L'absence de combinaison et d'accord grammatical, la dissociation des éléments de la phrase se révèle dans le grec biblique d'une manière qui mérite d'être exposée en détail[1].

a) Toutes les fois que deux mots, deux groupes de mots, deux propositions, ont entre eux un lien logique, ils peuvent être *juxtaposés*, avec ou sans accord grammatical, et sans se fondre en une seule phrase ou une seule proposition. Ce principe est de la plus haute importance pour l'intelligence du grec biblique, et en particulier de celui des LXX.

Il est évident que dans cette juxtaposition, l'un des deux éléments, et régulièrement le second, est celui qui est juxtaposé au premier pour le définir, le qualifier ou l'expliquer.

Ces constructions doivent être regardées comme hébraïsantes et comme primitives dans les langues sémitiques, et comme importées de l'hébreu et de l'araméen dans le grec biblique ; elles en forment un des caractères les mieux marqués.

Elles offrent plusieurs avantages pour une langue pauvre, comme est l'hébreu, en particules de coordination et de subordination, pauvre aussi en temps et en modes. Chacun des éléments juxtaposés est vivement détaché et mis en relief ; l'accent oratoire et la pause se font facilement sentir pour chacun d'eux ; le mouvement oratoire est renforcé ; la phrase, coupée et courte, est dégagée et allégée ; l'auteur ne peine pas à coordonner et subordonner les propositions.

Elles consistent dans l'apposition et la juxtaposition, et dans le *casus pendens*, c'est-à-dire dans la construction absolue d'un mot ou d'un groupe de mots.

b) Au sens large, l'apposition, et mieux la juxtaposition, consiste à unir dans une seule idée complexe les deux idées élémentaires d'un jugement simple. On a Ἰωάννης ἦν ὁ βαπτίζων, et par juxtaposition Ἰωάννης ὁ βαπτίζων.

Les langues sémitiques tendent à obtenir une seule idée complexe en juxtaposant deux termes qui les expriment, quand nous établirions la relation entre ces deux termes au moyen d'une préposition, du pronom relatif et de εἶναι, ou d'une autre manière.

Les deux principes fondamentaux de la juxtaposition dans les langues sémitiques sont les suivants : 1° on juxtapose le nom de l'objet et le nom de la matière dont il est fait ; 2° on juxtapose les deux termes, les deux idées, entre lesquels la relation serait exprimée dans nos langues par des locutions telles que *se composer de, consister en, s'étendre à, peser (tant), mesurer (tant), durer (tant)*, etc., et dans le dernier cas on établit une sorte d'identité entre les deux éléments.

L'apposition est classique dans *Lév.*, XXI, 6 : τὰς γὰρ θυσίας Κυρίου δῶρα τοῦ θεοῦ αὐτῶν αὐτοὶ προσφέρουσιν. Nous avons une juxtaposition, non classique, dans *Gen.*, VI, 17 : ἰδοὺ ἐπάγω τὸν κατακλυσμὸν ὕδωρ ἐπὶ τὴν γῆν, et cf. VII, 7 : διὰ τὸ ὕδωρ τοῦ κατακλυσμοῦ.

---

1. Voy. Driver, *ouvr. cit. Appendix IV, V*.

Comme on peut le supposer, l'apposition et la juxtaposition ont été étendues a beaucoup d'autres idées analogues. Ainsi la juxtaposition du sujet et de l'attribut sans verbe copule ; la juxtaposition d'attributs complémentaires au sujet ou aux compléments ; la juxtaposition d'une explication à la phrase précédente ou à l'un des mots de cette phrase, etc. Les exemples donnés plus loin montreront jusqu'où s'est étendue cette construction.

c) Lorsque le sujet ou un complément, exprimés en tête, restent seuls, c'est un *casus pendens*, comme Gen., XXVIII, 13 : ἡ γῆ ἐφ' ἧς σὺ καθεύδεις ἐπ' αὐτῆς, σοὶ δώσω αὐτὴν καὶ τῷ σπέρματι. Le nominatif ἡ γῆ reste suspendu, repris ensuite par son apposition αὐτήν. De plus, ἐπ' αὐτῆς est apposé à ἐφ' ἧς et les deux ne forment qu'une seule locution pronominale.

C'est surtout le *casus pendens* qui allège la phrase en la fragmentant et qui débarrasse l'auteur du souci d'en combiner et d'en faire accorder les éléments. L'emploi de cette construction n'est pas une exception ou une singularité, mais une habitude et une règle, en hébreu ; de là les nombreux exemples de cette construction dans les LXX.

d) Voici maintenant des séries d'exemples des LXX pour éclairer et appuyer ce qui vient d'être dit[1] :

1° Gen., VI, 17 : ἐπάγω τὸν κατακλυσμὸν ὕδωρ ἐπὶ τὴν γῆν (et cf. VII, 7), *le déluge (qui est de) l'eau,* = *un déluge d'eau.* — Deut. XXXII, 14 : καὶ αἷμα σταφυλῆς ἔπιεν οἶνον.

Gen., VII, 2 : ἀπὸ δὲ τῶν κτηνῶν τῶν καθαρῶν προσάγαγε ἑπτὰ ἑπτὰ ἄρσεν καὶ θῆλυ, = *par couples*.

Nom., XXI, 14 : διὰ τοῦτο λέγεται ἐν βιβλίῳ Πόλεμος τοῦ Κυρίου, avec le titre du livre invariable. — *1 R.*, VII, 12 : ἐκάλεσεν τὸ ὄνομα αὐτοῦ Ἀβενέζερ, Λίθος τοῦ βοηθοῦ, *(ce qui signifie) Pierre de l'auxiliaire*,

2 R., X, 7 : ἀπέστειλεν τὸν Ἰωὰβ καὶ πᾶσαν τὴν δύναμιν, τοὺς δυνατούς, *toutes ses forces, (qui ne comprenaient que) des vaillants*.

3 R., VII, 16 : καὶ ὑποκάτωθεν τῶν λεόντων καὶ τῶν βοῶν χῶραι, ἔργον καταβάσεως, *des festons, ouvrage qui pendait*. — Ps., XLI, 5 : ἐν φωνῇ ἀγαλλιάσεως καὶ ἐξομολογήσεως, ἤχου ἑορταζόντων, *au milieu des cris de joie et de reconnaissance, bruit des gens en fête*. — Mais *Ps.*, LXXXVI, 3, ἡ πόλις est correctement apposé au vocatif.— Hosée, VI, 10 ; Es., LI, 9-10 : οὐ σὺ εἶ ἡ ἐρημοῦσα θάλασσαν, ὕδωρ ἀβύσσου πλῆθος ; *la mer, (qui est) l'eau de l'abîme (eau qui est) une multitude, (= eau qui est) immense*. — *Jér.*, XXV, 10.

Ez., XVI, 27 : παραδώσω εἰς ψυχὰς μισούντων σε, θυγατέρας ἀλλοφύλων, *je te livrerai aux personnes qui te haïssent, les filles des Philistins*.

2° Apposition des parties au tout au moyen de καί, *Ex.*, XXXVIII, 23 : οὗτος ἐποίησεν πάντα τὰ σκεύη τοῦ θυσιαστηρίου, καὶ τὸ πυρεῖον αὐτοῦ καὶ τὴν βάσιν καὶ τὰς φιάλας καὶ τὰς κρεάγρας χαλκᾶς (avec χαλκᾶς attribut de tout ce qui précède). — Daniel, VIII, 13 : ἕως τίνος τὸ ὅραμα στήσεται καὶ ἡ θυσία ἡ ἀρθεῖσα καὶ ἡ ἁμαρτία ; avec ὅραμα expliqué par l'apposition καὶ ἡ θυσία κτλ.

3° Reprise du sujet par le même mot ou un synonyme, *Ex.*, XXXVII, 15 : καὶ οἱ στῦλοι περιηργυρωμένοι ἀργυρίῳ, πάντες οἱ στῦλοι τῆς αὐλῆς. — *Ps.*, XXXVIII, 6 : πλὴν τὰ σύμπαντα ματαιότης, πᾶς ἄνθρωπος ζῶν, avec πᾶς κτλ. apposé a τὰ σύμπαντα. — Il peut y avoir reprise du complément, *Es.*, XXVIII, 16 ; *Ez.*, V, 6.

---

1. Voyez aussi les nombreux exemples cités à la syntaxe de l'Apposition.

Gen., XVII, 14 : καὶ ἀπερίτμητος ἄρσην ὅς οὐ περιτμηθήσεται... τῇ ἡμέρᾳ τῇ ὀγδόῃ, ἐξολοθρευθήσεται ἡ ψυχὴ ἐκείνη ἐκ τοῦ γένους αὐτῆς, οὗ ἀπερίτμητος ἄρσην a pour apposition ἡ ψυχή, *cette personne.* — *Lév.*, IV, 11-12.

4° Apposition de mot sans accord, *4 R.*, X, 29 : οὐκ ἀπέστη Ειοὺ ἔμπροσθεν αὐτῶν, αἱ δαμάλεις αἱ χρυσαῖ ἐν Βαιθήλ, avec αἱ δαμάλεις apposé à αὐτῶν. — *Ps.*, XLVIII, 6-7 : ἡ ἀνομία τῆς πτέρνης μου κυκλώσει με, οἱ πεποιθότες ἐπὶ τῇ δυνάμει αὐτῶν. On a le collectif τῆς πτέρνης = τῶν πτερνιζόντων, auquel est apposé οἱ πεποιθότες... — *Es.*, XXIX, 10 ; XXX, 21 : τὰ ὦτά σου ἀκούσονται τοὺς λόγους τῶν ὀπίσω σε πλανησάντων, οἱ λέγοντες..., avec οἱ λέγοντες apposé à τῶν πλανησάντων.

Jér., XXV, 16 : ἐπάξω ἐπὶ Αἰλάμ τέσσαρας ἀνέμους... καὶ διασπερῶ αὐτοὺς ἐν πᾶσιν τοῖς ἀνέμοις τούτοις, καὶ οὐκ ἔσται ἔθνος ὃ οὐχ ἥξει ἐκεῖ, οἱ ἐξωσμένοι Αἰλάμ. Le collectif Αἰλάμ est remplacé par αὐτούς ; puis, il est sujet de ἥξει, et comme tel il a pour apposition οἱ ἐξωσμένοι Αἰλάμ, *j'amènerai les quatre vents sur Élam, je disperserai les Élamites, et il n'y aura pas de peuple où ne s'enfuie Élam, (c'est-à-dire) les fugitifs d'Élam.*

5° *Casus pendens*, avec accord, *Gen.*, II, 17 : ἀπὸ δὲ τοῦ ξύλου τοῦ γινώσκειν καλὸν καὶ πονηρόν, οὐ φάγεσθε ἀπ' αὐτοῦ. — *Josué*, XVII, 3 : καὶ τῷ Σαλπααδ υἱῷ Ὀφερ, οὐκ ἦσαν αὐτῷ υἱοί. — *1 R.*, III, 11 ; *Ps.*, CXLIV, 6 ; *Es.*, I, 7 ; *Jér.*, XLIII, 14.

Nom., XXXII, 4 : τὴν γῆν ἣν παρέδωκεν κύριος..., γῆ κτηνοτρόφος ἐστίν.

Sans accord, *Gen.*, XVII, 4 : καὶ ἐγώ, ἰδοὺ ἡ διαθήκη μου μετὰ σοῦ. — XVII, 15 ; XXVI, 15 (neutre au nominatif) ; XXVIII, 13 ; *Nom.*, XVII, 5 ; *Deut.*, XXXII, 4 ; *Josué*, IX, 18 (ou 12) ; *4 R.*, I, 4 ; *1 Paral.*, XXIII, 14 ; *2 Paral.*, XV, 1, et cf. XX, 14 ; *Ps.*, X, 4 ; XVII, 31 ; *Prov.*, XI, 26 ; *Hosée*, IX, 12 ; *Es.*, XIX, 11.

Nom., XIX, 15 : καὶ πᾶν σκεῦος ἀνεῳγμένον, ὅσα οὐχὶ δεσμὸν καταδέδεται ἐν αὐτῷ ἀκάθαρτά ἐστιν. Le collectif indéfini πᾶν σκεῦος est repris par l'apposition ὅσα οὐχί κτλ. ; ἐν αὐτῷ se rapporte à πᾶν σκεῦος et signifie : *parmi eux : tous les vases ouverts, tous ceux qui parmi eux n'auront pas été fermés d'un couvercle seront impurs.*

6° Apposition de la mesure à l'objet mesuré, *Ex.*, XXIX, 40 : καὶ (ποιήσεις) δέκατον σεμιδάλεως πεφυραμένης ἐν ἐλαίῳ κεκομμένῳ, τῷ τετάρτῳ τοῦ εἴν, καὶ σπονδὴν τὸ τέταρτον τοῦ εἴν οἴνου τῷ ἀμνῷ τῷ ἑνί, *de l'huile (qui sera en quantité) le quart du hin, une libation (qui sera) le quart du hin de vin.* — XXX, 23-24 ; XXXIX, 4-5 : ἐγενήθη τὰ ἑκατὸν τάλαντα τοῦ ἀργυρίου... εἰς τὰς ἑκατὸν κεφαλίδας τοῦ καταπετάσματος, ἑκατὸν κεφαλίδες εἰς τὰ ἑκατὸν τάλαντα, τάλαντον τῇ κεφαλίδι. — *Lév.*, XXIV, 5-6 : λήμψεσθε σεμίδαλιν καὶ ποιήσετε αὐτὴν δώδεκα ἄρτους, δύο δεκάτων ἔσται ὁ ἄρτος ὁ εἷς, καὶ ἐπιθήσετε αὐτοὺς δύο θέματα, ἓξ ἄρτους τὸ ἓν θέμα. — *Nom.*, V, 15 ; VII, 13 : προσήνεγκεν τὸ δῶρον αὐτοῦ τρυβλίον ἀργυροῦν ἕν, τριάκοντα καὶ ἑκατὸν ὁλκὴ αὐτοῦ, φιάλην μίαν ἀργυρᾶν, ἑβδομήκοντα σίκλων κατὰ τὸν σίκλον τὸν ἅγιον, ἀμφότερα πλήρη σεμιδάλεως, *il offrit son présent : un plat d'argent, (dont) le poids était de cent trente sicles, un vase d'argent de 70 sicles au poids du sicle sacré, tous deux pleins...* — XV, 4 : προσοίσει ὁ προσφέρων τὸ δῶρον αὐτοῦ Κυρίῳ, θυσίαν σεμιδάλεως, δέκατον τοῦ οἰφί, ἀναπεποιημένης ἐν ἐλαίῳ, ἐν τετάρτῳ τοῦ εἴν, avec δέκατον apposé à θυσίαν σεμιδάλεως, ἀναπεποιημένης apposé à σεμιδάλεως, et ἐν τετάρτῳ apposé à ἐν ἐλαίῳ. — *2 R.*, XXI, 1 : ἐγένετο λιμὸς ἐν ταῖς ἡμέραις Δαυεὶδ τρία ἔτη, ἐνιαυτὸς ἐχόμενος ἐνιαυτοῦ, καὶ ἐζήτησεν..., avec ἐνιαυτός... apposé au nominatif à l'accusatif τρία ἔτη. — *3 R.*, VII, 10-14 : ἐποίησεν τὴν θάλασσαν δέκα ἐν πήχει..., *il fit le grand bassin, (qui était de) dix (en) coudées...* —

4 R., V, 17 : δοθήτω δη τῷ δούλῳ σου γόμορ, ζεύγη ἡμιόνων, *que l'on en donne donc à ton serviteur un gomer,(la charge d'une) paire de mulets.* — 2 *Paral.,* III, 4 ; XIII, 3 : παρετάξατο Ἀβιὰ ἐν δυνάμει πολεμισταῖς δυνάμεως τετρακοσίαις χιλιάσιν ἀνδρῶν δυνατῶν· καὶ Ἱεροβοὰμ παρετάξατο πρὸς αὐτὸν πόλεμον ἐν ὀκτακοσίαις χιλιάσιν, δυνατοὶ πολεμισταὶ δυνάμεως. *Abia se présente au combat avec ses forces (qui étaient) des guerriers d'élite (au nombre de) 400000 hommes puissants ; Jéroboam engagea la guerre contre lui avec 800 000 hommes, (qui étaient de) puissants guerriers d'élite.* — *Es.,* V, 5 ; XL, 5 ; *Dan.,* VIII, 13-14 : ἕως τίνος τὸ ὅραμα στήσεται;... ἕως ἑσπέρας καὶ πρωί, ἡμέραι δισχίλιαι τριακόσιαι, καὶ καθαρισθήσεται τὸ ἅγιον.

7° Apposition comparative, *Es.*, XI, 9 : ἐνεπλήσθη ἡ σύμπασα τοῦ γνῶναι τὸν κύριον, ὡς ὕδωρ πολὺ κατακαλύψαι θαλάσσας, *comme l'eau immense (est) à recouvrir les mers.* — XXXVI, 17 : ἕως ἂν... λάβω ὑμᾶς εἰς γῆν ὡς ἡ γῆ ὑμῶν, γῆ σίτου καὶ οἴνου, *dans un pays tel que votre pays, un pays de blé et de vin,* avec γῆ apposé à γῆν. — LI, 9 ; *Jér.,* XXIV, 5 : ὡς τὰ σῦκα τὰ χρηστὰ ταῦτα, οὕτως ἐπιγνώσομαι τοὺς ἀποικισθέντας, *de même que (tu as reconnu) ces bonnes figues, de même,* et cf. v. 8.— *Cf. Lam.,* II, 3 : ἀνῆψεν ἐν Ἰακὼβ ὡς πῦρ φλόγα, *il a allumé comme un feu flamboyant.* — *Es.*, I, 22, 26.

8° Apposition à une phrase, *Nom.,* XXV, 18 : ἐχθραίνουσιν αὐτοὶ ὑμῖν ἐν δολιότητι, ὅσα δολιοῦσιν ὑμᾶς διὰ Φογώρ, avec ὅσα δολιοῦσιν apposé à ἐχθραίνουσιν ἐν δολιότητι. — *Es.,* VII, 17 : ἐπάξει ὁ θεὸς ἐπὶ σὲ... ἡμέρας αἳ οὔπω ἥκασιν ἀφ' ἧς ἡμέρας ἀφεῖλεν Ἐφράιμ ἀπὸ Ἰούδα, τὸν βασιλέα τῶν Ἀσσυρίων, avec τὸν βασιλέα apposition explicative de ἡμέρας αἳ... — XIX, 2.

Néh., V, 4 : ἐδανισάμεθα ἀργύριον εἰς φόρους τοῦ βασιλέως, ἀγροὶ ἡμῶν καὶ ἀμπελῶνες ἡμῶν, *nous avons emprunté sur hypothèques de l'argent pour (payer) le tribut du roi, (ce sont) nos champs et nos vignes (que nous avons hypothéqués).*

Ps., XXVI, 4 : ταύτην ἐκζητήσω· τοῦ κατοικεῖν με ἐν οἴκῳ κυρίου, *je ne rechercherai que cette chose : habiter dans la maison...,* et pour ταύτην voir Appendice III.

Es., XXX, 33 : μὴ καὶ σοὶ βασιλεύειν ἡτοιμάσθη, φάραγγα βαθεῖαν, ξύλα κείμενα, πῦρ καὶ ξύλα πολλά ; *est-ce qu'il ne t'a pas été préparé de quoi régner (son royaume), (c'est-à-dire) une vallée profonde, des bois de bûcher tout prêts, du feu et beaucoup de bois pour le bûcher ?* Le passif équivaut à l'actif ὁ θεὸς ἡτοίμασεν (cf. 98), d'où les accusatifs apposés.

9° *Gen.,* XXXVIII, 13 : καὶ ἀπηγγέλη Θαμὰρ τῇ νύμφῃ αὐτοῦ λέγοντες, = ἀπήγγειλάν τινες... λέγοντες.

10° Juxtaposition de l'attribut, *Gen.,* XIV, 10 : ἡ δὲ κοιλὰς ἡ ἁλυκὴ φρέατα ἀσφάλτου, *la Vallée Salée (était, ne se composait que de) sources de bitume.* — XLIX, 10 ; *Nom.,* XVI, 13 : μὴ μικρὸν τοῦτο ὅτι ἀνήγαγες ἡμᾶς... ὅτι κατάρχεις ἡμῶν ἄρχων ; — *Deut.,* XXXIII, 17 : πρωτότοκος ταύρου τὸ κάλλος αὐτοῦ, κέρατα μονοκέρωτος τὰ κέρατα αὐτοῦ, *sa beauté est (celle de) le premier-né du taureau.* — *Eccl.,* II, 23 : πᾶσαι αἱ ἡμέραι αὐτοῦ ἀλγημάτων καὶ θυμοῦ περισπασμὸς αὐτοῦ, *ses jours (ne sont) tous (que) l'inquiétude de ses douleurs et de son âme.*

Gen., XXVIII, 18 : ἔλαβεν τὸν λίθον καὶ ἔστησεν αὐτὸν στήλην. — *Ex.,* XII, 39 : ἔπεψαν τὸ σταῖς ὃ ἐξήνεγκαν ἐξ Αἰγύπτου ἐνκρυφίας ἀζύμους. — XXIII, 27 : τὸν φόβον ἀποστελῶ ἡγούμενόν σου... καὶ δώσω πάντας τοὺς ὑπεναντίους σου φυγάδας, *j'enverrai la terreur comme ton avant-garde... et je ferai de tes adversaires des fugitifs.* — XXVI, 1 ; 7 : ποιήσεις δέρρεις τριχίνας σκέπην ἐπὶ τῆς σκηνῆς· ἕνδεκα δέρρεις ποιήσεις αὐτάς, *tu feras des couvertures en poil (pour mettre*

APPOSITION ET JUXTAPOSITION.

comme) abri sur la tente; tu (les) feras (au nombre de) onze couvertures. — XXVI, 14; 31 : ποιήσεις καταπέτασμα ἐξ ὑακίνθου... ἔργον ὑφαντὸν ποιήσεις αὐτὸ χερουβείμ, *cet ouvrage tissé, tu le feras (représenter des) chérubins*. — XXX, 23 : ποιήσεις αὐτὸ ἔλαιον χρίσμα ἅγιον, μύρον μυρεψικὸν τέχνη μυρεψοῦ. — *Lév.*, VII, 22; *Deut.*, XXVII, 6 : λίθους ὁλοκλήρους οἰκοδομήσεις θυσιαστήριον κυρίῳ. — *Ps.*, XX, 13; XC, 9; *Es.*, XXVI, 1; *Ez.*, IV, 12; XXVI, 21 : ἀπώλειάν σε δώσω, *je ferai de toi une ruine*. — *Prov.*, XII, 18 : εἰσὶν οἳ λέγοντες τιτρώσκουσιν μάχαραι (= τιτρώσκουσιν ὡς μάχαιραι).

11° **Juxtaposition de propositions**, *Gen.*, XLIV, 14 : εἰσῆλθεν δὲ Ἰούδας καὶ οἱ ἀδελφοὶ αὐτοῦ πρὸς Ἰωσήφ, ἔτι αὐτοῦ ὄντος ἐκεῖ, avec αὐτοῦ (= τοῦ Ἰωσήφ) ὄντος juxtaposé.

Gen., XIV, 22-24 : εἶπεν δὲ Ἀβράμ... Ἐκτενῶ τὴν χεῖρά μου πρὸς τὸν θεὸν... εἰ λήμψομαι ἀπὸ πάντων τῶν σῶν, ἵνα μὴ εἴπῃς ὅτι Ἐγὼ ἐπλούτισα τὸν Ἀβράμ, πλὴν ὧν ἔφαγον οἱ νεανίσκοι καὶ τῆς μερίδος τῶν ἀνδρῶν τῶν συμπορευθέντων μετ' ἐμοῦ, Ἐσχώλ, Αὐνάν, Μαμβρή. οὗτοι λήμψονται μερίδα, *je jure que je n'accepterai rien de ce qui est à toi... (je ne prendrai) rien en dehors de ce qu'ont mangé les jeunes gens et de la part de mes compagnons, Eschol, Aunan, et Mambré; eux prendront leur part*. — *Lév.*, VII, 8; *Nom.*, XXXIV, 2; *1 R.*, XIX, 20 : εἶδαν τὴν ἐκκλησίαν τῶν προφητῶν, καὶ Σαμουὴλ εἱστήκει καθεστηκὼς ἐπ' αὐτῶν. — *2 R.*, XV, 20; *2 Paral.*, V, 11-12 : καὶ οἱ Λευεῖται οἱ ψαλτῳδοὶ πάντες τοῖς υἱοῖς Ἀσάφ, τῷ Αἰμάν, τῷ Ἰδειθοὺμ καὶ τοῖς υἱοῖς αὐτοῦ καὶ τοῖς ἀδελφοῖς αὐτοῦ, τῶν ἐνδεδυμένων στολὰς βυσσίνας ἐν κυμβάλοις καὶ ἐν νάβλαις καὶ ἐν κινύραις, ἑστηκότες κατέναντι τοῦ θυσιαστηρίου, καὶ μετ' αὐτῶν ἱερεῖς ἑκατὸν εἴκοσι σαλπίζοντες ταῖς σάλπιγξιν, *et tous les Lévites, chantres, (en tant que c'étaient) les fils d'Asaph, Héman et Idithoun ainsi que leurs enfants et leurs frères, (étant) vêtus de robes de lin avec des cymbales, des luths et des harpes, (étaient) debout devant l'autel et (il y avait) avec eux cent vingt prêtres sonnant de la trompette.* — XIX, 10; *Ps.*, CIII; *Amos*, V, 6-9; *Jér.*, V, 22; VI, 28 : πάντες ἀνήκοοι, πορευόμενοι σκολιῶς· χαλκὸς καὶ σίδηρος· πάντες διεφθαρμένοι εἰσίν, *tous sont désobéissants, se conduisant mal, (c'est) de l'airain et du fer (que ces gens-là), ils sont tous pervertis.* — *Lam.*, I, 7; *Ez.*, III, 18-20 : ἐν τῷ λέγειν με τῷ ἀνόμῳ Θανάτῳ θανατωθήσῃ, καὶ οὐ διαστείλω αὐτῷ οὐδὲ ἐλάλησας τοῦ διαστείλασθαι τῷ ἀνόμῳ ἀποστρέψαι ἀπὸ τῶν ὁδῶν αὐτοῦ τοῦ ζῆσαι αὐτόν, ὁ ἄνομος ἐκεῖνος τῇ ἀδικίᾳ αὐτοῦ ἀποθανεῖται, καὶ τὸ αἷμα αὐτοῦ ἐκ χειρός σου ἐκζητήσω· καὶ σὺ ἐὰν διαστείλῃ τῷ ἀνόμῳ καὶ μὴ ἀποστρέψῃ ἀπὸ τῆς ἀνομίας αὐτοῦ καὶ τῆς ὁδοῦ, ὁ ἄνομος ἐκεῖνος ἐν τῇ ἀδικίᾳ αὐτοῦ ἀποθανεῖται..., *puisque j'ai dit au méchant : Tu mourras, et (en supposant que) tu ne lui as pas intimé mes ordres ni parlé de manière à ordonner à ce méchant de changer sa conduite pour qu'il soit sauvé, ce méchant périra à cause de son iniquité et je vengerai sa perte sur toi; au contraire, si tu communiques mes ordres au méchant sans qu'il cesse ses iniquités...*

Nom., XIX, 14 : ἄνθρωπος ἐὰν ἀποθάνῃ ἐν τῇ οἰκίᾳ, πᾶς ὁ εἰσπορευόμενος εἰς τὴν οἰκίαν καὶ ὅσα ἐστὶν ἐν τῇ οἰκίᾳ ἀκάθαρτα ἔσται. — *Es.*, XIX, 17 : καὶ ἔσται ἡ χώρα τῶν Ἰουδαίων τοῖς Αἰγυπτίοις εἰς φόβητρον· πᾶς ὃς ἐὰν ὀνομάσῃ αὐτὴν αὐτοῖς, φοβηθήσονται διὰ τὴν βουλὴν ἣν βεβούλευται Κύριος ἐπ' αὐτήν, = ἐάν τις ὀνομάσῃ.... οἱ Αἰγύπτιοι φοβηθήσονται.

Avec une proposition parenthétique, *Es.*, IX, 15 : ἀφεῖλεν Κύριος ἀπὸ Ἰσραὴλ κεφαλὴν καὶ οὐράν, μέγαν καὶ μικρὸν ἐν μιᾷ ἡμέρᾳ, πρεσβύτην καὶ τοὺς τὰ πρόσωπα θαυμάζοντας, αὕτη ἡ ἀρχή, καὶ προφήτην διδάσκοντα ἄνομα, οὗτος ἡ οὐρά.

12° Les constructions précédentes se rencontrent sans cesse dans les LXX. Elles s'y mélangent perpétuellement comme on a pu le remarquer par les exemples cités. Voyez encore *Gen.*, XLVIII, 7 ; XLVIII, 14 : ἐκτείνας δὲ Ἰσραὴλ τὴν χεῖρα τὴν δεξιὰν ἐπέβαλεν ἐπὶ τὴν κεφαλὴν Ἐφραίμ, οὗτος δὲ ἦν ὁ νεώτερος, καὶ τὴν ἀριστερὰν ἐπὶ τὴν κεφαλὴν Μανασσῆ, ἐναλλὰξ τὰς χεῖρας. — *Ex.*, XXVIII, 23 : καὶ λήμψεται Ἀαρὼν τὰ ὀνόματα τῶν υἱῶν Ἰσραὴλ... ἐπὶ τοῦ στήθους, εἰσιόντι εἰς τὸ ἅγιον, μνημόσυνον ἔναντι τοῦ θεοῦ. A Ἀαρὼν se rapporte logiquement εἰσιόντι, *lorsqu'il entrera dans le sanctuaire*. On a μνημόσυνον apposé à la phrase λήμψεται-στήθους. — XXX, 23-25 ; *Lév.*, IV, 8 ; *Nom.*, XV, 4-7 ; *Deut.*, III, 4-5 ; XV, 18 ; *Josué*, XIII, 2-6 ; 2 *R.*, VII, 23-24, où l'on a : καὶ τίς ὡς λαός σου Ἰσραὴλ ἔθνος ἄλλο ἐν τῇ γῇ ; ὡς ὡδήγησεν αὐτὸν ὁ θεός... — *quel peuple, (en tant qu'il s'agisse d') un autre peuple sur la terre, est comme ton peuple d'Israël ? par rapport à ceci que Dieu l'a conduit...* — 2 *Paral.*, XIV, 8 ; XIX, 10 ; *Es.*, IX, 14.

17. Peut-être existe-t-il, dans certains cas, une raison particulière de la juxtaposition et du désaccord des éléments juxtaposés. Dans notre Introduction (p. II-III), nous avons déjà remarqué que les livres du N. T. étaient destinés, dans beaucoup de leurs parties, et quelques-uns tout entiers, à être dits plutôt qu'à être lus des yeux. Mais alors, dans la diction, intervient un élément particulier qui est l'accent oratoire et la pause[1]. Si, de deux éléments juxtaposés, l'un porte l'accent oratoire et est séparé de l'autre par une pause, on comprend qu'il y ait alors tendance à l'interruption de l'accord. Cf. par exemple *Gen.*, XVII, 4 : καὶ ἐγώ, ἰδοὺ ἡ διαθήκη μου μετὰ σοῦ. — 4 *R.*, X, 29 : οὐκ ἀπέστη Εἴου ἔμπροσθεν αὐτῶν, αἱ δαμάλεις αἱ χρυσαῖ. — *Ps.*, XXVI, 4 : μίαν ᾐτησάμην παρὰ Κυρίου, ταύτην ἐκζητήσω· τοῦ κατοικεῖν με ἐν οἴκῳ Κυρίου.
L'élément détaché et sans accord est alors exclamatif, *Moi! voici mon alliance avec toi.* — *Jéhu ne se détourna pas d'elles, les génisses d'or de Béthel! — Je n'ai demandé qu'une chose au Seigneur et je la rechercherai : c'est que j'habite...!*

18. Tout ce qui vient d'être dit sur l'apposition et la juxtaposition dans le grec des LXX, sur l'influence de l'accent et de la pause, s'applique exactement au grec du N. T., dans une mesure plus restreinte, et l'on peut s'expliquer plus facilement tout l'ensemble des faits que nous avons analysés dans notre premier chapitre, en traitant de la structure générale de la phrase.

C'est en effet une juxtaposition hébraïsante, avec ou sans accord, des divers éléments de la phrase que l'on retrouve dans des exemples tels que :
Mat., X, 14 ; XXIII, 16 : ὃς ἂν ὀμόσῃ ἐν τῷ ναῷ, οὐδέν ἐστιν. — *Mar.*, VII, 1-5 ; VIII, 2 ; 18-20 ; 27-28 ; XII, 38-40 : βλέπετε ἀπὸ τῶν γραμματέων τῶν θελόντων ἐν στολαῖς περιπατεῖν..., οἱ κατέσθοντες τὰς οἰκίας τῶν χηρῶν..., avec l'apposition indépendante οἱ κατέσθοντες,

---

1. Cf. sur ce sujet Driver, *ouvr. cité*, p. 100 seqq. : *Accents.*

qui est en réalité une exclamation d'indignation : *ces Docteurs de la loi qui dévorent les maisons des veuves!* — *L.*, VIII, 12-15; XXI, 6 : ταῦτα ἃ θεωρεῖτε, ἐλεύσονται ἡμέραι ἐν αἷς οὐκ ἀφεθήσεται λίθος ἐπὶ λίθῳ ὧδε ὃς οὐ καταλυθήσεται. — XXIV, 45-48; *J.*, II, 9; VI, 22-23; VII, 38 : ὁ πιστεύων εἰς ἐμέ, καθὼς εἶπεν ἡ γραφή, ποταμοὶ ἐκ τῆς κοιλίας αὐτοῦ ῥεύσουσιν ὕδατος ζῶντος, avec accent oratoire sur les deux parties de la phrase, et pause entre elles (après ἐμέ), comme pour Marc, XII, 38-40 où la pause précède οἱ κατεσθόντες qui porte l'accent oratoire. — *A.*, I; 4-5; X, 36-38 : τὸν λόγον ἀπέστειλεν τοῖς υἱοῖς Ἰσραὴλ εὐαγγελιζόμενος εἰρήνην διὰ Ἰησοῦ Χριστοῦ· οὗτός ἐστιν πάντων κύριος· ὑμεῖς οἴδατε τὸ γενόμενον ῥῆμα καθ' ὅλης τῆς Ἰουδαίας, ἀρξάμενος ἀπὸ τῆς Γαλιλαίας μετὰ τὸ βάπτισμα ὃ ἐκήρυξεν Ἰωάνης, Ἰησοῦν τὸν ἀπὸ Ναζαρέθ, ὡς ἔχρισεν αὐτὸν ὁ θεὸς πνεύματι ἁγίῳ καὶ δυνάμει, ὃς διῆλθεν εὐεργετῶν καὶ ἰώμενος πάντας... καὶ ἡμεῖς μάρτυρες πάντων... Ce passage si tourmenté et si compliqué s'explique simplement par la loi de la juxtaposition des pensées à leur place logique, et par l'influence de la pause entre elles. — *R.*, XII, 4-20, trop long pour être transcrit ici, est un exemple fameux du développement de l'idée par juxtaposition pure et simple de tous ses éléments, de toutes les constructions et de toutes les formes que les pensées peuvent prendre pour être exprimées avec force et relief. — De même genre est *1 Cor.*, XII, 4-11; XII, 28-30 : οὓς μὲν ἔθετο ὁ θεὸς ἐν τῇ ἐκκλησίᾳ πρῶτον ἀποστόλους, δεύτερον προφήτας, τρίτον διδασκάλους, ἔπειτα δυνάμεις, ἔπειτα χαρίσματα ἰαμάτων, ἀντιλήμψεις, κυβερνήσεις, γένη γλωσσῶν. μὴ πάντες ἀπόστολοι; μὴ πάντες προφῆται; μὴ πάντες διδάσκαλοι; μὴ πάντες δυνάμεις; μὴ πάντες χαρίσματα ἔχουσιν ἰαμάτων; μὴ πάντες γλώσσαις λαλοῦσιν; — *1 P.*, IV, 7-11 : σωφρονήσατε οὖν καὶ νήψατε εἰς προσευχάς· πρὸ πάντων τὴν εἰς ἑαυτοὺς ἀγάπην ἐκτενῆ ἔχοντες, ὅτι ἀγάπη καλύπτει πλῆθος ἁμαρτιῶν· φιλόξενοι εἰς ἀλλήλους ἄνευ γογγυσμοῦ· ἕκαστος καθὼς ἔλαβεν χάρισμα, εἰς ἑαυτοὺς αὐτὸ διακονοῦντες ὡς καλοὶ οἰκονόμοι ποικίλης χάριτος θεοῦ· εἴ τις λαλεῖ, ὡς λόγια θεοῦ· εἴ τις διακονεῖ, ὡς ἐξ ἰσχύος ἧς χορηγεῖ ὁ θεός.

Le style de l'Apocalypse est inintelligible à moins d'avoir présent à l'esprit, en lisant ce livre, tout ce qui est dit dans ces deux premiers chapitres. Les principes exposés dans celui-ci y trouvent leur application à chaque page. Nous citons seulement I, 1-2; I, 4-7 : χάρις ὑμῖν καὶ εἰρήνη ἀπὸ ὁ ὢν καὶ ὁ ἦν καὶ ὁ ἐρχόμενος, καὶ ἀπὸ τῶν ἑπτὰ πνευμάτων ἃ ἐνώπιον τοῦ θρόνου αὐτοῦ, καὶ ἀπὸ Ἰησοῦ Χριστοῦ, ὁ μάρτυς ὁ πιστός, ὁ πρωτότοκος τῶν νεκρῶν καὶ ὁ ἄρχων τῶν βασιλέων τῆς γῆς. Τῷ ἀγαπῶντι ἡμᾶς καὶ λύσαντι ἡμᾶς

ἐκ τῶν ἁμαρτιῶν [ἡμῶν] ἐν τῷ αἵματι αὐτοῦ, καὶ ἐποίησεν ἡμᾶς βασιλείαν, ἱερεῖς τῷ θεῷ καὶ πατρὶ αὐτοῦ, αὐτῷ ἡ δόξα καὶ τὸ κράτος εἰς τοὺς αἰῶνας· ἀμήν. Ἰδοὺ ἔρχεται μετὰ τῶν νεφελῶν, καὶ ὄψεται αὐτὸν πᾶς ὀφθαλμὸς καὶ οἵτινες αὐτὸν ἐξεκέντησαν, καὶ κόψονται ἐπ' αὐτὸν πᾶσαι αἱ φυλαὶ τῆς γῆς.
Ce passage, *écrit avec des mots grecs*, est parfaitement étranger par son allure au grec classique, et parfaitement conforme au génie de l'hébreu tel que nous le saisissons dans le grec des LXX.

CHAPITRE III

Éléments de la proposition.

Le sujet est la personne, ou la chose, qui fait l'acte ou subit l'état exprimé par le verbe, et c'est du sujet que l'attribut est nié ou affirmé.
Le complément est l'objet de l'acte du verbe.
L'attribut est ce qui est affirmé ou nié du sujet.
Ce sont là les trois éléments d'une proposition grammaticalement complète dans sa forme, Mat., XX, 15 : ὁ ὀφθαλμός σου πονηρός ἐστιν.
Mais la proposition ne se présente pas souvent ainsi. On peut trouver seulement : le sujet et le verbe, Mat., XIV, 27 : ἐγώ εἰμι. — le verbe et l'attribut, Mat., XXIV, 9 : ἔσεσθε μισούμενοι. — le verbe seul, 2 Cor., XII, 16 : ἔστω δέ, et A., II, 17 : καὶ ἔσται.
Enfin, le sujet, le verbe, et l'attribut, avec un verbe autre que εἶναι, peuvent se réduire à un seul mot, J., XIX, 22 : ὃ γέγραφα γέγραφα, = ἐγώ εἰμι γεγραφὼς ὅ...

Nous allons énumérer maintenant les principales conséquences des principes généraux que nous venons d'exposer, relativement au verbe, au sujet, au complément et à l'attribut.

I

Conséquences relatives au verbe.

19. Les écrivains bibliques aiment à exprimer l'idée par deux mots au lieu d'un ; ainsi, par une périphrase du verbe simple, ou d'un mot simple :

a) Par εἶναι ou γίνεσθαι, etc., avec un participe, un adjectif ou un nom de même radical ou de même sens que le verbe simple qui aurait pu être employé, *J.*, V, 6 : ὑγιὴς γενέσθαι, et cf. *Mat.*, VIII, 3 : καθαρισθῆναι. — *A.*, I, 19 : καὶ γνωστὸν ἐγένετο, et II, 14 : τοῦτο ὑμῖν γνωστὸν ἔστω. — XII, 5 : προσευχὴ δὲ ἦν ἐκτενῶς γινομένη ὑπὸ... — XVIII, 7 : οὗ ἡ οἰκία ἦν συνομοροῦσα τῇ συναγωγῇ, = συνωμορεῖτο. — XXV, 10 : ἑστὼς ἐπὶ τοῦ βήματος Καίσαρός εἰμι, et XXVI, 6 : ἕστηκα κρινόμενος. — *Eph.*, IV, 32 : γίνεσθε... χαριζόμενοι ἑαυτοῖς, = χαρίζεσθε. Et souvent.

Ces locutions, qui se rencontrent d'ailleurs chez les écrivains grecs, ont été extrêmement favorisées par l'influence de l'hébreu et sont fréquentes dans les LXX, 2 *Esd.*, IV, 12 : γνωστὸν ἔστω. — VI, 8 : ἔστω διδομένη. — VI, 9 : ἔστω διδόμενον. — VI, 10 : ἵνα ὦσιν προσφέροντες. — *Ezech.*, XXVII, 36 : ἀπώλεια ἐγένου, = ἀπώλου, *tu es perdue*. — *Dan.*, VIII, 7 : καὶ οὐκέτι ἦν ἰσχὺς ἐν τῷ κριῷ τοῦ στῆναι ἐνώπιον αὐτοῦ, = οὐκ ἴσχυεν ὁ κριός...

b) Par un verbe transitif, comme ποιεῖν, διδόναι, λαμβάνειν, etc., *J.*, V, 11 : ὁ ποιήσας με ὑγιῆ, et ailleurs καθαρίζειν. — V, 18 : ἴσον ἑαυτὸν ποιῶν τῷ θεῷ. — XII, 49 : αὐτός μοι ἐντολὴν δέδωκεν τί εἴπω καὶ τί λαλήσω, = ἐνετείλατο. — XVIII, 29 : τίνα κατηγορίαν φέρετε τοῦ ἀνθρώπου τούτου ; = τί κατηγορεῖτε τοῦ ἀνθρώπου ; — XIX, 9 : ὁ δὲ Ἰησοῦς ἀπόκρισιν οὐκ ἔδωκεν αὐτῷ, et *Mat.*, XXVII, 14 : καὶ οὐκ ἀπεκρίθη αὐτῷ. — *A.*, VII, 19 : τοῦ ποιεῖν τὰ βρέφη ἔκθετα αὐτῶν, = τοῦ ἐκτιθέναι. — VII, 24 : ἐποίησεν ἐκδίκησιν. — XV, 18 : ποιῶν ταῦτα γνωστά, = γνωρίζων ταῦτα, comme ailleurs. — *H.*, II, 3 : ἀρχὴν λαβοῦσα λαλεῖσθαι. — X, 26 ; XI, 36 : μαστίγων πεῖραν ἔλαβον. — *Apoc.*, XI, 7 : τὸ θηρίον... ποιήσει μετ' αὐτῶν πόλεμον, et II, 16 : πολεμήσω μετ' αὐτῶν. — XI, 13 : οἱ λοιποὶ... ἔδωκαν δόξαν τῷ θεῷ.

Cf. en composition, *R.*, XI, 20 : μὴ ὑψηλὰ φρονεῖ, et *1 Tim.*, VI, 17 : μὴ ὑψηλοφρονεῖν (*v. l.* ὑψηλὰ φρονεῖν). — *A.*, VII, 41 : καὶ ἐμοσχοποίησαν, = καὶ μοσχὸν ἐποίησαν.

Cf. *Mar.*, XI, 5 : τί ποιεῖτε λύοντες ; plus solennel que τί λύετε ;

c) De même genre est, *J.*, IV, 29 : ὃς εἶπέ μοι πάντα ἃ ἐποίησα, = πάντα τὰ ἐμὰ (πράγματα). — V, 32 : ἡ μαρτυρία ἣν μαρτυρεῖ περὶ ἐμοῦ, = ἡ μαρτυρία αὐτοῦ περὶ ἐμοῦ. — V, 36 : τὰ ἔργα ἃ ποιῶ, = τὰ ἔργα τὰ ἐμά. — VI, 14 : ἃ ἐποίησεν σημεῖα, = τὰ σημεῖα αὐτοῦ, et cf. VII, 3. — XII, 38 : ἵνα ὁ λόγος Ἡσαΐου τοῦ προφήτου πληρωθῇ ὃν εἶπεν Κύριε κτλ., = ἵνα οὗτος ὁ λόγος κτλ. en supprimant ὃν εἶπεν. — Ces locutions présentent un caractère populaire; cf. LXX, *Es.*, XVIII, 31; *Dan.*, III, 33, et souvent.

Ces locutions, qui se rencontrent d'ailleurs chez les écrivains grecs, ont été favorisées par l'influence de l'hébreu et sont fréquentes dans les LXX, *Gen.*, XIV, 2 : ἐποίησαν πόλεμον μετὰ Βαλλά. — XXIV, 12 : ποίησον ἔλεος μετὰ τοῦ κυρίου μου. — *Deut.*, XXVIII, 56 : ἧς οὐχὶ πεῖραν ἔλαβεν ὁ ποὺς αὐτῆς βαίνειν. — *5 R.*, I, 48 : ὃς ἔδωκεν σήμερον ἐκ τοῦ σπέρματός μου καθήμενον, et cf. dans le N. T. *A.*, II, 30 : ὤμοσεν αὐτῷ ὁ θεὸς ἐκ καρποῦ τῆς ὀσφύος αὐτοῦ καθίσαι ἐπὶ τὸν θρόνον αὐτοῦ. — *Es.*, XLIII, 3 : ἐποίησα ἄλλαγμά σου Αἴγυπτον καὶ Αἰθιοπίαν, = ἀντήλλαξάμην σου Αἴγυπτον, comme dans *Prov.*, VI, 35. — *Jér.*, XXIV, 9 : καὶ δώσω αὐτοὺς εἰς διασκορπισμόν, = καὶ διασκορπίσω ou διασπερῶ αὐτούς.

d) L'habitude d'employer deux mots comme périphrase du verbe simple a multiplié les compléments et les attributs, parfois les sujets.

20. Ce qui précède est à remarquer. On peut expliquer par là certaines constructions anormales qui se rencontrent principalement dans l'Apocalypse.

Ainsi, *Apoc.*, XI, 3 : δώσω τοῖς δυσὶν μάρτυσίν μου, καὶ προφητεύσουσιν ἡμέρας χιλίας διακοσίας ἑξήκοντα, περιβεβλημένους σάκκους. Mais l'accusatif du participe s'explique facilement, si l'on remarque qu'il y a eu dissociation des deux premières propositions, et qu'on devrait avoir : ποιήσω τοὺς δύο μάρτυράς μου προφητεῦσαι… περιβεβλημένους. — On lit, *1 Cor.*, VII, 31 : οἱ χρώμενοι τὸν κόσμον, et *Apoc.*, III, 17 : πλούσιός εἰμι καὶ πεπλούτηκα καὶ οὐδὲν χρείαν ἔχω. Ces mots χρείαν ἔχω prennent l'accusatif οὐδέν comme s'il y avait un verbe simple χρήζειν τι ou ἐπιποθεῖν τι, = οὐδὲν ἐπιποθῶ. — De là aussi XXII, 5 : οὐκ ἔχουσιν χρείαν φωτὸς λύχνου καὶ φῶς ἡλίου, où les deux constructions du génitif et de l'accusatif sont réunies. — *Apoc.*, XI, 18 : ἦλθεν ἡ ὀργή σου καὶ ὁ καιρὸς τῶν νεκρῶν κριθῆναι καὶ δοῦναι τὸν μισθὸν τοῖς δούλοις σου τοῖς προφήταις… καὶ τοῖς φοβουμένοις τὸ ὄνομά σου, τοὺς μικροὺς καὶ τοὺς μεγάλους. Les mots δοῦναι τὸν μισθόν équivalent à un verbe simple comme μισθοδοτῆσαι, δωρήσασθαι; de là l'accusatif τοὺς μικροὺς καὶ τοὺς μεγάλους (cf. aussi 10, 14, 17).

Le verbe et le nom, dans des exemples tels que *Apoc.*, XI, 18 et XXII, 5, forment une idée simple exprimant un acte qui tombe directement sur l'objet, ou complément, à l'accusatif. Cet accusatif, complément direct après le nom (et le verbe), ne devait pas choquer beaucoup un auteur aussi hébraïsant que celui de l'*Apocalypse*. Car on lit dans les LXX, *1 Paral.*, VI, 49 : καὶ 'Ααρὼν καὶ οἱ υἱοὶ αὐτοῦ... εἰς πᾶσαν ἐργασίαν ἅγια (v. l. ἁγίαν) τῶν ἁγίων καὶ ἐξιλάσκεσθαι περὶ 'Ισραήλ, *Aaron et ses fils étaient) pour tout le service du* (= pour desservir le) *Saint des Saints et pour (supplier en faveur) d'Israël*. — *Nahum*, I, 11 : ἐκ σοῦ ἐξελεύσεται λογισμὸς κατὰ τοῦ κυρίου πονηρά, βουλευόμενος ἐναντία (à moins de corriger, conformément à l'hébreu, en λογιζόμενος). Cf. 214 et 215.

II

Conséquences relatives au sujet.

21. Les idées étant exprimées dans des propositions séparées, le sujet demande souvent à être indiqué pour la clarté de la pensée ou la commodité du lecteur. De là résulte, au moins en partie, l'expression si fréquente du sujet pronom, ou la répétition du sujet. Cf. 56-64.

L., XX, 28 : ἐάν τινος ἀδελφὸς ἀποθάνῃ ἔχων γυναῖκα καὶ οὗτος ἄτεκνος ᾖ, quand on aurait pu avoir ἐάν τινος ἀδελφός, ἔχων γυναῖκα, ἄτεκνος ἀποθάνῃ. — *1 Cor.*, VII, 12.

Dans les LXX, *Jug.*, VIII, 11 : ἐπάταξε τὴν παρεμβολήν, καὶ ἡ παρεμβολὴ ἦν πεποιθυῖα, καὶ ἔφυγον Ζεβεὲ καὶ Σαλμανά.

22. Les idées étant exprimées dans une série de propositions indépendantes, coordonnées ou non, il arrive souvent que le sujet change brusquement de l'une à l'autre, et sans être exprimé. Le contexte seul indique alors quel est le sujet à suppléer. Cf. 68-87.

Mar., I, 31 : καὶ ἀφῆκεν αὐτὴν ὁ πυρετός, καὶ διηκόνει αὐτοῖς. — *1 J.*, V, 16; *Apoc.*, IX, 8-10; XVI, 6.

23. Dans les LXX, sous l'influence de l'hébreu, le sujet réel et qui aurait dû être au nominatif est au datif avec le sens de *quant à...*; par exemple *quant à un tel, il fait,* = *un tel fait.* Il y a là un exemple de dissociation violente, pour nous, des éléments de la proposition. Cf. 47, *d*, et cf. 47 *c*; 95, *e*; 98.

24. Le sujet peut être complètement détaché et mis en relief, au commencement de la phrase; il est alors repris par un pronom. Cf. 53-55.

25. L'habitude de séparer les propositions amène le brusque passage du passif impersonnel à l'actif impersonnel, préféré en hébreu et dans le grec biblique (97).

Elle amène aussi la construction si curieuse des formules καὶ ἔσται, καὶ ἐγένετο, 103, 106.

26. Elle exerce une influence considérable sur l'accord du verbe avec le sujet et particulièrement sur l'accord du participe avec son antécédent. Elle a causé une multitude d'anomalies dans cet accord; dans certains cas, elle a même produit l'absence complète d'accord. Cf. 107-109; 111-114; 123; 131; 132; 147. Mais dans tous les cas, l'arrangement grammatical des éléments de la proposition, consistant ici dans l'accord rigoureux du verbe avec le sujet, est détruit. Cf. 107-109.

III

Conséquences relatives au complément.

27. Comme pour le sujet (21), les idées étant exprimées dans des propositions séparées, le complément demande souvent à être indiqué pour la clarté de la pensée ou la commodité du lecteur. De là résulte aussi, du moins en partie, l'expression si fréquente du pronom complément, ou la répétition du complément; cf. 168-181. Ainsi :

J., III, 1 : ἦν δὲ ἄνθρωπος ἐκ τῶν Φαρισαίων, Νικόδημος ὄνομα αὐτῷ, ἄρχων τῶν Ἰουδαίων, quand ὄνομα Νικόδημος aurait suffi. — *Mar.*, V, 24 : καὶ ἠκολούθει αὐτῷ ὄχλος πολύς, καὶ συνέθλιβον αὐτόν. — V, 33; *J.*, V, 36; XIII, 26; *A.*, IV, 36-37.

Dans les LXX, *Josué*, X, 30, 32, etc.

28. Comme pour le sujet (22), les idées étant exprimées dans une série de propositions indépendantes, coordonnées ou non, il arrive souvent que le complément change brusquement de l'une à l'autre. Le contexte seul indique alors quel est le complément; cf. 180 seqq... Ainsi :

Mar., V, 9-10 : ἐπηρώτα αὐτόν Τί ὄνομά σοι; καὶ λέγει αὐτῷ Λεγιὼν ὄνομά μοι, ὅτι πολλοί ἐσμεν· καὶ παρεκάλει αὐτὸν πολλὰ ἵνα μὴ αὐτὰ ἀποστείλῃ. Le premier αὐτόν (et αὐτῷ) = τὸν δαιμονιζόμενον; le second = τὸν Ἰησοῦν; et αὐτά = τὰ δαιμόνια.

29. Comme le sujet (24), le complément peut être complètement détaché et mis en relief, au commencement ou à la fin de la phrase ; il est alors repris par un pronom ; cf. 168-172. Ainsi :

J., VII, 38 : ὁ πιστεύων εἰς ἐμέ, καθὼς εἶπεν ἡ γραφή, ποταμοὶ ἐκ τῆς κοιλίας αὐτοῦ ῥεύσουσιν ὕδατος ζῶντος. — Cf. *Apoc.*, II, 20, 26 ; III, 12, 21 ; VI, 8.

30. Le rapport qui unit le complément au verbe tend souvent à se relâcher, et, au lieu du cas seul, on trouve le complément précédé d'une préposition. La construction analytique tend à se substituer à la construction synthétique. Cf. 206-213.

Bien plus, au moins dans l'*Apocalypse*, il peut arriver que le verbe reste seul et que son complément naturel prenne une construction indépendante. Il y a là une dissociation violente, pour nous, de ces deux éléments de la proposition ; cf. 215.

Apoc., XIV, 14 : καὶ εἶδον, καὶ ἰδοὺ νεφέλη λευκή, = εἶδον νεφέλην. Et cf. XIX, 11 : καὶ εἶδον τὸν οὐρανὸν ἠνεῳγμένον, καὶ ἰδοὺ ἵππος λευκός.

Dans les LXX, *Zach.*, V. 9 : καὶ ἦρα τοὺς ὀφθαλμούς μου καὶ εἶδον, καὶ ἰδοὺ δύο γυναῖκες ἐκπορευόμεναι.

31. Le rapport entre un même verbe et son complément peut varier dans des passages différents, et la construction varie en conséquence, en vertu du relâchement signalé plus haut (15). Bien plus, cette variation peut se rencontrer dans une même phrase, un même passage, lorsque le verbe a plusieurs compléments ; le plus éloigné pourra prendre une construction différente de celle du plus rapproché. Il y a là une dissociation violente, pour nous, des éléments de la proposition.

J., I, 16 : ἐκ τοῦ πληρώματος αὐτοῦ ἡμεῖς πάντες ἐλάβομεν, καὶ χάριν ἀντὶ χάριτος. — *1 J*., III, 24 ; *Apoc.*, XVII, 4 ; XXII, 5. Cf. 10-11 ; 20 ; 214.

IV

Conséquences relatives à l'attribut.

32. *a)* Certains accords synthétiques entre le sujet et l'attribut ne se font pas : cf. 234. *d ;* 235, 240, *b ;* 241, *c*.

Apoc., XVI, 13 : εἶδον... πνεύματα τρία ἀκάθαρτα ὡς βάτραχοι.

b) Au lieu de s'unir directement au sujet par le verbe de liaison εἶναι, l'attribut ne s'y unit qu'au moyen de εἰς et de ὡς. — Voy. 264-266.

c) Certaines constructions synthétiques de l'attribut complémentaire tendent à disparaître. — Voy. 269-280.

33. L'apposition tend parfois à se juxtaposer d'une manière indépendante ; l'accord peut être rompu entièrement ou partiellement. Le grec biblique emploie beaucoup l'apposition épexégétique juxtaposée (voy. 300-313). Ainsi :

Apoc., I, 5 : ἀπὸ Ἰησοῦ Χριστοῦ, ὁ μάρτυς ὁ πιστός. — XIII, 8.

Dans les LXX, 4 R., XI, 7 : καὶ δύο χεῖρες ἐν ὑμῖν, πᾶς ὁ ἐκπορευόμενος τὸ σάββατον. — *Daniel* (LXX), III, 96.

34. L'adjectif épithète, ou complément distinctif, peut ne s'accorder que partiellement, et l'accord de cet adjectif avec son substantif est parfois partiellement brisé : voy. 314.

V

35. Plusieurs des anomalies de construction qui se rencontrent dans le grec biblique demandent l'application simultanée de plusieurs des principes précédents. Ainsi pour *Apoc.*, IV, 1-4 (17, *b*), voy. 4, 6, 8, 9, 10, 14, 14 *bis*, 17 *b*, 30 ; pour XI, 18, cf. 10, 14, 17, 20.

36. Les constructions irrégulières ou extraordinaires de l'Apocalypse se retrouvent probablement toutes, dans les LXX, et presque toutes dans les autres livres du N. T. Mais dispersées et assez rares dans ces derniers, elles frappent peu l'attention. Au contraire, leur accumulation dans l'Apocalypse donne à la langue de ce petit livre un caractère rude et une couleur étrangère bien marquée.

37. *a*) Les principes généraux que nous venons d'exposer sont destinés moins à expliquer tel ou tel passage irrégulier du N. T. ou des LXX, qu'à montrer la structure générale du grec biblique et l'allure générale du style. L'application en est constante.

b) Ces caractères généraux nous paraissent être ceux de la langue de la conversation. Ils nous indiquent donc ce qu'étaient le grec familier et le grec populaire, qui constituent la langue des LXX et du N. T. — Mais il faut aussi tenir compte, dans une certaine mesure, de l'influence hébraïsante, en remarquant que l'hébreu est, lui aussi, une langue essentiellement populaire et familière. — Cf. d'ailleurs ma *Syntaxe des propositions*, 29 et 30.

DEUXIÈME PARTIE

LE VERBE ET LE SUJET[1]

38. La deuxième partie traite des matières suivantes : Nature du sujet. — Expression du sujet. — Suppression du sujet. — Accord du verbe avec le sujet, en nombre et en personne ; et du participe, en cas, en nombre et en genre, avec son antécédent, qui doit être regardé comme son sujet.

CHAPITRE IV

Nature du sujet.

Le sujet est simple, complexe, composé. L'accord du verbe varie en conséquence.

Sujet simple.

39. Tout nominal, c'est-à-dire tout nom, et tout ce qui peut être pris comme nom, peut servir de sujet : substantif, adjectif,

1. Curtius, 361-367 ; Koch, 69 seqq. ; Madvig, 1 seqq. ; Cucuel et Riemann, 20-21.

pronom, infinitif, participe ; mot indéclinable, proposition traitée comme un substantif. — Certaines catégories de sujets méritent d'être mentionnées à cause de l'emploi extrêmement libre qu'en font les auteurs du N. T.

40 *a*). Le sujet est un indéclinable, une proposition traitée comme un substantif, une citation, *J.*, VI, 45 : ἐστὶν γεγραμμένον ἐν προφήταις Καὶ ἔσονται πάντες διδακτοὶ θεοῦ. — *A.*, XVII, 23 ; *R.*, XIII, 9 : τὸ γὰρ Οὐ μοιχεύσεις... ἐν τῷ λόγῳ τούτῳ ἀνακεφαλαιοῦται. — *2 Cor.*, I, 17, 19 : ἀλλὰ Ναί ἐν αὐτῷ γέγονεν. — *Eph.*, IV, 9 : τὸ δὲ Ἀνέβη τί ἐστίν...; — *Apoc.*, III, 14 : τάδε λέγει ὁ Ἀμήν, et cf. *2 Cor.*, I, 20 : τὸ Ἀμήν τῷ θεῷ. — XI, 14 : ἡ οὐαὶ ἡ δευτέρα ἀπῆλθεν · ἰδοὺ ἡ οὐαὶ ἡ δευτέρα ἔρχεται.

b) Le sujet est un adjectif ou un participe, sans article et sans pronom exprimé, au singulier ou au pluriel, *Mat.*, XI, 11 : οὐκ ἐγήγερται ἐν γεννητοῖς γυναικῶν μείζων Ἰωάνου τοῦ βαπτιστοῦ. — *L.*, XI, 37 : ἐν δὲ τῷ λαλῆσαι ἐρωτᾷ αὐτὸν Φαρισαῖος ὅπως... — *A.*, XI, 8 ; XII, 12 : οὐ ἦσαν ἱκανοί[1] συνηθροισμένοι. — *R.*, III, 12 : οὐκ ἔστιν ποιῶν χρηστότητα, οὐκ ἔστιν ἕως ἑνός, cité des LXX, *Ps.*, XIII, 3, et cf. *R.*, III, 10 où la citation est ainsi répétée : οὐκ ἔστιν δίκαιος οὐδὲ εἷς. — *Apoc.*, IV, 2 : καὶ ἰδοὺ θρόνος ἔκειτο ἐν τῷ οὐρανῷ καὶ ἐπὶ τὸν θρόνον καθήμενος, καὶ ὁ καθήμενος ὅμοιος...— XXI, 27 : οὐ μὴ εἰσέλθῃ εἰς αὐτὴν πᾶν κοινὸν καὶ [ὁ] ποιῶν βδέλυγμα (= οὐδεὶς ποιῶν). — *H.*, V, 4 : καλούμενος se rapporte à τις ; et X, 28, τις est exprimé.

Dans les LXX, *Job*, XXXV, 15 : καὶ νῦν ὅτι οὐκ ἔστιν ἐπισκεπτόμενος ὀργὴν αὐτοῦ, καὶ οὐκ ἔγνω παράπτωμά τι σφόδρα. — *Prov.*, XIV, 21 et 22 : ὁ ἀτιμάζων πένητας ἁμαρτάνει, ἐλεῶν δὲ πτωχοὺς μακαριστός. Πλανώμενοι τεκταίνουσι κακά, ἔλεον δὲ καὶ ἀλήθειαν τεκταίνουσιν ἀγαθοί. — *Eccl.*, XI, 4 : τηρῶν ἄνεμον οὐ σπείρει, καὶ βλέπων ἐν ταῖς νεφέλαις οὐ θερίσει. — *Amos*, VII, 7 : οὕτως ἔδειξέ μοι Κύριος, καὶ ἰδοὺ ἑστηκὼς ἐπὶ τείχους ἀδαμαντίνου, καὶ ἐν τῇ χειρὶ αὐτοῦ ἀδάμας. — *Michée*, VII, 2 : ἀπόλωλεν εὐσεβὴς ἀπὸ τῆς γῆς, καὶ κατορθῶν ἐν ἀνθρώποις οὐχ ὑπάρχει.

Cf. *2 R.*, IX, 1 : εἰ ἔστιν ἔτι ὑπολελειμμένος τῷ οἴκῳ Σαούλ, καὶ ποιήσω μετ' αὐτοῦ ἔλεος, avec v. 3 : εἰ ὑπολέλειπται ἐκ τοῦ οἴκου Σαοὺλ ἔτι ἀνὴρ καὶ ποιήσω μετ' αὐτοῦ ἔλεος :

L'emploi de l'adjectif ou du participe seul comme sujet est, dans le grec biblique, une habitude ; tandis qu'il ne paraît être dans le grec classique, qu'une exception, du moins pour le singulier. Cette habitude est due à l'influence de l'hébreu.

L'absence de l'article et de tout pronom appelle l'attention sur l'adjectif ou le participe.

Pour l'accord du verbe avec ce sujet simple, voy. 110-114.

---

1. Seulement dans Luc et Paul, *A.*, XII, 12 ; XIX, 19 ; *1 Cor.*, XI, 30.

41. Le sujet peut être au pluriel neutre. Pour l'accord du verbe avec lui, voy. 115-119.

42. Le sujet peut être un pronominal, comme ἐγώ, αὐτός, τινές, etc. Voy. 50-63; 89.

Sujet complexe.

Le sujet est complexe, au moins dans sa forme :

43 (1). Quand on trouve une périphrase ou un groupe de mots, *A.*, XIII, 13 : οἱ περὶ Παῦλον ἦλθον εἰς Πέργην, où οἱ περὶ Παῦλον = Paul et ses compagnons, idiotisme grec qui n'étonne pas dans les *Actes*. — *2 P.*, III, 10 : ἥξει δὲ ἡμέρα Κυρίου ὡς κλέπτης, et cf. *Apoc.*, III, 13 : ἥξω ὡς κλέπτης. — *Jude*, I, 16 : καὶ τὸ στόμα αὐτῶν λαλεῖ ὑπέρογκα, θαυμάζοντες... — *Apoc.*, IV, 6 : καὶ ἐνώπιον τοῦ θρόνου ὡς θάλασσα ὑαλίνη. — VIII, 8 : καὶ ὡς ὄρος μέγα πυρὶ καιόμενον ἐβλήθη. — Cf. 115, *e*.

Le sujet périphrastique rend le style solennel.

Dans les LXX, *Ex.*, IX, 7 : ἰδὼν δὲ Φαραὼ ὅτι οὐκ ἐτελεύτησεν... οὐδέν, ἐβαρύνθη ἡ καρδία Φαραώ, καὶ οὐκ ἐξαπέστειλε τὸν λαόν. — *1 R.*, V, 9; *Job*, XXIV, 15 : ὀφθαλμὸς μοιχοῦ ἐφύλαξε σκότος, λέγων... = ὁ μοιχὸς ἐφύλαξε... λέγων. — *Es.*, LXVI, 2 : ἡ χείρ μου ἐποίησε..., = ἐγὼ ἐποίησα, cité dans le N. T., *A.*, VII, 50.

Gén., XXXVII, 9; *Es.*, XVIII, 3 : ὡς σάλπιγγος φωνὴ ἀκουστὸν ἔσται, *on entendra comme un son...* — *Dan.*, X, 16 : καὶ ἰδοὺ ὡς ὁμοίωσις υἱοῦ ἀνθρώπου ἥψατο τῶν χειλέων μου, et cf. *Daniel* (LXX) : ὡς ὅρασις ἐπεστράφη.

Pour l'accord du verbe, voy. 120-121.

43bis (2). Quand on trouve deux ou plusieurs mots dont le premier est déterminé par ceux qui suivent, et, d'une manière générale, un mot enfermant en lui deux idées comme celles de contenant et de contenu, etc. Ainsi :

a) Le collectif, *L.*, XIX, 37 : ἤρξαντο ἅπαν τὸ πλῆθος τῶν μαθητῶν. — Et avec suppression du déterminant, *J.*, XII, 12 : ὁ ὄχλος πολὺς ὁ ἐλθών..., ἀκούσαντες. — Pour l'accord du verbe, voy. 125-136.

b) Le partitif, *L.*, XX, 27 : προσελθόντες δέ τινες τῶν Σαδδουκαίων. Mais parfois le pronom indéfini est supprimé, et il reste le génitif partitif qui fait fonction de sujet, *Mat.*, XXVII, 9 : τὴν τιμὴν τοῦ τετιμημένου ὃν ἐτιμήσαντο ἀπὸ υἱῶν Ἰσραήλ[1], = τινὲς τῶν Ἰσραηλειτῶν, *qu'ont estimé des Israélites.*

---

1. Traduction de l'évangéliste; les LXX donnent : ἐδοκιμάσθην ὑπὲρ αὐτῶν.

Voy. plus loin, 73; et pour des exemples des LXX, 84; pour l'accord du verbe, 137.

c) Le distributif, *Apoc.*, XXI, 21 : ἀνὰ εἷς ἕκαστος τῶν πυλώνων ἦν ἐξ ἑνὸς μαργαρίτου. — Pour l'accord du verbe, voy. 138-139.

d) Le déterminé et le déterminant en général. Voy. les exemples et l'accord du verbe, 5, 122-124 *bis*.

e) Classiquement, les estimations approximatives exprimées au moyen des prépositions εἰς, ἐπί, κατά, περί, avec l'accusatif, peuvent aussi jouer le rôle de sujet (CURTIUS, 361, 3, *Rem.*, 2). Aucune de ces expressions ne se rencontre plus dans le N. T.; elles sont remplacées par ὡς, ὡσεί, avec le nominatif (*Mat.*, XIV, 21; *Mar.*, VIII, 9, etc.); ce qui est d'ailleurs classique.
On lit, *L.*, IX, 13 : οὐκ εἰσὶν ἡμῖν πλεῖον ἢ πέντε ἄρτοι, = ἄρτοι πλείους ἢ πέντε...), et cf. *A.*, XXIV, 11 : οὐ πλείους εἰσίν μοι ἡμέραι δώδεκα. — Classique, mais dans Luc seul.

f) Une proposition servant de sujet au moins logique, *2 Cor.*, II, 5 : εἰ δέ τις λελύπηκεν, οὐκ ἐμὲ λελύπηκεν, = ὁ δὲ λυπήσας οὐκ ἐμὲ... — *2 Th.*, III, 10 : εἴ τις οὐ θέλει ἐργάζεσθαι μηδὲ ἐσθιέτω.
R., XIII, 11 : ὥρα ἤδη ὑμᾶς ἐξ ὕπνου ἐγερθῆναι. — Mais on a plutôt une proposition finale comme *J.*, IV, 34 : ἐμὸν βρῶμά ἐστιν ἵνα ποιήσω τὸ θέλημα τοῦ πέμψαντός με.

Sujet composé.

44. *a*) On peut trouver réunis deux ou plusieurs des sujets qui précèdent, même d'espèce différente :
R., XIII, 9 : τὸ γὰρ Οὐ μοιχεύσεις, Οὐ φονεύσεις..., καὶ εἴ τις ἑτέρα ἐντολή, ἐν τῷ λόγῳ τούτῳ ἀνακεφαλαιοῦται. — *Apoc.*, XIV, 11 : οὐκ ἔχουσιν ἀνάπαυσιν... οἱ προσκυνοῦντες τὸ θηρίον καὶ τὴν εἰκόνα αὐτοῦ, καὶ εἴ τις λαμβάνει τὸ χάραγμα τοῦ ὀνόματος αὐτοῦ.

Dans les LXX, *Gen.*, XLI, 13 : ἐγενήθη δὲ καθὼς συνέκρινεν ἡμῖν, οὕτω καὶ συνέβη, ἐμέ τε ἀποκατασταθῆναι ἐπὶ τὴν ἀρχήν μου, ἐκεῖνον δὲ κρεμασθῆναι. — *Josué*, XIV, 4 : οὐκ ἐδόθη μερὶς ἐν τῇ γῇ τοῖς Λευίταις, ἀλλ' ἢ πόλεις κατοικεῖν καὶ τὰ ἀφωρισμένα αὐτῶν τοῖς κτήνεσι καὶ τὰ κτήνη αὐτῶν. — *2 Paralip.*, XIX, 7 : οὐκ ἔστιν μετὰ κυρίου θεοῦ ἡμῶν ἀδικία οὐδὲ θαυμάσαι πρόσωπον οὐδὲ λαβεῖν δῶρα.

b) Mais parfois le sujet composé est formé de mots synonymes ou presque synonymes qui n'expriment réellement

NATURE DU SUJET. 39

qu'une seule idée, *Mat.*, XVI, 17 : σὰρξ καὶ αἷμα οὐκ ἀπεκάλυψέν σοι, *ce n'est pas ta nature d'homme, ton humanité, qui te l'a révélé.* — *A.*, IV, 28 : ὅσα ἡ χείρ σου καὶ ἡ βουλή προώρισεν γενέσθαι.

Pour l'accord du verbe avec le sujet composé, voy. 141-148.

c) Dans les LXX, on trouve les sujets séparés, comme 2 *Paral.*, XII, 15 : καὶ λόγοι Ροβοάμ οἱ πρῶτοι καὶ οἱ ἔσχατοι οὐκ ἰδοὺ γεγραμμένοι ἐν τοῖς λόγοις Σαμαία τοῦ... ὁρῶντος, καὶ αἱ πράξεις αὐτοῦ.

Développement du sujet.

45. Le sujet peut prendre des compléments et recevoir des développements de toute nature. Citons seulement :

Mat., X, 36 : καὶ ἐχθροὶ τοῦ ἀνθρώπου οἱ οἰκιακοὶ αὐτοῦ, tandis qu'on devrait avoir : καὶ οἱ οἰκιακοὶ τοῦ ἀνθρώπου ἐχθροί εἰσιν αὐτοῦ. — *J.*, III, 1 ; 2 *Cor.*, III, 3 ; *Phil.*, I, 23-24 : συνέχομαι δὲ ἐκ τῶν δύο, τὴν ἐπιθυμίαν ἔχων εἰς τὸ ἀναλῦσαι καὶ σὺν Χριστῷ εἶναι, πολλῷ γὰρ μᾶλλον κρεῖσσον· τὸ δὲ ἐπιμένειν τῇ σαρκὶ ἀναγκαιότερον δι' ὑμᾶς. L'incidente a interrompu le développement qui aurait donné τὸ δὲ ἐπιμένειν... ἀναγκαιότερον λογιζόμενος, tandis qu'il faut suppléer ἐστίν devant ἀναγκαιότερον. — I, 29 ; *1 Tim.*, V, 9-10 : χήρα καταλεγέσθω μὴ ἔλαττον ἐτῶν ἑξήκοντα γεγονυῖα, ἑνὸς ἀνδρὸς γυνή, ἐν ἔργοις καλοῖς μαρτυρουμένη, εἰ ἐτεκνοτρόφησεν, εἰ ἐξενοδόχησεν κτλ. Χήρα est l'attribut, et γεγονυῖα le sujet, développé ensuite par ἑνὸς-μαρτυρουμένη, et par εἰ ἐτεκνοτρόφησεν = τεκνοτροφήσασα. — *1 P.*, II, 19 (et cf. v. 20) : τοῦτο γὰρ χάρις εἰ διὰ συνείδησιν θεοῦ ὑποφέρει τις λύπας. — *Apoc.*, III, 7 : τάδε λέγει ὁ ἅγιος, ὁ ἀληθινός, ὁ ἔχων τὴν κλεῖν Δαυείδ, ὁ ἀνοίγων καὶ οὐδεὶς κλείσει καὶ κλείων καὶ οὐδεὶς ἀνοίγει.

Dans les LXX, *Lév.*, II, 2 : καὶ δραξάμενος ἀπ' αὐτῆς πλήρη τὴν δράκα... καὶ πάντα τὸν λίβανον αὐτῆς, καὶ ἐπιθήσει ὁ ἱερεὺς τὸ μνημόσυνον αὐτῆς, οὗ δραξάμενος se rapporte au sujet ὁ ἱερεύς, καί marquant seulement la relation entre les deux. — *Eccl.*, V, 18 : πᾶς ἄνθρωπος ᾧ ἔδωκεν αὐτῷ ὁ θεὸς πλοῦτον καὶ ὑπάρχοντα καὶ ἐξουσίασεν αὐτῶν, φαγεῖν ἀπ' αὐτοῦ καὶ λαβεῖν τὸ μέρος αὐτοῦ καὶ τοῦ εὐφρανθῆναι ἐν μόχθῳ αὐτοῦ, τοῦτο δόμα θεοῦ ἐστίν.

Cf. 4, 10, 14, 14 *bis*.

CHAPITRE V

Expression du sujet.

46. Le sujet peut être seul :

a) Quand le verbe se supplée ou se répète facilement d'après le contexte, *J.*, XIV, 3; *A.*, XV, 11; *2 Cor.*, IX, 7 : ἕκαστος καθὼς προῄρηται τῇ καρδίᾳ, μὴ ἐκ λύπης ἢ ἐξ ἀνάγκης, ἱλαρὸν γὰρ δότην ἀγαπᾷ ὁ θεός, = ἕκαστος δότω. — *Eph.*, IV, 29 : πᾶς λόγος σαπρὸς ἐκ τοῦ στόματος ὑμῶν μὴ ἐκπορευέσθω, ἀλλὰ εἴ τις ἀγαθὸς πρὸς οἰκοδομὴν τῆς χρείας, ἵνα δῷ χάριν, = εἴ τις ἀγαθός, ἐκπορευέσθω.
— V, 22 : avec αἱ γυναῖκες suppléez ὑποτασσέσθωσαν du v. 21.
— *Ph.*, II, 5 : τοῦτο φρονεῖτε ἐν ὑμῖν ὃ καὶ ἐν Χριστῷ Ἰησοῦ, = ὃ ἐφρονεῖτο ou plutôt ἦν. — Cf. 4, 6.

b) Quand il est supprimé dans le protocole d'une lettre, comme en grec classique. *A.*, XV, 23, suppléez λέγουσιν (χαίρειν). — Cf. LXX, *2 Mac.*, I, 1.

c) Quand il se supplée d'un passage des LXX que l'on est supposé connaître, *2 Cor.*, VIII, 15 : ὁ τὸ πολὺ οὐκ ἐπλεόνασεν καὶ ὁ τὸ ὀλίγον οὐκ ἠλαττόνησεν, en suppléant avec l'article συλλέξας, d'après les LXX, *Ex.*, XVI, 17-18.

d) Quand il y a eu anacoluthe, comme *R.*, IX, 10 : ἀλλὰ καὶ Ῥεβέκκα ἐξ ἑνὸς κοίτην ἔχουσα, Ἰσαὰκ τοῦ πατρὸς ἡμῶν· μήπω γὰρ γεννηθέντων... La proposition qui a pour sujet Ῥεβέκκα est interrompue par le génitif absolu, et plus loin, v. 12, αὐτῇ se rapporte à Ῥεβέκκα. — *Apoc.*, X, 8 : καὶ ἡ φωνὴ ἣν ἤκουσα ἐκ τοῦ οὐρανοῦ πάλιν λαλοῦσαν μετ' ἐμοῦ.

47. Le sujet se met régulièrement au nominatif.

a) Dans les LXX, la faculté de juxtaposer les idées sans les combiner fait qu'un nominatif sujet peut rester seul, sans verbe et sans anacoluthe, comme *Es.*, XIX, 17 : πᾶς ὃς ἐὰν ὀνομάσῃ αὐτὴν αὐτοῖς, φοβηθήσονται, et ce dernier verbe a pour sujet αὐτοί (de αὐτοῖς). Le nominatif πᾶς est sans verbe, et sa proposition équivaut à ἐάν τις (ou ὅταν τις) ὀνομάσῃ...

Aussi a-t-on dans le N. T., *Mat.*, XXIII, 16 : ὃς ἂν ὁμόσῃ ἐν τῷ ναῷ, οὐδέν ἐστιν, ὃς δ' ἂν ὁμόσῃ ἐν τῷ χρυσῷ τοῦ ναοῦ ὀφείλει, quand on aurait dû avoir : ὃς ἄν... οὐδὲν ὀφείλει. — Cf. 6, 9, 14, 14 *bis* et surtout 305.

b) Le nominatif n'est pas non plus un sujet sans verbe, par anacoluthe, dans un exemple tel que *Mar.*, VIII, 2 : σπλαγχνίζομαι ἐπὶ τὸν ὄχλον ὅτι ἤδη ἡμέραι τρεῖς προσμένουσίν μοι, οὺ προσμένουσιν a pour sujet ὁ ὄχλος, et cf. *L.*, IX, 28.

Le nominatif absolu ἡμέραι τρεῖς est un hébraïsme pur comme dans les LXX, *Josué*, I, 11 : ὅτι ἔτι τρεῖς ἡμέραι καὶ ὑμεῖς διαβαίνετε (avec καὶ ajouté par les LXX), et *Eccl.*, II, 16 : καθότι ἤδη αἱ ἡμέραι ἐρχόμεναι τὰ πάντα ἐπελήσθη, *tout est oublié pendant les jours à venir* (EWALD, 300, 1, (*a*)). — Cf. 9, 10, 10 *bis*.

c) Lorsque le sujet, substantif, est suivi d'une proposition relative qui le détermine, il peut être attiré au cas du relatif, *Mat.*, XXI, 42 (cf. *Mar.*, XII, 10 ; *1 P.*, II, 7) : λίθον ὃν ἀπεδοκίμασαν οἱ οἰκοδομοῦντες, οὗτος ἐγενήθη..., cité des LXX, *Ps.*, CXVII, 22. — *L.*, I, 73 ; *A.*, X, 36 (*v. l.*) : τὸν λόγον ὃν ἀπέστειλεν τοῖς υἱοῖς Ἰσραήλ..., οὗτός ἐστιν... — *1 Cor.*, X, 16. — Cf. 53.

Cette construction[1], hébraïsante dans le N. T., existe dans les LXX, *Gen.*, XXXI, 16 : πάντα τὸν πλοῦτον καὶ τὴν δόξαν ἣν ἀφείλατο ὁ θεὸς τοῦ πατρὸς ἡμῶν, ἡμῖν ἔσται. — *Nom.*, XXXII, 4 : τὴν γῆν ἣν παρέδωκε κύριος ἐνώπιον τῶν υἱῶν Ἰσραήλ, γῆ κτηνοτρόφος ἐστίν. — *Jug.*, XIII, 8 ; *4 R.*, X, 34 (τὰς συνάψεις ἃς συνῆψεν...).

Cf. *Lév.*, XXII, 27 : μόσχον ἢ πρόβατον ἢ αἶγα, ὡς ἂν τεχθῇ, καὶ ἔσται ἑπτὰ ἡμέρας ὑπὸ τὴν μητέρα, = μόσχον ἢ πρόβατον ἢ αἶγα ὃν ἂν τέκῃ ἡ μήτηρ ἑπτὰ ἡμέρας ὑπ' αὐτὴν ἔσται, et pour l'accusatif avec un passif, voyez plus loin, 214, *c*.

d) Dans les LXX, sous l'influence de l'hébreu, on peut trouver le sujet réel du verbe au datif, comme 2 *Esd.*, X, 14 : στήτωσαν δὴ ἄρχοντες ἡμῶν, καὶ πᾶσι τοῖς ἐν πόλεσιν ἡμῶν ὃς ἐκάθισε γυναῖκας ἀλλοτρίας ἐλθέτωσαν εἰς καιροὺς ἀπὸ συναγωγῶν. Dans cet exemple, on devrait avoir καὶ πάντες οἱ ἐν πόλεσιν οἳ ἐκάθισαν γ. α. ἐλθέτωσαν..., ou πᾶς ὁ ὢν ἐν πόλεσιν ἡμῶν ὃς ἐκάθισεν γ. α. ἐλθέτω. Le datif πᾶσι τοῖς ἐν πόλεσιν, sujet de ἐλθέτωσαν signifie : *et pour ceux des villes qui ont pris des femmes étrangères, qu'ils viennent* (EWALD, p. 209, 331, *b*, 1, *sub finem*). Quand l'idée est celle d'un collectif indéfini, on a indifféremment le singulier ou le pluriel, d'où le mélange πᾶσι... ὅς (Cf. EWALD, p. 209, 331, *b*, 1, *sub finem*). Cf. v. 17 : καὶ ἐτέλεσαν ἐν πᾶσιν ἀνδράσιν οἳ ἐκάθισαν..., et *1 Esd.*, IX, 12, où la même idée est ainsi rendue : στήτωσαν δὲ οἱ προηγούμενοι τοῦ πλήθους, καὶ πάντες οἱ ἐκ τῶν κατοικιῶν ἡμῶν ὅσοι ἔχουσι γυναῖκας ἀλλογενεῖς παραγενηθήτωσαν. — Voyez plus loin 95, *d*, et 98.

---

[1]. Rare en grec classique, où elle est dite *assimilation* ou *attraction inverse* (KOCH, 78, 5).

Cette construction n'a pas dû être sans influence sur le N. T. pour *Apoc.*, XXI, 8 : τοῖς δὲ δειλοῖς καὶ ἀπίστοις καὶ ἐβδελυγμένοις καὶ φονεῦσι καὶ πόρνοις... καὶ πᾶσι τοῖς ψευδέσιν, τὸ μέρος αὐτῶν ἐν τῇ λίμνῃ..., *pour les lâches, les incrédules, etc., leur sort est...* — Cf. 9.

Le sujet réel est à l'accusatif dans *Es.*, XLVIII, 15 : τὰς δὲ πέντε χιλιάδας τὰς περισσὰς ἐπὶ τῷ πλάτει ἐπὶ ταῖς πέντε καὶ εἴκοσι χιλιάσι, προτείχισμα ἔσται τῇ πόλει, comme si l'on avait τὰς δὲ πέντε χιλιάδας τὰς περισσὰς... ποιήσετε προτείχισμα τῇ πόλει. — Cf. 214, c.

Place du sujet.

48. *a)* Le sujet qui sert pour plusieurs propositions est régulièrement exprimé dans la première.

Dans les LXX, on peut trouver le sujet exprimé dans l'une des propositions qui suivent, comme *Josué*, XXIV, 26 : καὶ ἔγραψε τὰ ῥήματα ταῦτα εἰς βιβλίον, νόμον τοῦ θεοῦ· καὶ ἔλαβε λίθον μέγαν καὶ ἔστησεν αὐτὸν Ἰησοῦς ὑπὸ τὴν τερέβινθον ἀπέναντι κυρίου· καὶ εἶπεν Ἰησοῦς...

b) Lorsque le sujet de l'infinitif, nom ou pronom, est exprimé, il est placé régulièrement après l'infinitif, quel que soit l'emploi de l'infinitif, *Mat.*, XXVI, 32 ; *L.*, I, 57 ; V, 17 ; XXI, 22 ; *A.*, VIII, 40 ; X, 25, 47 ; XXI, 12 ; XXVII, 1, 20 ; *R.*, I, 24 ; *Ph.*, III, 21 ; *1 Th.*, IV, 3-6 ; *2 Th.*, II, 11 ; *H.*, V, 12. Et très souvent. La construction contraire est plus rare, *L.*, XVII, 1 ; *J.*, II, 24 ; *1 Cor.*, XVI, 4 ; *1 Th.*, III, 2-3 ; etc.

L'habitude de placer le sujet de l'infinitif après lui est hébraïsante pour le grec biblique (EWALD, *op. cit.*, 307, a). Les exemples en sont nombreux dans les LXX, comme *Gen.*, XXV, 24 : αἱ ἡμέραι τοῦ τεκεῖν αὐτήν. — *Es.*, XLIX, 6 : μέγα σοί ἐστι τοῦ κληθῆναί σε... — Cf. cependant *Sag. Sal.*, XII, 16 (livre écrit en grec). — Cf. PREISWERK, 462, a.

49. *Prolepse du sujet.* Classiquement, « dans une proposition subordonnée, on met souvent le sujet en tête, afin de le faire mieux ressortir... — Ordinairement, le grec ne se contente pas de donner ainsi la première place au sujet, il le fait entrer dans la proposition principale comme complément du verbe principal (*prolepse* ou *anticipation*). — Cette prolepse, le plus souvent, a lieu après les verbes signifiant *raconter, déclarer, reconnaître, savoir,* après ἐπιμελεῖσθαι, *se préoccuper de,* et après les verbes signifiant *craindre*. — Le sujet de la proposition subordonnée peut même se rattacher comme génitif (complément d'un nom) à un nom de la proposition principale. » (KOCH, 09, 11). — Toutes ces constructions se rencontrent dans le N. T., par exemple dans Luc et Paul; mais l'usage est très variable, et la construction grammaticale (analytique) est souvent conservée là où un grec lettré aurait sans doute employé la construction proleptique (synthétique). Pour des exemples, voy. ma *Syntaxe des propositions*, 137, 161; *Mat.*, VI, 26, 28; *J.*, V, 42; IX, 8; *2 Cor.*, XII, 2-4; XIII, 5; *Apoc.*, XIII, 12; XXI, 23.

Pronom sujet.

50. *a*) Classiquement, le pronom personnel sujet s'exprime quand on veut le mettre en relief ou en antithèse (KOCH, 73, 1, 2). Il en est de même dans le grec du N. T. :

Mat., III, 11 : ἐγὼ μὲν ὑμᾶς βαπτίζω ἐν ὕδατι εἰς μετάνοιαν· ὁ δὲ ὀπίσω μου ἐρχόμενος. — IX, 14 : Διὰ τί ἡμεῖς καὶ οἱ Φαρισαῖοι... — *Mar.*, XIV, 36; *J.*, V, 39, 43, 44, 45; VI, 57, 70; VII, 8; XVII, 5 : καὶ νῦν δόξασόν με σύ, πάτερ. — *2 Cor.*, III, 2; X, 1 : αὐτὸς δὲ ἐγὼ Παῦλος παρακαλῶ.

Avec αὐτός, ipse, *lui, lui-même*, *L.*, V, 37 : ῥήξει ὁ οἶνος ὁ νέος τοὺς ἀσκοὺς καὶ αὐτὸς ἐκχυθήσεται καὶ οἱ ἀσκοὶ ἀπολοῦνται. — *J.*, II, 24 : αὐτὸς δὲ Ἰησοῦς οὐκ ἐπίστευεν αὐτὸν αὐτοῖς..., αὐτὸς γὰρ ἐγίνωσκεν τί ἦν ἐν τῷ ἀνθρώπῳ. — V, 20. Cf. *Apoc.*, XIV, 10 : καὶ αὐτός, *lui aussi* (comme la grande Babylone); XXI, 3 (*bis*).

Dans les LXX, *Tobie*, VII, 11 : σὺ δὲ ἀδελφὸς εἶ αὐτῆς. — *Sag. Sal.*, XV, 17 : ὧν αὐτὸς μὲν ἔζησεν, ἐκεῖνα δὲ οὐδέποτε. — *Baruch.*, III, 3 : σὺ καθήμενος τὸν αἰῶνα καὶ ἡμεῖς ἀπολλύμενοι τὸν αἰῶνα. — IV, 22.

La vivacité naturelle du Juif aime à mettre le sujet en relief et à exprimer le pronom. La langue familière a la même habitude. — Cf. PREISWERK, 573.

b) Dans les passages suivants, αὐτός, non en antithèse, garde son sens de *lui, lui-même*; *Mat.*, XII, 50 : ὅστις γὰρ ἂν ποιήσῃ τὸ θέλημα τοῦ πατρός μου τοῦ ἐν οὐρανοῖς, αὐτός μου ἀδελφός ἐστιν, *est lui-même*, = *celui-là même qui est mon frère*. Une nuance de sens distingue ainsi αὐτός de οὗτος employé dans la même phrase par *Marc*, III, 35 : ὃς ἂν ποιήσῃ τὸ θέλημα τοῦ θεοῦ, οὗτος ἀδελφός μου... ἐστίν, et par *Luc*, VIII, 21. — XXVI, 48 (et cf. *Mar.*, XIV, 44) : ὃν ἂν φιλήσω, αὐτός ἐστιν. — *J.*, VII, 4; XII, 49 : ἐγὼ ἐξ ἐμαυτοῦ οὐκ ἐλάλησα, ἀλλ' ὁ πέμψας με πατὴρ αὐτός μοι ἐντολὴν δέδωκεν τί εἴπω. — *1 P.*, V, 10. — Ce sont tous les exemples. Αὐτός y est le complément du sujet grammatical et non le sujet lui-même. — Cf. dans les LXX, *2 Paral.*, XXXI, 6.

On a αὐτός, *même*, qualifiant le pronom sujet, *R.*, IX, 3 et cf. *2 Cor.* VII, 11.

c) Les pronoms sont toujours exprimés dans le sujet composé, *Mat.*, IX, 14; *L.*, II, 48; *A.*, XI, 14 : ἐν οἷς σωθήσῃ σὺ καὶ πᾶς ὁ οἶκός σου. — De même dans les LXX, *Gen.*, XLI, 11 : εἴδομεν ἐνύπνιον ἐν νυκτὶ μιᾷ ἐγὼ καὶ αὐτός.

51. *a*) Le sujet de l'infinitif est identique au sujet de la proposition principale; pour *R.*, IX, 3; *J.*, VII, 4; *1 J.*, II, 6, l'expression du pronom était réclamée par l'idée; voy. ma *Syntaxe des propositions*, 250 ; et cf. plus loin, 66.

b) Le sujet de l'infinitif est différent : cf. ma *Syntaxe des propositions*, 251-253 *bis*; 256 ; 259-262 ; 262-283, et cf. plus loin 66 *b*.

c) Lorsque la proposition infinitive, avec ou sans préposition, équivaut à une proposition finale ou circonstancielle, le sujet peut être exprimé, s'il est utile, même s'il est identique au sujet de la proposition principale, *Mar.*, XIV, 28 : μετὰ τὸ ἐγερθῆναί με, προάξω ὑμᾶς. — *J.*, II, 24 : Ἰησοῦς οὐκ ἐπίστευεν αὐτὸν αὐτοῖς διὰ τὸ αὐτὸν γινώσκειν πάντας. — *A.*, I, 3. Mais cf. XVIII, 2-3 : καὶ εὑρών τινα Ἰουδαῖον... προσῆλθεν αὐτοῖς, καὶ διὰ τὸ ὁμότεχνον εἶναι ἔμενεν παρ' αὐτοῖς. — Cf. aussi 66.

d) Le caractère oratoire de la pensée a fait exprimer le pronom dans *Job*, XIX, 23 : τίς γὰρ ἂν δῴη γραφῆναι τὰ ῥήματά μου, τεθῆναι δὲ αὐτά...

e) Notons un passage curieux des LXX, *Josué*, II, 8 : καὶ ἐγένετο, ὡς ἐξήλθοσαν οἱ διώκοντες ὀπίσω αὐτῶν, καὶ αὐτοὶ δὲ πρὶν ἢ κοιμηθῆναι αὐτούς, αὕτη δὲ ἀνέβη πρὸς αὐτούς. On aurait dû avoir, conformément à l'hébreu, καὶ αὐτοὶ δὲ πρὶν ἂν κοιμηθῶσιν. Il y a eu anacoluthe et emploi de l'infinitif avec αὐτούς, en laissant αὐτοί isolé et en suspens.

Cf. pour l'expression du pronom avec un participe, *Deut.*, IV, 41-42 : ἀφώρισεν Μωυσῆς τρεῖς πόλεις..., φεύγειν ἐκεῖ τὸν φονευτὴν ὃς ἂν φονεύσῃ τὸν πλησίον οὐκ εἰδώς, καὶ οὗτος οὐ μισῶν αὐτὸν πρὸ τῆς ἐχθὲς οὐδὲ πρὸ τῆς τρίτης, *pour que le meurtrier s'y réfugie, qui aura tué autrui involontairement et ne le haïssant pas d'avance* (= *et sans le haïr d'avance*).

52. Le pronom démonstratif est exprimé par emphase oratoire, *Mat.*, XI, 10 ; *A.*, VII, 36, 37, 38 ; IX, 15 ; etc. — Cf. *R.*, VII, 10 cité plus loin.

Sujet complexe repris par un pronom.

53. *a*) Classiquement, le sujet complexe, qui peut comprendre même le substantif sujet réel, et formé d'une proposition conditionnelle, relative, participe, est souvent détaché et repris par un pronom démonstratif. Cette construction existe aussi dans le N. T. (mais cf. 61) :

J., I, 18 : μονογενὴς θεὸς ὁ ὢν εἰς τὸν κόλπον τοῦ πατρός, ἐκεῖνος ἐξηγήσατο. — I, 33 ; III, 26 : ὃς ἦν μετὰ σοῦ πέραν τοῦ Ἰορδάνου, ᾧ σὺ μεμαρτύρηκας, ἴδε οὗτος βαπτίζει. La particule ἴδε renforce encore le démonstratif. — X, 25 ; XII, 48 ; XIV, 26 ; XV, 5 : ὁ μένων ἐν ἐμοὶ κἀγὼ ἐν αὐτῷ, οὗτος φέρει καρπὸν πολύν. — XVII, 24 : πατήρ, ὃ δέδωκάς μοι, θέλω ἵνα ὅπου εἰμὶ ἐγὼ κἀκεῖνοι ὦσιν μετ᾽ ἐμοῦ, et ὅ = οὕς[1]. — *Jac.*, I, 23.

L'emploi du pronom démonstratif pour reprendre un relatif sujet paraît moins fréquent qu'en grec classique. — L'emploi de ce pronom après un sujet complexe comprenant aussi le substantif sujet réel ne se trouve que dans *Jean*, I, 18 ; X, 25 ; XII, 48 ; et dans une citation des LXX, *Ps.*, CXVII, 22, répétée dans *Mat.*, XXI, 42 ; *Mar.*, XII, 10 ; *L.*, XX, 17, et *1 P.*, II, 7. Cf. 47, c.

b) Les autres exemples se classent ainsi :

Avec οὗτος, après une proposition : conditionnelle, *R.*, VIII, 9 ; *1 Cor.*, VIII, 3 ; *Jac.*, I, 23 ; III, 2 ; et cf. τοῦτο, *1 P.*, II, 20 (cf. v. 19). — relative, *Mat.*, V, 19 ; XVIII, 4 ; XXI, 42 (cité des LXX ; voy. plus haut) ; *Mar.*, III, 35 ; VI, 16 ; *L.*, IX, 24 ; *J.*, I, 33 ; III, 26 ; (*A.*, XVII, 6 ;) *R.*, VIII, 14 ; *Gal.*, VI, 12 (ces trois derniers exemples au pluriel). — participe, *Mat.*, X, 22 ; XXIV, 13 ; XXVI, 23 ; *Mar.*, XIII, 13 ; *L.*, IX, 48 ; *J.*, VI, 46[2] ; VII, 18 ; XV, 5, et 2 *J.*, 9 ; *Jac.*, I, 25. Avec τοῦτο, *Mat.*, XV, 11.

Avec ἐκεῖνος et κἀκεῖνος, après une proposition participe, *J.*, I., 33 ; V, 11 ; VI, 57 ; IX, 37 ; X, 1 ; XIV, 12, 21 ; *2 Cor.*, X, 18. Avec ἐκεῖνο *Mar.*, VII, 20 et κἀκεῖνα *Mat.*, XV, 18. — Mais cf. *J.*, XVII, 24.

Jean aime ce dernier pronom. — Le féminin ne se rencontre pas, et le neutre est rare.

Avec *J.*, I, 33 cf. *H*, VII, 13 : ἐφ᾽ ὃν γὰρ λέγεται ταῦτα, φυλῆς ἑτέρας μετέσχηκεν, où la reprise n'a pas lieu.

Dans les LXX, cette construction se rencontre, mais non pas aussi fréquemment qu'il semblerait, *Gen.*, XV, 4 : ἀλλ᾽ ὃς ἐξελεύσεται ἐκ σοῦ, οὗτος κληρονομήσει σε. — Mais non *Sag. Sal.*, XVII, 15, 16, 17, etc.

54. De plus, l'hébreu a l'habitude de détacher et de mettre en tête de la proposition le sujet réel, qu'il reprend ensuite par un pronom. Cette construction, qui paraît identique à celle dont il vient d'être question, est, en réalité, un hébraïsme pur (Cf. PREISWERK, 462, *b*, et 464, et voy. plus haut 8) :

a) Lév. XXII, 11 : καὶ οἱ οἰκογενεῖς αὐτοῦ, καὶ οὗτοι φάγονται τῶν ἄρτων αὐτοῦ. — *Deut.*, IV, 35 : κύριος ὁ θεός σου, οὗτος θεός ἐστι καὶ οὐκ ἔστιν ἔτι πλὴν αὐτοῦ, et cf. v. 39, et *Josué*, XXIV, 17. — *1 Mac.*, II, 66 : καὶ Ἰούδας Μακκαβαῖος, ἰσχυρὸς δυνάμει ἐκ νεότητος αὐτοῦ, οὗτος ὑμῖν ἔσται ἄρχων στρατιᾶς. — Cf. ÉNOCH, IX, 1 : τότε παρακύψαντες Μιχαὴλ καὶ Οὐριὴλ καὶ Ῥαφαὴλ καὶ Γαβριήλ, οὗτοι ἐκ τοῦ οὐρανοῦ ἐθεάσαντο.

Josué, XXII, 22 : ὁ θεὸς θεὸς κύριός ἐστι, καὶ ὁ θεὸς θεὸς αὐτὸς οἶδε, καὶ Ἰσραὴλ αὐτὸς γνώσεται. — XXIV, 17 : κύριος ὁ θεὸς ἡμῶν αὐτὸς θεός ἐστιν.

---

1. D'après l'habitude des LXX (sous l'influence de l'expression hébraïque), d'employer le neutre pour désigner même des personnes d'une manière abstraite et générale. Cf. 5 *g*.

2. Οὐχ ὅτι τὸν πατέρα ἑώρακέν τις εἰ μὴ ὁ ὢν παρὰ [τοῦ] θεοῦ, οὗτος ἑώρακεν τὸν πατέρα. Les mots ὁ ὤν — θεοῦ servent de complément (= un correctif) à la première proposition, et d'antécédent (repris par οὗτος) à la seconde.

αὐτὸς ἀνήγαγεν ἡμᾶς. — *Tobie*, IV, 12; *Dan.*, II, 47 : ὁ θεὸς ὑμῶν, αὐτός ἐστι θεὸς θεῶν καὶ κύριος τῶν βασιλέων, et cf. *Daniel* (LXX) : ἐπ' ἀληθεῖ ἐστὶν ὁ θεὸς ὑμῶν θεὸς τῶν θεῶν[1].

Lév., XXI, 9 : καὶ θυγάτηρ ἀνθρώπου ἱερέως, ἐὰν βεβηλωθῇ τοῦ ἐκπορνεῦσαι, τὸ ὄνομα τοῦ πατρὸς αὐτῆς αὐτὴ βεβηλοῖ, et XXII, 12; mais au v. 23; la même phrase n'a pas αὐτή. — *Ps.*, XVII, 36 : ἡ παιδεία σου ἀνώρθωσέ με εἰς τέλος, καὶ ἡ παιδεία σου αὐτή με διδάξει.

b) Dans les exemples suivants, l'expression du pronom indique qu'il faut suppléer le verbe de liaison. *Deut.*, X, 17 : ὁ γὰρ κύριος ὁ θεὸς ὑμῶν οὗτος θεὸς τῶν θεῶν, où l'on a οὗτος = (οὗτος) ἐστιν. — *1 R.*, XVII, 14 : καὶ Δαυὶδ αὐτός ἐστιν ὁ νεώτερος (en hébreu, le verbe de liaison manque, et le pronom personnel le remplace pour séparer le sujet de l'attribut : les LXX ont traduit le pronom et ajouté le verbe de liaison). — *3 R.*, XIV, 19 : καὶ περισσὸν ῥημάτων Ἱεροβοὰμ ὅσα ἐπολέμησεν καὶ ὅσα ἐβασίλευσεν, ἰδοὺ αὐτὰ γεγραμμένα ἐπὶ βιβλίου... On a ταῦτα partout ailleurs, comme au v. 29, etc. — *Eccl.*, IX, 4 : ὁ κύων ὁ ζῶν αὐτὸς ἀγαθὸς ὑπὲρ τὸν λέοντα τὸν νεκρόν. — Cf. 60.

Ce dernier emploi du pronom est un hébraïsme pur (EWALD, 297).

c) Cf. ce curieux passage *3 R.*, XV, 23 : καὶ τὰ λοιπὰ τῶν λόγων Ἀσά, καὶ πᾶσα ἡ δυναστεία αὐτοῦ ἣν ἐποίησε καὶ τὰς πόλεις ἃς ᾠκοδόμησεν, οὐκ ἰδοὺ ταῦτα γεγραμμένα..., et cf. XVI, 20, 27.

55. Cette construction, très fréquente dans les LXX, n'a peut-être pas été sans influence sur le grec du N. T., dans des passages tels que :

Mar., VII, 20 : τὸ ἐκ τοῦ ἀνθρώπου ἐκπορευόμενον, ἐκεῖνο κοινοῖ τὸν ἄνθρωπον. — *J.*, V, 37 : καὶ ὁ πέμψας με πατήρ, ἐκεῖνος μεμαρτύρηκεν περὶ ἐμοῦ. — XII, 48; XIV, 26.

L., IX, 48; *J.*, XV, 5; *A.*, VII, 14 : ἀκηκόαμεν γὰρ αὐτοῦ λέγοντος ὅτι Ἰησοῦς ὁ Ναζωραῖος, οὗτος καταλύσει τὸν τόπον τοῦτον. — *R.*, II, 14; VII, 10 : καὶ εὑρέθη μοι ἡ ἐντολὴ ἡ εἰς ζωὴν αὕτη εἰς θάνατον. — IX, 6-8; *2 Cor.*, X, 18; *Gal.*, III, 7 : γινώσκετε ἄρα ὅτι οἱ ἐκ πίστεως, οὗτοι υἱοί εἰσιν Ἀβραάμ. — *Ph.*, I, 22 : εἰ δὲ τὸ ζῆν ἐν σαρκί, τοῦτό μοι καρπὸς ἔργου. — *Apoc.*, XVII, 16 : καὶ τὰ δέκα τέρατα καὶ τὸ θηρίον, οὗτοι μισήσουσι τὴν πόρνην. — Cf. *J.*, VI, 46. — Mais non *2 P.*, I, 17.

L., XIII, 4 : ἐκεῖνοι οἱ δέκα ὀκτὼ ἐφ' οὓς ἔπεσεν ὁ πύργος..., δοκεῖτε ὅτι αὐτοὶ ὀφειλέται ἐγένοντο παρὰ πάντας τοὺς ἀνθρώπους τοὺς κατοικοῦντας Ἱερουσαλήμ; (cf. LXX, *Tobie*, IV, 12).

Pour des exemples où l'on trouve le pronom sans verbe de liaison, *L.*, II, 36-37; XIX, 2; et cf. 54, *b*, et 58.

---

1. Remarquer *Prov.*, VI, 12-13 : ἀνὴρ ἄφρων... πορεύεται ὁδοὺς οὐκ ἀγαθάς· ὁ δ' αὐτὸς ἐννεύει ὀφθαλμῷ, σημαίνει δὲ ποδί. En hébreu, tous les verbes sont au participe seul, sans pronom ni verbe de liaison.

De plus, cette construction paraît présenter, dans certains cas (comme en hébreu d'ailleurs et dans les LXX) un caractère populaire, par exemple dans quelques-uns des nombreux exemples de Jean (cf. la liste, 52 b), et A., XVII, 6.

Emploi du pronom comme simple sujet.

Dans le grec biblique, les pronoms peuvent être employés comme simples sujets.

56. Il suffit de lire quelques pages du N. T., particulièrement des Évangiles, pour être frappé du grand nombre de pronoms sujets que l'on y rencontre. Ces pronoms sont-ils employés simplement comme sujets, ainsi que les pronoms correspondants en français, ou sont-ils oratoires, emphatiques ?

« En aucun cas, dit Winer (22, 6), nous ne trouvons ces pronoms exprimés sans que l'écrivain insiste sur eux, ou bien dans des passages où ils auraient pu être omis. » — « Les pronoms personnels, dit au contraire A. Buttmann (129, 12), sont souvent employés sans qu'il faille y attacher d'importance, et dans des endroits où un Grec de naissance se serait contenté du verbe seul. C'est méconnaître le caractère de la langue du N. T. et mal saisir beaucoup de passages que de leur appliquer sur ce point la règle classique, et de voir, dans tous les passages où le pronom est exprimé, un ton oratoire bien étranger au style familier et simple du N. T., particulièrement des Évangiles. » — « L'emploi de αὐτός, dit-il ailleurs (127, 9 ; cf. WINER, 22, 4, Rem.), est si excessif qu'il forme une des particularités qui distinguent le grec biblique du grec classique... Winer et d'autres disent que αὐτός, au nominatif, ne s'emploie jamais pour le simple *il,* mais qu'il marque soit une antithèse, soit une certaine emphase oratoire. Cela est vrai d'un très grand nombre de passages ; mais il en reste assez d'autres auxquels ces règles ne peuvent être appliquées. »

57. De fait, le pronom personnel sujet, particulièrement le pronom αὐτός, est exprimé dans un grand nombre de passages où il aurait pu être omis :

a) Mat., XI, 10 : ἰδοὺ ἐγὼ ἀποστέλλω, et cf. *Mar.,* I, 2 et *L.,* VII, 27 : ἰδοὺ ἀποστέλλω (et cf. LXX, *Mal.,* III. 1 : ἰδοὺ ἐξαποστέλλω). — *Mat.,* XII, 28 : ἐγὼ ἐκβάλλω τὰ δαιμόνια, et cf. *L.,* XI, 20. — *Mar.,* XIV, 58 : ἐγὼ καταλύσω τὸν ναὸν τοῦτον, et cf. *Mat.,* XXVI, 61 : δύναμαι καταλῦσαι... — *L.,* IX, 13 : πορευθέντες ἡμεῖς ἀγοράσωμεν, et cf. *Mar.*, VI, 37 : ἀπελθόντες ἀγοράσωμεν. — *J.*, VIII, 21 et 22, et cf. XIV, 4; X, 17-18; *Apoc.*, II, 22; V, 4. — *Mar.*, XIV, 68 : οὔτε οἶδα οὔτε ἐπίσταμαι σὺ τί λέγεις, et cf. *Mat.*, XXVI, 70 : οὐκ οἶδα τί λέγεις, et *L.*, XXII, 60 : οὐκ οἶδα ὃ λέγεις. — *Mat.*, V, 48 : ἔσεσθε οὖν ὑμεῖς τέλειοι... et *L.*, VI, 36 : γίνεσθε οἰκτίρμονες καθὼς...

b) *Mat.*, V, 4 seqq. : μακάριοι οἱ πενθοῦντες, ὅτι αὐτοὶ παρακληθήσονται, et cf. *L.*, VI, 21. — VIII, 17 : αὐτὸς τὰς ἀσθενείας ἡμῶν ἔλαβεν, traduit de *Es.*, LIII, 4, où les LXX donnent : οὗτος τὰς ἁμαρτίας ἡμῶν φέρει. — *Mar.*, II, 25 (et cf. *Mat.*, XII, 3); VIII, 27 : καὶ ἐν τῇ ὁδῷ ἐπηρώτα τοὺς μαθητάς... et v. 29 : καὶ αὐτὸς ἐπηρώτα αὐτούς. Cf. *Mat.*, XVI, 13-15 : ἠρώτα τοὺς μαθητὰς αὐτοῦ λέγων..., λέγει αὐτοῖς, et de même *L.*, IX, 18-20. — *L.*, IV, 15 ; V, 1 ; V, 14 : καὶ αὐτὸς παρήγγειλεν αὐτῷ μηδενὶ εἰπεῖν, et cf. *Mat.*, VIII, 4 : καὶ λέγει αὐτῷ ὁ Ἰησοῦς, et *Mar.*, I, 42 : καὶ ἐμβριμησάμενος αὐτῷ... καὶ λέγει αὐτῷ. — VI, 35 : ἔσεσθε υἱοὶ Ὑψίστου, ὅτι αὐτὸς χρηστός ἐστιν ἐπὶ τοὺς ἀχαρίστους, et cf. *Mat.*, V, 45 : ὅτι τὸν ἥλιον αὐτοῦ ἀνατέλλει ἐπί... — VIII, 41 : ἦλθεν ἀνὴρ ᾧ ὄνομα Ἰάειρος, καὶ οὗτος (*v. l.* αὐτὸς) ἄρχων... ὑπῆρχεν. — XV, 14; XIX, 2 : ἰδοὺ ἀνὴρ ὀνόματι καλούμενος Ζακχαῖος, καὶ αὐτὸς ἦν ἀρχιτελώνης καὶ αὐτὸς πλούσιος. — XXIV, 14; *Apoc.*, XII, 11 ; XIX, 15. — Mais non *J.*, VII, 4 ; XII, 24.

Pour le féminin, on ne peut signaler que *L.*, II, 36 : καὶ αὐτὴ χήρα. — VIII, 42 : θυγάτηρ μονογενὴς ἦν αὐτῷ ὡς ἐτῶν δώδεκα καὶ αὐτὴ ἀπέθνησκεν. — *R.*, XVI, 2 : καὶ γὰρ αὐτὴ προστάτις πολλῶν ἐγενήθη καὶ ἐμοῦ αὐτοῦ.

Nota. — On ne trouve comme sujet ni αὐταί, ni αὐτό ou αὐτά.

c) Il en est de même dans les LXX, très fréquemment, *Gen.*, XII, 12; XIII, 8, 14, 15 ; XVI, 8, 11 ; XXIV, 37; *Ex.*, III, 9, 13; IV, 10; IV, 14 : οὐκ ἰδοὺ Ἀαρὼν ὁ ἀδελφός σου ὁ Λευίτης ; ἐπίσταμαι ὅτι λαλῶν λαλήσει αὐτός σοι· καὶ ἰδοὺ αὐτὸς ἐξελεύσεται εἰς συνάντησίν σοι..., et v. 16 : καὶ αὐτός σοι λαλήσει πρὸς τὸν λαόν, καὶ αὐτὸς ἔσται σου στόμα. — XIII, 15; XXXVI, 4 ; *Lev.*, XVII, 7 ; XXII, 2 ; *Nom.*, XXII, 22 ; *Deut.*, XXX, 6 ; 2 *R.*, XVII, 8-10 : καὶ ὁ πατήρ σου ἀνὴρ πολεμιστής..., ἰδοὺ γὰρ αὐτὸς νῦν κέκρυπται ἐν ἑνὶ τῶν βουνῶν..., καί γε αὐτὸς υἱὸς δυνάμεως. — 4 *R.*, XIV, 21-25 : 2 *Esd.*, V, 8, 11 ; *Sag. Sal.*, VII, 15, 17 ; *Sag. Sir.*, XLVIII, 11 ; XLIX, 2-16 ; *Es.*, XLVI, 2 : οἳ οὐ δυνήσονται σωθῆναι ἀπὸ πολέμου, αὐτοὶ δὲ αἰχμάλωτοι ἤχθησαν. — XLVIII, 12 seqq.; *Baruch*, III, 3.

Cf. Thiersch (p. 98) qui dit en parlant du Pentateuque : « Αὐτός in nomin. pro οὗτος, ubi Latini *ille* vel *is* non *ipse*, sæpius legitur ; e. g. Gen., XXXVI *vid. l.* Dignum observatu femin. pro αὕτη et neutr. pro τοῦτο pariter non usurpari ; sed solum mascul. αὐτός. In femin. αὕτη legitur *Gen.*, XXXV, 19, 27 ; XXXVI, 1 ; XXXVIII, 15 ; *Lev.*, XV, 29 ; at ibid. XXI, 9 : ὄνομα τοῦ πατρὸς αὐτὴ βεβηλοῖ, cf. XXII, 12. Eædem res in

N. T. observantur. » — Pour l'emploi de αὐτός = οὗτος, cf. PREISWERK, 401.
Ajoutez : pour le féminin, *Esther*, II, 22 : ἐδηλώθη Μαρδοχαίῳ ὁ λόγος καὶ ἐσήμανεν Ἐσθήρ, καὶ αὐτὴ ἐνεφάνισεν τῷ βασιλεῖ.
Pour le neutre, *3 R.*, XIV, 19 : καὶ ὅσα ἐβασίλευσεν, ἰδοὺ αὐτὰ γεγραμμένα ἐπὶ βιβλίου, avec αὐτά = αὐτά ἐστιν, d'après 54, *b*. On a, dans les mêmes exemples, ταῦτα, comme au v. 29 : καὶ πάντα ἃ ἐποίησεν, οὐκ ἰδοὺ ταῦτα γεγραμμένα ἐν βιβλίῳ λόγων... ; — *Eccl.*, III, 14 : ἔγνων ὅτι πάντα ὅσα ἐποίησεν ὁ θεός, αὐτὰ ἔσται εἰς τὸν αἰῶνα.
Mais dans un exemple tel que *Jug.*, XIII, 18 : εἰς τί τοῦτο ἐρωτᾷς τὸ ὄνομά μου; καὶ αὐτό ἐστιν θαυμαστόν, le pronom sujet est emphatique : *et certes c'en est un qui est...*

58. Notons *1 P.*, II, 23-24 : ὃς λοιδορούμενος οὐκ ἀντελοιδόρει..., ὃς τὰς ἁμαρτίας ἡμῶν αὐτὸς ἀνήνεγκεν ἐν τῷ σώματι αὐτοῦ. Quoiqu'on puisse donner à αὐτός son sens classique, la construction n'en est pas moins hébraïsante, par imitation d'*Esaïe*, LIII, 4 et 11 (cf. *Mat.*, VIII, 17). Le sujet réel est ὅς... αὐτός réunis = ὅς.

Par suite pour *L.*, XVII, 31 : ὃς ἔσται ἐπὶ τοῦ δώματος καὶ τὰ σκεύη αὐτοῦ ἐν τῇ οἰκίᾳ μὴ καταβάτω, il faut entendre ὃς ἔσται ἐπὶ τοῦ δώματος καὶ (οὗ) τὰ σκεύη αὐτοῦ ἐν τῇ οἰκίᾳ ἔσται (= ἐάν τινος ἐπὶ τοῦ δώματος ὄντος τὰ σκεύη ἐν τῇ οἰκίᾳ ᾖ, μὴ καταβάτω). De même *1 P.*, II, 22 : ὃς ἁμαρτίαν οὐκ ἐποίησεν οὐδὲ εὑρέθη δόλος ἐν τῷ στόματι αὐτοῦ (et cf. *Mat.*, III, 12).
Le grec nous offre deux propositions séparées et la seconde semble indépendante[1], tandis qu'aux yeux du Juif, et suivant sa manière de penser, elles devaient être toutes deux relatives et coordonnées.
Cf. dans les LXX, *1 R.*, X, 19 : ὃς αὐτός ἐστιν ὑμῶν σωτήρ, avec ὃς αὐτός (= ὅς) pour sujet. — *3 R.*, VIII, 41 : ὃς οὐκ ἔστιν ἀπὸ λαοῦ σου οὗτος, avec ὅς... οὗτος (= ὅς) pour sujet.
Pour la théorie de cet hébraïsme, voy. le *Complément*, 174 et 175.

59. D'un autre côté, les pronoms démonstratifs οὗτος, plus rarement ἐκεῖνος, sont souvent exprimés, sans qu'il y ait nécessité de mettre le sujet en relief, ni même de l'exprimer :
Mat., V, 19 ; XVIII, 4-5 : ὅστις οὖν ταπεινώσει ἑαυτὸν ὡς τὸ παιδίον τοῦτο, οὗτός ἐστιν ὁ μείζων ἐν τῇ βασιλείᾳ τῶν οὐρανῶν· καὶ ὃς ἐὰν δέξηται ἓν παιδίον τοιοῦτο ἐπὶ τῷ ὀνόματί μου, ἐμὲ δέχεται. Exprimé dans le premier verset, sans utilité, le pronom ne l'est pas dans le second. — *L.*, IX, 24 : ὃς γὰρ ἂν θέλῃ τὴν ψυχὴν αὐτοῦ σῶσαι ἀπολέσει

---

[1] Ce qui est d'ailleurs parfaitement correct; KOCH, 78, 7. Mais, suivant nous, les écrivains du N. T. devaient concevoir cette construction à la manière de leur propre langue et donner ainsi une certaine valeur hébraïsante à cette construction, grecque par elle-même. De plus, cette distinction de la valeur purement grecque et de la valeur hébraïsante de la construction est nécessaire pour l'intelligence du grec des LXX.

αὐτήν· ὃς δ' ἂν ἀπολέσῃ τὴν ψυχὴν αὐτοῦ ἕνεκεν ἐμοῦ, οὗτος σώσει αὐτήν. Le pronom ne se trouve pas dans *Mat.*, XVI, 25, et *Mar.*, VIII, 35. — *L.*, VIII, 28 : ἐάν τινος ἀδελφὸς ἀποθάνῃ ἔχων γυναῖκα καὶ οὗτος ἄτεκνος ᾖ, et cf. *Mar.*, XII, 19 : ἐάν τινος ἀδελφὸς ἀποθάνῃ καὶ καταλίπῃ γυναῖκα καὶ μὴ ἀφῇ τέκνον. — Pour ἐκεῖνος, l'usage n'existe guère que dans *Jean*, I, 18, 33 ; V, 11 ; IX, 37 ; X, 1 ; etc. Ce pronom ainsi employé est rare ailleurs, *Mar.*, VII, 20 ; *2 Cor.*, X, 18, et dans ces deux derniers passages, son caractère oratoire est bien marqué[1].

Il faut donc distinguer l'emploi de ces pronoms comme simples sujets de leur emploi oratoire signalé plus haut (53), quoique la construction reste la même. Leur fréquence, comme simples sujets, s'ajoute à la fréquence du pronom personnel, employé aussi comme simple sujet.

Dans les LXX, οὗτος s'emploie comme simple sujet : *Lév.*, XXIV, 9 ; *1 Paralip.*, XI, 12-13 : καὶ μετ' αὐτὸν Ἐλεαζὰρ υἱὸς Δωδαὶ ὁ Ἀχωχί, οὗτος ἦν ἐν τοῖς τρισὶ δυνατοῖς· οὗτος ἦν μετὰ Δαυὶδ ἐν Φασοδαμίν, et v. 22-23 : καὶ Βαναία υἱὸς Ἰωδαὲ υἱὸς ἀνδρὸς δυνατοῦ, πολλὰ ἔργα αὐτοῦ ὑπὲρ Καρβασαήλ· οὗτος ἐπάταξε τοὺς δύο Ἀριὴλ Μωάβ, καὶ οὗτος κατέβη καὶ ἐπάταξε τὸν λέοντα ἐν τῷ λάκκῳ ἐν ἡμέρᾳ χιόνος, καὶ οὗτος ἐπάταξε τὸν ἄνδρα τὸν Αἰγύπτιον. — *Tobie*, XII, 9 : ἐλεημοσύνη γὰρ ἐκ θανάτου ῥύεται, καὶ αὕτη ἀποκαθαριεῖ πᾶσαν ἁμαρτίαν. — *Prov.*, X, 22 ; *1 Mac.*, VII, 46.

60. Le pronom personnel ou démonstratif peut être exprimé et servir de sujet, en remplaçant en même temps le verbe copule, comme, *J.*, I, 23 : ἐγὼ φωνὴ βοῶντος ἐν τῇ ἐρήμῳ, = ἐγώ εἰμι, cité des LXX, *Es.*, XL, 3. — *L.*, II, 36 : καὶ ἦν Ἄννα προφῆτις, θυγάτηρ Φανουήλ, ἐκ φυλῆς Ἀσήρ, αὕτη προβεβηκυῖα ἐν ἡμέραις πολλαῖς, ζήσασα μετὰ ἀνδρὸς ἔτη ἑπτὰ ἀπὸ τῆς παρθενίας αὐτῆς καὶ αὐτὴ χήρα ἕως ἐτῶν..., = καὶ αὐτὴ ἦν χήρα..,

C'est une construction hébraïsante, *Gen.*, XXXV, 11 : ἐγὼ ὁ θεός σου. — Voy. les exemples cités plus haut, 54, *b*, pour *Deut.*, X, 17 ; *1 R.*, XVII, 14 ; *3 R.*, XIV, 19 ; et cf. ce qui est dit plus bas, 230, *b*. — Cf. PREISWERK, 458, *a*. — Pour cet emploi si particulier du pronom, voyez encore, par exemple, *Tobie*, XIII, 1-4 : εὐλογητὸς ὁ θεός..., ὅτι αὐτὸς μαστιγοῖ..., ὑψοῦτε αὐτὸν ἐνώπιον παντὸς ζῶντος· καθότι αὐτὸς κύριος ἡμῶν, καὶ θεὸς αὐτὸς πατὴρ ἡμῶν εἰς πάντας τοὺς αἰῶνας.

---

1. Pour *Mar.*, XIV, 8 : ὃ ἔσχεν ἐποίησεν, προέλαβεν μυρίσαι τὸ σῶμά μου εἰς τὸν ἐνταφιασμόν, l'usage classique aurait demandé αὕτη, que l'on trouve dans *Mat.*, XXVI, 12 : βαλοῦσα γὰρ αὕτη τὸ μύρον τοῦτο ἐπὶ τοῦ σώματός μου πρὸς τὸ ἐνταφιάσαι με ἐποίησεν, et cf. v. 13.

61. Il faut remarquer aussi que le pronom personnel ou démonstratif, seul ou précédé de καί, avec ou sans ἐστίν, prend la valeur de ὅς (ἐστι, ἦν), ὅστις (ἐστί, ἦν), ou d'une proposition participe, dans une proposition incidente détachée (11). Ainsi :

a) *L.*, XIX, 2 : ἰδοὺ ἀνὴρ ὀνόματι καλούμενος Ζακχαῖος, καὶ αὐτὸς ἦν ἀρχιτελώνης καὶ αὐτὸς πλούσιος, avec καὶ αὐτὸς ἦν = ὃς ἦν ἀρχιτελώνης, et avec καὶ αὐτὸς (*v. l.* καὶ ἦν) πλούσιος = καὶ ὃς ἦν πλούσιος. — *1 J.*, II, 2 : ἔχομεν πρὸς τὸν πατέρα Ἰησοῦν Χριστὸν δίκαιον, καὶ αὐτὸς ἱλασμός ἐστιν περὶ τῶν ἁμαρτιῶν, = ὅς ἱλασμός ἐστιν, ou ἱλασμὸς ὤν... *L.*, II, 36 cité plus haut (60), αὕτη = ἣ ἦν. — VII, 12 : ἐξεκομίζετο τεθνηκὼς μονογενὴς υἱὸς τῇ μητρὶ αὐτοῦ, καὶ αὐτὴ ἦν χήρα, καὶ ὄχλος τῆς πόλεως ἱκανὸς ἦν, = ἣ ἦν χήρα ou χήρᾳ οὔσῃ. — VIII, 41, καὶ οὗτος (*v. l.* αὐτός) = ὅς. — XXIII, 51 (et cf. *A.*, VIII, 26). — *1 Cor.*, VII, 12-13 : εἴ τις ἀδελφὸς γυναῖκα ἔχει ἄπιστον, καὶ αὕτη συνευδοκεῖ οἰκεῖν μετ' αὐτοῦ, μὴ ἀφιέτω αὐτήν· καὶ γυνὴ ἥτις ἔχει ἄνδρα ἄπιστον, καὶ οὗτος συνευδοκεῖ οἰκεῖν μετ' αὐτῆς, μὴ ἀφιέτω τὸν ἄνδρα, avec καὶ αὕτη = ἣ συνευδοκοῦσαν ou συνευδοκοῦσαν, et καὶ οὗτος συνευδοκεῖ = ὃς συνευδοκεῖ ou συνευδοκοῦντα.

Il ne paraît y avoir que ces exemples dans le N. T.; les exemples avec οὗτος ne se rencontrent que dans Luc et Paul.

b) Pour quelques-uns de ces passages, la construction doit être hébraïsante, et elle se retrouve dans les LXX, *Gen.*, XIV, 7 : ἦλθον ἐπὶ τὴν πηγὴν τῆς κρίσεως, αὕτη ἐστὶ Κάδης, καὶ κατέκοψαν πάντας τοὺς ἄρχοντας. — XIV, 8; *Jug.*, VII, 1 : καὶ ὤρθρισεν Ἱεροβάαλ, αὐτός ἐστι Γεδεών, καὶ πᾶς ὁ λαὸς μετ' αὐτοῦ. — *4 R.*, XIV, 21 : καὶ ἔλαβε πᾶς ὁ λαὸς Ἰούδα τὸν Ἀζαρίαν, καὶ αὐτὸς υἱὸς ἑκκαίδεκα ἐτῶν, καὶ ἐβασίλευσαν αὐτός, où l'on a καὶ αὐτός = ὃς ἦν ou υἱὸν ὄντα ἑκκαίδεκα ἐτῶν... — *1 Paral.*, XI, 4 : ἐπορεύθη ὁ βασιλεὺς καὶ οἱ ἄνδρες αὐτοῦ εἰς Ἱερουσαλήμ, αὕτη Ἰεβούς, καὶ ἐκεῖ οἱ Ἰεβουσαῖοι..., où l'on a αὕτη = ἣ ἐστι Ἰεβούς. — XI, 5; XI, 12, 20; *Hab.*, II, 5.

Nota. — Ces constructions ne paraissent jamais se rencontrer avec le neutre.

62. Tout ce qui précède sert à expliquer la multiplicité et l'accumulation des pronoms sujets ou se rapportant au sujet dans le grec biblique, et particulièrement dans celui des LXX. Ces pronoms paraissent toujours mettre le sujet en relief ou en antithèse, comme en grec classique. Mais les explications précédentes montrent qu'il est loin d'en être toujours ainsi, et que, dans bien des cas, il ne faut pas presser le sens du pronom. — Cf. 261, *c*.

63. La tendance à exprimer le pronom sujet tient à plusieurs causes. Elle est hébraïsante. Le Juif aime à mentionner expressément les personnes et les choses; ce qui donne au style du relief et de la vivacité. Dans le grec biblique, l'expression du pronom met le sujet en relief, mais, souvent, par imitation de l'hébreu seulement, et non parce que la pensée l'exigeait. Car le Grec, qui ne pense pas comme le Juif, ne l'aurait pas fait dans certains passages ; et, pour la même idée, l'un des écrivains du N. T. supprime le pronom sujet, que l'autre exprime.

Puis, le Juif aime à détacher les idées et à les exprimer séparément. De là la tendance à donner un sujet à chacune d'elles, et à employer le pronom personnel ou démonstratif comme simple sujet. Voyez 21-26.

D'ailleurs, lorsque les idées se suivent ainsi détachées, le sujet peut changer brusquement d'une proposition à l'autre, et la clarté peut exiger, dans certains cas, l'expression du sujet pronom. Voyez 21-26.

A l'influence de l'hébreu, il faut ajouter, sans aucun doute, l'influence de la langue familière. La langue de la conversation, plus vive, aime à bien désigner le sujet, et comme souvent, elle passe brusquement d'un sujet à un autre, elle sent alors la nécessité d'exprimer le sujet. D'ailleurs, même en hébreu, l'expression fréquente du sujet, et, par exemple, du sujet pronom, doit être regardée comme un caractère de la langue familière, populaire.

Cf. THIERSCH (p. 98) : « Personalia sæpe superflua verbo proposita et hebraïsmum produnt et sunt loquelæ parum accuratæ indicio. »

Répétition du sujet.

64. Le sujet peut être répété :

a) Pour la clarté, *Mat.*, XIX, 28 (ὑμεῖς.. καὶ ὑμεῖς); *L.*, III, 19 : ὁ δὲ Ἡρῴδης ὁ τετραάρχης, ἐλεγχόμενος ὑπ' αὐτοῦ περὶ Ἡρῳδιάδος τῆς γυναικὸς τοῦ ἀδελφοῦ αὐτοῦ καὶ περὶ πάντων ὧν ἐποίησεν πονηρῶν ὁ Ἡρῴδης, προσέθηκεν καὶ τοῦτο ἐπὶ πᾶσιν. — Au style indirect, *J.*, IV, 1 : ὡς οὖν ἔγνω ὁ Κύριος ὅτι ἤκουσαν οἱ Φαρισαῖοι ὅτι Ἰησοῦς πλείονας μαθητὰς ποιεῖ (*on a dit aux Pharisiens :* Ἰησοῦς... ποιεῖ).

b) Par emphase oratoire, dans des propositions coordonnées, etc., *J.*, I, 1 : ἐν ἀρχῇ ἦν ὁ λόγος καὶ ὁ λόγος ἦν πρὸς τὸν θεόν, καὶ θεὸς ἦν ὁ λόγος, et v. 10 : ἐν τῷ κόσμῳ ἦν, καὶ ὁ κόσμος δι' αὐτοῦ ἐγένετο, καὶ ὁ κόσμος αὐτὸν οὐκ ἔγνω. — V, 36 : τὰ γὰρ ἔργα ἃ δέδωκέν μοι ὁ πατὴρ ἵνα τελειώσω αὐτά, αὐτὰ τὰ ἔργα ἃ ποιῶ μαρτυρεῖ περὶ ἐμοῦ.

c) Par négligence, semble-t-il, comme dans le langage familier, *J.*, XII, 1 : ὁ οὖν Ἰησοῦς πρὸ ἓξ ἡμερῶν τοῦ πάσχα ἦλθεν εἰς Βηθανίαν ὅπου ἦν Λάζαρος, ὃν ἤγειρεν ἐκ νεκρῶν Ἰησοῦς.

d) Cf. dans les LXX, *Gen.*, XXXVI, 6-8; *Josué*, V, 12 : ἐν ταύτῃ τῇ ἡμέρᾳ ἐξέλιπε τὸ μάννα μετὰ τὸ βεβρωκέναι αὐτοὺς ἐκ τοῦ σίτου τῆς γῆς, καὶ οὐκέτι ὑπῆρχε τοῖς υἱοῖς Ἰσραὴλ μάννα. — XXII, 22 ; 2 R., XVII, 14; *Michée*, VII, 11 : ἡμέρας ἀλοιφῆς πλίνθου, ἐξάλειψίς σου ἡ ἡμέρα ἐκείνη, καὶ ἀποτρίψεται νόμιμά σου ἡ ἡμέρα ἐκείνη. — *Daniel* (LXX), III, 2 (cf. avec *Luc*, III, 19) : καὶ Ναβουχοδονόσορ βασιλεὺς βασιλέων καὶ κυριεύων τῆς οἰκουμένης ὅλης ἀπέστειλεν συναγαγεῖν πάντα τὰ ἔθνη, φυλὰς καὶ γλώσσας…, ἐλθεῖν εἰς τὸν ἐγκαινισμὸν τῆς εἰκόνος τῆς χρυσῆς, ἧς ἔστησε Ναβουχοδονόσορ ὁ βασιλεύς.

Ailleurs, le substantif du sujet complexe peut être répété sous une forme différente, comme *Gen.*, XVII, 14; *Lév.*, XXII, 3 : πᾶς ἄνθρωπος ὃς ἂν προσέλθῃ ἀπὸ παντὸς σπέρματος ὑμῶν πρὸς τὰ ἅγια…, καὶ ἡ ἀκαθαρσία αὐτοῦ ἐπ' αὐτῷ ᾖ, ἐξολοθρευθήσεται ἡ ψυχὴ ἐκείνη. — *Deut.*, XXIV, 7 : ἐὰν δὲ ἁλῷ ἄνθρωπος κλέπτων ψυχὴν ἐκ τῶν ἀδελφῶν αὐτοῦ… καὶ καταδυναστεύσας αὐτὸν ἀποδῶται, ἀποθανεῖται ὁ κλέπτης ἐκεῖνος. — De même, *Lév.*, XX, 2 : ἐάν τις ἀπὸ τῶν υἱῶν Ἰσραὴλ ἢ ἀπὸ τῶν γεγενημένων προσηλύτων ἐν Ἰσραὴλ ὃς ἂν δῷ τοῦ σπέρματος αὐτοῦ ἄρχοντι, θανάτῳ θανατούσθω.

e) Cf. *Ex.*, XXXIV, 29 : καταβαίνοντος δὲ αὐτοῦ ἐκ τοῦ ὄρους, Μωυσῆς οὐκ ᾔδει ὅτι δεδόξασται, αὐτοῦ et Μωυσῆς sont le même. — *Es.*, XVII, 13 : ὡς ὕδωρ πολὺ ἔθνη πολλά, ὡς ὕδατος πολλοῦ βίᾳ φερομένου, *des peuples nombreux sont comme la vaste mer, comme quand la vaste mer est violemment agitée.* — Cf. dans le N. T., *A.*, XXII, 17 ; 2 *Cor.*, IV, 17-18 ; et ma *Syntaxe des propositions*, 329-333.

CHAPITRE VI

Suppression du sujet (avec un verbe ordinaire).

Suppression du pronom personnel sujet.

65. Classiquement, le pronom personnel sujet se supprime, en règle générale, et il en est de même dans le grec du N. T., mais bien moins souvent, comme il a été dit, 56-61 et cf. 50-55.

66. La proposition principale et la proposition dépendante ayant le même sujet, le pronom sujet de l'infinitif se supprime en grec classique. De même dans le N. T., *L.*, XXII, 34 ; *Ph.*, II, 6 ; 2 *Th.*, III, 14 : τοῦτον σημειοῦσθε, μὴ συναναμίγνυσθαι αὐτῷ (= μὴ συναναμίγνυσθαι ὑμᾶς). Et très souvent. — Avec une préposition, *1 Th.*, III, 10 : δεόμενοι εἰς τὸ ἰδεῖν ὑμῶν τὸ πρόσωπον (= εἰς τὸ ἰδεῖν με), et cf. *Mat.*, VI, 1. — Avec un attribut, *A.*, XVIII, 2-3 : προσῆλθεν αὐτοῖς καὶ διὰ τὸ ὁμότεχνον εἶναι ἔμενεν… — Remarquer *Apoc.*, XI, 19 : καὶ Βαβυλὼν ἡ μεγάλη ἐμνήσθη ἐνώπιον τοῦ θεοῦ δοῦναι αὐτῇ τὸ ποτήριον (= ὥστε δοῦναι τὸν θεόν); d'ailleurs, le passif est hébraïsant, = ὁ θεὸς ἐμνήσθη Βαβυλῶνος τῆς μεγάλης δοῦναι αὐτῇ.

54   SUPPRESSION DU SUJET (AVEC UN VERBE ORDINAIRE).

— Cf. plus haut, 51, *a*, et ma *Syntaxe des propositions*, 250, 269-283. — Mais *A.*, I, 3 : παρέστησεν ἑαυτὸν ζῶντα μετὰ τὸ παθεῖν αὐτόν, non classique; cf. 48 *b* et 51 *c*.

Dans les LXX, *3 R.*, VIII, 25 ; 28 ; 31 ; *Sag. Sal.*, XII, 16 : ἡ γὰρ ἰσχύς σου δικαιοσύνης ἀρχή, καὶ τὸ πάντων σε δεσπόζειν πάντων φείδεσθαι ποιεῖ. Le sujet σε de δεσπόζειν sert aussi pour φείδεσθαι. — *Jér.*, XLII, 8, 9, 11 ; *Es.*, VIII, 6. — Cf. EWALD, 303, *b*, (1).

67. Lorsque le sujet des deux propositions est différent, il est exprimé, s'il est utile ; voy. plus haut 51.

Il est supprimé comme en grec classique (et cf. ma *Syntaxe des propositions*, 252) :

a) Lorsqu'il se supplée facilement de la proposition principale où il figure comme complément, *L.*, II, 26 ; *A.*, XI, 26 ; *R.*, I, 28 : παρέδωκεν αὐτοὺς ὁ θεὸς εἰς ἀδόκιμον νοῦν, ποιεῖν τὰ μὴ καθήκοντα (= ὥστε ποιεῖν αὐτούς...) — Avec une préposition, *Mat.*, XX, 19.

b) Surtout lorsque l'infinitif est accompagné d'un attribut qui indique le sujet, *L.*, I, 73-75 ; *H.*, II, 10, où ἀγαγόντα suggère αὐτόν, sujet de τελειῶσαι, la même personne que αὐτῷ. — *1 P.*, II, 11 ; IV, 3. Cf. *2 P.*, III, 11 : τούτων οὕτως πάντων λυομένων ποταποὺς δεῖ ὑπάρχειν [ὑμᾶς] ἐν ἁγίαις ἀναστροφαῖς.

c) Dans les LXX, la suppression du sujet est très fréquente ; elle se fait avec la plus grande liberté, et souvent le contexte seul indique quel est le sujet, *3 R.*, VIII, 18 ; 36 : δηλώσεις αὐτοῖς τὴν ὁδὸν τὴν ἀγαθὴν πορεύεσθαι ἐν αὐτῇ (= ὥστε πορεύεσθαι αὐτούς). — VIII, 52 ; 57-58 : μηδὲ ἀποστρέψοιτο ἡμᾶς, ἐπικλῖναι καρδίας ἡμῶν ἐπ' αὐτὸν τοῦ πορεύεσθαι ἐν πάσαις ὁδοῖς αὐτοῦ (= ὥστε ἐπικλῖναι αὐτὸν καρδίας ἡμῶν, et ὥστε πορεύεσθαι ἡμᾶς). — VIII, 59, 64. — *Esther*, VI, 1 : εἶπε τῷ διδασκάλῳ αὐτοῦ εἰσφέρειν γράμματα μνημόσυνα τῶν ἡμερῶν ἀναγινώσκειν αὐτῷ. — *Ps.*, CIII, 27 : πάντα πρὸς σὲ προσδοκῶσι, δοῦναι τὴν τροφὴν αὐτοῖς εὔκαιρον (= πρὸς τὸ δοῦναί σε...) — *Es.*, V, 2 : ἐφύτευσα ἄμπελον Σωρήκ, καὶ ᾠκοδόμησα πύργον ἐν μέσῳ αὐτοῦ..., καὶ ἔμεινα τοῦ ποιῆσαι σταφυλήν, le sujet de ποιῆσαι est τὸν ἀμπελῶνα. — Cf. 51.

Cet emploi, très libre et très varié de l'infinitif sans sujet exprimé et dans toute espèce de constructions, est une des caractéristiques du grec biblique ; elle doit être due surtout à l'influence de l'hébreu, et aussi, en partie, à celle de la langue populaire.

Changement brusque de sujet et suppression du sujet.

68. Il arrive très souvent, dans le N. T., que le sujet change brusquement d'une proposition à l'autre, sans que rien l'indique. Il en est ainsi, particulièrement, lorsque les écrivains du N. T. expriment les idées dans une série de propositions indépendantes coordonnées ou non (10 et 22). Le sujet est à suppléer de ce qui précède immédiatement. Ainsi :

(1). a) *Mat.*, XII, 3-4, Δαυείδ est le sujet de εἰσῆλθεν ; Δαυείδ καὶ οἱ μετ' αὐτοῦ, celui de ἔφαγον. — XIV, 19-20 : ἔδωκεν τοῖς μαθηταῖς τοὺς ἄρτους, οἱ δὲ μαθηταὶ τοῖς ὄχλοις. Καὶ ἔφαγον πάντες καὶ ἐχορτάσθησαν, καὶ ἦραν τὸ περισσεῦον τῶν κλασμάτων. Le sujet de ἦραν est οἱ μαθηταί, et cf. XV, 36-37. — XXV, 29 : περισσευθήσεται [1] pourrait avoir pour sujet ὁ ἔχων. — *Mar.*, I, 42 : καὶ εὐθὺς ἀπῆλθεν ἀπ' αὐτοῦ ἡ λέπρα, καὶ ἐκαθερίσθη (ὁ λεπρός). — V, 8-10, Ἰησοῦς est le sujet de ἔλεγεν et de ἐπηρώτα, et ὁ δαιμονιζόμενος celui de παρεκάλει. — VI, 31-32, ηὐκαίρουν et ἀπῆλθον ont pour sujet οἱ ἀπόστολοι. — VI, 43, ἦραν a pour sujet οἱ ἀπόστολοι. — VIII, 6-8 : καὶ ἐδίδου τοῖς μαθηταῖς αὐτοῦ ἵνα παρατιθῶσιν καὶ παρέθηκαν τῷ ὄχλῳ. καὶ εἶχαν ἰχθύδια ὀλίγα· καὶ εὐλογήσας αὐτὰ εἶπεν καὶ ταῦτα παρατιθέναι. καὶ ἔφαγον καὶ ἐχορτάσθησαν, καὶ ἦραν περισσεύματα κλασμάτων ἑπτὰ σφυρίδας. ἦσαν δὲ ὡς τετρακισχίλιοι. καὶ ἀπέλυσεν αὐτούς... Οἱ μαθηταί est le sujet de παρέθηκαν, εἶχαν et ἦραν ; οἱ ὄχλοι le sujet de ἔφαγον, ἐχορτάσθησαν et ἦσαν. — XVI, 6-7, αὐτός (Ἰησοῦς) est le sujet de προάγει. — XVI, 18, ἐπιθήσουσιν a pour sujet οἱ πιστεύσαντες, et οἱ ἄρρωστοι le sujet de ἕξουσιν [2]. — *L.*, IV, 39 : καὶ ἐπιστὰς ἐπάνω αὐτῆς ἐπετίμησεν τῷ πυρετῷ, καὶ ἀφῆκεν αὐτήν· παραχρῆμα δὲ ἀναστᾶσα διηκόνει αὐτοῖς. Le sujet de ἀφῆκεν est ὁ πυρετός. — VIII, 29, ὁ Ἰησοῦς est le sujet de παρήγγελλεν, τὸ δαιμόνιον de συνηρπάκει, et ὁ δαιμονιζόμενος de ἐδεσμεύετο et ἠλαύνετο. — XI, 51, τὸ αἷμα du v. 50 est le sujet de ἐκζητηθήσεται. — XIII, 19 ; XV, 15, ἔπεμψεν a pour sujet οὗτος ὁ πολίτης. — XVII, 2, καὶ (οὗτος ὁ ἄνθρωπος) ἔρριπται. — XXIV, 9-11, (αὐτοὶ) ἠπίστουν. — *J.*, I, 32 et cf. v. 33. — XVII, 2, δώσει a pour sujet αὐτός (le même que αὐτῷ). — XIX, 31 : ἵνα κατεαγῶσιν τὰ σκέλη, καὶ ἀρθῶσιν (τὰ σώματα). — *A.*, III, 24 : πάντες οἱ προφῆται κτλ. (et non ὅσοι) est le sujet de κατήγγειλαν, et καί = aussi. — V, 14, προσετίθεντο a pour sujet πιστεύοντες [3]. — VI, 5-6 : ἤρεσεν ὁ λόγος ἐνώπιον παντὸς τοῦ πλήθους, καὶ ἐξελέξαντο Στέφανον... καὶ Νικόλαον προσήλυτον Ἀντιοχέα, οὓς ἔστησαν ἐνώπιον τῶν ἀποστόλων, καὶ προσευξάμενοι ἐπέθηκαν αὐτοῖς τὰς χεῖρας. Le sujet de ἐξελέξαντο est τὸ πλῆθος ; οἱ ἀπόστολοι est celui de ἐπέθηκαν. — IX, 27 : Βαρνάβας δὲ ἐπιλαβόμενος αὐτὸν ἤγαγεν πρὸς τοὺς ἀποστόλους καὶ διηγήσατο αὐτοῖς πῶς ἐν τῇ ὁδῷ εἶδεν τὸν κύριον καὶ ὅτι ἐλάλησεν αὐτῷ καὶ πῶς ἐν Δαμασκῷ ἐπαρρησιάσατο ἐν τῷ ὀνόματι Ἰησοῦ. καὶ ἦν μετ' αὐτῶν εἰσπορευόμενος..., Βαρνάβας est le sujet de διηγήσατο ; Παῦλος (αὐτόν) de εἶδεν, ἐπαρρησιάσατο et ἦν ; Κύριος de ἐλάλησεν. — XVI, 10, ἐζητήσαμεν, la première personne apparaît brusquement pour la première fois, sans doute parce que l'auteur a été dès lors acteur dans les événements qu'il raconte. — XVI, 37-39, οἱ στρατηγοί est le sujet de ἔβαλαν, ἐκβάλλουσιν, ἐφοβήθησαν. — XVII, 8, οἱ πολιτάρχαι

---

1. Cf. mon *Essai sur la syntaxe des voix*, 49, d, dans la *Revue de Philologie*, Janvier 1894.
2. Le morceau ajouté pour remplacer la fin de saint Marc, aujourd'hui perdue, serait de la main d'Aristion, disciple de Jésus-Christ, suivant l'indication donnée dans une traduction arménienne de l'Évangile. Voy. CONYBEARE dans l'*Expositor*, Octobre 1893.
3. Exégèse ordinaire ; il serait plus régulier de regarder προσετίθεντο comme impersonnel avec sujet indéfini τινές, et πιστεύοντες comme attribut de ce sujet, comme *Mar.*, II, 3 (95, a) ; comme *Mat.*, V, 11 (111, a) ; etc. ; πλήθη est apposé au sujet.

devient le sujet de λαβόντες... ἀπέλυσαν. — XVIII, 3, ἠργάζοντο a pour sujet Ἀκύλας, Πρίσκιλλα et Παῦλος, ἐργάζετο (v. l.) aurait pour sujet Παῦλος ; le sujet de ἦσαν est Ἀκύλας et Πρίσκιλλα. — R., IX, 14-19, ὁ θεός est le sujet de λέγει, des verbes du v. 18, et de μέμφεται du v. 19. — *1 Cor.*, II, 9, ἅ complément de εἶδεν et ἤκουσεν devient le sujet de ἀνέβη (58). — VII, 17 : εἰ μὴ ἑκάστῳ ὡς μεμέρικεν ὁ κύριος, ἕκαστον ὡς κέκληκεν ὁ θεός, οὕτως περιπατείτω (ἕκαστος). — *2 Cor.*, III, 15-16 : κάλυμμα ἐπὶ τὴν καρδίαν αὐτῶν κεῖται· ἡνίκα δὲ ἐὰν ἐπιστρέψῃ πρὸς Κύριον, περιαιρεῖται τὸ κάλυμμα, le sujet de ἐπιστρέψῃ est ἡ καρδία αὐτῶν (43). — VI, 1-2, ὁ θεός est le sujet de λέγει. — VIII, 6, le sujet de προενήρξατο et ἐπιτελέσῃ est Τίτος. — *Col.*, I, 19, εὐδόκησεν a pour sujet ὁ Χριστός suivant les uns, τὸ πλήρωμα suivant d'autres ; moins probablement ὁ θεός, suivant d'autres. — *H.*, X, 38, ὑποστείληται a pour sujet ὁ δίκαιος ἐκ πίστεως. — *1 Tim.*, III, 16, si nous avons six κῶλα d'un hymne, le sujet ὅς doit signifier : *c'est lui qui*, et servir pour tous les verbes qui suivent. — VI, 2, ἀδελφοί εἰσιν a pour sujet οἱ δεσπόται, comme πιστοί εἰσιν a pour sujet οἱ δεσπόται οἱ τῆς... — *1 J.*, V, 14-16 : αὕτη ἐστὶν ἡ παρρησία ἣν ἔχομεν πρὸς αὐτόν, ὅτι ἐάν τι αἰτώμεθα κατὰ τὸ θέλημα αὐτοῦ ἀκούει ἡμῶν... Ἐάν τις ἴδῃ τὸν ἀδελφὸν αὐτοῦ ἁμαρτάνοντα ἁμαρτίαν μὴ πρὸς θάνατον, αἰτήσει, καὶ δώσει αὐτῷ ζωήν. Si l'on fait du v. 16 le parallèle du v. 14, il faut entendre αἰτήσει τὸν θεόν, καὶ ὁ θεὸς δώσει. Sinon, le sujet de αἰτήσει sera aussi le sujet de δώσει qui prendra le sens, peu probable, de *procurer*. — *Apoc.*, IX, 5 : καὶ ἐδόθη αὐταῖς ἵνα μὴ ἀποκτείνωσιν αὐτούς, ἀλλ' ἵνα βασανισθήσονται μῆνας πέντε. Le sujet (logique) de ἐδόθη est ἵνα — αὐτούς, celui de ἀποκτείνωσιν est αὗται (les mêmes que αὐταῖς), et αὐτοί (les mêmes que αὐτούς) est le sujet de βασανισθήσονται. — IX, 11, αὐτός (le même que αὐτῷ) est le sujet de ἔχει.

b) Avec l'infinitif, *A.*, XXIV, 23 : αὐτὸν (τὸν Παῦλον) est le sujet de τηρεῖσθαι et ἔχειν ; τὸν ἑκατοντάρχην, celui de κωλύειν. — *Apoc.*, XI, 18 : καὶ τὰ ἔθνη ὠργίσθησαν, καὶ ἦλθεν ἡ ὀργή σου καὶ ὁ καιρὸς τῶν νεκρῶν κριθῆναι καὶ δοῦναι τὸν μισθὸν τοῖς δούλοις σου, τοὺς νεκρούς est le sujet de κριθῆναι et τὸν θεόν celui de δοῦναι.

c) A remarquer : les constructions où le pronom et le participe, = le sujet, sont au génitif absolu, comme *Mat.*, I, 18 ; *Mar.*, VI, 22 : εἰσελθούσης τῆς θυγατρὸς αὐτοῦ Ἡρῳδιάδος καὶ ὀρχησαμένης, ἤρεσεν τῷ Ἡρώδῃ. — Remarquer l'exemple si dur, *A.*, XVII, 2, κατὰ δὲ τὸ εἰωθὸς τῷ Παύλῳ, εἰσῆλθεν πρὸς αὐτούς, où ὁ Παῦλος est le sujet de εἰσῆλθεν.

d) Le sujet du participe au génitif absolu est souvent supprimé quand il est facile à suppléer du contexte, *Mat.*, XVII, 14, ἐλθόντων a pour sujet Ἰησοῦ καὶ τῶν μαθητῶν. — XVII, 26, εἰπόντος a pour sujet τοῦ Πέτρου. — *L.*, XII, 36, ἐλθόντος et κρούσαντος ont pour sujet τοῦ κυρίου. — *A.*, XXI, 10 ; XXV, 17 et cf. au contraire X, 10 et XXVIII, 17.

e) Le brusque changement de sujet peut d'ailleurs être amené : par le style indirect, comme *A.*, IX, 27 ; XXIV, 23, cités plus haut (*a* et *b*) — par le mouvement oratoire et la vivacité de l'émotion, comme *Mat.*, IX, 4-7 à comparer avec *Mar.*, II, 8-12 ; *Mat.*, XXIII, 14-39, à comp. avec *L.*, XI, 39-52.

69 (2). Le sujet peut être à suppléer d'un mot qui précède, par exemple d'un collectif, d'un terme général ou abstrait, etc., comme :

SUPPRESSION DU SUJET (AVEC UN VERBE ORDINAIRE.)

Mat., IV, 23-24 : καὶ περιῆγεν ἐν ὅλῃ τῇ Γαλιλαίᾳ... καὶ ἀπῆλθεν ἡ ἀκοὴ αὐτοῦ εἰς ὅλην τὴν Συρίαν· καὶ προσήνεγκαν αὐτῷ... Le sujet réel de προσήνεγκαν est οἱ τῆς Γαλιλαίας καὶ τῆς Συρίας. — IX, 1-2 : καὶ ἦλθεν εἰς τὴν ἰδίαν πόλιν. καὶ ἰδοὺ προσέφερον αὐτῷ..., sujet πολῖταί τινες. — *Mar.*, I, 21-22 : καὶ εὐθὺς τοῖς σάββασιν εἰσελθὼν εἰς τὴν συναγωγὴν ἐδίδασκεν. καὶ ἐξεπλήσσοντο ἐπὶ τῇ διδαχῇ αὐτοῦ, le sujet est οἱ ἐν τῇ συναγωγῇ ἀκούοντες. — *L.*, X, 8 : καὶ εἰς ἣν ἂν πόλιν εἰσέρχησθε καὶ δέχωνται ὑμᾶς (et v. 10), le sujet de δέχωνται est πολῖται. — *J.*, VII, 51 : μὴ ὁ νόμος ἡμῶν κρίνει τὸν ἄνθρωπον ἐὰν μὴ ἀκούσῃ τί ποιεῖ[1]. Suppléez de ὁ νόμος le sujet ὁ κριτής de ἀκούσῃ. — XII, 5 : διὰ τί... τὸ μύρον οὐκ ἐπράθη τριακοσίων δηναρίων καὶ ἐδόθη πτωχοῖς ; (= καὶ τοῦτο τὸ ἀργύριον ἐδόθη...). Cf. *Mat.*, XXVI, 9 ; *Mar.*, XIV, 5 ; et *A.*, V, 3-4 : διὰ τί ἐπλήρωσεν ὁ Σατανᾶς τὴν καρδίαν σου... νοσφίσασθαι ἀπὸ τῆς τιμῆς τοῦ χωρίου ; οὐχὶ μένον σοὶ ἔμενεν καὶ πραθὲν ἐν τῇ σῇ ἐξουσίᾳ ὑπῆρχεν ; Le sujet de μένον ἔμενεν est τὸ χωρίον, et le sujet réel (exprimé par πραθέν) de ὑπῆρχεν est τὸ τοῦ πραθέντος χωρίου ἀργύριον, et IV, 35, de τὰς τιμὰς suppléez τὸ ἀργύριον devant διεδίδετο[2]. — *J.*, XII, 5 et *A.*, V, 3-4 et IV, 35, voy. 5, *f.* — *R.*, X, 14, le sujet de κηρύξωσιν (et ἀποσταλῶσιν) est οἱ κηρύσσοντες, à tirer du terme général κηρύσσοντος (5 *d*). — *Gal.*, I, 22-23 : ἤμην δὲ ἀγνοούμενος τῷ προσώπῳ ταῖς ἐκκλησίαις τῆς Ἰουδαίας ταῖς ἐν Χριστῷ, μόνον δὲ ἀκούοντες ἦσαν (οἱ τῶν ἐκκλησιῶν). — *H.*, VII, 8, suppléez ἄνθρωπος, de ἄνθρωποι, avec μαρτυρούμενος et ζῇ. — *Apoc.*, XVI, 10 : ἐγένετο ἡ βασιλεία αὐτοῦ ἐσκοτωμένη, καὶ ἐμασῶντο τὰς γλώσσας αὐτῶν, le sujet de ἐμασῶντο est οἱ τῆς βασιλείας.

70 (3). Le sujet peut être à tirer immédiatement de l'idée même :

Mat., XXII, 29-30 : οὔτε γαμοῦσιν οὔτε γαμίζονται. Le premier se dit des hommes et le second des femmes. — XXIII, 37 : ποσάκις ἠθέλησα ἐπισυναγαγεῖν τὰ τέκνα σου... καὶ οὐκ ἠθελήσατε. Le sujet de ἠθελήσατε, ce sont les Juifs assemblés à qui le discours s'adresse subitement, et cf. *L.*, XIII, 34. — XXIV, 38, suppléez οἱ ἄνθρωποι avec ἦσαν... — XXV, 28 : ἄρατε οὖν ἀπ' αὐτοῦ. C'est un roi qui parle, et le sujet du verbe est δοῦλοι. — XXVII, 15-16, le sujet de ἤθελον et de εἶχον est οἱ Ἰουδαῖοι. — *Mar.*, VIII, 14, suppléez οἱ μαθηταὶ αὐτοῦ devant ἐπελάθοντο et εἶχον. — *J.*, XIX, 29, προσήνεγκαν a pour sujet οἱ στρατιῶται (cf. v. 25). — XXI, 24, οἴδαμεν, le disciple de Jean, auteur de ce verset et ses condisciples à qui l'ouvrage est adressé (XX, 31). — *A.*, XXVII, 1 : ὡς δὲ ἐκρίθη τοῦ ἀποπλεῖν ἡμᾶς εἰς τὴν Ἰταλίαν, παρεδίδουν τόν τε Παῦλον καί τινας ἑτέρους..., παρεδίδουν a pour sujet réel les agents chargés d'exécuter l'ordre. — *1 Cor.*, VII, 36 : εἰ δέ τις ἀσχημονεῖν ἐπὶ τὴν παρθένον αὐτοῦ νομίζει..., ὁ θέλει ποιείτω· οὐχ ἁμαρτάνει· γαμείτωσαν. Ce dernier verbe a pour sujet la jeune fille et son fiancé. — X, 20, il faudrait suppléer τὰ ἔθνη devant θύουσιν, si on le rejetait du texte. — *Gal.*, IV, 17, avec ζηλοῦσιν et θέλουσιν, il faut suppléer οἱ Ἰουδαῖοι διδάσκαλοι, et cf. I, 7 et V, 12. — *1 P.*, I, 4, suppléez devant δεδώρηται le sujet Ἰησοῦς de ἡ θεία δύναμις αὐτοῦ, sujet de δεδωρημένης.

---

1. Présent d'habitude, du style direct.
2. Forme post-classique populaire, semble-t-il.

71 (4). Quand il s'agit d'une possession démoniaque, le sujet change brusquement, suivant que l'acte est attribué par l'auteur à l'esprit possesseur ou au possédé, et cette attribution de l'acte varie d'un évangéliste à l'autre (5 b) :

Mar., V, 2-12, ὁ δαιμονιζόμενος est le sujet de ἰδών..., λέγει; τὸ δαιμόνιον celui de παρεκάλει; et τὰ δαιμόνια celui de παρεκάλεσαν. Cf. Mat., VIII, 29-32, et L., VIII, 26-33. — IX, 18-27 : καὶ ὅπου ἐὰν αὐτὸν καταλάβῃ ῥήσσει αὐτόν, καὶ ἀφρίζει καὶ τρίζει τοὺς ὀδόντας καὶ ξηραίνεται... καὶ ἰδὼν αὐτὸν τὸ πνεῦμα εὐθὺς συνεσπάραξεν αὐτόν, καὶ πεσὼν ἐπὶ τῆς γῆς ἐκυλίετο ἀφρίζων... τὸ πνεῦμα est le sujet de ῥήσσει, et ὁ δαιμονιζόμενος celui de ἀφρίζει... ξηραίνεται, et aussi celui de ἰδών et de ἐκυλίετο. Cf. Mat., XVII, 14-21: L., IX, 37-43. — A., VIII, 7 : πολλοὶ γὰρ τῶν ἐχόντων πνεύματα ἀκάθαρτα βοῶντα φωνῇ μεγάλῃ ἐξήρχοντο, οὗ πνεύματα devient brusquement le sujet de βοῶντα... ἐξήρχοντο, et cf. Mar., IX, 26 : καὶ κράξας καὶ πολλὰ σπαράξας ἐξῆλθεν. — Cf. encore, Mar., I, 23-26 (et L., IV, 33-35); III, 11; A., XVI, 18-19; XIX, 15-16.

72 (5). Parfois le sujet est à suppléer de ce qui suit immédiatement, A., II, 3 : καὶ ὤφθησαν αὐτοῖς διαμεριζόμεναι γλῶσσαι ὡσεὶ πυρός, καὶ ἐκάθισεν ἐφ' ἕνα ἕκαστον αὐτῶν. Suppléez καὶ μία ἑκάστη ἐκάθισεν. — R., VIII, 24 (W. H.) : ἐλπὶς δὲ βλεπομένη οὐκ ἔστιν ἐλπίς· ὃ γὰρ βλέπει, τίς ἐλπίζει; (= τίς ἐλπίζει ὃ βλέπει;), tandis que Tisch. lit : ὃ γὰρ βλέπει τις, τί καὶ ἐλπίζει; — Apoc., XIX, 9, καὶ λέγει μοι (bis) a pour sujet la vision qui parle et qui est un ange d'après le v. 10 (à moins que le sujet ne soit ὁ ἄγγελος, de XVIII, 21). — Le sujet est déjà dans l'esprit de l'auteur quand il écrit le verbe (4). — Cf. L., XVI, 4 (75).

73 (6). Avec un mot partitif, le sujet grammatical est à suppléer du contexte, c'est-à-dire de la locution partitive, Mat., XXVII, 9; J., I, 24 : καὶ ἀπεσταλμένοι ἦσαν ἐκ τῶν Φαρισαίων, suppléez τινὲς ἐκ τῶν... = (c'étaient) des Pharisiens (qui) avaient été envoyés. — VII, 40 : ἐκ τοῦ ὄχλου οὖν ἀκούσαντες τῶν λόγων τούτων ἔλεγον, = τινὲς ἐκ τοῦ ὄχλου. — XVI, 17 : εἶπαν οὖν ἐκ τῶν μαθητῶν αὐτοῦ πρὸς αὐτόν, = μαθηταί τινες εἶπαν (comme Mat., XXVII, 9). — A., XIX, 33, ἐκ τοῦ ὄχλου est le sujet, et non le complément de συνεβίβασαν. — XXI, 16; Apoc., XI, 9 : βλέπουσιν ἐκ τῶν λαῶν καὶ φυλῶν, des peuples... voient.

Au singulier, A., XIX, 27 : μέλλειν τε καὶ καθαιρεῖσθαι τῆς μεγαλειότητος αὐτῆς, avec le sujet de l'infinitif *quelque chose* (τι) *de sa grandeur*.
Voy. 43 bis.

74 (7). Assez fréquemment, le sujet doit être repris d'assez haut. Ainsi :

Mat., III, 15, ἀφίησιν a pour sujet ὁ δέ du v. 14. — XXVI, 50, προσελθόντες ἐπέβαλον a pour sujet Ἰούδας... καὶ μετ' αὐτοῦ ὁ ὄχλος πολύς du v. 47. — Mar., I, 29, ἐξελθόντες ἦλθαν (W. H.) aura pour sujet Ἰησοῦς, Σίμων καὶ Ἀνδρέας, de I, 16-21. — III, 2, παρετήρουν a pour sujet οἱ Φαρισαῖοι, de II, 24. — XI, 15 et 19, ἔρχονται et ἐξεπορεύοντο ont pour sujet ὁ Ἰησοῦς μετὰ τῶν δώδεκα, des vv. 11 et 12. — L., VII, 42, ἐχαρίσατο a pour sujet ὁ δανιστής à suppléer, d'après le contexte, du v. 40. — XXII, 54, συλλαβόντες ἤγαγον

SUPPRESSION DU SUJET (AVEC UN VERBE ORDINAIRE). 59

a pour sujet ὁ ὄχλος καὶ ὁ λεγόμενος Ἰούδας, du v. 47. — *J.*, X, 10, ἔχωσιν a pour sujet τὰ πρόβατα, du v. 8. — *A.*, I, 23-26 : ἔστησαν, εἶπαν et ἔδωκαν ont pour sujet οἱ ἀδελφοί du v. 15 (rappelé par τούτων au v. 22). — VII, 4-5, μετώκισεν, ἔδωκεν, et ἐπηγγείλατο ont pour sujet ὁ θεός du v. 2. — XXI, 29-30 : ἦσαν et ἐπιλαβόμενοι εἷλκον ont pour sujet οἱ Ἰουδαῖοι, et la foule, d'après les versets précédents. — *1 Cor.*, XV, 23-27, Χριστός est le sujet de παραδιδῷ, θῇ, ὑπέταξεν et εἴπῃ. — XV, 42-43, σπείρεται et ἐγείρεται ont pour sujet σῶμα des vv. 36-37, répété au v. 44. — *II.*, I, 5, 6, 7, 13, les verbes εἶπεν, λέγει et εἴρηκεν ont pour sujet ὁ θεός du v. 1. — II, 12, ἐπαισχύνεται a pour sujet ὁ ἁγιάζων du v. 11. — X, 5, λέγει a pour sujet Χριστός, d'après IX, 24 et 28. — *2 Tim.*, IV, 3, ἀνέξονται, etc., a pour sujet οἱ ἄνθρωποι, dont il a été question, III, 2 et 13. — *Jac.*, I, 18, ἀπεκύησεν a pour sujet ὁ θεός du v. 13 (rappelé par τοῦ πατρός du v. 17). — IV, 6, λέγει a pour sujet ἡ γραφή du v. 5 (et δίδωσιν a pour sujet τὸ πνεῦμα). — *Apoc.*, XXII, 1, ἔδειξεν a pour sujet ὁ ἄγγελος, à reprendre de XXI, 9 et 15.
Avec l'infinitif : *Mat.*, XVIII, 25, ἀποδοθῆναι a pour sujet μύρια τάλαντα, du v. 24. — *A.*, V, 15, ἐκφέρειν a pour sujet τὸν λαόν, du v. 14. — IX, 43, μεῖναι a pour sujet τὸν Πέτρον, des vv. 40 et 41. — *1 Tim.*, III, 7 : ἔχειν a pour sujet τὸν ἐπίσκοπον du v. 2. — Avec le participe : *A.*, XXIV, 23, διαταξάμενος se rapporte à ὁ Φῆλιξ.

Sujet mental à suppléer.

75 (8). Dans les exemples précédents (68-74), lorsque l'auteur écrit le verbe, il a présent dans son esprit le sujet, qu'il ne sent pas le besoin d'exprimer. Ce *sujet mental* est encore employé d'une manière particulière dans d'autres cas, lorsqu'étant déterminé par lui-même, il a dû se présenter à l'esprit du lecteur comme à celui de l'auteur[1]. Cf. 4. — Ainsi :

a) *Mat.*, V, 11-12 : μακάριοί ἐστε ὅταν ὀνειδίσωσιν ὑμᾶς... χαίρετε καὶ ἀγαλλιᾶσθε... Οὕτως γὰρ ἐδίωξαν τοὺς προφήτας τοὺς πρὸ ὑμῶν. Le sujet de ἐδίωξαν se suggère de lui-même à l'esprit de l'auteur, οἱ Ἰουδαῖοι οἱ πάλαι pour ἐδίωξαν, et οἱ νῦν pour ὀνειδίσωσιν. — XIII, 47-48 : ὁμοία ἐστὶν ἡ βασιλεία τῶν οὐρανῶν σαγήνῃ βληθείσῃ εἰς τὴν θάλασσαν καὶ ἐκ παντὸς γένους συναγαγούσῃ· ἣν ὅτε ἐπληρώθη ἀναβιβάσαντες ἐπὶ τὸν αἰγιαλὸν καὶ καθίσαντες συνέλεξαν τὰ καλὰ εἰς ἄγγη. Le v. 47 a suggéré οἱ ἁλιεῖς sujet de ἀναβιβάσαντες... ἔλεξαν. — XVII, 12, le contexte suggère Hérode, sujet réel de ἐποίησαν, et cf. XIV, 1-10. — XXIV, 38 : ἦσαν τρώγοντες a pour sujet οἱ ἄνθρωποι suggéré par le v. 37. — *L.*, V, 4 : ἐπανάγαγε εἰς τὸ βάθος καὶ χαλάσατε τὰ δίκτυα ὑμῶν. Le pluriel χαλάσατε a pour sujet Simon et ses aides. — XVI, 4 : ἔγνων τί ποιήσω ἵνα... δέξονταί με εἰς τοὺς οἴκους ἑαυτῶν· καὶ προσκαλεσάμενος ἕνα ἕκαστον τῶν χρεοφιλετῶν... Celui qui parle, en disant

---

1. En français aussi, le sujet mental existe, représenté par *on, il, ils,* quand on ne veut pas le nommer au lecteur ou à l'auditeur qui l'entend de lui-même.

δέξωνται, a déjà présent dans l'esprit οἱ χρεοφιλέται de la phrase suivante. — *J.*, I, 9, le sujet de ἦν doit être ὁ λόγος, sujet général qui domine tout le passage I, 1-13, et qui est toujours présent dans l'esprit de l'auteur. — XVII, 13 : ταῦτα λαλῶ ἐν τῷ κόσμῳ ἵνα ἔχωσιν τὴν χαράν... Ἔχωσιν a pour sujet οἱ μαθηταί, dont l'idée est sans cesse rappelée par ce qui est dit aux vv. 6-12. — *A.*, X, 39 : ὃν καὶ ἀνεῖλαν κρεμάσαντες ἐπὶ ξύλου. Le sujet était dans l'esprit de tous les auditeurs, et cf. XIII, 28-29, où il en est de même avec le même sujet. — XIII, 3, les mots ἐπιθέντες χεῖρας indiquent comme sujet οἱ πρεσβύτεροι. — XIII, 25 : τί ἐμὲ ὑπονοεῖτε εἶναι ; οὐκ εἰμὶ ἐγώ· ἀλλ' ἰδοὺ ἔρχεται μετ' ἐμὲ οὗ οὐκ εἰμὶ ἄξιος τὸ ὑπόδημα τῶν ποδῶν λῦσαι. Le sujet de ἔρχεται est ὁ Μεσσίας, dont l'idée est déjà dans ce qui précède. — XIII, 28-29, voy. X, 39. — XXVII, 13, δόξαντες, ἄραντες, παρελέγοντο ont pour sujet οἱ ναῦται, dont l'idée est déjà dans l'esprit d'après ce qui a été dit aux vv. 9-10, et cf. v. 27. — 2 *Cor.*, X, 8-11 : οὐκ αἰσχυνθήσομαι, ἵνα μὴ δόξω ὡς ἂν ἐκφοβεῖν ὑμᾶς διὰ τῶν ἐπιστολῶν· ὅτι Αἱ ἐπιστολαὶ μέν, φησίν, βαρεῖαι καὶ ἰσχυραί... Τοῦτο λογιζέσθω ὁ τοιοῦτος ὅτι οἷοί ἐσμεν... L'auteur, en écrivant φησίν, a déjà dans l'esprit *l'un d'entre vous*, qu'il désigne ensuite par ὁ τοιοῦτος (exemples de ce genre chez les classiques). — 2 *Tim.*, II, 16 : τὰς δὲ βεβήλους κενοφωνίας περιίστασο· ἐπὶ πλεῖον γὰρ προκόψουσιν ἀσεβείας καὶ ὁ λόγος αὐτῶν... Le sujet de προκόψουσιν est bien connu de l'auteur et du lecteur de la lettre (*1 Tim.*, I, 3-7), et suffisamment rappelé par κενοφωνίας. — *Apoc.*, XX, 4 : καὶ εἶδον θρόνους καὶ ἐκάθισαν ἐπ' αὐτούς, καὶ κρίμα ἐδόθη αὐτοῖς. Le sujet de ἐκάθισαν est οἱ κριταί, personnages présents aux yeux du Voyant.

b) Pour *H.*, X, 1, on lit (W. H.) : σκιὰν γὰρ ἔχων ὁ νόμος τῶν μελλόντων ἀγαθῶν, οὐκ αὐτὴν τὴν εἰκόνα τῶν πραγμάτων, κατ' ἐνιαυτὸν ταῖς αὐταῖς θυσίαις ἃς προσφέρουσιν, εἰς τὸ διηνεκὲς οὐδέποτε δύνανται τοὺς προσερχομένους τελειῶσαι (TISCH., αἷς, et δύναται). Ce texte peut être accepté[1]. Κατ' ἐνιαυτόν est le complément de προσφέρουσιν, en antithèse avec εἰς τὸ διηνεκές, complément de δύνανται τελειῶσαι, et προσφέρουσιν a pour sujet οἱ ἱερεῖς. On devrait avoir régulièrement δύναται avec νόμος pour sujet. Mais l'idée de οἱ ἱερεῖς a remplacé νόμος, d'après ce qui est dit plus loin (v. 9 : θυσίας... αἵτινες κατὰ νόμον προσφέρονται) ; en d'autres termes, les prêtres qui offrent les sacrifices de la Loi ont remplacé la Loi elle-même dans l'esprit de l'auteur sous l'influence de προσφέρουσιν, et sont devenus le sujet de δύνανται ; cf. l'explication du passage, vv. 8-14 et surtout v. 11 ; puis cf. vv. 10 et 14, où la sanctification complète est attribuée au sacrifice et au Prêtre sacrificateur. — Pour un accord de ce genre, cf. LXX, *Ésaïe*, VII, 23 : καὶ ἔσται ἐν τῇ ἡμέρᾳ ἐκείνῃ πᾶς τόπος οὗ ἐὰν ὦσι χίλιαι ἄμπελοι χιλίων σίκλων, εἰς χέρσον ἔσονται καὶ εἰς ἄκανθαν. Ἄμπελοι exprimant une idée très voisine de τόπος a pris sa place comme sujet de ἔσονται. — Pour le passage d'une idée à l'autre, cf. *J.*, VII, 51, et voy. plus haut, 5.

c) Dans certains cas, le sujet, substantif, se supplée mentalement de l'adjectif épithète ou attribut, *J.*, IV, 35 : ἔτι τετράμηνός ἐστι (ὁ χρόνος). — *A.*, XIX, 38 : ἀγοραῖοι ἄγονται (αἱ ἡμέραι). — Ce sont des expressions toutes faites du langage courant. Seuls exemples dans le N. T.

---

1. W. H. croient qu'aucune des leçons adoptées n'est exempte de faute ; cf. vol. II, *Appendice*, p. 130 seq.

76. (9). Il existe une espèce de sujet mental particulier au N. T. Lorsqu'il s'agit d'événements de l'A. T., ces événements sont supposés connus du lecteur ou de l'auditeur, invité à suppléer mentalement le sujet du verbe :

A., VII, 10 : καὶ ἦν ὁ θεὸς μετ' αὐτοῦ... καὶ ἔδωκεν αὐτῷ χάριν καὶ σοφίαν ἐναντίον Φαραὼ βασιλέως Αἰγύπτου, καὶ κατέστησεν αὐτὸν ἡγούμενον ἐπ' Αἴγυπτον καὶ ὅλον τὸν οἶκον αὐτοῦ... Φαραώ devient brusquement le sujet de κατέστησεν, d'après LXX, *Gen.*, XLI, 41 seqq. — *R.*, IX, 11 : μήπω γὰρ γεννηθέντων μηδὲ πραξάντων τι ἀγαθὸν ἢ φαῦλον. Le sujet des participes est *Jacob et Ésaü*, d'après *Gen.*, XXV, 22 seqq. — *H.*, IX, 19 : λαβών... ἐράντισεν a pour sujet ὁ Μωυσῆς, d'après *Ex.*, XXIV, 3 seqq. — X, 1 : κατ' ἐνιαυτὸν ταῖς αὐταῖς θυσίαις ἃς προσφέρουσιν εἰς τὸ διηνεκὲς οὐδέποτε δύνανται... Le sujet οἱ Λευεῖται et ὁ ἀρχιερεύς est connu d'avance d'après *Lév.*, XVI (et cf. *H.*, IX, 6-10). — XI, 11-12 : διὸ καὶ ἀφ' ἑνὸς ἐγεννήθησαν, καὶ ταῦτα νενεκρωμένου, καθὼς τὰ ἄστρα τοῦ οὐρανοῦ... Le sujet est οἱ υἱοὶ Ἀβραάμ, d'après *Gen.*, XVII et XVIII. — XI, 29 : πίστει διέβησαν τὴν Ἐρυθρὰν Θάλασσαν, sujet οἱ Ἰσραηλεῖται, d'après *Ex.*, XIV.

77. (10). Il existe encore une autre espèce de sujet mental, particulier au N. T., et voisin du précédent. Dans les citations que renferme le N. T., le sujet manque souvent, aussi bien pour le verbe qui annonce la citation que pour le verbe de la citation elle-même. Le lecteur est supposé connaître le passage et est invité à suppléer le sujet.

a) Pour les verbes qui annoncent la citation, on a comme sujets : ὁ θεός, *A.*, II, 17 ; ὁ προφήτης, *A.*, VII, 48 ; Δαυείδ, *R.*, IV, 6 ; Μωυσῆς, *R.*, X, 19 ; Ἡσαΐας, *R.*, XV, 12 ; ἡ γραφή, *Gal.*, IV, 30.
Lorsque le verbe n'a pas de sujet, le lecteur doit le suppléer mentalement :
A., XIII, 34, 35 : οὕτως εἴρηκεν et καὶ ἐν ἑτέρῳ λέγει, sujet ὁ θεός d'après (LXX), *Es.*, LV, 3, et *Ps.*, XV, 10. — *R.*, XV, 10, πάλιν λέγει (ὁ Μωυσῆς), d'après *Deut.*, XXXII, 43. — *Eph.*, IV, 8, λέγει (ὁ θεός ou Δαυείδ), d'après *Ps.*, LXVII, 19. — V, 14, διὸ λέγει. Ceux qui regardent le passage comme imité ou cité partiellement de l'A. T. donnent Ἡσαΐας comme sujet à λέγει, d'après *Es.*, LX, 1-2. Mais si l'on regarde ce passage comme contenant des κῶλα d'un hymne primitif (imitation d'Ésaïe), il faut suppléer comme sujet τις, *on dit, on chante* (96, *a*). — *H.*, VIII, 5, φησίν (ὁ θεός) d'après *Ex.*, XXV, 40.
Pour *H.*, II, 6, on a : διεμαρτύρατο δέ πού τις λέγων devant une citation de l'A. T. tirée de *Ps.*, VIII, 5 seqq. — Pour *H.*, X, 5, la citation de l'A. T. est mise dans la bouche du Christ, et le sujet mental ὁ Χριστός est à suppléer d'après tout ce qui précède, tandis que dans l'A. T., *Ps.*, XXXIX, 7, c'est le Psalmiste qui s'adresse à Dieu.

b) Pour les verbes de la citation elle-même, il faut se reporter au passage de l'A. T. et en même temps consulter le contexte dans le N. T.; car l'écrivain a pu appliquer le passage à un nouveau sujet; ce qui arrive quand il regarde le sujet du verbe dans l'A. T. comme la figure, le type du sujet nouveau du verbe dans le N. T.

Mat., III, 3, le nouveau sujet de ἑτοιμάσατε, ποιεῖτε est οἱ Ἰουδαῖοι οἱ νῦν, tandis que *Es.*, XI., 3, s'adresse à ses contemporains. — XII, 18, ᾑρέτισα a pour sujet ἐγὼ ὁ θεός, d'après *Es.*, XLII, 1 (et de même XII, 7, d'après *Osée*, VI, 6). — XIII, 14, ἀκοῇ ἀκούσετε (ὑμεῖς οἱ Ἰουδαῖοι), d'après *Es.*, VI, 9. — *J.*, VI, 31 : καθώς ἐστιν γεγραμμένον Ἄρτον ἐκ τοῦ οὐρανοῦ ἔδωκεν αὐτοῖς φαγεῖν. Le sujet de ἔδωκεν est ὁ θεός, d'après *Ps.*, LXXVII, 24. — XII, 40, d'après *Es.*, VI, 10. — 2 *Cor.*, IX, 9 : καθὼς γέγραπται Ἐσκόρπισεν ἔδωκεν τοῖς πένησιν κτλ. Le sujet est ὁ φοβούμενος κύριον, d'après *Ps.*, CXI, 1 et 9. — *Eph.*, IV, 8, ἀναβὰς... ᾐχμαλώτευσεν a pour sujet Κύριος ὁ θεός dans *Ps.*, LXVII, 19, et ὁ Ἰησοῦς χριστός dans le N. T. — *H.*, X, 5, ἠθέλησας etc., a pour sujet θεός μου dans l'A. T. (*Ps.*, XXXIX, 7) et dans le N. T.

c) De même, dans quelques citations de l'A. T., le participe paraît ne se rapporter à rien, parce que la citation est incomplète. Le sujet est à suppléer des LXX ou de l'A. T. que le lecteur est toujours censé connaître (76). Ainsi, *1 Cor.*, III, 19 : γέγραπται γάρ Ὁ δρασσόμενος τοὺς σοφοὺς ἐν τῇ πανουργίᾳ αὐτῶν. Suppléez le sujet ὁ θεός, d'après LXX, *Job*. V, 13, qui porte ὁ καταλαμβάνων σοφοὺς ἐν τῇ φρονήσει. — De même pour *H.*, I, 7. (ὁ ποιῶν...), d'après *Ps.*, CIII, 4. — Cf. aussi *H.*, VIII, 10 et X, 16 (διδούς...) avec *Jér.*, XXXVIII, 33.

78. Tous ces exemples de changement brusque et de suppression du sujet révèlent une grande mobilité d'esprit, beaucoup de vivacité d'imagination, une certaine insouciance de la construction complète, claire et harmonieuse, des phrases et des propositions. Cette manière de développer l'idée est, en grec classique, une exception (MADVIG, 56), et, dans le grec biblique, une habitude qui le caractérise ; car les exemples en sont innombrables. Nous reconnaissons là un caractère de la langue familière et populaire.

Ce caractère existe dans l'hébreu, qui aime à juxtaposer les idées, en passant d'un sujet à l'autre, et qui est une langue essentiellement vive et familière. Le principe est le suivant : Le sujet peut être supprimé : 1° Quand le lecteur peut le suppléer d'un mot qui précède, ou du contexte en général ; 2° Quand l'auteur n'aime pas à le nommer, ou que ce qui est dit suffit pour en suggérer l'idée au lecteur ou à l'auditeur (EWALD, 294 ; 303, *b*, (1). DRIVER, pp. 171, *Obs.* I ; p. 173 (7), *in Is.*, XL, 22). — Cf. 68.

Voici maintenant l'usage des LXX :

79 (cf. 68). Le sujet change brusquement sans être indiqué, *Josué*, III, 1 : καὶ ὤρθρισεν Ἰησοῦς τὸ πρωὶ καὶ ἀπῆρεν ἐκ Σαττὶν καὶ ἤλθοσαν ἕως τοῦ Ἰορδάνου. Le sujet est οἱ Ἰσραηλεῖται, à suppléer du chap. I. — *1 Paral.*, VII, 22-23 : ἦλθον οἱ ἀδελφοὶ αὐτοῦ τοῦ παρακαλέσαι αὐτόν, καὶ εἰσῆλθεν πρὸς τὴν γυναῖκα αὐτοῦ, καὶ ἔλαβεν ἐν γαστρὶ καὶ ἔτεκεν υἱόν, καὶ ἐκάλεσε τὸ ὄνομα αὐτοῦ Βεριά, ὅτι Ἐν κακοῖς ἐγένετο ἐν οἴκῳ μου... Le père est le sujet de εἰσῆλθεν et de ἐκάλεσεν ; ἡ γυνή est le sujet de ἔλαβεν et ἔτεκεν ; cf. plus loin, 98, pour ἐγένετο. — 2 *Esd.*, VI, 11 : πᾶς ἄνθρωπος ὃς ἀλλάξει τὸ ῥῆμα τοῦτο, καταιρεθήσεται

SUPPRESSION DU SUJET (AVEC UN VERBE ORDINAIRE). 63

ξύλον ἐκ τῆς οἰκίας αὐτοῦ, καὶ ὠρθωμένος πληγήσεται ἐπ' αὐτοῦ. — *Judith*, V, 8, ἐξέβαλον a pour sujet *on* = οἱ χαλδαῖοι. — *Esther*, II, 22 : ἐδηλώθη Μαρδοχαίῳ ὁ λόγος, καὶ ἐσήμανεν Ἐσθήρ, καὶ αὐτὴ ἐνεφάνισε τῷ βασιλεῖ..., ὁ Μαρδοχαῖος est le sujet de ἐσήμανεν. — VI, 1-2 : ὁ δὲ κύριος ἀπέστησε τὸν ὕπνον ἀπὸ τοῦ βασιλέως τὴν νύκτα ἐκείνην, καὶ εἶπε τῷ διακόνῳ αὐτοῦ εἰσφέρειν γράμματα μνημόσυνα τῶν ἡμερῶν ἀναγινώσκειν αὐτῷ. εὗρε δὲ τὰ γράμματα τὰ γραφέντα περὶ Μαρδοχαίου ὡς ἀπήγγειλε τῷ βασιλεῖ... Le sujet de εἶπε et de εὗρε est ὁ βασιλεύς ; celui de ἀπήγγειλε est ὁ Μαρδοχαῖος [1]. — VI, 8-9, ἐνεγκάτωσαν οἱ παῖδες τοῦ βασιλέως στολὴν βυσσίνην..., καὶ δότω ἑνὶ τῶν φίλων, *et qu'on* (= εἷς τῶν παίδων) *donne*. — *Ps.*, XXI, 9 (cité N. T., *Mat.*, XXVII, 43) : ἤλπισεν ἐπὶ κύριον, ῥυσάσθω αὐτόν, σωσάτω αὐτόν, ὅτι θέλει αὐτόν. Le sujet de ῥυσάσθω, σωσάτω, θέλει, est ὁ Κύριος. — CXLVIII, tout le psaume. — *Eccl.*, I, 10 : ὃς λαλήσει καὶ ἐρεῖ Ἴδε τοῦτο καινόν ἐστιν, ἤδη γέγονεν ἐν τοῖς αἰῶσι τοῖς γενομένοις. Le sujet de γέγονεν est τοῦτο τὸ καινόν. — *Michée*, V, 1 : νῦν ἐμφραχθήσεται θυγάτηρ ἐμφραγμῷ, συνοχὴν ἔταξεν ἐφ' ὑμᾶς, ἐν ῥάβδῳ πατάξουσιν ἐπὶ σιαγόνα τὰς φυλὰς τοῦ Ἰσραήλ. Le sujet de ἔταξεν semble bien être ὁ κύριος ; πατάξουσιν a pour sujet *on* et d'une manière précise οἱ πολέμιοι suggéré par ce qui précède. — *Jér.*, XXI, 2 : ἐπερώτησον περὶ ἡμῶν τὸν κύριον ὅτι βασιλεὺς Βαβυλῶνος ἐφέστηκεν ἐφ' ἡμᾶς, εἰ ποιήσει κύριος κατὰ πάντα τὰ θαυμάσια αὐτοῦ, καὶ ἀπελεύσεται ἀφ' ἡμῶν. Le dernier verbe a pour sujet βασιλεὺς Βαβυλῶνος. — LI, 20 : οὐχὶ τοῦ θυμιάματος οὗ ἐθυμιάσατε... ἐμνήσθη κύριος, καὶ ἀνέβη ἐπὶ τὴν καρδίαν αὐτοῦ [2] ; le sujet de ἀνέβη est τοῦτο τὸ πρᾶγμα. — *Ézéch.*, XLIII, 19, 23, 24, 25, 26. — *Daniel*, V, 29, ἐνέδυσαν a pour sujet *on* (= δοῦλοι) ; ἐκήρυξε a pour sujet ὁ κῆρυξ. — *1 Mac.*, VII, 44-47 : ὡς δὲ εἶδεν ἡ παρεμβολὴ αὐτοῦ ὅτι ἔπεσε Νικάνωρ, ῥίψαντες τὰ ὅπλα αὐτῶν ἔφυγον, καὶ κατεδίωκον αὐτοὺς ὁδὸν ἡμέρας... καὶ ἐσάλπισαν ὀπίσω αὐτῶν..., καὶ ἐξῆλθον ἐκ πασῶν τῶν κωμῶν τῆς Ἰουδαίας κτλ... Le sujet réel de ἔφυγον est οἱ τῆς παρεμβολῆς στρατιῶται ; celui de κατεδίωκον et ἐσάλπισαν est οἱ Ἰουδαῖοι ; celui de ἐξῆλθον est τινές, etc. — XIII, 17 : καὶ ἔγνω Σίμων. ὅτι δόλῳ λαλοῦσι πρὸς αὐτόν, καὶ πέμπει τὸ ἀργύριον καὶ τὰ παιδάρια μήποτε ἔχθραν ἄρῃ μεγάλην πρὸς τὸν λαὸν λέγων ὅτι οὐκ ἀπέστειλα αὐτῷ τὸ ἀργύριον καὶ τὰ παιδάρια, καὶ ἀπώλετο... καὶ ἀπέστειλε τὰ παιδάρια καὶ τὰ ἑκατὸν τάλαντα καὶ διεψεύσατο καὶ οὐκ ἀφῆκε τὸν Ἰωναθάν. καὶ μετὰ ταῦτα ἦλθε Τρύφων... Σίμων est le sujet de πέμπει et de ἀπέστειλε ; les envoyés de Tryphon, celui de λαλοῦσι ; Τρύφων, celui de ἄρῃ, de διεψεύσατο et de ἀφῆκε ; Ἰωναθάν celui de ἀπώλετο. Puis Τρύφων est exprimé, et pour une construction de ce genre cf. N. T., 1 *Cor.*, XV, 36-44.

80. La suppression du sujet du participe, facile à suppléer, existe aussi dans les LXX, *2 R.*; XII, 21 : ἔτι ζῶντος ἐνήστευες καὶ ἔκλαιες...

81. (Cf. 69). Le sujet se supplée d'un mot qui précède, comme d'un collectif, d'un nom de pays, d'un terme général, etc.

Judith, V, 11 : ἐπανέστη αὐτοῖς ὁ βασιλεὺς Αἰγύπτου καὶ κατεσοφίσαντο αὐτοὺς... καὶ ἔθεντο αὐτοὺς εἰς δούλους. Le sujet réel de κατεσοφίσαντο et ἔθεντο est οἱ Αἰγύπτιοι. — V, 20, ἁμαρτάνουσιν a pour sujet ὁ λαὸς οὗτος. — *Amos*, VI, 10 : καὶ ἐρεῖ τοῖς προεστηκόσι τῆς οἰκίας Εἰ ἔτι ὑπάρχει παρὰ σοί; καὶ ἐρεῖ Οὐκ ἔτι. Le second ἐρεῖ a pour sujet réel εἷς τῶν προεστηκότων (et cf.

---

1. Pour ἀναγινώσκειν, infinitif final (cf. ma *Syntaxe des propositions*, 263-267), entendez εἰς τὸ ἀναγινώσκειν αὐτὸν αὐτῷ.
2. Ἀνέβη κτλ. est un hébraïsme qui signifie que *la pensée d'une chose vient à l'esprit de quelqu'un* ; voy. 89, *a* (*A.*, VII, 23), et c.

d'ailleurs σοί). — *Hab.*, I, 6-7, de τοῦς Χαλδαίους τὸ ἔθνος suppléez ὁ Χαλδαῖος ou ὁ λαὸς οὗτος sujet de φοβερὸς... ἐστίν.

82 (cf. 70). Le sujet est à suppléer immédiatement de l'idée :
2 Paral., VIII, 11 : οὐ κατοικήσει ἡ γυνή μου ἐν πόλει Δαυὶδ τοῦ βασιλέως Ἰσραήλ, ὅτι ἅγιός ἐστιν οὗ εἰσῆλθεν ἐκεῖ κιβωτὸς κυρίου. Le sujet de ἅγιός ἐστιν est ὁ τόπος. — *1 Esd.*, III, 13 : καὶ ὅτε ἐξηγέρθη ὁ βασιλεύς, λαβόντες τὸ γράμμα ἔδωκαν αὐτῷ. Entendez οἱ δοῦλοι λαβόντες. — *Néh.*, IV, 11, suppléez εἰς ἕκαστος.
— *Amos*, VI, 9-10 : ἐὰν ὑπολειφθῶσι δέκα ἄνδρες ἐν οἰκίᾳ μιᾷ καὶ ἀποθανοῦνται καὶ ὑπολειφθήσονται οἱ κατάλοιποι, καὶ λήψονται οἱ οἰκεῖοι αὐτῶν καὶ παραβιῶνται τοῦ ἐξενέγκαι τὰ ὀστᾶ αὐτῶν ἐκ τοῦ οἴκου· καὶ ἐρεῖ τοῖς προεστηκόσι τῆς οἰκίας Εἰ ἔτι ὑπάρχει παρὰ σοί; Καὶ ἐρεῖ Οὐκ ἔτι καὶ ἐρεῖ... Le sujet de ἀποθνοῦνται est τινὲς τῶν δέκα; celui du premier ἐρεῖ est on = τις; celui de ὑπάρχει et de οὐκ ἔτι est πτῶμά τι ou τεθνηκώς τις. — *Habacuc*, I, 14-15 : καὶ ποιήσεις τοὺς ἀνθρώπους ὡς τοὺς ἰχθύας τῆς θαλάσσης..., συντέλειαν ἐν ἀγκίστρῳ ἀνέσπασε καὶ εἵλκυσεν αὐτὸν ἐν ἀμφιβλήστρῳ. Le sujet est ὁ ἁλιεύς. — *Es.*, XVI, 5 : καὶ διορθωθήσεται μετ᾽ ἐλέους θρόνος, καὶ καθιεῖται ἐπ᾽ αὐτοῦ μετὰ ἀληθείας... La mention de θρόνος suggère celle de ὁ βασιλεὺς καθιεῖται.

83 (cf. 72). Le sujet se supplée de ce qui suit, ou est exprimé plus loin :
Ps.. LXXXV, 8 : οὐκ ἔστιν ὅμοιός σοι ἐν θεοῖς, καὶ οὐκ ἔστι κατὰ ἔργα σου. Le sujet réel est οὐκ ἔστιν θεός τις ὅμοιος, et οὐκ ἔστιν ἔργον τι κατά...
Ex., XXXIV, 1-4 : καὶ ἐλάξευσε δύο πλάκας λιθίνας καθάπερ καὶ αἱ πρῶται καὶ ὀρθρίσας Μωυσῆς ἀνέβη εἰς τὸ ὄρος τὸ Σινᾶ. — *Eccl.*, V, 15-18; *Sag. Sal.*, X, 1-4; *Habacuc*, II, 1-2; *1 Mac.*, XI, 4-5; XIII, 19-20 : καὶ ἀπέστειλε τὰ παιδάρια καὶ τὰ ἑκατὸν τάλαντα; καὶ διεψεύσατο καὶ οὐκ ἀφῆκε τὸν Ἰωναθάν, καὶ μετὰ ταῦτα ἦλθε Τρύφων τοῦ ἐμβατεῦσαι... Σίμων est le sujet de ἀπέστειλε; Τρύφων, celui de διεψεύσατο et de ἀφῆκε.

84 (cf. 73). Le sujet grammatical réel est à suppléer avec le génitif partitif :
Au pluriel, *2 Esd.*, II, 68 : καὶ ἀπὸ ἀρχόντων πατριῶν... ἡκουσιάσαντο εἰς οἶκον τοῦ θεοῦ. — VII, 7 : καὶ ἀνέβησαν ἀπὸ υἱῶν Ἰσραὴλ καὶ ἀπὸ τῶν ἱερέων... καὶ οἱ ᾄδοντες καὶ οἱ πυλωροί. — Avec *J.*, I, 24 cf. *Néh.*, V, 5 : καὶ εἰσὶν ἀπὸ θυγατέρων ἡμῶν καταδυναστευόμεναι, *il y a de nos filles qui sont esclaves*. — *Dan.*, XII, 3 : καὶ ἀπὸ τῶν δικαίων τῶν πολλῶν ὡς οἱ ἀστέρες, = καὶ δίκαιοι οὐκ ὀλίγοι ἔσονται ou λάμψουσιν ὡς... — *1 Mac.*, X, 36 : καὶ προγραφήτωσαν τῶν Ἰουδαίων εἰς τὰς δυνάμεις, *qu'on enrôle des Juifs...*, et cf. dans le N. T. *A.*, XXI, 16.

Au singulier, *Lév.*, VI, 27; X, 18 : οὐ γὰρ εἰσήχθη τοῦ αἵματος αὐτοῦ εἰς τὸ ἅγιον, *on n'a pas apporté de son sang*. — *Deut.*, XXIII, 2 : οὐκ εἰσελεύσεται ἐκ πόρνης εἰς ἐκκλησίαν κυρίου, = *personne d'issu d'une prostituée*. — *1 R.*, XIV, 45 : ζῇ κύριος, εἰ πεσεῖται τριχὸς τῆς κεφαλῆς αὐτοῦ ἐπὶ τὴν γῆν, et cf. *2 R.*, XIV, 11 : ζῇ κύριος, εἰ πεσεῖται ἀπὸ τῆς τριχὸς τοῦ υἱοῦ σου. — *4 R.*, IX, 33; X, 10 : οὐ πεσεῖται ἀπὸ τοῦ ῥήματος κυρίου εἰς τὴν γῆν. — *Es.*, XXXVIII, 12 : ἐξέλιπεν ἐκ τῆς συγγενείας μου.

Cf. *Esther*, VII, 2 : καὶ ἔστω σοι ἕως ἡμίσους τῆς βασιλείας μου (emploi rare et non classique de ἕως, cf. DÉMOST., *Coron.*, 108, document cité; DIOD. SIC., I, 27.)

85 (cf. 74). Le sujet est à reprendre de plus haut, *Ps.*, CXXVI, 1-2 : ἐὰν μὴ κύριος φυλάξῃ πόλιν, εἰς μάτην ἠγρύπνησεν ὁ φυλάσσων. εἰς μάτην ὑμῖν ἐστιν τὸ ὀρθρίζειν, ἐγείρεσθαι μετὰ τὸ καθῆσθαι, οἱ ἔσθοντες ἄρτον ὀδύνης, ὅταν δῷ τοῖς ἀγαπητοῖς αὐτοῦ ὕπνον. Suppléez du v. 1. κύριος devant δῷ. — *Habacuc*,

SUPPRESSION DU SUJET (AVEC UN VERBE ORDINAIRE). 65

I, 9, συνάξει a pour sujet τὸ ἔθνος ou ὁ λαὸς τῶν Χαλδαίων, du v. 6. — *1 Mac.*, XI, 4 : ἐνεπύρισεν a pour sujet Ἰωναθάν qui se trouve X, 84, et au v. suivant, XI, 5. — XIII, 17 : ὅτι... ἄρῃ, a pour sujet Τρύφων qui se trouve au v. 14.

Il faut remarquer en particulier que dans les Psaumes, les prières, etc., les mots ὁ θεός, ὁ Κύριος peuvent être exprimés au commencement, et que le lecteur doit les avoir présents dans l'esprit de manière à suppléer l'un d'eux comme sujet devant chaque verbe qui suit et qui exprime un acte divin; *Ps.*, VIII, XV, XVI, XVII, LXXI; Cf. *Sag. Sal.*, VII, 21-VIII. 1; VIII, 3-8; X, 15-21.

Avec l'infinitif, *Sag. Sal.*, XIX, 2 : ὅτι αὐτοί, ἐπιστρέψαντες τοῦ ἀπεῖναι καὶ μετὰ σπουδῆς προπέμψαντες αὐτούς, διώξουσι, le sujet de ἀπεῖναι est τὸν τῶν Ἑβραίων λαόν, à reprendre du chap. XVIII, et remplacé ensuite par αὐτούς.

86 (cf. 75). Le sujet peut être mental, quand il est présent dans l'esprit sans être exprimé, *Deut.*, XI, 10 : ἐστὶ γὰρ ἡ γῆ... οὐχ ὥσπερ γῆ Αἰγύπτου ἐστίν, ὅθεν ἐκπεπόρευσθε ἐκεῖθεν, ὅταν σπείρωσι τὸν σπόρον καὶ ποτίζωσι τοῖς ποσὶν αὐτῶν ὡσεὶ κῆπον λαχανείας. Les auditeurs, sortant de l'Égypte avaient dans l'esprit οἱ Αἰγύπτιοι sujet de σπείρωσι, ποτίζωσι. — *Job*, XXVIII, 3, 9, 10, 11, le sujet mental réel est ὁ ἄνθρωπος. — *Eccl.*, V, 15-17, ὁ ἄνθρωπος, *l'homme*, est le sujet de παρεγένετο, ἀπελεύσεται, μοχθεῖ, μοχθῇ et les considérations développées par l'auteur ont dû suggérer l'idée au lecteur. Le sujet est exprimé ensuite au v. 18 (πᾶς ἄνθρωπος). — *Sag. Sal.*, XIX, 1 : τοῖς δὲ ἀσεβέσι μέχρι τέλους ἀνελεήμων θυμὸς ἐπέστη· προῄδει γὰρ αὐτῶν καὶ τὰ μέλλοντα. Comme il s'agit de la colère divine, les mots ἀνελεήμων θυμὸς ἐπέστη suggèrent ὁ θεός comme sujet de προῄδει, sujet présent dans l'esprit de l'auteur en écrivant. — *Michée*, V, 2 : καὶ σὺ Βηθλεέμ, οἶκος Ἐφράθα, ὀλιγοστὸς εἶ τοῦ εἶναι ἐν χιλιάσιν Ἰούδα· ἐκ σοῦ μοι ἐξελεύσεται τοῦ εἶναι εἰς ἄρχοντα τοῦ Ἰσραήλ, καὶ ἔξοδοι αὐτοῦ ἀπ' ἀρχῆς ἐξ ἡμερῶν αἰῶνος· διὰ τοῦτο δώσει αὐτούς... Le sujet de ἐξελεύσεται et de δώσει est dans l'esprit de celui qui parle et qui décrit ensuite ce sujet. Cf. *Daniel*, XI, 7 : ἀναστήσεται ἐκ τοῦ ἄνθους τῆς ῥίζης αὐτῆς τῆς ἑτοιμασίας αὐτοῦ, καὶ ἥξει πρὸς τὴν δύναμιν καὶ εἰσελεύσεται... et cf. *Daniel* (LXX). — *Habacuc*, II, 1 : ἐπὶ τῆς φυλακῆς μου στήσομαι καὶ ἐπιβήσομαι ἐπὶ πέτραν καὶ ἀποσκοπεύσω τί λαλήσει ἐν ἐμοί, καὶ τί ἀποκριθῶ ἐπὶ τὸν ἔλεγχόν μου. Le sujet de λαλήσει est ὁ κύριος, présent dans l'esprit du prophète. — De même ὁ κύριος est le sujet de ὁ κατέχον dans *Es.*, XL, 22 et il en est ainsi plusieurs fois dans les *Psaumes* comme *Ps.*, CIII.

87 (cf. 76). Quand l'écrivain mentionne un fait déjà raconté ailleurs et supposé connu du lecteur, le sujet peut n'être pas exprimé; *Ps.*, LXXVII, 18, 19, suppléez οἱ Ἰσραηλεῖται, et cf. *Ex.*, XVI, XVII. — *Sag. Sal.*, XIX, 3, οἱ Αἰγύπτιοι est le sujet de ἐπεσπάσαντο, ἐξέβαλον, ἐδίωκον. — Etc.

CHAPITRE VII

Suppression du sujet (avec un impersonnel).

88. Le verbe est employé impersonnellement quand son sujet est inconnu ou indéterminé, ou considéré comme tel.

Nous traiterons : 1° des verbes employés impersonnellement avec un sujet logique, ou avec un sujet vague tel que τοῦτο, ταῦτα, exprimé ou à suppléer du contexte; 2° des verbes employés impersonnellement avec un sujet indéterminé (= le français *on*, etc.), exprimé ou non; 3° des verbes employés impersonnellement sans sujet.

Verbe impersonnel avec un sujet logique, ou un sujet vague de choses.

89. *a*) Le verbe impersonnel peut avoir un sujet logique représenté par une proposition : dépendante affirmative ou interrogative ; finale ; conditionnelle (ou temporelle); infinitive :

A., IV, 10; XXVIII, 22 : γνωστὸν ἡμῖν ἐστιν ὅτι πανταχοῦ ἀντιλέγεται. — 1 Cor., VI, 7; 2 P., III, 5; L., XXII, 24; A., XII, 18.
J., IV, 34 : ἐμὸν βρῶμά ἐστιν ἵνα ποιήσω τὸ θέλημα τοῦ πέμψαντός με. — 1 Cor., IV, 2-3 : ὧδε λοιπὸν ζητεῖται ἐν τοῖς οἰκονόμοις ἵνα πιστός τις εὑρεθῇ, ἐμοὶ δὲ εἰς ἐλάχιστόν ἐστιν ἵνα ὑφ' ὑμῶν ἀνακριθῶ. — Apoc., VI, 4, 11; IX, 4, 5.
1 Cor., VII, 8 : καλὸν αὐτοῖς ἐὰν μείνωσιν ὡς κἀγώ.— IX, 11 ; 2 Cor., XI, 15.
R., XIII, 11 : ὥρα ἤδη ὑμᾶς ἐξ ὕπνου ἐγερθῆναι. — 1 Cor., VII, 1 καλὸν ἀνθρώπῳ γυναικὸς μὴ ἅπτεσθαι. — XI, 6 : αἰσχρὸν γυναικὶ τὸ κείρασθαι. — L., XVII, 1 : ἀνένδεκτόν ἐστιν τοῦ τὰ σκάνδαλα μὴ ἐλθεῖν. — A., X, 25 ὡς δὲ ἐγένετο τοῦ εἰσελθεῖν τὸν Πέτρον.
A., VII, 23 : ἀνέβη ἐπὶ τὴν καρδίαν αὐτοῦ ἐπισκέψασθαι τοὺς ἀδελφούς, *il lui vint à l'esprit de...* Cet emploi impersonnel de ἀνέβη est un hébraïsme pur, qui existe aussi dans les LXX, Jér., III, 16 : οὐκ ἀναβήσεται ἐπὶ καρδίαν, et cf. LI, 21. — On dit classiquement : ἐπῆλθεν, εἰσῆλθέν τινι ou τινα, avec l'infinitif.

Une partie de cet emploi de la proposition dépendante comme sujet logique est une particularité caractéristique de la langue populaire —

SUPPRESSION DU SUJET (AVEC UN IMPERSONNEL). 67

Les autres constructions sont classiques, et nous ne faisons que les indiquer ici, pour être complet. Voy. ma *Syntaxe des propositions*, 256-286.

Il en est de même dans les LXX, où l'hébreu favorisait ces constructions, *Gen.*, XLI, 13; *Nom.*, XVI, 3 : ἐχέτω ὑμῖν ὅτι πᾶσα ἡ συναγωγὴ πάντες ἅγιοι, *qu'il vous suffise que*[1]... — *Deut.*, XV, 18; 2 *R.*, XVIII, 3 : καὶ νῦν ἀγαθὸν ὅτι ἔσῃ ἡμῖν ἐν τῇ πόλει βοήθεια. — XXIV, 13 : ἔκλεξαι σεαυτῷ γενέσθαι, εἰ ἔλθῃ σοι τρία ἔτη λιμὸς ἐν τῇ γῇ σου, ἢ τρεῖς μῆνας φεύγειν σε ἔμπροσθεν τῶν ἐχθρῶν σου καὶ ἔσονται διώκοντές σε, ἢ γενέσθαι τρεῖς ἡμέρας θάνατον ἐν τῇ γῇ σου. Les sujets logiques de γενέσθαι sont εἰ... γῇ σου. — *Eccl.*, VIII, 12 : ἐστὶν ἀγαθὸν τοῖς φοβουμένοις τὸν θεὸν ὅπως φοβῶνται ἀπὸ προσώπου αὐτοῦ. — *1 R.*, XXVII, 1 : οὐκ ἔστι μοι ἀγαθὸν ἐὰν μὴ σωθῶ εἰς γῆν, et cf. *Job*, X, 3; *Lament.*, III, 27 : ἀγαθὸν ἀνδρὶ ὅταν ἄρῃ ζυγὸν ἐν νεότητι αὐτοῦ (et cf. *Esther*, V, 13). — *Josué*, XXIV, 15 : εἰ δὲ μὴ ἀρέσκει ὑμῖν λατρεύειν κυρίῳ, et 2 *R.*, XIV, 32 : ἀγαθόν μοι ἦν εἶναι ἐκεῖ. — *Prov.*, IX, 10 : τὸ γὰρ γνῶναι νόμου διανοίας ἐστὶν ἀγαθῆς. — *Es.*, XLIX, 6 : μέγα σοί ἐστι τοῦ κληθῆναί σε παῖδά μου, et souvent (*Michée*, III, 1, etc.). — Cf. 2 *Mac.*, III, 16 : ἦν δὲ ὁρῶντα τὴν τοῦ ἀρχιερέως ἰδέαν τιτρώσκεσθαι τὴν διάνοιαν, *il arrivait que celui qui voyait la figure...*

Es., I, 12 : ἐὰν φέρητε σεμίδαλιν, μάταιον, et cf. dans le N. T. la construction équivalente *Mat.*, XXIII, 16 et 18.

Deut., XV, 18 : οὐ σκληρὸν ἔσται ἐναντίον σου ἐξαποστελλομένων αὐτῶν ἐλευθέρων... Le sujet logique de σκληρὸν ἔσται est ἐξαποστελλομένων κτλ., = *ce ne sera pas mal vu de toi s'ils sont mis en liberté.*

b) Au lieu de la construction impersonnelle, on peut trouver un sujet vague, comme τοῦτο, ταῦτα, exprimé ou à suppléer de ce qui précède. Comparez entre eux les exemples suivants :

Mat., XVIII, 19 : ἐὰν δύο συμφωνήσωσιν ἐξ ὑμῶν ἐπὶ τῆς γῆς περὶ παντὸς πράγματος οὗ ἐὰν αἰτήσωνται, γενήσεται αὐτοῖς, = τοῦτο (τὸ αἰτούμενον) γενήσεται. — XXIV, 6; *L.*, XII, 10 : καὶ πᾶς ὃς ἐρεῖ λόγον εἰς τὸν υἱὸν τοῦ ἀνθρώπου, ἀφεθήσεται αὐτῷ, = τοῦτο (τὸ ῥηθὲν) ἀφεθήσεται, et πᾶς ὃς κτλ. est un *casus pendens* repris par αὐτῷ. — *J.*, XIII, 19; XIV, 29; XIX, 19; *A.*, I, 19 : καὶ γνωστὸν ἐγένετο πᾶσι τοῖς κατοικοῦσιν Ἱερουσαλήμ, le sujet est τοῦτο, c'est-à-dire τὸ κτήσασθαι αὐτὸν χωρίον; et cf. IX, 42, où le sujet est τοῦτο et rappelle ce qui est dit au v. 40. Mais le sujet est exprimé par la même locution impersonnelle, XIX, 17 : τοῦτο δὲ ἐγένετο γνωστὸν πᾶσιν Ἰουδαίοις; — XII, 15 et cf. XXIV, 9; XVII, 11 : ἀνακρίνοντες τὰς γραφὰς εἰ ἔχοι ταῦτα οὕτως. — *R.*, IV, 3 : ἐπίστευσεν δὲ Ἀβραὰμ τῷ θεῷ καὶ ἐλογίσθη αὐτῷ εἰς δικαιοσύνην, = καὶ τοῦτο (τὸ πιστεῦσαι); cité des LXX, *Gen.*, XV, 6. — 2 *Cor.*, XII, 16; *Ph.*, I, 19 : τοῦτό μοι ἀποβήσεται εἰς σωτηρίαν, et cf. *L.*, XXI, 13, où τοῦτο est à suppléer. — 2 *Tim.*, IV, 16; *Jac.*, IV, 17 : εἰδότι οὖν καλὸν ποιεῖν καὶ μὴ ποιοῦντα, ἁμαρτία αὐτῷ ἐστιν, = τοῦτο (τὸ καλὸν εἰδέναι καὶ μὴ ποιεῖν) ἁμαρτία ἐστίν. — V, 15 : κἂν ἁμαρτίας ᾖ πεποιηκώς, ἀφεθήσεται αὐτῷ, = τοῦτο (= αἱ ἁμαρτίαι αὐτοῦ) ἀφεθήσεται.

Le sujet τοῦτο, ταῦτα, est exprimé *Mat.*, XVI, 22; XIX, 26; *L.*, I, 43; *A.*, II, 14; VII, 1; XVII, 11; XIX, 17, 27; XXIV, 9; *Ph.*, I, 19; *Col.*, III,

---

1. Emploi impersonnel de ἐχέτω absolument propre aux LXX, dans le sens de ἀπεχέτω.

20 ; *1 Tim.*, II, 3 (οὐ τοῦτο = τοῦτό ἐστιν); V, 4 : *H.*, XIII, 17 ; *Jac.*, III, 10 ; *2 P.*, I. 9. — Le sujet est exprimé pour la clarté ou pour être mis en relief ; mais l'expression de ce sujet n'appartient guère qu'au meilleur grec du N. T.

c) Dans les LXX, on peut avoir τοῦτο, ταῦτα, et aussi τὸ ῥῆμα, = τοῦτο par hébraïsme. Comparez entre eux : *Gen.*, XXI, 11-12 : σκληρὸν δὲ ἐφάνη τὸ ῥῆμα σφόδρα ἐναντίον Ἀβραὰμ περὶ τοῦ υἱοῦ αὐτοῦ. Εἶπε δὲ ὁ θεὸς τῷ Ἀβραάμ. Μὴ σκληρὸν ἔστω ἐναντίον σου περὶ τοῦ παιδίου. Suppléez : τοῦτο ἔστω. — *1 R.*, XVI, 16 : καὶ ἔσται ἐν τῷ εἶναι πνεῦμα πονηρὸν ἐπὶ σοὶ καὶ ψάλει ἐν τῇ κινύρᾳ αὐτοῦ, καὶ ἀγαθόν σοι ἔσται καὶ ἀναπαύσει σε, = τοῦτο ἀγαθὸν ἔσται καὶ ἀναπαύσει σε [1]. — *Esther*, V, 13 : καὶ ταῦτά μοι οὐκ ἀρέσκει. — Cf. *Eccl.*, I, 10 ; *Jér.*, LI, 21 : οὐχὶ τοῦ θυμιάματος οὗ ἐθυμιάσατε ἐν ταῖς πόλεσιν Ἰούδα..., ἐμνήσθη Κύριος καὶ ἀνέβη ἐπὶ τὴν καρδίαν αὐτοῦ ; = καὶ τοῦτο (c'est-à-dire τὸ θυμιάσαι ὑμᾶς) ἀνέβη... — *Dan.* (LXX), II, 11, 30. — On trouverait aussi λόγος = ῥῆμα.

Avec τὸ ῥῆμα et τὰ ῥήματα des LXX, cf. dans le N. T. *A.*, XIII, 42 : παρεκάλουν εἰς τὸ μεταξὺ σάββατον λαληθῆναι αὐτοῖς τὰ ῥήματα ταῦτα, = ταῦτα, *ces choses, les matières en question.*

Cf. aussi *Ps.*, XXXII, 9.

Verbe (impersonnel) avec un sujet indéterminé ou inconnu.

90. Le sujet peut être indéterminé ou inconnu de celui qui parle, ou bien celui qui parle ne juge pas utile de le désigner. Dans ce cas :

a) Le verbe peut avoir comme sujet exprimé un mot de sens vague ou indéterminé, comme τις ;

b) Le verbe peut être à la première personne, ou à la deuxième personne, suivant que celui qui parle se comprend dans le sujet ou y comprend celui auquel il s'adresse ;

c) Le verbe peut être à la troisième personne du singulier ou du pluriel ; il est employé alors impersonnellement, à l'actif ;

d) Le verbe peut être à la troisième personne du singulier du passif.

Nota. — En français, le sujet du verbe est un mot vague comme : *on, quelqu'un, une personne, une chose, quelque chose, rien.* — Il s'agit dans les quatre cas précédents, de verbes qui s'emploient régulièrement avec un sujet personnel.

---

1. Remarquer qu'en vertu de 68 et 79, on pourrait aussi entendre τοῦτο ἀγαθόν σοι ἔσται, καὶ αὐτὸς ἀναπαύσει σε.

Verbe actif impersonnel (sujet = on).

91. *a*) Lorsque le sujet d'un verbe est indéterminé (= *on*), il est souvent exprimé par τις, comme en grec classique, *Mar.*, VIII, 4 : πόθεν τούτους δυνήσεταί τις ὧδε χορτάσαι... ; — *J.*, II, 25 ; XVI, 30 ; *R.*, VIII, 24 (TISCH.) ; *H.*, V, 12 : χρείαν ἔχετε τοῦ διδάσκειν ὑμᾶς τινὰ τὰ στοιχεῖα (et cf. au contraire *1 Th.*, IV, 9). — *2 P.*, III, 9.

Mais τις s'emploie, comme sujet indéfini, surtout après les particules εἰ, ἐάν, μή, etc. ; par suite, dans les propositions dépendantes, on trouvera presque toujours εἴ τις, ἐάν τις, etc. ; ou bien, (ὅς, ὅς ἄν,) ὅστις, ὅστις ἄν.

De même dans les LXX, *Gen.*, XIII, 16 : εἰ δύναταί τις ἐξαριθμῆσαι.

b) Au lieu de τις, on peut trouver ἄνθρωπος : 1° dans les paraboles, comme *Mat.*, XIII, 31 : ...κόκκῳ σινάπεως, ὃν λαβὼν ἄνθρωπος ἔσπειρεν ἐν τῷ ἀγρῷ αὐτοῦ. — XIII, 44 ; XXI, 28 ; *Mar.*, XII, 1 ; etc. ; et même ἄνθρωπός τις dans *Luc*, X, 30 (et cf. *R.*, X, 5). — 2° Dans les affirmations générales, *R.*, III, 28 ; *1 Cor.*, IV, 1 : οὕτως ἡμᾶς λογιζέσθω ἄνθρωπος ὡς ὑπηρέτας Χριστοῦ. — *Gal.*, II, 16 (οὐ... ἄνθρωπος, = οὐδείς) ; VI, 1 et 7.

L'emploi de ἄνθρωπος rend l'idée d'une manière moins abstraite ; il ne paraît pas être classique, et, pour le grec biblique, il est certainement hébraïsant et populaire. Dans les LXX, *Lév.*, I, 2 : ἄνθρωπος ἐξ ὑμῶν ἐὰν προσαγάγῃ δῶρα τῷ κυρίῳ, ἀπὸ τῶν κτηνῶν... προσοίσετε τὰ δῶρα ὑμῶν, = ἐάν τις ἐξ ὑμῶν (et, pour un exemple de ce genre, cf. dans le N. T., *Jac.*, II, 16). — XX, 9 : ἄνθρωπος ἄνθρωπος ὃς ἂν κακῶς εἴπῃ τὸν πατέρα αὐτοῦ... θανατούσθω, οὗ ἄνθρωπος ἄνθρωπος = πᾶς ἄνθρωπος, = ὅστις. — *Es.*, VII, 21 : θρέψει ἄνθρωπος δάμαλιν, = *on* ou τις.

c) Au lieu de ἄνθρωπος, on a, dans le même sens, ψυχή, *Lév.*, II, 1 : ἐὰν δὲ ψυχὴ προσφέρῃ δῶρον θυσίαν τῷ κυρίῳ σεμίδαλις ἔσται, = ἐὰν δέ τις. — VII, 17, cité dans le N. T., *A.*, III, 23 : πᾶσα ψυχὴ ἥτις ἂν μὴ ἀκούσῃ, = ὅστις ἂν μὴ ἀκούσῃ. — De là aussi :

R., XIII, 1 : πᾶσα ψυχὴ ἐξουσίαις ὑπερεχούσαις ὑποτασσέσθω, = πάντες ὑποτασσέσθωσαν.

d) L'emploi de ἀνήρ[1], dans un sens voisin de celui de ἄνθρωπος, est très rare. *R.*, IV, 8 est cité des LXX, *Ps.*, XXXI, 2 ; *Jac.*, I, 12 : μακάριος ἀνὴρ ὅς... (et cf. III, 2, et LXX, *Prov.*, III, 13). — Dans les LXX, *Prov.*, VI, 12 ; VIII, 32 ; XI, 12 : μυκτηρίζει πολίτας ἐνδεὴς φρενῶν, ἀνὴρ δὲ φρόνιμος ἡσυχίαν ἄγει (adjectif sans τις dans le premier membre de la phrase, et avec ἀνήρ (= τις) dans le second).

e) Classiquement, le sujet indéfini de personne (mais non de chose) se supprime régulièrement avec l'infinitif. Il en est de même dans le

---

1. EWALD (p. 125, 294, *b*, (2) remarque que le mot hébreu correspondant n'a pas le sens affaibli de *man*, ni de *one*, ni de notre *on*.

N. T., *Mat.*, XV, 20 ; *1 Th.*, IV, 9, etc., tandis que le sujet est exprimé, *1 Th.*, III, 3 : τὸ μηδένα σαίνεσθαι, et *H.*, V, 12 : χρείαν ἔχετε τοῦ διδάσκειν ὑμᾶς τινὰ τὰ στοιχεῖα τῆς ἀρχῆς.
Le pronom indéfini de choses est supprimé, *Mar.*, V, 43 : καὶ εἶπεν δοθῆναι αὐτῇ φαγεῖν.
Cf. dans les LXX, *Gen.*, II, 17 : ἀπὸ δὲ τοῦ ξύλου τοῦ γινώσκειν καλὸν καὶ πονηρόν, *l'arbre par lequel on peut connaître...* — XIII, 10 : ἕως ἐλθεῖν εἰς Ζόγορα, *jusqu'à l'endroit où l'on arrive à Zogora.* — *3 R.*, VIII, 64 : τὸ θυσιαστήριον... μικρὸν τοῦ μὴ δύνασθαι τὴν ὁλοκαύτωσιν... ὑπενεγκεῖν, *trop petit pour qu'on pût y apporter* [1]...

f) Remarquons que les verbes post-classiques ne s'emploient pas régulièrement, avec un pronom indéfini comme sujet vague de personnes et au sens où l'on pourrait avoir une construction impersonnelle (cf. de même 95, *c*). Voici tout ce que l'on trouve avec les verbes de cette catégorie : *1 Tim.*, VI, 3 : εἴ τις ἑτεροδιδασκαλεῖ. — VI, 10 : ἧς τινὲς ὀρεγόμενοι ἀπεπλανήθησαν ἀπὸ τῆς πίστεως καὶ ἑαυτοὺς περιέπειραν ὀδύναις πολλαῖς. Les deux exemples sont dans Paul. — Ἑτεροδιδασκαλεῖν est propre au N. T. et περιπείρειν est déjà dans Diodore.

92. *a*) Une particularité du grec des LXX, c'est que le sujet indéfini peut être exprimé par le participe du verbe, *Deut.*, XXII, 8 : καὶ οὐ ποιήσεις φόνον ἐν τῇ οἰκίᾳ σου ἐὰν πέσῃ ὁ πεσὼν ἀπ' αὐτοῦ, *pour le cas où l'on, où quelqu'un, en tomberait.*

b) Dans certains cas, ἕκαστος tient lieu de sujet indéfini, *1 R.*, IX, 9 : καὶ ἔμπροσθεν ἐν Ἰσραὴλ τάδε ἔλεγεν ἕκαστος ἐν τῷ πορεύεσθαι ἐπερωτᾶν τὸν θεόν, *et auparavant, en Israël, voici ce que l'on disait en allant consulter* (l'hébreu a le mot correspondant à ἄνθρωπος). — Et négativement, *Lév.*, XIX, 11 : οὐδὲ συκοφαντήσει ἕκαστος τὸν πλησίον, *personne.... ne, on ne calomniera pas...*; et cf. XXV, 46 : ἕκαστος... οὐ, = *personne...*

Nota. — Cf. aussi ce qui est dit du collectif, 138, et dans le N. T. *1 Cor.*, XI, 28.

c) Lorsque le sujet indéfini est *personne, rien*, le grec des LXX aime à ne pas l'exprimer, *Nom.*, XX, 5 : τόπος οὗ οὐ σπείρεται, οὐδὲ συκαῖ οὐδὲ ἄμπελοι, οὐδὲ ῥοαί, οὐδὲ ὕδωρ ἐστὶ πιεῖν, *un pays où l'on ne sème rien,* (où il n'y a) *ni figuiers ni vignes,* (où il n'y a) *ni courants d'eau ni eau à boire.* — *Ruth.*, IV, 4 : οὐκ ἔστιν παρὲξ σοῦ τοῦ ἀγχιστεῦσαι, *il n'y a personne...,* et cf. *3 R.*, III, 18 : οὐκ ἔστιν οὐδεὶς μεθ' ἡμῶν παρὲξ..., — *2 R.*, VII, 22 : ὅτι οὐκ ἔστιν ὡς σύ. — *2 Paral.*, V, 10 : οὐκ ἦν ἐν τῇ κιβωτῷ πλὴν δύο πλάκες, = *il n'y avait rien dans l'arche, sauf les deux tables.* — Cf. *Sag. Sir.*, LI, 7 : (ἐγὼ ἦν)

---

1. Construction hébraïsante ; littéralement : *l'autel était petit de manière qu'on ne pouvait y apporter...* Cf. ma *Syntaxe des propositions*, 169.

ἐμβλέπων εἰς ἀντίλημψιν ἀνθρώπων, καὶ οὐκ ἦν, *et il n'y en avait point;* et *Amos*, VI, 10 : καὶ ἐρεῖ Οὐκ ἔτι, *il n'y en a plus.*

Cf. encore *4 R.*, X, 10 : οὐ πεσεῖται ἀπὸ τοῦ ῥήματος κυρίου, *il ne se perdra rien (aucune) des paroles du Seigneur,* et *Esther*, VI, 10 : καὶ μὴ παραπεσάτω σου λόγος ὧν ἐλάλησας, avec μή... λόγος = μηδέν (avec πεσάτω, forme alexandrine = πεσέτω).

93. Le sujet indéterminé et supprimé se supplée facilement, quand il existe un mot qui s'y rapporte, comme un adjectif, un participe, faisant fonction de sujet comme il a été dit plus haut, 40. Ainsi :

Mar., IV, 22 : οὐ γὰρ ἔστιν κρυπτὸν ἐὰν μὴ ἵνα φανερωθῇ οὐδὲ ἐγένετο ἀπόκρυφον ἀλλ' ἵνα ἔλθῃ εἰς φανερόν (= κρυπτόν τι, leçon de Tisch.), *il n'y a rien de caché qui n'apparaisse.* — *L.*, XIV, 8 : μήποτε ἐντιμότερός σου ᾖ κεκλημένος ὑπ' αὐτοῦ, = ἐντιμότερός τις, *un plus honorable que toi.* — Cf. *Apoc.*, IV, 2 : ἰδοὺ θρόνος ἔκειτο ἐν τῷ οὐρανῷ, καὶ ἐπὶ τὸν θρόνον καθήμενος, *il y avait (quelqu'un) d'assis,* et cf. plus haut, 40.

Cette construction paraît peu classique, ou du moins elle est rare en grec classique(cf. en effet, GOODWIN, 827, *a* ; ISOCRATE, XVII, 11 ; SOPH. *Elect.* 697 (?).

Elle est au contraire très fréquente dans les LXX, sous l'influence de l'hébreu ; cf. les exemples cités plus haut (40), *Job*, XXXV, 15, *Amos*, VII, 7 ; et ajoutez : *Josué*, VI, 1, où les LXX ont καὶ οὐδεὶς ἐξεπορεύετο, tandis que l'hébreu correspond exactement à καὶ οὐκ ἦν ἐκπορευόμενος. — VIII, 22 : ἕως τοῦ μὴ καταλειφθῆναι αὐτῶν σεσωσμένον καὶ διαπεφευγότα. — *Lament.*, II, 22 : καὶ οὐκ ἐγένοντο ἐν ἡμέρᾳ ὀργῆς κυρίου ἀνασωζόμενος καὶ καταλελειμμένος, *il n'y a eu personne de sauvé ni d'épargné.*

Avec l'infinitif impersonnel, *Mat.*, XIX, 3 : εἰ ἔξεστιν ἀπολῦσαι τὴν γυναῖκα αὐτοῦ κατὰ πᾶσαν αἰτίαν ; le pronom αὐτοῦ indique le sujet indéfini τινά, ἄνθρωπον. — Dans les LXX, *Sag. Sir.*, XVI, 3 : κρείσσων γὰρ εἷς ἢ χίλιοι, καὶ ἀποθανεῖν ἄτεκνον ἢ ἔχειν τέκνα ἀσεβῆ. Suppléez τινά, ou ἄνδρα, de l'attribut ἄτεκνον.

Verbe actif à la 1re et à la 2e personne = un impersonnel.

94. *a)* Lorsque l'orateur ou l'écrivain se comprennent, eux et leur auditeur ou lecteur, dans le sujet indéfini, ils peuvent employer la première personne du singulier ou du pluriel. De même,

b) Lorsque l'orateur ou l'écrivain comprennent l'auditeur ou le lecteur dans le sujet inconnu et indéterminé, ils peuvent employer la deuxième personne. — Cet emploi, classique, existe dans le grec du N. T. ; il est très oratoire, et conforme à la vivacité de pensée des écrivains du N. T., qui aiment à se représenter les choses sous une forme concrète. Ainsi :

Mat., VI, 1-2 : προσέχετε δὲ τὴν δικαιοσύνην... μὴ ποιεῖν... Ὅταν οὖν ποιῇς ἐλεημοσύνην, μὴ σαλπίσῃς... On aurait pu avoir la troisième personne avec τις. — *R.*, II, 1 ; 17 : εἰ δὲ σὺ 'Ιουδαῖος ἐπονομάζῃ κτλ., = εἰ δέ τις 'Ιουδαῖος ἐπονομάζεται. — VI, 15-16 : ἁμαρτήσωμεν ὅτι οὐκ ἐσμὲν ὑπὸ νόμον ἀλλὰ ὑπὸ χάριν ; μὴ γένοιτο· οὐκ οἴδατε ὅτι ᾧ παριστάνετε ἑαυτοὺς δούλους. — VII, 7 : τί οὖν ἐροῦμεν ; ὁ νόμος ἁμαρτία ; μὴ γένοιτο · ἀλλὰ τὴν ἁμαρτίαν οὐκ ἔγνων εἰ μὴ διὰ νόμου τήν τε γὰρ ἐπιθυμίαν οὐκ ᾔδειν εἰ μὴ ὁ νόμος ἔλεγεν Οὐκ ἐπιθυμήσεις. — *Jac.*, II, 14 : τί ὄφελος, ἀδελφοί μου, ἐὰν πίστιν λέγῃ τις ἔχειν ἔργα δὲ μὴ ἔχῃ : ... ἐὰν ἀδελφὸς ἢ ἀδελφὴ γυμνοὶ ὑπάρχωσιν καὶ λειπόμενοι τῆς ἐφημέρου τροφῆς, εἴπῃ δέ τις αὐτοῖς ἐξ ὑμῶν, et v. 18 ἀλλ 'ἐρεῖ τις κτλ., et v. 22 βλέπεις, et v. 24 ὁρᾶτε. — Et très souvent à l'une et l'autre personne.

Cf. dans les LXX, *Lév.*, I, 2 seqq. : ἄνθρωπος ἐξ ὑμῶν ἐὰν προσαγάγῃ δῶρα τῷ κυρίῳ..., ἀπὸ τῶν προβάτων προσοίσετε τὰ δῶρα ὑμῶν... Ἄρσεν ἄμωμον προσάξει... καὶ σφάξουσι τὸν μόσχον. — II, 1, 4, 5 et 6, 11 ; *Ezéch.*, XLIII, 19 seqq.

c) On emploie aussi classiquement, dans certains cas, la 2ᵉ personne du singulier avec ἄν, comme εὗρες ἄν, *on aurait trouvé* (MADVIG, 6, c). Ce tour de la langue littéraire n'existe pas dans le N. T.

Nous ne croyons pas non plus qu'il existe dans les LXX. L'emploi de la 2ᵉ personne, au sens indéfini, existe bien en hébreu (PREISWERK, 507, c), mais non dans des exemples correspondants à ceux du grec. Le tour classique aurait pu être employé 2 *Mac.*, III, 16 cité plus haut, 89, *a*. — Le Juif ne pense pas comme le Grec.

Verbe actif, impersonnel, à la 3ᵉ personne du pluriel.

95. Classiquement, la 3ᵉ personne du pluriel s'emploie couramment, du moins avec les verbes du sens de *dire* et *penser,* quand le sujet est inconnu et indéterminé, ou que l'auteur ne se soucie pas de le nommer. Il en est de même, *avec tous les verbes*, dans le grec du N. T. Mais il faut distinguer deux emplois de cette 3ᵉ personne. Dans l'un, le sujet est en réalité restreint à un groupe de personnes ou de choses que l'auteur ne nomme pas. Dans l'autre, la pensée est entièrement abstraite et générale, et se présente parfois sous forme de maxime. Ainsi :

a) Mar., I, 45 : καὶ ἤρχοντο πρὸς αὐτὸν πάντοθεν. — II, 3 : καὶ ἔρχονται φέροντες πρὸς αὐτὸν παραλυτικὸν αἰρόμενον ὑπὸ τεσσάρων, et cf.

SUPPRESSION DU SUJET (AVEC UN IMPERSONNEL). 73

Mat., IX, 2 : προσέφερον αὐτῷ παραλυτικὸν... καὶ ἰδὼν ὁ Ἰησοῦς τὴν πίστιν αὐτῶν..., et *L.*, V, 18 : καὶ ἰδοὺ ἄνδρες φέροντες ἐπὶ κλίνης ἄνθρωπον. — X, 13; XVI, 6; *L.*, XII, 20; *J.*, III, 23 : ἦν δὲ καὶ [ὁ] Ἰωάνης βαπτίζων ἐν Αἰνὼν ἐγγὺς τοῦ Σαλείμ... καὶ παρεγίνοντο καὶ ἐβαπτίζοντο. — XX, 2; *A.*, III, 2 : καί τις ἀνὴρ χωλὸς ἐκ κοιλίας μητρὸς αὐτοῦ ὑπάρχων ἐβαστάζετο, ὃν ἐτίθουν καθ᾽ ἡμέραν... — VII, 6 : ἔσται τὸ σπέρμα αὐτοῦ πάροικον ἐν γῇ ἀλλοτρίᾳ, καὶ δουλώσουσιν αὐτό. — XV, 2 : ἔταξαν ἀναβαίνειν Παῦλον.

Le sujet restreint peut être exprimé par ἄνδρες, *des hommes,* comme *L.*, V, 18; il peut être remplacé ensuite par un pronom comme αὐτῶν dans *Mat.*, IX, 2. — Il pourrait même être suppléé dans certains cas : comme *A*, III, 2, où l'on peut suppléer οἱ βαστάζοντες; comme *A.*, VII, 6 où l'on peut suppléer οἱ τῆς ἀλλοτρίας; comme *A.*, XV, 2 où l'on peut suppléer οἱ χριστιανοὶ οἱ ἐν Ἀντιοχίᾳ. — De cette façon, d'après les principes donnés plus haut (68-77), on diminuerait de beaucoup le nombre des verbes employés à la 3ᵉ personne du pluriel impersonnel.

b) Mat., IX, 16-17 : οὐδεὶς δὲ ἐπιβάλλει ἐπίβλημα... οὐδὲ βάλλουσιν οἶνον νέον εἰς ἀσκοὺς παλαιούς. — *L.*, XII, 48 : καὶ ᾧ παρέθεντο πολύ, περισσότερον αἰτήσουσιν αὐτόν. — *J.*, XV, 6 : ἐβλήθη ἔξω ὡς τὸ κλῆμα καὶ ἐξηράνθη, καὶ συνάγουσιν αὐτὰ καὶ εἰς τὸ πῦρ βάλλουσιν καὶ καίεται. — *Apoc.*, XII, 6 : καὶ ἡ γυνὴ ἔφυγεν εἰς τὴν ἔρημον... ἵνα ἐκεῖ τρέφωσιν αὐτήν. — XVIII, 14; XXI, 26.

Parfois on pourrait suppléer οἱ ἄνθρωποι, et cf. *1 Th.*. V, 3 : ὅταν λέγωσιν Εἰρήνη καὶ ἀσφάλεια, τότε αἰφνίδιος αὐτοῖς ἐπίσταται ὄλεθρος... καὶ οὐ μὴ ἐκφύγωσιν. Le sujet est πάντες οἱ ἄνθρωποι οἱ μὴ πιστεύοντες, remplacé ensuite par αὐτοῖς.

c) Il faut remarquer une singularité du grec du N. T. Cet emploi de la 3ᵉ personne du pluriel ne paraît pas se rencontrer avec les verbes post-classiques. Voici ce qui s'en rapproche le plus, *L.*, XVII, 26-27 : καὶ καθὼς ἐγένετο ἐν ταῖς ἡμέραις Νῶε, οὕτως ἔσται... ἤσθιον, ἔπινον, ἐγάμουν, ἐγαμίζοντο (et cf. *Mat.*, XXIV, 38). Le contexte donne le sujet, *les contemporains de Noé,* οἱ τότε. — *2 Tim.*, IV, 3 : ἔσται γὰρ καιρὸς ὅτε... ἑαυτοῖς ἐπισωρεύσουσιν διδασκάλους κνηθόμενοι τὴν ἀκοήν... Le verbe ἐπισωρεύω est post-classique (PLUTARQUE et ATHÉNÉE); de fait, les vv. 1 et 2 indiquent qu'il s'agit de ceux qu'évangélise le destinataire de la lettre. — Cf. plus haut, 91 *f.*

d) La 3ᵉ personne du pluriel est souvent employée dans le N. T. Cette construction existe en hébreu (PREISWERK, 597, *b*); elle se retrouve souvent aussi dans les LXX, mais surtout avec le premier sens (95, *a*), comme :

Gen., XXIX, 2-3 : ἐκ γὰρ τοῦ φρέατος ἐκείνου ἐπότιζον τὰ ποιμνία... καὶ συνήγοντο ἐκεῖ πάντα τὰ ποιμνία, καὶ ἀπεκύλιον τὸν λίθον ἀπὸ τοῦ στόματος τοῦ φρέατος, καὶ ἐπότιζον τὰ πρόβατα, καὶ ἀπεκαθίστων τὸν λίθον... Il est facile de suppléer οἱ ποιμένες. — *Deut.*, XXV, 2-3 : ἐὰν ἄξιος ᾖ πληγῶν ὁ ἀσεβῶν, καθιεῖς αὐτὸν ἔναντι τῶν κριτῶν, καὶ μαστιγώσουσιν αὐτὸν ἐναντίον αὐτῶν κατὰ τὴν ἀσέβειαν αὐτοῦ, καὶ ἀριθμῷ τεσσεράκοντα μαστιγώσουσιν αὐτόν, οὐ προσθήσουσιν. Le sujet réel est οἱ ὑπηρέται. — XXXIV, 5-6 : ἐτελεύτησε Μωυσῆς.. καὶ ἔθαψαν αὐτὸν ἐν Γαί. Le sujet réel est οἱ Ἰσραηλεῖται. — *1 R.*, XIX, 22 : ἠρώτησε καὶ εἶπε Ποῦ Σαμουὴλ καὶ Δαυίδ; καὶ εἶπαν Ἰδοὺ ἐν Ναυάθ..., et v. 23 : καὶ ἐπροφήτευσεν ἐνώπιον αὐτῶν... διὰ τοῦτο ἔλεγον Εἰ καὶ Σαοὺλ ἐν προφήταις; Les deux verbes ont pour sujet réel : *les gens du pays*. — *Michée*, V, 1 : ἐμφραχθήσεται θυγάτηρ ἐμφραγμῷ, συνοχὴν ἔταξε ἐφ᾽ ἡμᾶς, ἐν ῥάβδῳ πατάξουσιν ἐπὶ σιαγόνα τὰς φυλάς, *on frappera* (c'est-à-dire : οἱ πολέμιοι οἱ συνέχοντες αὐτὴν πατάξουσιν...). — *Dan.*, II, 13 : καὶ οἱ σοφοὶ ἀπεκτέννυντο· καὶ ἐζήτησαν Δανιὴλ καὶ τοὺς φίλους αὐτοῦ ἀνελεῖν, *on chercha*, c'est-à-dire *les agents chargés d'exécuter l'ordre du roi cherchèrent à...* — VIII, 10 (συνεπάτησαν).

« Le verbe se met à la 3ᵉ personne du pluriel quand on ne peut savoir plus exactement qui a fait l'acte et combien l'ont fait (allemand, *man sagt;* français, *on dit*); construction très souvent employée, surtout parce que l'actif est préféré au passif, dans tous les cas où il peut être employé. » (EWALD, 294, b (1)). Mais l'emploi de cette 3ᵉ personne pour exprimer des pensées générales et abstraites, ou des maximes, paraît rare dans les LXX ; voy. par exemple *Proverbes, Ecclésiaste, Sag. Salom., Sag. Sir.*

c) Avec le participe pluriel, *1 Paral.*, V, 9 : πρὸς ἀνατολὰς κατῴκησεν ἕως ἐρχομένων τῆς ἐρήμου ἀπὸ τοῦ ποταμοῦ Εὐφράτου, *jusqu'à ce qu'on arrive au désert*, ou *jusqu'à l'entrée du désert*. Le génitif τῆς ἐρήμου doit être expliqué comme *Jér.*, XXXVIII, 32, cité dans le N. T. *H.*, VIII, 9 et voy. ma *Syntaxe des Propositions*, 345, c.

Citons comme une curiosité des LXX, *Jér.*, VIII, 2-3 : οὐ κοπήσονται καὶ οὐ ταφήσονται, καὶ ἔσονται εἰς παράδειγμα ἐπὶ προσώπου τῆς γῆς, ὅτι εἵλοντο τὸν θάνατον ἢ τὴν ζωὴν καὶ πᾶσι τοῖς καταλοίποις τοῖς καταλειφθεῖσιν ἀπὸ τῆς γενεᾶς ἐκείνης, ἐν παντὶ τόπῳ οὗ ἐὰν ἐξώσω αὐτοὺς ἐκεῖ. En hébreu, pour εἵλοντο, il y a le passif impersonnel, et le sujet réel, celui qui a fait le choix, est au datif avec une préposition. Les LXX ont remplacé le passif impersonnel par l'actif εἵλοντο ; mais ils ont laissé au datif le sujet réel : καὶ πᾶσι τοῖς καταλοίποις ; aussi la construction = εἵλοντο καὶ πάντες κτλ., = *ils ont préféré et tous ont préféré la mort*. — Cf. plus haut, 47, d, et plus loin, 98.

Mais les LXX peuvent avoir un autre sens que l'hébreu.

Verbe actif, impersonnel, à la troisième personne du singulier.

96. La troisième personne du singulier peut être employée. impersonnellement comme celle du pluriel [1]. Les exemples, dans le N. T.. se classent ainsi :

---

1. Classiquement, comme nous l'avons dit (91, 93), le pronom sujet indéfini, et parfois défini, se supprime avec l'infinitif. Il peut arriver ensuite un verbe personnel sans sujet exprimé, mais ayant pour sujet réel le sujet de l'infinitif. On a alors

a) *1 Cor.*, XV, 52 : ... ἐν τῇ σάλπιγγι· σαλπίσει γάρ, καὶ οἱ νεκροὶ ἐγερθήσονται. Classique; suppléez ὁ σαλπιγκτής, et peut-être ici ἡ σάλπιγξ simplement. — *2 Cor.*, X, 10 : αἱ ἐπιστολαὶ μέν, φησίν, βαρεῖαι. Voy. plus haut, 75 ; classique. — *Éph.*, V, 14 : Διὸ λέγει Ἔγειρε, ὁ καθεύδων... Si on regarde le passage comme une citation d'une hymne primitive, il faut suppléer ὁ ποιητής, ou simplement τις (= *le poète dit,* ou *l'on dit*); l'exemple sera ainsi analogue au précédent, et cf. *H.*, II, 6, avec τις et *1 Th.*, IV, 9, sans τινά devant l'infinitif. Si, au contraire, on le regarde comme une citation *ad sensum* de l'A. T., suppléez ὁ θεός ou ἡ γραφή.

Cf. *Dan.*, V, 29 : καὶ ἐκήρυξε περὶ αὐτοῦ, = ὁ κῆρυξ ἐκήρυξε. Classique.

b) *L.*, XXIV, 21 : ἀλλά γε καὶ σὺν πᾶσιν τούτοις τρίτην ταύτην ἡμέραν ἄγει ἀφ' οὗ ταῦτα ἐγένετο. Le sens paraît bien être : *voilà aujourd'hui trois jours que l'on passe depuis...* Cette parole ayant été prononcée en araméen, la construction n'est pas extraordinaire comme on le verra [1].

L'emploi de la troisième personne du singulier impersonnel (= la troisième personne du pluriel) est un hébraïsme et un aramaïsme. « Le verbe, dit Ewald (p. 124, 294, *b*, (2)), est beaucoup moins souvent (que la troisième personne du pluriel) employé impersonnellement au singulier, parce qu'il est moins facile de penser à un individu qu'à une multitude, même indéfinie. » De même, « le pronom indéfini *on* s'exprime en chaldéen (c'est-à-dire en araméen) : *a*). Par la troisième personne du singulier, *Gen.*, XI, 9 ; XLVIII, 1 [2]. »

Les LXX ont imité cette construction un certain nombre de fois, *Ex.*, XXXVIII, 12 : καὶ ἐποίησε (Βεσελεὴλ) τὰ σκεύη τῆς τραπέζης τά τε τρυβλία καὶ... τὰ σπόνδια, ἐν οἷς σπείσει ἐν αὐτοῖς, χρυσᾶ, *avec lesquels on fera des libations*. — *Lév.*, XIII, 48-49 : καὶ ἱματίῳ ἐὰν γένηται ἁφὴ ἐν αὐτῷ λέπρας... καὶ γένηται ἡ ἁφὴ χλωρίζουσα..., ἁφὴ λέπρας ἐστί, καὶ δείξει τῷ ἱερεῖ, *on la montrera au prêtre* (Cf. EWALD, p. 129, 296, (*b*)). — *2 R.*, XXI, 6 : δότω ἡμῖν ἑπτὰ ἄνδρας ἐκ τῶν υἱῶν καὶ ἐξιλιάσωμεν αὐτούς, *que l'on nous donne...* — *1 Paral.*, VI, 65 : καὶ ἔδωκαν ἐν κλήρῳ ἐκ φυλῆς υἱῶν Ἰούδα... καὶ ἐκ φυλῆς υἱῶν Βενιαμὶν τὰς πόλεις ταύτας ἃς ἐκάλεσεν αὐτὰς ἐπ' ὀνόματος, *les Israélites tirèrent au sort... ces villes que l'on avait désignées nominativement*. Et pour

---

l'apparence d'une troisième personne du singulier impersonnel. Ainsi ARIST., *Rhét.*, II, 2 : ἡδὺ τὸ οἴεσθαι τεύξεσθαι ὧν ἐφίεται. Ce n'est pas de cette construction qu'il s'agit pour le grec biblique.

1. *J.*, VIII, 44, ne rentre pas ici. Entendez ὅταν ὁ διάβολος λαλῇ τὸ ψεῦδος, ἐκ τῶν ἰδίων λαλεῖ ὅτι ὁ τοῦ ψεύστου πατὴρ καὶ ψεύστης ἐστίν.
2. GESENIUS, *Gramm. chald.*, 49, 3 ; cf. PREISWERK, 597, 4, où il renvoie à *Lév.*, XVI, 32. — Les LXX n'ont conservé le tour hébraïque dans aucun des passages cités.

cet emploi impersonnel de ἐκάλεσε, cf. encore 2 *R.*, XVIII, 18 : καὶ ἐκάλεσε, τὴν στήλην Χεὶρ Ἀβεσσαλὼμ ἕως τῆς ἡμέρας ταύτης. — *Esther*, VI, 8-9 : ἐνεγκάτωσαν οἱ παῖδες τοῦ βασιλέως στολὴν βυσσίνην ἣν ὁ βασιλεὺς περιβάλλεται καὶ ἵππον ἐφ' ὃν ὁ βασιλεὺς ἐπιβαίνει καὶ δότω ἑνὶ τῶν φίλων τοῦ βασιλέως τῶν ἐνδόξων καὶ στολισάτω τὸν ἄνθρωπον..., *qu'on la donne à l'un des amis du roi, et qu'il en revête cet homme...* — *Job*, XXVIII, 3 : τάξιν ἔθετο σκότει καὶ πᾶν πέρας αὐτὸς ἐξακριβάζεται, *on* (c'est-à-dire *l'homme* en réalité) *a mis une limite aux ténèbres* (EWALD, p. 124, 294, *b*, (2)). — *Ps.*, CXLVIII, 6 : πρόσταγμα ἔθετο καὶ οὐ παρελεύσεται, *le Seigneur a établi un précepte, et on ne le transgressera pas* (EWALD, p. 125, 294, *b*, (2)). — *Michée*, V, 1 : ἐμφραχθήσεται θυγάτηρ ἐμφραγμῷ, συνοχὴν ἔταξεν ἐφ' ἡμᾶς, ἐν ῥάβδῳ πατάξουσιν ἐπὶ σιαγόνα τὰς φυλάς, *on établit un siège contre nous, on frappe à la joue...* Le singulier ἔταξεν et le pluriel πατάξουσιν sont employés impersonnellement l'un et l'autre. — *Amos*, VI, 10, le premier et le troisième ἐρεῖ ont le sens de *on dira*. — *És.*, VIII, 4 : διότι πρὶν ἢ γνῶναι τὸ παιδίον καλεῖν πατέρα ἢ μητέρα, λήμψεται δύναμιν Δαμασκοῦ, *on s'emparera de la puissance de Damas*; XXI, 11 ; XXIV, 10[1] ; — *Daniel* (LXX), V, 7 : ὁ βασιλεὺς ἔθηκε πρόσταγμα λέγων Πᾶς ἀνὴρ ὃς ἂν ὑποδείξῃ τὸ σύγκριμα τῆς γραφῆς, στολιεῖ αὐτὸν πορφύραν καὶ μανιάκην χρυσοῦν περιθήσει αὐτῷ καὶ δοθήσεται αὐτῷ ἐξουσία τοῦ τρίτου μέρους τῆς βασιλείας, *on le revêtira de pourpre, on lui passera un collier d'or et on lui donnera...* Cf. V, 29 (*le roi le fit revêtir*, etc.), et *Daniel* (Théodotion), V, 7 et 29. — *1 Mac.*, VII, 16 : ἀπέκτειναν αὐτοὺς ἐν ἡμέρᾳ μιᾷ κατὰ τὸν λόγον ὃν ἔγραψεν Σάρκας ὁσίων σου κτλ., *d'après ce que l'on a écrit...* — XIV, 28 : ἐγνώρισεν ἡμῖν, *on nous a fait savoir.* — XV, 22 : καὶ τὰ αὐτὰ ἔγραψε Δημητρίῳ, *on écrivit la même chose...* — Cf. au contraire la troisième personne du pluriel, XIV, 27 : καὶ κατέγραψαν ἐν δέλτοις χαλκαῖς καὶ ἔθεντο ἐν στήλαις ἐν ὄρει Σιών, et XV, 24 : τὸ δὲ ἀντίγραφον αὐτῶν ἔγραψαν Σίμωνι τῷ ἀρχιερεῖ. Mais le pluriel est une *v. l.*

d) Il faut remarquer que dans la plupart, au moins, de ces exemples, le sujet, quoique inconnu, est restreint à une personne ou à un groupe de personnes que le lecteur peut s'imaginer à son gré (cf. EWALD, *loc. cit.*). Ainsi, pour *Ex.*, XXXVIII, 12, on peut suppléer ὁ ἱερεύς ; pour *Lév.*, XIII, 49, ὁ λεπρός ; pour 2 *R.*, XXI, 6, ὁ δοῦλος ; *1 Paral.*, VI, 65, les fonctionnaires chargés de cela ; pour *Esther*, VI, 8-9, ὁ παῖς ; pour *Ps.*, CXLVIII, 6, αὐτά du v. 5 ; pour *Michée*, V, 1, ὁ πολέμιος ὁ ἐμφράσσων ; pour *Amos*, VI, 10, l'un de ceux dont il a été question ; pour *Daniel*, V, 7, le serviteur chargé d'exécuter l'ordre du roi ; pour *1 Mac.*, VII, 6, l'auteur du livre d'où est tirée la citation ; pour VIII, 22 et XV, 22, le secrétaire chargé de la correspondance publique.

e) Parfois cependant, le sujet est absolument général et indéterminé, c'est *l'homme*, ou *les hommes*, ou *tout le monde*, etc. Ainsi pour 2 *R.*, XVIII, 18, le sujet est : *tout le monde (du pays)* ; pour *Job*, XXVIII, 3, le sujet est : *l'homme* (ailleurs ἀνήρ ou ἄνθρωπος), remplacé ensuite par le pronom αὐτός. Pour *Es.*, VIII, 4, le sujet est absolument inconnu ; c'est celui auquel

---

1. Sans doute aussi *És.*, XXXIII, 19 : ᾧ οὐ συνεβουλεύσατο οὐδὲ ᾔδει βατύφωνον ὥστε μὴ ἀκοῦσαι, λαὸς πεφαυλισμένος καὶ οὐκ ἔστι τῷ ἀκούοντι σύνεσις, = *on n'a pas délibéré avec ce peuple et on ne savait pas sa langue inintelligible, de sorte qu'on n'entendait pas (ce qu'il disait) ; peuple méprisable, et celui qui l'écoute ne le comprend pas.*

pense celui qui parle; pour *1 Mac.*, XIV, 28, le sujet est indéterminé, = *on nous a fait connaître*.

Il en est de même dans le N. T. pour *L.*, XXIV, 21 ; le sujet est général, *on = nous* ou *tout le monde.*

Cet emploi impersonnel de la troisième personne favorisait singulièrement l'emploi de la même personne dans certains exemples cités plus haut (68-87), comme *J.*, VII, 51 : μὴ ὁ νόμος ἡμῶν κρίνει τὸν ἄνθρωπον ἐὰν μὴ ἀκούσῃ πρῶτον παρ' αὐτοῦ... ; Celui qui parlait, en araméen, n'avait pas à s'inquiéter réellement du sujet, et la phrase correspondait exactement au français : *La loi condamne-t-elle un homme sans l'entendre*, = *sans qu'on* (= *le juge*) *l'entende.*

Passif impersonnel.

97. Enfin, quand le sujet est indéfini, on emploie encore impersonnellement, dans le grec du N. T. comme dans le grec classique, la troisième personne du singulier du passif. Il en est ainsi très souvent, en grec classique, avec les verbes du sens de *annoncer*. — De même dans le N. T., ἀπαγγέλλεσθαι, *L.*, VIII, 20 ; ἀποκαλύπτεσθαι, *1 P.*, I, 12 ; γράφεσθαι, *Mar.*, IX, 12 ; δηλοῦσθαι, *1 Cor.*, I, 11 ; εὐαγγελίζεσθαι, *1 P.*, IV, 6 ; λαλεῖσθαι, *A.*, XXII, 10 ; λέγεσθαι, *L.*, IV, 12 ; μαρτυρεῖσθαι, *3 J.*, 12 ; φανεροῦσθαι, *1 J.*, III, 2 ; τάσσεσθαι, *A.*, XXII, 10. — Avec le verbe à l'infinitif, *1 Th.*, V, 1 : περὶ δὲ τῶν χρόνων... οὐ χρείαν ἔχετε ὑμῖν γράφεσθαι.

Avec d'autres verbes, *L.*, XIV, 14 : ἀνταποδοθήσεται γάρ σοι ἐν τῇ ἀναστάσει. — *Mar.*, IV, 12 : μή ποτε ἐπιστρέψωσιν καὶ ἀφεθῇ αὐτοῖς. — *L.*, VI, 38 : ἐν ᾧ γὰρ μέτρῳ μετρεῖτε ἀντιμετρηθήσεται ὑμῖν, avec un verbe post-classique (LUCIEN, *Amor.*, 19) dont le passif paraît propre au N. T.

Parfois un sujet restreint peut être suppléé, comme *Mat.*, VII, 7 : αἰτεῖτε καὶ δοθήσεται ὑμῖν, ζητεῖτε καὶ εὑρήσετε, κρούετε καὶ ἀνοιγήσεται ὑμῖν, = καὶ τὸ αἰτούμενον δοθήσεται ὑμῖν, et καὶ ἡ θύρα ἡ κρουομένη ἀνοιγήσεται. — Pour *Mat.*, XIII, 12, cf. 68 (1), *a*, note 1. — De même dans les LXX, *Ps.*, XXXII, 9 : ὅτι αὐτὸς εἶπεν καὶ ἐγενήθησαν, αὐτὸς ἐνετείλατο καὶ ἐκτίσθησαν, avec le sujet réel πάντα ὅσα ἐνετείλατο ἐγενήθησαν, ἐκτίσθησαν.

Le passif impersonnel existe en hébreu, mais il y est plutôt rare (PREISWERK, 597, *c*). On a dans les LXX, *Gen.*, XLVIII, 1 :

καὶ ἀπηγγέλη τῷ Ἰωσήφ. — *Tobie*, XII, 4 ; *Daniel* (LXX), 11, 15 : περὶ τίνος δογματίζεται πικρῶς ; — Avec l'infinitif, *Ps*., XLI, 4 : ἐν τῷ λέγεσθαί μοι καθ' ἑκάστην ἡμέραν Ποῦ ἐστιν ὁ θεός σου ;

a) Les deux constructions impersonnelles, actif pluriel et passif singulier, peuvent se trouver réunies, parce que le Juif préférant l'actif passe facilement du passif à l'actif (EWALD, 291, *b*, 1), que ces deux voix soient employées impersonnellement ou personnellement. Voy. *Mat*., XVII, 22 ; XX, 18 ; *L*., XII, 48 : παντὶ δὲ ᾧ ἐδόθη πολύ, πολὺ ζητηθήσεται παρ' αὐτοῦ, καὶ ᾧ παρέθεντο πολύ, περισσότερον αἰτήσουσιν αὐτόν.

b) Au lieu du passif impersonnel, on peut avoir, comme en grec classique, le passif personnel des verbes causatifs, *faire savoir, connaître, paraître*, etc. Ainsi *Mar*., II, 1 ; *1 Cor*., XV, 12 ; *2 Cor*., III, 3 : φανερούμενοι ὅτι ἐστὲ ἐπιστολὴ Χριστοῦ. — *H*., XI, 4 : δι' ἧς ἐμαρτυρήθη εἶναι δίκαιος. — *1 J*., II, 19.

Cf. *A*., XVI, 1 : ὃς ἐμαρτυρεῖτο ὑπὸ τῶν ἐν Λύστροις avec *3 J*., 12 : Δημητρίῳ μεμαρτύρηται ὑπὸ πάντων.

La construction personnelle, synthétique et littéraire, paraît très rare, en dehors de Luc et de Paul ; cf. ma *Syntaxe des propositions*, 115, *d* ; 260, *c*.

Dans les LXX, *Job*. VI, 17 : καθὼς (ἡ χιὼν) ταχεῖσα, θέρμης γενομένης, οὐκ ἐπεγνώσθη ὅπερ ἦν. — *És*., XLVII, 1 : οὐκέτι προστεθήσῃ κληθῆναι ἁπαλή, = *on ne continuera plus de l'appeler*. — *Let. Jér*., 50 : ὑπάρχοντα γὰρ ξύλινα... γνωσθήσεται μετὰ ταῦτα ὅτι ἐστὶ ψευδῆ. — Cette construction paraît rare dans les LXX.

Nota. — La construction impersonnelle paraît être remplacée par la construction personnelle dans *1 P*., IV, 3 : ἀρκετὸς γὰρ ὁ παρεληλυθὼς χρόνος τὸ βούλημα τῶν ἐθνῶν κατειργάσθαι, πεπορευμένους κτλ., = ἀρκετὸν γάρ ἐστιν ὑμᾶς τὸν παρεληλυθότα χρόνον τὸ βούλημα... κατειργάσθαι.

98. Notons une construction particulière du passif impersonnel. « Généralement, le passif (impersonnel) ne s'emploie que quand l'agent ne doit pas être nommé ; autrement, on emploierait l'actif... Cependant, il arrive parfois que l'agent doit être nommé avec le passif ; dans ce cas, il est réuni au passif par le moyen d'une préposition, c'est-à-dire par le datif, qui exprime simplement la relation entre les deux mots. » (EWALD, p. 129, 295, *c*). Cette construction a été imitée par les LXX, dans *Eccl*., V, 12 : πλοῦτον φυλασσόμενον τῷ παρ' αὐτοῦ. — *Néh*., VI, 1 : καθὼς ἠκούσθη τῷ Σαναβαλλάτ. — *Dan*., VIII, 11 : καὶ κατευωδώθη αὐτῷ, *il y eut quelque réussite pour lui,* = *il réussit*. (Exemples cités par EWALD). — Nous avons vu cette construction plus haut avec l'actif impersonnel 95, *e*, et cf. 47, *d*.

De même, *1 Paral*., VII, 23 : καὶ ἔτεκεν υἱὸν καὶ ἐκάλεσε τὸ ὄνομα αὐτοῦ Βεριά, ὅτι Ἐν κακοῖς ἐγένετο ἐν οἴκῳ μου. Le sens du grec semble être : *c'est-à-dire* (ὅτι) : *il est né dans ma maison au milieu des maux* (79). Mais si l'on interprète le grec d'après l'hébreu actuel, nous aurions là un hébraïsme littéral où ἐν = la préposition hébraïque ci-dessus mentionnée ; le sens littéral serait : *il y a eu par rapport aux maux dans ma maison,* = *il y a eu des maux dans ma maison*. (EWALD, *ibidem*). — Cf. les locutions suivantes qui sont de même nature, *4 R.*, XXIV, 3 : ἐπὶ τὸν θυμὸν κυρίου ἦν ἐν τῷ Ἰούδα ἀποστῆσαι αὐτόν, *il y avait à Juda par rapport à la colère du Seigneur,* = *il se faisait sentir de la colère du Seigneur sur Juda, la colère du Seigneur se faisait sentir sur Juda de manière qu'il s'éloignait.* — XXIV, 20 : ἐπὶ τὸν θυμὸν κυρίου ἦν ἐπὶ Ἰερουσαλήμ καὶ ἐν τῷ Ἰούδα ἕως ἀπέρριψεν αὐτοὺς ἀπὸ προσώπου αὐτοῦ. La construction est la même que plus haut; les deux compléments ἐπὶ Ἰερουσαλήμ et ἐν τῷ Ἰούδα ont la même valeur; le sens est : *la colère du Seigneur se fit sentir sur Jérusalem et sur Juda jusqu'à ce qu'il les eût rejetés.* (Pour les deux exemples, cf. EWALD, *ibidem.*)

99. La troisième personne du passif s'emploie encore impersonnellement quand l'acte seul importe et qu'il est fait abstraction du sujet d'ailleurs inconnu. Le passif a un sens complet par lui-même. Ainsi :

Mar., IV, 12 : μήποτε ἐπιστρέψωσιν καὶ ἀφεθῇ αὐτοῖς. — IV, 24 : ἐν ᾧ μέτρῳ μετρεῖτε μετρηθήσεται ὑμῖν καὶ προστεθήσεται ὑμῖν. — *1 Cor.*, XIV, 29-30 : ...ἐὰν δὲ ἄλλῳ ἀποκαλυφθῇ καθημένῳ, ὁ πρῶτος σιγάτω, *s'il y a une révélation de faite à un autre.* — *Gal.*, III, 19 : ἄχρις ἂν ἔλθῃ τὸ σπέρμα ᾧ ἐπήγγελται, *la génération pour laquelle il y a eu une promesse de faite* (quoiqu'on puisse suppléer ἡ ἐπαγγελία du v. 18).

Dans les LXX, *Gen.*, X, 21-22 : καὶ τῷ Σήμ ἐγεννήθη καὶ αὐτῷ... ἀδελφῷ Ἰάφεθ τοῦ μείζονος· Υἱοὶ Σήμ..., = *il y eut aussi des enfants pour Sem... voici ces enfants.* — *2 Esdr.*, V, 5 : καὶ τότε ἀπεστάλη τῷ φορολόγῳ ὑπὲρ τούτου, *il y eut un message* (ou *un messager*) *d'envoyé...* — *Tobie*, XII, 4 : δικαιοῦται αὐτῷ, *c'est agir justement envers lui.* — *Daniel* (LXX), II, 15 : περὶ τίνος δογματίζεται πικρῶς παρὰ τοῦ βασιλέως, *au sujet de qui y a-t-il eu un décret si cruel de porté...,* et cf. *Daniel* (Théodotion) : περὶ τίνος ἐξῆλθεν ἡ γνώμη ἡ ἀναιδὴς ἐκ προσώπου τοῦ βασιλέως ; — *Daniel* (Théod.), VII, 25 : καὶ δοθήσεται ἐν χειρὶ αὐτοῦ, *il y aura un abandon de fait à lui,* et cf. *Daniel* (LXX) : παραδοθήσεται πάντα εἰς τὰς χεῖρας αὐτοῦ.

Verbes impersonnels ordinaires.

Ces verbes sont presque toujours les mêmes que dans le grec classique ; mais leur emploi offre des différences importantes.

100. Le grec classique emploie impersonnellement les verbes qui expriment les phénomènes de la nature. On ne trouve dans le N. T. que βρέχειν, surtout post-classique[1], *Jac.*, V, 17 : οὐκ ἔβρεξεν ἐπὶ τῆς γῆς ἐνιαυτοὺς τρεῖς.

---

1. Se trouve dans Téléclide, contemporain d'Aristophane ; mais on ignore s'il était employé personnellement ou impersonnellement ; *Comic. attic. frag.* de KOCK, vol. I, p. 222, frag. 5.
Βρέχειν est impersonnel chez les écrivains post-classiques, *Philon*, I, 49, 12 ; *Epict.*, I, 6, 26 ; *Apophth.*, 314 A (*Patrol. græc.* LXV).

Le grec biblique emploie ces verbes personnellement, *Mat.*, V, 45 : ὅπως γένησθε υἱοὶ τοῦ πατρὸς ὑμῶν τοῦ ἐν οὐρανοῖς, ὅτι τὸν ἥλιον αὐτοῦ ἀνατέλλει ἐπὶ πονηροὺς καὶ ἀγαθοὺς καὶ βρέχει ἐπὶ δικαίους καὶ ἀδίκους. — Pour *L.*, XVII, 29 : ᾗ δὲ ἡμέρᾳ ἐξῆλθεν Λὼτ ἀπὸ Σοδόμων, ἔβρεξεν πῦρ καὶ θεῖον ἀπ' οὐρανοῦ καὶ ἀπώλεσεν πάντας, il faut (d'après 76) suppléer le sujet; c'est une citation de (LXX) *Gen.*, XIX, 24 : καὶ κύριος ἔβρεξεν ἐπὶ Σόδομα καὶ Γόμορρα θεῖον καὶ πῦρ παρὰ κυρίου ἐκ τοῦ οὐρανοῦ.

Ces verbes ont ainsi le sens de : *faire pleuvoir, faire tonner*, etc.

Dans les LXX, *Gen.*. II, 5, οὐ γὰρ ἔβρεξεν ὁ θεὸς ἐπὶ τὴν γῆν. — XIX, 24. — *Ex.*, IX, 18 : ἰδοὺ ἐγὼ ὕω ταύτην τὴν ὥραν αὔριον χαλάζαν πολλὴν σφόδρα. — XVI, 4 : ἰδοὺ ἐγὼ ὕω ὑμῖν ἄρτους ἐκ τοῦ οὐρανοῦ. — *Ps.*, XVII, 14 : καὶ ἐβρόντησεν ἐξ οὐρανοῦ κύριος. et cf. *1 R.*, II, 10; *2 R.*, XXII, 14; *Sag. Sir.*, XLVI, 17. — *Amos*, IV, 7 : ἐγὼ ἀνέσχον ἐξ ὑμῶν τὸν ὑετόν..., καὶ βρέξω ἐπὶ πόλιν μίαν.

L'emploi de ces verbes avec un sujet personnel est hébraïsant, et tient à l'influence exercée par les voix *hiphil* et *piël* du verbe hébreu sur le sens du verbe grec[1]. — Ce n'est pas une réminiscence des locutions grecques primitives : Ζεὺς ὕει, etc.

Cependant, le verbe peut être employé personnellement ou impersonnellement quand le phénomène n'est pas rapporté à une cause première extérieure. On a *Mat.*, V, 45 : τὸν ἥλιον αὐτοῦ ἀνατέλλει, dans un passage où le raisonnement exige que l'acte soit rapporté à la Cause Première. Mais on a, *Mar.*, XVI, 2 : ἀνατείλαντος τοῦ ἡλίου, comme souvent dans les LXX, *Gen.*, XXXII, 31 et *Job*, IX, 7. — Cf. encore *Jug.*, XVI, 2 : ἕως διαφαύσῃ ὁ ὄρθρος, et impersonnellement, XIX, 26 : ἕως οὗ διέφαυσεν. — De là encore, dans le N. T., *Jac.*, V, 17 : προσηύξατο τοῦ μὴ βρέξαι, avec l'infinitif impersonnel, et *Apoc.*, XI, 6 : ἵνα μὴ ὑετὸς βρέχῃ.

101. Classiquement, les verbes qui expriment la convenance, la possibilité, la suffisance, la possibilité, l'opinion, s'emploient impersonnellement. Il en est de même dans le N. T. avec : ἀνήκει, *Col.*, III, 18 (Paul seul). — ἀπέχει, *il suffit*, *Mar.*, XIV, 41. — ἀρκεῖ, *Mat.*, XXV, 9; *J.*, XIV, 8. — δοκεῖ, *L.*, I, 3; *J.*, XI, 56. — ἐνδέχεται, *il se peut*, *L.*, XIII, 33. — ἔξεστι, *Mat.*, XII, 2 et cf. *Mar.*, II, 24. — καθήκει, *A.*, XXII, 22 et *R.*, I, 28 (Luc et Paul seuls). — πρέπει, *Mat.*, III, 15. — Etc.

Dans les LXX, on a, *1 Mac.*, X, 42 : διὰ τὸ ἀνήκειν αὐτὰ τοῖς ἱερεῦσι. — ἀρκεῖν, *Nom.*, XI, 22. — δοκεῖν, *Esther*, 1, 19, etc. — *2 Mac.*, XI, 18 : ἃ δὲ ἦν ἐνδεχόμενα συνεχώρησεν. — ἔξεστιν, *2 Esd.*, IV, 14; *Esther*, IV, 2. — Même ἔχειν, *Nom.*, XVI, 3 (89, *a*).

1. Voy. mon *Essai sur la syntaxe des voix dans le grec du N. T.*, 21, 22, 60.

102. *a*) Classiquement, les verbes qui indiquent l'état de l'esprit ou d'une affaire, s'emploient impersonnellement. On a dans le N. T. :

ἔστω δέ, *2 Cor.*, XII, 16. — οὐ μέλει σοι, *Mat.*, XXII, 16. — περιέχει, *il y a de contenu, il se trouve*[1], *1 P.*, II, 6. — συνέβη, *A.*, XXI, 35. — εἰ τύχοι (= *si cela arrive*), *par exemple, si l'on peut ainsi parler, 1 Cor.*, XIV, 10 ; XV, 37. L'emploi impersonnel de ce verbe est post-classique ; voy. ma *Syntaxe des propositions*, 194.

Dans les LXX, ἔστω, *Gen.*, XXX, 34. — οὐ μέλει μοι, *Tobie*, X, 5. — συνέβαινε, *2 Mac.*, III, 2. — *Es.*, VIII, 1 : πάρεστιν γάρ, *c'est le moment*.
L'emploi des verbes impersonnels de ces deux dernières classes n'est pas très fréquent dans le N. T., et ne paraît pas l'être non plus dans les LXX, sauf pour quelques verbes d'un usage populaire et courant, comme δοκεῖ, ἔξεστιν.

b) Classiquement, on trouve le singulier impersonnel ἔστιν ὅτε, ἔστιν οἵ (à côté de εἰσὶν οἵ). Ces locutions ne se rencontrent pas dans le N. T.
Dans les LXX on trouve : *Let. Jérém.*, VI, 9 : ἔστιν δὲ καὶ ὅτε ὑφαιρούμενοι οἱ ἱερεῖς (morceau rédigé en grec), et cf. *Sag. Sir.*, XXXVIII, 13 : ἔστιν καιρὸς ὅτε... — *Sag. Sir.*, XX, 11 : ἔστιν ὃς ἀπὸ ταπεινώσεως ᾖρεν κεφαλήν, et cf. XLIV, 8 : εἰσὶν αὐτῶν οἳ κατέλιπον ὄνομα. — Les constructions de ce genre semblent rares dans les LXX.

c) Deux verbes de la dernière classe (*a*) méritent d'être traités séparément et en détail. Ce sont εἶναι et γίνεσθαι dans les locutions impersonnelles hébraïsantes : καὶ ἔσται, ἔσται δέ, et καὶ ἐγένετο, ἐγένετο δέ. Ces locutions subsistent généralement par elles-mêmes, absolument indépendantes, et servent à annoncer ce qui suit.

Formules καὶ ἔσται, ἔσται δέ, et καὶ ἐγένετο, ἐγένετο δέ.

103. La première, καὶ ἔσται, etc., sert pour l'avenir (cf. 106) :
A., II, 17 : καὶ ἔσται, ἐν ταῖς ἐσχάταις ἡμέραις, λέγει ὁ θεός, ἐκχεῶ... — II, 21 ; III, 23 : ἔσται δέ, πᾶσα ψυχὴ ἥτις ἂν μὴ ἀκούσῃ τοῦ προφήτου... ἐξολοθρευθήσεται. — *R.*, IX, 26.

Cette formule est très fréquente dans les LXX, et les passages du N. T. n'en sont que des citations. Avec *A.*, II, 17, cf. *Joël*, II, 28 ; avec

---

1. L'emploi impersonnel de ce verbe est post-classique ; voy. mon *Essai sur la syntaxe des voix dans le grec du N. T.*, 6.

A., III. 23, *Deut.*, XVIII, 19 ; avec *R.*, IX, 26, *Osée*, II, 10. — Cf. aussi *Gen.*, XII, 12.

Dans ces constructions, le verbe de la proposition qui suit est toujours au futur. Cf. PREISWERK, 478, 2, *b*.

104. Examinons maintenant la seconde formule et ses quelques variantes : γίνεται, ὡς ou ὅτε ἐγένετο.

Elle ne se trouve que dans Matthieu, Marc et Luc. Peu fréquente chez les deux premiers, elle est la formule favorite du troisième.

a) Matthieu l'emploie après de longs discours, comme formule de transition, pour passer à la suite du récit :

Mat., VII, 28, après le *Discours sur la Montagne :* καὶ ἐγένετο, ὅτε ἐτέλεσεν ὁ Ἰησοῦς τοὺς λόγους τούτους, ἐξεπλήσσοντο οἱ ὄχλοι ἐπὶ τῇ διδαχῇ αὐτοῦ. — XI, 1 ; XIII, 53 ; XIX, 1 ; XXVI, 1.

On lit *Mat.*, IX, 10 : καὶ ἐγένετο αὐτοῦ ἀνακειμένου ἐν τῇ οἰκίᾳ, καὶ ἰδοὺ πολλοὶ τελῶναι καὶ ἁμαρτωλοὶ ἐλθόντες συνανέκειντο τῷ Ἰησοῦ. C'est le seul exemple, dans *Matthieu*, où la formule serve de transition entre deux récits et exprime la simultanéité entre καὶ ἐγένετο αὐτοῦ... et καὶ ἰδοὺ πολλοὶ κτλ.

b) Voici les exemples de *Marc :*

Mar., I, 9 : καὶ ἐγένετο ἐν ἐκείναις ταῖς ἡμέραις, ἦλθεν Ἰησοῦς ἀπὸ Ναζαρὲτ τῆς Γαλιλαίας καὶ ἐβαπτίσθη εἰς τὸν Ἰορδάνην. — IV, 4 : καὶ ἐγένετο ἐν τῷ σπείρειν, ὃ μὲν ἔπεσεν παρὰ τὴν ὁδὸν καὶ ἦλθεν τὰ πετεινὰ καὶ κατέφαγεν αὐτό.

Dans ces constructions, *a* et *b*, καὶ ἐγένετο signifie : *voici maintenant ce qui s'est passé*. Elle indique progression dans la narration et passage à un nouveau fragment du récit. En même temps, elle marque la simultanéité des deux actes exprimés dans la phrase.

Mar., II, 15 : καὶ γίνεται κατακεῖσθαι αὐτὸν ἐν τῇ οἰκίᾳ αὐτοῦ, καὶ πολλοὶ τελῶναι καὶ ἁμαρτωλοὶ συνανέκειντο τῷ Ἰησοῦ (cf. *Mat.*, IX, 10).

Γίνεται est au présent historique (= ἐγένετο). La formule a la même valeur que précédemment ; mais l'emploi de la proposition infinitive donne à la phrase l'apparence d'une construction classique.

105. Dans *Luc*, la formule sert pour toute espèce de transitions.

La construction est plus variée et plus souple que dans *Matthieu* et *Marc*. On trouve : καὶ ἐγένετο, ἐγένετο δέ, ὡς δὲ ἐγένετο, ὅτε δὲ ἐγένετο, et la proposition qui suit prend diverses formes.

A) *L.*, V, 1 : ἐγένετο δὲ ἐν τῷ τὸν ὄχλον ἐπικεῖσθαι αὐτῷ καὶ ἀκούειν τὸν λόγον τοῦ θεοῦ, καὶ αὐτὸς ἦν ἑστὼς παρὰ τὴν λίμνην Γεννησαρέτ. — V, 12 : καὶ ἐγένετο ἐν τῷ εἶναι αὐτὸν ἐν μιᾷ τῶν πόλεων, καὶ ἰδοὺ ἀνὴρ πλήρης λέπρας, — IX, 51 ; XIV, 1 ; XVII, 11 ; XIX, 15 ; XXIV, 4, 15 (W. H. [καί]).

L., V, 17 : καὶ ἐγένετο ἐν μιᾷ τῶν ἡμερῶν καὶ αὐτὸς ἦν διδάσκων. — VIII, 1, 22.

Avec la construction précédente et celle-ci, cf. *L.*, VI, 12 ; IX, 28, et *Mat.*, IX, 10.

Le verbe ἐγένετο est employé personnellement, *A*., V, 7 : ἐγένετο δὲ ὡς ὡρῶν τριῶν διάστημα καὶ ἡ γυνὴ αὐτοῦ μὴ εἰδυῖα τὸ γεγονὸς εἰσῆλθεν.

Dans tous ces exemples, la seconde proposition est reliée à la première par καί, qui équivaut à une particule temporelle.

B) Dans les exemples suivants, la construction est la même ; mais la seconde proposition n'est pas reliée à la première par καί.

L., II, 15 : καὶ ἐγένετο, ὡς ἀπῆλθον ἀπ' αὐτῶν εἰς τὸν οὐρανὸν οἱ ἄγγελοι, οἱ ποιμένες ἐλάλουν πρὸς ἀλλήλους. — I, 23, 41 ; XIX, 29. — Cf. *Mat.*, VII, 28.

L., I, 59 : καὶ ἐγένετο ἐν τῇ ἡμέρᾳ τῇ ὀγδόῃ, ἦλθαν περιτεμεῖν τὸ παιδίον. — II, 1 [1] ; II, 46 ; VII, 11. — Cf. *Mar.*, I, 9 ; IV, 4 (avec l'infinitif).

L., IX, 37 : ἐγένετο δὲ τῇ ἑξῆς ἡμέρᾳ, κατελθόντων αὐτῶν ἀπὸ τοῦ ὄρους, συνήντησεν αὐτῷ ὄχλος πολύς. — XI, 14 ; cf. IX, 28 (W. H.).

---

1. *L.*, II, 1-3 : ἐγένετο δὲ ἐν ταῖς ἡμέραις ἐκείναις, ἐξῆλθεν δόγμα παρὰ Καίσαρος Αὐγούστου ἀπογράφεσθαι πᾶσαν τὴν οἰκουμένην· (αὕτη ἀπογραφὴ πρώτη ἐγένετο ἡγεμονεύοντος τῆς Συρίας Κυρηνίου). καὶ ἐπορεύοντο πάντες ἀπογράφεσθαι. Si l'on supprime la parenthèse, la phrase devient semblable à beaucoup d'autres que l'on trouve dans *S. Luc* (I, 41 ; I, 59 ; II, 15-16 ; VII, 11, etc.). Mais, tel qu'il est, ce passage est le seul exemple que l'on ait dans le N. T. de ces constructions avec une proposition parenthétique explicative, intercalée sans particule adversative. Pour *A.*, IV, 5-7, la parenthèse s'explique d'elle-même, et elle est reliée par καί avec le reste de la phrase. La parenthèse de *L.*, II, 1-3 étonne donc à bon droit, et ne paraît pas au-dessus de tout soupçon.

L'exégèse du texte lui-même confirme ce soupçon. En effet : 1° Pourquoi mentionner ici le légat de Syrie, puisque, suivant l'auteur lui-même (I, 5), la Judée devait être encore sous l'autorité de Hérode-le-Grand. — 2° Le recensement ne paraît pas avoir été fait, au moins expressément, par Quirinius ou sur son ordre : et il n'a pas été fait à la mode romaine, puisque l'auteur dit qu'il a été fait par οἶκος καὶ πατριά (II, 1-5). — 3° Pourquoi le légat de Syrie est-il nommé ici, quand il ne l'est pas III, 1, dans une énumération où nous trouvons le procurateur de la Judée, le tétrarque de l'Iturée et Trachonite, et celui de l'Abilène ?

Avec la construction de *L.*, I, 59, etc., et IX, 37, etc., cf. *L.*, XI, 14 ; XX, 1.

L., I, 8 : ἐγένετο δὲ ἐν τῷ ἱερατεύειν αὐτὸν ἐν τῇ τάξει τῆς ἐφημερίας αὐτοῦ ἔναντι τοῦ θεοῦ, κατὰ τὸ ἔθος τῆς ἱερατείας ἔλαχε τοῦ θυμιᾶσαι. — II, 6 ; IX, 18, 33 ; XI, 27 ; XVII, 14 ; XVIII, 35 ; XXIV, 30, 51.

Avec la construction de *L.*, II, 15, etc., et *L.*, I, 8, etc., cf. *L.*, XI, 1.

Dans ces exemples (B), la seconde proposition commence régulièrement par le verbe, sauf *L.*, XI, 27 ; XXIV, 30 ; XVIII, 35 ; I, 8, où il en est autrement pour des raisons particulières à chaque passage. — Cf. *Mar.*, IV, 4.

C) La proposition qui suit ἐγένετο est la proposition infinitive ordinaire. La seconde proposition (à verbe fini) est reliée à la première par καί (comme dans les exemples de A).

L., VI, 1 : ἐγένετο δὲ ἐν σαββάτῳ διαπορεύεσθαι αὐτὸν διὰ σπορίμων, καὶ ἔτιλλον οἱ μαθηταὶ αὐτοῦ. — *L.*, VI, 6 ; *A.*, IV, 5-7. — Cf. *Mar.*, II, 15, 23.

D'autres fois, la construction avec la proposition infinitive s'étend à toute la phrase, *L.*, III, 21 : ἐγένετο δὲ ἐν τῷ βαπτισθῆναι ἅπαντα τὸν λαὸν καὶ Ἰησοῦ βαπτισθέντος καὶ προσευχομένου ἀνεῳχθῆναι τὸν οὐρανὸν καὶ καταβῆναι τὸ πνεῦμα τὸ ἅγιον... καὶ φωνὴν ἐξ οὐρανοῦ γενέσθαι... — *L.*, XVI, 22 ; *A.*, IX, 32, 37, 43 ; XIV, 1 ; XVI, 16 ; XIX, 1 ; XXVIII, 8, 17. — *A.*, IX, 43, suppléez αὐτὸν μεῖναι.

Dans certains passages, ἐγένετο prend un complément au datif, *A.*, XI, 26 : ἐγένετο δὲ αὐτοῖς καὶ ἐνιαυτὸν ὅλον συναχθῆναι ἐν τῇ ἐκκλησίᾳ καὶ διδάξαι ὄχλον ἱκανόν, χρηματίσαι τε πρώτως... — XXII, 6. — Ces exemples sont déjà corrects.

D) Les exemples de C se rapprochent de plus en plus de la construction grecque ordinaire. Ceux qui suivent sont absolument corrects dans leur construction (quoique peu fréquents en grec classique) :

A., XXI, 1 : ὡς δὲ ἐγένετο ἀναχθῆναι ἡμᾶς ἀποσπασθέντας ἀπ' αὐτῶν, εὐθυδρομήσαντες ἤλθομεν εἰς τὴν Κῶ. — XXI, 5 ; XXVII, 44. — IX, 3 : ἐν δὲ τῷ πορεύεσθαι ἐγένετο αὐτὸν ἐγγίζειν ἐτῇ Δαμασκῷ, ἐξέφνης τε αὐτὸν περιήστραψεν φῶς. — Cf. d'ailleurs V, 7[1].

---

1. Pour *A.*, X, 25 : ὡς δὲ ἐγένετο τοῦ εἰσελθεῖν τὸν Πέτρον, συναντήσας αὐτῷ ὁ Κορνήλιος..., cf. ma *Syntaxe des propositions*, 274-279.

On remarquera que ces derniers exemples sont tous dans les *Actes*.

Remarque. — Entre la formule καὶ ἐγένετο, ἐγένετο δέ et la proposition suivante à verbe fini, il existe toujours une indication de temps que cette formule introduit. Cette indication se fait : par ὅτε dans *Matthieu*; par ὡς dans *Luc*; par ἐν et le datif dans *Marc* et *Luc*; par une construction absolue (*L.*, IX, 37; IX, 28) dans *Luc*.

106. *a*) La formule καὶ ἐγένετο, ἐγένετο δέ est, pour le passé, ce qu'est la formule καὶ ἔσται pour l'avenir (103).
b) Comme cette dernière, elle est un hébraïsme.

1° Tantôt la construction est un hébraïsme pur, extrêmement fréquent, et rendu littéralement par les LXX, *Gen.*, XXIV, 30 : καὶ ἐγένετο, ἡνίκα εἶδε τὰ ἐνώτια καὶ τὰ ψέλλια ἐν ταῖς χερσὶ τῆς ἀδελφῆς αὐτοῦ, καὶ ὅτε ἤκουσε..., καὶ ἦλθε πρὸς τὸν ἄνθρωπον. — XXVI, 32 : ἐγένετο δὲ ἐν τῇ ἡμέρᾳ ἐκείνῃ, καὶ παραγενόμενοι οἱ παῖδες Ἰσαὰκ ἀπήγγειλαν αὐτῷ. — XXII, 1 : καὶ ἐγένετο μετὰ τὰ ῥήματα ταῦτα, ὁ θεὸς ἐπείρασε τὸν Ἀβραάμ.
Au lieu de ἐγένετο, on trouve ἐγενήθη, *1 R.*, IV, 1, etc.
La construction de ἐγένετο avec la proposition infinitive est rare dans les LXX, cf. *Gen.*, XLI, 13.
2° Tantôt la construction hébraïsante est plus ou moins pliée aux lois de la langue grecque ; voy. les exemples cités plus haut, 105, C et D.

CHAPITRE VIII

Principes généraux d'accord.

107. *a*) Classiquement, le verbe s'accorde avec son sujet en nombre et en personne. Si le verbe est au participe, il s'accorde en genre, en nombre et en cas avec le mot auquel il se rapporte, et que nous appellerons le sujet ou l'antécédent du participe.
Cet accord est aussi celui du grec biblique.
b) Les anomalies sont assez nombreuses. Elles s'expliquent ainsi : l'accord du verbe se fait avec le sujet auquel pense l'auteur en écrivant le verbe, et non avec le sujet grammatical.

Dès lors, la combinaison, l'accord grammatical des éléments de la phrase n'existe plus.

Ce caractère appartient surtout à la langue familière.

c) Nous traiterons : de l'accord du verbe en nombre, avec le sujet simple, avec le sujet complexe, et avec le sujet composé ; puis, du changement de nombre ; enfin, de l'accord du verbe en personne et du changement de personne.

Voici d'abord quelques règles générales :

108. a) Le verbe est au singulier : 1° quand l'écrivain considère plusieurs objets comme formant un tout, en considérant d'une manière abstraite la masse des objets ; 2° quand il simplifie le sujet, composé de plusieurs objets, en ne considérant que le premier ou le dernier. Ainsi :

A., X, 12 : ἐν ᾧ ὑπῆρχεν πάντα τὰ τετράποδα καὶ ἑρπετὰ τῆς γῆς καὶ πετεινὰ τοῦ οὐρανοῦ. Sujet totalisé. — *J.*, XII, 22 : ἔρχεται Ἀνδρέας καὶ Φίλιππος. Sujet simplifié. — Pour *J.*, X, 22 : ἐγένετο τότε τὰ ἐνκαίνια ἐν ταῖς Ἱεροσολύμαις, le mot est au pluriel, quoique le sujet soit en réalité au singulier, *la fête des Encænies*.

b) Le verbe est au pluriel quand l'écrivain, distinguant les objets les uns des autres, les considère d'une manière concrète dans leur pluralité :

J., XXI, 2 : ἦσαν ὁμοῦ Σίμων Πέτρος καὶ Θωμᾶς. — *Apoc.*, IX, 18 : ἀπεκτάνθησαν τὸ τρίτον τῶν ἀνθρώπων. — XX, 12 : καὶ βιβλία ἠνοίχθησαν.

c) Quand le verbe peut se mettre au singulier ou au pluriel, il se met plutôt au singulier quand il précède[1], et plutôt au pluriel quand il suit le sujet ; le principe est le même, d'ailleurs, en grec classique. Ainsi :

Mar., IV, 1 : συνάγεται πρὸς αὐτὸν ὄχλος πλεῖστος... καὶ πᾶς ὁ ὄχλος... ἐπὶ τῆς γῆς ἦσαν. — *L.*, XXIII, 1 : ἀναστὰν ἅπαν τὸ πλῆθος αὐτῶν ἤγαγον αὐτόν.

d) Quand le sujet est un sujet pluriel neutre, un sujet complexe, et surtout un collectif ou un sujet composé, le verbe peut être au singulier quand il est dans la même proposition que ce sujet ; mais le verbe de la proposition qui suit, quelle qu'elle soit, est habituellement au pluriel :

Mar., III, 7-8 : καὶ πολὺ πλῆθος ἀπὸ τῆς Γαλιλαίας ἠκολούθησεν (TISCH., ... ἠκολούθησαν) ... πλῆθος πολύ, ἀκούοντες ὅσα ποιεῖ, ἦλθαν

---

[1] Cf. EWALD, p. 236, 339, c, 1 : « Le verbe placé devant plusieurs sujets se met généralement au masculin singulier, quels que soient leur genre et leur nombre. »

πρὸς αὐτόν. — *J.*, XIJ, 22 : ἔρχεται Ἀνδρέας καὶ Φίλιππος καὶ λέγουσιν τῷ Ἰησοῦ.

Nota. — Il y a des exemples où le verbe s'accorde avec l'attribut, 153.

e) Les anomalies de l'accord du participe s'expliquent presque toutes par ce principe : Le participe, s'il se détache ou s'éloigne de son sujet, tend à devenir indépendant pour le nombre, le genre et le cas, partiellement ou complètement.

Les exemples qui ne relèvent pas de ce principe sont ceux où le participe s'accorde avec l'attribut.

109. *a*) Enfin, en étudiant le grec biblique, particulièrement celui de l'*Apocalypse* et des LXX, il faut avoir la remarque suivante présente à l'esprit :

« Puisque les raisons d'une permutation possible de nombres et de genres peuvent se rencontrer dans un seul et même mot et un même sujet, et dans des cas très différents, ces permutations peuvent se produire dans la même phrase, *Es.*, XXX., 31-32 ; *Jér.*, X, 3 seq., etc. » (EWALD, 319, *b*). Il faut en dire autant de la permutation des personnes, et même de celle des cas.

b) Les principes précédents existent tous en hébreu ; dans cette langue, l'écrivain établit l'accord suivant sa pensée, et presque au gré de son imagination (cf. EWALD, p. 179 seqq. ; 236 ; 316 seqq. ; 339, *c*, 1 ; PREISWERK, 467, et *Remarques*, 1). — Ils se retrouvent tous dans les LXX, comme en témoignent les exemples cités plus loin, et y reçoivent une application extrêmement libre.

CHAPITRE IX

Accord en nombre avec un sujet simple.

110. *a*) Le sujet simple exprime l'idée unique, complète par elle-même, d'un objet, ou de plusieurs objets, si le mot est au pluriel.

Le verbe s'accorde en nombre (et en personne). Il est inutile de citer des exemples.

b) En hébreu, « l'attribut (c'est-à-dire *le verbe*) placé au commencement de la proposition se présente souvent sous la formule du masculin singulier, comme étant la forme primaire et la forme la plus usitée, lors même que le sujet qui suit est un pluriel ou un féminin. » (PREISWERK, 466, *b* ; 467). En araméen, « le singulier du verbe se joint à un nom au pluriel, lorsque le verbe se trouve placé le premier. » (WINER, *Gramm. chald.*, 49, I, 2º).

Enfin, dans la poésie grecque, on rencontre parfois le verbe au singulier devant un sujet au pluriel ; il en est ainsi avec ἦν (KÜHNER, 367, 1 ; 370, 4 ; LIDDELL and SCOTT, *sub v.* εἰμί, A, V ; CROISET et PETITJEAN, 379, II). Cette construction poétique devait, par là même, appartenir à la langue familière.

La construction de l'hébreu explique la variante suivante dans *Apoc.*, VIII, 2 : καὶ ἐδόθησαν (*v. l.* ἐδόθη) ἑπτὰ σάλπιγγες. La variante marginale ἐδόθη, bien autorisée, est admissible dans l'Apocalypse.

Cf. dans les LXX, *Josué*, XIII, 28 : ἐγενήθη κατὰ δήμους αὐτῶν αἱ πόλεις αὐτῶν καὶ αἱ ἐπαύλεις αὐτῶν. — *Jug.*, VII, 3 : καὶ ἐπέστρεψεν (*v. l.* ἀπεστράφησαν) ἀπὸ τοῦ λαοῦ εἴκοσι καὶ δύο χιλιάδες καὶ δέκα χιλιάδες ὑπελείφθησαν (pour le changement de nombre des deux verbes, voy. 108, *c*). — *1 R.*, XXI, 6 : οὐκ ἦν ἄρτοι ἀλλ' ἢ ἄρτοι τοῦ προσώπου. — *2 R.*, XXIV, 15 : καὶ ἀπέθανεν ἐκ τοῦ λαοῦ ἀπὸ Δὰν ἕως Βηρσάβεε ἑβδομήκοντα χιλιάδες ἀνδρῶν. — *3 R.*, V, 15. — Cf. 118.

Le verbe au singulier suit le sujet simple pluriel dans *Es.*, XVII, 5-6, cité 118, *b*.

Accord du participe en nombre, genre et cas.

111. *a)* Si le verbe est au participe, il s'accorde en nombre, en genre et en cas.

Il est inutile de donner des exemples. Notons seulement :

Mar., VII, 18-19, καθαρίζων s'accorde régulièrement avec le sujet de λέγει et la proposition participe exprime l'appréciation de l'écrivain. — *A.*, XI, 17, πιστεύσασιν pourrait se rapporter aussi bien à αὐτοῖς comme mot principal de la phrase qu'à ἡμῖν, et cf. en effet XV, 8-9 où l'idée est expressément rapportée à ceux qui sont désignés ici par αὐτοῖς. — XVIII, 18, κειράμενος se rapporte probablement à Παῦλος pour la même raison ; si Ἀκύλας était le sujet de κειράμενος, il semble que l'on aurait eu ὃς ἐκείρατο ou οὗτος δὲ ἐκείρατο, tandis que κειράμενος semble bien continuer les participes προσμείνας et ἀποταξάμενος.

R., V, 10 : πολλῷ μᾶλλον καταλλαγέντες σωθησόμεθα ἐν τῇ ζωῇ αὐτοῦ· οὐ μόνον δέ, ἀλλὰ καὶ καυχώμενοι ἐν τῷ θεῷ. Entendez : οὐ μόνον δὲ σωθησόμεθα, ἀλλὰ καὶ σωθησόμεθα καυχώμενοι... Et de même dans d'autres passages.

ACCORD EN NOMBRE AVEC UN SUJET SIMPLE.   89

Le participe peut s'accorder avec le sujet mental indéfini d'un verbe impersonnel à la troisième personne, *Mat.*, V, 11 : μακάριοί ἐστε ὅταν ὀνειδίσωσιν ὑμᾶς... καὶ εἴπωσιν πᾶν πονηρὸν καθ' ὑμῶν ψευδόμενοι.

b) Dans un certain nombre de passages, le participe se rapporte au sujet, malgré le développement parenthétique qui les sépare. Ainsi *R.*, XIII, 11, εἰδότες se rapporte au sujet de ὀφείλετε, malgré les vv. 9 et 10 qui forment parenthèse. — *2 Cor.*, I, 7 (W.H.), εἰδότες se rapporte à ἡμεῖς. — VI, 3, διδόντες se rapporte au sujet de παρακαλοῦμεν du v. 1. — VI, 9-10, les participes continuent ceux du v. 3 (et cf. καὶ ἰδοὺ ζῶμεν = ζῶντες, dissociation à la manière hébraïque). — VIII, 18-20, στελλόμενοι se rapporte au sujet de συνεπέμψαμεν. — IX, 8-11, 13, les participes πλανιζόμενοι et δοξάζοντες se rapportent au sujet de περισσεύητε du v. 8, malgré les interruptions des vv. 9-10, 12. — *Eph.*, V, 9-10, δοκιμάζοντες se rapporte au sujet de περιπατεῖτε. — *Ph.*, I, 28-30, ἔχοντες fait suite à πτυρόμενοι, après la parenthèse ἥτις... πάσχειν. — III, 10, συμμορφιζόμενος continue ἔχων. — *Col.*, III, 16, διδάσκοντες, νουθετοῦντες sont indépendants; suppléez γίνεσθε du v. 15. — *1 Th.*, II, 11 : ὑμεῖς μάρτυρες καὶ ὁ θεός, ὡς ὁσίως καὶ δικαίως καὶ ἀμέμπτως ὑμῖν τοῖς πιστεύουσιν ἐγενήθημεν, καθάπερ οἴδατε ὡς ἕνα ἕκαστον ὑμῶν ὡς πατὴρ τέκνα ἑαυτοῦ παρακαλοῦντες ὑμᾶς καὶ παραμυθούμενοι. Les exégètes entendent καθάπερ οἴδατε ὡς ἐγενήθημεν... παρακαλοῦντες, ou bien (καθάπερ) οἴδατε ὡς οὕτως ἐποιοῦμεν... παρακαλοῦντες. Ne serait-il pas plus simple de regarder καθάπερ οἴδατε comme une parenthèse, de faire de ὡς une particule explicative et causale introduisant les participes et de regarder ceux-ci comme dépendant directement de ὑμῖν τοῖς πιστεύουσιν ἐγενήθημεν? Et pour ὡς avec le participe causal (fréquent dans *Paul*) cf. ma *Syntaxe des propositions*, 304. — *Tit.*, II, 1-9, παρεχόμενος se rapporte à σὺ δὲ λάλει. — *Apoc.*, XII, 1-2, ἔχουσα se rapporte à γυνή.

Pour *A.*, XVII, 16, θεωροῦντος se rapporte régulièrement à αὐτοῦ, malgré ἐν αὐτῷ (complément redondant; 177).

c) Avec un sujet simple ordinaire, il n'existe pas d'anomalies pour le nombre ni pour le genre.

112. Pour l'accord en cas, il y a plusieurs anomalies. Le participe est à un autre cas que le mot auquel il se rapporte :

a) Par attraction, *A.*, XXVI, 22 : οὐδὲν ἐκτὸς λέγων ὧν τε οἱ προφῆται ἐλάλησαν μελλόντων γίνεσθαι καὶ Μωυσῆς, = τούτων ἅ...

μέλλοντα... — *Apoc.*, I, 10 : ἤκουσά ὀπίσω μου φωνὴν μεγάλην ὡς σάλπιγγος λεγούσης, = λέγουσαν. — IV, 1 ; X, 8 ; XVII, 8 (cf. *1 J.*, II, 25). — Et de même en grec classique.

b) Par anacoluthe, comme en grec classique (CURTIUS, 582, 2, *Rem.*), *Mar.*, VI, 8 : παρήγγειλεν αὐτοῖς ἵνα μηδὲν αἴρωσιν εἰς ὁδὸν εἰ μὴ ῥάβδον μόνον, μὴ ἄρτον μὴ πήραν μὴ εἰς τὴν ζώνην χαλκόν, ἀλλὰ ὑποδεδεμένους σανδάλια, καὶ μὴ ἐνδύσασθαι δύο χιτῶνας. Les verbes signifiant *commander* prenant dans le N. T. la proposition finale ou la proposition infinitive, on a ici les deux, et il faut entendre : ὑποδεδεμένους εἶναι. — *L.*, XXIV, 46-47 : ἀρξάμενοι, par transition brusque du style indirect au style direct. — *A.*, XV, 22, voy. 113 *bis, d*. — XIX, 34 ; XXIV, 5-6, on aurait dû avoir : αὐτὸν καὶ ἐκρατήσαμεν. — Sans doute aussi *Éph.*, I, 17-18 : ἵνα ὁ θεὸς... δῴη ὑμῖν πνεῦμα σοφίας καὶ ἀποκαλύψεως ἐν ἐπιγνώσει αὐτοῦ, πεφωτισμένους τοὺς ὀφθαλμοὺς τῆς καρδίας... (ὑμῖν.., πεφωτισμένους). Le participe n'est pas encore entièrement détaché, comme il l'est *Éph.*, III, 14-18 [1].

A., XXIV, 25, l'anacoluthe n'a pas changé l'accord. — *R.*, XII, 6 : ἔχοντες reste seul, parce que la phrase est interrompue. — XII, 9 seqq., les participes sont des propositions indépendantes. — *2 Cor.*, V, 6-8 : περιπατοῦμεν a changé la construction, et le participe θαρροῦντες, qui commençait la phrase, est repris par θαρροῦμεν. — *2 P.*, I, 17 : la phrase commençant par λαβών est interrompue.

Remarquer *J.*, XXI, 12 : οὐδεὶς ἐτόλμα τῶν μαθητῶν ἐξετάσαι αὐτόν Σὺ τίς εἶ ; εἰδότες ὅτι ὁ κύριός ἐστιν, comme si l'on avait la construction hébraï-

---

1. Comparez *Éph.*, I, 17-18 : οὐ παύομαι εὐχαριστῶν ὑπὲρ ὑμῶν... ἵνα ὁ θεὸς τοῦ κυρίου ἡμῶν Ἰησοῦ Χριστοῦ, ὁ πατὴρ τῆς δόξης, δῴη ὑμῖν πνεῦμα σοφίας καὶ ἀποκαλύψεως ἐν ἐπιγνώσει αὐτοῦ, πεφωτισμένους τοὺς ὀφθαλμοὺς τῆς καρδίας ὑμῶν εἰς τὸ εἰδέναι ὑμᾶς τίς ἐστιν..., avec III, 14-18 : κάμπτω τὰ γόνατά μου πρὸς τὸν πατέρα... ἵνα δῷ ὑμῖν κατὰ τὸ πλοῦτος τῆς δόξης αὐτοῦ δυνάμει κραταιωθῆναι διὰ τοῦ πνεύματος αὐτοῦ εἰς τὸν ἔσω ἄνθρωπον, κατοικῆσαι τὸν Χριστὸν ἐν ταῖς καρδίαις ὑμῶν ἐν ἀγάπῃ· ἐρριζωμένοι καὶ τεθεμελιωμένοι, ἵνα ἐξισχύσητε καταλαβέσθαι σὺν πᾶσιν τοῖς ἁγίοις τί τὸ πλάτος... On a οὐ παύομαι... αὐτοῦ qui répond exactement à κάμπτω... ἐν ἀγάπῃ. Ensuite, le résultat de ce qui précède est indiqué dans les deux passages par le participe parfait : πεφωτισμένους... καρδίας ὑμῶν dans l'un, ἐρριζωμένοι καὶ τεθεμελιωμένοι dans l'autre. Enfin, la conséquence de l'acte exprimé par ces deux parfaits est indiquée par une proposition finale dans les deux passages, εἰς τὸ εἰδέναι ὑμᾶς dans le premier, et ἵνα ἐξισχύσητε καταλαβέσθαι dans le second (on pourrait avoir tout aussi bien ἵνα ὑμεῖς εἰδῆτε et εἰς τὸ ἐξισχύσαι ὑμᾶς). Dès lors, πεφωτισμένους doit être considéré comme apposé à ce qui précède, comme ἐρριζωμένοι, et comme détaché à moitié seulement, puisqu'il est à l'accusatif au lieu d'être au nominatif. Enfin, la proposition finale a dû exercer son influence. On aurait pu avoir : εἰς τὸ εἰδέναι ὑμᾶς, πεφωτισμένους κτλ., τίς ἐστιν, et de même ἵνα ὑμεῖς, ἐρριζωμένοι κτλ., ἐξισχύσητε καταλαβέσθαι. Dans le premier exemple, l'accusatif prépare la transition à l'accusatif sujet ; dans le second, le nominatif prépare la transition au verbe fini.

sante si fréquente : πάντες οἱ μαθηταὶ οὐκ ἐτόλμαν... εἰδότες, et l'éloignement du participe (112 bis) favorisait le nominatif (et cf. les constructions analogues, 131, d).

c) Par l'emploi du participe au génitif absolu.

Nous avons signalé[1] l'emploi, au génitif absolu, du participe qui se rapporte à un mot de la proposition; cf. d'ailleurs, *Mar.*, V, 2; XI, 27; *A.*, III, 13; dans les LXX, *Gen.*, XLIV, 14; *Ex.*, IV, 21; XIV, 18; *Lév.*, XVI, 23; *Deut.*, XV, 10; *1 Mac.*, I, 6 : διεῖλεν αὐτοῖς τὴν βασιλείαν αὐτοῦ ἔτι ζῶντος αὐτοῦ. — Papyrus de Turin (Thiersch, p. 103) : ὁμολογεῖ Ἀπολλώνιος τοῖς πέντε Χολχύταις, κατοικούντων τὴν αὐτὴν πόλιν, συνελύσθαι αὐτοῖς. — Cette construction paraît courante en grec familier.

La construction est plus dure et plus étrange dans *Apoc.*, I, 15 : καὶ οἱ πόδες αὐτοῦ ὅμοιοι χαλκολιβάνῳ, ὡς ἐν καμίνῳ πεπυρωμένης (*v. l.* πεπυρωμένοι), *comme quand il est embrasé dans la fournaise.*

Cf. dans les LXX, *Es.*, XVII, 13 : ὡς ὕδωρ πολὺ ἔθνη πολλά, ὡς ὕδατος πολλοῦ βίᾳ φερομένου, *les peuples sont comme la vaste mer, comme quand la vaste mer est agitée.* — XXIII, 3 : ὡς ἀμητοῦ εἰσφερομένου οἱ μετάβολοι τῶν ἐθνῶν, *comme quand on rentre la moisson.* — Et cf. au contraire XVII, 12 : ὡς θάλασσα κυμαίνουσα οὕτω ταραχθήσεσθε, καὶ νῶτος ἐθνῶν πολλῶν ὡς ὕδωρ ἠχήσει.

112bis. Enfin, par la séparation complète du participe qui devient indépendant. Nous nous sommes déjà occupé de cette classe de participes (*Syntaxe des propositions*, 337 seqq.), en nous plaçant au seul point de vue de la syntaxe des propositions, qui s'unissent ou se séparent. Ici nous en parlons seulement au point de vue de l'accord.

Tout participe ainsi détaché et séparé est par là même mis en relief.

Il faut distinguer le participe sans article, et le participe accompagné de l'article.

113. Le premier peut s'expliquer en suppléant εἶναι ou γίνεσθαι avec lui, au temps convenable. En réalité : 1° il remplace une proposition dépendante circonstancielle; ou 2° il exprime un détail dans une énumération ou une description. Ainsi :

A., X, 37, οὗ ἀρξάμενος = ἐπεὶ ἤρξατο. — Cf. *R.*, XII, 3-19. — *2 Cor.*, VI, 1-10, = ὥστε διδόντες κτλ. — VIII, 18, parenthèse où

---

1. Dans notre *Syntaxe des propositions*, 328 seqq.

l'on a : οὐ μόνον δέ, ἀλλὰ καὶ χειροτονηθεὶς ὑπὸ τῶν ἐκκλησιῶν, et où l'on aurait attendu : οὖ οὐ μόνον ὁ ἔπαινός ἐστιν ἐν τῷ εὐαγγελίῳ διὰ πασῶν τῶν ἐκκλησιῶν ἀλλὰ καὶ (ὃς) ἐχειροτονήθη... — *Eph.*, III, 14-18 (avec passage au mode fini). — IV, 1-4, = ἀνεχόμενοι γίνεσθε. — *1 P.*, II, 11-12. — Cf. *1 P.*, II, 13-III, 9. — *2 P.*, II, 1-3; *Apoc.*, I, 12-16 (καὶ ἔχων = καὶ ἦν ἔχων); V, 6 (*bis*); cf. VII, 9; X, 1-2; XIV, 6-7; XIV, 14; XVII, 3-4 (variante); XIX, 12; XXI, 10-12.

Pour *Apoc.*, XI, 1 : ἐδόθη μοι κάλαμος ὅμοιος ῥάβδῳ λέγων, le participe est au nominatif parce que l'écrivain a dans l'esprit ἔδωκέ (τις) μοι κάλαμον λέγων... Cf. 214, c; 304, a.

113bis. Il faut remarquer les exemples où le participe se rapporte au sujet, exprimé ou non, de l'infinitif (cf. 234). On a :

a) *Mat.*, XV, 31 : ὥστε τὸν ὄχλον θαυμάσαι βλέποντας κωφούς. — *A.*, XXVII, 21; *1 P.*, IV, 3 en suppléant le sujet ὑμᾶς devant κατειργάσθαι. — Classique.

b) *A.*, XV, 25 : ἔδοξεν ἡμῖν γενομένοις ὁμοθυμαδὸν ἐκλεξαμένοις (*v. l.* ἐκλεξαμένους) ἄνδρας πέμψαι πρὸς ὑμᾶς, et cf. XV, 22, cité plus bas. — *A.*, XVI, 21; XXVII, 3; *2 P.*, II, 21. — Classique.

c) *Mat.*, XVIII, 8 : καλόν σοί ἐστιν εἰσελθεῖν εἰς τὴν ζωὴν κυλλὸν ἢ χωλόν, ἢ δύο χεῖρας... ἔχοντα βληθῆναι εἰς τὸ πῦρ. — *L.*, I, 73-74; *A.*, XV, 22 (ἐκλεξαμένους); XVIII, 3; XXV, 27; XXVI, 20; *H.*, II, 10. — Classique.

d) *A.*, XV, 22 : ἔδοξε τοῖς ἀποστόλοις καὶ τοῖς πρεσβυτέροις σὺν ὅλῃ τῇ ἐκκλησίᾳ ἐκλεξαμένους ἄνδρας ἐξ αὐτῶν πέμψαι εἰς Ἀντιόχειαν..., γράψαντες διὰ χειρὸς αὐτῶν, comme si l'on avait ἔδοξαν οἱ ἀπόστολοι... γράψαντες. Anacoluthe qui s'explique d'elle-même, et classique (112 *b*).

e) *1 P.*, II, 11 : ἀγαπητοί, παρακαλῶ ὡς παροίκους καὶ παρεπιδήμους ἀπέχεσθαι τῶν σαρκικῶν ἐπιθυμιῶν αἵτινες στρατεύονται κατὰ τῆς ψυχῆς· τὴν ἀναστροφὴν ὑμῶν ἐν τοῖς ἔθνεσιν ἔχοντες καλήν, ἵνα... δοξάσωσι... Anacoluthe, et détachement complet du participe, comme si l'on avait ἀγαπητοί, ἀπέχεσθε, ὡς πάροικοι..., τῶν σαρκικῶν ἐπιθυμιῶν, τὴν ἀναστροφὴν ὑμῶν ἔχοντες καλήν. — Il en est de même, *2 P.*, III, 1-3 (= μνήσθητε... γινώσκοντες), ou plutôt encore : ἵνα μνησθῆτε... γινώσκοντες, d'après ce qui suit, *f*); *Eph.*,IV, 1-3 (= ἀξίως περιπατήσατε... ἀνεχόμενοι). — Cf. 17.

f) *Col.*, I, 9-10 : οὐ παυόμεθα ὑπὲρ ὑμῶν προσευχόμενοι καὶ αἰτούμενοι ἵνα πληρωθῆτε τὴν ἐπίγνωσιν τοῦ θελήματος αὐτοῦ ἐν πάσῃ σοφίᾳ καὶ συνέσει πνευματικῇ, περιπατῆσαι ἀξίως τοῦ κυρίου εἰς πᾶσαν ἀρεσκίαν ἐν παντὶ ἔργῳ ἀγαθῷ καρποφοροῦντες καὶ αὐξανόμενοι. Les participes s'accordent avec le sujet de πληρωθῆτε, et il n'est pas tenu compte de l'infinitif (= εἰς τὸ ὑμᾶς περιπατῆσαι). — Et *2 P.*, III, 1-3, on aurait pu avoir de même ἵνα μνησθῆτε... γινώσκοντες.

Cf. aussi les exemples des LXX, 234, *a, d*; et avec *Col.*, I 9-10 (*f*) cf. *Josué*, XXII, 12 : συνηθροίσθησαν πάντες οἱ υἱοὶ 'Ισραὴλ εἰς Σηλὼ ὥστε ἀναβάντες ἐκπολεμῆσαι αὐτούς.

g) Aux exemples des LXX cités par nous[1] ajoutez : *Michée*, III, 2 : ἀκούσατε δὴ ταῦτα..., οἱ κατάλοιποι οἴκου 'Ισραήλ. Οὐχ ὑμῖν ἐστὶ τοῦ γνῶναι τὸ κρίμα; μισοῦντες τὰ καλὰ καὶ ζητοῦντες τὰ πονηρά, ἁρπάζοντες... — *Dan.*, V, 11-12 : ἔστιν ἀνὴρ ἐν τῇ βασιλείᾳ σου ἐν ᾧ πνεῦμα θεοῦ..., καὶ ὁ βασιλεὺς Ναβουχοδονόσορ ὁ πατήρ σου ἄρχοντα ἐπαοιδῶν... κατέστησεν αὐτὸν ὅτι πνεῦμα περισσὸν ἐν αὐτῷ, καὶ φρόνησις καὶ σύνεσις ἐν αὐτῷ, συγκρίνων ἐνύπνια καὶ ἀναγγέλλων κρατούμενα κτλ. — *Dan.*, VIII, 6 : ἦλθεν ἕως τοῦ κριοῦ τοῦ τὰ κέρατα ἔχοντος οὗ ἴδον ἑστῶς ἐνώπιον τοῦ Οὐβάλ, et cf. *Daniel* (LXX), ὃν εἶδον ἑστῶτα πρὸς τῇ πύλῃ.

Avec *Apoc.*, XI, 1, cf. LXX, *5 R.*, XX, 9 : καὶ ἐγέγραπτο ἐν τοῖς βιβλίοις λέγων, comme si l'on avait : ἐγεγράφει ὁ δεῖνα λέγων. — Cf. *Josué*, II, 2.

114. Le participe avec l'article indique un détail caractéristique du sujet; il peut toujours être remplacé par le pronom relatif au nominatif et le verbe fini. Ainsi :

Mar., XII, 38-40; *L.*, VI, 25; *J.*, VII, 38; *Ph.*, III, 18-19; *Apoc.*, II, 20, 26; III, 12, 21; IX, 13; cf. XIV, 12 : ὧδε ἡ ὑπομονὴ τῶν ἁγίων ἐστίν, οἱ τηροῦντες τὰς ἐντολὰς τοῦ θεοῦ, = οἳ ἐτήρουν... Et comme exemple de l'équivalence de l'article et du pronom relatif, cf. *Mar.*, XII, 38-40 avec *L.*, XX, 47, et *Apoc.*, XII, 9 avec XX, 2. — Cf. 302.

a) Aux exemples des LXX cités par nous[2], ajoutez *Es.*, XVIII, 1 : οὐαὶ γῆς πλοίων πτέρυγες ἐπεκεῖνα ποταμῶν Αἰθιοπίας, ὁ ἀποστέλλων ἐν θαλάσσῃ, où ἀποστέλλων se rapporte à γῆς et Αἰθιοπίας, le masculin indiquant *le roi du pays.*

Et, comme exemple général de la manière dont le participe se détache et cesse de s'accorder dans les LXX, cf. *5 R.*, XII, 9-10 : τί ἀποκριθῶ τῷ λαῷ τούτῳ τοῖς λέγουσι πρός μέ, λεγόντων Κούφισον ἀπὸ τοῦ κλοιοῦ οὗ ἔδωκεν ὁ πατήρ σου ἐφ' ἡμᾶς; καὶ ἐλάλησαν πρὸς αὐτὸν τὰ παιδάρια τὰ ἐκτραφέντα μετ' αὐτοῦ οἱ παρεστηκότες πρὸ προσώπου αὐτοῦ λέγοντες Τάδε λαλήσεις τῷ λαῷ τούτῳ τοῖς λαλήσασι πρὸς σέ, λέγοντες...

---

1. Dans notre *Syntaxe des propositions, loc. cit.*
2. Dans notre *Syntaxe des propositions, loc. cit.*

Sujet simple : Pluriel neutre.

115. Le pluriel neutre prend souvent un sens abstrait et se rapproche parfois d'un collectif de sens général et abstrait, l'accord étant le même pour les deux.

a) Classiquement, le verbe est au singulier, et le pluriel est une exception (MADVIG, 1, *Rem.*, 1 ; CUCUEL et RIEMANN, 20 ; CROISET et PETITJEAN, 379, *Rem.*, 1).

b) Dans le N. T., le verbe suit les règles générales (108). Le verbe est au singulier, quand le sujet est considéré comme un tout abstrait (108, *a*) ; ce qui arrive surtout avec les objets inanimés. Il est au pluriel quand les individus composant le sujet sont considérés dans leur pluralité concrète (108, *b*). — Le singulier est plus fréquent que le pluriel (cf. KOCH, § 69, 2, *Remarque*).

c) On trouve le verbe au singulier avec :

τὰ ἀγαθά, *R.*, III, 8. — τὰ ἀδύνατα, *L.*, XVIII, 27. — αἵματα, *Apoc.*, XVIII, 24 (TISCH.). — αἰτήματα, *Ph.*, IV, 6. — τὰ ἀόρατα, *R.*, I, 20. — τὰ ἀρχαῖα, 2 *Cor.*, V, 17. — τὰ ἀσχήμονα, *1 Cor.*, XII, 23. — τὰ ἄψυχα, *1 Cor.*, XIV, 7. — γράμματα (science), *A.*, XXVI, 24. — τὰ γεγραμμένα, *L.*, XVIII, 31. — δεσμά, *A.*, XVI, 26. — τὰ δίκτυα, *L.*, V, 6. — ἐνκαίνια, *J.*, X, 22. — τὰ ἐκπορευόμενα, *Mat.*, XV, 18. — τὰ ἔσχατα, *Mat.*, XII, 45 ; *L.*, XI, 26 ; 2 *P.*, II, 20. — τὰ εὐσχήμονα, *1 Cor.*, XII, 24. — ζητήματα, *A.*, XVIII, 15. — ζιζάνια, *Mat.*, XIII, 26 (au v. 38, εἰσίν s'accorde avec οἱ υἱοί). — θυμιάματα, *Apoc.*, VIII, 3. — ἱμάτια, *Mat.*, XVII, 2 ; *Mar.*, IX, 3 ; *Jac.*, V, 2. — τὰ κρυπτά, *1 Cor.*, XIV, 24. — κύματα, *Mar.*, IV, 37. — κῶλα, *H.*, III, 17. — τὰ λιπαρὰ καὶ τὰ λαμπρά, *Apoc.*, XVIII, 14. — νοήματα, 2 *Cor.*, III, 14 ; XI, 3. — παθήματα, *R.*, VII, 5 ; 2 *Cor.*, I, 5. — πετεινά, *Mat.*, XIII, 4 ; *Mar.*, IV, 4 ; *L.*, VIII, 5 ; XIII, 19. — πλοῖα, *Mar.*, IV, 36 ; *Jac.*, III, 4. — τὰ σαλευόμενα, *H.*, XII, 27. — σκάνδαλα, *L.*, XVII, 1. — σκεύη, 2 *Tim.*, II, 20 ; *Ap.*, II, 27. — σπλάγχνα, *A.*, I, 18 ; 2 *Cor.*, VII, 15 ; *Philém.*, 7. — στοιχεῖα, 2 *P.*, III, 10 et 12. — στρατεύματα, *Ap.*, XIX, 14. — σχίσματα, *1 Cor.*, I, 10 ; XII, 25 (TISCH.). — τέλη, *1 Cor.*, X, 11. — τετράποδα, *A.*, X, 12. — ὕδατα, *J.*, III, 23 (*une masse d'eau*) ; pour *Apoc.*, XVI, 4 : ὁ τρίτος ἐξέχεεν τὴν φιάλην αὐτοῦ εἰς... τὰς πηγὰς τῶν ὑδάτων· καὶ ἐγένετο (*v. l.* ἐγένοντο) αἷμα, on peut entendre καὶ ταῦτα ἐγένετο αἷμα, *elles devinrent du sang, se changèrent en sang.* Cf. plus loin, 219. — τὰ ὑπάρχοντα, *L.*, XI, 21. — φόβηθρα, *L.*, XXI, 11. — χρήματα, *A.*, XXIV, 26. — χωρία, *A.*, XXVIII, 7.

Cf. *Apoc.*, VIII, 7 : ἐγένετο χάλαζα καὶ πῦρ μεμιγμένα ἐν αἵματι, καὶ ἐβλήθη εἰς τὴν γῆν, = καὶ ταῦτα, μεμιγμένα, ἐβλήθη.

d) On trouve le verbe au pluriel seulement (sens concret) avec : βιβλία, *Apoc.*, XX, 12. — γένη, *1 Cor.*, XIV, 10 : τοσαῦτα εἰ τύχοι γένη γλωσσῶν εἰσιν ἐν κόσμῳ, καὶ οὐδὲν ἄφωνον. — δικαιώματα, *Apoc.*, XV, 4 ; mais cf. aussi XIX, 8, où le verbe suit δικαιώματα attribut. — ζῷα (désignant des per-

sonnes distinctes), *Apoc.*, IV, 8, 9 ; V, 14. — μνημεῖα (objets distincts),
Mat., XXVII, 52. — ὄρνεα, *Apoc.*, XIX, 21 : πάντα τὰ ὄρνεα ἐχορτάσθησαν. —
ὄρη, *Apoc.*, XVI, 20 : ὄρη οὐχ εὑρέθησαν, et XVII, 9 : ἑπτὰ ὄρη εἰσίν. — τὰ
πρῶτα (désignant les différentes choses énumérées au v. 3), *Apoc.*, XXI,
4. — σκέλη, *J.*, XIX, 31. — τείχη, *H.*, XI, 30.

e) Avec certains noms, le verbe est tantôt au singulier et
tantôt au pluriel, suivant que le sujet est pris au sens abstrait
ou au sens concret par l'écrivain. Ainsi :

δαιμόνια : Avec le singulier (sens général et abstrait), *L.*, IV, 41 (*v. l.*
ἐξήρχοντο) ; VIII, 2, 30, 35, 38 ; X, 17. — Avec le pluriel (les démons étant
considérés individuellement et dans leur pluralité ; actes distincts), *L.*,
VIII, 33 : ἐξελθόντα δὲ τὰ δαιμόνια... εἰσῆλθον εἰς τοὺς χοίρους. — *Jac.*, II, 19 :
τὰ δαιμόνια πιστεύουσιν καὶ φρίσσουσιν.

ἔθνη (désignant les diverses nations, ou bien = οἱ ἐθνικοί) avec le pluriel,
Mat., XII, 21, cité des LXX, *Es.*, XLII, 4 ; XXV, 32 ; *L.*, XII, 30 ; *A.*, XI, 1 ;
XIII, 48 ; *R.*, II, 14 ; XV, 12, 27 ; *1 Cor.*, X, 20 (?) ; *Gal.*, III, 8, cité de *Gen.*,
XII, 3 ; *Apoc.*, XI, 18 ; XVIII, 3, 23 ; XX, 1-24. — Au sens général et abs-
trait, avec le singulier, *R.*, IX, 30.

ἔργα, employé avec le singulier, *J.*, III, 19, 20, 21 ; VII, 7 ; *Gal.*, V, 19 ;
etc., sauf *1 Tim.*, V, 24-25 : τινῶν ἀνθρώπων ἁμαρτίαι πρόδηλοί εἰσιν... καὶ τὰ
(ἔργα) ἄλλως ἔχοντα κρυβῆναι οὐ δύνανται.

ἔτη, avec le singulier, *Apoc.*, XX, 3 ; XX, 7 ; avec le pluriel, *H.*, I, 12 :
τὰ ἔτη σου οὐκ ἐκλείψουσιν, cité des LXX, *Ps.*, CI, 28.

κρίνα, avec le pluriel (personnification des sujets), *Mat.*, VI, 28 : κατα-
μάθετε τὰ κρίνα τοῦ ἀγροῦ πῶς αὐξάνουσιν· οὐ κοπιῶσιν οὐδὲ νήθουσιν. — Avec
le singulier (accord ordinaire), *L.*, XII, 27 : κατανοήσατε τὰ κρίνα πῶς αὐξάνει·
οὐ κοπιᾷ οὐδὲ νήθει. — De même pour

κυνάρια, *Mat.*, XV, 27 : τὰ κυνάρια ἐσθίει, et *Mar.*, VII, 28 : τὰ κυνάρια...
ἐσθίουσιν.

μέλη, (idée de totalité, ou sens abstrait) avec le singulier, *R.*, XII, 4 ;
1 Cor., XII, 22, 26 (*bis*). — Avec le pluriel (idée d'agents distincts), *1 Cor.*,
XII, 25 : τὸ αὐτὸ ὑπὲρ ἀλλήλων μεριμνῶσι τὰ μέλη.

ὀνόματα. (sens abstrait ; nom de choses) avec le singulier, *Mat.*, X, 2 ;
L., X, 20. — Avec le pluriel, *Apoc.*, XI, 13 : ἀπεκτάνθησαν... ὀνόματα ἀνθρώπων χιλιάδες ἑπτά. Sujet périphrastique (hébraïsant) = ἄνθρωποι ; cf. 43, *b*.

παιδία, avec le pluriel, *Mat.*, XIX, 13 ; et avec le singulier, *H.*, II, 14.

πνεύματα, avec le singulier, *Mat.*, XII, 45 ; *L.*, XI, 26 ; *1 Cor.*, XIV, 33.
— Avec le pluriel, *Mar.*, III, 11 ; V, 13 ; *Apoc.*, XVI, 14.

πρόβατα, avec le singulier, *J.*, X, 3, 4, 12. — Avec le pluriel, *Mat.*, XXVI,
31, et *Mar.*, XIV, 27, cité des LXX, *Zach.*, XIII, 7 ; *J.*, X, 8, 27.

ῥήματα, avec le singulier, *L.*, I, 65 ; *J.*, X, 21 ; XV, 7. — Avec le pluriel,
L., XXIV, 11 : ἐφάνησαν... ὡσεὶ λῆρος τὰ ῥήματα ταῦτα, *les différentes choses
qui viennent d'être racontées.*

σημεῖα avec le singulier, *L.*, XXI, 11 ; *A.*, V, 12 ; *2 Cor.*, XII, 12. — Avec
le pluriel, *L.*, XXI, 25 : ἔσονται σημεῖα ἐν ἡλίῳ καὶ σελήνῃ καὶ ἄστροις.

στρουθία, avec le singulier, *Mat.*, X, 29 ; avec le pluriel, *L.*, XII, 6.

σώματα, avec le singulier, *1 Cor.*, VI, 15 ; *H.*, XIII, 11. — Avec le pluriel,
Mat., XXVII, 52 : πολλὰ σώματα... ἐγέρθησαν.

τέκνα, avec le singulier, *R.*, IX. 8; *1 Cor.*, VII, 14; *2 Cor.*, XII, 14; *1 J.*, III, 10; *2 J.*, 13. — Avec le pluriel, *Mat.*, X, 21 (*v. l.* ἐπαναστήσεται), et *Mar.*, XIII, 12.

116. *a*) Les pronominaux, comme ἅ, ἅτινα, ἄλλα, τὰ ἐμά, ὅσα, πάντα, ταῦτα, etc., ont par eux-mêmes le sens abstrait, et sont régulièrement accompagnés du verbe au singulier :

Mat., V, 18; VI, 33; XI, 27; XIII, 4; XVIII, 18; XXIV, 34; *Mar.*, III, 28; IV, 8, 11; XIII, 4, 30; *L.*, X, 22; XII, 20, 31; XIV, 17 (en suppléant le sujet πάντα); XV, 31; XIX, 42; *J.*, I, 28; X, 6, 25; XII, 16; XV, 6 (suppléez ταῦτα); XVII, 10; XIX, 36; XX, 30, 31; XXI, 25; *A.*, IV, 32; VII, 2; XI, 10; XVII, 20; XIX, 21; *R.*, XV, 4; *1 Cor.*, III, 21; X, 11, 23; XII, 12, 19; XIV, 26; XV, 27; XVI, 14; *Gal.*, IV, 24; V, 17, 20; *Eph.*, V, 13; *Ph.*, I, 12; III, 7; IV, 8; *Col.*, I, 16, 17; *H.*, VII, 13; IX, 22; *2 Tim.*, III, 11; *Tit.*, III, 8; *1 P.*, I, 12; *2 P.*, I, 8; III, 4, 16; *Apoc.*, XVI, 14; XXI, 12. — Et très souvent; particulièrement avec πάντα (cf. *b*, *Ap.*, IV, 11; XXI, 5-6).

b) Les exceptions sont rares, et ne se rencontrent guère que dans Jean :

Mat., XI, 17 : παιδίοις... ἃ προσφωνοῦντα τοῖς ἑτέροις λέγουσιν, tandis qu'on lit : ἃ λέγει dans *L,*, VII, 32. Il s'agit de personnes. — *J.*, VI, 13 : ἐγέμισαν δώδεκα κοφίνους κλασμάτων... ἃ ἐπερίσσευσαν τοῖς βεβρωκόσιν. — X, 14 : γινώσκουσί με τὰ ἐμά, = *mes disciples*. — XVII, 7 : νῦν ἔγνωκαν ὅτι πάντα ὅσα ἔδωκάς μοι παρὰ σοῦ εἰσίν, = πάντες οἱ ἄνθρωποι et cf. appendice B. — *Apoc.*, I, 19 : γράψον οὖν ἃ εἶδες καὶ ἃ εἰσίν[1] καὶ ἃ μέλλει γίνεσθαι μετὰ ταῦτα. Le pluriel vient peut-être de ce que les événements sont considérés comme présents aux yeux de celui qui parle; mais cf. plus bas, 117, *c*. — III, 2 : στήρισον τὰ λοιπὰ ἃ ἔμελλον ἀποθανεῖν, *le reste de ceux qui allaient périr*. — III, 4 : ἔχεις ὀλίγα ὀνόματα ἐν Σάρδεσιν ἃ οὐκ ἐμόλυναν, ὀνόματα = *des personnes* (5 *f*) — IV, 5 : καὶ ἑπτὰ λαμπάδες... ἅ εἰσιν τὰ ἑπτὰ πνεύματα τοῦ θεοῦ. — IV, 11 : σὺ ἔκτισας τὰ πάντα, καὶ διὰ τὸ θέλημά σου ἦσαν καὶ ἐκτίσθησαν, cf. XXI, 5-6 et voy. plus bas, 117, *e*. — IX, 20 : τὰ εἴδωλα... ἃ οὔτε βλέπειν δύνανται...

117. Le tableau des exemples donne lieu aux remarques suivantes :

a) D'une manière générale, le sujet pluriel neutre est accompagné du verbe au singulier, comme en grec classique. — Avec certains substantifs, on trouve tantôt le singulier et tantôt le pluriel, soit parce que l'idée réclamait l'un ou l'autre nombre,

---

1. B. Weiss (*Die Johannes-Apocalypse, in loc.*) dit : « Remarquez le pluriel employé intentionnellement après le sujet pluriel neutre. »

soit parce que l'écrivain pouvait, à son gré, concevoir l'idée d'une manière abstraite ou concrète.

b) Toujours avec les adjectifs et les participes et presque toujours avec les pronominaux, on trouve le singulier, sauf les rares exceptions signalées plus haut.

c) L'emploi du singulier est habituel chez les écrivains d'une grécité meilleure, comme Luc et Paul. Il souffre des exceptions chez tous, et particulièrement dans l'*Apocalypse* (115, d, e; 116 b). — La tendance à employer le pluriel existe aussi chez les écrivains profanes post-classiques; il faut y voir une tendance de la langue familière à assimiler le sujet pluriel neutre à un sujet ordinaire et à unifier l'accord (cf. WINER, 58, 3, b[1]).

d) Il faut aussi tenir compte des variations de nombre dues aux copistes, comme, *Mat.*, X, 21; *Mar.*, IV, 6; *L.*, IV, 41; *J.*, VI, 13; *Apoc.*, XXI, 4, etc[2].

Nota. — Il est bien entendu que le singulier du verbe ne se rencontre qu'à la 3ᵉ personne, et qu'on a toujours le pluriel à la 2ᵉ, *R.*, XV, 10, 11.

e) Dans la proposition qui suit, le verbe est souvent au pluriel, conformément à la règle générale (108, d) : *J.*, X, 4 : τὰ πρόβατα αὐτῷ ἀκολουθεῖ, ὅτι οἴδασιν τὴν φωνὴν αὐτοῦ, et cf. X, 16; *Apoc.*, VIII, 11. — Cf. *L.*, VIII, 27, 29 et 30 avec 31, 32 et 33.

f) Il est impossible de connaître l'usage des LXX. On trouve le singulier et le pluriel. Ainsi :

Avec des nominaux; le verbe est au singulier : avec ἀδικήματα, *Jér.*, XVI, 17; *Ez.*, XXVIII, 15; γράμματα (le décret, la lettre), *Esther*, IV, 3; IX, 1; γενήματα, *Gen.*, XLVII, 24; *Habac.*, III, 17; *Ezéch.*, XLVIII, 18; δίκτυα, *Prov.*, I, 17.

Il est au pluriel avec : δαιμόνια, *Es.*, XIII, 21; XXXIV, 14; ἀρώματα, *Cant.*, IV, 16.

On trouve le singulier et le pluriel : ἁμαρτήματα, avec le singulier, *Sag. Sir.*, XXIII, 3; avec le pluriel, *És.*, LIX, 2 : τὰ ἁμαρτήματα ὑμῶν

---

1. P. VIERECK (*op. cit.*, p. 62) dit : « Notissimam legem ex qua cum subjecto neutrius generis numeri singularis conjungitur a Græcis numerus singularis verbi interpretes romani interdum neglexerunt, XI, 18 : ἃ αὐτῶν ἐγεγόνεισαν, XVI, 50 : ταῦτα πάντα κύρια ὦσιν, 91 ταῦτα πάντα κύρια ὑπάρχωσιν, 108 ἵνα ταῦτα οὕτως γίνωνται. » Et il renvoie à la grammaire du N. T.; à tort évidemment. Dans tous les exemples qu'il cite, le sujet est un pronominal abstrait, et nous avons vu que dans le N. T. la règle était d'employer alors le singulier du verbe.

2. GREEN (174, *sub fin.*) remarque que l'incertitude de l'usage sur ce point a été une source féconde de variantes, et qu'il est difficile, impossible même de retrouver le texte original. La difficulté provient surtout de ce que, dans plusieurs cas, l'écrivain pouvait employer le singulier ou le pluriel, au gré de son imagination.

διιστῶσιν ἀνὰ μέσον ὑμῶν... — δικαιώματα, avec le singulier, *Deut.*, IV, 8; le pluriel, *Ps.*, XVII, 23 : τὰ δικαιώματα αὐτοῦ οὐκ ἀπέστησαν ἀπ' ἐμοῦ. — ἔθνη, avec le singulier, *Sag. Sal.*, VIII, 14 : ἔθνη ὑποταγήσεταί μοι, et le pluriel, *Gen.*, XXV, 23; XXVI, 4; XXVII, 29; *Ex.*, XV, 14; *Nom.*, XIV, 15; *Deut.*, XII, 30, et très souvent. — εἴδωλα, avec le singulier, *Dan.*, VI, 27 ; *1 Mac.*, XIII, 47 ; le pluriel, *És.*, VI, 6 : συντριβήσονται τὰ εἴδωλα ὑμῶν, et cf. *Let. Jér.*, 24 et 45. — ὕδατα, *Job*, XIV, 19, avec le singulier et le pluriel.

Avec un adjectif ou un participe : τὰ ἀγαθά, toujours avec le singulier, *Gen.*, XLV, 20; *Job*, XX, 21 ; XXI, 16; *Prov.*, XIII, 21; *Sag. Sal.*, VII, 11; *Sag. Sir.*, XII, 3; XXXIV, 11; XXXIX, 25; *Jér.*, VIII, 15; XIV, 19. — δεδοξασμένα (ἐλαλήθη), *Ps.*, LXXXVI, 3. — τὰ δεκτά, avec le pluriel, *Deut.*, XXXIII, 16 : καὶ τὰ δεκτὰ τῷ ὀφθέντι ἐν τῷ βάτῳ ἔλθοισαν..., et, pour le singulier, voy. *És.*, LX, 7. — τὰ εὐπρεπῆ, *Job*, XVIII, 15 : κατασπαρήσονται τὰ εὐπρεπῆ αὐτοῦ θείῳ. — *Michée*, I, 12 : κατέβη κακά.

Mélange et permutation du singulier et du pluriel, *És.*, VI, 6 : τὰ ὑψηλὰ ἀφανισθήσεται ὅπως ἐξολοθρευθῇ τὰ θυσιαστήρια ὑμῶν καὶ συντριβήσονται τὰ εἴδωλα ὑμῶν καὶ ἐξαρθῇ τὰ τεμένη ὑμῶν. — *Daniel*, V, 3 : καὶ ἠνέχθησαν τὰ σκεύη, et *Daniel* (LXX), ἠνέχθη.

Le verbe de la proposition suivante peut être au singulier ou au pluriel, *És.*, XXXIV, 13 : καὶ ἀναφυήσει εἰς τὰς πόλεις αὐτῶν ἀκάνθινα ξύλα..., καὶ ἔσται ἐπαύλεις σειρήνων, *et ces forêts d'épines seront la demeure... — 3 R.*, X, 12 : οὐκ ἐληλύθει τοιαῦτα ξύλα πελεκητὰ ἐπὶ τῆς γῆς, οὐδὲ ὤφθησαν... — *Énoch*, X, 12.

Le pluriel est très fréquent, sans avoir été favorisé par l'hébreu ; les LXX paraissent trahir la tendance générale du grec post-classique à mettre le verbe au pluriel.

Mais, comme dans le N. T., les pronominaux sont généralement accompagnés du verbe au singulier ; ainsi, *Gen.*, VI, 17 ; *Ex.*, XXXIII, 16 ; *Josué*, VII, 15 ; *2 R.*, XXI, 11 ; *3 R.*, XI, 41 ; XV, 23 ; XXII, 39 ; *2 Esd.*, V, 4, 7 ; *Tobie*, IV, 21 ; *Esther*, V, 13 ; *Prov.*, XVI, 33 ; *Eccl.*, X, 3 ; *Sag. Sir.*, XVII, 30 ; XXVIII, 12 ; *Jér.*, XIII, 22 ; *Daniel*, IV, 25-26. Et très souvent. — *Énoch*, X, 12.

On rencontre des exceptions, *2 Paral.*, IX, 11 : οὐκ ὤφθησαν τοιαῦτα. — *És.*, XXXVIII, 19 : παιδία ποιήσω ἃ ἀναγγελοῦσι τὴν δικαιοσύνην σου, et cf. dans le N. T., *Mat.*, XI, 16 ; *Jér.*, XXIV, 2 : σύκων... ἃ οὐ βρωθήσεται, et v. 8 : τὰ σῦκα... ἃ οὐ βρωθήσονται (*v. l.*).

Sujet féminin pluriel = un neutre.

118. *a)* En hébreu, le neutre n'existe pas ; le féminin en tient lieu. Il existe alors pour le verbe et le sujet une construction analogue à celle du grec. « Puisque le féminin est la forme propre pour le nom abstrait qui s'applique à plusieurs individus, tout nom pluriel abstrait de cette nature peut être construit avec un verbe au féminin singulier. Il en est ainsi surtout avec des objets inanimés, les membres du corps, les individus formant un corps, parce que, alors, l'activité propre de chaque individu n'apparaît pas. » (EWALD, p. 178, 317, *a* ; cf. PREISWERK,

466, b, 1.) La construction de l'hébreu est exactement reproduite dans les LXX, *Job*, XX, 11 (*v. l.*); *Ps.*, XXXVI, 31 : οὐχ ὑποσκελισθήσεται τὰ διαβήματα αὐτοῦ.

b) Ce qui précède explique le singulier du verbe dans :
Apoc., IX, 12 : ἡ Οὐαὶ ἡ μία ἀπῆλθεν· ἰδοὺ ἔρχεται ἔτι δύο Οὐαὶ μετὰ ταῦτα. — Dans l'esprit de l'écrivain, le féminin pluriel équivalait à un neutre, et le verbe est placé le premier[1]. Cf. dans les LXX :

És., XVII, 5-6 : καὶ ἔσται ὃν τρόπον ἐάν τις συναγάγῃ στάχυν…, ἢ ὡς ῥῶγες ἐλαίας δύο ἢ τρεῖς ἐπ' ἄκρου μετεώρου ἢ τέσσαρες ἢ πέντε ἐπὶ τῶν κλάδων αὐτῶν καταλειφθῇ (sans variante). — Cf. plus haut, 110, *b*.

Sujet simple neutre : Accord du participe.

119. *a*) Pour le nombre, le participe qui se rapporte à un sujet pluriel neutre est toujours au pluriel, même si le verbe fini est au singulier, *Mat.*, XII, 45.

b) Pour le genre, si le nom neutre désigne une personne, le participe peut s'accorder avec la personne.

Mar., XIII, 14 : ὅταν δὲ ἴδητε τὸ βδέλυγμα τῆς ἐρημώσεως ἑστηκότα ὅπου οὐ δεῖ, et cf. *Mat.*, XXIV, 15 : τὸ βδέλυγμα τῆς ἐρημώσεως τὸ ῥηθὲν διὰ Δανιὴλ τοῦ προφήτου ἑστός… Le masculin ἑστηκότα indique que l'auteur pensait à un homme ou à des hommes; cf. 5, *f*, et 12, *b*. — *J.*, VI, 37-38 : πᾶν ὃ δίδωσίν μοι ὁ πατὴρ πρὸς ἐμὲ ἥξει καὶ τὸν ἐρχόμενον πρός με οὐ μὴ ἐκβάλω, = πᾶς ὅντινα, d'où τὸν ἐρχόμενον. — *Éph.*, IV, 17 : τὰ ἔθνη περιπατεῖ… ἐσκοτωμένοι τῇ διανοίᾳ ὄντες…, = οἱ ἐθνικοί. — *Apoc.*, V, 13 : πᾶν κτίσμα ὃ ἐν τῷ οὐρανῷ καὶ ἐπὶ τῆς γῆς… [ἐστίν] καὶ τὰ ἐν αὐτοῖς πάντα ἤκουσα λέγοντας (*v. l.* λέγοντα), = πάντας τοὺς κτισθέντας.

Dans les LXX, *1 R.*, XXV, 14 : ἀπήγγειλεν ἓν τῶν παιδαρίων λέγων. — *1 Esd.*, V, 69 : τὰ δὲ ἔθνη τῆς γῆς ἐπικοιμώμενα τοῖς ἐν τῇ Ἰουδαίᾳ καὶ πολιορκοῦντες.

Pour l'accord du participe avec un nom neutre de démon, d'animal représentant une personne, etc., voy. 5, *f*, et plus loin, 123-124 *bis*.

---

1. B. Weiss (*op. cit., in loc.*) dit : » Le singulier s'explique par ce fait que οὐαί se présente réellement comme un neutre à l'esprit de l'écrivain. » D'ailleurs, οὐαί est post-classique, LXX, *Nom.*, XXI, 29, etc.

c) Il faut noter dans l'*Apocalypse*, XVII, 4 : ποτήριον γέμον... (v. l. γέμων) — XXI, 14 : καὶ τὸ τεῖχος τῆς πόλεως ἔχων θεμελίους δώδεκα. — XXII, 2 : ξύλον ζωῆς ποιοῦν (v. l. ποιῶν) καρποὺς δώδεκα, κατὰ μῆνα ἕκαστον... ἀποδιδοῦν (v. l. ἀποδιδοὺς) τὸν καρπὸν αὐτοῦ. — On ne peut donner une explication satisfaisante du masculin. Mais

D'un côté, en hébreu, « avec un sujet féminin, l'accord (de l'attribut) est facilement négligé... S'il y a plusieurs attributs, il suffit que l'attribut placé le plus près du sujet se trouve au masculin par une espèce de *constructio ad sensum*. » (PREISWERK, 467, 1 ; cf. 566, 2, et 3, b). Il en est de même en araméen (G. WINER, 60). — D'ailleurs, le féminin de l'hébreu correspond au neutre grec, comme nous l'avons vu, 118. — Sous l'influence de l'hébreu et de l'araméen, on pourrait donc avoir un attribut au masculin avec un sujet neutre de chose : τὸ τεῖχος τῆς πόλεως ἦν ἔχων...

Dans les LXX, on trouve souvent des constructions telles que la suivante. *Es.*, XIX, 18 : πέντε πόλεις ἐν γῇ Αἰγύπτῳ λαλοῦσαι τῇ γλώσσῃ τῇ χαναανείτιδι, καὶ ὀμνύντες. Et cf. l'appendice B.

D'un autre côté, l'auteur de l'*Apocalypse* écrit couramment, IV, 8 : τὰ τέσσερα ζῷα ἓν καθ' ἓν αὐτῶν ἔχων... — V, 6 : ἀρνίον ἑστηκὸς (v. l. ἑστηκὼς) ὡς ἐσφαγμένον, ἔχων... — XVII, 3 : ...ἐπὶ θηρίον κόκκινον, γέμοντα ὀνόματα βλασφημίας, ἔχων κεφαλὰς ἑπτά [1]. Etc.

Une construction telle que *Apoc.*, XXI, 14, nous paraît donc possible. Cf. 10 *bis*.

d) Pour l'accord en cas, les anomalies, s'il en existe, rentrent dans celles qui ont été énumérées 112-114.

CHAPITRE X

Accord en nombre avec le sujet complexe.

120. Nous entendons par sujet complexe : 1° une périphrase remplaçant le sujet simple ; 2° toute expression formée d'un déterminé et d'un déterminant. Cf. 43 et 43 *bis*.

Sujet complexe : périphrase = un sujet simple.

121. Quand le sujet est périphrastique, le verbe s'accorde avec le sujet grammatical ; mais le participe, détaché, s'accorde

---

1. B. WEISS (op. cit. *in loc.*) lit : γέμον τὰ..., et ἔχον.

avec le sujet logique et réel, *Jude*, 16 : τὸ στόμα αὐτῶν λαλεῖ ὑπέρογκα, θαυμάζοντες πρόσωπα ὠφελίας χάριν, = αὐτοὶ λαλοῦσιν... — *Col.*, II, 1-2 : ἵνα παρακληθῶσιν αἱ καρδίαι αὐτῶν, συνβιβασθέντες ἐν ἀγάπῃ, = ἵνα οὗτοι παρακληθῶσιν ἐν ταῖς καρδίαις αὐτῶν... — Mais, *2 Cor.*, VII, 5, θλιβόμενοι commence une proposition immédiatement interrompue; autrement, même règle. — Cf. aussi plus loin, 122 seqq.

Dans les LXX, *Gen.*, XV, 1 : ἐγενήθη ῥῆμα Κυρίου πρὸς Ἀβρὰμ ἐν ὁράματι λέγων, = ἐλάλησεν Κύριος λέγων. — *Ex.*, IX, 7.

Sujet complexe : un déterminé et un déterminant.

122. Nous rangeons ici toute expression enfermant en elle, implicitement ou explicitement, au moins deux idées, dont la seconde complète ou détermine la première. Le déterminé peut être seul exprimé, comme ὁ ὄχλος = ὁ ὄχλος τῶν ἀνθρώπων, τῶν μαθητῶν, τῶν ἀκουόντων, etc. — Nous avons donné l'énumération complète de toutes ces expressions (5).

Le verbe fini s'accorde régulièrement avec le sujet grammatical, sauf cependant pour le collectif.

123. L'accord du participe présente de nombreuses anomalies. Elles tiennent toutes à ce que le participe peut s'accorder avec l'une ou l'autre des deux idées, ou bien en partie avec l'une et en partie avec l'autre, par exemple en cas avec la première (le déterminé), en genre et en nombre avec la seconde (le déterminant). — Exemples :

a) Le possesseur, et la chose ou la personne possédée, *Mar.*, III, 11 *(v. l.* λέγοντες*)*; V, 10-12, λέγοντες; IX, 20 : καὶ ἰδὼν αὐτὸν τὸ πνεῦμα εὐθὺς συνεσπάραξεν αὐτόν, καὶ πεσὼν ἐπὶ τῆς γῆς ἐκυλίετο ἀφρίζων, et cf. v. 26; *A.*, VIII, 7.

Apoc., XXI, 9 : εἷς ἐκ τῶν ἑπτὰ ἀγγέλων τῶν ἐχόντων τὰς ἑπτὰ φιάλας, τῶν γεμόντων τῶν ἑπτὰ πληγῶν, tandis qu'on devrait lire : τὰς γεμούσας.

b) Le cadavre et la personne, *Mat.*, XXVII, 52-53 : πολλὰ σώματα τῶν κεκοιμημένων ἁγίων ἠγέρθησαν, καὶ ἐξελθόντες ἐκ τῶν μνημείων...

c) Le signe et la chose signifiée, et, par exemple, *l'animal et la personne qu'il représente, ou l'animal doué de facultés humaines*, *Mat.*, XIII, 19 : οὗτός ἐστιν ὁ παρὰ τὴν ὁδὸν σπαρείς. — *Mar.*, IV, 18 : καὶ ἄλλοι εἰσὶν οἱ εἰς τὰς ἀκάνθας σπειρόμενοι, et cf. *L.*,

VIII, 11 seqq. : τὸ δὲ εἰς τὰς ἀκάνθας πεσόν, οὗτοί εἰσιν οἱ ἀκούσαντες... Et très souvent dans l'explication des paraboles. — *A*., XI, 5 et X, 11, καθιεμένην et καθιέμενον.

Apoc., IV, 7-8 : καὶ τὸ τρίτον ζῷον ἔχων (*v. l.* ἔχον) τὸ πρόσωπον ὡς ἀνθρώπου... καὶ τὰ τέσσερα ζῷα, ἓν καθ' ἓν αὐτῶν ἔχων ἀνὰ πτέρυγας ἕξ. — V, 6 (et 8) : ἀρνίον ἑστηκὸς (*v. l.* ἑστηκὼς) ὡς ἐσφαγμένον, ἔχων κέρατα ἑπτὰ καὶ ὀφθαλμοὺς ἑπτά, οἵ εἰσιν τὰ [ἑπτὰ] πνεύματα τοῦ θεοῦ, ἀπεσταλμένοι (*v. l.* ἀπεσταλμένα) εἰς πᾶσαν τὴν γῆν. — XI, 4; XIII, 11-14; XVII, 3; cf. XIX, 4.

La personne et la voix qui l'indique, *Apoc*., IV, 1 : ἡ φωνὴ ἡ πρώτη ἣν ἤκουσα ὡς σάλπιγγος λαλούσης μετ᾽ ἐμοῦ, λέγων. — IX, 13-15; cf. XIX, 1, 6. — Cf. ma *Syntaxe des propositions*, 340, *b*.

d) Le contenant et le contenu, *L*., XXII, 20 : τοῦτο τὸ ποτήριον ἡ καινὴ διαθήκη ἐν τῷ αἵματί μου, τὸ ὑπὲρ ὑμῶν ἐκχυννόμενον. Ce dernier participe s'accorde grammaticalement avec τὸ ποτήριον et réellement avec τὸ αἷμα qui en est le contenu. — *Apoc*., XIX, 20 : ἐβλήθησαν οἱ δύο εἰς τὴν λίμνην τοῦ πυρὸς τῆς καιομένης ἐν θείῳ, et cf. l'accord inverse, XIV, 19 : τὴν ληνὸν τοῦ θυμοῦ τοῦ θεοῦ τὸν μέγαν, et cf. XXI, 8.

e) Le tout et la partie, *L*., XX, 27 : προσελθόντες δέ τινες τῶν Σαδδουκαίων, οἱ λέγοντες ἀνάστασιν μὴ εἶναι (cf. MADVIG, 176, *e*). — 2 *Cor*., XII, 21 : μὴ πάλιν ἐλθόντος μου ταπεινώσῃ με ὁ θεός μου πρὸς ὑμᾶς, καὶ πενθήσω πολλοὺς τῶν προημαρτηκότων καὶ μὴ μετανοησάντων ἐπὶ τῇ ἀκαθαρσίᾳ. Il faut sans hésiter rapporter μετανοησάντων à πολλούς, = πολλοὺς τ. π. μὴ μετανοήσαντας.

f) Le déterminé et le déterminant en général, *Mat*., VIII, 30 : ἀγέλη χοίρων πολλῶν βοσκομένη, et cf. *L*., VIII, 32 : ἀγέλη χοίρων ἱκανῶν βοσκομένη (*v. l.* βοσκομένων). — *Apoc*., III, 10 : κἀγώ σε τηρήσω ἐκ τῆς ὥρας τοῦ πειρασμοῦ τῆς μελλούσης ἔρχεσθαι. — XIX, 1, 10 : ἤκουσα ὡς φωνὴν ὄχλου πολλοῦ καὶ... ὡς φωνὴν βροντῶν ἰσχυρῶν, λεγόντων (et non λέγουσαν), et *v. l.* λέγοντες.

Il en est de même pour le participe avec l'article, détaché, signalé plus haut (114), tel que *Apoc*., XIV, 12 : ὧδε ἡ ὑπομονὴ τῶν ἁγίων ἐστίν, οἱ τηροῦντες τὰς ἐντολὰς τοῦ θεοῦ.

Cf. pour le collectif, *L*., II, 13 : πλῆθος στρατιᾶς οὐρανίου αἰνούντων — *J*., XII, 12 : ὁ ὄχλος πολὺς ὁ ἐλθὼν εἰς τὴν ἑορτήν, ἀκούσαντες ὅτι ἔρχεται... ἔλαβον βαΐα. Et cf. plus loin, 131-132.

124. Il est évident que l'on trouverait chez les classiques quelques exemples semblables à ceux qui précèdent (*constructio ad sensum*; KOCH, 69, 7). Mais il est plus intéressant de rechercher l'usage des LXX.

En hébreu, « quand plusieurs noms se suivent subordonnés l'un à l'autre, le verbe est régi régulièrement par le premier qui est le principal, et quelquefois par le second, si le premier est moins important que le second et n'en indique qu'une propriété ou une circonstance. » (EWALD, 317, c, 3; cf. PREISWERK, 468, a). On reconnaîtra que beaucoup d'exemples cités du N. T. subissent l'influence de ce principe.

De là, 2 Paral.. IV, 3 : καὶ ὁμοίωμα μόσχων ὑποκάτω αὐτῆς κύκλῳ κυκλοῦσιν αὐτήν, = μόσχοι ὅμοιοι... κυκλοῦσιν. Mais mieux : αὐτῆς. κύλῳ....

124bis. Avec le participe, nous retrouvons en partie les divers accords signalés plus haut, 123.

Gen., XLVI, 26 : πᾶσαι δὲ ψυχαὶ αἱ εἰσελθοῦσαι μετὰ Ἰακὼβ εἰς Αἴγυπτον, οἱ ἐξελθόντες ἐκ τῶν μηρῶν αὐτοῦ..., (= οἱ ἄνθρωποι).

Let. Jér.. 38 : τοῖς ἀπὸ τοῦ ὄρους λίθοις ὡμοιωμένοι εἰσὶν τὰ ξύλινα καὶ τὰ περίχρυσα καὶ τὰ περιάργυρα. Le masculin se rapporte à θεοί et le neutre à εἴδωλα, pris l'un pour l'autre. — *Dan.*, XI, 20 : καὶ ἀναστήσεται ἐκ τῆς ῥίζης αὐτοῦ φυτὸν τῆς βασιλείας ἐπὶ τὴν ἑτοιμασίαν αὐτοῦ παραδιδάζων, πράσσων δόξαν βασιλείας, οὗ φυτόν = ἐπίγονός τις.

Gen., XLV, 16 : καὶ διεβοήθη ἡ φωνὴ εἰς τὸν οἶκον Φαραὼ λέγοντες, = διεβόησαν... λέγοντες. — Cf. *Enoch*, IX, 2 : φωνὴ βοῶν τῶν ἐπὶ τῆς γῆς... *voix (d'hommes) qui crie...* (?)

1 Paral., II, 55 : πατριαὶ γραμματέων κατοικοῦντες ἐν Ἰάβις, avec le cas du déterminé, le genre et le nombre du déterminant. — XII, 23 : καὶ ταῦτα τὸ ὀνόματα τῶν ἀρχόντων τῆς στρατιᾶς, οἱ ἐλθόντες πρὸς Δαυίδ. — Cf. plus haut, 123, *f*.

1 Mac., II, 42 : συναγωγὴ Ἰουδαίων ἰσχυροί (*v. l.*). — VIII, 18; VIII, 27 : ἐὰν ἔθνει Ἰουδαίων συμβῇ προτέροις πόλεμος. — XI, 33 : τῷ ἔθνει τῶν Ἰουδαίων φίλοις ἡμῶν... — Cf. plus loin, 136, *e*.

125. L'importance de l'accord du verbe avec le collectif exige qu'il en soit traité spécialement.

Nous distinguons : le collectif général indéfini et abstrait; le collectif général défini; le collectif partitif et le collectif modifié par un distributif.

CHAPITRE XI

Sujet complexe : collectif, partitif, et distributif.

Sujet complexe : collectif indéfini.

126. Il faut regarder comme une sorte de collectif indéfini des expressions telles que εἴ τις, πᾶς ὅστις, etc.; telles que le nom de l'individu pris pour la catégorie comme ὁ ἁμαρτάνων =

οἱ ἁμαρτανόντες, etc. — Ce collectif indéfini peut être remplacé par un pluriel.

Dans le N. T., le verbe s'accorde régulièrement avec lui. Le verbe de la proposition suivante peut être au pluriel d'après la règle générale (108, *d*), *R*., X, 14-15 ; *1 Tim.*, 9-10.

Mais on a dans les LXX, *Ex.*, XXX, 14 : πᾶς ὁ παραπορευόμενος εἰς τὴν ἐπίσκεψιν ἀπὸ εἰκοσαετοῦς καὶ ἐπάνω, δώσουσι τὴν εἰσφορὰν κυρίῳ. — *Jug.*, VII, 24 : ἐβόησε πᾶς ἀνὴρ Ἐφραΐμ καὶ προκατελάβοντο τὸ ὕδωρ. — *1 Paral.*, X, 12 : καὶ ἠγέρθησαν ἐκ Γαλαὰδ πᾶς ἀνὴρ δυνατός. — *Ps.*, XIII, 1 : εἶπεν ἄφρων ἐν καρδίᾳ αὐτοῦ Οὐκ ἔστιν θεός· διέφθειραν καὶ ἐβδελύχθησαν, avec ἄφρων = οἱ ἄφρονες qui devient le sujet réel de διέφθειραν. — *Jér.*, XXXVI, 32 : καὶ οὐκ ἔσται αὐτῶν ἄνθρωπος ἐν μέσῳ ὑμῶν τοῦ ἰδεῖν τὰ ἀγαθὰ ἃ ἐγὼ ποιήσω ὑμῖν· οὐκ ὄψονται. — Cf. Énoch, X, 14 : καὶ ὃς ἂν κατακαυθῇ καὶ ἀφανισθῇ ἀπὸ τοῦ νῦν μετ' αὐτῶν ὁμοῦ δεθήσονται μέχρι τελειώσεως γενεᾶς.

Voy. plus loin 149 seqq.

Sujet complexe : collectif défini.

127. Nous distinguons le collectif employé seul du collectif accompagné d'un nom pluriel qui le détermine. Mais, dans les deux cas, le principe de l'accord est le même que pour le sujet pluriel neutre (108, *a* et *b*; 115, *b*); le verbe est au singulier quand l'écrivain ne considère qu'un seul acte attribué à la collection, et que l'idée devient abstraite ; au pluriel, quand il considère les actes de tous (particulièrement avec des personnes) et que l'idée devient concrète.

128. Le collectif étant seul, le verbe est régulièrement au singulier, comme en grec classique (Madvig, 3, *a*) :

Il en est toujours ainsi avec : βασιλεία, *Mat.*, XII, 25. — γενεά, *Mar.*, VIII, 12, etc. — γένος, *Mar.*, IX, 29. — δῆμος, *A.*, XII, 22. — δωδεκάφυλον, *A.*, XXVI, 7. — ἔθνος, *Mat.*, XXIV, 7 ; *Mar.*, XIII, 8 ; *L.*, XXI, 10 ; *J.*, XI, 50. — ἐκκλησία, *A.*, XIX, 32 ; *1 Cor.*, XIV, 5, 23 ; *Eph.*, V, 24 ; *1 Tim.*, V, 16. — Ἰσραήλ, *R.*, IX, 31 ; X, 19 ; XI, 7, 26. — κόσμος, *J.*, I, 10 ; III, 17 ; VII, 7 ; XII, 19 ; et très souvent. — λαός, *Mat.*, IV, 16 ; XV, 8 ; XXVII, 25 ; *Mar.*, VII, 6, cité des LXX, *Es.*, XXIX, 13 ; *L.*, I, 21 ; VII, 29 ; et très souvent. — οἰκία, *Mat.*, X, 13 ; *Mar.*, III, 25 ; *1 Cor.*, XVI, 15. — οἶκος, *A.*, II, 36 ; XVI, 15. — ἡ οἰκουμένη, *A.*, XIX, 27. — πόλις, *Mat.*, VIII, 34 ; XII, 25 ; XXI, 10 ; *Mar.*, I, 33 ; *A.*, XIII, 44 ; XIX, 29 ; XXI, 30. — στρατεύματα, *Apoc.*, XIX, 14. — σπέρμα, *A.*, VII, 6, cité de *Gen.*, XV, 13 ; *Gal.*, III, 19. — τόπος, *Mar.*, VI, 11.

129. Le collectif est accompagné d'un nom, ou d'un pronom, au pluriel, qui est le sujet réel.

SUJET COMPLEXE : COLLECTIF, PARTITIF ET DISTRIBUTIF. 105

a) Le verbe est au singulier avec : ἀγέλη, *Mat.*, VIII, 30, 32 ; *Mar.*, V, 11, 13, *L.*, VIII, 32 et 33. — ἀριθμός, *A.*, V, 36 ; VI, 7 ; XI, 21. — πλήρωμα, *R.*, XI, 25.

b) Avec les collectifs suivants, l'accord varie suivant la manière dont l'écrivain considère l'acte :

ὄχλος. Sans nom pluriel, et verbe au singulier, *Mat.*, IX, 25 ; XIII, 2 : πᾶς ὁ ὄχλος ἐπὶ τὸν αἰγιαλὸν εἱστήκει. — XX, 29, 31 ; *Mar.*, II, 13 ; III, 20, 32 ; IV, 1 ; V, 21, 24 ; VIII, 1 (participe) ; IX, 25 ; XI, 18 ; XII, 37, 41 ; XV, 8 ; *L.*, V, 29 ; VIII, 4 (participe), 40 ; IX, 37 ; XIII, 17 ; *J.*, V, 13 ; VI, 2, 5 ; 24 ; VII, 20 ; XII, 17, 18, 34 ; *A.*, XI, 24 ; XVI, 22. — Avec πλῆθος, *Mar.*, III, 7 ; *L.*, I, 10 ; II, 13 ; VIII, 37 ; *A.*, II, 6, V, 16 ; XIV, 4 ; XV, 12 ; XXI, 36 ; XXIII, 7.
Sans nom pluriel, verbe au pluriel, *Mat.*, XXI, 8 : ὁ δὲ πλεῖστος ὄχλος ἔστρωσαν ἑαυτῶν τὰ ἱμάτια. — *Mar.*, IV, 1 (cf. *Mat.*, XIII, 2) : πᾶς ὁ ὄχλος πρὸς τὴν θάλασσαν ἐπὶ τῆς γῆς ἦσαν. — IX, 15 : πᾶς ὁ ὄχλος ἰδόντες αὐτὸν ἐξεθαμβήθησαν. — *L.*, VI, 19 : καὶ πᾶς ὁ ὄχλος ἐζήτουν ἅπτεσθαι αὐτοῦ. — *J.*, VI, 22 : ὁ ὄχλος ὁ ἑστηκὼς πέραν τῆς θαλάσσης εἶδον (*v. l.*, ἰδὼν) ὅτι... — XII, 12 : ὁ ὄχλος πολὺς ὁ ἐλθὼν εἰς τὴν ἑορτήν, ἀκούσαντες ὅτι ἔρχεται... ἔλαβον βαΐα. — Pour le participe, *Apoc.*, VII, 9 : ἰδοὺ ὄχλος πολύς..., ἑστῶτες ἐνώπιον τοῦ θρόνου, et avec στρατιά, *L.*, II, 13 : πλῆθος στρατιᾶς οὐρανίου αἰνούντων τὸν θεὸν καὶ λεγόντων.

Nota. — Il faut remarquer que, dans ces exemples, le verbe au pluriel *suit* toujours le collectif. — En grec classique aussi, le collectif peut être accompagné d'un verbe au pluriel (MADVIG, *loc cit.*; KOCH, 69, 7).

Avec un nom pluriel, et le verbe au singulier :

J., XII, 9 : ἔγνω οὖν ὁ ὄχλος πολὺς ἐκ τῶν Ἰουδαίων ὅτι... — *A.*, I, 15 : ἦν τε ὄχλος ὀνομάτων... — Avec πλῆθος, *L.*, XXIII, 27 ; *J.*, V, 3 ; *A.*, XXV, 24 : (*v. l.* ἐνέτυχον). — Avec τὸ τρίτον, *Apoc.*, VIII, 7, 9, 11, 12.
Avec un nom pluriel, et le verbe au pluriel, *A.*, VI, 7 : πολύς τε ὄχλος τῶν ἱερέων ὑπήκουον τῇ πίστει. — Avec πλῆθος, *L.*, XIX, 37, XXIII, 1. — Avec τὸ τρίτον, *Apoc.*, VIII, 9 ; IX, 18. — Classique (MADVIG, 3, *a*).

130. *a*) Le verbe se met plus facilement au singulier quand il précède le collectif, et plus facilement au pluriel quand il le suit :

Cf. les exemples où les noms se mélangent, *Mar.*, III, 7 : καὶ πολὺ πλῆθος ἀπὸ τῆς Γαλιλαίας ἠκολούθησεν..., πλῆθος πολύ, ἀκούοντες ὅσα ποιεῖ ἦλθαν πρὸς αὐτόν. — IV, 1, : συνάγεται πρὸς αὐτὸν ὄχλος πλεῖστος... καὶ πᾶς ὁ ὄχλος πρὸς τὴν θάλασσαν ἐπὶ τῆς γῆς ἦσαν. — *J.*, VI, 22-24 : ὁ ὄχλος ὁ ἑστηκὼς πέραν τῆς θαλάσσης εἶδον ὅτι πλοιάριον οὐκ ἦν ἐκεῖ..., ὅτε οὖν εἶδεν ὁ ὄχλος ὅτι Ἰησοῦς οὐκ ἔστιν ἐκεῖ οὐδὲ οἱ μαθηταὶ αὐτοῦ, ἐνέβησαν αὐτοί... — *Apoc.*, VIII, 9 : ἀπέθανε τὸ τρίτον τῶν κτισμάτων ἐν τῇ θαλάσσῃ, τὰ ἔχοντα ψυχάς, καὶ τὸ τρίτον τῶν πλοίων διεφθάρησαν. — Cela est hébraïsant, et à remarquer pour plusieurs autres exemples ; cf. 108, c.

b) Le verbe, au singulier dans la première proposition, peut être au singulier dans la seconde ; mais il est le plus souvent au pluriel (108, d). Cf. L., XX, 6 (132, a) ; A., III, 9 : εἶδεν πᾶς ὁ λαὸς αὐτόν..., ἐπεγίνωσκον δὲ αὐτόν. — 1 Cor., X, 7 : ἐκάθισεν ὁ λαὸς φαγεῖν... καὶ ἀνέστησαν παίζειν, cité des LXX, Ex., XXXII, 6. — 1 Cor., XVI, 15 : οἴδατε τὴν οἰκίαν Στεφανᾶ ὅτι ἐστὶν ἀπαρχὴ τῆς Ἀχαΐας καὶ εἰς διακονίαν τοῖς ἁγίοις ἔταξαν ἑαυτούς. — Cf. L... VIII, 33 avec Mat., VIII, 32. — Avec le participe, Mar., VIII, 1 : πολλοῦ ὄχλου ὄντος καὶ μὴ ἐχόντων τί φάγωσιν.

131. Le participe qui se rapporte au collectif prend les constructions suivantes que nous réunissons toutes ici :

1º Le participe est uni au collectif et reste au singulier :

a) Le participe s'accorde avec le collectif quand il y est joint immédiatement, Mat., XXVII, 25 : καὶ ἀποκριθεὶς πᾶς ὁ λαός. — L., I, 21 ; XVIII, 36 ; XXIII, 1.

b) Le participe précédé de l'article, c'est-à-dire employé comme complément distinctif, et joint immédiatement au collectif, est au singulier, même si le verbe est au pluriel, J., VI, 22 : ὁ ὄχλος ὁ ἑστηκὼς πέραν τῆς θαλάσσης εἶδον (v. l. ἰδών). — VII, 49 ; XII, 12 ; A., XI, 21.

2º Le participe, avec ou sans article, qui se détache ou s'éloigne du collectif, se met au pluriel ; il y a accord avec le sujet réel. Il en est ainsi dans les cas suivants :

c) Le participe sans article, détaché du collectif, passe au pluriel, si le verbe est au pluriel, Mar., III, 8 ; IX, 15 : πᾶς ὁ ὄχλος, ἰδόντες αὐτόν, ἐξεθαμβήθησαν.

d) Le collectif étant seul ou accompagné d'un nom pluriel, le participe, détaché, est au cas du collectif, au nombre et au genre du sujet réel (nom pluriel exprimé ou non). Cf. 5, et 123. Le participe est toujours placé après le collectif, et le verbe fini peut être au singulier. — Ainsi :

Dans la même proposition, Mat., XV, 31 : ὥστε τὸν ὄχλον (v. l. τοὺς ὄχλους) θαυμάσαι βλέποντας, = ὥστε τὸν ὄχλον τῶν ἀνθρώπων θαυμάσαι βλέποντας. — Mar., III, 7-8 : πλῆθος πολύ, ἀκούοντες. — L., II, 13 : στρατιᾶς οὐρανίου αἰνούντων, = στρατιᾶς οὐρανίου τῶν ἀγγέλων αἰνούντων. — XIX, 37 : ἤρξαντο ἅπαν τὸ πλῆθος τῶν μαθητῶν χαίροντες αἰνεῖν τὸν θεόν... λέγοντες. — J., XII, 12 ; A., V, 16 ; et cf. v. 14. — XXI, 36 : ἠκολούθει γὰρ τὸ πλῆθος τοῦ λαοῦ κράζοντες. — XXV, 24 ; 1 Cor., I, 1-2 : τῇ ἐκκλησίᾳ τοῦ θεοῦ τῇ οὔσῃ ἐν Κορίνθῳ, ἡγιασμένοις ἐν Χριστῷ, κλητοῖς ἁγίοις, = τῇ ἐκκλησίᾳ τῶν Κορινθίων ἡγιασμένοις κτλ. — Apoc., III, 9 : ἰδοὺ διδῶ ἐκ τῆς συναγωγῆς τοῦ Σατανᾶ, τῶν λεγόντων

SUJET COMPLEXE : COLLECTIF, PARTITIF ET DISTRIBUTIF. 107

ἑαυτοὺς Ἰουδαίους εἶναι, = τῆς συναγωγῆς τῶν ἀνθρώπων, τῶν λεγόντων...
— V, 11 : ἦν ὁ ἀριθμὸς αὐτῶν μυριάδες μυριάδων καὶ χιλιάδες χιλιάδων, λέγοντες. — VII, 4 : καὶ ἤκουσα τὸν ἀριθμὸν τῶν ἐσφραγισμένων ἑκατὸν τεσσεράκοντα τέσσαρες χιλιάδες, ἐσφραγισμένοι, avec une apposition de nombre indépendante = ἑκατὸν... χιλιάδες αὐτῶν ἦσαν, ἐσφραγισμένοι, et de même VII, 5, 8, 9 (avec mélange de constructions pour le cas, voy. plus haut 15-17); VIII, 9 : τὸ τρίτον τῶν κτισμάτων τῶν ἐν τῇ θαλάσσῃ, τὰ ἔχοντα ψυχάς. — XIII, 4 : ἐθαυμάσθη ὅλη ἡ γῆ ὀπίσω τοῦ θηρίου καὶ προσεκύνησαν... λέγοντες, avec ἡ γῆ = le sujet réel οἱ ἄνθρωποι. — XIV, 3 : αἱ ἑκατὸν τεσσεράκοντα τέσσαρες χιλιάδες, οἱ ἠγορασμένοι ἀπὸ τῆς γῆς. — XIX, 1 ; 6 (v. l. λέγοντες); 14 : τὰ στρατεύματα τὰ ἐν τῷ οὐρανῷ ἠκολούθει αὐτῷ ἐφ' ἵπποις λευκοῖς, ἐνδεδυμένοι (sujet réel οἱ ἱππεῖς).

Dans la proposition suivante, où le participe passe au pluriel comme le verbe fini :
Mat., III, 5-6 : ἐξεπορεύετο πρὸς αὐτὸν Ἱεροσόλυμα καὶ... πᾶσα ἡ περίχωρος τοῦ Ἰορδάνου, καὶ ἐβαπτίζοντο ἐν τῷ Ἰορδάνῃ ποταμῷ ὑπ' αὐτοῦ ἐξομολογούμενοι τὰς ἁμαρτίας αὐτῶν (sujet réel : οἱ προσερχόμενοι ἐξ Ἱεροσόλυμα κτλ.) — VIII, 34 : πᾶσα ἡ πόλις ἐξῆλθεν εἰς ὑπάντησιν τῷ Ἰησοῦ, καὶ ἰδόντες αὐτὸν παρεκάλεσαν.
— Mar., VIII, 1; L., X, 13. — Cf. Gal., I, 22 : ἤμην δὲ ἀγνοούμενος τῷ προσώπῳ ταῖς ἐκκλησίαις τῆς Ἰουδαίας..., μόνον δὲ ἀκούοντες ἦσαν. On devrait avoir τοῖς ἀκούουσιν μόνον, mais la construction indépendante a amené le nominatif. — Cf. 108, d, et 130, b.

132. a) Il y a quelques rares exceptions où l'accord grammatical est observé, Mat., VIII, 30 : ἦν δὲ μακρὰν ἀπ' αὐτῶν ἀγέλη χοίρων πολλῶν βοσκομένη, et cf. Mar., V, 11 ; L., VIII, 32 (v. l. βοσκομένων). — Apoc., XIV, 1 : καὶ μετ' αὐτοῦ ἑκατὸν τεσσεράκοντα τέσσαρες χιλιάδες ἔχουσαι τὸ ὄνομα αὐτοῦ. — L., XX, 6 : ὁ λαὸς ἅπας καταλιθάσει ἡμᾶς, πεπεισμένος γάρ ἐστιν... — Cf. L., VIII, 33 (ἐπνίγη).

Remarque. — Le participe (et l'adjectif) attribut est nécessairement détaché, et au pluriel. Cf. 232, b.

b) On peut trouver plusieurs constructions dans la même phrase, J., VII, 49 : ὁ ὄχλος οὗτος ὁ μὴ γινώσκων τὸν νόμον ἐπάρατοί εἰσιν (131, b; 232, b).
— XII, 12 : ὁ ὄχλος πολὺς ὁ ἐλθὼν εἰς τὴν ἑορτήν, ἀκούσαντες ὅτι ἔρχεται, ἔλαβον βαΐα (131, b et d).
c) L'accord logique entre le participe et son sujet collectif existe aussi en grec classique (MADVIG, 3, a). Mais les constructions du N. T. montrent avec quelle facilité et quelle liberté cet accord a lieu; ce doit être là un caractère de la langue familière.

133. A la 2me personne, le verbe est au singulier ou au pluriel, Mar., XII, 29 : ἄκουε, Ἰσραήλ, cité des LXX, Deut., VI, 4.
— L., XII, 32 : μὴ φοβοῦ, τὸ μικρὸν ποίμνιον, ὅτι εὐδόκησεν ὁ πατὴρ

ὑμῶν δοῦναι ὑμῖν. — *A.*, VII, 42 : μὴ σφάγια καὶ θυσίας προσηνέγκατέ μοι..., οἶκος Ἰσραήλ; cité de *Amos*, V, 25. — *Apoc.*, XVIII, 4 : ἐξέλθατε, ὁ λαός μου, ἐξ αὐτῆς, ἵνα μὴ συνκοινωνήσητε.

134. D'une manière générale, le verbe rapproché du collectif tend à s'accorder avec lui, et à prendre le singulier; mais la tendance est contraire toutes les fois que le verbe se détache ou s'éloigne du collectif.

135. *a*) En hébreu (et en araméen), quand le collectif désigne des individus indépendants et agissant réellement, le verbe passe facilement au pluriel, surtout s'il s'éloigne du mot sujet[1], et s'il s'agit d'êtres animés, de personnes. Le participe, éloigné du collectif, s'en détache et passe au pluriel. Il en est de même de l'attribut, surtout s'il est séparé du sujet par d'autres mots. Le genre est celui que demande le sens[2]. Enfin, les deux nombres peuvent être employés dans la même phrase pour la variété (EWALD, p. 179, seq. 317, *b*; cf. PREISWERK, 55, *b*, 3, *b*; WINER, *Gramm. chald.*, 60, 2). Il est facile de voir que tous ces principes sont appliqués dans les exemples du N. T., même le suivant :

b) L'adjectif (et de même le participe) après un singulier collectif se met de préférence au pluriel, même avec un substantif féminin désignant des hommes, tel que serait en grec ἡ συναγωγή ou ἐκκλησία, ἡ πόλις, etc. (PREISWERK, 55 *b*, 3, *b*).

136. Voici maintenant des exemples des LXX; beaucoup présentent un accord curieux :

a) Le collectif étant seul ou accompagné d'un nom pluriel, le verbe est au singulier :

Ex., IX, 24 : γεγένηται ἐπ' αὐτῆς ἔθνος. — *1 R.*, XVII, 30 : ἀπεκρίθη αὐτῷ ὁ λαός. — *4 R.*, XI, 5 : τὸ τρίτον ἐξ ὑμῶν εἰσελθέτω τὸ σάββατον. — Cf. C.I.G., III, 4562 (ALEX. SÉVÈRE) : τὸ κοινὸν τῆς μητροκωμίας Ζοραουηνῶν ἔκτισεν τὸ βαλανεῖον.

b) Le collectif étant seul ou accompagné d'un nom pluriel, le verbe est au pluriel :

1 R., XIII, 20 : κατέβαινον πᾶς Ἰσραὴλ εἰς γῆν ἀλλοφύλων χαλκεύειν ἕκαστος τὸ θέριστρον αὐτοῦ. — XXXI, 12 : ἀνέστησαν πᾶς ἀνὴρ δυνάμεως καὶ ἐπορεύθησαν ὅλην τὴν νύκτα. — *3 R.*, III, 28 ; *4 R.*, III, 21 : καὶ πᾶσα Μωὰβ ἤκουσαν. — *2 Esd.*, IX, 4 : καὶ συνήχθησαν πρός με πᾶς ὁ διώκων λόγον θεοῦ Ἰσραήλ. — X, 12 : ἀπεκρίθησαν πᾶσα ἡ ἐκκλησία καὶ εἶπαν. — *Néh.*, IV, 15-16 ; XIII, 3 : καὶ ἐγένετο, ὡς ἤκουσαν τὸν νόμον, ἐχωρίσθησαν πᾶς ἐπίμικτος ἐν Ἰσραήλ. — XIII, 12 : πᾶς Ἰούδας ἤνεγκαν. — *Ez.*, XXVII, 27 : πᾶσα συναγωγή σου ἐν μέσῳ σου πεσοῦνται.

Ex., XVI, 1 : ἤλθοσαν πᾶσα συναγωγὴ υἱῶν Ἰσραὴλ εἰς τὴν ἔρημον. — *1 Mac.*, II, 42 : συνήχθησαν πρὸς αὐτοὺς συναγωγὴ Ἀσιδαίων κτλ.

c) Exemples du verbe passant du singulier au pluriel ou inversement, et mélange des nombres :

---

1. Et surtout dans la proposition qui suit celle où se trouve le collectif.
2. Il y a tendance dans le grec biblique à toujours suppléer le genre réel du sujet, avec des mots tels que πόλις, ἔθνος, ζῷον (désignant une personne, comme dans l'*Apocalypse*), etc. On trouvera ces noms régulièrement suivis de masculins au singulier ou au pluriel (adjectifs, pronoms, participes) dans la proposition suivante.

Gen., I, 26 : ποιήσωμεν ἄνθρωπον... καὶ ἀρχέτωσαν τῶν ἰχθύων (le collectif ἄνθρωπος est le sujet de ἀρχέτωσαν), et cf. 27-28. — *Nom.*, XIV, 1-2 : καὶ ἀναλαβοῦσα πᾶσα ἡ συναγωγὴ ἐνέδωκε φωνήν, καὶ ἔκλαιεν ὁ λαὸς ὅλην τὴν νύκτα..., καὶ εἶπαν πρὸς αὐτοὺς πᾶσα ἡ συναγωγή. — XVI, 18 : καὶ ἔλαβεν ἕκαστος τὸ πυρεῖον αὐτοῦ καὶ ἐπέθηκαν ἐπ' αὐτὰ πῦρ[1]. — *Deut.*, XXVIII, 60 : καὶ ἐπιστρέψει πᾶσαν τὴν ὀδύνην Αἰγύπτου τὴν πονηράν, ἣν διευλαβοῦ ἀπὸ προσώπου αὐτῶν, καὶ κολληθήσονται ἐν σοί (πᾶσαι αἱ ὀδύναι est le sujet de κολληθήσονται). — *2 R.*, XV, 23 : πᾶσα ἡ γῆ ἔκλαιε φωνῇ μεγάλῃ καὶ πᾶς ὁ λαὸς παρεπορεύοντο. — *5 R.*, VIII, 41 ; XII, 20 ; *2 Esd.*, X, 1 : συνήχθησαν πρὸς αὐτὸν ἀπὸ Ἰσραὴλ ἐκκλησία πολλὴ σφόδρα, ἄνδρες καὶ γυναῖκες καὶ νεανίσκοι, ὅτι ἔκλαυσεν ὁ λαὸς καὶ ὕψωσε κλαίων. — *Sag. Sal.*, XV, 11-13 (*v. l.*); *Jér.*, VI, 22 seq. : ἰδοὺ λαὸς ἔρχεται ἀπὸ βορρᾶ, καὶ ἔθνη ἐγερθήσεται ἀπ' ἐσχάτου τῆς γῆς· τόξον καὶ ζιβύνην κρατήσουσιν· ἰταμός ἐστι, καὶ οὐκ ἐλεήσει· φωνὴ αὐτοῦ ὡς θάλασσα κυμαίνουσα· ἐφ' ἵπποις καὶ ἅρμασι παρατάξεται ὡς πῦρ εἰς πόλεμον πρὸς σέ, θύγατερ Σιών· ἠκούσαμεν τὴν ἀκοὴν αὐτῶν (les verbes reviennent au singulier, ἐστι, ἐλεήσει, παρατάξεται ; on a le pronom αὐτοῦ et le pronom αὐτῶν, dont le sens est le même ; cf. EWALD, *loc. cit.*). — XXXVII, 8 : χρόνος στενός ἐστι τῷ Ἰακώβ, καὶ ἀπὸ τούτου σωθήσεται. ἐν τῇ ἡμέρᾳ ἐκείνῃ, εἶπε κύριος, συντρίψω τὸν ζυγὸν ἀπὸ τοῦ τραχήλου αὐτῶν καὶ τοὺς δεσμοὺς αὐτῶν διαρρήξω, καὶ οὐκ ἐργῶνται αὐτοὶ ἀλλοτρίοις (Ἰακώβ, sujet de σωθήσεται, est repris ensuite par αὐτῶν et αὐτοὶ ἐργῶνται). — *Es.*, XIV, 11 : ὅπως μὴ πλανᾶται ἔτι ὁ οἶκος τοῦ Ἰσραὴλ ἀπ' ἐμοῦ καὶ ἵνα μὴ μιαίνωνται. — *Dan.*, VII, 26 : τὸ κριτήριον ἐκάθισε καὶ τὴν ἀρχὴν μεταστήσουσι.

Remarquez les noms collectifs au singulier, comme ἄνθρωπος = *les hommes* ; ὁ ἀλλότριος (*3 R.*, VIII, 41) = *les étrangers*.

Exemples avec des participes :

d) Le collectif est seul, *Ex.*, XX, 18 ; XXXIII, 8 : ἱστήκει πᾶς ὁ λαὸς σκοπεύοντες ἕκαστος. — XXXIII, 10 : καὶ στάντες πᾶς ὁ λαὸς προσεκύνησαν ἕκαστος, et de même *Judith*, VI, 18. — *Nom.* XXXII, 13 : ἕως ἐξανηλώθη πᾶσα ἡ γενεά, οἱ ποιοῦντες τὰ πονηρά. — *1 R.*, XIII, 15 ; *3 R.*, I, 40 : ἀνέβη πᾶς ὁ λαὸς ὀπίσω αὐτοῦ καὶ ἐχόρευον ἐν χόροις καὶ εὐφραινόμενοι εὐφροσύνην μεγάλην. — *3 R.*, V, 14 et 15 : ἀπέστειλεν αὐτοὺς εἰς τὸν Λίβανον, δέκα χιλιάδες ἐν τῷ μηνὶ ἀλλασσόμενοι..., καὶ ἦν τῷ Σαλωμὼν ἑβδομήκοντα χιλιάδες αἴροντες ἄρσιν, comme dans le N. T., *Apoc.*, VII, 4, 5, 8. — VIII, 65 : ἐποίησε Σαλωμὼν τὴν ἑορτήν... καὶ πᾶς Ἰσραὴλ μετ' αὐτοῦ, ἐκκλησία μεγάλη..., ἐσθίων καὶ πίνων... Le participe qui suit au singulier masculin est remarquable. — XII, 9-10 ; *4 R.*, III, 21 : καὶ πᾶσα Μωὰβ ἤκουσαν ὅτι ἀνέβησαν οἱ βασιλεῖς πολεμεῖν αὐτούς· καὶ ἀνεβόησαν ἐκ παντὸς περιεζωσμένοι ζώνην (le sujet de ἀνεβόησαν περιεζωσμένοι est πᾶσα Μωάβ, ou, si l'on veut, αὐτοί à suppléer de αὐτούς). — *1 Paral.*, II, 55 ; *2 Paral.*, IV, 4-5 : ἡ θάλασσα ἐπ' αὐτῶν, ἦσαν τὰ ὀπίσθια αὐτῶν ἔσω. καὶ τὸ πάχος αὐτῆς παλαιστής, καὶ τὸ χεῖλος αὐτῆς ὡς χεῖλος ποτηρίου, διαγεγλυμμένα βλαστοὺς κρίνου, χωροῦσαν μετρητὰς τρισχιλίους (χεῖλος doit être regardé comme un collectif, = *ses bords*). — XXIII, 12 : ἤκουσε Γοθολία τὴν φωνὴν τοῦ λαοῦ τρεχόντων καὶ ἐξομολογουμένων καὶ αἰνούντων. — XXXV, 18 : πᾶς Ἰούδα καὶ Ἰσραὴλ ὁ εὑρεθείς, et cf. *2 Esd.*, VIII, 25 : καὶ πᾶς Ἰσραὴλ οἱ εὑρισκόμενοι. — *Esther*, I, 10-15 (*add.*) : ἐταράχθη πᾶν ἔθνος δίκαιον φοβούμενοι τὰ ἑαυτῶν κακά, καὶ ἡτοιμάσθησαν. — *Es.*, XIX, 18 : ἔσονται πέντε πόλεις ἐν τῇ Αἰγύπτῳ λαλοῦσαι τῇ γλώσσῃ τῇ χανααντίδι καὶ

---

1. Ἕκαστος, = πᾶς ou πάντες employé ailleurs ; αὐτά remplace πυρεῖον, avec accord en nombre suivant le sens.

ὀμνύντες. — XXXII, 18 : καὶ οἰκήσει ὁ λαὸς αὐτοῦ ἐν πόλει εἰρήνης καὶ ἐνοικήσει πεποιθώς, καὶ ἀναπαύσονται. — *Jér.*, LI, 2-3 : πόλεις Ἰούδα... πορευθέντες. — LI, 15 : πᾶς ὁ λαὸς οἱ καθήμενοι, et LI, 20. — LI, 27 : καὶ ἐκλείψουσι πᾶς Ἰούδα, οἱ κατοικοῦντες ἐν γῇ Αἰγύπτῳ. — *Daniel*, XI, 32 : καὶ λαὸς γινώσκοντες θεὸν αὐτοῦ κατισχύσουσι, et cf. *Daniel* (LXX) : καὶ ὁ δῆμος ὁ γινώσκων ταῦτα κατισχύσουσι. — *1 Mac.*, V, 2 : ἆραι τὸ γένος Ἰακὼβ τοὺς ὄντας ἐν μέσῳ αὐτῶν.

e) Le collectif est accompagné d'un nom (ou pronom) pluriel, *Néh.*, IV, 21 : ἥμισυ αὐτῶν κρατοῦντες. — *1 Mac.*, II, 42 : τότε συνήχθησαν πρὸς αὐτοὺς συναγωγὴ Ἰουδαίων ἰσχυροὶ (*v. l.*) δυνάμει ἀπὸ Ἰσραήλ, πᾶς ὁ ἐκουσιαζόμενος τῷ νόμῳ. — VIII, 18 : ὅτι ἴδον τὴν βασιλείαν τῶν Ἑλλήνων καταδουλουμένους τὸν Ἰσραὴλ δουλείαν, et cf. VIII, 27. — XI, 33 : τῷ ἔθνει τῶν Ἰουδαίων φίλοις ἡμῶν καὶ συντηροῦσι τὰ πρὸς ἡμᾶς δίκαια ἐκρίναμεν ἀγαθοποιῆσαι. — Dans tous ces exemples, le participe est au cas du collectif, au genre et au nombre du nom pluriel qui suit, c'est-à-dire du sujet réel (cf. plus haut, 124 *bis*, et 5).

Il y a toujours tendance, comme dans le N. T. à suppléer du collectif le sujet réel, masculin pluriel.

f) Aux observations précédentes (135, *a*) tirées d'Ewald, il faut ajouter encore ceci : Quand plusieurs noms se suivent, et que par exemple un nom abstrait, = un adjectif, précède un nom, surtout un nom de personne, l'accord se fait généralement avec le nom de personne et non avec le premier nom; ainsi, *la multitude des hommes,* = *beaucoup d'hommes* (EWALD, 317, *c*, 3). On voit par là l'influence que le nom pluriel qui suit le collectif, c'est-à-dire le sujet réel, exerce sur la construction en hébreu, et l'influence de la construction hébraïque sur le grec biblique. Il en est de même lorsque le collectif est un indéfini du sens de πᾶς, πᾶν... (EWALD, *loc. cit.*). Par suite, quand le verbe est au pluriel avec un collectif accompagné d'un nom pluriel; quand le participe passe au pluriel et prend le genre et le nombre du nom pluriel, etc., ce sont autant d'exemples qui correspondent à l'usage de l'hébreu.

Sujet complexe : partitif, et distributif.

137. Quand le sujet est partitif[1], le verbe s'accorde toujours avec le sujet réel, même s'il n'est pas exprimé, *J.*, XVI, 17 : εἶπαν οὖν ἐκ τῶν μαθητῶν αὐτοῦ πρὸς ἀλλήλους, = εἶπάν τινες ἐκ τῶν... — Dans les LXX, *Es.*, XXXVIII, 12 : ἐξέλιπεν ἐκ τῆς συγγενίας μου. — Cf. 42, *a*; 84.

Avec le participe, *2 J.*, 4 : εὕρηκα ἐκ τῶν τέκνων σου περιπατοῦντας ἐν ἀληθείᾳ. — Dans les LXX, *Néh.*, V, 5 : καὶ εἰσὶν ἀπὸ θυγατέρων ἡμῶν καταδυναστευόμεναι.

Cf. dans les LXX, *1 Paral.*, IX, 28 : καὶ ἐξ αὐτῶν ἐπὶ τὰ σκεύη τῆς λειτουργίας (suppléez ἦσαν), et v. 29 : καὶ ἐξ αὐτῶν κατεστάμενοι ἐπὶ τὰ σκεύη. — *1 Mac.*, X, 37 : καὶ κατασταθήσεται ἐξ αὐτῶν ἐν τοῖς

---

1. Le partitif défini comme τὸ ἥμισυ, τὸ τρίτον, est un collectif et le verbe suit les règles d'accord du collectif.

ὀχυρώμασι... καὶ ἐκ τούτων κατασταθήσεται ἐπὶ χρειῶν τῆς βασιλείας. Le singulier est remarquable : suppléez μέρος comme sujet.

138. Lorsque le sujet pluriel est accompagné d'un distributif comme ἕκαστος, εἷς ἕκαστος, εἷς κατὰ εἷς, le verbe est : au pluriel, si le distributif est considéré comme l'attribut du sujet; au singulier, s'il est considéré comme le véritable sujet; ou encore s'il précède (108, c). Ces constructions se rencontrent en grec classique (MADVIG, 5); mais elles s'emploient plus librement et d'une manière plus variée dans le grec biblique :

Mat., XXVI, 22 : ἤρξαντο λέγειν αὐτῷ εἷς ἕκαστος, et cf. *Mar.*, XIV, 19 : ἤρξαντο... εἷς κατὰ εἷς. — *J.*, VII, 53; VIII, 9; *A.*, II, 6; XI, 29 : τῶν δὲ μαθητῶν καθὼς εὐπορεῖτό τις ὥρισαν ἕκαστος αὐτῶν εἰς διακονίαν πέμψαι. — *1 Cor.*, XIV, 31; *Eph.*, V, 33 : ὑμεῖς οἱ καθ' ἕνα ἕκαστος τὴν ἑαυτοῦ γυναῖκα οὕτως ἀγαπάτω. — *Apoc.*, IV, 8 : καὶ τὰ τέσσερα ζῷα, ἓν καθ' ἓν αὐτῶν ἔχων ἀνὰ πτέρυγας ἕξ, κυκλόθεν καὶ ἔσωθεν γέμουσιν... — XXI, 13; 21.

Cf. avec ἄνθρωπος = ἕκαστος, *1 Cor.*, XI, 28 : δοκιμαζέτω δὲ ἄνθρωπος ἑαυτόν, *que chacun s'éprouve lui-même...* (Emploi hébraïsant, cf. plus haut, 92 *b*, et 139, *b*).

139. Les exemples suivants montrent l'influence des LXX sur les constructions du N. T. :

a) *Gen.*, XIII, 11 : καὶ διεχωρίσθησαν ἕκαστος ἀπὸ τοῦ ἀδελφοῦ αὐτοῦ. — *Ex.*, I, 1 : ἕκαστος πανοικὶ αὐτῶν εἰσήλθοσαν. — XXVIII, 21 : οἱ λίθοι ἔστωσαν ἐκ τῶν ὀνομάτων τῶν υἱῶν Ἰσραὴλ δέκα δύο κατὰ τὰ ὀνόματα αὐτῶν· γλυφαὶ σφραγίδων ἕκαστος κατὰ τὸ ὄνομα ἔστωσαν... — *Lév.*, XXV, 10 : ἀπελεύσεται εἷς ἕκαστος εἰς τὴν κτῆσιν αὐτοῦ καὶ ἕκαστος εἰς τὴν πατρίδα αὐτοῦ ἀπελεύσεσθε. — *Josué*, IV, 5-6 : προσαγάγετε ἔμπροσθέν μου..., καὶ ἀνελόμενος ἐκεῖθεν ἕκαστος λίθον ἀράτω ἐπὶ τῶν ὤμων αὐτοῦ... ἵνα ὑπάρχωσιν ὑμῖν οὗτοι εἰς σημεῖον.

Verbe et participe, *Sag. Sal.*, XIX, 17 : ἐπλήγησαν δὲ καὶ ἀορασίᾳ, ὥσπερ ἐκεῖνοι ἐπὶ ταῖς τοῦ δικαίου θύραις, ὅτε ἀχανεῖ περιβληθέντες σκότει ἕκαστος τῶν αὐτοῦ θυρῶν τὴν δίοδον ἐζήτει. — *Zach.*, VIII, 15-16; *Jér.*, IX, 4; XXIII, 27; XXXVIII, 34 : οὐ μὴ διδάξωσιν ἕκαστος τὸν πολίτην αὐτοῦ καὶ τὸν ἀδελφὸν αὐτοῦ λέγων, cité dans le N. T., *H.*, VIII, 11 ; et cf. *Es.*, XLI, 5-6, et au contraire *Es.*, XXXIII, 30.

b) Avec ἀνήρ et ἄνθρωπος = ἕκαστος, *Néh.*, XIII, 10 : καὶ ἐφύγοσαν ἀνὴρ εἰς ἀγρὸν αὐτοῦ οἱ Λευῖται καὶ οἱ ᾄδοντες, et cf. *Nom.*, I, 52. — *Es.*, III, 6 : ἐπιλήμψεται ἄνθρωπος τοῦ ἀδελφοῦ αὐτοῦ. — XIX, 2; XLVII, 15; *Baruch*, II, 3 : τοῦ φαγεῖν ἡμᾶς ἄνθρωπον σάρκας υἱοῦ αὐτοῦ καὶ ἄνθρωπον σάρκας θυγατρὸς αὐτοῦ, *pour que nous mangions chacun la chair de...* — Pour des locutions comme καθ' εἷς, voy. *1 Esd.*, I, 31; *Es.*, XXVII, 12.

c) Avec mélange des nombres, *3 R.*, VIII, 38 : ἐὰν γένηται παντὶ ἀνθρώπῳ ὡς ἂν γνῶσιν ἕκαστος ἀφὴν καρδίας αὐτοῦ καὶ διαπετάσῃ τὰς χεῖρας αὐτοῦ. — VIII, 66 : ἐξαπέστειλε τὸν λαόν, καὶ εὐλόγησαν (*v. l.*) τὸν βασιλέα, καὶ ἀπῆλθεν ἕκαστος εἰς τὰ σκηνώματα αὐτοῦ χαίροντες.

CHAPITRE XII

Accord en nombre avec le sujet composé.

140. Classiquement, « si le verbe est placé en tête de la proposition, il se met souvent au singulier, même avec plusieurs sujets désignant des personnes. » Si le verbe suit les sujets, et que ces sujets soient des noms de personnes (faisant ensemble l'action), il se met ordinairement au pluriel (KOCH, 69, 6). — Cf. 108, *a*, *b*, *c*.

Quand le verbe est au singulier, l'écrivain ne considère que le premier ou le dernier sujet, qui est au singulier, tandis que les autres peuvent être au pluriel. Quand le verbe est au pluriel, l'auteur pense à tous les sujets. Les noms peuvent être des collectifs.

141. Dans le grec du N. T., le verbe est au singulier :
a) Quand il est placé le premier, particulièrement avec des noms de choses, surtout si ces choses n'expriment qu'une seule idée ou sont presque synonymes. Le premier sujet est alors au singulier. Ainsi :
Mat., III, 5 : ἐξεπορεύετο πρὸς αὐτὸν Ἱεροσόλυμα καὶ πᾶσα ἡ Ἰουδαία καὶ... — V, 18; VIII, 12; XXVII, 61; *Mar.*, I, 5; 36 : κατεδίωξεν αὐτὸν Σίμων καὶ οἱ μετ' αὐτοῦ. — III, 25; VIII, 27; XIII, 3; XIV, 1, 43; *L.*, I, 14 : καὶ ἔσται χαρὰ καὶ ἀγαλλίασις (sujets de choses synonymes). — I, 64; VIII, 19; *J.*, I, 35; II, 12; III, 22; IV, 53; XII, 22; XVIII, 15; XIX, 34; XX, 3; *A.*, IV, 32 (à comparer avec *L.*, I, 14); VII, 11, 15; XIII, 11; XVI, 33 : ἐβαπτίσθη αὐτὸς καὶ οἱ αὐτοῦ ἅπαντες. — XIX, 27; XXVI, 30; *R.*, XVI, 21, 23; *1 Cor.*, XIII, 13; *Col.*, IV, 10, 14; *1 Tim.*, VI, 4-5; *2 Tim.*, II, 17; IV, 21; *Tit.*, I, 15; *Phil.*, 23; *Jac.*, III, 10; *1 P.*, V, 13; *2 J.*, 3; *Apoc.*, I, 7; VIII, 7; IX, 17; XX, 11; XXI, 27. — Etc.
Avec un participe, *Mar.*, X, 46 : καὶ ἐκπορευομένου αὐτοῦ ἀπὸ Ἱερειχὼ καὶ τῶν μαθητῶν αὐτοῦ καὶ ὄχλου ἱκανοῦ. — *A.*, V, 17, 29 ; ἀποκριθεὶς Πέτρος καὶ οἱ ἀπόστολοι εἶπαν. — XXV, 23.

b) Quand il est placé après des noms de choses, comme souvent en grec classique (MADVIG, 2, *c*). Le dernier sujet est au singulier (sauf le pluriel neutre cité). Ainsi :

Mat., VI, 19 : σὴς καὶ βρῶσις ἀφανίζει. — XXIV, 35 : ὁ οὐρανὸς καὶ ἡ γῆ παρελεύσεται, — *Mar.*, IV, 41 ; *A.*, III, 6 : ἀργύριον καὶ χρυσίον οὐχ ὑπάρχει μοι (une seule idée : *argent*). — *R.*, V, 15 ; XIII, 9 : τὸ γάρ Οὐ μοιχεύσεις.... καὶ εἴ τις ἑτέρα ἐντολή, ἐν τῷ λόγῳ τούτῳ ἀνακεφαλαιοῦται. — *1 Cor.*, XV, 50 : σὰρξ καὶ αἷμα... οὐ δύναται (une seule idée : *l'humanité, la nature humaine*). — *Eph.*, IV, 31 ; *1 Th.*, V, 23 ; *H.*, IX, 13 ; *1 Tim.*, VI, 1 ; *Jac.*, V, 3 ; *1 P.*, I, 2 ; *2 P.*, I, 2 ; *2 P.*, III, 10, avec un pluriel neutre abstrait : καὶ γῆ καὶ τὰ ἐν αὐτῇ ἔργα εὑρεθήσεται. — *Jude*, 2. — Etc.
Avec un participe, *Apoc.*, IX, 18 : τοῦ πυρὸς καὶ τοῦ καπνοῦ καὶ τοῦ θείου τοῦ ἐκπορευομένου ἐκ τῶν στομάτων αὐτῶν. — Après un nom de personne considéré comme principal, et un nom de chose qui n'est qu'un accessoire, *A.*, XX, 32 : τῷ κυρίῳ καὶ τῷ λόγῳ τῆς χάριτος αὐτοῦ, τῷ δυναμένῳ...

c) Le singulier paraît très rare après des noms de personnes (au singulier), *1 Cor.*, VII, 34 : ἡ γυνὴ ἡ ἄγαμος καὶ ἡ παρθένος μεριμνᾷ τὰ τοῦ κυρίου, ἵνα ᾖ ἁγία (WH). — Avec un participe, *J.*, XIX, 26 : Ἰησοῦς οὖν ἰδὼν τὴν μητέρα καὶ τὸν μαθητὴν παρεστῶτα...

142. Le verbe est au pluriel, *quel que soit le nombre de chacun des sujets :*

a) Quand il précède des noms de personnes, construction qui paraît peu fréquente :

Mar., III, 31 : καὶ ἔρχονται ἡ μήτηρ αὐτοῦ καὶ οἱ ἀδελφοὶ αὐτοῦ. — X, 35 ; *L.*, XXIV, 10 ; *J.*, XIX, 25 ; XXI, 2 ; *A.*, IV, 27 ; XVII, 14 ; XVIII, 5 : ὡς δὲ κατῆλθον ἀπὸ τῆς Μακεδονίας ὅ τε Σίλας καὶ ὁ Τιμόθεος. — Avec un participe, *A.*, XVIII, 26 : ἀκούσαντες δὲ αὐτοῦ Πρίσκιλλα καὶ Ἀκύλας προσελάβοντο... et cf. XIII, 46.
Mais *L.*, XII, 53 : διαμερισθήσονται πατὴρ ἐπὶ υἱῷ καὶ υἱὸς ἐπὶ πατρί, le sens est : *on se divisera, père contre fils*, etc.

b) Quand il suit des noms de personnes :

A., IV, 19 : ὁ δὲ Πέτρος καὶ Ἰωάνης ἀποκριθέντες εἶπαν. — XII, 25 ; XIII, 46 ; XV, 35 ; XVI, 25 ; XXV, 13 ; *2 Tim.*, III, 8 ; *Apoc.*, XXII, 17.

Il en est de même du participe, *Mat.*, XVII, 3 ; *L.*, II, 33 ; *A.*, IV, 19 ; XV, 12 ; XXV, 13 ; *Jac.*, II, 15 ; *Apoc.*, VIII, 7. — Etc.
c) Quand il suit des noms de choses, rarement en dehors de l'Apocalypse, et les sujets sont au singulier (sauf *2 P.*, III, 7) :

114 ACCORD EN NOMBRE AVEC LE SUJET COMPOSÉ.

L., XXI, 33 : ὁ οὐρανὸς καὶ ἡ γῆ παρελεύσονται, et cf. le singulier pour la même phrase, *Mat.*, XXIV, 35, cité 141, *b*. — *Apoc.*, VI, 14; XX, 13, 14; XXI, 1. — Pour 2 *P.*, III, 7, voy. plus bas, 147, *e*.

Le participe, qui suit des noms de choses au singulier ou au pluriel, est régulièrement au pluriel, *H.*, IX, 9 : δῶρά τε καὶ θυσίαι... μὴ δυνάμεναι. — 2 *P.*, III, 5, (variante); III, 7; *Apoc.*, VIII, 7; XXII, 19. — Dans les LXX, 2 *Paral.*, XXXV, 26. — Voy. plus loin, 147, 2°.

143. *a*) Dans la proposition suivante (108, *d*), le verbe passe au pluriel, *J.*, XII, 22 : ἔρχεται Ἀνδρέας καὶ Φίλιππος, καὶ λέγουσιν τῷ Ἰησοῦ. — XX, 3; *A.*, XXVI, 30. — Avec un participe, *A.*, XXV, 23 : τῇ οὖν ἐπαύριον ἐλθόντος τοῦ Ἀγρίππα καὶ τῆς Βερνίκης μετὰ πολλῆς φαντασίας καὶ εἰσελθόντων εἰς τὸ ἀκροατήριον.

Pour *Apoc.*, VIII, 7, voy. 115, *c*. — Pour XII, 7-8, voy. 144, *e*.

b) Le verbe peut être intercalé après le premier sujet avec lequel il s'accorde, et il doit être suppléé avec les sujets suivants, *A.*, V, 32 : καὶ ἡμεῖς ἐσμὲν μάρτυρες τῶν ῥημάτων τούτων, καὶ τὸ πνεῦμα τὸ ἅγιον ὃ ἔδωκεν ὁ θεός. Suppléez μάρτυς ἐστίν avec τὸ πνεῦμα. — *R.*, I, 20, *Apoc.*, XXI, 22, etc.

c) Plusieurs des règles précédentes peuvent être appliquées dans le même passage, *Mat.*, XVII, 3 : καὶ ἰδοὺ ὤφθη αὐτοῖς Μωυσῆς καὶ Ἠλείας συνλαλοῦντες (141, *a*; 142, *b*). — XXVII, 61; *A.*, V, 17; 29 : ἀποκριθεὶς δὲ Πέτρος καὶ οἱ ἀπόστολοι εἶπαν. — V, 21.

144. En hébreu, « le verbe placé devant plusieurs sujets se met généralement au singulier, quel que soit le nombre du sujet qui suit. » (Ewald, p. 236; 339, *c*, 1; cf. Preiswerk, 468, *b*).

a) Dans les LXX : *Gen.*, XXXIII, 7-8 (avec un sujet pluriel neutre) : προσήγγισε Λεία καὶ τὰ τέκνα αὐτῆς καὶ προσεκύνησαν· καὶ μετὰ ταῦτα προσήγγισε Ῥαχὴλ καὶ Ἰωσὴφ καὶ προσεκύνησαν, et cf. 2 *P.*, III, 10 cité plus haut. — *Ex.*, I, 6; *Nom.*, XII, 1; *1 R.*, XXVII, 8; XXXI, 7; *2 Paral.*, XXXV, 8; *2 Esd.*, VIII, 25; *Néh.*, II, 19, 20; *Job*, III, 5; *Zach.*, XIII, 3. — Avec un participe, *Jér.*, XXXVI, 2 : ἐξελθόντος Ἰεχονίου τοῦ βασιλέως καὶ τῆς βασιλίσσης καὶ τῶν εὐνούχων...

b) « Il est rarement au pluriel. » (Ewald, *l. cit.*) — Dans les LXX, *Jug.*, VIII, 12; *2 Paral.*, XI, 12 : καὶ ἦσαν αὐτῷ Ἰούδα καὶ Βενιαμίν. — XXIII, 11; *Dan.*, II, 18, 35; V, 2.

Avec un participe, *Gen.*, IX, 23 : καὶ λαβόντες Σὴμ καὶ Ἰάφεθ τὸ ἱμάτιον ἐπέθηκαν... — *Énoch*, XI, 1.

c) « Quand le verbe suit les sujets, il est habituellement au pluriel. » (Ewald, *loc. cit.*; cf. Preiswerk, 468, *a*.) — Dans les LXX, 2 *R.*, XVII, 17 : καὶ Ἰωνάθαν καὶ Ἀχιμάας εἱστήκεισαν... — *Néh.*, VI, 12; *Es.*, XXVIII, 7; *Let. Jér.*, 27-28. Etc.

Avec le participe, *Gen.*, XVIII, 11 : Ἀβραὰμ δὲ καὶ Σάρρα πρεσβύτεροι προβεβηκότες. — *2 Paral.*, XXXV, 26 : καὶ ἦσαν λόγοι Ἰωσεία καὶ ἡ ἐλπὶς αὐτοῦ γεγραμμένα ἐν νόμῳ κυρίου.

d) « Le verbe qui suit les sujets est au singulier :

1° Quand les noms ont un sens neutre ou sont presque synonymes. » (EWALD, *loc. cit.*). On a dans les LXX :

Ex., IX, 19 : πάντες γὰρ οἱ ἄνθρωποι καὶ τὰ κτήνη ὅσα ἐὰν εὑρεθῇ ἐν τῷ πεδίῳ καὶ μὴ εἰσέλθῃ εἰς οἰκίαν, πέσῃ δὲ ἐπ' αὐτὰ ἡ χάλαζα, τελευτήσει. Le sujet neutre, le dernier, rappelé par αὐτά, est seul considéré ; d'où τελευτήσει. — XXI, 4 : ἡ γυνὴ καὶ τὰ παιδία ἔσται τῷ κυρίῳ. Cf. *2 P.*, III, 10, et *Gen.*, XXXIII, 7-8, cités plus haut, 141, *b* ; 144, *b*. — XIX, 3 : ὅταν αἱ φωναὶ καὶ αἱ σάλπιγγες καὶ ἡ νεφέλη ἀπέλθῃ ἀπὸ τοῦ ὄρους. — *Nom.*, XIX, 5 ; *Jug.*, XIX, 19 ; *3 R.*, VI, 12 ; *Esther*, IV, 14 : ἄλλοθεν βοήθεια καὶ σκέπη ἔσται (sujets presque synonymes). — *Job*, XV, 24 ; *Ps.*, LIV, 6 ; *Eccl.*, IX, 6 ; *Prov.*, XXV, 10 (*bis*) ; *Zach.*, VII, 7 ; *Daniel* (LXX), IV, 33 ; *Dan.*, V, 11 ; VII, 27.

2° Quand l'un des sujets est considéré comme principal et que le verbe s'accorde avec lui seulement (EWALD, *ibid.*). — Dans les LXX, *Jug.*, XIX, 9 : ἀνέστη ὁ ἀνὴρ τοῦ πορευθῆναι, αὐτὸς καὶ ἡ παλλακὴ αὐτοῦ καὶ ὁ νεανίας αὐτοῦ. — *Ezéch.*, XVI, 48 : εἰ πεποίηκε Σόδομα αὐτὴ καὶ αἱ θυγατέρες αὐτῆς ὃν τρόπον ἐποίησας σὺ καὶ αἱ θυγατέρες σου. — De même, *Prov.*, XXV, 10, = ἡ ἔχθρα ἔσται σοι ἴση.

e) Il faut appliquer ce principe, pour le N. T., à *Apoc.*, XII, 7-8 : καὶ ὁ δράκων ἐπολέμησεν καὶ οἱ ἄγγελοι αὐτοῦ, καὶ οὐκ ἴσχυσεν (*v. l.* ἴσχυσαν), οὐδὲ τόπος εὑρέθη αὐτῶν, le singulier ἴσχυσεν s'accorde avec le sujet principal ὁ δράκων. — Cf. *A.*, XX, 32 (141, *b*).

f) Dans la proposition suivante (143, *a*), le verbe est au pluriel, *Néh.*, II, 19 ; *Daniel* (LXX), IV, 5. — Mais non *Prov.*, XXV, 9 : ἡ δὲ μάχη σου καὶ ἡ ἔχθρα σου ἀπέσται, ἀλλὰ ἔσται σοι ἴση θανάτῳ, cf. plus haut, *d*, 2°.

145. Quand le sujet se compose d'un nom singulier uni par σύν ou μετά (= καί) à un autre nom, le verbe peut être au pluriel en grec classique (MADVIG, 3, *c*). — Dans le N. T. :

1° L'acte est attribué au premier sujet qui est le principal. *Mat.*, XX, 20 : προσῆλθεν αὐτῷ ἡ μήτηρ τῶν υἱῶν Ζεβεδαίου μετὰ τῶν υἱῶν αὐτῆς. — *Mar.*, III, 7 : ὁ Ἰησοῦς μετὰ τῶν μαθητῶν αὐτοῦ ἀνεχώρησεν. — *L.*, XXIII, 11 ; *A.*, V, 1 ; XX, 36 : θεὶς τὰ γόνατα αὐτοῦ σὺν πᾶσιν αὐτοῖς προσηύξατο. — XXIV, 1.

2° Le verbe est placé le premier, *Mar.*, XI, 4 : ὤφθη αὐτοῖς Ἠλείας σὺν Μωυσεῖ καὶ ἦσαν συνλαλοῦντες τῷ Ἰησοῦ. — Les sujets sont égaux.

3° Dans les exemples suivants, le participe est au singulier pour être placé devant et ne s'accorder qu'avec le premier ; le verbe qui suit est au singulier, parce que l'acte n'est fait que par le premier sujet. *A.*, II, 14 : σταθεὶς δὲ ὁ Πέτρος σὺν τοῖς ἕνδεκα ἐπῆρεν τὴν φωνήν (= πάντες ἐστάθησαν καὶ ὁ Πέτρος ἐπῆρέν...) — III, 4 ; V, 26 : ἀπελθὼν ὁ στρατηγὸς σὺν τοῖς ὑπηρέταις ἦγεν αὐτούς, οὐ μετὰ βίας, ἐφοβοῦντο γὰρ τὸν λαὸν μὴ λιθασθῶσιν · ἀγαγόντες δὲ αὐτοὺς ἔστησαν ἐν τῷ συνεδρίῳ (ἦγεν suit la règle de 1° ; ἐφοβοῦντο et ἔστησαν ont pour sujet ὁ στρατηγὸς καὶ οἱ ὑπηρέται). — XXIV, 24.

4° L'emploi d'un véritable sujet composé avec σύν ou μετά ne se rencontre guère que dans les *Actes,* dont la grécité est meilleure ; il tend à être abandonné dans les autres livres, où l'on trouve καί.
Dans les LXX, *Ex.,* XV, 19 : εἰσῆλθεν ἵππος Φαραὼ σὺν ἅρμασι καὶ ἀναβάταις εἰς θάλασσαν. — C. I. G., 4583 : Αὐρ. Σαβῖνος Οὐετρανὸς ἅμα... υἱοῖς αὐτοῦ τὸ μνημεῖον ἔκτισεν.

146. Classiquement, « lorsque les sujets sont joints par la particule ἤ, le prédicat s'accorde régulièrement avec le sujet le plus rapproché, et, quelquefois seulement, avec les deux. Avec ἤ—ἤ, οὔτε—οὔτε, le prédicat s'accorde presque toujours avec le sujet le plus rapproché seulement. » (MADVIG, 2, *d,* Rem. 2). Dans le N. T., le verbe ne s'accorde jamais avec les deux sujets : *R.*, VIII, 38-39 : οὔτε θάνατος οὔτε ζωὴ οὔτε ἄγγελοι οὔτε ἀρχαί... οὔτε τις κτίσις ἑτέρα δυνήσεται ἡμᾶς χωρίσαι. — *Eph.,* V, 5 : πᾶς πόρνος ἢ ἀκάθαρτος ἢ πλεονέκτης, ὅ ἐστιν εἰδωλολάτρης, οὐκ ἔχει κληρονομίαν. — *Mat.,* V, 18 ; XII, 25 ; XVIII, 8 ; *L.*, XIV, 5 ; *A.*, XI, 8 ; *1 Cor.,* VII, 15 ; XIV, 7, 24 ; *Eph.,* V, 3 ; *Jac.,* I, 17 ; II, 15 ; *Apoc.,* XI, 4. Etc.

Il ne paraît pas y avoir d'exception.
Dans les LXX, *Sag. Sal.*, XII, 14 : οὔτε βασιλεὺς ἢ τύραννος ἀντοφθαλμῆσαι δυνήσεταί σοι.
Mais le participe est au pluriel, *Jac.*, II, 15 : ἐὰν ἀδελφὸς ἢ ἀδελφὴ γυμνοὶ ὑπάρχωσιν καὶ λειπόμενοι.
Cf. les LXX, *Deut.*, XXII, 1 : ἰδὼν τὸν μόσχον τοῦ ἀδελφοῦ σου ἢ τὸ πρόβατον αὐτοῦ πλανώμενα, et v. 4 : οὐκ ὄψῃ τὸν ὄνον τοῦ ἀδελφοῦ σου ἢ τὸν μόσχον αὐτοῦ πεπτωκότας.

Sujet composé : accord du participe en genre, et en cas.

147. Classiquement, quand les sujets sont de genre différent, le participe s'accorde régulièrement avec le sujet dont le genre l'emporte, s'il s'agit de noms de personnes. Avec des noms de choses, le participe se met régulièrement au neutre,

ACCORD AVEC LE SUJET COMPOSÉ.

et, moins souvent, se met au genre du sujet le plus rapproché. Dans le N. T., on trouve les exemples suivants :

1° *a*) Avec des noms de personnes, construction classique, *L.*, II, 33, 48; *J.*, XIX, 26; *Jac.*, II, 15; *Apoc.*, XIX, 4, et cf. 20.

b) Mais le participe s'accorde avec le dernier sujet dans *Apoc.*, XIX, 19 : τὸ θηρίον καὶ τοὺς βασιλεῖς τῆς γῆς καὶ τὰ στρατεύματα αὐτῶν συνηγμένα (avec accord contraire à XIX, 14 : στρατεύματα... ἐνδεδυμένοι). — Peu classique.

2° *c*) Avec des noms de choses, *Apoc.*, VIII, 7 : ἐγένετο χάλαζα καὶ πῦρ μεμιγμένα, et cf. XXII, 19. — *2 P.*, III, 5, pour la variante συνεστῶτα. — Classique.

d) Mais le participe s'accorde avec le dernier sujet (comme plus haut, 1° *b*) dans *H.*, IX, 9 : δῶρά τε καὶ θυσίαι προσφέρονται μὴ δυνάμεναι. — *2 P.*, III, 5 : οὐρανοὶ ἦσαν ἔκπαλαι καὶ γῆ ἐξ ὕδατος καὶ δι' ὕδατος συνεστῶσα (*v. l.* συνεστῶτα). — Moins classique.

e) Il s'accorde avec le premier dans *2 P.*, III, 7 : οἱ δὲ νῦν οὐρανοὶ καὶ ἡ γῆ τῷ αὐτῷ λόγῳ τεθησαυρισμένοι εἰσὶν πυρὶ τηρούμενοι. — Hébraïsant, d'après ce qui suit.

148. En hébreu, « l'adjectif (ou le participe) qui se rapporte à deux substantifs de genre différent préfère le masculin. » (PREISWERK, 556, 4.)

Dans les LXX, on trouve : *Gen.*, XVIII, 11 : 'Αβραὰμ δὲ καὶ Σάρρα πρεσβύτεροι προβεβηκότες ἡμερῶν. — *Zach.*, VIII, 4; *Dan.*, V, 19.

Mais *Daniel* (LXX), VII, 14 : καὶ πάντα τὰ ἔθνη τῆς γῆς κατὰ γένη καὶ πᾶσα δόξα λατρεύουσα, comme plus haut (*b*), *Apoc.*, XIX, 19.

Puis, *2 Paral.*, XXVII, 7 : οἱ λοιποὶ λόγοι Ἰωαθὰμ καὶ ὁ πόλεμος καὶ αἱ πράξεις αὐτοῦ ἰδοὺ γεγραμμένοι... (147, *e*).

Et *2 Paral.*, XXXV, 26 : ἦσαν οἱ λοιποὶ λόγοι Ἰωσίου καὶ ἡ ἐλπὶς αὐτοῦ γεγραμμένα ἐν νόμῳ κυρίου. — *Sag. Sal.*, XVII, 17-18 : εἴ τε πνεῦμα συρίζον, ἤ... ἦχος εὐμελής, ἢ ῥυθμὸς ὕδατος..., ἤ... θηρίων φωνή, ἢ ἀντανακλωμένη... ἠχώ, παρέλυσεν αὐτοὺς ἐκφοβοῦντα, = ταῦτα παρέλυσεν ἐκφοβοῦντα, et cf. plus haut, *Apoc.*, VIII, 7, 147, *c*.

Cf. maintenant *Job*, VI, 16-17 : ὥσπερ χιὼν ἢ κρύσταλλος πεπηγώς· καθὼς τακεῖσα θέρμης γενομένης οὐκ ἐπεγνώσθη ὅπερ ἦν. Le participe πεπηγώς s'accorde avec le dernier sujet, tandis que τακεῖσα s'accorde avec le premier (χιών).

Nota. — Les anomalies pour l'accord en cas du participe avec ce sujet composé ont été signalées plus haut, 111-114.

CHAPITRE XIII

Changement de nombre.

149. Un changement brusque de sujet ou d'idée peut amener un changement de nombre.

a) Lorsque l'on parle d'une catégorie d'individus ou qu'on lui parle, on peut penser à tous ceux qui la composent, avec le verbe au pluriel; ou à l'un d'eux seulement, qui la représente, avec le verbe au singulier. La catégorie peut être à déterminer d'après le contexte :

Mat., II, 20 : τεθνήκασιν γὰρ οἱ ζητοῦντες τὴν ψυχὴν τοῦ παιδίου, avec οἱ ζητοῦντες = Hérode et ses fonctionnaires, quand on aurait attendu ὁ ζητῶν d'après le v. 13. Cf. XVII, 12 : ἠθέλησαν, quand on attendait le singulier d'après XIV, 1-2. — *2 J.*, 7 : πολλοὶ πλάνοι ἐξῆλθαν εἰς τὸν κόσμον, οἱ μὴ ὁμολογοῦντες Ἰησοῦν Χριστὸν ἐρχόμενον ἐν σαρκί· οὗτός ἐστιν ὁ πλάνος καὶ ὁ ἀντίχριστος.

L'auteur se détache de sa classe, dans *Ph.*, III, 3 : ἡμεῖς γάρ ἐσμεν ἡ περιτομή,... οὐκ ἐν σαρκὶ πεποιθότες, καίπερ ἐγὼ ἔχων πεποίθησιν καὶ ἐν σαρκί.

b) Lorsque le singulier du nom est employé au sens abstrait et équivaut ainsi à un collectif indéfini (126), le singulier passe facilement au pluriel dans la proposition suivante (108, *d*) :

R., III, 1-2 : τί οὖν τὸ περισσὸν τοῦ Ἰουδαίου, ἢ τίς ἡ ὠφέλεια τῆς περιτομῆς ; πολὺ κατὰ πάντα τρόπον· πρῶτον μὲν [γὰρ] ὅτι ἐπιστεύθησαν..., sujet οἱ Ἰουδαῖοι. — *1 Cor.*, VII, 36, cf. 70 ; *1 Tim.*, II, 13-15 : Ἀδὰμ οὐκ ἠπατήθη, ἡ δὲ γυνὴ ἐξαπατηθεῖσα ἐν παραβάσει γέγονεν. σωθήσεται δὲ διὰ τῆς τεκνογονίας, ἐὰν μείνωσιν ἐν πίστει καὶ ἀγάπῃ καὶ ἁγιασμῷ μετὰ σωφροσύνης, = ἡ γυνὴ σωθήσεται..., ἐὰν αἱ γυναῖκες μείνωσιν. — *Apoc.*, XX, 6 : μακάριος καὶ ἅγιος ὁ ἔχων μέρος ἐν τῇ ἀναστάσει τῇ πρώτῃ· ἐπὶ τούτων ὁ δεύτερος θάνατος οὐκ ἔχει ἐξουσίαν, ἀλλ' ἔσονται ἱερεῖς... On a τούτων et ἔσονται comme si l'on avait eu auparavant οἱ ἔχοντες. —Cf. 69.

c) Avec le participe, *1 J.*, V, 16 : ἐάν τις ἴδῃ τὸν ἀδελφὸν αὐτοῦ ἁμαρτάνοντα ἁμαρτίαν μὴ πρὸς θάνατον, αἰτήσει, καὶ δώσει αὐτῷ ζωήν, τοῖς ἁμαρτάνουσιν μὴ πρὸς θάνατον, avec τοῖς ἁμαρτάνουσιν qui reprend αὐτῷ, c'est-à-dire τῷ ἁμαρτάνοντι. — Cf. *A.*, III, 12 et IV, 1.

Nota. — Cf. aussi, pour tout ce qui précède, ce qui a été dit sur l'accord du verbe avec un collectif indéfini, 126.

d) Pour la possession démoniaque, le nombre change suivant que l'acte est attribué au possédé ou aux esprits possesseurs (123, *a*), *Mar.*, V, 10-12 : καὶ παρεκάλει αὐτὸν πολλὰ ἵνα μὴ αὐτὰ ἀποστείλῃ ἔξω τῆς χώρας..., καὶ παρεκάλεσαν αὐτὸν λέγοντες.

150. *a*) Parfois, le pluriel se rapporte à une seule personne déterminée ; il est oratoire, *A.*, VII, 35 : τοῦτον τὸν Μωυσῆν ὃν ἠρνήσαντο εἰπόντες, et cf. v. 27 : ὁ δὲ ἀδικῶν τὸν πλησίον ἀπώσατο αὐτὸν εἰπών.

b) Il en est de même pour la 1re personne du pluriel = la 1re personne du singulier, comme *J.*, III, 11-12 ; XX, 1-2 [1] ; *A.*, XI, 11 (*v. l.* ἤμην) ; *R.*, I, 1-8 : Παῦλος δοῦλος Ἰησοῦ Χριστοῦ... δι' οὗ ἐλάβομεν [2] χάριν καὶ ἀποστολήν... πρῶτον μὲν εὐχαριστῶ. — 2 *Cor.*, I, 8 seqq. ; *Gal.*, I, 8-9 ; *H.*, XIII, 18-19 ; etc. — Cf. *Col.*, IV, 3-4.

c) En particulier, quand celui qui parle s'associe dans sa pensée son entourage ou ses auditeurs. Il en est de même en grec classique (MADVIG, 1, *a*, 3, *Rem.*, 3). — Ainsi :

Mar., IV, 30 : καὶ ἔλεγεν Πῶς ὁμοιώσωμεν τὴν βασιλείαν τοῦ θεοῦ ; et *Mat.*, XI, 16 : τίνι δὲ ὁμοιώσω τὴν γενεὰν ταύτην ;

d) Le participe peut être au pluriel, en ne se rapportant qu'à la personne qui parle, et il peut y avoir changement de nombre, *2 Cor.*, XI, 5-6 : λογίζομαι γὰρ μηδὲν ὑστερηκέναι τῶν ὑπερλίαν ἀποστόλων· εἰ δὲ καὶ ἰδιώτης τῷ λόγῳ, ἀλλ' οὐ τῇ γνώσει, ἀλλ' ἐν παντὶ φανερώσαντες ἐν πᾶσιν εἰς ὑμᾶς. Le participe φανερώσαντες se rapporte à ἐγώ, sujet de λογίζομαι et de εἰμὶ ἰδιώτης.

e) A la 2me personne, *Mat.*, V, 21-27 : ἠκούσατε ὅτι ἐρρέθη... Ἐὰν οὖν προσφέρῃς τὸ δῶρόν σου... Ἴσθι εὐνοῶν τῷ ἀντιδίκῳ σου... Ἠκούσατε ὅτι ἐρρέθη. — VI, 5-7 : ὅταν προσεύχησθε, οὐχ ἔσεσθε ὡς οἱ ὑποκριταί... Σὺ δὲ ὅταν προσεύχῃ... προσευχόμενοι δὲ μὴ βατταλογήσητε. — *J.*, III, 11 : ἀμὴν ἀμὴν λέγω σοι ὅτι..., καὶ τὴν μαρτυρίαν ἡμῶν οὐ

---

1. *J.*, XX, 1-2 : Μαρία ἡ Μαγδαληνὴ... ἔρχεται πρὸς Σίμωνα Πέτρον καὶ πρὸς τὸν ἄλλον μαθητὴν ὃν ἐφίλει ὁ Ἰησοῦς καὶ λέγει αὐτοῖς Ἦραν τὸν κύριον ἐκ τοῦ μνημείου, καὶ οὐκ οἴδαμεν ποῦ ἔθηκαν αὐτόν. On peut faire οἴδαμεν = οἶδα ; mais ce pluriel semble indiquer plutôt que Marie de Magdala a déjà parlé à d'autres personnes qui ne savaient rien non plus (ou encore qu'elle pense à ses compagnes, *Mar.*, XV, 40), et qu'elle se les associe dans sa pensée : οὐκ οἴδαμεν. — Cf. aussi XX, 13, où l'on a οὐκ οἶδα.

2. On pourrait entendre : *moi, et les autres qui prêchent comme moi, aux païens* ; mais il est inutile de le faire.

λαμβάνετε, en passant de σοι à ὑμεῖς, οἱ Ἰουδαῖοι, οὐ λαμβάνετε. — *Gal.*, IV, 6-7; VI, 1 : ἐὰν καὶ προλημφθῇ ἄνθρωπος ἔν τινι παραπτώματι, ὑμεῖς οἱ πνευματικοὶ καταρτίζετε τὸν τοιοῦτον ἐν πνεύματι πραΰτητος, σκοπῶν σεαυτόν, μὴ καὶ σὺ πειρασθῇς. — *Jac.*, II, 20, 22, 24.

Mais les mots ἴδε (et ἰδού) et ἄγε sont traités comme des particules invariables dans *Mat.*, XXVI, 66 : ἴδε νῦν, ἠκούσατε... — *Jac.*, IV, 13; V, 1 : ἄγε νῦν οἱ πλούσιοι, κλαύσατε.

151. Le grec classique offre des exemples de ces changements de nombre (Madvig, 6, Remarque), et particulièrement avec τις, εἴ τις (Liddel and Scott, *sub verb.* τις *A.*, II, 2) ; les derniers paraissent moins littéraires, plutôt familiers. Mais la fréquence de tous dans le N. T. et la vivacité qu'ils donnent au style sont à remarquer ; ce ne sont pas des accidents de grammaire ; ils forment une des particularités de la langue familière.

152. L'hébreu, d'ailleurs, langue essentiellement familière, les favorisait. « On peut ne nommer qu'un individu, au lieu de nommer tous ceux de sa classe, et alors le discours passe au pluriel qui est également correct ; et inversement. — Il en est de même quand *vous* et *tu*, quand *tu* et *on* permutent, en ayant le même sens. » (Ewald, p. 183 seq., 319 a, 3). — Dans les LXX, on a :
  a) *Job*, XXIV, 15-16 : ὀφθαλμὸς μοιχοῦ ἐφύλαξε σκότος..., καὶ ἀποκρυβὴν προσώπου ἔθετο. διώρυξεν ἐν σκότει οἰκίας, ἡμέρας ἐσφράγισαν ἑαυτούς, οὐκ ἐπέγνωσαν φῶς, κτλ. — XXVIII, 3-4 (cf. Driver, p. 173, 7). — *Amos*, VI, 10 : καὶ ἐρεῖ τοῖς προεστηκόσι τῆς οἰκίας Εἰ ἔτι ὑπάρχει παρὰ σοί; καὶ ἐρεῖ Οὐκ ἔτι. — *Zach.*, XIII, 4-5 : καταισχυνθήσονται οἱ προφῆται..., καὶ ἐνδύσονται δέρριν τριχίνην ἀνθ' ὧν ἐψεύσαντο. καὶ ἐρεῖ Οὐκ εἰμὶ προφήτης ἐγώ, = *chacun d'eux dira.* — *Es.*, V, 29-30 : ὀργιῶσιν ὡς λέοντες, παρέστηκαν ὡς σκύμνοι λέοντος · καὶ ἐπιλήμψεται καὶ βοήσει ὡς θηρίον καὶ ἐκβαλεῖ, καὶ οὐκ ἔσται ὁ ῥυόμενος αὐτούς · καὶ βοήσει δι' αὐτοὺς τῇ ἡμέρᾳ ἐκείνῃ ὡς φωνὴ θαλάσσης κυμαινούσης · καὶ ἐμβλέψονται εἰς τὴν γῆν. Le sujet de ὀργιῶσιν et παρέστηκαν est οἱ πολέμιοι ; ce sujet pluriel est ensuite remplacé par τοῦτο τὸ ἔθνος (sujet mental) qui amène le singulier pour ἐπιλήμψεται, βοήσει, ἐκβαλεῖ et βοήσει, singulier conforme à l'hébreu (et peut-être non sans influence de l'attribut singulier, 153). Le pluriel ἐμβλέψονται a pour sujet αὐτοί, οἱ Ἰουδαῖοι, déjà indiqué par αὐτούς. — XXX, 31-32, cf. Ἀσσύριοι et αὐτός. — *Jér.* IX, 7-8 : ἐγὼ πυρώσω αὐτούς..., δόλια τὰ ῥήματα τοῦ στόματος αὐτῶν · τῷ πλησίον αὐτοῦ λαλεῖ εἰρηνικὰ καὶ ἐν ἑαυτῷ ἔχει τὴν ἔχθραν, avec le sujet réel : *chacun d'eux* (αὐτῶν) *dit à son prochain...* — X, 3 seq. : τὰ νόμιμα τῶν ἐθνῶν μάταια. ξύλον ἐστὶν ἐκ τοῦ δρυμοῦ ἐκκεκομμένον, ἔργον τέκτονος καὶ χώνευμα, ἀργυρίῳ καὶ χρυσίῳ κεκαλλωπισμένα, ἐν σφύραις (singulier ἔργον κτλ., et pluriel κεκαλλωπισμένα). — *Ez.*, XLIV, 25 : ἐπὶ ψυχῇ ἀνθρώπου οὐκ εἰσελεύσονται τοῦ μιανθῆναι, ἀλλ' ἢ ἐπὶ πατρὶ... καὶ ἐπὶ ἀδελφῷ αὐτοῦ, ᾗ οὐ γέγονεν ἀνδρὶ μιανθήσεται, ce dernier verbe et εἰσελεύσονται ont le même sujet, à un

nombre différent. — *1 Mac.*, I, 29-35, de ἦλθεν à ἠχμαλώτευσεν les verbes sont tous au singulier, et le sujet grammatical est ὁ ἄρχων; ils sont ensuite tous au pluriel, et le sujet est alors ὁ ἄρχων καὶ οἱ στρατιῶται. On a v. 32 : καθεῖλε τοὺς οἴκους αὐτῆς καὶ τὰ τείχη αὐτῆς κύκλῳ · καὶ ἠχμαλώτευσεν τὰς γυναῖκας καὶ τὰ τέκνα, καὶ... ἐκληρονόμησαν.

És., LX, 21 : καὶ ὁ λαός σου πᾶς δίκαιος, δι' αἰῶνος κληρονομήσουσιν τὴν γῆν, φυλάσσων τὸ φύτευμα, ἔργα χειρῶν αὐτοῦ εἰς δόξαν, avec λαός sujet de κληρονομήσουσιν et de φυλάσσων, et avec ἔργα apposé à la phrase.

b) Avec un singulier, = un collectif indéfini, *Gen.*, I, 26-28 : ποιήσωμεν ἄνθρωπον... καὶ ἀρχέτωσαν. — *Job*, XII, 6 : μηδεὶς πεποιθέτω, πονηρὸς ὤν, ἀθῷος ἔσεσθαι, ὅσοι παροργίζουσι τὸν Κύριον. — *Jér.*, IX, 5 (avec ἕκαστος); XXII, 7 : ἐπάξω ἐπὶ σὲ ἄνδρα ὀλοθρεύοντα καὶ τὸν πέλεκυν αὐτοῦ καὶ ἐκκόψουσι τὰς ἐκλεκτὰς κέδρους σου, de ἄνδρα tirez οὗτοι οἱ ἄνδρες. — XXXVI, 32. — Cf. aussi 126 et 81.

c) Pour la 1ʳᵉ personne, *Gen.*, I, 26 : εἶπεν ὁ θεὸς Ποιήσωμεν ἄνθρωπον (pluriel d'un roi parlant au milieu de sa cour), et cf. II, 18. — *Esther*, VI, 3 : εἶπε δὲ ὁ βασιλεὺς Τίνα δόξαν ἢ χάριν ἐποιήσαμεν τῷ Μαρδοχαίῳ;

d) Pour la 2ᵐᵉ personne, *Ex.*, XXXI, 13-15; *Lév.*, XIX, 9 : οὐ συντελέσετε τὸν θερισμὸν ὑμῶν τοῦ ἀγροῦ σου ἐκθερίσαι, καὶ τὰ ἀποπίπτοντα τοῦ θερισμοῦ σου οὐ συλλέξεις. — *Deut.*, XI, 19 : διδάξετε αὐτὰ τὰ τέκνα ὑμῶν λαλεῖν ἐν αὐτοῖς, καθημένου σου ἐν οἴκῳ. — XVI, 20; XXII, 21-22; *Mal.*, II, 15; *Es.*, XXII, 1 : τί ἐγένετό σοι ὅτι νῦν ἀνέβητε εἰς δώματα μάταια; — XXX, 12.

e) De plus, en hébreu et dans les LXX, on trouve employé à toutes les personnes le pluriel appelé *pluralis majestaticus, excellentiæ*, « pour exprimer l'idée de *dignité, hauteur, puissance.* » (PREISWERK, 526, *b*). Ainsi, *Es.*, XIX, 4 : παραδώσω Αἴγυπτον εἰς χεῖρας ἀνθρώπων κυρίων σκληρῶν, καὶ βασιλεῖς σκληροὶ κυριεύσουσιν αὐτῶν, = *un roi dur dominera sur elle.*

Cet emploi hébraïsant du pluriel ne paraît pas se rencontrer dans le N. T.

Accord du verbe avec l'attribut.

153. *a*) Classiquement, lorsque l'attribut précède, le verbe peut s'accorder avec lui (MADVIG, 4). De même, dans le N. T., *J.*, VII, 49 : ὁ ὄχλος οὗτος ὁ μὴ γινώσκων τὸν νόμον ἐπάρατοί εἰσιν. — *Jac.*, II, 15; — Avec des neutres, *J.*, VI, 63; *1 Cor.*, XII, 23; *Apoc.*, XVII, 12.

Le verbe s'accorde même avec l'attribut qui suit, *Mat.*, XIII, 38 : τὰ δὲ ζιζάνιά εἰσιν οἱ υἱοὶ τοῦ πονηροῦ.

Le participe s'accorde aussi avec l'attribut : qui précède, *Mat.*, XXVII, 33 : ὅ ἐστιν Κρανίου Τόπος λεγόμενος, et qui suit, *Mar.*, XV, 22 : εἰς τὸν Γολγοθᾶν τόπον, ὅ ἐστιν μεθερμηνευόμενος (*v. l.* μεθερμηνευόμενον) Κρανίου Τόπος.

Nota. — Classiquement, « dans la construction participiale, le participe du verbe de liaison s'accorde en genre et en nombre avec le nom attribut comme *Thucyd.* V, 4, 4 : καταλαμβάνουσι Βρικιννίας ὂν ἔρυμα, *Bricinnie qui est un fort.* » (KOCH, 69, 8, Remarque). — Il ne doit pas y avoir de construction de ce genre dans le N. T. Ce qui s'en rapproche le plus est *A.*, V, 17 : ὁ ἀρχιερεὺς καὶ πάντες οἱ σὺν αὐτῷ, ἡ οὖσα αἵρεσις τῶν Σαδδουκαίων. Cf. 240, *a*.

b) La construction classique existe aussi en hébreu (EWALD, p. 185, 319, *c*, 4), et dans les LXX, *Es.*, VII, 23 : πᾶς τόπος οὗ ἐὰν ὦσι χίλιαι ἄμπελοι χιλίων σίκλων, εἰς χέρσον ἔσονται καὶ εἰς ἄκανθαν. — XVIII, 2-3 : οἱ ποταμοὶ τῆς γῆς πάντες ὡς χώρα κατοικουμένη κατοικηθήσεται. — *Jér.*, XXXI, 36 : διὰ τοῦτο καρδία τοῦ Μωὰβ ὥσπερ αὐλοὶ βομβήσουσι. — Avec un participe, *Néh.*, IV, 18 : καὶ οἱ οἰκοδόμοι ἀνὴρ ῥομφαίαν αὐτοῦ ἐζωσμένος ἐπὶ τὴν...

Le verbe s'accorde avec l'attribut placé après, mais le plus rapproché, dans *Es.*, XXIX, 4 : καὶ ἔσονται ὡς οἱ φωνοῦντες ἐκ τῆς γῆς ἡ φωνή σου.

c) Mais le verbe ne s'accorde pas avec l'attribut dans un exemple tel que celui du N. T., *R.*, XII, 5 : οἱ πολλοὶ ἓν σῶμά ἐσμεν ἐν Χριστῷ.

Le duel.

154. Le duel n'existant ni dans le grec du N. T., ni dans celui des LXX (ni en hébreu, à proprement parler), il n'y a pas lieu de s'occuper de l'accord du verbe avec un sujet au duel. Le verbe est toujours au pluriel (cf. THIERSCH, p. 90).

Le duel ne devait pas exister dans la langue familière. Pour le verbe, il a disparu depuis 417 avant J.-C. (MEISTERHANS, 161, 9). C'est un atticisme dans le grec post-classique, par exemple dans Lucien.

CHAPITRE XIV

Accord en personne.

Sujet composé de personnes différentes.

155. *a*) Classiquement, quand les sujets sont de différentes personnes, le verbe s'accorde avec celle qui l'emporte : la première ; sinon, la seconde. De même dans le N. T., *Mat.*, IX, 14 : διὰ τί ἡμεῖς καὶ οἱ Φαρισαῖοι νηστεύομεν. — *L.*, II, 48 ; *J.*, X, 29 ; *A.*, XI, 14 : σωθήσῃ σὺ καὶ πᾶς ὁ οἶκός σου. — XV, 10 ; XVI, 31.

Mais, *J.*, XV, 5 : ὁ μένων ἐν ἐμοὶ κἀγὼ ἐν αὐτῷ, οὗτος φέρει, = ὁ μένων ἐν ἐμοί, ἐν ᾧ καὶ ἐγὼ μένω.

b) Avec une particule disjonctive, on ne considère que la personne du dernier sujet, *Gal.*, I, 8 : ἐὰν ἡμεῖς ἢ ἄγγελος ἐξ οὐρανοῦ εὐαγγελίσηται [ὑμῖν] παρ' ὃ εὐηγγελισάμεθα ὑμῖν, ἀνάθεμα ἔστω.

Dans les LXX, *4 R.*, IV, 7 : καὶ σὺ καὶ οἱ υἱοί σου ζήσεσθε. — *Jér.*, III, 25 : ἡμάρτομεν ἡμεῖς καὶ οἱ πατέρες ἡμῶν. — *Es.*, XVI, 48, 55 ; *Dan.*, V, 23.

Mais *Eccl.*, VII, 26 : ἐκύκλωσα ἐγώ, καὶ ἡ καρδία μου τοῦ γνῶναι, = ἐστὶν τοῦ γνῶναι.

c) Le pronom relatif prend la personne de son antécédent, *J.*, VIII, 40 : ζητεῖτέ με ἀποκτεῖναι, ἄνθρωπον ὃς τὴν ἀλήθειαν ὑμῖν λελάληκα. — *A.*, X, 41 ; XXII, 4 ; *2 Cor.*, X, 1 ; *Gal.*, III, 27 ; V, 4.

Dans les LXX, *Ex.*, XX, 2 : ἐγώ εἰμι κύριος ὁ θεός σου, ὅστις ἐξήγαγόν σε ἐκ γῆς Αἰγύπτου.

Changement de personne.

156. Le mouvement oratoire amène souvent un changement brusque de personne :

a) Quand il y a passage subit du style indirect au style direct, comme il arrive souvent dans le N. T. (*Syntaxe des Propositions*, 368), *L.*, V, 14 : αὐτὸς παρήγγειλεν αὐτῷ μηδενὶ εἰπεῖν, ἀλλὰ ἀπελθὼν δεῖξον σεαυτόν. — XXIV, 46-47 ; *A.*, I, 4-5 ; XIV, 22 ; XVII, 3.

Cf. *J.*, X, 36 : ὃν ὁ πατὴρ ἡγίασεν καὶ ἀπέστειλεν εἰς τὸν κόσμον ὑμεῖς λέγετε ὅτι Βλασφημεῖς, ὅτι εἶπον Υἱὸς τοῦ θεοῦ εἰμί ; On devrait avoir ὅτι οὗτος βλασφημεῖ, mais on a la deuxième personne βλασφημεῖς, au style direct, reprise du v. 33 ; au lieu de ὅτι εἶπεν, on a la première personne εἶπον, parce que celui dont on parle (ὃν ὁ πατὴρ κτλ.) est le même que celui qui parle (ὁ Ἰησοῦς).

De même, dans une citation de l'A. T. adaptée au contexte, *J.*, XII, 39-40 : εἶπεν Ἡσαΐας Τετύφλωκεν αὐτῶν τοὺς ὀφθαλμοὺς καὶ ἐπώρωσεν αὐτῶν τὴν καρδίαν, ἵνα μὴ ἴδωσιν... καὶ στραφῶσιν, καὶ ἰάσομαι αὐτούς, citation *ad sensum* de *Es.*, VI, 10 ; Κύριος est le sujet de τετύφλωκεν. La citation faite d'abord à la troisième personne τετύφλωκεν revient à la première avec ἰάσομαι, comme dans l'original (sujet : ἐγὼ ὁ Κύριος).

Il est évident que dans les citations de l'A. T. la personne peut être gardée et ne pas correspondre au contexte, comme *1 Cor.*, I, 31, où l'on aurait dû avoir καυχᾶσθε ; *H.*, III, 7, où l'on aurait dû avoir ἀκούσωμεν et non ἀκούσητε ; etc.

Dans les LXX, *Deut.*, I, 8 : παραδέδωκεν ἐνώπιον ὑμῶν τὴν γῆν· εἰσπορευθέντες κληρονομήσατε τὴν γῆν ἣν ὤμοσα τοῖς πατράσιν ὑμῶν, τῷ Ἀβραὰμ καὶ Ἰσαὰκ καὶ Ἰακώβ, δοῦναι αὐτοῖς, παραδέδωκεν a pour sujet ὁ κύριος dont les paroles sont rapportées à la 1ʳᵉ personne ὤμοσα. — *Esther*, IV, 8 ; *Es.*, XIX, 1-4 : κύριος κάθηται ἐπὶ νεφέλης κούφης καὶ ἥξει εἰς Αἴγυπτον..., καὶ παραδώσω Αἴγυπτον...

b) Quand les trois personnes ont le même sens indéfini, = *on, un tel, quiconque, R.*, III, 17, 29; IV, 1, 5.

c) Quand celui qui parle s'associe à ses auditeurs, *1 Cor.*, X, 7-11 : μηδὲ εἰδωλολάτραι γίνεσθε..., μηδὲ πορνεύωμεν... μηδὲ ἐκπειράζωμεν τὸν κύριον..., μηδὲ γογγύζετε. — *R.*, VI, 13-16; VII, 4; *Gal.*, III, 14; *Eph.*, IV, 25, et très souvent dans Paul.

Dans les LXX, *Jér.*, LI, 21 : οὐχὶ τοῦ θυμιάματος οὗ ἐθυμιάσαμεν ἐν ταῖς πόλεσιν Ἰούδα... ὑμεῖς καὶ οἱ πατέρες ὑμῶν καὶ οἱ βασιλεῖς ὑμῶν, avec ἐθυμιάσαμεν = ἐθυμιάσατε.

d) Quand ce qui est dit de la deuxième, ou de la troisième personne, s'applique tout aussi bien à l'autre. *Mat.*, XXIV, 15 : ὅταν οὖν ἴδητε τὸ βδέλυγμα τῆς ἐρημώσεως... ἐστὸς ἐν τόπῳ ἁγίῳ, ὁ ἀναγινώσκων νοείτω, τότε οἱ ἐν τῇ Ἰουδαίᾳ φευγέτωσαν..., le sujet de ἴδητε est en réalité οἱ ἐν τῇ Ἰουδαίᾳ. — *J.*, XV, 5 : ὁ μένων ἐν ἐμοὶ κἀγὼ ἐν αὐτῷ, οὗτος φέρει καρπὸν πολύν, ὅτι χωρὶς ἐμοῦ οὐ δύνασθε ποιεῖν οὐδέν, les mots ὁ μένων κτλ., s'adressent aussi au sujet de δύνασθε. — *Jac.*, II, 15-16; IV, 11-12.

157. *a*) Le changement de personne est très fréquent et se fait avec beaucoup de liberté dans le grec biblique; c'est une particularité de ce grec, et de la langue familière.

b) Il existe en hébreu et dans les LXX. « *Vous* et *tu* peuvent permuter dans une proposition générale, où les deux pronoms sont également possibles; il en est de même pour *tu* et *ils* = *on, quelqu'un*, qui permutent avec le même sens. » (EWALD, p. 184, 319, *a*). — Dans les LXX :

Lév., II, 6-8 : καὶ διαθρύψεις αὐτὰ κλάσματα καὶ ἐπιχεεῖς ἐπ' αὐτὰ ἔλαιον· θυσία ἐστὶ κυρίῳ... καὶ προσοίσει τὴν θυσίαν ἣν ἂν ποιήσῃ ἐκ τούτων. — *Deut.*, XXII, 21 : λιθοβολήσουσιν αὐτὴν ἐν λίθοις καὶ ἀποθανεῖται..., καὶ ἐξαρεῖς τὸν πονηρὸν ἐξ ὑμῶν αὐτῶν. — *Tobie*, XIII, 3 : ἐξομολογεῖσθε αὐτῷ οἱ υἱοὶ Ἰσραὴλ ἐνώπιον τῶν ἐθνῶν ὅτι αὐτὸς διέσπειρεν ἡμᾶς ἐν αὐτοῖς, et V. 5 : συνάξει ἡμᾶς ἐκ πάντων τῶν ἐθνῶν οὗ ἐὰν σκορπισθῆτε. — *Es.*, VIII, 21 : κακῶς ἐρεῖτε τὸν ἄρχοντα καὶ τὰ πάτρια καὶ ἀναβλέψονται εἰς τὸν οὐρανόν, = *on dira du mal..., et on regardera au ciel...* — XIX, 1-4 (156, *a*); *Jér.*, IV, 5-6.

c) La personne change aussi, quand il y a plusieurs personnages qui parlent comme dans certains *Psaumes*, le *Cantique des cantiques*; quand l'orateur s'adresse à quelqu'un, par exemple à Dieu, *Lam.*, II, 21-22; quand il fait parler celui dont il est question, *Jér.*, IV. — Tous ces changements sont oratoires et se comprennent d'eux-mêmes; comme exemple curieux, voy. *Osée*, XIV, en entier.

TROISIÈME PARTIE

LE VERBE ET LE COMPLÉMENT

158. Cette partie traite des matières suivantes : 1° nature du complément ; 2° expression du complément ; 3° suppression du complément ; 4° établissement du rapport du verbe avec le complément ; 5° variation de ces rapports.

CHAPITRE XV

Nature du complément.

159. En principe, tout ce qui peut être sujet (39-44) peut être aussi complément du verbe.

a) Nominaux. On trouve, outre les noms ordinaires, des mots indéclinables ou invariables, ou des locutions formant substantif, ou une citation :

Mat., XIX, 18 : Ποίας (ἐντολάς);... Τό Οὐ φονεύσεις... — *L.*, XIX, 48 : οὐχ ηὕρισκον τὸ τί ποιήσωσιν. — *A.*, IV, 21 ; *R.*, XIII, 8 ; *1 Cor.*, XII, 3 ; XIV,

16 : πῶς ἐρεῖ τὸ ’Αμήν; — 2 *Cor.*, IX, 4; *Col.*, II, 21 : τί... δογματίζεσθε Μὴ ἅψῃ μηδὲ γεύσῃ μηδὲ θίγῃς; *pourquoi vous laissez-vous enseigner (ceci) : ne touchez pas...?* — *H.*, VIII, 13 : ἐν τῷ λέγειν Καινήν· πεπαλαίωκεν... — *Jac.*, II, 11; *Apoc.*, I, 4 : χάρις ὑμῖν καὶ εἰρήνη ἀπὸ ὁ ὢν καὶ ὁ ἦν καὶ ὁ ἐρχόμενος καὶ ἀπὸ τῶν ἑπτὰ πνευμάτων. — IX, 11 : καὶ ἐν τῇ ἑλληνικῇ ὄνομα ἔχει Ἀπολλύων. — Cf. 39.

Dans les LXX, *Osée*, XIV, 4 : οὐκέτι μὴ εἴπωμεν Θεοὶ ἡμῶν τοῖς ἔργοις τῶν χειρῶν ἡμῶν.

Un adjectif ou un participe seuls, même sans l'article générique et sans pronom indéfini; au singulier ou au pluriel :

L., XII, 26 : οὐδὲ ἐλάχιστον δύνασθε. — *J.*, VI, 7; *A.*, XIV, 21 : μαθητεύσαντες ἱκανούς. — *R.*, VI, 18 : ἀνθρώπινον λέγω. — *Apoc.*, II, 14 : ἔχεις ἐκεῖ κρατοῦντας τὴν διδαχὴν Βαλαάμ. — Cf. 40: 195.

Il en est de même dans les LXX, *Néh.*, XIII, 15 : εἶδον ἐν Ἰούδα πατοῦντας ληνοὺς ἐν τῷ σαββάτῳ. — *Job*, V, 2 : καὶ γὰρ ἄφρονα ἀναιρεῖ ὀργή, πεπλανημένον δὲ θανατοῖ ζῆλος.

b) Pronominaux. Tous les pronoms sont employés, comme en grec classique.

La suppression du pronom indéfini amène le complément partitif, comme on a le sujet partitif, *Mat.*, IX, 16 : αἴρει γὰρ τὸ πλήρωμα αὐτοῦ ἀπὸ τοῦ ἱματίου. — *J.*, VI, 51 : ἐάν τις φάγῃ ἐκ τούτου τοῦ ἄρτου. — Cf. 43 *bis*; 195.

Il en est de même dans les LXX, *Ex.*, XII, 43 : πᾶς ἀλλογενὴς οὐκ ἔδεται ἀπ’ αὐτοῦ. — *1 Paral.*, XXIX, 1, 4 : ἐκ τῶν σῶν δεδώκαμέν σοι.

Il faut remarquer que l'on peut trouver comme complément l'adverbe qui correspond au pronom (ou même à l'adjectif), dans des exemples tels que :

Mat., VII, 12 : πάντα οὖν ὅσα ἐὰν θέλητε ἵνα ποιῶσιν ὑμῖν οἱ ἄνθρωποι, οὕτως καὶ ὑμεῖς ποιεῖτε αὐτοῖς (οὕτως = ταῦτα), tandis que l'on a V, 46 : οὐχὶ καὶ οἱ ἐθνικοὶ τὸ αὐτὸ ποιοῦσιν; — *Mar.*, II, 12 : οὕτως οὐδέποτε εἴδαμεν, *nous n'avons jamais vu pareille chose*. — *L.*, XII, 38.

Il en est de même en hébreu et dans les LXX, *Gen.*, XXXII, 4 : οὕτως ἐρεῖτε τῷ κυρίῳ μου Ἠσαῦ· Οὕτως λέγει ὁ παῖς σου Ἰακώβ, = *voici ce que vous direz... Voici ce que dit...* — *1 R.*, XXIII, 17 : σὺ βασιλεύσεις... καὶ ἐγὼ ἔσομαί σοι εἰς δεύτερον, καὶ Σαοὺλ ὁ πατήρ μου οἶδεν οὕτως, *Saül sait cela*. — *3 R.*, I, 36 : καὶ εἶπε Γένοιτο· οὕτως πιστώσαι κύριος ὁ θεός σου, οὕτως = τοῦτο (τὸ ῥῆμά σου). — *Es.*, LXVI, 8 : τίς ἤκουσε τοιοῦτο καὶ τίς ἑώρακεν οὕτως ;

On peut donc sans scrupule, dans certains cas, donner à l'adverbe le sens du pronom correspondant, comme *Mat.*, XV, 28 : γενηθήτω σοι ὡς θέλεις, = *que ce que tu désires te soit fait.* — XXVIII, 15 : οἱ δὲ λαβόντες ἀργύρια ἐποίησαν ὡς ἐδιδάχθησαν, *ils firent ce qu'on leur avait dit.* — Dans les LXX, *Es.*, IX, 11 : πεποίηκα καθὼς ἐνετείλω μοι, *j'ai fait ce que tu m'as commandé.* — Cf. 263, *c, d, e*.

Voy. d'ailleurs Appendice *A*.

160. Le complément peut être exprimé, comme le sujet, par un groupe de mots plus ou moins nombreux ; et il peut être, comme lui, complexe et composé (43-44).

161. *Le complément est complexe :*

a) Quand il est exprimé par plusieurs mots ou par une périphrase :

L., XXIV, 35 : ἐξηγοῦντο τὰ ἐν τῇ ὁδῷ. — *R.*, XIV, 19 ; *2 Cor.*, XII, 6 : μή τις εἰς ἐμὲ λογίσηται ὑπὲρ ὃ βλέπει με ἢ ἀκούει ἐξ ἐμοῦ, *qu'on ne m'attribue pas plus que...* — *Apoc.*, VI, 6 : ἤκουσα ὡς φωνὴν... λέγουσαν.

C'est à cette catégorie de compléments que nous voudrions rattacher *Apoc.*, I, 13 εἶδον... ἐν μέσῳ τῶν λυχνιῶν ὅμοιον υἱὸν ἀνθρώπου, construction répétée XVI, 14.

Les mots ὅμοιον υἱὸν ἀνθρώπου ont été regardés comme inexplicables par certains commentateurs[1] ; d'autres[2] ont regardé υἱὸν ἀνθρώπου comme apposé à ὅμοιον, et le sens serait : *je vis un (être) semblable (à nous), un homme*. Nous croyons que ὅμοιον signifie *quelque chose comme* et qu'il équivaut ici à ὡς employé ailleurs dans l'*Apocalypse*, II, 18 ; VI, 14 ; IX, 7, 8 ; XXI, 11, etc.

La forme de cette construction vient de ce qu'elle est empruntée à divers passages du livre de Daniel. Dans le texte hébreu, il y a un nom qui par lui-même équivaut à ὁμοίωμα, mais qui en réalité a presque exactement la signification de *comme* (EWALD, p. 181, 317, *c*, renvoyant à *Dan.*, VIII, 8, où le grec n'a rien qui corresponde au nom hébreu). Dès lors, l'auteur de l'*Apocalypse* n'aurait-il pas, sous l'influence de l'hébreu qui demandait ὁμοίωμα, et du grec qui demandait ὡς, choisi l'expression intermédiaire ὅμοιον, qui répondait d'ailleurs au sens du nom hébreu et de l'adverbe grec, et qui signifierait *un être comme, quelque chose comme*[3]..?

b) Quand il est exprimé avec une particule distributive. Avec ἀνά, *Mat.*, XX, 9 (et v. 10) : ἔλαβον ἀνὰ δηνάριον, *ils reçurent par denier* (= *chacun un denier*). — *J.*, II, 6 ; *Apoc.*, IV, 8 :

---

1. B. WEISS, *Die Johannes-Apokalypse, in loc.*
2. SIMCOX, *The Revelation of S. John, in loc.*, au commentaire critique.
3. Cf. PREISWERK, 555, III, 1 : « Il (le nom hébreu) est censé se trouver à l'accusatif adverbial et en même temps à l'état construit, et doit donc se traduire littéralement : *par rapport* à la similitude de », et cf. 603, 2. — Dans les LXX, il est traduit par ὁμοίωμα, ὅμοιος, et ὡς ; *Dan.*, III, 92 : ἡ ὅρασις τοῦ τετάρτου ὁμοία υἱῷ θεοῦ, et *Daniel* (LXX), III, 92 : ἡ ὅρασις τοῦ τετάρτου ὁμοίωμα ἀγγέλου θεοῦ. — VII, 6 : θηρίον ἕτερον ὡσεὶ πάρδαλις et de même *Daniel* (LXX). — VII, 13 : ἰδού... ὡς υἱὸς ἀνθρώπου ἐρχόμενος, et de même *Daniel* (LXX). — X, 16 : ἰδοὺ ὡς ὁμοίωσις υἱοῦ ἀνθρώπου... — Cf. *Es.*, XIII, 4 : φωνὴ ἐθνῶν πολλῶν ἐπὶ τῶν ὀρέων, ὁμοία ἐθνῶν πολλῶν, et cf. XVII, 13 : ὡς ὕδωρ πολὺ ἔθνη πολλά, ὡς ὕδατος πολλοῦ βίᾳ φερομένου.

Classiquement, on a les constructions ὅμοιος, ὅμοιον et ὁμοίως avec ὡς, ὥσπερ, ὥστε.

ἔχων ἀνὰ πτέρυγας ἕξ. — Avec κατά, *A.*, XXI, 19 : καὶ ἀσπασάμενος αὐτοὺς ἐξηγεῖτο καθ' ἓν ἕκαστον ὧν ἐποίησεν. — Cf. 43 *bis.*

Dans les LXX, *1 Paral.*, XV, 26 : καὶ ἔθυσαν ἀν' ἑπτὰ μόσχους καὶ ἀν' ἑπτὰ κριούς.

c) Quand il est exprimé par une proposition :
Dépendante affirmative et interrogative, *A.*, IV, 13 : καταλαβόμενοι ὅτι ἄνθρωποι ἀγράμματοί εἰσιν. — V, 35 : προσέχετε ἑαυτοῖς... τί μέλλετε πράσσειν. — Cf. *Ph.*, II, 11 : ἵνα... πᾶσα γλῶσσα ἐξομολογήσηται ὅτι Κύριος Ἰησοῦς Χριστὸς εἰς δόξαν Θεοῦ πατρός.
Finale (= *une proposition infinitive*), *Mat.*, VII, 12 : πάντα οὖν ὅσα ἐὰν θέλητε ἵνα ποιῶσιν ὑμῖν οἱ ἄνθρωποι.
Conditionnelle, Mat., XVIII, 28 : ἀπόδος εἴ τι ὀφείλεις. — *Mar.*, XI, 25 ; *J.*, XIII, 20 : ὁ λαμβάνων ἄν τινα πέμψω ἐμὲ λαμβάνει.
Relative, 1 Cor., XVI, 2 : ἕκαστος ὑμῶν παρ' ἑαυτῷ τιθέτω θησαυρίζων ὅτι ἐὰν εὐοδῶται.
Infinitive, J., XVI, 2 : ἵνα πᾶς ὁ ἀποκτείνας [ὑμᾶς] δόξῃ λατρείαν προσφέρειν τῷ θεῷ. — *A.*, III, 14 : ᾐτήσασθε ἄνδρα φονέα χαρισθῆναι ὑμῖν.

d) Dans les LXX, *Deut.*, XX, 20 : ἀλλὰ ξύλον ὃ ἐπίστασαι ὅτι οὐ καρπόβρωτόν ἐστιν. — 3 *R.*, XIX, 4 : ᾐτήσατο τὴν ψυχὴν αὐτοῦ ἀποθανεῖν. — *Jér.*, V, 1 : ἐὰν εὕρητε εἰ ἔστιν ποιῶν κρίμα καὶ ζητῶν πίστιν, καὶ ἵλεως ἔσομαι αὐτοῖς (sur ce pluriel, cf. 126, 149). — *1 Esd.*, III, 22 : οὐ μέμνηνται ἃ ἔπραξαν. — *Osée,*. XIV, 3 : εἴπατε αὐτῷ ὅπως μὴ λάβητε ἀδικίαν καὶ λάβητε ἀγαθά, καὶ ἀνταποδώσομεν καρπὸν χειλέων ἡμῶν, *dites-lui que vous ne commettrez plus le mal, que vous ferez le bien, et « Nous le rendrons...* », avec passage du style indirect au style direct.

Remarquer *1 Paralip.*, XXI, 3 : προσθείη ὁ Κύριος ἐπὶ τὸν λαὸν αὐτοῦ ὡς αὐτοὶ ἑκατονταπλασίως, *puisse le Seigneur ajouter à son peuple des hommes comme ceux de maintenant au centuple!* c'est-à-dire : cent fois de citoyens comme il y en a maintenant.

162. *Le complément est composé :*
a) Quand il comprend deux compléments de même espèce comme *Mat.*, XVII, 1 : παραλαμβάνει. ὁ Ἰησοῦς τὸν Πέτρον καὶ Ἰωάνην τὸν ἀδελφὸν αὐτοῦ.

Dans les LXX, *2 Esd.*, IV, 10 : κατῴκισεν αὐτοὺς ἐν πόλεσι τῆς Σομόρων καὶ τὸ κατάλοιπον πέραν τοῦ ποταμοῦ (*le reste d'eux*; cf. v. 17).

b) Quand il est formé d'un premier complément auquel s'en ajoute un autre au moyen de σύν ou μετά (= καί), *Mat.*, XXV,

27 ; *Mar.*, VIII, 34 : προσκαλεσάμενος τὸν ὄχλον σὺν τοῖς μαθηταῖς αὐτοῦ εἶπεν αὐτοῖς. — *A.*, XV, 22 ; XV, 25 ; XVI, 32 : ἐλάλησαν αὐτῷ τὸν λόγον τοῦ θεοῦ σὺν πᾶσι τοῖς ἐν τῇ οἰκίᾳ αὐτοῦ, *à lui et à toute sa maison*. — XXIII, 15 ; *1 Cor.*, I, 2 ; *2 Cor.*, I, 1 ; I, 21 : ὁ δὲ βεβαιῶν ἡμᾶς σὺν ὑμῖν, *vous et moi, moi comme vous*. — *Ph.*, I, 1 ; *Col.*, IV, 9 : ὃν ἔπεμψα... σὺν Ὀνησίμῳ.

Un véritable complément composé avec μετά (= καί) n'existe peut-être pas dans le N. T. ; il n'existe guère plus d'exemples avec σύν que ceux que nous citons. — Cf. 145.

c) Quand il comprend deux ou plusieurs des différents compléments dont il vient d'être question, qui se mélangent ou permutent :

Mat., XVI, 9 : οὔπω νοεῖτε, οὐδὲ μνημονεύετε τοὺς πέντε ἄρτους τῶν πεντακισχιλίων καὶ πόσους κοφίνους ἐλάβετε ; — XXIII, 7 ; *Mar.*, V, 38 : καὶ θεωρεῖ θόρυβον καὶ κλαίοντας καὶ ἀλαλάζοντας πολλά. — VI, 43 ; cf. VIII, 17-20 (avec *Mat.*, XVI, 9) : οὐ μνημονεύετε ὅτε τοὺς πέντε ἄρτους ἔκλασα εἰς τοὺς πεντακισχιλίους, πόσους κοφίνους κλασμάτων πλήρεις ἤρατε ; λέγουσιν αὐτῷ Δώδεκα. Ὅτε τοὺς ἑπτὰ εἰς τοὺς τετρακισχιλίους, πόσων σφυρίδων πληρώματα κλασμάτων ἤρατε ; — XII, 38 : τῶν θελόντων ἐν στολαῖς περιπατεῖν καὶ ἀσπασμοὺς ἐν ταῖς ἀγοραῖς. — *L.*, IX, 19 : οἱ δὲ... εἶπαν Ἰωάνην τὸν βαπτιστήν, ἄλλοι δὲ Ἠλείαν, ἄλλοι δὲ ὅτι προφήτης τις τῶν ἀρχαίων ἀνέστη, et cf. *Mar.*, VIII, 28, et *Mat.*, XVI, 14. — XXIV, 19, 35 ; *J.*, I, 16 : ἐκ τοῦ πληρώματος αὐτοῦ ἡμεῖς πάντες ἐλάβομεν καὶ χάριν ἀντὶ χάριτος. — IV, 10 ; *A.*, XIV, 27 : ἀνήγγελλον ὅσα ἐποίησεν ὁ θεὸς μετ' αὐτῶν καὶ ὅτι ἤνοιξεν τοῖς ἔθνεσιν θύραν πίστεως. — XV, 20 : ἀπέχεσθαι τῶν ἀλισγημάτων τῶν εἰδώλων καὶ τῆς πορνείας καὶ πνικτοῦ καὶ τοῦ αἵματος (rem. πνικτοῦ sans article ni pronom, et la variante τοῦ πνικτοῦ). — XIX, 24 : οὓς συναθροίσας καὶ τοὺς περὶ τὰ τοιαῦτα ἐργάτας. — *1 Cor.*, V, 10-11 : ἔγραψα ὑμῖν ἐν τῇ ἐπιστολῇ μὴ συναναμίγνυσθαι πόρνοις... νῦν δὲ ἔγραψα ὑμῖν μὴ συναναμίγνυσθαι ἐάν τις ἀδελφὸς ὀνομαζόμενος ᾖ πόρνος ἢ πλεονέκτης..., τῷ τοιούτῳ μηδὲ συνεσθίειν, avec ἐάν... πόρνος... = παντὶ πόρνῳ. — XII, 28 : καὶ οὓς μὲν ἔθετο ὁ θεὸς ἐν τῇ ἐκκλησίᾳ πρῶτον ἀποστόλους, δεύτερον προφήτας, τρίτον διδασκάλους, ἔπειτα δυνάμεις, ἔπειτα χαρίσματα ἰαμάτων, ἀντιλήμψεις,... γένη γλωσσῶν. Cf. XII, 7, 10 ; et voy. plus haut 5. — *2 Cor.*, XI, 19-20 : ἀνέχεσθε τῶν ἀφρόνων φρόνιμοι ὄντες· ἀνέχεσθε γὰρ εἴ τις ὑμᾶς καταδουλοῖ, εἴ τις κατεσθίει (τῶν ἀφρόνων est repris par εἴ τις...) — *Ph.*, IV, 8 : ὅσα ἐστὶν ἀληθῆ, ὅσα σεμνά... ὅσα εὔφημα, εἴ τις ἀρετὴ καὶ εἴ τις ἔπαινος, ταῦτα λογίζεσθε... — *1 Th.*, III, 6 ; *1 Tim.*, I, 9-10 : δικαίῳ νόμος οὐ κεῖται· ἀνόμοις δὲ καὶ ἀνυποτάκτοις... ψεύσταις.

ἐπιόρκοις καὶ εἴ τι ἕτερον τῇ ὑγιαινούσῃ διδασκαλίᾳ ἀντίκειται, avec εἴ τι ἕτερον... ἀντίκειται = τοῖς... ἀντικειμένοις. — *H.*, XIII, 17 : ἵνα μετὰ χαρᾶς τοῦτο ποιῶσιν καὶ μὴ στενάζοντες, avec μετὰ χαρᾶς = χαίροντες. — *Apoc.*, II, 2 : οἶδα τὰ ἔργα σου καὶ... τὴν ὑπομονήν σου καὶ ὅτι οὐ δύνῃ βαστάσαι κακούς.

Il en résulte beaucoup de variété pour le style, et la mise en relief du complément.

163. *a*) Les compléments peuvent aussi s'accumuler au gré de l'écrivain, *R.*, III, 25-26; XV, 5, 13; XVI, 26; *1 Th.*, III, 7, 9; *2 P.*, II, 18.

b) Le complément composé peut être interrompu et repris, *R.*, XVI, 3-5.

Développement du complément.

164. Le complément peut être développé par des appositions explicatives, des compléments, des propositions de toute espèce :

a) *Mar.*, X, 32-33 : ἤρξατο αὐτοῖς λέγειν τὰ μέλλοντα αὐτῷ συμβαίνειν ὅτι Ἰδοὺ ἀναβαίνομεν... — *J.*, I, 16; *A.*, IV, 9 : ἀνακρινόμεθα ἐπὶ εὐεργεσίᾳ ἀνθρώπου ἀσθενοῦς, ἐν τίνι οὗτος σέσωσται. — IV, 21; XXII, 29; *R.*, XII, 6-8 : ἔχοντες δὲ χαρίσματα κατὰ τὴν χάριν τὴν δοθεῖσαν ἡμῖν διάφορα, εἴτε προφητείαν κατὰ τὴν ἀναλογίαν τῆς πίστεως εἴτε διακονίαν ἐν τῇ διακονίᾳ εἴτε ὁ διδάσκων ἐν τῇ διδασκαλίᾳ, εἴτε ὁ παρακαλῶν ἐν τῇ παρακλήσει· ὁ μεταδιδοὺς ἐν ἁπλότητι, ὁ προϊστάμενος ἐν σπουδῇ, ὁ ἐλεῶν ἐν ἱλαρότητι. ἡ ἀγάπη ἀνυπόκριτος κτλ. Le complément χαρίσματα διάφορα est expliqué et développé par ce qui suit, et d'abord par προφητείαν et διακονίαν, correctement apposés à l'accusatif. Mais ἐν τῇ διακονίᾳ signifie : *si nous sommes dans le diaconat* (ἐν τῇ διακονίᾳ ὄντες); et l'on devait avoir ensuite εἴτε διδασκαλίαν ἐν τῇ διδασκαλίᾳ (*soit le don d'enseigner si quelqu'un est dans l'enseignement*); mais διδασκαλίαν a été remplacé par le nom de l'agent ὁ διδάσκων (de même que l'on aurait pu avoir auparavant εἴτε ὁ προφητεύων... εἴτε ὁ διακονῶν). A partir de ὁ μεταδιδούς, l'énumération des dons cesse[1], et l'auteur indique comment celui qui les a reçus doit les exercer; d'où ὁ μεταδιδοὺς ἐν ἁπλότητι (μεταδιδότω)[2], etc., jusqu'à ἱλαρότητι. Enfin commence la description de chaque vertu à exercer, ἡ ἀγάπη ἀνυπόκριτος, etc. — *Gal.*, V, 14 : ὁ γὰρ πᾶς νόμος ἐν ἑνὶ λόγῳ πεπλήρωται, ἐν τῷ Ἀγαπήσεις κτλ. — *Apoc.*, XXI, 10-12 : ἔδειξέν μοι τὴν πόλιν, τὴν ἁγίαν Ἰερουσαλὴμ καταβαίνουσαν ἐκ τοῦ οὐρανοῦ ἀπὸ τοῦ θεοῦ, ἔχουσαν τὴν δόξαν

---

1. D'où la nécessité d'une ponctuation forte après παρακλήσει.
2. Pour une construction de ce genre, cf. *Apoc.*, XXII, 11.

τοῦ θεοῦ· ὁ φωστὴρ αὐτῆς ὅμοιος λίθῳ τιμιωτάτῳ ὡς λίθῳ ἰάσπιδι κρυσταλλίζοντι· ἔχουσα τεῖχος μέγα καὶ ὑψηλόν, ἔχουσα πυλῶνας δώδεκα κτλ.

b) Pour le complément complexe ou composé et le développement du complément dans les LXX, cf. *1 Esd.*, III, 5-6 : δώσει αὐτῷ Δαρεῖος ὁ βασιλεὺς δωρεὰς μεγάλας καὶ ἐπινίκια μεγάλα καὶ πορφύραν περιβαλέσθαι καὶ ἐν χρυσώμασι πίνειν... καὶ ἅρμα χρυσοχάλινον. — III, 9 : καὶ ὃν ἂν κρίνῃ ὁ βασιλεὺς καὶ οἱ τρεῖς μεγιστᾶνες τῆς Περσίδος ὅτι οὗ ὁ λόγος αὐτοῦ σοφώτερος [1], αὐτῷ δοθήσεται τὸ νῖκος. — IV, 5 : ἐὰν δὲ νικήσωσι, τῷ βασιλεῖ κομίζουσι πάντα καὶ ἐὰν προνομεύσωσι καὶ τὰ ἄλλα πάντα (= καὶ ὅ τι ἂν προνομεύσωσι). — IV, 43-44 ; 49-51 : ἔγραψε... πᾶσαν τὴν χώραν ἣν κρατοῦσιν ἀφορολόγητον αὐτοῖς ὑπάρχειν, καὶ ἵνα οἱ Ἰδουμαῖοι ἀφιῶσι τὰς κώμας ἃς διακρατοῦσι τῶν Ἰουδαίων, καὶ εἰς τὴν οἰκοδομὴν τοῦ ἱεροῦ δοθῆναι κατ' ἐνιαυτὸν τάλαντα εἴκοσι. — *Éz.*, XXIII, 30 : ἐποίησε ταῦτά σοι, ἐν τῷ ἐκπορνεῦσαί σε ὀπίσω ἐθνῶν καὶ ἐμιαίνου ἐν τοῖς ἐνθυμήμασιν αὐτῶν (καὶ ἐμιαίνου = καὶ ἐν τῷ μιαίνεσθαί σε ; on aurait pu avoir : ὅτε ἐξεπόρνευσας καὶ ἐμιαίνου). — *Daniel*, I, 2 : καὶ ἔδωκε κύριος ἐν χειρὶ αὐτοῦ τὸν Ἰωακεὶμ βασιλέα Ἰούδα καὶ ἀπὸ μέρους τῶν σκευῶν οἴκου τοῦ θεοῦ, et cf. *Daniel* (LXX) : καὶ μέρος τι τῶν σκευῶν. — *Daniel* (LXX), IV, 34 c : ἔδοξε δέ μοι ἀποδεῖξαι ὑμῖν καὶ τοῖς σοφισταῖς ὑμῶν ὅτι ἔστι θεός, καὶ τὰ θαυμάσια αὐτοῦ μεγάλα. — *1 Mac.*, X, 20 : νῦν καθεστάκαμέν σε σήμερον ἀρχιερέα τοῦ ἔθνους σου καὶ φίλον βασιλέως καλεῖσθαι... καὶ φρονεῖν τὰ ἡμῶν. — XI, 27 : ἔστησεν αὐτῷ τὴν ἀρχιερωσύνην καὶ ὅσα ἄλλα εἶχε τίμια. — XI, 57 : ἵστημί σοι τὴν ἀρχιερωσύνην καὶ καθίστημί σε ἐπὶ τῶν τεσσάρων νόμων καὶ εἶναί σε τῶν φίλων τοῦ βασιλέως.

c) Mais l'habitude de l'hébreu d'énoncer chaque idée par une proposition indépendante empêche généralement l'accumulation des compléments, telle qu'on la trouve dans les *Lettres* de saint Paul, par exemple. On rencontre cependant des accumulations de cette nature, surtout dans les livres écrits en grec.

CHAPITRE XVI

Expression du complément.

Complément sans verbe.

165. Le complément peut se trouver seul :
a) Quand le verbe dont il dépend est à suppléer.
Mar., VIII, 20 : ὅτε τοὺς ἑπτὰ εἰς τοὺς τετρακισχιλίους..., suppléez οὐ μνημονεύετε ὅτε τοὺς ἑπτὰ ἄρτους ἔκλασα, du v. 19. — *R.*, XIII,

---

1. Mélange de : καὶ οὗ ἂν κρίνῃ... ὅτι ὁ λόγος αὐτοῦ σοφώτερος et ὃν ἂν κρίνῃ... ὅτι ὁ λόγος αὐτοῦ σοφώτερος.

7 : ἀπόδοτε πᾶσι τὰς ὀφειλάς, τῷ τὸν φόρον τὸν φόρον, τῷ τὸ τέλος τὸ τέλος, κτλ., = τῷ τὸν φόρον ἀπαιτοῦντι. — *2 Cor.*, VIII, 23 : εἴτε ὑπὲρ Τίτου, κοινωνὸς ἐμὸς καὶ εἰς ὑμᾶς συνεργός, = εἴτε ὑπὲρ Τίτου γράφω ou λέγω.

R., IX, 16 : ἄρα οὖν οὐ τοῦ θέλοντος οὐδὲ τοῦ τρέχοντος, ἀλλὰ τοῦ ἐλεῶντος, = τοῦτο οὐκ ἔστι τοῦ...

Dans les LXX, *Nom.*, X, 30 : εἶπε πρὸς αὐτόν Οὐ πορεύσομαι, ἀλλὰ εἰς τὴν γῆν μου. — *Ps.*, CIV, 8-9 : ἐμνήσθη... διαθήκης αὐτοῦ, λόγου οὗ ἐνετείλατο εἰς χιλίας γενεάς, ὃν διέθετο τῷ Ἀβραάμ, καὶ τοῦ ὅρκου αὐτοῦ τῷ Ἰσαάκ, = τοῦ ὅρκου ὃν ὤμοσεν τῷ Ἰσαάκ.

Cf. *1 R.*, I, 26 : καὶ εἶπεν Ἐν ἐμοί, κύριε, = *écoutez-moi*, ou *je vous en prie*.

Remarque. —Le verbe peut être à suppléer des LXX, dans une citation, *Mat.*, V, 38 : ὀφθαλμὸν ἀντὶ ὀφθαλμοῦ καὶ ὀδόντα ἀντὶ ὀδόντος, et l'on a *Ex.*, XXI, 23-24 : δώσει ψυχὴν ἀντὶ ψυχῆς, ὀφθαλμὸν ἀντὶ ὀφθαλμοῦ κτλ.

b) Par anacoluthe :

R., XVI, 25-27. Si l'on admet ᾧ dans le texte, τῷ δυναμένῳ reste seul. L'anacoluthe provient de la longueur de la parenthèse. L'auteur croyait avoir écrit quelque chose comme τῷ δὲ δυναμένῳ... χάρις ἔστω. Il écrit ensuite μόνῳ σοφῷ θεῷ κτλ. comme apposition au datif initial. — *2 Cor.*, XII, 17 : μή τινα ὧν ἀπέσταλκα πρὸς ὑμᾶς, δι' αὐτοῦ ἐπλεονέκτησα ὑμᾶς; = μή τινα (ἀπέσταλκα) ὧν ἀπέσταλκα πρὸς ὑμᾶς, δι' οὗ ἐπλεόνεκτησα ὑμᾶς; — *Gal.*, II, 4-6 : διὰ δὲ... ψευδαδέλφους οἵτινες κτλ. reste en suspens à cause du développement donné aux idées accessoires, qui deviennent principales ; suppléez ἠναγκάσθη περιτμηθῆναι, et plutôt περιετμήθη, *il s'est fait circoncire*. Puis, au v. 6, ἀπὸ δὲ τῶν δοκούντων εἶναί τι, devient, par interruption et changement de construction, le sujet οἱ δοκοῦντες. — *H.*, III, 15 : ἐν τῷ λέγεσθαι reste seul, parce que la citation est arrêtée après παραπικρασμῷ, dont l'auteur donne le commentaire. Il n'existe qu'un lien logique entre le v. 15 et les vv. 16-18, par juxtaposition de la citation et de son explication.

Cf. dans les LXX, *1 Mac.*, VIII, 1-9, cité plus loin, 217, *b*.
Il existe des anacoluthes de ce genre chez les classiques.

Place du complément.

166. *a)* Le complément du verbe est régulièrement placé près du verbe, avant ou après, *Mat.*, I, 19, 20, 21, 23, 24, 25 ; *A.*, XVIII, 6, 8, 9, 13.

Pour *A.*, V, 14, nous croyons que τῷ κυρίῳ est le complément de πιστεύοντες et non de προσετίθεντο [1].

Dans les LXX, sous l'influence de l'hébreu, on a régulièrement le verbe, le sujet et le complément ; et s'il y a plusieurs compléments, ceux-ci se placent dans l'ordre le plus naturel (EWALD, 307, *a*) ; voy. 3 *R.*, VII, 34--36 ; *Ps.*, XXV, 9 ; *Jér.*, IX, 20, et au contraire XII, 14.

Complément détaché.

167. Toutes les fois qu'il en est autrement, c'est que le complément a été détaché de son verbe pour être mis en relief (8). Ainsi :

a) Le complément peut être détaché et placé le premier par emphase oratoire, *J.*, XIII, 29 : ... ἢ τοῖς πτωχοῖς ἵνα τι δῷ. — *A.*, XIX, 4 : τῷ λαῷ λέγων εἰς τὸν ἐρχόμενον μετ' αὐτὸν ἵνα πιστεύσωσιν. — XIX, 11.

Cf. *1 Cor.*, XVI, 12 : περὶ δὲ Ἀπολλὼ τοῦ ἀδελφοῦ, πολλὰ παρεκάλεσα αὐτόν...

Il en est de même quand le complément complexe qui suit est annoncé par τοῦτο, ταῦτα, *J.*, XV, 8 : ἐν τούτῳ ἐδοξάσθη ὁ πατήρ μου ἵνα καρπὸν πολὺν φέρητε. — XV, 17 : ταῦτα ἐντέλλομαι ὑμῖν ἵνα ἀγαπᾶτε ἀλλήλους. — Très souvent, surtout dans *Jean*.

c) Il est placé après, *Ph.*, II, 11 : ἵνα... πᾶσα γλῶσσα ἐξομολογήσηται ὅτι Κύριος Ἰησοῦς Χριστός εἰς δόξαν θεοῦ πατρός. Les mots εἰς... πατρός forment le complément de ἐξομολογήσηται.

Il faut remarquer en particulier les constructions qui suivent.

167bis. On trouve souvent un complément complexe ou composé (et simple dans les LXX), placé le premier, en relief, repris ensuite par un pronom.

168. Le complément et le pronom sont au même cas :

---

1. Ἀλλ' ἐμεγάλυνεν αὐτοὺς ὁ λαός, μᾶλλον δὲ προσετίθεντο πιστεύοντες τῷ κυρίῳ πλήθη ἀνδρῶν τε καὶ γυναικῶν. Construction oratoire, tandis que la construction grammaticale aurait été μᾶλλον δὲ πλήθη ἀνδρῶν τε καὶ γυναικῶν προσετίθεντο πιστεύοντες τῷ κυρίῳ. Dans la construction oratoire, πιστεύοντες est un complément du sujet indéfini de προσετίθεντο, comme souvent, et πλήθη κτλ. est une apposition. Le sens est donc : *bien plus, il s'ajoutait sans cesse des personnes qui croyaient au Seigneur, des multitudes d'hommes et de femmes.*

Matth., IV, 16 (170, *a*). — V, 40 : καὶ τῷ θέλοντί σοι κριθῆναι καὶ τὸν χιτῶνά σου λαβεῖν, ἄφες αὐτῷ καὶ τὸ ἱμάτιον, et cf., au contraire, V, 42. — VIII, 23 : καὶ ἐμβάντι αὐτῷ εἰς πλοῖον ἠκολούθησαν αὐτῷ οἱ μαθηταὶ αὐτοῦ. — IX, 27, avec la var. αὐτῷ ; XXVI, 71 : ἐξελθόντα δὲ εἰς τὸν πυλῶνα εἶδεν αὐτὸν ἄλλη. — *A*., II, 22 ; IV, 10 (5, *f*) ; VII, 35, et cf. 40 ; XV, 38 : τὸν ἀποστάντα ἀπ' αὐτῶν...μὴ συνπαραλαμβάνειν τοῦτον. — *R*., XIV, 14 : εἰ μὴ τῷ λογιζομένῳ τι κοινὸν εἶναι, ἐκείνῳ κοινόν. — *Ph*., IV, 9 ; *Jac*., IV, 17 ; *Apoc*., I, 6, après une incidente : τῷ ἀγαπῶντι ἡμᾶς καὶ λύσαντι ἡμᾶς ἐκ τῶν ἁμαρτιῶν [ἡμῶν] ἐν τῷ αἵματι αὐτοῦ, — καὶ ἐποίησεν ἡμᾶς βασιλείαν..., — αὐτῷ ἡ δόξα καὶ τὸ κράτος. — II, 7 : τῷ νικῶντι δώσω αὐτῷ φαγεῖν, et II, 17, et cf. *Apoc*., II, 26 (169, *a*). — VI, 4.

Mais non *1 Cor*., III, 13, où αὐτό signifie *lui-même*.
Le complément est rejeté à la fin de la phrase :
A., II, 36 : ἀσφαλῶς οὖν γινωσκέτω πᾶς οἶκος Ἰσραὴλ ὅτι καὶ κύριον αὐτὸν καὶ Χριστὸν ἐποίησεν ὁ θεός, τοῦτον τὸν Ἰησοῦν ὃν ὑμεῖς ἐσταυρώσατε.
Dans les LXX, *Eccl*., X, 8 : ὁ ὀρύσσων βόθρον εἰς αὐτὸν ἐμπεσεῖται, καὶ καθαιροῦντα φραγμόν, δήξεται αὐτὸν ὄφις. — *Dan*., V, 23 : καὶ τὸν θεὸν οὗ ἡ πνοή σου ἐν τῇ χειρὶ αὐτοῦ καὶ πᾶσαι αἱ ὁδοί σου, αὐτὸν οὐκ ἐδόξασας.

169. Quel que soit le cas du pronom, le complément, placé le premier, est au *nominatif absolu* dans les passages semblables ou analogues qui suivent :
a) *Mat*., XII, 36 : πᾶν ῥῆμα ἀργὸν ὃ λαλήσουσιν οἱ ἄνθρωποι, ἀποδώσουσιν περὶ αὐτοῦ λόγον. — Cf. *J*., VII, 38 : ὁ πιστεύων εἰς ἐμέ, καθὼς εἶπεν ἡ γραφή, ποταμοὶ ἐκ τῆς κοιλίας αὐτοῦ ῥεύσουσιν. — *J*., XV, 2 : πᾶν κλῆμα ἐν ἐμοὶ μὴ φέρον καρπόν, αἴρει αὐτό, καὶ πᾶν τὸ καρπὸν φέρον, καθαίρει αὐτό, avec πᾶν κλῆμα au nominatif repris par αὐτό à l'accusatif. — *A*., VII, 40, cité des LXX, *Ex*., XXXII, 1. — *Apoc*., II, 26 : καὶ ὁ νικῶν καὶ ὁ τηρῶν ἄχρι τέλους τὰ ἔργα μου, δώσω αὐτῷ ἐξουσίαν. — III, 12, 21.

b) *Mat*., X, 32 : πᾶς οὖν ὅστις ὁμολογήσει ἐν ἐμοὶ..., ὁμολογήσω κἀγὼ ἐν αὐτῷ. — *J*., VI, 39 : ἵνα πᾶν ὃ δέδωκέν μοι μὴ ἀπολέσω ἐξ αὐτοῦ ἀλλὰ ἀναστήσω αὐτό. — XVII, 2 : ἵνα πᾶν ὃ δέδωκας αὐτῷ δώσει αὐτοῖς ζωὴν αἰώνιον, avec πᾶν repris par αὐτοῖς (126, 129).

C'est une construction de ce genre que l'on trouve, *L*., XXI, 6 : ταῦτα ἃ θεωρεῖτε, ἐλεύσονται ἡμέραι ἐν αἷς οὐκ ἀφεθήσεται λίθος ἐπὶ λίθῳ ὧδε ὃς οὐ καταλυθήσεται, avec ὧδε = ἐν τούτοις reprenant ταῦτα. Il n'existe guère qu'un lien logique entre la première proposition et le reste de la phrase.
C'est cette même construction que l'on devrait aussi adopter en écrivant par exemple, *1 Cor*., XI, 14-15 : ἀνὴρ μέν, ἐὰν κομᾷ, ἀτιμία αὐτῷ ἐστιν. γυνὴ δέ, ἐὰν κομᾷ, δόξα αὐτῇ ἐστιν. En faisant de ἀνήρ et γυνή le sujet

grammatical de κομᾷ, on régularise la construction (oratoire) en détruisant le mouvement de la pensée.

c) Des constructions de ce genre devaient exister dans la langue familière grecque; elles sont fréquentes dans les LXX.

170. *a)* L'emploi au nominatif absolu du complément placé en tête est un hébraïsme pur (PREISWERK, 464 ; 538 ; EWALD, 309, *b*). Il se retrouve fréquemment dans les LXX, *Gen.*, XVII, 4; XXVIII, 13 : ἡ γῆ, ἐφ᾽ ἧς σὺ καθεύδεις ἐπ᾽ αὐτῆς, σοὶ δώσω αὐτήν. — *Ex.*, XXXII, 1 : ὁ γὰρ Μωυσῆς οὗτος ὁ ἄνθρωπος ὃς ἐξήγαγεν ἡμᾶς ἐκ γῆς Αἰγύπτου, οὐκ οἴδαμεν τί γέγονεν αὐτῷ, cité dans les *Actes*, VII, 40. — *Lév.*, VI, 38 ; *Nom.*, XIV, 24 : ὁ δὲ παῖς μου Χαλέβ, ὅτι ἐγενέθη πνεῦμα ἕτερον ἐν αὐτῷ καὶ ἐπηκολούθησέν μοι, εἰσάξω αὐτόν. — 2 *Paral.*, VII, 21 : καὶ ὁ οἶκος οὗτος ὁ ὑψηλός, πᾶς ὁ διαπορευόμενος αὐτὸν ἐκστήσεται, et cf. 3 *R.*, IX, 8. — 2 *Esd.*, VII, 28 : καὶ πᾶς ὃς ἂν μὴ ᾖ ποιῶν νόμον τοῦ θεοῦ... ἑτοίμως, τὸ κρίμα ἔσται γινόμενον ἐξ αὐτοῦ.— *Néh.*, I, 8 ; (*És.*, IX, 2 : οἱ κατοικοῦντες ἐν χώρᾳ σκιᾷ θανάτου, φῶς λάμψει ἐφ᾽ ὑμᾶς, est changé et cité *Mat.*, IV, 16). — *Daniel* (LXX), V, 7 : πᾶς ἀνὴρ ὃς ἂν ὑποδείξῃ τὸ σύγκριμα τῆς γραφῆς, στολιεῖ αὐτόν (et cf. Théodotion). — VII, 15 : καὶ ἀκηδιάσας ἐγὼ Δανιὴλ ἐν τούτοις ἐν τῷ ὁράματι τῆς νυκτός, ἐτάρασσόν με οἱ διαλογισμοί μου, et cf. (Théodotion) : ἔφριξε τὸ πνεῦμά μου ἐν τῇ ἕξει μου, ἐγὼ Δανιήλ... — Cf. *Dan.*, X, 17 ; et *Ps.*, X, 4.

Noter 2 *R.*, IV, 4 : καὶ τῷ Ἰωνάθαν υἱῷ Σαοὺλ υἱὸς πεπληγὼς τοὺς πόδας υἱὸς ἐτῶν πέντε, καὶ οὗτος ἐν τῷ ἐλθεῖν τὴν ἀγγελίαν Σαοὺλ καὶ Ἰωνάθαν τοῦ υἱοῦ αὐτοῦ ἐξ Ἰσραήλ, καὶ ἦρεν αὐτὸν ἡ τιθηνός, avec οὗτος au nominatif absolu détaché, repris par αὐτόν.

b) Le complément est au nominatif absolu sans être repris par un pronom; il n'existe entre lui et sa proposition qu'un lien logique : *Lév.*, XXV, 33 : καὶ ὃς ἂν λυτρωσάμενος παρὰ τῶν Λευιτῶν, καὶ ἐξελεύσεται ἡ διάπρασις αὐτῶν οἰκιῶν πόλεως κατασχέσεως αὐτῶν ἐν τῇ ἀφέσει. — *Tobie*, VI, 9 : ἡ δὲ χολή, ἐγχρῖσαι ἄνθρωπον ὃς ἔχει λευκώματα ἐν τοῖς ὀφθαλμοῖς καὶ ἰαθήσεται. — *Daniel* (LXX), II, 27 : τὸ μυστήριον ὃ ἑόρακεν ὁ βασιλεύς, οὐκ ἔστι σοφῶν καὶ φαρμακῶν καὶ ἐπαοιδῶν καὶ γαζαρηνῶν ἡ δήλωσις, et cf. *Daniel* (Théodotion), où la construction a été régularisée. — Cf. 311.

c) Le complément est au cas du pronom qui le reprend, avec ou sans préposition, dans une proposition indépendante et dans la proposition dépendante (cf. EWALD, 309, *a*, 1 et 2 ; 311, *a* (1)) :

Gen., II, 17 : ἀπὸ δὲ τοῦ ξύλου τοῦ γινώσκειν καλὸν καὶ πονηρόν, οὐ φάγεσθε ἀπ᾽ αὐτοῦ. — *Lév.*, XIII, 48 : καὶ ἱματίῳ, ἐὰν γένηται ἀφὴ ἐν αὐτῷ λέπρας. — XXV, 46 : τῶν ἀδελφῶν ὑμῶν τῶν υἱῶν Ἰσραήλ, ἕκαστος τὸν ἀδελφὸν αὐτοῦ οὐ κατατενεῖ αὐτὸν ἐν μόχθοις. — *Ps.*, XV, 3 : τοῖς ἁγίοις τοῖς ἐν τῇ γῇ αὐτοῦ, ἐθαυμάστωσε πάντα τὰ θελήματα αὐτοῦ ἐν αὐτοῖς. — Cf. avec le pronom, *Eccl.*, II, 15 : καί γε ἐμοὶ συναντήσεταί μοι (EWALD, 311, *a* (1)). — *Es.*, VIII, 13 : κύριον, αὐτὸν ἁγιάσατε.

Le complément est détaché en tête, à l'*accusatif* absolu, et repris par un génitif partitif, dans *Lév.*, II, 11 : πᾶσαν γὰρ ζύμην καὶ πᾶν μέλι, οὐ προσοίσετε ἀπ᾽ αὐτοῦ καρπῶσαι κυρίῳ. Le pronom ἀπ᾽ αὐτοῦ reprend ζύμην et μέλι.

d) Le complément mis en tête et détaché au nominatif absolu peut, au lieu d'être repris par un pronom, être répété au cas demandé par le verbe, *Lév.*, XX, 6 : καὶ ψυχὴ ἣ ἐὰν ἐπακολουθήσῃ ἐγγαστριμύθοις..., ἐπιστήσω τὸ πρόσωπόν μου ἐπὶ τὴν ψυχὴν ἐκείνην καὶ ἀπολῶ αὐτήν. — XX, 16 : καὶ γυνὴ ἥτις προσελεύσεται..., ἀποκτενεῖτε τὴν γυναῖκα. — XXV, 44 : καὶ παῖς καὶ παιδίσκη ὅσοι ἂν γένωνταί σοι ἀπὸ τῶν ἐθνῶν ὅσοι κύκλῳ σού εἰσιν, ἀπ' αὐτῶν κτήσεσθε δοῦλον καὶ δούλην (ces deux derniers noms répètent παῖς et παιδίσκη). — *Nom.*, XXXV, 30 : πᾶς πατάξας ψυχήν, διὰ μαρτύρων φονεύσεις τὸν φονεύσαντα (ce dernier participe = τὸν πατάξαντα).

e) Josué, XIII, 6 : πᾶς ὁ κατοικῶν τὴν ὀρεινὴν ἀπὸ τοῦ Λιβάνου ἕως Μασερεθμεμφωμάιμ, πάντας τοὺς Σιδωνίους, ἐγὼ αὐτοὺς ἐξολεθρεύσω ἀπὸ προσώπου Ἰσραήλ. On a en tête le complément détaché au nominatif absolu, repris par un synonyme à l'accusatif τοὺς Σιδωνίους, *les Phéniciens*, repris lui-même par le pronom αὐτούς. C'est une combinaison des constructions précédentes.

Nota. — Pour quelques exemples du N. T. et des LXX, on pourrait dire qu'il y a attraction de l'antécédent au cas du relatif. Dans ce cas, il y a emploi d'une construction grecque répondant au tour hébraïque; cf. *Mat.*, XII, 36; *J.*, XVII, 2; dans les LXX, *Lév.*, XXV, 44; — Cf. 47, c.

e) Le pronom peut être le premier, remplaçant le nom présent dans l'esprit de l'auteur et expliqué par une apposition détachée :

4 R., X, 29 : οὐκ ἀπέστη Ἰοὺ ἔμπροσθεν αὐτῶν, αἱ δαμάλεις αἱ χρυσαῖ ἐν Βαιθὴλ καὶ ἐν Δάν. — *Job*, XXV, 2 : Τί γὰρ προοίμιον ἢ φόβος ὁ παρ' αὐτοῦ, ὁ ποιῶν τὴν σύμπασαν ἐν ὑψίστῳ ;

Cf. *Es.*, XIII, 2 : ἐπ' ὄρους πεδινοῦ ἄρατε σημεῖον, ὑψώσατε τὴν φωνὴν αὐτοῖς, παρακαλεῖτε τῇ χειρί, avec αὐτοῖς se rapportant à ceux qui sont dans l'esprit de celui qui parle et qui ne seront nommés que plus loin.

171. *a)* Il faut ajouter les exemples où le participe au génitif absolu, détaché, aurait pu servir de complément au verbe :

Mat., VIII, 1 : καταβάντος δὲ αὐτοῦ ἀπὸ τοῦ ὄρους ἠκολούθησαν αὐτῷ ὄχλοι πολλοί, et cf. XXVI, 71 ; *Mar.*, V, 18 : καὶ ἐμβαίνοντος αὐτοῦ εἰς τὸ πλοῖον παρεκάλει αὐτὸν ὁ δαιμονισθείς. — V, 21 ; IX, 28 ; *J.*, IV, 51 ; *A.*, IV, 1 : λαλούντων δὲ αὐτῶν πρὸς τὸν λαὸν ἐπέστησαν αὐτοῖς οἱ ἀρχιερεῖς. — VII, 21 ; *2 Cor.*, XII, 21. Cf. LXX, *1 R.*, III, 11 ; etc.

Cf. *A.*, XXV, 25, où le génitif absolu, non repris par un pronom, aurait dû servir de complément.

De même genre est *Mat.*, VI, 3 : σοῦ δὲ ποιοῦντος ἐλεημοσύνην, μὴ γνώτω ἡ ἀριστερά σου τί ποιεῖ ἡ δεξιά σου.

b) Il est rare que le génitif absolu soit placé après, *2 Cor.*, IV, 17-18 : τὸ γὰρ παραυτίκα ἐλαφρὸν τῆς θλίψεως... αἰώνιον βάρος δόξης κατεργάζεται ἡμῖν, μὴ σκοπούντων ἡμῶν τὰ βλεπόμενα. Cf. VII, 15. — Cf. encore *A.*, III, 12.

Dans les LXX, *Deut.*, VI, 4 : τὰ κρίματα ὅσα ἐνετείλατο κύριος τοῖς υἱοῖς Ἰσραήλ, ἐξελθόντων αὐτῶν ἐκ γῆς Αἰγύπτου. — Et très souvent, *Gen.*, XVIII, 1 ; *Ex.*, V, 20 ; *3 R.*, XII, 9.

c) Cette construction du participe est une exception rare en grec classique (THUCYD., 114 ; Lys., XIII, 16), et, dans le grec biblique, une habitude ; voyez-en la raison dans ma *Syntaxe des propositions*, 328 seqq.

d) Cet emploi du participe au génitif absolu tient le milieu entre l'hébreu qui détache complètement le complément, et le grec qui le réunit, au contraire, rigoureusement à son verbe. Il a dû être emprunté par les écrivains bibliques à la langue populaire grecque.

172. Cf. encore, avec ce qui précède, des constructions oratoires telles que :
Ph., IV, 8 : ὅσα ἐστὶν ἀληθῆ, ὅσα σεμνά... ὅσα εὔφημα, εἴ τις ἀρετὴ καὶ εἴ τις ἔπαινος, ταῦτα λογίζεσθε.

Dans les LXX, *Ex.*, XXXII, 33 : εἴ τις ἡμάρτηκεν ἐνώπιόν μου, ἐξαλείψω αὐτοὺς ἐκ τῆς βίβλου μου, avec reprise de εἴ τις ἡμάρτηκεν par αὐτούς. — *Deut.*, XX, 19; *1 Mac.*, VIII, 1 : καὶ ὅσοι ἂν προσέλθωσιν αὐτοῖς, ἱστῶσιν αὐτοῖς φιλίαν (cf. 180). — Mais cf. *Gen.*, XIX, 12 : ἔστιν τίς σοι ὧδε, γαμβροὶ ἢ υἱοὶ ἢ θυγατέρες ἢ εἴ τίς σοι ἄλλος ἐστὶν ἐν τῇ πόλει, ἐξάγαγε ἐκ τοῦ τόπου τούτου, = εἴ εἰσί σοι ὧδε..., ἐξάγαγε αὐτούς.
Avec ce qui précède (167-172), cf. pour le sujet 53-55.

Multiplicité du complément.

173. Les écrivains du N. T. aiment à exprimer le complément soit nom, soit surtout pronom, et à donner un mot complément à chaque verbe. — Il en est ainsi :

a) Lorsqu'il aurait été facile de suppléer le complément, *Mat.*, XII, 25 : εἰδὼς δὲ τὰς ἐνθυμήσεις αὐτῶν εἶπεν αὐτοῖς, et cf. IX, 4 : καὶ εἰδὼς ὁ Ἰησοῦς τὰς ἐνθυμήσεις αὐτῶν εἶπεν Ἵνα τί... — *Mar.*, III, 2 : παρετήρουν αὐτὸν εἰ τοῖς σάββασιν θεραπεύσει αὐτὸν ἵνα κατηγορήσωσιν αὐτοῦ, et cf. *L.*, VI, 7 : παρετηροῦντο δὲ αὐτὸν... εἰ ἐν τῷ σαββάτῳ θεραπεύει (*v. l.* θεραπεύσει), ἵνα... — Mais, *L.*, IV, 16 : κατὰ τὸ εἰωθὸς αὐτῷ, le complément est nécessaire : *selon sa coutume*, et non *selon la coutume*.

b) Dans une proposition dont le participe et le verbe ont le même complément au même cas :
Mat., XVIII, 2 : προσκαλεσάμενος παιδίον ἔστησεν αὐτὸ ἐν μέσῳ. — *Mar.*, X, 17 : προσδραμὼν εἷς καὶ γονυπετήσας αὐτὸν ἐπηρώτα αὐτόν. — *L.*, VIII, 16 : οὐδεὶς δὲ λύχνον ἅψας καλύπτει αὐτὸν σκεύει. — *2 P.*, III, 15-16 : καθὼς καὶ ὁ ἀγαπητὸς ἡμῶν Παῦλος... ἔγραψεν ὑμῖν ὡς καὶ ἐν πάσαις ἐπιστολαῖς λαλῶν ἐν αὐταῖς περὶ τούτων, = ὡς καὶ ἐν πάσαις ἐπιστολαῖς ἔγραψεν λαλῶν ἐν αὐταῖς...

c) Dans des propositions qui se suivent en ayant le même complément, mais surtout si le complément doit passer à un autre cas :
Mar., I, 40 : καὶ ἔρχεται πρὸς αὐτὸν λεπρὸς παρακαλῶν αὐτὸν [καὶ γονυπετῶν] λέγων αὐτῷ. — I, 43 : καὶ ἐμβριμησάμενος αὐτῷ εὐθὺς

ἐξέβαλεν αὐτὸν καὶ λέγει αὐτῷ, et cf. *L.*, V, 12 seqq. — V, 23 ; XIV, 46 : οἱ δὲ ἐπέβαλαν τὰς χεῖρας αὐτῷ καὶ ἐκράτησαν αὐτόν. — XIV, 65 : ἤρξαντό τινες ἐμπτύειν αὐτῷ καὶ περικαλύπτειν αὐτοῦ τὸ πρόσωπον καὶ κολαφίζειν αὐτὸν καὶ λέγειν αὐτῷ, et cf. au contraire, *L.*, XXII, 63. — XV, 41 : αἳ... ἠκολούθουν αὐτῷ καὶ διηκόνουν αὐτῷ. — *L.*, XVI, 22 : ἐγένετο δὲ ἀποθανεῖν τὸν πτωχὸν καὶ ἀπενεχθῆναι αὐτὸν ὑπὸ..., et XVI, 2 : φωνήσας αὐτὸν εἶπεν αὐτῷ. — *J.*, XII, 17 : ὅτε τὸν Λάζαρον ἐφώνησεν ἐκ τοῦ μνημείου καὶ ἤγειρεν αὐτὸν ἐκ νεκρῶν. — XIV, 21 ; *A.*, VII, 21 ; XXVIII, 8 ; *Apoc.*, I, 5 ; XI, 7.

Il en devait être ainsi dans le grec familier et populaire. — Mais, d'un autre côté, cette habitude est aussi hébraïsante.

d) De là la multitude de compléments, noms et pronoms, que l'on rencontre dans les LXX, *Lév.*, VII, 4, 8 ; VIII, 7 ; *Nom.*, XVI, 17-18 : λάβετε ἕκαστος τὸ πυρεῖον καὶ ἐπιθήσετε ἐπ' αὐτὰ θυμιάματα, καὶ προσάξετε ἔναντι κυρίου ἕκαστος τὸ πυρεῖον αὐτοῦ, πεντήκοντα καὶ διακόσια πυρεῖα, καὶ σὺ καὶ Ἀαρὼν ἕκαστος τὸ πυρεῖον αὐτοῦ, καὶ ἔλαβεν ἕκαστος τὸ πυρεῖον αὐτοῦ, καὶ ἐπέθηκαν ἐπ' αὐτὰ πῦρ καὶ ἐπέβαλον ἐπ' αὐτὸ θυμίαμα, avec passage perpétuel du pluriel au singulier de la catégorie et inversement. — *Deut.*, XX, 19 : οὐκ ἐξολεθρεύσεις τὰ δένδρα αὐτῆς ἐπιβαλεῖν ἐπ' αὐτὰ σίδηρον, ἀλλ' ἢ ἀπ' αὐτοῦ φαγῇ, αὐτὸ δὲ οὐκ ἐκκόψεις, avec passage du pluriel au singulier de la catégorie, αὐτοῦ, αὐτό. — *Josué*, II, 4, 6 ; VII, 9 ; XXIV, 20 ; 2 *R.*, IX, 10. — *Job*, XX, 12-13 : ἐὰν γλυκανθῇ ἐν στόματι αὐτοῦ κακία, κρύψει αὐτὴν ὑπὸ τὴν γλῶσσαν αὐτοῦ, οὐ φείσεται αὐτῆς καὶ οὐκ ἐγκαταλείψει αὐτήν, καὶ συνάξει αὐτὴν ἐν μέσῳ... — *Ez.*, II, 2 : καὶ ἦλθεν ἐπ' ἐμὲ πνεῦμα, καὶ ἀνέλαβέ με καὶ ἐξῆρέ με καὶ ἔστησέ με ἐπὶ τοὺς πόδας μου, καὶ ἤκουον αὐτοῦ λαλοῦντος πρός μέ, καὶ εἶπε πρός μέ. — *1 Mac.*, VIII, 8 : καὶ λαβόντες αὐτὰς παρ' αὐτοῦ ἔδωκαν αὐτὰς Εὐμένει.

Relatif complément complété par le pronom personnel.

174. Le relatif complément peut être repris et complété par un pronom personnel placé après le verbe ; ainsi :

A., XV, 17 : ἐφ' οὓς ἐπικέκληται τὸ ὄνομά μου ἐπ' αὐτούς, cité des LXX, *Amos*, IX, 12. — *Apoc.*, III, 8 : ἣν οὐδεὶς δύναται κλεῖσαι αὐτήν. — VII, 2 : οἷς ἐδόθη αὐτοῖς ἀδικῆσαι τὴν γῆν. — VII, 9 (ὅν... αὐτόν).

Ajoutez *Apoc.*, XII, 14 : ὅπου τρέφεται ἐκεῖ, où ὅπου et ἐκεῖ ne forment qu'un seul adverbe de lieu. — XVII, 9 : αἱ ἑπτὰ κεφαλαὶ ἑπτὰ ὄρη εἰσίν, ὅπου ἡ γυνὴ κάθηται ἐπ' αὐτῶν, où le pronom relatif se compose de ὅπου et de ἐπ' αὐτῶν.

Les exemples ne se trouvent que dans l'*Apocalypse*, sauf la citation des LXX dans les *Actes*.

Ailleurs on ne trouve que des constructions telles que *Mat.*, III, 12; *Mar.*, I, 7; VII, 25 : εὐθὺς ἀκούσασα γυνὴ περὶ αὐτοῦ, ἧς εἶχεν τὸ θυγάτριον αὐτῆς πνεῦμα ἀκάθαρτον. — *L.*, III, 16, 17; *Apoc.*, XIII, 12; XX, 8.

175. Cette construction est un hébraïsme pur[1]. En hébreu, « le mot qui indique la relation a la force d'un substantif; il est placé néanmoins tout à fait séparément des autres mots à la tête de la proposition; par suite, il apparaît comme une conjonction, et il n'a ni genre ni nombre. Placé ainsi à la tête de la proposition d'une manière brusque et incomplète, il doit, comme tout autre mot ainsi placé, être indiqué plus clairement par un pronom personnel... C'est une faiblesse de la langue qui ne peut ainsi combiner une phrase... Le pronom relatif n'est qu'un signe de relation. » (EWALD, 331 (1), I). Voici des exemples des LXX :

Ex., VI, 4 : ἐν ᾗ καὶ παρῴκησαν ἐπ' αὐτῆς. — VI, 26 : οὗτος 'Ααρὼν καὶ Μωυσῆς οἷς εἶπεν αὐτοῖς ὁ θεὸς ἐξαγαγεῖν. — *Lév.*, XVII, 7 : οἷς αὐτοὶ ἐκπορνεύουσιν ὀπίσω αὐτῶν. — *Deut.*, I, 22 : τὴν ὁδὸν δι' ἧς ἀναβησόμεθα ἐν αὐτῇ καὶ τὰς πόλεις εἰς ἃς εἰσπορευσόμεθα εἰς αὐτάς. — XXVIII, 49 : ἔθνος ὃ (*v. l.* οὗ) οὐκ ἀκούσῃ τῆς φωνῆς αὐτοῦ, réunissez ὃ et αὐτοῦ. — *Jos.*, II, 10; V, 15 (*v. l.*); *Jug.*, XVIII, 5; *2 Esd.*, IV, 10 : οἱ κατάλοιποι ἐθνῶν ὧν ἀπῴκισεν 'Ασσεναφὰρ... ὁ τίμιος καὶ κατῴκισεν αὐτοὺς ἐν πόλεσι τῆς Σομόρων. — V, 14 : ἃ Ναβουχοδονοσὸρ ἐξήνεγκεν ἀπὸ τοῦ οἴκου τοῦ ἐν Ἱερουσαλὴμ καὶ ἀπήνεγκεν αὐτὰ εἰς τὸν ναόν. — *1 Paral.*, XXIX, 8 : καὶ οἷς εὑρέθη παρ' αὐτοῖς. — Cf. *Sag. Sal.*, V, 10, où αὐτῆς est exprimé dans la seconde partie de la proposition. — *Jér.*, VII, 11 : μὴ σπήλαιον λῃστῶν ὁ οἶκός μου οὗ ἐπικέκληται τὸ ὄνομά μου ἐπ' αὐτῷ ἐκεῖ ἐνώπιον ὑμῶν; réunissez οὗ et ἐκεῖ comme dans l'Apocalypse.

Mais dans *Deut.*, VI, 1 : ὅσα ἐνετείλατο κύριος ὁ θεὸς ἡμῶν διδάξαι ὑμᾶς ποιεῖν οὕτως ἐν τῇ γῇ εἰς ἣν ὑμεῖς εἰσπορεύεσθε ἐκεῖ κληρονομῆσαι αὐτήν, ὅσα est le complément de διδάξαι, et ποιεῖν οὕτως est un infinitif final; εἰς ἣν doit être complété avec ἐκεῖ, et κληρονομῆσαι αὐτήν est un infinitif final.

a) Le pronom personnel relatif peut être suivi de substantifs, compléments comme lui; ainsi *Deut.*, XI, 6 : οὓς ἀνοίξασα ἡ γῆ τὸ στόμα αὐτῆς κατέπιεν αὐτοὺς καὶ τοὺς οἴκους αὐτῶν καὶ τὰς σκηνὰς αὐτῶν... — De même nature est *Deut.*, III, 24 : ὅστις ποιήσει καθὰ ἐποίησας σὺ καὶ κατὰ τὴν ἰσχύν σου, où καθά est continué par καὶ κατὰ τὴν ἰσχύν σου.

b) Après le relatif, au lieu du pronom personnel, on peut trouver le nom, si l'antécédent du relatif est trop éloigné (EWALD, p. 211, 331, c (3)). Ainsi : *Gen.*, XLIX, 30 : ἐν τῷ σπηλαίῳ τῷ ἀπέναντι Μαμβρῆ ἐν γῇ Χαναάν, ὃ ἐκτήσατο 'Αβραὰμ τὸ σπήλαιον παρὰ 'Εφρὼν τοῦ Χετταίου ἐν κτήσει μνημείου, et XLVII, 9. — *Nom.*, XXVI, 64 : ἐν τούτοις οὐκ ἦν ἄνθρωπος τῶν ἐπεσκεμμένων ὑπὸ Μωυσῆ καὶ 'Ααρών, οὓς ἐπεσκέψαντο τοὺς υἱοὺς 'Ισραὴλ ἐν τῇ ἐρήμῳ Σινᾶ. — *Ps.*, LXXVII, 11-12 : ἐπελάθοντο... τῶν θαυμασίων αὐτοῦ ὧν ἔδειξεν αὐτοῖς, ἐναντίον τῶν πατέρων αὐτῶν ἃ ἐποίησε θαυμάσια, ἐν γῇ Αἰγύπτῳ.

c) Lorsque le verbe peut prendre son complément à des cas différents avec ou sans prépositions, le relatif peut prendre une construction et le pronom personnel en prendre une autre, *Ex.*, VI, 4; *Ps.*, LXVII, 17 : τὸ ὄρος ὃ εὐδόκησεν ὁ θεὸς κατοικεῖν ἐν αὐτῷ. — *Jér.*, VII, 11.

---

1. Dans le grec biblique, et quoiqu'on trouve des exemples analogues chez les poètes grecs, Nonnos, Dionys. I, 187; Callimaque, Epigr. XLIV, 3 (*Anth. Palat.*, XII, 118). Les éditeurs ont corrigé les exemples chez les poètes classiques, Sophocle, Philoct. 315-316; Aristoph. Ois. 1238, etc.

Voy. pour le sujet, 58, et cf. Appendice *C*.

Parfois, on trouve des constructions comme *Job*, XXX, 4 : οἱ περικυκλοῦντες ἅλιμα ἐπὶ ἠχοῦντι, οἵτινες ἅλιμα ἦν αὐτῶν τὰ σῖτα. Il faut réunir οἵτινες... αὐτῶν, *dont la nourriture était les plantes du rivage*. — *Jér.*, XXV, 16 : καὶ οὐκ ἔσται ἔθνος ὃ οὐχ ἥξει ἐκεῖ. Réunissez ὃ... ἐκεῖ = εἰς ὅ, *il n' y aura pas de peuple où l'on ne viendra*.

Répétition du complément.

176. Le complément est répété avec un ou plusieurs verbes :

a) Par emphase oratoire, *J.*, XII, 47 : οὐ γὰρ ἦλθον ἵνα κρίνω τὸν κόσμον ἀλλ' ἵνα σώσω τὸν κόσμον. — *Eph.*, II, 21-22 : ἐν ᾧ... ἐν ᾧ; mais ἐν κυρίῳ paraît être le complément de ἅγιον et ne pas répéter ἐν ᾧ. — *Ap.*, XVI, 13 : εἶδον ἐκ τοῦ στόματος τοῦ δράκοντος καὶ ἐκ τοῦ στόματος τοῦ θηρίου καὶ ἐκ τοῦ στόματος τοῦ ψευδοπροφήτου...

b) Par emphase oratoire, ou par hébraïsme :
Dans les LXX. *2 R.*, IX, 10 : εἰσοίσεις τῷ υἱῷ τοῦ κυρίου σου ἄρτους καὶ ἔδεται ἄρτους. — *1 Mac.*, VIII, 1 : ἤκουσεν Ἰούδας τὸ ὄνομα τῶν Ῥωμαίων ὅτι εἰσὶ δυνατοὶ ἰσχύϊ, καὶ αὐτοὶ εὐδοκοῦσιν..., καὶ ὅτι εἰσὶ δυνατοὶ ἰσχύϊ. — Cf. *2 R.*, XVII, 5 : καί γε αὐτοῦ, *lui aussi*.

c) Pour l'utilité et la clarté quand il est trop éloigné du verbe, *Eph.*, I, 10-11 : ἣν προέθετο ἐν αὐτῷ εἰς οἰκονομίαν τοῦ πληρώματος τῶν καιρῶν, ἀνακεφαλαιώσασθαι τὰ πάντα ἐν τῷ Χριστῷ, τὰ ἐπὶ τοῖς οὐρανοῖς καὶ τὰ ἐπὶ τῆς γῆς· ἐν αὐτῷ, ἐν ᾧ... — II, 1-5 : καὶ ὑμᾶς ὄντας νεκρούς, est repris au v. 5 par ὄντας ἡμᾶς νεκρούς. — *Phil.*, I, 7 : ὑμᾶς, et πάντας ὑμᾶς ὄντας. — *Col.*, II, 13 : ὑμᾶς νεκροὺς ὄντας... ὑμᾶς σὺν αὐτῷ.

Mat., XIV, 19 et *Mar.*, VI, 41, τοὺς ἄρτους est répété pour être distingué de τοὺς δύο ἰχθύας.

d) En grec classique, le complément se répète quand le mouvement oratoire ou la clarté l'exigent; mais cette répétition a lieu avec plus de liberté et de négligence dans le grec biblique; c'est un trait de la langue populaire.

Compléments redondants.

177. Les écrivains du N. T. aiment à exprimer des compléments inutiles pour le sens comme pour la clarté; les uns sont descriptifs de l'acte (cf. 6 et 7); les autres paraissent dûs à la négligence de la langue populaire (hébreu et grec). Ainsi :

a) Mat., IX, 4 : ἵνα τί ἐνθυμεῖσθε πονηρὰ ἐν ταῖς καρδίαις ὑμῶν; les mots ἐν-ὑμῶν sont inutiles et ne figurent pas *Mat.*, I, 20; *A.*, X, 19. — XVIII, 12 : ἀφήσει τὰ ἐνενήκοντα ἐννέα ἐπὶ τὰ ὄρη, ces derniers mots sont descriptifs. — *Mar.*, III, 6 : συμβούλιον ἐδίδουν κατ' αὐτοῦ ὅπως αὐτὸν ἀπολέσωσιν, les mots κατ' αὐτοῦ sont inutiles et cf. *Mat.*, XII, 14; XXVI, 4 et XXVII, 1. — *L.*, V, 35 : ἐλεύσονται δὲ ἡμέραι, καὶ ὅταν ἀπαρθῇ ἀπ' αὐτῶν ὁ νυμφίος, τότε νηστεύσουσιν ἐν ἐκείναις ταῖς ἡμέραις, ces derniers mots ne sont pas dans *Mat.*, IX, 15. — VIII, 5 : ἐξῆλθεν ὁ σπείρων τοῦ σπεῖραι τὸν σπόρον αὐτοῦ, et *Mat.*, XIII, 3 : ἐξῆλθεν ὁ σπείρων τοῦ σπείρειν. — IX, 45 : οἱ δὲ... ἐφοβοῦντο ἐρωτῆσαι αὐτὸν περὶ τοῦ ῥήματος τούτου, et *Mar.*, IX, 32 : καὶ ἐφοβοῦντο αὐτὸν ἐπερωτῆσαι. — XXI, 4 : οὗτοι ἐκ τοῦ περισσεύοντος αὐτοῖς ἔβαλον εἰς τὰ δῶρα, avec αὐτοῖς inutile. — *J.*, V, 42 : τὴν ἀγάπην τοῦ θεοῦ οὐκ ἔχετε ἐν ἑαυτοῖς. — XIII, 27 : καὶ μετὰ τὸ ψωμίον τότε εἰσῆλθεν εἰς ἐκεῖνον ὁ Σατανᾶς. — XVIII, 4 : ἐπ' αὐτόν. — *A.*, VII, 54 : διεπρίοντο ταῖς καρδίαις αὐτῶν, et cf. V, 33 : διεπρίοντο seul. — X, 17 : ὡς δὲ ἐν ἑαυτῷ διηπόρει ὁ Πέτρος. — Et passim.

b) Il en est de même dans les LXX, par hébraïsme, *Gen.*, VI, 5 : πᾶς τις διανοεῖται ἐν τῇ καρδίᾳ αὐτοῦ. — *Josué*, XXIV, 22 : μάρτυρες ὑμεῖς καθ' ὑμῶν ὅτι ὑμεῖς ἐξελέξασθε κυρίῳ λατρεύειν αὐτῷ, avec reprise de κυρίῳ par αὐτῷ (170, *c*). — 2 *R.*, IX, 7 : σὺ φάγῃ ἄρτον ἐπὶ τῆς τραπέζης μου διὰ παντός, le sens est simplement *manger*, et cf. *1 R.*, XX, 24 (φαγεῖν seul), et dans le N. T., *Mar.*, III, 20. — *2 Paral.*, XXIX, 15 : καὶ ἐτελεύτησεν ὧν ἑκατὸν καὶ τριάκοντα ἐτῶν ἐν τῷ τελευτᾶν αὐτόν. — *Dan.*, V, 9 : καὶ ἡ μορφὴ αὐτοῦ ἠλλοιώθη ἐν αὐτῷ

Les compléments redondants sont une particularité de la langue populaire, et trahissent l'influence de l'hébreu dans le grec du N. T.

c) Le complément redondant de même sens ou de même radical que le verbe se rencontre dans le N. T. ; c'est un hébraïsme pur. Ainsi :
Mat., VIII, 8 : ἀλλὰ μόνον εἰπὲ λόγῳ. — XIII, 14 : ἀκοῇ ἀκούσετε, cité des LXX, *És.*, VI, 9. — *A.*, II, 30 : ὅρκῳ ὤμοσεν αὐτῷ ὁ θεός. — Cf. 281.

Les exemples sont innombrables dans les LXX, *És.*, XIX, 22 : καὶ ἰάσεται αὐτοὺς ἰάσει. — *Jér.*, XII, 17 : ἐξαρῶ τὸ ἔθνος ἐκεῖνο ἐξάρσει καὶ ἀπωλείᾳ.

La construction dont il est question ici n'est pas identique à la construction grecque dite *figura etymologica* dont il est parlé plus loin 203, *a*.

178. L'habitude hébraïque et biblique d'exprimer un sujet ou un complément facile à suppléer, ordinairement supprimé en grec classique, doit être regardée comme appartenant à la langue familière, aussi bien pour l'hébreu que pour le grec.

Si l'on ajoute à ce qui vient d'être dit (168-177) ce qui est dit ailleurs sur l'emploi du pronom sujet et attribut (50-63 ; 246 seqq.), on s'explique la multitude des pronoms dans le grec biblique. Ici encore nous reconnaissons un trait de la langue familière. Mais

L'hébreu a singulièrement favorisé cette habitude d'employer ainsi le pronom, parce qu'il exprime souvent un pronom sujet là ou le grec classique ne l'exprime pas, et parce que l'hébreu possède une étonnante facilité à suffixer à chaque verbe le pronom complément.

Complément proleptique ou anticipé.

179. La proposition principale peut contenir, comme complément, le sujet ou un complément du verbe de la proposition dépendante. Il en est souvent ainsi dans le N. T. :

J., XVI, 4 : ταῦτα λελάληκα ὑμῖν ἵνα ὅταν ἔλθῃ ἡ ὥρα αὐτῶν μνημονεύητε αὐτῶν ὅτι ἐγὼ εἶπον ὑμῖν. — Cf. *A.*, X, 37 ; *Apoc.*, XIII, 16 : καὶ ποιεῖ πάντας, τοὺς μικροὺς καὶ τοὺς μεγάλους... καὶ τοὺς ἐλευθέρους καὶ τοὺς δούλους, ἵνα δῶσιν αὐτοῖς χάραγμα, = ποιεῖ ἵνα πᾶσιν δῶσιν... — Cf. *Col.*, IV, 16 : καὶ ὅταν ἀναγνωσθῇ παρ' ὑμῖν ἡ ἐπιστολή, ποιήσατε ἵνα καὶ ἐν τῇ Λαοδικέων ἐκκλησίᾳ ἀναγνωσθῇ, καὶ τὴν ἐκ Λαοδικίας ἵνα καὶ ὑμεῖς ἀναγνῶτε. Les deux constructions se suivent, ποιήσατε ἵνα, et ποιήσατε τὴν ἐκ Λαοδικίας ἵνα... — Mais non *Col.*, IV, 17.

L'emploi, comme complément dans la proposition principale, du sujet ou d'un complément logique de la proposition dépendante est très fréquent en grec classique ; mais il est plus libre dans le grec biblique, et l'on trouverait difficilement en grec classique des constructions telles que *A.*, X, 37 ; *Col.*, IV, 16 ; *Ap.*, XIII, 12, 16 ; XXI, 23.

Dans les LXX, *Job*, XXI, 27 : ὥστε οἶδα ὑμᾶς ὅτι τόλμῃ ἐπίκεισθέ μοι. — *Ps.*, XXXVIII, 5.
Pour le sujet, voy. 49.

Changement brusque dans le complément.

180. *a*) Le complément, exprimé, peut changer brusquement, comme : *Mar.*, IX, 20 : καὶ ἰδὼν αὐτὸν τὸ πνεῦμα εὐθὺς συνεσπάραξεν αὐτόν, où le premier αὐτόν se rapporte à τὸν Ἰησοῦν et le second à τὸν δαιμονιζόμενον. — *J.*, I, 40 : ἦν Ἀνδρέας ὁ ἀδελφὸς Σίμωνος Πέτρου εἷς ἐκ τῶν δύο τῶν ἀκουσάντων παρὰ Ἰωάνου καὶ ἀκολουθησάντων αὐτῷ, avec αὐτῷ remplaçant non pas Ἰωάνου, mais Ἰησοῦ, d'après le v. 37. — *A.*, X, 7 : αὐτῷ se rapporte à Cornélius. — *R.*, XI, 35 : ἢ τίς προέδωκεν αὐτῷ, καὶ ἀνταποδοθήσεται αὐτῷ ; avec le premier αὐτῷ se rapportant à κυρίῳ et le second à τίς.

Dans les LXX, *1 Mac.*, VIII, 1 : καὶ ὅσοι ἂν προσέλθωσιν αὐτοῖς, ἱστῶσιν αὐτοῖς φιλίαν. Le premier αὐτοῖς désigne les Romains sujet de ἱστῶσιν, et le second se rapporte à ὅσοι.

b) Il en est de même encore quand le complément exprime une de ces idées complexes dont nous avons parlé (5 ; 122-124 *bis* ; 161), comme la personne et le cadavre, *L.*, XXIII, 52-53 : ᾐτήσατο τὸ σῶμα τοῦ Ἰησοῦ καὶ καθελὼν ἐνετύλιξεν αὐτὸ σινδόνι, καὶ ἔθηκεν αὐτὸν ἐν μνήματι, et cf. *Mar.*, XV, 45-46 : ἐδωρήσατο τὸ πτῶμα τῷ Ἰωσήφ. Καὶ ἀγοράσας σινδόνα καθελὼν αὐτὸν ἐνείλησεν τῇ σινδόνι καὶ ἔθηκεν αὐτόν… — *J.*, I, 10, avec δι' αὐτοῦ et αὐτόν se rapportent à ὁ λόγος identique à τὸ φῶς.

181. *a)* Le nombre change brusquement (cf. 126 et 149) : Quand il s'agit du pluriel et du singulier de la catégorie : *J.*, XV, 6 : ἐὰν μή τις μένῃ ἐν ἐμοί, ἐβλήθη ἔξω ὡς τὸ κλῆμα καὶ ἐξηράνθη, καὶ συνάγουσιν αὐτά, αὐτά (= τὰ κλήματα) est au pluriel de la catégorie. — XV, 19 : μισεῖ ὑμᾶς ὁ κόσμος. On a régulièrement le verbe (ayant pour sujet ὁ κόσμος) au pluriel aux vv. 20-22, avec le singulier de la catégorie au v. 23, et enfin le complément ἐν αὐτοῖς au v. 24 : εἰ τὰ ἔργα μὴ ἐποίησα ἐν αὐτοῖς… où ἐν αὐτοῖς = ἐν τῷ κόσμῳ.

Dans les LXX, *Ex.*, XXXII, 33 : εἴ τις ἡμάρτηκεν ἐνώπιον ἐμοῦ, ἐξαλείψω αὐτοὺς ἐκ τῆς βίβλου μου.

b) Il peut y avoir aussi changement de personnes, comme avec le sujet (156-157), et l'on peut trouver la première pour la deuxième, etc. ; cf. *Éph.*, II, 1 et 3 ; *Col.*, II, 13, etc. Il peut y avoir passage de l'une à l'autre.

CHAPITRE XVII

Suppression du complément.

Le complément est déterminé ou indéterminé.

Suppression du complément déterminé.

182. *a)* Quand le complément est déterminé et facile à suppléer, il est supprimé, comme en grec classique. Signalons :
Mat., XXVII, 65 : ὑπάγετε ἀσφαλίσασθε ὡς οἴδατε. Après ἀσφαλίσασθε suppléez τὸν τάφον du v. 64. — *J.*, X, 10 : ὁ κλέπτης οὐκ ἔρχεται εἰ μὴ ἵνα κλέψῃ καὶ θύσῃ καὶ ἀπολέσῃ, suppléez τὰ πρόβατα du v. 8. — X, 29; XII, 27-28 : Καὶ ἐδόξασα καὶ πάλιν δοξάσω (τὸ ὄνομά μου). — *A.*, XXV, 25 : αὐτοῦ δὲ τούτου ἐπικαλεσαμένου τὸν Σεβαστὸν ἔκρινα πέμπειν, suppléez αὐτὸν τοῦτον; mais régulièrement, une proposition participe à l'accusatif aurait dû servir de complément direct (αὐτὸν δὲ τοῦτον...) — XXVIII, 28 : αὐτοὶ καὶ ἀκούσονται (τοῦτο τὸ σωτήριον). — *R.*, I, 19 : διότι τὸ γνωστὸν τοῦ θεοῦ φανερόν ἐστιν ἐν αὐτοῖς, ὁ θεὸς γὰρ αὐτοῖς ἐφανέρωσεν, = ἐφανέρωσεν τὸ γνωστὸν αὐτοῦ. — *Gal.*, III, 18 : εἰ γὰρ ἐκ νόμου ἡ κληρονομία, οὐκέτι ἐξ ἐπαγγελίας · τῷ δὲ Ἀβραὰμ δι' ἐπαγγελίας κεχάρισται ὁ θεός. Entendez κεχάρισται τὴν κληρονομίαν. — *Apoc.*, V, 7 : καὶ ἦλθεν καὶ εἴληφεν ἐκ τῆς δεξιᾶς τοῦ καθημένου, = εἴληφεν τὸ βιβλίον à suppléer du v. 5.

1 J., III, 20-21 : ἀγαπητοί, ἐὰν ἡ καρδία μὴ καταγινώσκῃ, suppléez ἡμῶν.
Avec l'actif et le passif équivalents, *J.*, XX, 23 : λάβετε πνεῦμα ἅγιον · ἄν τινων ἀφῆτε τὰς ἁμαρτίας ἀφέωνται αὐτοῖς · ἄν τινων κρατῆτε κεκράτηνται. Les passifs ont pour compléments ὑφ' ὑμῶν, comme il est évident d'après l'actif.

b) Le complément, déterminé, peut être supprimé par suite de la vivacité de l'émotion, comme *Mat.*, VIII, 25 : κύριε, σῶσον, ἀπολλύμεθα. — *J.*, XIX, 6 : ἐκραύγασαν λέγοντες Σταύρωσον, σταύρωσον, et cf. v. 15 : ἐκραύγασαν οὖν ἐκεῖνοι· Ἆρον ἆρον, σταύρωσον αὐτόν.

Cf. pour le sujet 65-69.

183. Comme en grec classique, et contrairement à l'usage signalé plus haut (173), le complément exprimé avec le premier verbe peut ne l'être pas avec les verbes qui suivent, même lorsqu'ils demandent un autre cas :

Mar., VI, 5 : ὀλίγοις ἀρρώστοις ἐπιθεὶς τὰς χεῖρας ἐθεράπευσεν. — *L.*, IV, 9 : ἤγαγεν δὲ αὐτὸν εἰς Ἰερουσαλὴμ καὶ ἔστησεν ἐπὶ τὸ πτερύγιον τοῦ ἱεροῦ, et cf. au contraire IV, 29. — IX, 16 ; XXII, 54 ; *A.*, IX, 25 ; XIII, 3 : καὶ ἐπιθέντες τὰς χεῖρας αὐτοῖς ἀπέλυσαν. — *1 Cor.*, X, 9 ; *Eph.*, V, 11 : μὴ συνκοινωνεῖτε τοῖς ἔργοις... τοῦ σκότους, μᾶλλον δὲ καὶ ἐλέγχετε (τὰ ἔργα...). — *H.*, XI, 19 : ἐγείρειν (σπέρμα) ; *1 Tim.*, VI, 2 : δουλευέτωσαν (πιστοῖς δεσπόταις).

a) Le pronom peut même se trouver après le second verbe, *Mar.*, I, 41 : καὶ σπλαγχνισθεὶς ἐκτείνας τὴν χεῖρα αὐτοῦ ἥψατο καὶ λέγει αὐτῷ.

b) On lit maintenant *A.*, XXVI, 28 : ἐν ὀλίγῳ με πείθεις χριστιανὸν ποιῆσαι, texte difficile à expliquer et difficile à admettre[1]. Pourrait-on, en admettant ce texte, ne suppléer aucun pronom sujet ou complément avec ποιῆσαι, et entendre : *encore un peu tu vas me persuader de faire le chrétien, de pratiquer le christianisme*. Ce sens de ποιῆσαι n'est peut-être pas impossible d'après LXX, *3 R.*, XX, 7 : σὺ νῦν οὕτως ποιεῖς βασιλέα ἐπὶ Ἰσραήλ ; *est-ce ainsi que tu te conduis en roi, que tu te montres roi, que tu exerces la royauté sur Israël ?*

184. Le complément déterminé se supplée du contexte ou de l'idée même du verbe, comme souvent en grec classique :

Mat., II, 16 : καὶ ἀποστείλας ἀνεῖλεν πάντας τοὺς... ἐν Βηθλεέμ, = ἀποστείλας ἄνδρας ou ὑπηρέτας. — *J.*, XXI, 6 : βάλετε εἰς τὰ δεξιὰ μέρη τοῦ πλοίου τὸ δίκτυον καὶ εὑρήσετε, = εὑρήσετε ἰχθύας. — *A.*, IX, 37 : ἐγένετο δὲ... αὐτὴν ἀποθανεῖν· λούσαντες δὲ ἔθηκαν ἐν ὑπερῴῳ (*v. l.* ἔθηκαν αὐτήν), suppléez τὸ σῶμα avec les verbes (5, *e*). Il en est de même pour XIII, 29 : καθελόντες ἀπὸ τοῦ ξύλου ἔθηκαν εἰς μνημεῖον. — XXVIII, 9 : τούτου δὲ γενομένου [καὶ] οἱ λοιποὶ οἱ ἐν τῇ νήσῳ ἔχοντες ἀσθενείας προσήρχοντο καὶ ἐθεραπεύοντο, = προσήρχοντο τῷ Παύλῳ καὶ ἐθεραπεύοντο ὑπ' αὐτοῦ, d'après le v. 8. — *1 Cor.*, XI, 4 : πᾶς ἀνὴρ... προφητεύων κατὰ κεφαλῆς ἔχων καταισχύνει τὴν κεφαλὴν αὐτοῦ, avec ἔχων suppléez *une coiffure*. — Cf. pour le sujet, 70.

---

1. Voy. W. H. vol. II, Append. p. 100, où l'on propose, avec réserve, les corrections πείθῃ, et mieux πέποιθας. Le sens serait : *encore un peu tu vas être persuadé que tu m'as rendu chrétien*.

185. Le complément est à suppléer de l'attribut et du contexte :

1 P., II, 11 : ἀγαπητοί, παρακαλῶ ὡς παροίκους καὶ περεπιδήμους ἀπέχεσθαι, = παρακαλῶ ὑμᾶς. — *2 P.*, I, 8 : ταῦτα γὰρ ὑμῖν ὑπάρχοντα καὶ πλεονάζοντα οὐκ ἀργοὺς οὐδὲ ἀκάρπους καθίστησιν..., = καθίστησιν ὑμᾶς.

186. Parfois le verbe se trouve sans complément exprimé, parce que son complément est détaché de lui et prend une construction indépendante (10; 10 *bis*; 30), dans l'Apocalypse principalement, comme :

Apoc., VI, 1 : καὶ εἶδον ὅτε ἤνοιξεν τὸ ἀρνίον μίαν ἐκ τῶν ἑπτὰ σφραγίδων καὶ ἤκουσα ἑνὸς... λέγοντος, = καὶ εἶδον τὸ ἀρνίον ἀνοῖγον μίαν... — VI, 8 : καὶ εἶδον καὶ ἰδοὺ ἵππος χλωρός, = καὶ εἶδον ἵππον χλωρόν.

187. Le complément est purement mental (75 seqq.), et à suppléer d'après l'A. T., dans des passages tels que : *A.*, VII, 24, ἀδικούμενον (ὑπὸ Αἰγυπτίου τινός), comme l'indique ce qui suit : πατάξας τὸν Αἰγύπτιον, d'après LXX, *Ex.*, II, 11-12. — *H.*, III, 16 : τίνες γὰρ ἀκούσαντες παρεπίκραναν; suppléez τὸν Κύριον, d'après LXX, *Ps.*, XCIV.

Dans les LXX, le complément, exprimé ou non par un pronom, est purement mental, quand celui qui parle, particulièrement le prophète, l'a présent dans l'esprit, sans le nommer ou en ne le nommant que plus tard ; ainsi *Ésaïe*, chap. XIII.

188. Dans les LXX, le complément se supprime comme dans le N. T. D'ailleurs, en hébreu, le complément se supprime, comme le sujet, quand il est facile à suppléer (EWALD, 303, *b* (2)). Ainsi :

Gen., VI, 19 : καὶ ἀπὸ πάντων τῶν κτηνῶν..., δύο δύο ἀπὸ πάντων εἰσάξεις εἰς τὴν κιβωτὸν ἵνα τρέφῃς μετὰ σεαυτοῦ, = ἵνα τρέφῃς αὐτά. — *1 Paral.*, XV, 12 : ἁγνίσθητε ὑμεῖς καὶ οἱ ἀδελφοὶ ὑμῶν, καὶ ἀνοίσετε τὴν κιβωτὸν τοῦ θεοῦ Ἰσραὴλ οὗ ἡτοίμασα αὐτῇ, = ἡτοίμασα τόπον. — *2 Paral.*, XIV, 9-10 : κηρυξάτωσαν ἐν Ἰούδᾳ καὶ ἐν Ἰερουσαλὴμ εἰσενέγκαι κυρίῳ καθὼς εἶπε Μωυσῆς..., καὶ ἔδωκαν πάντες ἄρχοντες καὶ πᾶς ὁ λαός, καὶ εἰσέφερον καὶ ἐνέβαλον... cf. vv. 5 et 6. — *Ps.*, XXXVIII, 7 : θησαυρίζει καὶ οὐ γινώσκει τίνι συνάξει αὐτά, = θησαυρίζει χρήματα, d'où αὐτά qui suit. — *Habacuc*, I, 3 : ἐξ ἐναντίας μου γέγονε κρίσις καὶ ὁ κριτὴς λαμβάνει, le contexte indique λαμβάνει δῶρα ou πρόσωπον. — *Baruch*, II, 9 : καὶ ἐγρηγόρησε κύριος ἐπὶ τοῖς κακοῖς καὶ ἐπήγαγε κύριος ἐφ' ἡμᾶς, = ἐπήγαγε τὰ κακά.

189. *a)* Le verbe n'a pas de complément exprimé quand le complément est *intérieur*, contenu dans le verbe même, avec : ἑτεροδιδασκαλεῖν (= ἕτερα διδάσκειν); ἑτεροζυγεῖν (= ἑτέρῳ ζυγῷ ζεύγνυσθαι); μοσχοποιεῖν (= μόσχον ποιεῖν); ὀχλοποιεῖν (= ὄχλον ποιεῖν); προσωπολημπτεῖν (= πρόσωπον λαμβάνειν); ὑψηλοφρονεῖν (= ὑψηλὰ φρονεῖν). Ces verbes sont propres au N. T., tandis que les suivants sont post-classiques, γονυπετεῖν (= γόνασι πίπτειν), POLYBE, XV, 29, 9; χαλιναγωγεῖν (= χαλινῷ ἄγειν), *Rhet. græc.*, WALZ, I, p. 425, 19; LUCIEN, *Tyrann.*, 4. — Ainsi :

A., VII, 41 : καὶ ἐμοσχοποίησαν ἐν ταῖς ἡμέραις ἐκείναις, et cf. LXX, *Ex.*, XXXII, 4 : καὶ ἐποίησεν αὐτὰ μόσχον χωνευτόν. — *1 Tim.*, I, 3 : ἵνα παραγγείλῃς τισὶν μὴ ἑτεροδιδασκαλεῖν. — VI, 17 : παράγγελλε μὴ ὑψηλοφρονεῖν (*v. l.* ὑψηλὰ φρονεῖν), et cf. *R.*, XI, 21 : μὴ ὑψηλὰ φρόνει.

Cf. *1 Th.*, IV, 9 : ὑμεῖς θεοδίδακτοί[1] ἐστε εἰς τὸ ἀγαπᾶν, = θεῷ δεδιδαγμένοι ἐστέ.

Cependant, on trouve quelquefois un complément (extérieur) : *Gal.*, VI, 3 : εἰ γὰρ δοκεῖ τις εἶναί τι μηδὲν ὤν, φρεναπατᾷ ἑαυτόν[2] (et cf. *Jac.*, I, 26 : ἀπατῶν τὴν καρδίαν ἑαυτοῦ). Il n'est pas tenu compte de φρένα, et le verbe prend ἑαυτόν. Le sens est : *il se nourrit le cœur d'illusion*, et *Jac.*, I, 26 : *il trompe son cœur*.

Dans les LXX, *Daniel* (LXX), V, 2 : εἶπεν... οἰνοχοῆσαι ἐν αὐτοῖς τοῖς ἑταίροις αὐτοῦ, et cf. au contraire *Daniel* (Théodotion). — *2 Mac.*, VII, 19 : θεομαχεῖν ἐπιχειρήσας.

b) Un complément distinct n'est pas non plus nécessaire avec des verbes passifs tels que : ἀνεμίζεσθαι, (*être venté*) *être agité par le vent* et cf. *Mat.*, XI, 7 : ὑπὸ ἀνέμου σαλευόμενον ; ῥιπίζεσθαι, *Jac.*, I, 6 ; δαιμονίζεσθαι, *être possédé et agité par un esprit mauvais*, *Mat.*, IV, 24, etc. — Le premier verbe est propre au N. T.; le second est poétique, et post-classique (ARIST., *Probl.*, 38, 6); le troisième est employé dans un sens spécial voisin du sens classique.

c) Le complément déterminé est supprimé dans des locutions toutes faites, ou avec des verbes techniques, quand le sens du verbe équivaut à celui du verbe et du complément. Il y a eu, à la longue, usure du complément qui est tombé de la locution, le verbe restant seul. Ainsi : ἐπανάγειν (ναῦν), *revenir*, *Mat.*, XXI, 18 ; αἴρειν (ἄγκυραν), *partir*, *A.*, XXVII, 13 ; μεταίρειν (πόδα), *partir de*, *Mat.*, XIII, 53 ; ἀμφιβάλλειν (δίκτυα), *pêcher*, *Mar.*, I, 16 ; προβάλλειν (φύλλα), *pousser, bourgeonner*, *L.*, XXI, 30 ; etc.

Voyez la liste de ces verbes et les exemples des LXX, dans mon *Essai sur la syntaxe des voix*, 1-16.

---

1. Adjectif propre au N. T.
2. Verbe post-classique (GALIEN), peut-être le premier exemple avec le pronom réfléchi.

190. *a)* Le complément déterminé, qui aurait pu être le pronom réfléchi, est tombé après certains verbes, particulièrement après les verbes de mouvement, devenus par là intransitifs. Ainsi, ἀπορίπτειν, *se jeter, A.*, XXVII, 43, non classique; βάλλειν, *A.*, XXVII, 14 ; ἐγείρειν (= ἐγείρεσθαι), *se lever, Mar.*, V, 41 ; ἐπιβάλλειν[1], *se précipiter, Mar.*, IV, 37 ; ἐπιδιδόναι, *s'abandonner, A.*, XXVII, 15 ; συμβάλλειν, *L.*, XIV, 31 ; φανεροῦν, *se manifester; J.*, XXI, 1 (mais on peut suppléer le pronom de ἐφανέρωσεν ἑαυτόν qui précède).

Cf. d'ailleurs mon *Essai sur la syntaxe des voix,* 1-16, 33, 57, et *passim.*
b) Dans les LXX, «'transitiva multa sensum accipere intransitivum » (Thiersch, p. 99) : *Ex.*, VII, 13 : καὶ κατίσχυσεν ἡ καρδία Φαραώ, *se fortifia, s'endurcit* (verbe post-classique). — XXXI, 17-18 : τῇ ἡμέρᾳ τῇ ἑβδόμῃ κατέπαυσε καὶ ἐπαύσατο, καὶ ἔδωκε Μωυσῇ, ἡνίκα κατέπαυσε λαλῶν αὐτῷ (emploi poétique; post-classique en prose, LXX). — *Deut.*, XXXI, 20 : καὶ φάγονται καὶ ἐμπλησθέντες κορήσουσι, *ils se rassasieront,* sens de l'actif propre aux LXX. — *Ps.*, LXXVII, 8 : κατηύθυνεν. — 2 *Mac.*, XIII, 3 : συνέμιξεν δὲ αὐτοῖς καὶ Μενέλαος.

Cf. aussi mon *Essai sur la syntaxe des voix, loc. cit.*

Suppression du complément indéterminé.

191. Le complément est indéterminé; il équivaut au français : *un, quelqu'un, des... ; cela, le, chose ; personne, rien ; telle ou telle chose, ceci ou cela.* Ou bien encore, il est fait abstraction de tout complément.

192. Le complément indéterminé, = *cela, le, ceci ou cela, ces choses,* se rapportant à ce qui précède ou à ce qui suit, est exprimé dans les cas suivants (cf. pour le sujet, 89) :

a) Par αὐτό, αὐτά, 1 *Th.*, IV, 10; 1 *P.*, I, 12. — Par αὐτά remplaçant ταῦτα qui précède, *Mat.*, XI, 25, et *L.*, X, 21 ; *J.*, XIII, 17; remplaçant τὰ τοιαῦτα (= ταῦτα), *R.*, I, 32; II, 3. — Par αὐτὸ τοῦτο, *R.*, IX, 17; XIII, 6; 2 *Cor.*, V, 5 ; *Gal.*, II, 10 ; *Eph.*, VI, 22 : εἰς αὐτὸ τοῦτο ἵνα γνῶτε... *Ph.*, I, 6; *Col.*, IV, 8 ; 2 *P.*, I, 5; et par τοῦτο αὐτό, *2 Cor.*, II, 3 (Paul seul, sauf 2 *P.*, I, 5).

b) Par ἐκεῖνο, *Mat.*, XXIV, 43 : ἐκεῖνο δὲ γινώσκετε ὅτι... — *Jac.*, IV, 15 : ζήσομεν καὶ ποιήσομεν τοῦτο ἢ ἐκεῖνο. — Par κἀκεῖνα, *Mat*, XXIII, 23, et *L.*, XI, 42.

---

1. Bos (*Ellip. græc.*, p. 123) entend : *se couvrir,* en comp. *4 R.*, VIII, 15; mais ici il faut suppléer τὸν χαββά qui précède, et le passage ne peut être allégué. On a bien ἐπιβάλλειν ἱμάτιον dans *Nom.*, IV, 6; mais le sens est *mettre le manteau sur un autre,* et non sur soi.

c) Par τοῦτο et ταῦτα, très souvent, pour rappeler ce qui précède ou pour annoncer ce qui suit, *Mat.*, XIII, 28 : ἐχθρὸς ἄνθρωπος τοῦτο ἐποίησεν, et Matthieu emploie ταῦτα partout ailleurs (I, 20 ; VI, 32 ; XI, 25 ; XXIII, 23) ; *Mar.*, I, 38 ; II, 8 ; V, 32, 43 ; XI, 3 ; XIII, 29 ; et chez tous les écrivains du N. T. Mais dans l'*Apocalypse*, on trouve une fois τοῦτο, II, 6 ; et ailleurs, ταῦτα, XVI, 5 (= τοῦτο), etc.

Cf. aussi l'emploi de τοῦτο, ταῦτα, dans des exemples tels que *Mat.*, VIII, 9 : ποίησον τοῦτο, καὶ ποιεῖ.

d) On trouve τὸ πρᾶγμα τοῦτο, *A.*, V, 4, plus fort que τοῦτο seul. — On trouve aussi τὸ ῥῆμα, τὸ ῥῆμα τοῦτο, *Mar.*, IX, 32 ; *L.*, I, 65 (et cf. ταῦτα πάντα, πάντα ταῦτα, *Mat.*, VI, 33, etc.), et cf. II, 15, et IX, 45 ; *A.*, (V, 32) X, 37 : ὑμεῖς οἴδατε τὸ γενόμενον ῥῆμα καθ' ὅλης τῆς Ἰουδαίας..., et au v. 39 on a : ἡμεῖς μάρτυρες πάντων ὧν ἐποίησεν ἔν τε τῇ χώρᾳ τῶν Ἰουδαίων καὶ Ἱερουσαλήμ. — Il n'existe guère que ces exemples.

e) Cet emploi de ῥῆμα, ῥήματα, *la chose, l'affaire, les choses*, est hébraïsant. Le mot hébreu correspondant à ῥῆμα a ce sens, même lorsqu'il s'agit de faits, d'actes, et non de paroles. Ainsi dans les LXX, *Gen.*, XV, 1 : μετὰ δὲ τὰ ῥήματα ταῦτα ἐγενήθη ῥῆμα κυρίου, *après ces événements, le Seigneur adressa la parole.* — Et souvent. — Cf. 89, c.

193. Lorsque le complément est facile à suppléer et que l'écrivain ne veut pas insister sur lui, il est supprimé.

a) Il l'est particulièrement avec les verbes du sens de *percevoir, connaître*, et *faire connaître* :

Avec ἀκούειν, *Mat.*, II, 3 ; VIII, 10 ; IX, 12 ; XII, 24 ; XIV, 13 ; XVII, 6 ; XIX, 25 ; XX, 24 ; XXII, 22, 33 ; XXVII, 47, etc. — Avec γινώσκειν, *Mar.*, VII, 24 : εἰσελθὼν εἰς οἰκίαν οὐδένα ἤθελεν γνῶναι, tandis que l'on a V, 43 : διεστείλατο αὐτοῖς πολλὰ ἵνα μηδεὶς γνοῖ τοῦτο. — VIII, 17 ; IX, 30 ; XV, 45.

Même emploi dans Marc, dans Jean (sauf un exemple dans l'Évangile), dans Jacques, Pierre et Jude, pour le verbe ἀκούειν.

Avec ce verbe, Luc supprime en général le pronom. Cependant, il l'exprime parfois. IV, 28 : ἀκούοντες ταῦτα ; VII, 9 (et cf. au contraire *Mat.*, VIII, 10) ; XIV, 15 ; XVI, 14 ; XVIII, 23 (et cf. au contraire v. 22) ; XIX, 11. De même, *J.*, IX, 40 ; *A.*, V, 11 : ἐγένετο φόβος μέγας ἐφ' ὅλην τὴν ἐκκλησίαν καὶ ἐπὶ πάντας τοὺς ἀκούοντας ταῦτα (et cf. V, 5 : καὶ ἐγένετο φόβος μέγας ἐπὶ πάντας τοὺς ἀκούοντας) ; VII, 54 (et cf. au contraire V, 33) ; XI, 18 ; XVII, 8 ; XXI, 12. — Dans tous ces exemples l'expression du pronom met l'idée en relief.

b) Exemples divers, *Mat.*, XI, 14 : εἰ θέλετε δέξασθαι, αὐτός ἐστιν Ἡλείας ὁ μέλλων ἔρχεσθαι, *si vous voulez l'entendre.* — XII, 14-15 : συμβούλιον ἔλαβον κατ' αὐτοῦ ὅπως αὐτὸν ἀπολέσωσιν. Ὁ δὲ Ἰησοῦς γνοὺς ἀνεχώρησεν. — XVI, 17 : μακάριος εἶ, Σίμων Βαριωνᾶ, ὅτι σὰρξ καὶ αἷμα οὐκ ἀπεκάλυψέν σοι, *ce n'est l'humanité qui te l'a révélé.* — *J.*, I, 18 : ἐκεῖνος ἐξηγήσατο, *celui-là l'a révélé (cela, ce qu'était Dieu).* — *A.*, XII, 12 ; XXV, 15 ; *Jac.*, I, 19 ; 2 *P.*, III, 9, 17. — Mais cf. *A.*, XII, 17 : ἀπαγγείλατε Ἰακώβῳ καὶ τοῖς ἀδελφοῖς ταῦτα.

c) Le complément complexe qui précède peut n'être pas repris par τοῦτο, comme *J.*, XVI, 23 : ἄν τι αἰτήσητε τὸν πατέρα, δώσει ὑμῖν ἐν τῷ ὀνόματί μου.

d) Pour des exemples des LXX, où le complément est supprimé, cf. *Gen.*, IX, 2 ; XVIII, 10 ; XXI, 6 ; XXIII, 10 ; *Lév.*, V, 3, 4, 17 ; *Josué*, XXII, 22 ; etc. La suppression de τοῦτο, ταῦτα, etc., paraît être habituelle ; mais dans quelques exemples le pronom, dont l'emploi est alors oratoire, annonce ce qui suit, *Ex.*, VII, 17 : ἐν τούτῳ γνώσῃ ὅτι κύριος· ἰδοὺ ἐγὼ...

La suppression du complément indéfini de personne ou de chose est d'ailleurs classique.

194. Le complément devrait être un mot indéfini comme τινά, οὐδένα, τί, οὐδέν, accompagné d'un participe, d'un adjectif, d'un attribut quelconque ; ce mot indéfini est souvent supprimé dans le N. T. :

a) Particulièrement avec un participe, ou un adjectif, qui fait fonction de complément (cf. 40 ; 93 ; 159, *a*) :

Apoc., II, 14 : ἔχεις ἐκεῖ κρατοῦντας τὴν διδαχὴν Βαλαάμ.. — I, 12-13, et XIV, 14 : καὶ εἶδον καὶ ἰδοὺ νεφέλη λευκή, καὶ ἐπὶ τὴν νεφέλην καθήμενον ὅμοιον υἱὸν ἀνθρώπου. — Cette construction doit être rare en grec classique, et cf. *A.*, XVII, 20 : ξενίζοντα γάρ τινα εἰσφέρεις εἰς τὰς ἀκοὰς ἡμῶν.

L., XII, 26 : εἰ οὖν οὐδὲ ἐλάχιστον δύνασθε...; — *J.*, VI, 7 : ἄρτοι οὐκ ἀρκοῦσιν αὐτοῖς ἵνα ἕκαστος βραχὺ λάβῃ (W. H. ; mais Tisch. : βραχύ τι). Cf. *A.*, XIV, 21 : μαθητεύσαντες ἱκανούς.

Cf. au contraire *A.*, XVII, 9 (*L.*, XII, 26) : λαβόντες τὸ ἱκανόν, et XVII, 21 (*J.*, VI, 17) : ἢ λέγειν τι ἢ ἀκούειν τι καινότερον.

On trouve ἄνθρωπον (= πάντα ou τινά), *Tit.*, III, 10 : αἱρετικὸν ἄνθρωπον μετὰ μίαν καὶ δευτέραν νουθεσίαν παραιτοῦ.

b) Avec un attribut, *Mat.*, XXIII, 9 : καὶ πατέρα μὴ καλέσητε ὑμῶν ἐπὶ τῆς γῆς (= μηδένα καλέσητε). — *Philém.*, 21 : καὶ ὑπὲρ ἃ λέγω ποιήσεις (τι).

c) Ces constructions sont peu classiques ; elles sont au contraire dans le goût de l'hébreu, et fréquentes dans les LXX.
Lév., XXII, 22 : τυφλὸν ἢ συντετριμμένον ἢ γλωσσότμητον ἢ μυρμηκιῶντα ἢ ψωραγριῶντα ἢ λειχῆνας ἔχοντα, οὐ προσάξουσι ταῦτα τῷ Κυρίῳ. — *Néh.*, XIII, 15 : εἶδον ἐν Ἰούδα πατοῦντας ληνούς. — *Job*, V, 2 ; XXXI, 35 : τίς δῴη ἀκούοντά μου ; — *Habacuc*, I, 14 ; *Es.*, LVIII, 5. — Et très souvent.

SUPPRESSION DU COMPLÉMENT. 151

195. Le complément indéfini se supprime avec un partitif qui en fait fonction (cf. 73, 153 *b*). On trouve alors :

a) Le génitif précédé d'une préposition, sans mot partitif, *Mat.*, IX, 16 : αἴρει γὰρ τὸ πλήρωμα αὐτοῦ ἀπὸ τοῦ ἱματίου. — XXIII, 34 : ἐξ αὐτῶν ἀποκτενεῖτε καὶ σταυρώσετε καὶ ἐξ αὐτῶν μαστιγώσετε. — XXVI, 27, 29; *Mar.*, VI, 43 : ἦραν κλάσματα δώδεκα κοφίνων πληρώματα καὶ ἀπὸ τῶν ἰχθύων, = *ils enlevèrent des morceaux de pain plein douze corbeilles, et ce qui restait des poissons*. — VII, 28; XII, 44; XIV, 23. — *L.*, XI, 49; XVI, 21; XXI, 16. — *J.*, I, 16; IV, 13-14; VI, 26, 50, 51. — *A.*, II, 18 : ἐκχεῶ ἀπὸ τοῦ πνεύματός μου, cité des LXX, *Joël*, III, 1. — II, 30 : ὤμοσεν αὐτῷ ὁ θεὸς ἐκ καρποῦ τῆς ὀσφύος αὐτοῦ καθίσαι ἐπὶ τὸν θρόνον αὐτοῦ, *Dieu lui avait juré de faire asseoir sur son trône quelqu'un de sa race*, et cf. LXX, *Ps.*, CXXXI. — V, 2 : ἐνοσφίσατο ἀπὸ τῆς τιμῆς, *il dissimula quelque chose du prix*. — *1 Cor.*, X, 17; XI, 28. — *1 J.*, IV, 13; *2 J.*, 4 : εὕρηκα ἐκ τῶν τέκνων σου περιπατοῦντας ἐν ἀληθείᾳ. — *Apoc.*, II, 7 : δώσω αὐτῷ φαγεῖν ἐκ τοῦ ξύλου. — II, 10; III, 9 : ἰδοὺ διδῶ ἐκ τῆς συναγωγῆς τοῦ Σατανᾶ, τῶν λεγόντων ἑαυτοὺς Ἰουδαίους εἶναι... repris ensuite par : ἰδοὺ ποιήσω αὐτοὺς ἵνα. — V, 9-10 : ἠγόρασας τῷ θεῷ ἐν τῷ αἵματί σου ἐκ πάσης φυλῆς καὶ γλώσσης... καὶ ἔθνους, et ensuite : καὶ ἐποίησας αὐτοὺς τῷ θεῷ ἡμῶν, οὗ αὐτούς remplace le complément indéfini mental (τινὰς ἐκ πάσης...) — XVIII, 4; XIX, 21; XXI, 6.

Mais il faut suppléer du contexte ἰχθύας dans *Mat.*, XIII, 47 : ὁμοία ἐστὶν ἡ βασιλεία τῶν οὐρανῶν σαγήνῃ βληθείσῃ εἰς τὴν θάλασσαν καὶ ἐκ παντὸς γένους συναγαγούσῃ.

Cette construction du partitif n'est pas classique. Elle est hébraïsante et très fréquente dans les LXX, *Deut.*, XII, 21 : θύσεις ἀπὸ τῶν βοῶν σου. — *Nom.*, XV, 8 : ἐὰν δὲ ποιῆτε ἀπὸ τῶν βοῶν εἰς ὁλοκαύτωσιν. — XV, 19 : ὅταν ἔσθητε ὑμεῖς ἀπὸ τῶν ἄρτων τῆς γῆς. — *2 Esd.*, IX, 3 : καὶ ἔτιλλον ἀπὸ τῶν τριχῶν τῆς κεφαλῆς μου. — *Es.*, LIII, 10 : βούλεται κύριος ἀφελεῖν ἀπὸ τοῦ πόνου τῆς ψυχῆς αὐτοῦ.

b) Quand le partitif est un adjectif numéral, il est nécessairement exprimé, et on le trouve avec une préposition :

A., I, 24 : ἀνάδειξον ὃν ἐξελέξω ἐκ τούτων τῶν δύο ἕνα, mais ἐκ τούτων... dépend de ὅν, et ἕνα est l'attribut de ὅν. — *Apoc.*, XIII, 2-3 : ἔδωκεν αὐτῷ ὁ δράκων... μίαν ἐκ τῶν κεφαλῶν. — De même *Mar.*, XVI, 12; *L.*, XV, 4; *J.*, XVIII, 9 (οὐδένα, *pas un seul*); *Apoc.*, VI, 1. Avec τινά, *R.*, XI, 14 : σώσω τινὰς ἐξ αὐτῶν, et cf. *A.*, XV, 2. — Avec τίνα, *L.*, VI, 11 : τίνα δὲ ἐξ ὑμῶν τὸν πατέρα αἰτήσει ὁ υἱὸς ἰχθύν;

Peu classique, quoiqu'on ait ὀλίγοι ἀπὸ πολλῶν, *Thucyd.*, VII, 87. — Cf. LXX, *Gen.*, XXXI, 37 : τί εὗρες ἀπὸ πάντων τῶν σκευῶν...

c) Le génitif sans mot partitif et sans préposition est classique, comme, *Apoc.*, II, 17 : δώσω αὐτῷ τοῦ μάννα τοῦ κεκρυμμένου.

Dans les LXX, *Lév.*, XX, 2 : ὃς ἂν δῷ τοῦ σπέρματος αὐτοῦ ἄρχοντι, et XX, 3.

196. Le complément indéterminé et indéfini est complètement supprimé, quand il en est fait abstraction ou qu'il est inutile d'en nommer un. On peut distinguer quelques nuances de sens entre les cas suivants :

a) On peut suppléer du contexte un complément plus ou moins indéterminé, d'ailleurs inutile pour l'idée :

A., X, 17 : ἐπέστησαν ἐπὶ τὸν πυλῶνα καὶ φωνήσαντες ἐπύθοντο εἰ... *ayant appelé (quelqu'un de la maison) ils demandèrent si...* — XI, 29 : τῶν δὲ μαθητῶν καθὼς εὐπορεῖτό τις ὥρισαν ἕκαστος αὐτῶν εἰς διακονίαν πέμψαι τοῖς κατοικοῦσιν ἐν τῇ Ἰουδαίᾳ, *envoyer (des secours).* — XXII, 10 : τέτακται (ὑπὸ θεοῦ, si l'on veut un complément). — *2 Cor.*, XII, 15 : ἐγὼ δὲ ἥδιστα δαπανήσω καὶ ἐκδαπανηθήσομαι..., *je dépenserai (tout ce que j'ai)*, et cf. θησαυρίζειν du v. précédent.

Dans les LXX, *1 Esd.*, IV, 6 : καὶ ὅσοι... γεωργοῦσι τὴν γῆν, πάλιν ὅταν σπείρωσι, θερίσαντες ἀναφέρουσι τῷ βασιλεῖ.

b) On peut suppléer le complément à son gré :

Mat., VI, 26 : ἐμβλέψατε εἰς τὰ πετεινὰ τοῦ οὐρανοῦ ὅτι οὐ σπείρουσιν οὐδὲ θερίζουσιν οὐδὲ συνάγουσιν εἰς ἀποθήκας. — *Jac.*, IV, 2-3 : οὐκ ἔχετε διὰ τὸ μὴ αἰτεῖσθαι ὑμᾶς· αἰτεῖτε καὶ οὐ λαμβάνετε διότι κακῶς αἰτεῖσθε.

Dans les LXX, *Prov.*, XIII, 11 : ὁ δὲ συνάγων ἑαυτῷ μετ' εὐσεβείας πληθυνθήσεται.

c) On peut suppléer mentalement *quelqu'un, quelque chose, rien* :

Mat., II, 13 : ἴσθι ἐκεῖ ἕως ἂν εἴπω σοι. — XXIV, 36 : περὶ δὲ τῆς ἡμέρας καὶ ὥρας οὐδεὶς οἶδεν, = *personne ne sait rien.* — *1 P.*, V, 8 : ὁ ἀντίδικος ὑμῶν διάβολος ὡς λέων ὠρυόμενος περιπατεῖ ζητῶν καταπιεῖν.

Dans les LXX, *Es.*, L, 2 : ἐκάλεσα καὶ οὐκ ἦν ὁ ὑπακούων.

196 *bis*. *a)* L'acte seul importe, et la suppression de tout complément le met en relief :

Mat., VII, 1 : μὴ κρίνετε, ἵνα μὴ κριθῆτε. — *Mar.*, VIII, 17 (et 21) : οὔπω νοεῖτε οὐδὲ συνίετε; — *2 Cor.*, III, 6 : τὸ γὰρ γράμμα ἀποκτείνει, τὸ δὲ πνεῦμα ζωοποιεῖ. — *Apoc.*, XIV, 15 : θέρισον.

b) Le verbe a un sens complet par lui-même et il est fait abstraction du complément :

Mat., XII, 10 : εἰ ἔξεστι τοῖς σάββασιν θεραπεύειν ; *traiter un malade.* — *J.*, XVI, 25 : παρρησίᾳ περὶ τοῦ πατρὸς ἀπαγγελῶ ὑμῖν, *je vous communiquerai mon enseignement.* — *A.*, XXV, 2 : ἐνεφάνισάν τε αὐτῷ οἱ ἀρχιερεῖς καὶ οἱ πρῶτοι τῶν Ἰουδαίων κατὰ τοῦ

Παύλου (et cf. XXIV, 1), *ils lui firent leur déposition.* — *2 Cor.*, XII, 14 : οὐ γὰρ ὀφείλει τὰ τέκνα τοῖς γονεῦσιν θησαυρίζειν, *amasser des richesses.* — *1 Th.*, IV, 13, ἀγνοεῖν, *être dans l'ignorance* (classiq.); *H.*, XI, 22 : ἐνετείλατο, *donna ses ordres* ; XIII, 22 : ἐπέστειλα ὑμῖν, *je vous envoie une lettre.*

Dans les LXX, *1 Esd.*, IV, 11 : οἱ δὲ τηροῦσι κύκλῳ περὶ αὐτόν. — *2 R.*, XX, 10 : καὶ ἔπαισεν αὐτόν..., καὶ οὐκ ἐδευτέρωσεν αὐτῷ, *il ne lui porta pas un second coup.* — *Es.*, XXI, 2 : ὁ ἀθετῶν ἀθετεῖ, ὁ ἀνομῶν ἀνομεῖ. — *1 Mac.*, X, 45 : ὀχυρῶσαι, *élever des fortifications.*

Pour *Mat.*, V, 17 : οὐκ ἦλθεν καταλῦσαι ἀλλὰ πληρῶσαι, on peut suppléer τὸν νόμον καὶ τοὺς προφήτας, ou laisser les deux verbes sans complément, par emphase oratoire.

197. En grec classique, le pronom indéfini complément se supprime souvent.

L'emploi très libre et très varié des constructions précédentes (191-196 *bis*), dans ce qu'elles ont de peu classique, doit appartenir à la langue grecque familière ; quelques-unes d'entre elles sont hébraïsantes et imitées des LXX.

CHAPITRE XVIII

Relation entre le verbe et le complément.

Notions générales sur les compléments dans leur rapport avec le verbe.

198. Le verbe est employé *intransitivement, transitivement, absolument, quelle que soit d'ailleurs la voix*[1]. Il est employé :
a) *Intransitivement,* quand l'acte[2] qu'il exprime n'a pas de rapport avec quelque chose d'extérieur au sujet, comme *L.*,

---

1. Cf. mon *Essai sur la syntaxe des voix.*
2. Nous supposons, pour la commodité du langage, que le verbe exprime toujours un acte, quoiqu'il exprime souvent l'état, la manière d'être.

XII, 16 : εὐφόρησεν ἡ χώρα. — J., VIII, 56 : Ἀβραὰμ ὁ πατὴρ ὑμῶν ἠγαλλιάσατο. — Mat., I, 18 : εὑρέθη, *elle se trouva.*

Le verbe intransitif ne veut donc pas de complément par lui-même, mais cf. *1 J.,* V, 16 et *A.,* XXV, 8 : τι ἥμαρτον.
De même en hébreu et dans les LXX.

b) Transitivement, quand l'acte porte sur quelque chose d'extérieur au sujet, sur *un objet.* Le mot qui exprime ce dernier est le complément. — Mais le rapport entre l'acte et l'objet peut être direct ou indirect, suivant la manière dont celui qui parle considère le rapport entre le verbe et le complément. — Il est

Direct, quand l'acte est considéré comme atteignant directement son objet ; c'est le *complément direct* à l'accusatif, comme *Mat.,* XII, 13 : ἔκτεινόν σου τὴν χεῖρα. — V, 42 : τὸν θέλοντα ἀπὸ σοῦ δανίσασθαι μὴ ἀποστραφῇς.
De même en hébreu et dans les LXX.
Indirect, quand l'acte est considéré comme atteignant indirectement son objet. C'est le complément indirect, aux cas indirects ou obliques : génitif et datif ; comme, *1 Tim.,* II, 12 : αὐθεντεῖν ἀνδρός.
Il en est de même en hébreu et dans les LXX.
De plus, la relation indirecte entre le verbe et le complément est souvent indiquée par des prépositions. Dans le grec biblique, on trouve fréquemment une relation indirecte marquée par une préposition, quand un cas aurait suffi. — On trouve même, dans les LXX, la relation directe marquée par une préposition.

Un même verbe peut être en même temps transitif direct et indirect, quand l'idée enferme ces deux relations comme *A.,* VIII, 35 : εὐηγγελίσατο αὐτῷ τὸν Ἰησοῦν. — Il peut même y avoir une double relation directe, comme dans *A.,* XIII, 32 : ὑμᾶς εὐαγγελιζόμεθα τὴν πρὸς τοὺς πατέρας ἐπαγγελίαν.

Il en est de même en hébreu et dans les LXX, d'une manière encore plus étendue qu'en grec classique.

Le verbe passif a pour complément le mot qui exprime le *sujet* réel de l'acte, et la relation entre le verbe et ce complément est considérée comme indirecte. Ce complément est à un cas oblique avec ou sans préposition, et il est assimilé entièrement au complément indirect du verbe transitif.

Il en est de même en hébreu et dans les LXX.

c) Absolument, quand l'objet extérieur sur lequel porte l'acte n'est pas exprimé. Le verbe est alors employé sans complément d'après ce qui a été dit plus haut (182-197), *Mat.*, VII, 1 ; XXVII, 65 ; *1 Cor.*, IX, 16 ; *Col.*, II, 20 ; etc.

Il en est de même en hébreu et dans les LXX.

199. *a)* Un verbe intransitif par lui-même devient, dans certains cas, transitif direct ou indirect, sous l'influence de la pensée, quand celui qui parle établit une relation directe ou indirecte, *exceptionnelle,* entre l'acte et l'objet, comme : *Col.*, II, 15 : ἀπεκδυσάμενος τὰς ἀρχὰς καὶ τὰς ἐξουσίας ἐδειγμάτισεν ἐν παρρησίᾳ θριαμβεύσας αὐτοὺς ἐν αὐτῷ. — *Jac.*, III, 11 : μήτι ἡ πηγὴ ἐκ τῆς αὐτῆς ὀπῆς βρύει τὸ γλυκὺ καὶ τὸ πικρόν. — *Eph.*, I, 12 : τοὺς προηλπικότας ἐν τῷ Χριστῷ.

Dans les LXX, *Tobie*, XIII, 7 : ἡ ψυχή μου τῷ βασιλεῖ τοῦ οὐρανοῦ, καὶ ἀγαλλιάσεται τὴν μεγαλοσύνην αὐτοῦ. — *Sag. Sal.*, II, 16 : καὶ ἀλαζονεύεται πατέρα θεόν (cf. ARIST. *Econom.*, I, 4, 3).

b) Inversement, un verbe transitif par lui-même devient dans certains cas intransitif, quand celui qui parle ne considère plus l'acte comme portant sur un objet extérieur, comme *Mar.*, II, 11 : σοὶ λέγω, ἔγειρε. — *A.*, XXVII, 43, et cf. plus haut 196-196 *bis.*

Il en est de même dans les LXX ; cf. 196-196 *bis.*

200. Outre les compléments direct et indirect, il existe encore des compléments circonstanciels de cause, de condition, de temps, de lieu, de manière ; ils s'expriment ou se suppriment, suivant que celui qui parle juge à propos de le faire ; ils se mettent aux cas directs ou indirects avec ou sans préposition. — Nous n'avons pas à nous en occuper ici.

201. A parler d'une manière générale, les constructions classiques du verbe et du complément sont conservées dans le grec du N. T. et forment le fond de la syntaxe des cas et des prépositions.

Cependant les écrivains du N. T. n'ont pas toujours conçu comme les écrivains classiques la relation entre le verbe et le complément, et il en est résulté beaucoup de constructions particulières.

202. *a*) L'influence de l'hébreu est manifeste dans un très grand nombre de passages. Elle a sollicité les auteurs du N. T. à employer des constructions grecques rares, mais qui se rapprochaient davantage de la construction hébraïque. D'autres fois, elle a créé dans le N. T. des constructions absolument étrangères au grec. Enfin, elle a favorisé l'usage des prépositions au point de le rendre excessif.

b) Pour le grec même, le cours du temps amène des changements dans la manière d'établir le rapport entre le verbe et son complément, et l'analogie sollicite sans cesse la langue à unifier la manière d'établir ce rapport pour tous les verbes qui expriment des idées très voisines les unes des autres. — Puis, des écrivains non lettrés et étrangers, tels que l'étaient les écrivains juifs du N. T., ont pu concevoir, et par suite, exprimer arbitrairement le rapport entre le verbe et le complément, au lieu de suivre la construction traditionnelle qu'ils ignorent ou qui leur est peu familière. — Enfin, à l'époque post-classique, la désinence casuelle ne devait plus marquer assez fortement le rapport du complément avec le verbe; d'ailleurs, la langue familière et populaire aime à exprimer ce rapport au moyen d'une préposition[1]. L'influence de la langue post-classique familière s'unissait ainsi à celle de l'hébreu pour favoriser l'emploi des prépositions après le verbe. Il faut remarquer, de plus, que le choix de la préposition dépend tantôt de l'influence de l'hébreu, tantôt de la manière particulière dont l'écrivain a imaginé le rapport qui unit le complément au verbe.

c) De quelle manière se sont exercées ces différentes influences sur le grec du N. T. ? C'est ce que nous nous proposons de montrer d'une manière générale : 1° pour les cas; 2° pour les prépositions; 3° pour les changements de construction avec un même verbe ou la même préposition; et pour le passif; 4° pour la variation générale et libre des rapports entre un verbe et son complément.

---

1. Cf. P. Viereck (p. 63) : « Ceterum secundum consuetudinem hujus ætatis apud verba cum præpositionibus copulata repeti solent præpositiones, exceptis duobus locis Augusti epistularum VII, 8 ; IX, 13. » Dans la langue du N. T., les prépositions s'expriment même après les verbes qui ne sont pas composés d'une préposition.

CHAPITRE XIX

Relation entre le verbe et les cas.

Sans préposition.

203. *a*) Classiquement, « l'accusatif s'emploie comme accusatif de l'objet intérieur ou du contenu, pour déterminer le sens d'un verbe soit transitif soit intransitif. » (CUCUEL et RIEMANN, 25).

L'emploi de ces constructions est très étendu dans le grec du N. T. Nous citons seulement : *Mar.*, IV, 41 : ἐφοβήθησαν φόβον μέγαν, et *1 P.*, III, 6 : μὴ φοβούμεναι μηδεμίαν πτόησιν. — X, 38; *L.*, XXII, 65; *A.*, XI, 5; *R.*, XV, 16; *1 Cor.*, XV, 1; *2 Cor.*, III, 18 : τὴν αὐτὴν εἰκόνα μεταμορφούμεθα ἀπὸ δόξης εἰς δόξαν (verbe post-classique, ELIEN, H. V., I, 1; PLUTAR. 2, 52 D; construction propre au N. T.). — *Eph.*, IV, 8, 15; *Col.*, II, 19; *Apoc.*, XVI, 9.

Il est beaucoup plus étendu (en hébreu et) dans le grec des LXX que dans le grec classique. Nous citons seulement :
Gen., XXVII, 27 : καὶ ὠσφράνθη τὴν ὀσμὴν τῶν ἱματίων. — XXVII, 34; *Lév.*, XXI, 5 : φαλάκρωμα οὐ ξυρηθήσεσθε τὴν κεφαλὴν ἐπὶ νεκρῷ. — *Josué*, VII, 1; *2 R.*, XXIII, 16; *3 R.*, VIII, 54, 63; XIX, 4; *4 R.*, XI, 4, 5; *2 Paral.*, XXIX, 10; *Ps.*, CIV, 30; *Prov.*, XXII, 23; *Joël*, III, 18; *Zach.*, I, 2, 14; *Jér.*, III, 7; IV, 3, 5; VII, 4, 18; VIII, 5; VIII, 14; IX, 18; XXII, 19 : ταφὴν ὄνου ταφήσεται.

b) Classiquement, on emploie l'accusatif de relation.
Cette construction tend à être abandonnée dans le N. T., remplacée par celle du datif avec ou sans préposition. Cf. cependant *1 Tim.*, IV, 3.

Elle existe en hébreu, et on la trouve dans les LXX, *Gen.*, XLI, 40 : πλὴν τὸν θρόνον ὑπερέξω σου ἐγώ, *je te surpasserai quant à mon trône.* — *2 R.*, IV, 4; IX, 3; *3 R.*, XV, 23; *Jér.*, IX, 25-26.

c) Classiquement, l'accusatif de l'objet extérieur est d'un emploi perpétuel, comme dans φιλεῖν τινά. De même dans le N. T. Mais :

D'un côté, on le trouve où on ne l'attendait pas, comme *Mat.*, XII, 18 : ὁ ἀγαπητός μου ὃν εὐδόκησεν ἡ ψυχή μου, verbe post-classique (LXX, Diod., XVII, 47) et construction biblique. — XXVIII, 19 : μαθητεύσατε πάντα τὰ ἔθνη, verbe post-classique (Plutar. II, 832 B) et construction propre au N. T. — *L.*, XXIII, 39 ; *1 Cor.*, VII, 31 : χρώμενοι τὸν κόσμον, post-classique (Pseudo-Aristote, *Œcon.*, II, 22).

D'un autre côté, on ne le trouve pas quand on l'aurait attendu, comme, *Mat.*, VI, 28 : μὴ φοβηθῆτε ἀπὸ τῶν ἀποκτεινόντων, quand il suit : φοβεῖσθε δὲ μᾶλλον τὸν δυνάμενον... — XXIII, 33 : πῶς φύγητε ἀπὸ τῆς κρίσεως, et classiquement φεύγειν τι, *éviter quelque chose*, comme *1 Cor.*, VI, 18, et cf. X, 14. — *Mar.*, VI, 52 : οὐ γὰρ συνῆκαν ἐπὶ τοῖς ἄρτοις (cf. *Mat.*, XVI, 8), construction hébraïsante. — *A.*, IV, 29, et cf. LXX, *Michée*, IV, 11. — *Col.*, II, 18 : θέλων ἐν ταπεινοφροσύνῃ, sens et construction bibliques (?), et ailleurs avec l'accusatif. — *H.*, VI, 4-5 ; *Apoc.*, XVIII, 3-4.

L'influence de l'hébreu a favorisé les constructions du premier cas, et produit celles du second. Cf. les LXX :
Gen., XLIV, 4 ; *Ex.*, XIV, 25, et cf. *5 R.*, XXII, 31 ; *3 R.*, VIII, 48 ; *Ps.*, XXVI, 11 ; *Eccl.*, IX, 7 : εὐδόκησεν ὁ θεὸς τὰ ποιήματά σου. — *Prov.*, II, 21 : εὐθεῖς κατασκηνώσουσιν γῆν. — *Baruch*, IV, 25 : μακροθυμήσατε τὴν παρὰ τοῦ θεοῦ ἐπελθοῦσαν ὑμῖν ὀργήν, verbe post-classique (Plutarque, 2, 593 F) et construct. biblique. — *2 Mac.*, V, 8 et cf. *Nom.*, XXXII, 9. — Cf. θέλειν τι ou τινά, *Ps.*, XXI, 9 ; XL, 7 ; *Osée*, VI, 8 ; construct. hébraïsante, et dans le N. T. *Mat.*, XXVII, 43, θέλει αὐτόν, et IX, 13, ἔλεον θέλω. — Cf. *Enoch*, VI, 2 : οἱ ἄγγελοι υἱοὶ οὐρανοῦ... ἐπεθύμησαν αὐτάς (même construct. dans *Ménandre*, apud Clem. Alex. 605 D).
Les exemples suivants sont des hébraïsmes purs : *Josué*, I, 7 : ἵνα συνῇς ἐν πᾶσιν οἷς ἐὰν πράσσῃς. — *3 R.*, VIII, 50 : καὶ οἰκτειρήσουσιν εἰς αὐτούς. — *1 Paral.*, II, 7 ; *Daniel*, I, 17 ; cf. *Testam. XII Patriar.*, IV, IX : ἡμεῖς δὲ ἐδιώξαμεν ἐπὶ τοὺς υἱοὺς Ἡσαῦ. — Mais voy. 211, *e* et *f*.

d) Classiquement, on emploie le double accusatif de l'objet extérieur, ou de l'objet extérieur et intérieur. Dans le N. T. :

D'un côté, on en fait un emploi plus étendu même qu'en grec classique, comme *L.*, XI, 46 : φορτίζετε τοὺς ἀνθρώπους φορτία δυσβάστακτα, verbe poétique et post-classique (Lucien, *Nav.* 45), construction propre au N. T. — *J.*, XVII, 26 : ἡ ἀγάπη ἣν ἠγάπησάς με, construction propre au N. T. — XIX, 2 ; *1 Th.*, V, 27 ; *H.*, I, 9.

D'un autre côté, l'un des deux accusatifs est remplacé par un autre cas, précédé d'une préposition, et la relation entre le verbe et le complément est conçue tout différemment, comme *Mat.*, XX, 20 : αἰτοῦσά τι ἀπ' αὐτοῦ (et cf. VII, 9), = αἰτοῦσά τι αὐτόν. On trouve parfois classiquement πρός et παρά avec le génitif, mais non ἀπό.

En hébreu et dans les LXX, l'emploi du double accusatif est bien plus étendu qu'en grec classique, comme *3 R.*, VI, 28 : πάντας τοὺς τοίχους τοῦ οἴκου κύκλῳ ἐκκολαπτὰ ἔγραψε γραφίδι χερουβείν. — *Job*, XXI, 34 ; *Ps.*, XLIV, 8 (cité dans le N. T., *H.*, I, 9) : ἔχρισέν σε ὁ θεός, ὁ θεός σου, ἔλαιον ἀγαλλιάσεως, sens et construction bibliques. — *Cant.*, VI, 11 ; *Zach.*, XIV, 17 : ἡ πτῶσις ἣν πατάξει κύριος πάντα τὰ ἔθνη. — *1 Mac.*, VIII, 18 ; et cf. *Ezéch.*, XXIX, 18.
Au contraire : *2 Esd.*, VII, 10 : διδάσκειν ἐν Ἰσραὴλ προστάγματα. — *Ps.*, CXLII, 10 ; *Eccl.*, XII, 9 : ἐδίδαξε γνῶσιν σὺν τὸν ἄνθρωπον. — *Ezech.*, XLIV, 23 : τὸν λαόν μου διδάξουσιν ἀνὰ μέσον ἁγίου καὶ βεβήλου, καὶ ἀνὰ μέσον ἀκαθάρτου καὶ καθαροῦ γνωριοῦσιν αὐτοῖς. — *Daniel, Sus.*, 3 (LXX et Théodotion).

204. *a*) Classiquement, le génitif s'emploie : après des verbes qui marquent qu'on prend une part de l'objet, comme *recevoir* ou *donner une part de* ; après les verbes du sens de *toucher* ; de *se souvenir* ; après les verbes de *supériorité* ou *d'infériorité* ; après les verbes signifiant *condamner, absoudre,* etc. (Cucuel et Riemann, 36 seqq.)
Dans le N. T., tantôt la construction classique est conservée ; tantôt la relation entre le verbe et le complément est conçue différemment, et le complément passe alors à un autre cas, ou bien prend une préposition. Ainsi :
Κληρονομεῖν est toujours suivi de l'accusatif (classiquement assez rare ; très post-classique, *Polybe*, XV, 22, 3 ; LXX), même avec le sens d'*obtenir une part de*. — Κοινωνεῖν est toujours suivi du datif de la chose, *1 Tim.*, V, 22, sauf *H.*, II, 14, où le génitif est un reste de la construction classique.
Un verbe du sens de *toucher* peut se construire aussi bien avec l'accusatif qu'avec le génitif et dans le même sens, comme κρατεῖν τῆς χειρός, *Mat.*, IX, 25, et κρατεῖν τοὺς πόδας, XXVIII, 9 ; on ne trouve pas en prose classique l'accusatif de la chose que l'on saisit de la main. — De même μνημονεύειν τινός et τι, *1 Th.*, I, 3 et II, 9 ; l'accusatif est ionien (*Hérodot.*, I, 36), poétique, post-classique (LXX).
Pour les verbes de *supériorité* et d'*infériorité*, on a πλεονεκτεῖν τινί, *2 Cor.*, VII, 2, très post-classique (*Ménand. Monost.* 259 ;

etc).— Cf. *2 P.*, III, 9 : οὐ βραδύνει κύριος τῆς ἐπαγγελίας, construct. propre au N. T., comme si l'on avait ὑστερεῖ.

b) Classiquement, on construit au génitif le complément des verbes qui marquent une idée d'*éloignement, de séparation*, etc. (Cucuel et Riemann, 47 seqq.)

Dans le N. T., le génitif est souvent précédé d'une préposition, *A.*, VIII, 22 et *H.*, VI, 1 ; etc.

c) Le génitif n'existe pas en hébreu, et cette langue n'ayant rien qui corresponde au génitif grec, la relation marquée par ce cas est indiquée par une construction toute différente, surtout par l'emploi d'une préposition.

Dans les LXX, l'emploi classique du génitif est souvent délaissé. Ainsi :

Κληρονομεῖν est suivi de l'accusatif, *1 Mac.*, II, 10. — Κοινωνεῖν est suivi du génitif, *Prov.*, I, 11 ; et du datif, *Sag. Sal.*, VI, 23. — Κρατεῖν est suivi du génitif, *Ps.*, LXXII, 23 ; *Amos*, II, 14 ; et de l'accusatif, *Jug.*, XVI, 26 ; *Néh.*, III, 6. — Μνημονεύειν se trouve avec le génitif et l'accusatif, *1 Paral.*, XVI, 12 : μνημονεύετε τὰ θαυμάσια, et XVI, 15 : μνημονεύωμεν διαθήκης αὐτοῦ. Cf. *Néh.*, XIII, 31 : μνήσθητί μου, et v. 29 : μνήσθητι αὐτοῖς. — Cf. *3 R.*, XVI, 22 (*v. l.*) : ὁ λαὸς ὁ ὢν ὀπίσω Ἀμβρὶ ὑπερεκράτησε τὸν λαὸν... et *1 Mac.*, III, 30 (*v. l.*) : ἐπερίσσευσεν ὑπὲρ τοὺς βασιλεῖς, et cf. *Eccl.*, III, 19 : ἐπερίσσευσεν ὁ ἄνθρωπος παρὰ τὸ κτῆνος.

Les verbes qui expriment une idée d'éloignement prennent souvent une préposition ou la locution hébraïsante ἀπὸ προσώπου (= ἀπό).

Par contre, on trouve le génitif pour un autre cas, comme *Josué*, V, 6 : οἱ ἀπειθήσαντες τῶν ἐντολῶν τοῦ θεοῦ (et cf. le datif régulier, *Es.*, VIII, 11), tandis qu'on lit, *Baruch*, I, 19 : ἀπειθοῦντες πρὸς κύριον. — *Cant.*, II, 5 : ὅτι τετρωμένη ἀγάπης ἐγώ, *je suis blessée d'amour ; 1 Mac.*, X, 65 : καὶ ἔγραψεν αὐτὸν τῶν πρώτων φίλων, *il l'inscrivit au nombre de...*, et cf. XI, 27. — XI, 4 : ὡς δὲ ἤγγισεν Ἀζώτου.

205. *a*) Classiquement, dans son sens propre, « le datif s'emploie comme complément indirect des verbes transitifs, et comme complément unique de certains verbes intransitifs, d'une manière qui se rapproche beaucoup de l'emploi du datif français, c'est-à-dire de la préposition *à* » avec un nom ou un pronom. (Cucuel et Riemann, 53 seqq.)

Dans le N. T., on trouve le datif, et aussi une préposition avec un autre cas, comme : λέγειν τινί, *L.*, VI, 5 ; πρός τινα, V, 36 ; εἴς τινα, *L.*, XXII, 65. — *Mat.*, V, 15 et 16 : λάμπει πᾶσιν τοῖς ἐν τῇ οἰκίᾳ · οὕτως λαμψάτω τὸ φῶς ὑμῶν ἔμπροσθεν τῶν ἀνθρώπων.

La construction varie avec la manière dont l'écrivain conçoit la relation entre l'acte et son objet.

b) Classiquement, le datif d'intérêt s'emploie « pour désigner la personne qui est intéressée dans l'action marquée par le verbe. » (CUCUEL et RIEMANN, 56). Ce datif est très employé dans le N. T. et son emploi est peut-être plus fréquent et plus hardi qu'en grec classique, *Mat.*, XIII, 14 ; *A.*, II, 4 ; *R.*, VII, 10, 22 ; *1 P.*, II, 24 ; *Apoc.*, II, 16 ; et souvent. — Cf. surtout *Apoc.*, VIII, 3-4 : ἀνέβη ὁ καπνὸς τῶν θυμιαμάτων ταῖς προσευχαῖς τῶν ἁγίων.

c) Classiquement, le datif s'emploie pour indiquer l'instrument, la manière, etc.

Il en est de même dans le N. T. — Mais de plus :

Au lieu du datif, on trouve tout aussi fréquemment une préposition, particulièrement ἐν ; ainsi ὁμολογεῖν avec le datif seul, *Mat.*, VII, 23, et avec une préposition, X, 32 ; *Apoc.*, V, 2 et 12.

On trouve souvent joint au verbe le datif de même radical ou de même sens, *Mat.*, VIII, 8 : ἀλλὰ μόνον εἰπὲ λόγῳ, et cf. *Apoc.*, II, 23 : ἀποκτενῶ ἐν θανάτῳ (cf. 177, c).

Avec les verbes du sens d'*aller*, on trouve souvent un datif de manière, *A.*, XIV, 16 : εἴασεν πάντα τὰ ἔθνη πορεύεσθαι ταῖς ὁδοῖς αὐτῶν. D'où, par extension, *A.*, XXI, 21 : λέγων... μηδὲ τοῖς ἔθεσιν περιπατεῖν, *ne pas suivre les coutumes,* et cf. *Gal.*, V, 16 et *A.*, IX, 31.

Dans les trois cas, la construction est plus ou moins hébraïsante.

d) L'hébreu n'a pas de datif ; il y supplée par un tour différent, et le plus souvent par une préposition (PREISWERK, 551).

Ce que nous avons dit de l'emploi du datif dans le N. T. est encore plus vrai pour les LXX :

Pour le datif proprement dit, voy. *2 Paral.*, X, 7, 9, 10.

Pour le datif d'intérêt, *Gen.*, IV, 23 : ἄνδρα ἀπέκτεινα εἰς τραῦμα ἐμοί. — XXIV, 6 (et cf. PREISWERK, 552, a), et *Gen.*, IV, 19. — XXXII, 31 ; *Ps.*, LXII, 2 : ἐδίψησέ σοι ἡ ψυχή μου, προσαπλῶς σοι ἡ σάρξ μου. — *Ps.*, LXV, 1-2. — Avec *Apoc.*, VIII, 3-4, cf. *Néhémie*, IV, 7.

Pour les trois remarques (c), voy. *Gen.*, XXXIII, 5 : τὰ παιδία οἷς ἠλέησεν ὁ θεὸς τὸν παῖδά σου. — *2 Paral.*, XX, 19 et cf. *Job*, XXXVIII, 7. — *Nom.*, XXXI, 8 ; *Ps.*, XIII, 5 ; *Tobie*, IV, 5 : μὴ πορευθῇς ταῖς ὁδοῖς τῆς ἀδικίας, et cf. *1 Mac.*, VI, 59 : καὶ στήσωμεν αὐτοῖς τοῦ πορεύεσθαι τοῖς νομίμοις αὐτῶν, et cf. *3 R.*, VIII, 58, et 61 : ὁσίως πορεύεσθαι ἐν τοῖς προστάγμασιν αὐτοῦ, et cf. *1 Mac.*, XIII, 31.

Cf. *Testam.* XII *Patriar.*, IV, 15 : κἂν βασιλεῖ κἂν πτωχῷ αἱ γυναῖκες κατακυριεύσουσι.

Avec une préposition.

206. *a*) On a déjà pu remarquer la tendance à employer une préposition et le cas convenable, au lieu du cas seul. Tantôt, la préposition ne sert guère qu'à indiquer plus clairement le sens du cas, ou à le renforcer ; tantôt, au contraire, elle sert à exprimer une relation particulière établie par l'écrivain entre le verbe et le complément[1].

Mat., XX, 2 : συμφωνήσας δὲ μετὰ τῶν ἐργατῶν ἐκ δηναρίου, et v. 13 : οὐχὶ δηναρίου συνεφώνησάς μοι; — *A.*, I, 26 : συνκατεψηφίσθη μετὰ τῶν ἕνδεκα ἀποστόλων, et cf. *L.*, XXIII, 51 : συνκατατεθειμένος τῇ βουλῇ. — IV, 29 : ἔπιδε ἐπὶ τὰς ἀπειλὰς αὐτῶν.

Au lieu de γονυπετεῖν αὐτόν, on a *Mat.*, XXVII, 29 : γονυπετήσαντες ἔμπροσθεν αὐτοῦ. — XXI, 26 : πάντες γὰρ ὡς προφήτην ἔχουσιν τὸν Ἰωάνην, et v. 46 : εἰς προφήτην αὐτὸν εἶχον. — Au lieu de κρύπτειν τινά τι, on a *Mat.*, XI, 25 : ἔκρυψας ταῦτα ἀπὸ σοφῶν. — *Apoc.*, XV, 2 : τοὺς νικῶντας ἐκ τοῦ θηρίου. — *Mat.*, V, 34 : μὴ ὀμόσαι ὅλως, μήτε ἐν τῷ οὐρανῷ. — Au lieu de προσκυνεῖν τινά ou τινί, on a προσκυνεῖν ἐνώπιόν τινος, *L.*, IV, 7.

Cf. λαλεῖν τινί, *L.*, II, 38 ; εἴς τινα, *H.*, VII, 14 ; ἕν τισιν, *1 Cor.*, II, 6 ; μετά τινος, *Mar.*, VI, 50 ; πρός τινα, *L.*, XXIV, 44.

L., XV, 16 : χορτασθῆναι ἐκ τῶν κερατίων. — XXII, 18 : οὐ μὴ πίω... ἀπὸ τοῦ γενήματος. — *1 Cor.*, X, 17 : οὐ γὰρ πάντες ἐκ τοῦ ἑνὸς ἄρτου μετέχομεν. — *Gal.*, VI, 6 : κοινωνείτω δὲ ὁ κατηχούμενος... ἐν πᾶσιν ἀγαθοῖς.

b) La tendance à employer une préposition quand le cas seul suffirait est due à l'influence de la langue familière, et surtout à celle de l'hébreu.

L'emploi de prépositions dans le langage familier étant bien connu, il suffit de le signaler ici.

c) En hébreu, les cas proprement dits n'existent pas, et l'on emploie perpétuellement des prépositions pour les remplacer (PREISWERK, 537 seqq. ; 603 seqq.).

Aussi l'influence de l'hébreu s'est-elle exercée sur le grec des LXX, où les prépositions abondent. Elles précisent davantage et décrivent mieux le rapport entre le verbe et le complément que le simple cas. Ainsi, *Jonas*, I, 1, 6, 7, 8, 9, 10, 11, 12, 13, 14, 15. — IV, 2, 5, 6 : τοῦ σκιάζειν αὐτῷ ἀπὸ τῶν κακῶν αὐτοῦ · καὶ ἐχάρη Ἰωνᾶς ἐπὶ τῇ κολοκύνθῃ. — IV, 8 : ἐπάταξεν ὁ ἥλιος ἐπὶ τὴν κεφαλὴν Ἰωνᾶ. — IV, 10 : σὺ ἐφείσω ὑπὲρ τῆς κολοκύνθης ὑπὲρ ἧς οὐκ ἐκακοπάθησας ἐπ' αὐτήν, et v. 11 : ἐγὼ δὲ οὐ φείσομαι ὑπὲρ Νινευὴ τῆς πόλεως τῆς μεγάλης ἐν ᾗ κατοικοῦσι. — Cf. encore *Jér.*, XV, et *Tobie*, IV, 18.

---

1. Les verbes composés post-classiques dont le sens admet le datif prennent régulièrement leur complément au datif, sans préposition. — Ceux qui expriment une idée de mouvement pour *s'éloigner de*, par exemple, peuvent prendre ἐκ ou ἀπό.

A parler d'une manière générale, les verbes composés post-classiques ne tendent pas, dans le N. T., à prendre une préposition, parce que dans ces verbes, de formation récente, la force de la préposition était encore sensible.

Cf. aussi les nombreuses constructions de verbes avec ἐν, comme : *Josué*, I, 7 : συνιέναι ἐν (et de même *Dániel*, I, 17); I, 8 : μελετᾶν ἐν. — *4 R.*, I, 3 : ἐπιζητῆσαι ἐν τῷ βαὰλ μυῖαν θεὸν 'Ακκαρών, *consulter, par son Baal, le dieu-mouche d'Accaron.* — *2 Paral.*, VI, 5 : οὐκ ἐξελεξάμην ἐν ἀνδρὶ τοῦ εἶναι... ἐπὶ τὸν λαόν μου 'Ισραήλ · καὶ ἐξελεξάμην ἐν Δαυεὶδ τοῦ εἶναι... ἐπὶ τὸν λαόν μου, *je n'ai pas choisi un homme,... j'ai choisi David pour être...*

Plusieurs de ces constructions sont des hébraïsmes purs.

CHAPITRE XX

Variations de la construction.

Quelques exemples montreront maintenant quelle était la mobilité d'esprit des écrivains bibliques dans la manière de concevoir les rapports entre le verbe et son complément, et quelle variété de constructions il en est résulté, avec et sans prépositions.

207. *Après un verbe simple :*

a) 'Αγαλλιᾶν. — Ce verbe est post-classique et biblique (LXX et N. T.). Voici son emploi dans le N. T. : *Mat.*, V, 12 : χαίρετε καὶ ἀγαλλιᾶσθε. — *L.*, X, 21 : ἠγαλλιάσατο τῷ πνεύματι τῷ ἁγίῳ, = *son âme sainte tressaillit d'allégresse*. — *1 P.*, I, 8 : ἀγαλλιᾶτε χαρᾷ ἀνεκλαλήτῳ. — *1 P.*, I, 6 : ἐν ᾧ ἀγαλλιᾶσθε, *réjouissez-vous-en*. — *J.*, V, 35 : ἠθελήσατε ἀγαλλιαθῆναι πρὸς ὥραν ἐν τῷ φωτὶ αὐτοῦ, *vous réjouir au milieu de sa lumière*. Mais, *1 P.*, IV, 13 : ἐν τῇ ἀποκαλύψει dépend de χαρῆτε. — *L.*, I, 47 : καὶ ἠγαλλίασεν τὸ πνεῦμά μου ἐπὶ τῷ θεῷ τῷ σωτῆρί μου. Cette dernière construction est hébraïsante, LXX, *Sag. Sir.*, XXX, 3. — Cf. *J.*, VIII, 56 : 'Αβραὰμ ὁ πατὴρ ὑμῶν ἠγαλλιάσατο ἵνα ἴδῃ τὴν ἡμέραν τὴν ἐμήν. Ici, le motif est conçu comme le but[1].

b) Dans les LXX, les constructions de ce verbe (toujours au moyen) avec ses compléments sont très variées et fort curieuses :
Seul, *2 R.*, I, 20. — Avec une sorte de datif d'intérêt, *Ps.*, II, 11 : δουλεύσατε τῷ Κυρίῳ ἐν φόβῳ καὶ ἀγαλλιᾶσθε αὐτῷ ἐν τρόμῳ (= *donnez-lui votre allégresse*).

---

1. Voy. ma *Syntaxe des propositions*, 146, 3°.

— *Ps.*, LXXX, 1 : ἀγαλλιᾶσθε τῷ θεῷ τῷ βοηθῷ ἡμῶν, ἀλαλάξατε τῷ θεῷ Ἰακώβ.

Avec le datif du motif, *Ps.*, CXLIV, 7 : καὶ τῇ δικαιοσύνῃ σου ἀγαλλιάσονται. — Avec le datif du nom de même radical, *Ps.*, CXXXI, 16 : καὶ οἱ ὅσιοι αὐτῆς ἀγαλλιάσει ἀγαλλιάσονται (cf. 177).

Avec différentes prépositions : avec le datif du motif, *Ps.*, IX, 3 : ἀγαλλιάσομαι ἐν σοί, et XII, 6 : ἀγαλλιάσεται ἡ καρδία σου ἐν τῷ σωτηρίῳ σου, et avec le datif de manière, *Es.*, LXV, 14 : ἀγαλλιάσονται ἐν εὐφροσύνῃ. — Avec ἐπί et le datif du motif, *Tobie*, XIII, 13; *Ps.*, IX, 15 : ἀγαλλιάσομαι ἐπὶ τῷ σωτηρίῳ σου, et *Es.*, LXI, 10. — Avec ἐπί et l'accusatif du motif (qui est en même temps le but vers lequel l'allégresse se dirige), *Ps.*, LXXXIII, 3 : ἡ καρδία μου καὶ ἡ σάρξ μου ἠγαλλιάσαντο ἐπὶ θεὸν ζῶντα, et CXVIII, 162 : ἀγαλλιάσομαι ἐγὼ ἐπὶ τὰ λόγιά σου. — Avec ἕνεκα et le génitif du motif, *Ps.*, XLVII, 12 : ἀγαλλιάσθωσαν αἱ θυγατέρες... ἕνεκα τῶν κριμάτων σου. — Avec διά et l'accusatif du motif, *Es.*, XXIX, 19 : ἀγαλλιάσονται πτωχοὶ διὰ κύριον ἐν εὐφροσύνῃ. — Avec ἐνώπιον et le génitif du motif (= ἐν ou ἐπί avec le datif), *Ps.*, LXVII, 4 : ἀγαλλιάσθωσαν ἐνώπιον τοῦ θεοῦ. — Avec πρὸ προσώπου (= ἐνώπιον), dans le même sens, *Ps.*, XCV, 12-13 : ἀγαλλιάσονται πάντα τὰ ξύλα τοῦ δρυμοῦ πρὸ προσώπου τοῦ κυρίου ὅτι ἔρχεται. — Cf. *Ps.*, XVIII, 6 : ἀγαλλιάσεται ὡς γίγας δραμεῖν ὁδὸν αὐτοῦ.

c) Πιστεύειν. — Ce verbe prend les constructions les plus variées. Il s'emploie

Sans préposition :

1° Absolument, *Mar.*, V, 36 : μὴ φοβοῦ, μόνον πίστευε. Sens chrétien.

2° Avec le datif de la personne et de la chose, *Mar.*, XVI, 13 : οὐδὲ ἐκείνοις ἐπίστευσαν. — *J.*, V, 46 : εἰ γὰρ ἐπιστεύετε Μωυσεῖ, *si vous écoutiez Moïse*. — *A.*, XVIII, 8 : ἐπίστευσεν τῷ Κυρίῳ, *il fit un acte de foi*. Sens chrétien. — *2 Th.*, II, 11-12 : οἱ μὴ πιστεύσαντες τῇ ἀληθείᾳ κτλ., et *J.*, X, 38 : τοῖς ἔργοις πιστεύετε. — *1 J.*, III, 23 : αὕτη ἐστὶν ἡ ἐντολὴ αὐτοῦ ἵνα πιστεύσωμεν τῷ ὀνόματι τοῦ υἱοῦ αὐτοῦ. Sens chrétien, et cf. *2 Tim.*, I, 12 : οἶδα γὰρ ᾧ πεπίστευκα.

3° Avec l'accusatif de la chose, *1 J.*, IV, 16 : καὶ πεπιστεύκαμεν τὴν ἀγάπην ἣν ἔχει ὁ θεός, et *A.*, XIII, 41 : ἔργον ὃ οὐ μὴ πιστεύσητε, ἐάν τις ἐκδιηγῆται ὑμῖν. — *1 Cor.*, XIII, 7 : (ἡ ἀγάπη) πάντα στέγει, πάντα πιστεύει, *croit tout, a confiance en tout et tous*. Sens chrétien.

4° Avec l'accusatif et le datif, *J.*, II, 24 : αὐτὸς δὲ Ἰησοῦς οὐκ ἐπίστευσεν αὐτὸν αὐτοῖς.

5° Avec l'infinitif, *R.*, XIV, 2 : ὃς μὲν πιστεύει φαγεῖν πάντα, *présume de manger*.

Avec des prépositions :

6° Avec le datif instrumental seul ou précédé d'une préposition, *R.*, X, 9-10 : ἐάν... πιστεύσῃς ἐν τῇ καρδίᾳ σου ὅτι ὁ θεὸς αὐτὸν ἤγειρεν ἐκ νεκρῶν σωθήσῃ· καρδίᾳ γὰρ πιστεύεται εἰς δικαιοσύνην. — *A.*, VIII, 37 : εἰ πιστεύεις ἐξ ὅλης τῆς καρδίας σου (verset rejeté du texte). — *J.*, XVI, 30 : ἐν τούτῳ πιστεύομεν ὅτι..., *pour cette raison nous croyons que*...

7° Avec εἰς, *Mat.*, XVIII, 6 : τῶν πιστευόντων εἰς ἐμέ. — *J.*, II 23 : πολλοὶ ἐπίστευσαν εἰς τὸ ὄνομα αὐτοῦ. — Cette construction avec εἰς indique expressément la direction de l'intelligence vers l'objet de la croyance. Il en est de même

8° Avec ἐπί et l'accusatif, *A.*, IX, 42 : καὶ ἐπίστευσαν πολλοὶ ἐπὶ τὸν Κύριον.

C'est au contraire le repos de l'intelligence, de la foi, sur l'objet de la croyance qui est indiqué :

9° Avec ἐπί et le datif, *L.*, XXIV, 25 : ὦ... βραδεῖς τῇ καρδίᾳ τοῦ πιστεύειν ἐπὶ πᾶσιν οἷς ἐλάλησαν οἱ προφῆται. — *R.*, IV, 18 : ὃς παρ' ἐλπίδα ἐπ' ἐλπίδι ἐπίστευσεν...

10° Avec ἐν et le datif de l'objet de la croyance ou du motif de la croyance, *Mar.*, I, 15 : πιστεύετε ἐν τῷ εὐαγγελίῳ. — *Eph.*, I, 13 : ἐν τῷ Χριστῷ... ἐν ᾧ καὶ πιστεύσαντες ἐσφραγίσθητε τῷ πνεύματι. *On s'arrête, on demeure* dans le complément au datif avec ἐν.

11° Avec περί et le génitif, *J.*, IX, 18. — Avec διά et le génitif de l'intermédiaire, *J.*, I, 7; XVII, 20. — Avec διά et l'accusatif du motif, *J.*, IV, 41. — Ces constructions sont ordinaires et classiques.

12° Avec εἰς et l'accusatif de finalité, *1 Tim.*, I, 16 : πιστεύειν ἐπ' αὐτῷ εἰς ζωὴν αἰώνιον, *en vue d'obtenir la vie éternelle*. — *R.*, IV, 18 : ὃς παρ' ἐλπίδα ἐπ' ἐλπίδι ἐπίστευσεν εἰς τὸ γενέσθαι αὐτὸν πατέρα πολλῶν ἐθνῶν.

Remarque. — Lorsque πιστεύειν est employé avec εἰς, ἐπί, et ἐν, son sens est celui de *faire un acte de foi en* ou *à*; c'est une idée judéo-chrétienne. Ces constructions sont d'ailleurs hébraïsantes. — Pour les constructions de πιστεύειν dans les LXX, voy. *Gen.*, XV, 5-6; *Ex.*, IV, 8 et XIV, 31; *Nom.*, XX, 12; *Deut.*, XXVIII, 66; XLV, 26; *2 Paral.*, XXXII, 15; *Job*, IV, 18; *Ps.*, LXXVII, 32; *Sag. Sal.*, XII, 2; *Jér.*, XII, 6.

d) Il suffit d'un exemple pour montrer qu'il en est de même dans les LXX :

Ἀμαρτάνειν. — *2 Paral.*, XIX, 10 : οὕτω ποιήσετε καὶ οὐκ ἁμαρτήσεσθε. — *2 Paral.*, XIX, 10 : οὐχ ἁμαρτήσονται τῷ Κυρίῳ. — *Ex.*, XXXII, 30 : ἡμαρτήκατε ἁμαρτίαν μεγάλην, et *Lév.*, IV, 13-14 : ἐὰν... γνωσθῇ αὐτοῖς ἡ ἁμαρτία ἣν ἥμαρτον ἐν αὐτῇ. — *Lév.*, VI, 3 : ψυχὴ ἣ ἄν... ὀμόσῃ ἀδίκως περὶ ἑνὸς ἀπὸ πάντων ὧν ἐὰν ποιήσῃ ὁ ἄνθρωπος ὥστε ἁμαρτεῖν ἐν τούτοις. — *Lév.*. V, 15 : ψυχὴ ἣ ἄν... ἁμάρτῃ ἀκουσίως ἀπὸ τῶν ἁγίων κυρίου, *quiconque aura péché dans les choses saintes, circa sacra*. — *Lév.*, V, 5 : ἐξαγορεύσει τὴν ἁμαρτίαν περὶ ὧν ἡμάρτηκε κατ' αὐτῆς. — *Ezéch.*, XVI, 51 : καὶ Σαμάρεια κατὰ τὰς ἡμίσεις τῶν ἁμαρτιῶν σου οὐχ ἥμαρτε, *Samarie n'a pas commis la moitié de tes fautes.* — *Gén.*, XX, 6 : ἐφεισάμην ἐγὼ σοῦ τοῦ μὴ ἁμαρτάνειν εἰς ἐμέ, *je l'ai empêché de pécher contre moi.* — *Ex.*, XXIII, 33 : ἵνα μὴ ἁμαρτεῖν σε ποιήσωσι πρὸς μέ. — *Gen.*, XXXIX, 9 : ἁμαρτήσομαι ἐναντίον τοῦ θεοῦ, *je pécherai contre Dieu.* — *1 R.*, VII, 6 : ἡμαρτήκαμεν ἐνώπιον Κυρίου, même sens; et ailleurs on a aussi ἔμπροσθεν. — *2 Paral.*, XXVIII, 13 : εἰς τὸ ἁμαρτάνειν τῷ Κυρίῳ ἐφ' ἡμᾶς ὑμεῖς λέγετε..., *pour qu'il y ait un péché de commis envers le Seigneur (péché dont la responsabilité retombera) sur nous...* — *Lév.*, IV, 3 : ἐὰν μὲν ὁ ἀρχιερεὺς ὁ κεχρισμένος ἁμάρτῃ τοῦ τὸν λαὸν ἁμαρτεῖν, *si le grand-prêtre pèche de manière que le peuple aussi pèche.*

208. *Après les verbes composés :*
Mat., IX, 16 : οὐδεὶς δὲ ἐπιβάλλει ἐπίβλημα ῥάκους ἀγνάφου ἐπὶ ἱματίῳ παλαιῷ, et *Mar.*, II, 21 : οὐδεὶς ἐπίβλημα ῥάκους ἀγνάφου ἐπιρράπτει ἐπὶ ἱμάτιον παλαιόν. — *Mat.*, IX, 18 et XIX, 13; *Mat.*, XVII, 5 : νεφέλη... ἐπεσκίασεν αὐτούς, et *Mar.*, IX, 7 : νεφέλη ἐπισκιάζουσα αὐτοῖς.

Dans les LXX, *1 Mac.*, VI, 24 : περικάθηνται εἰς τὴν ἄκραν υἱοὶ τοῦ λαοῦ ἡμῶν (*v. l.*). — XI, 21 : Ἰωνάθαν περικάθηται τὴν ἄκραν. — XI, 22 : ἔγραψεν Ἰωνάθαν τοῦ μὴ περικαθῆσθαι τῇ ἄκρᾳ (*v. l.*).

209. *Après le verbe passif.*
La même variété de rapports et par suite de constructions existe entre le verbe passif et le complément du nom de l'agent. On trouve :

a) Le datif sans préposition. Classique après le parfait et le plus-que-parfait, il se rencontre, dans le N. T., avec tous les temps, *Mat.*, XXVII, 57 : καὶ αὐτὸς ἐμαθητεύθη τῷ Ἰησοῦ. — *L.*, XXIII, 15 ; *R.*, X, 20, cité des LXX, *Es.*, LXV, 1 ; *Ph.*, IV, 5 : τὸ ἐπιεικὲς ὑμῶν γνωσθήτω πᾶσιν ἀνθρώποις.

b) Un cas oblique avec une préposition :

ἀπό, *L.*, I, 26 : ἀπεστάλη ὁ ἄγγελος Γαβριὴλ ἀπὸ τοῦ θεοῦ. — *Jac.*, I, 13.
ἐκ, *Mat.*, XV, 5 : δῶρον ὃ ἐὰν ἐξ ἐμοῦ ὠφεληθῇς. — *2 Cor.*, II, 2.
ἐν, *L.*, IV, 1 : καὶ ἤγετο ἐν τῷ πνεύματι, et cf., avec le même sens, *R.*, VIII, 14 : ὅσοι γὰρ πνεύματι θεοῦ ἄγονται. — *A.*, IV, 9 et 10.
ἐνώπιον (les LXX emploient encore ἔμπροσθεν et ἐναντίον), *L.*, XII, 6 : ἓν ἐξ αὐτῶν οὐκ ἔστιν ἐπιλελησμένον ἐνώπιον τοῦ θεοῦ, *aucun n'est oublié par Dieu.* — *A.*, X, 31. — *R.*, III, 20 : οὐ δικαιωθήσεται πᾶσα σὰρξ ἐνώπιον αὐτοῦ. — C'est un hébraïsme pur, LXX, *Ex.*, XXIII, 15 ; *Ps.*, CXLII, 2;
παρά, *J.*, I, 6 ; *Gal.*, III, 11 et cf. *R.*, III, 20.
ὑπό, *Mat.*, I, 22 ; *Jac.*, I, 14.
Mais on ne trouve pas πρός avec le génitif comme en grec classique ; cette construction ne paraît pas non plus se trouver dans les LXX.

VARIATIONS DE LA CONSTRUCTION. 167

c) Dans les LXX :

Ex., XII, 16 : τοῦτο μόνον ποιηθήσεται ὑμῖν. — *Es.*, LXV, 1 ; et souvent (EWALD, 295, c).

1 Mac., VI, 24 : ὅσοι εὑρίσκοντο ἀφ' ἡμῶν ἐθανατοῦντο, et cf. *Gen.*, VI, 13. — *Gen.*, XVI, 5 : ἀδικοῦμαι ἐκ σοῦ. — *Ps.*, XVII, 30 : ἐν σοὶ ῥυσθήσομαι ἀπὸ πειρατηρίου, *je serai délivré par toi de*... — *Gen.*, XXX, 33 : πᾶν ὃ ἐὰν μὴ ᾖ ῥαντὸν καὶ διάλευκον... κεκλεμμένον ἔσται παρ' ἐμοί, *aura été volé par moi*, et *Ps.*, XXXVI, 23 : παρὰ κυρίου τὰ διαβήματα ἀνθρώπου κατευθύνεται, *les pas de l'homme sont dirigés par le Seigneur.* — *Es.*, XLIX, 7, avec ὑπό.

Ps., CX, 2 : μεγάλα τὰ ἔργα κυρίου, ἐξεζητημένα εἰς πάντα τὰ θελήματα αὐτοῦ, *recherchées de tous ceux qui l'aiment* (PREISWERK, 519 ; dans les LXX, on dit θέλειν τι ou τινά, *aimer quelque chose* ou *quelqu'un*, 203, c.). — *Gen.*, XVI, 4 : καὶ ἠτιμάσθη ἡ κυρία ἐναντίον αὐτῆς, *fut méprisée par elle*. — *Ex.*, XXIII, 17 avec ἐνώπιον.

Cf. *Es.*, XXVIII, 7 : ἐπλανήθησαν διὰ τὸ σίκερα... κατεπόθησαν διὰ τὸν οἶνον, ἐσείσθησαν ἀπὸ τῆς μέθης.

210. *Après différents verbes qui prennent la même préposition.*

a) Il faut remarquer d'abord ce qui suit : de la manière particulière dont l'écrivain conçoit le rapport entre le verbe et le complément dépendent pour chaque exemple : le choix de la préposition ; la permutation des prépositions entre elles ou avec le cas seul ; la permutation des cas après une même préposition dans le même sens.

b) Ἀπό. — *Mat.*, V, 29 ; *A.*, XVI, 33 ; *Col.*, II, 20. *L.*, XVI, 21 ; XXII, 18.

Mat., X, 28 ; *1 Cor.*, X, 14 : φεύγετε ἀπὸ τῆς εἰδωλολατρείας, et cf. VI, 18 : φεύγετε τὴν πορνείαν. — *1 J.*, III, 17.

Mat., XXVIII, 4 ; *H.*, V, 7.

Mat., XVIII, 35 ; *A.*, XVII, 3.

c) Εἰς. — *Mat.*, V, 39 : ὅστις σε ῥαπίζει εἰς τὴν... σιαγόνα, et *L.*, VI, 29 : τῷ τύπτοντί σε ἐπὶ τὴν σιαγόνα. — XXVII, 30 : ἔτυπτον εἰς τὴν κεφαλὴν αὐτοῦ, et *Mar.*, XV, 19 : ἔτυπτον αὐτοῦ τὴν κεφαλήν. — *Mar.*, IV, 7 : ἄλλο ἔπεσεν εἰς τὰς ἀκάνθας, et *Mat.*, XIII, 7 : ἄλλα δὲ ἔπεσεν ἐπὶ τὰς ἀκάνθας, et *L.*, VIII, 7 : ἕτερον ἔπεσεν ἐν μέσῳ τῶν ἀκανθῶν.

Mar., I, 39 : ἦλθεν κηρύσσων εἰς τὰς συναγωγὰς αὐτῶν εἰς ὅλην τὴν Γαλιλαίαν, et *Mat.*, IV, 23 : καὶ περιῆγεν ἐν ὅλῃ τῇ Γαλιλαίᾳ διδάσκων ἐν ταῖς συναγωγαῖς. — *A.*, XIV, 25 : ἐν Πέργῃ (WH), et εἰς Πέργην (*Tisch.*). — *Col.*, III, 9.

L., XXI, 37 ; *J.*, XX, 7 ; *A.*, XXI, 13 ; *1 J.*, V, 8.

Mat., XXVII, 51 ; *L.*, XIII, 19 : καὶ ἐγένετο εἰς δένδρον, et *Mat.*, XIII, 32 : καὶ γίνεται δένδρον.

R., XIII, 14 : καὶ τῆς σαρκὸς πρόνοιαν μὴ ποιεῖσθε εἰς ἐπιθυμίας, *de manière à exciter ses désirs.* — *Eph.*, IV, 15 ; *2 P.*, I, 17 : εἰς ὃν ἐγὼ εὐδόκησα, et *Mat.*, XII, 18 : ὃν εὐδόκησεν ἡ ψυχή μου.

L., XXII, 17.

d) Ἐπί. — *Mat.*, XIV, 26 : ἰδόντες αὐτὸν ἐπὶ τῆς θαλάσσης περιπατοῦντα, et v. 29 : Πέτρος περιεπάτησεν ἐπὶ τὰ ὕδατα. — XIX, 28 : ὅταν καθίσῃ ὁ υἱὸς τοῦ ἀνθρώπου ἐπὶ θρόνου..., καθήσεσθε καὶ ὑμεῖς ἐπὶ δώδεκα θρόνους, tandis qu'on a *Apoc.*, XXI, 5 : ὁ καθήμενος ἐπὶ τῷ θρόνῳ. — *J.*, VI, 2 ; *A.*, X, 39 : κρεμάσαντες ἐπὶ ξύλου, et cf. XXVIII, 4 : κρεμάμενον τὸ θηρίον ἐκ τῆς χειρὸς αὐτοῦ, et *Mat.*, XXII, 40 : ἐν ταύταις ταῖς δυσὶν ἐντολαῖς ὅλος ὁ νόμος κρέμαται.

Mat., IV, 4 ; XVIII, 26 : μακροθύμησον ἐπ' ἐμοί, et cf. 2 *P.*, III, 9 : μακροθυμεῖ εἰς ὑμᾶς. — *Mar.*, VI, 52 : οὐ γὰρ συνῆκαν ἐπὶ τοῖς ἄρτοις, et cf. *Mat.*, XVI, 8 : οὔπω νοεῖτε οὐδὲ μνημονεύετε τοὺς πέντε ἄρτους ; — XIII, 6 ; *A.*, IV, 9 ; IV, 18 : μηδὲ διδάσκειν ἐπὶ τῷ ὀνόματι [τοῦ] Ἰησοῦ. — 5 *J.*, 10 : μὴ ἀρκούμενος ἐπὶ τούτοις. — *Apoc.*, X, 11 : προφητεῦσαι ἐπὶ λαοῖς.

Mar., IX, 12-13 : πῶς γέγραπται ἐπὶ τὸν υἱὸν τοῦ ἀνθρώπου ; et καθὼς γέγραπται ἐπ' αὐτόν, et cf. XIV, 21 : καθὼς γέγραπται περὶ αὐτοῦ. — *A.*, IV, 29 ; VII, 10 : κατέστησεν αὐτὸν ἡγούμενον ἐπ' Αἴγυπτον (et cf. ἐπὶ τῆς Αἰγύπτου, LXX, *Gen.*, XLI, 43). — 2 *Th.*, I, 10 : ἐπιστεύθη τὸ μαρτύριον ἡμῶν ἐφ' ὑμᾶς. — *H.*, VII, 13 : ἐφ' ὃν γὰρ λέγεται ταῦτα, et v. 14 : εἰς ἣν φυλὴν περὶ ἱερέων οὐδὲν Μωυσῆς ἐλάλησεν. — *Apoc.*, XIV, 6 : εὐαγγελίσαι ἐπὶ τοὺς καθημένους ἐπὶ τῆς γῆς.

211. Dans les LXX, sous l'influence de l'hébreu, les rapports établis entre le verbe et le complément au moyen de prépositions sont encore plus variés et plus curieux que dans le grec du N. T. Ainsi :

a) *Ex.*, XII, 45. — *Nom.* XVI, 34 : οἱ κύκλῳ ἔφυγον ἀπὸ τῆς φωνῆς αὐτῶν. — VI, 3 ; *Deut.*, VII, 21 : οὐ τρωθήσῃ ἀπὸ προσώπου αὐτῶν (ἀπὸ προσώπου est une locution hébraïque = ἀπό), et cf. VII, 22 ; *Lév.*, II, 13 : οὐ διαπαύσατε ἅλας διαθήκης κυρίου ἀπὸ θυσιασμάτων. — *Josué*, IV, 7 ; *Job*, XXIII, 15 ; XXI, 34 : τὸ δὲ ἐμὲ καταπαύσασθαι ἀφ' ὑμῶν οὐδέν. — *Ps.*, XXX, 21 : κατακρύψεις αὐτούς... ἀπὸ ταραχῆς ἀνθρώπων. σκεπάσεις αὐτούς... ἀπὸ ἀντιλογίας γλωσσῶν. — *Sag. Sir.*, I, 16. — XIX, 11 : ἀπὸ προσώπου λόγου ὠδινήσει μωρός (ἀπό = *propter*). — XXIV, 29 : ἀπὸ γὰρ θαλάσσης ἐπληθύνθη διανόημα αὐτῆς (ἀπό = *en comparaison de, autant que* ou *plus que*). — XLI, 17 : αἰσχύνεσθε ἀπὸ πατρὸς καὶ μητρὸς περὶ πορνείας (ἀπό = *par égard pour*). — *Jonas*, III, 6 ; IV, 6 : τοῦ σκιάζειν αὐτῷ ἀπὸ τῶν κακῶν αὐτοῦ (*pour lui donner une ombre qui le délivrera de*). — *Jer.*, VIII, 6 ; XLV, 9.

b) *Gen.*, XXXVII, 21 : καὶ εἶπεν Οὐ πατάξομεν αὐτὸν εἰς ψυχήν. — 5 *R.*, VIII, 42 : ἥξουσι καὶ προσεύξονται εἰς τὸν τόπον τοῦτον. — VIII, 50 : δώσεις αὐτοὺς εἰς οἰκτιρμοὺς ἐνώπιον αἰχμαλωτευόντων αὐτοὺς καὶ οἰκτειρήσουσιν εἰς αὐτούς, *tu feras d'eux un sujet de compassion pour ceux qui les emmèneront captifs, de manière que ces derniers auront pitié d'eux* (cf. *Prov.*, XII, 10). — 1 *R.*, I, 16 : μὴ δῷς τὴν δούλην σου εἰς θυγατέρα, *ne prends pas ta servante pour une fille...* — 2 *Paral.*, XVIII, 7 : οὐκ ἔστι προφητεύων περὶ ἐμοῦ εἰς ἀγαθά. — *Esther*, I, 5 ; 2 *Esdras*, VI, 10 : ἵνα... προσεύχωνται εἰς ζωὴν τοῦ βασιλέως. — *Ps.*, LXII, 7 : ἐμελέτων εἰς σέ, et cf. *Ps.*, I, 2 : ἐν τῷ νόμῳ αὐτοῦ μελετήσει, et XXXIV, 28 : ἡ γλῶσσά μου μελετήσει τὴν δικαιοσύνην σου. — *Ps.*, CVIII, 78 ; *Sag. Sir.*, XL, 7 : ἀποθαυμάζων εἰς οὐδένα φόβον, *s'étonnant d'une crainte sans objet.* — *Jér.*, V, 13 ; V, 18 : οὐ μὴ ποιήσω ὑμᾶς εἰς συντέλειαν, et v. 31 : καὶ τί ποιήσητε εἰς τὰ μετ' αὐτά ; — IX, 16 ; XV, 5 ; XXXVI, 7 : καὶ ζητήσατε εἰς εἰρήνην τῆς γῆς εἰς ἣν ἀπῴκισα ὑμᾶς ἐκεῖ. — *Osée*, X, 12 : σπείρατε ἑαυτοῖς εἰς δικαιοσύνην, τρυγήσατε εἰς καρπὸν ζωῆς, φωτίσατε ἑαυτοῖς φῶς γνώσεως. — *Sag. Sir.*, XXXVII, 7 : ἔστι συμβουλεύων εἰς ἑαυτόν, et cf. v. 8 : καὶ γὰρ αὐτὸς ἑαυτῷ βουλεύσεται.

c) *Gen.*, XXIX, 2 : ποίμνια προβάτων ἀναπαυόμενα ἐπ' αὐτοῦ (*v. l.*), *auprès du puits.* — *Ex.*, XXXIV, 27 : ἐπὶ γὰρ τῶν λόγων τούτων τέθειμαί σοι διαθήκην. — *Lév.*, XV, 6 : καὶ ὁ καθήμενος ἐπὶ τοῦ σκεύους ἐφ' ᾧ ἂν καθίσῃ... — *Job*, XXIX, 21-22 : ἐσιώπησαν δὲ ἐπὶ τῇ ἐμῇ βουλῇ· ἐπὶ τῷ ἐμῷ ῥήματι οὐ προσέθεντο. — *Jér.*, VII, 9 : εἰ... ὀμνύετε ἐπ' ἀδίκῳ. — V, 17 ; VII, 10 ; *Es.*, XXVI, 3-4 : ὅτι ἐπὶ σοὶ ἐλπίδι ἤλπισαν, et cf. *Ps.*, XXX, 25 : πάντες οἱ ἐλπίζοντες ἐπὶ τὸν Κύριον, et *4 R.*, XVIII, 5 : ἐν κυρίῳ θεῷ Ἰσραὴλ ἤλπισε. Cf. encore *Ps.*, CXLIV, 15 : εἰς σὲ ἐλπίζουσι, *Ezech.*, XXXVI, 8 : ὅτι ἐλπίζουσι τοῦ ἐλθεῖν, *Sag. Sir.*, II, 9 : ἐλπίσατε εἰς ἀγαθά, *Es.*, XXXVIII, 18 : οὐδὲ ἐλπιοῦσιν οἱ ἐν ᾅδου τὴν ἐλεημοσύνην σου. — *Ps.*, LXXXIX, 13 : παρακλήθητι ἐπὶ τοῖς δούλοις σου, *console les serviteurs.* Cf. 2 *R.*, XXIV, 16 : παρεκλήθη κύριος ἐπὶ τῇ κακίᾳ, *le Seigneur eut pitié...,* et *Jug.,* II, 18. — 2 *Paral.,* XXXV, 25 : εἶπαν πάντες οἱ ἄρχοντες θρῆνον ἐπὶ Ἰωσίαν ἕως τῆς σήμερον καὶ ἔδωκαν αὐτὸν εἰς πρόσταγμα ἐπὶ Ἰσραήλ, καὶ ἰδοὺ γέγραπται ἐπὶ τῶν θρήνων. καὶ ἦσαν οἱ λοιποὶ λόγοι Ἰωσίου καὶ ἡ ἐλπὶς αὐτοῦ γεγραμμένα ἐν νόμῳ κυρίου, καὶ οἱ λόγοι αὐτοῦ... ἰδοὺ γεγραμμένοι ἐπὶ βιβλίῳ βασιλέων Ἰσραήλ. — *Jér.,* VI, 21; X, 1 : τὸν λόγον κυρίου ὃν ἐλάλησεν ἐφ' ὑμᾶς. — XXIX, 7 : κύριος ἐνετείλατο αὐτῇ ἐπὶ τὴν Ἀσκάλωνα, et cf. XXXVI, 4, *Job,* XXVI, 14 : καὶ ἐπὶ ἰκμάδα λόγου ἀκουσόμεθα ἐν αὐτῷ, *nous entendrons de lui un léger murmure* (ou *une petite partie de sa parole*); *Sag. Sir.,* VI, 11; IX, 1 : μηδὲ διδάξῃς ἐπὶ σεαυτὸν παιδείαν πονηράν.

d) Job, XXIII, 6 : ἐν ἀπειλῇ μοι οὐ χρήσεται. — *Zach.,* I, 19 : τὸν λαλοῦντα ἐν ἐμοί, *qui me parlait.* — *Jér.,* V, 9 : ἐν ἔθνει τούτῳ οὐκ ἐκδικήσει ἡ ψυχή μου; *ne se vengera-t-elle pas de ce peuple?* — VII, 24 *(v.l.)*; 3 *R.,* VIII, 56; *Eccl.,* III, 22 : τίς ἄξει αὐτὸν τοῦ ἰδεῖν ἐν ᾧ ἐὰν γένηται μετ' αὐτόν;

3 *R.,* VIII, 62 (ἐνώπιον) et même sens v. 63.

Jér., XXXII, 9; *Job,* IV, 18 : κατὰ παίδων αὐτοῦ οὐ πιστεύει, *il ne se fie pas à...*

Gen., XXIII, 13; *Ps.,* LXII, 2; *Joël,* IV, 16 et *Jonas,* IV, 10 : σὺ ἐφείσω ὑπὲρ τῆς κολοκύνθης. Cf. *Jér.,* XV, 5 : τίς φείσεται ἐπὶ σοί; XXVIII, 3 : μὴ φείσησθε ἐπὶ τοὺς νεανίσκους αὐτῆς, *Sag. Sir.,* XIII, 12; *1 R.,* XV, 3.

e) Il faut remarquer, dans les LXX, ce qui suit : 1º le complément indirect prend souvent une préposition, et une préposition différente de celle qu'il prend ou pourrait prendre classiquement; 2º il existe souvent, entre le verbe et le complément, un rapport indirect marqué par une préposition quand nous aurions attendu un rapport direct, et par suite un complément direct. Ainsi, *Jér.,* XII, 6 : οὗτοι ἠθέτησάν σε (et cf. *Ps.,* CXXX, 11) et III, 20 : ὡς ἀθετεῖ γυνὴ εἰς τὸν συνόντα αὐτῇ, οὕτως ἠθέτησεν εἰς ἐμὲ ὁ οἶκος Ἰσραήλ.— 4 *R.,* III, 7 : βασιλεὺς Μωὰβ ἠθέτησεν ἐν ἐμοί.

f) De plus, en hébreu, le complément direct peut être précédé d'une préposition équivalant par le sens à εἰς (ou σύν et l'accusatif) ou au latin *ad* (PREISWERK, 437, *b*). La construction hébraïque équivaut alors exactement à la construction espagnole *temer à Dios* (latin étymologique : timere ad Deum), *craindre Dieu.*

Cette construction a laissé des traces dans le grec des LXX. Elle explique des exemples comme : 3 *R.,* VIII, 50 : οἰκτειρήσουσιν εἰς αὐτούς, tandis qu'on a *Prov.,* XII, 10 : δίκαιος οἰκτείρει ψυχάς. — *1 Paral.,* II, 7; *2 Paral.,* XVIII, 7 : οὐκ ἔστι προφητεύων περὶ ἐμοῦ εἰς ἀγαθά.

Eccl., II, 17 : καὶ ἐμίσησα σὺν τὴν ζωήν. — VII, 26 *(v. l.)* : ἐρῶ πικρότερον ὑπὲρ θάνατον σὺν τὴν γυναῖκα ἥτις ἐστὶ θήρευμα, *je dirai que la femme... est plus amère que la mort.* — XII, 9; *Sag. Sir.,* II, 9 : ἐλπίσατε εἰς ἀγαθά, tandis qu'on a *Es.,* XXXVIII, 18 : οὐδὲ ἐλπιοῦσιν οἱ ἐν ᾅδου τὴν ἐλεημοσύνην σου. — *Jér.,* III, 20; IX, 16 : διασκορπιῶ αὐτοὺς ἐν τοῖς ἔθνεσιν εἰς οὓς οὐκ ἐγίνωσκον αὐτοί, *qu'ils ne connaissaient pas.* — Cf. 203, *c.*

Le sens de la particule εἰς paraît être : *en dirigeant sa pensée vers.* L'emploi de σύν avec l'accusatif est un barbarisme forgé pour rendre servilement l'hébreu.

212. *a*) Il faut appliquer à tout ce qui précède (207-211) les remarques suivantes : 1° Tantôt l'idée reste absolument la même, quoique la construction varie; 2° tantôt l'idée reste au fond la même, et les constructions ne diffèrent entre elles que par quelques nuances; 3° d'autres fois, l'idée change véritablement. Ainsi :

1° *L.*, IV, 29; *Ap.*, XIX, 5. et cf. *L.*, II, 13, 20, etc. Cf. dans les LXX, *Jér.*, XX, 13, et *Ps.*, CXVI, 1 (cité dans le N. T. *R.*, XV, 11). — La construction hébraïsante de *Mat.*, X, 38 : καὶ ὅς... ἀκολουθεῖ ὀπίσω μου est l'équivalent pur et simple de la construction classique, *Mat.*, XVI, 24 : ἀκολουθείτω μοι. — *L.*, XVI, 23 et *J.*, I, 18; *A.*, XIX, 33 et XXI, 40.

2° *1 P.*, I, 6 et *J.*, V, 35 ; cf. *L.*, I, 47 ; et les LXX, *Ps.*, IX, 2 et 15. — *1 J.*, III, 23 : αὕτη ἐστὶν ἡ ἐντολὴ αὐτοῦ, ἵνα πιστεύσωμεν τῷ ὀνόματι τοῦ υἱοῦ αὐτοῦ Ἰησοῦ Χριστοῦ, et *J.*, II, 23 : πολλοὶ ἐπίστευσαν εἰς τὸ ὄνομα αὐτοῦ, et (cf. *R.*, IX, 33 : ὁ πιστεύων ἐπ᾽ αὐτῷ οὐ καταισχυνθήσεται) *A.*, IX, 42 : καὶ ἐπίστευσαν πολλοὶ ἐπὶ τὸν Κύριον. Ces constructions ne diffèrent que par une nuance, par la manière d'envisager l'idée.

3° *Mar.*, XIV, 4 : ἦσαν δέ τινες ἀγανακτοῦντες πρὸς ἑαυτούς, *ils se disaient les uns aux autres avec indignation*. Ce sens est spécial. En grec (classique ou) post-classique, ἀγανακτεῖν πρός signifie *s'indigner contre*. — Les deux constructions, *R.*, XV, 14 et *Col.*, I, 9, sont équivalentes, et le sens est le même. Mais le sens est très différent dans les deux exemples suivants : *Eph.*, V, 18 : πληροῦσθε ἐν πνεύματι, et *Gal.*, V, 14 : ὁ γὰρ πᾶς νόμος ἐν ἑνὶ λόγῳ πεπλήρωται.

b) Ce qui précède montre que, dans le N. T., il y a parfois lieu de chercher les nuances de sens qui séparent des constructions différentes, mais qu'il faut en même temps éviter soigneusement la subtilité dans cette recherche.

CHAPITRE XXI

Variation de la construction dans un même exemple.

213. Lorsqu'un verbe est suivi de compléments de même espèce, il est de règle que ces compléments soient reliés au verbe de la même manière, et soient tous au même cas. Il peut en être autrement dans le grec biblique; les variations que nous avons constatées jusqu'ici dans des exemples différents peuvent se rencontrer dans un seul et même exemple, surtout lorsque le complément se développe assez longuement.

a) Nous voyons d'abord ces variations se produire dans des exemples très rapprochés les uns des autres, comme, *Mat.*, XX, 2 : συμφωνήσας δὲ μετὰ τῶν ἐργατῶν ἐκ δηναρίου, et v. 14 : οὐχὶ δηναρίου συνεφώνησάς μοι; — *A.*, V, 3 : ἐπλήρωσεν ὁ Σατανᾶς τὴν καρδίαν σου ψεύσασθαί σε τὸ πνεῦμα τὸ ἅγιον, et v. 4 : οὐκ ἐψεύσω ἀνθρώποις ἀλλὰ τῷ θεῷ. — *H.*, VI, 4 : γευσαμένους τε τῆς δωρεᾶς τῆς ἐπουρανίου καὶ μετόχους γενηθέντας πνεύματος ἁγίου καὶ καλὸν γευσαμένους θεοῦ ῥῆμα.

b) Puis dans le même passage, *Mat.*, V, 34-35 : ἐγὼ δὲ λέγω ὑμῖν μὴ ὀμόσαι ὅλως · μήτε ἐν τῷ οὐρανῷ... μήτε ἐν τῇ γῇ..., μήτε εἰς Ἱεροσόλυμα ὅτι πόλις ἐστὶν τοῦ μεγάλου βασιλέως · μήτε ἐν τῇ κεφαλῇ σου ὀμόσῃς. — *A.*, XXVI, 20 : ἀλλὰ τοῖς ἐν Δαμασκῷ πρῶτόν τε καὶ Ἱεροσολύμοις, πᾶσάν τε τὴν χώραν τῆς Ἰουδαίας, καὶ τοῖς ἔθνεσιν ἀπήγγελλον μετανοεῖν. Les mots πᾶσαν κτλ. sont un accusatif local hébraïsant (comme dans les LXX, *Cant.*, VI, 11 (?); 2 *Mac.*, V, 8, cf. 214, *b*), *prêcher à* et *prêcher dans*. — *1 J.*, III, 18 : μὴ ἀγαπῶμεν λόγῳ μηδὲ τῇ γλώσσῃ ἀλλὰ ἐν ἔργῳ καὶ ἀληθείᾳ. — III, 24 : ἐν τούτῳ γινώσκομεν ὅτι μένει ἐν ἡμῖν, ἐκ τοῦ πνεύματος οὗ ἡμῖν ἔδωκεν. On a ἐν τούτῳ repris par ἐκ τοῦ πνεύματος. — *Apoc.*, VI, 8 : ἀποκτεῖναι ἐν ῥομφαίᾳ καὶ ἐν λιμῷ καὶ ἐν θανάτῳ καὶ ὑπὸ τῶν θηρίων τῆς γῆς. — XI, 18 : ἦλθεν ἡ ὀργή σου καὶ ὁ καιρὸς τῶν νεκρῶν κριθῆναι καὶ δοῦναι τὸν μισθὸν τοῖς δούλοις σου τοῖς προφήταις καὶ τοῖς ἁγίοις καὶ τοῖς φοβουμένοις τὸ ὄνομά σου, τοὺς μικροὺς καὶ τοὺς μεγάλους, καὶ διαφθεῖραι τοὺς διαφθείροντας τὴν γῆν. Cf. vv. 19-20. — XVII, 4 : ἔχουσα ποτήριον χρυσοῦν ἐν τῇ χειρὶ αὐτῆς γέμον (*v. l.* γέμων) βδελυγμάτων καὶ τὰ ἀκάθαρτα τῆς πορνείας αὐτῆς. On a l'accusatif au v. 3 et partout ailleurs le génitif. — XXII, 5 : καὶ οὐκ ἔχουσιν χρείαν φωτὸς λύχνου καὶ φῶς ἡλίου, comme si l'on avait εὔχονται ou αἰτοῦσιν φῶς. Cf. vv. 19 et 20.

214. Ces constructions sont dues à l'influence de l'hébreu (19 et 20), et les LXX nous en offrent de semblables :

a) *2 Esd.*, IV, 2 : ὅτι ὡς ὑμεῖς ἐκζητοῦμεν τῷ θεῷ ἡμῶν, et cf. VI, 21 : πᾶς ὁ χωριζόμενος τῆς ἀκαθαρσίας ἐθνῶν... τοῦ ἐκζητῆσαι κύριον θεόν. — *Osée*, II, 21-22 : ἐπακούσομαι τῷ οὐρανῷ καὶ αὐτὸς ἐπακούσεται τῇ γῇ καὶ ἡ γῆ ἐπακούσεται τὸν σῖτον καὶ τὸν οἶνον καὶ τὸ ἔλαιον, καὶ αὐτὰ ἐπακούσεται τῷ Ἰεζραέλ. — IV, 6.

b) *Gen.*, XXI, 23 ; *Nom.*, VI, 4, οἶνον (peut-être une glose). — *1 R.*, XX, 25 : καὶ ἐκάθισεν ἐπὶ τὴν καθέδραν αὐτοῦ ὡς ἅπαξ καὶ ἅπαξ ἐπὶ τῆς καθέδρας παρὰ τοῖχον. — Pour *4 R.*, I, 2, cf. 206 c. — *1 Paral.*, V, 16 : κατῴκουν ἐν Γαλαάδ, ἐν Βασὰν καὶ ἐν ταῖς κώμαις αὐτῶν καὶ πάντα τὰ περίχωρα Σαρὼν ἕως ἐξόδου. — *2 Esd.*, IV, 10 : καὶ οἱ κατάλοιποι ἐθνῶν ὧν ἀπῴκισεν Ἀσσεναφὰρ ὁ μέγας καὶ ὁ τίμιος καὶ κατῴκισεν αὐτοὺς ἐν πόλεσι τῆς Σομόρων καὶ τὸ κατάλοιπον πέραν τοῦ ποταμοῦ, *et dans le reste du pays au-delà du fleuve*, avec un accusatif local comme dans les *Actes* (213, *b*). — *Néh.*, IV, 13 : ἔστησα τὸν λαὸν κατὰ δήμους μετὰ ῥομφαιῶν αὐτῶν, λόγχας αὐτῶν καὶ τόξα αὐτῶν, c'est-à-dire : 1º ceux qui avaient des épées ; 2º ceux qui portaient des lances ; 3º ceux qui portaient des arcs, et cf. le v. 16. Il y a idée complexe de l'arme et de celui qui la porte ; cf. 5, *b*. — *Zach.*, XII, 10 : καὶ κόψονται ἐπ' αὐτὸν κοπετὸν ὡς ἐπ' ἀγαπητῷ. — *Es.*, XIX, 2 : πολεμήσει ἄνθρωπος τὸν ἀδελφὸν αὐτοῦ καὶ ἄνθρωπος τὸν πλησίον αὐτοῦ, πόλις ἐπὶ πόλιν καὶ νομὸς ἐπὶ νόμον. — *Lam.*, I, 7 : ἐμνήσθη Ἰερουσαλὴμ ἡμερῶν ταπεινώσεως αὐτῆς καὶ ἀπωσμῶν αὐτῆς, πάντα τὰ ἐπιθυμήματα αὐτῆς ὅσα ἦν ἐξ ἡμερῶν ἀρχαίων, et cf. *1 Μαϲ.*, II, 51 : μνησθῆτε τῶν πατέρων ἡμῶν τὰ ἔργα ἃ ἐποίησαν ταῖς γενεαῖς αὐτῶν. — Cf. *1 Μαϲ.*, III, 32 : κατέλιπε Λυσίαν ἄνθρωπον ἔνδοξον καὶ ἀπὸ γένους τῆς βασιλείας ἐπὶ τῶν πραγμάτων τοῦ βασιλέως ἀπὸ τοῦ ποταμοῦ..., καὶ τρέφειν Ἀντίοχον τὸν υἱὸν αὐτοῦ (et VIII, 10). — IX, 29 : ἀνὴρ ὅμοιος αὐτῷ οὐκ ἔστιν ἐξελθεῖν πρὸς τοὺς ἐχθροὺς καὶ Βακχίδην καὶ ἐν τοῖς ἐχθραίνουσιν τοῦ ἔθνους ἡμῶν, *contre nos ennemis et Bacchidès et contre tous ceux qui haïssent...* ; ἐν est hébraïsant.

Testam. XII Patriar., III, 5 : ὁ ἄγγελος ὁ παραιτούμενος τὸ γένος Ἰσραήλ, et ensuite : τὸν ἄγγελον τὸν παραιτούμενον τοῦ γένους τοῦ Ἰσραὴλ καὶ πάντων τῶν δικαίων. — III, 6 : διότι ἤθελον εἰς τὴν Σάρραν ποιῆσαι ὃν τρόπον ἐποίησαν Δίναν τὴν ἀδελφὴν ἡμῶν.

c) Ce qui précède rendra moins étrange la construction suivante des LXX. En hébreu (EWALD, 295, *b*), lorsque l'idée peut être exprimée indifféremment par la 3ᵐᵉ personne de l'actif avec un complément déterminé ou par la 3ᵐᵉ personne du passif ayant pour sujet au nominatif ce complément, on peut trouver les deux constructions réunies, c'est-à-dire le verbe au passif et le complément à l'accusatif. Ainsi :

3 R., VIII, 37-38 (comp. plus haut, 98) : πᾶσαν προσευχήν, πᾶσαν δέησιν ἐὰν γένηται παντὶ ἀνθρώπῳ. Mélange des deux constructions : πᾶσαν προσευχήν... ἐὰν ποιήσῃ πᾶς ἄνθρωπος, et ensuite : πᾶσα προσευχή... ἐὰν γένηται παντὶ ἀνθρώπῳ. — *2 Esd.*, VI, 9 : καὶ ὃ ἂν ὑστέρημα καὶ υἱοὺς βοῶν καὶ κριῶν καὶ ἀμνοὺς εἰς ὁλοκαυτώσεις τῷ θεῷ τοῦ οὐρανοῦ, πυρούς, ἅλας, οἶνον, ἔλαιον, κατὰ τὸ ῥῆμα ἱερέων τῶν ἐν Ἱερουσαλήμ. ἔστω διδόμενον αὐτοῖς ἡμέραν ἐν ἡμέρᾳ ὃ ἐὰν αἰτήσωσιν. — *Es.*, XXX, 33 : μὴ καί σοι ἡτοιμάσθη βασιλεύειν, φάραγγα βαθεῖαν, ξύλα κείμενα, πῦρ καὶ ξύλα πολλά ; comme si l'on avait Κύριος ἡτοίμασεν βασιλεύειν, φάραγγα... — *1 Mac,*, X, 38 : καὶ τοὺς τρεῖς νομοὺς τοὺς προστεθέντας τῇ Ἰουδαίᾳ ἀπὸ τῆς Σαμαρείας προστεθήτω τῇ Ἰουδαίᾳ.

Par suite, pour *Apoc.*, XI, 1 : ἐδόθη μοι κάλαμος ὅμοιος ῥάβδῳ λέγων, on s'explique comment la construction passive est suivie de λέγων, comme si l'on avait eu la construction active ἔδωκέν μοί τις... λέγων. — Et cf. *3 R.*, XX, 9 : καὶ ἐγέγραπτο ἐν τοῖς βιβλίοις λέγων.

CHAPITRE XXII

Complément devenu indépendant et inversement.

Séparation du verbe et du complément.

215. Le principe de la dissociation des éléments de la pensée et de leur juxtaposition explique pourquoi dans certains cas le verbe reste seul, pendant que son complément naturel s'en sépare et passe à la construction indépendante. Il en est ainsi, soit immédiatement après le verbe, soit lorsque le complément s'en éloigne. Cf. 10 et 10 *bis*. — Ainsi :

a) *R.*, II, 6-8 : ὃς ἀποδώσει ἑκάστῳ κατὰ τὰ ἔργα αὐτοῦ· τοῖς μὲν... δόξαν καὶ τιμὴν καὶ ἀφθαρσίαν, ζητοῦσιν. ζωὴν αἰώνιον· τοῖς δὲ ἐξ ἐριθίας καὶ ἀπειθοῦσι... ὀργὴ καὶ θυμός. — *Apoc.*, II, 18 : ὁ ἔχων τοὺς ὀφθαλμοὺς [αὐτοῦ] ὡς φλόγα πυρός, καὶ οἱ πόδες αὐτοῦ ὅμοιοι χαλκολιβάνῳ (= καὶ τοὺς πόδας αὐτοῦ...) — IV, 1 : μετὰ ταῦτα εἶδον καὶ ἰδοὺ θύρα ἠνεῳγμένη ἐν τῷ οὐρανῷ. — VI, 1 (et cf. 12) : καὶ εἶδον ὅτε ἤνοιξε τὸ ἀρνίον μίαν ἐκ τῶν ἑπτὰ σφραγίδων καὶ ἤκουσα ἑνὸς ἐκ τῶν τεσσάρων ζῴων λέγοντος, = εἶδον τὸ ἀρνίον ἀνοῖγον μίαν, comme après ἤκουσα. — VI, 2 : καὶ εἶδον καὶ ἰδοὺ ἵππος λευκός. — Et souvent dans l'Apocalypse (et cf. la construction (classique) contraire, V, 1, 2, 6 ; VII, 1, 2, etc.).

N. B. Cette construction est une des caractéristiques de la langue de l'Apocalypse.

b) Dans les LXX, *Es.*, I, 15 : καὶ ἴδον καὶ ἰδοὺ τροχὸς εἷς ἐπὶ τῆς γῆς ἐχόμενος τῶν ζῴων. — *Jér.*, XXXVII, 6 : ἑώρακα πάντα ἄνθρωπον καὶ αἱ χεῖρες αὐτοῦ ἐπὶ τῆς ὀσφύος αὐτοῦ, *j'ai vu les hommes leurs mains sur leurs reins* (EWALD, p. 69, 284, *b*). — *Daniel*, II, 31 : σύ, βασιλεῦ, ἐθεώρεις, καὶ ἰδοὺ εἰκὼν μία, μεγάλη ἡ εἰκὼν ἐκείνη, καὶ ἡ πρόσοψις αὐτῆς ὑπερφερής, ἑστῶσα πρὸ προσώπου σου, = ἐθεώρεις εἰκόνα τινὰ μεγάλην... ἑστῶσαν... — VIII, 3 : καὶ ἦρα τοὺς ὀφθαλμούς μου καὶ ἴδον καὶ ἰδοὺ κριὸς εἷς ἑστηκὼς πρὸ τοῦ Οὐβάλ, tandis qu'on lit *Daniel* (LXX) : ἀναβλέψας εἶδον κριὸν ἕνα μέγαν ἑστῶτα... — VII, 7 : ἐθεώρουν καὶ ἰδοὺ θηρίον τέταρτον φοβερὸν καὶ ἔκθαμβον καὶ ἰσχυρὸν περισσῶς καὶ οἱ ὀδόντες αὐτοῦ σιδηροῖ, ἐσθίον καὶ λεπτῦνον, καὶ τὰ ἐπίλοιπα τοῖς ποσὶν αὐτοῦ συνεπάτει κτλ., = ἐθεώρουν θηρίον τέταρτον... καὶ ὀδοῦσιν αὐτοῦ σιδηροῖς ἐσθίον καὶ λεπτῦνον καὶ τὰ ἐπίλοιπα τοῖς ποσὶν αὐτοῦ συμπατοῦν, et cf. *Daniel* (LXX). — VII, 13 : ἐθεώρουν ἐν ὁράματι τῆς νυκτός, καὶ ἰδοὺ ἐπὶ τῶν νεφελῶν τοῦ οὐρανοῦ ὡς υἱὸς ἀνθρώπου ἐρχόμενος.

Retour à la construction grammaticale régulière.

216. Dans un certain nombre de passages, après que le complément est passé à une construction indépendante ou différente, on constate une tendance de l'écrivain à revenir à la construction grammaticale qui *a été* ou *aurait pu être employée immédiatement après le verbe*. Cf. d'ailleurs, 15-18.

a) 2 *Cor.*, XI, 23-27 : διάκονοι Χριστοῦ εἰσίν; παραφρονῶν λαλῶ· ὑπὲρ ἐγώ· ἐν κόποις περισσοτέρως, ἐν φυλακαῖς περισσοτέρως, ἐν πληγαῖς ὑπερβαλλόντως, ἐν θανάτοις πολλάκις· ὑπὸ Ἰουδαίων πεντάκις τεσσεράκοντα παρὰ μίαν ἔλαβον, τρὶς ἐραβδίσθην, ἅπαξ ἐλιθάσθην, τρὶς ἐναυάγησα, νυχθήμερον ἐν τῷ βυθῷ πεποίηκα· ὁδοιπορίαις πολλάκις, κινδύνοις ποταμῶν, κινδύνοις λῃστῶν, κινδύνοις ἐκ γένους,... κινδύνοις ἐν ψευδαδέλφοις, κόπῳ καὶ μόχθῳ, ἐν ἀγρυπνίαις πολλάκις, ἐν λιμῷ καὶ δίψει, ἐν νηστείαις πολλάκις, ἐν ψύχει καὶ γυμνότητι. La construction devient indépendante avec ὑπὸ Ἰουδαίων... πεποίηκα, parenthèse explicative de ce qui précède; revient au datif sans ἐν avec ὁδοιπορίαις, et enfin au datif et ἐν avec ἐν ἀγρυπνίαις. — Cf. *1 Tim.*, III, 2-12 : δεῖ οὖν τὸν ἐπίσκοπον ἀνεπίλημπτον εἶναι, μιᾶς γυναικὸς ἄνδρα,... μὴ νεόφυτον, ἵνα μὴ τυφωθεὶς εἰς κρίμα ἐμπέσῃ τοῦ διαβόλου. δεῖ δὲ καὶ μαρτυρίαν καλὴν ἔχειν ἀπὸ τῶν ἔξωθεν, ἵνα μὴ εἰς ὀνειδισμὸν ἐμπέσῃ καὶ παγίδα τοῦ διαβόλου. Διακόνους ὡσαύτως σεμνούς, μὴ διλόγους..., ἔχοντας τὸ μυστήριον τῆς πίστεως ἐν καθαρᾷ συνειδήσει. καὶ οὗτοι δὲ δοκιμαζέσθωσαν πρῶτον, εἶτα διακονείτωσαν ἀνέγκλητοι ὄντες. γυναῖκας ὡσαύτως σεμνάς, μὴ διαβόλους... — *Apoc.*, IV, 1-5 : μετὰ ταῦτα εἶδον, καὶ ἰδοὺ θύρα ἠνεῳγμένη ἐν τῷ οὐρανῷ, καὶ ἡ φωνὴ ἡ πρώτη ἣν ἤκουσα... λέγων Ἀνάβα ὧδε καὶ δείξω σοι ἃ δεῖ γενέσθαι. μετὰ ταῦτα εὐθέως ἐγενόμην ἐν πνεύματι· καὶ ἰδοὺ θρόνος ἔκειτο ἐν τῷ οὐρανῷ, καὶ ἐπὶ τὸν θρόνον καθήμενος, καὶ ὁ καθήμενος ὅμοιος ὁράσει λίθῳ ἰάσπιδι καὶ σαρδίῳ... καὶ κυκλόθεν τοῦ θρόνου θρόνοι (*v. l.* θρόνους) εἴκοσι τέσσαρες καὶ ἐπὶ τοὺς θρόνους εἴκοσι τέσσαρας πρεσβυτέρους καθημένους περιβεβλημένους ἱματίοις λευκοῖς, καὶ ἐπὶ τὰς κεφαλὰς αὐτῶν στεφάνους χρυσοῦς. On a l'accusatif εἴκοσι τέσσαρας πρεσβυτέρους, dépendant de εἶδον, comme si l'on avait eu au commencement εἶδον θύραν... καὶ θρόνον κείμενον κτλ. — VII, 9 : μετὰ ταῦτα εἶδον, καὶ ἰδοὺ ὄχλος πολὺς ὃν ἀριθμῆσαι αὐτὸν οὐδεὶς ἐδύνατο, ἐκ παντὸς ἔθνους καὶ φυλῶν καὶ λαῶν καὶ γλωσσῶν, ἑστῶτες ἐνώπιον τοῦ θρόνου καὶ ἐνώπιον τοῦ ἀρνίου, περιβεβλημένους στολὰς λευκάς, καὶ φοίνικες ἐν ταῖς χερσὶν αὐτῶν. La construction indépendante du complément ὄχλος πολὺς... ἑστῶτες est suivie de la construction dépendante περιβεβλημένους, dépendant de εἶδον. — XI, 3 : καὶ δώσω τοῖς δυσὶν μάρτυσίν μου καὶ προφητεύσουσιν ἡμέρας χιλίας διακοσίας ἑξήκοντα, περιβεβλημένους σάκκους, tandis qu'il faudrait καὶ ποιήσω τοὺς δύο μάρτυράς μου προφητεύειν... περιβεβλημένους (19, 20). — XIII, 1-3 : καὶ εἶδον ἐκ τῆς θαλάσσης θηρίον ἀναβαῖνον ἔχον κέρατα δέκα καὶ κεφαλὰς ἑπτά,... καὶ ἐπὶ τὰς κεφαλὰς αὐτοῦ ὀνόματα βλασφημίας. καὶ τὸ θηρίον ὃ εἶδον ἦν ὅμοιον παρδάλει καὶ οἱ πόδες αὐτοῦ ὡς ἄρκου,... καὶ ἔδωκεν αὐτῷ ὁ δράκων τὴν δύναμιν αὐτοῦ καὶ τὸν θρόνον αὐτοῦ καὶ ἐξουσίαν μεγάλην. καὶ μίαν ἐκ τῶν κεφαλῶν αὐτοῦ ὡς ἐσφαγμένην εἰς θάνατον καὶ ἡ πληγὴ τοῦ θανάτου αὐτοῦ ἐθεραπεύθη. La construction du complément est dépendante au v. 1 (θηρίον), indépendante au v. 2 (καὶ τὸ θηρίον ὃ εἶδον), redevient dépendante au v. 3 (καὶ μίαν), puis encore indépendante. — XX, 4 : καὶ εἶδον θρόνους, καὶ ἐκάθισαν ἐπ' αὐτούς, καὶ κρίμα ἐδόθη αὐτοῖς, καὶ τὰς ψυχὰς τῶν πεπελεκισμένων... διὰ τὸν λόγον τοῦ θεοῦ, καὶ οἵτινες οὐ προσεκύνησαν τὸ θηρίον.

b) L'alternance de l'accord et du désaccord, déjà visible XIII, 1-3, est bien marquée XIV, 14 : καὶ εἶδον, καὶ ἰδοὺ νεφέλη λευκή, καὶ ἐπὶ τὴν νεφέλην καθήμενον ὅμοιον υἱὸν ἀνθρώπου, ἔχων ἐπὶ τῆς κεφαλῆς αὐτοῦ στέφανον χρυσοῦν. — De même, XVIII, 11-13 : τὸν γόμον αὐτῶν οὐδεὶς ἀγοράζει οὐκέτι, γόμον χρυσοῦ καὶ ἀργύρου... καὶ κοκκίνου, καὶ πᾶν ξύλον θύινον... καὶ κτήνη καὶ πρόβατα, καὶ ἵππων καὶ ῥεδῶν καὶ σωμάτων, καὶ ψυχὰς ἀνθρώπων.

c) Il faut remarquer que, dans certains exemples, le complément logique détaché et indépendant pourrait être considéré comme une parenthèse ; ainsi XX, 4 : καὶ ἐκάθισαν-αὐτοῖς ; et XIV, 14 : καὶ ἰδοὺ νεφέλη λευκή.

d) Il faut aussi appliquer tout ce qui vient d'être dit à *A*., X, 36-37 : τὸν λόγον ἀπέστειλεν τοῖς υἱοῖς Ἰσραὴλ εὐαγγελιζόμενος εἰρήνην διὰ Ἰησοῦ Χριστοῦ· οὗτός ἐστιν πάντων κύριος. ὑμεῖς οἴδατε τὸ γενόμενον ῥῆμα καθ' ὅλης τῆς Ἰουδαίας, ἀρξάμενος ἀπὸ τῆς Γαλιλαίας μετὰ τὸ βάπτισμα ὃ ἐκήρυξεν Ἰωάνης, Ἰησοῦν τὸν ἀπὸ Ναζαρέθ, ὡς ἔχρισεν αὐτὸν ὁ θεός... Dans ce passage, l'incidente οὗτός ἐστιν κτλ. exerce son influence sur ἀρξάμενος qui revient au nominatif et s'accorde avec οὗτος-κύριος, ne pouvant s'accorder vraiment avec τὸ γενόμενον ῥῆμα ; car ἀρξάμενος κτλ. = οὗτός ἐστιν πάντων κύριος, ἀρξάμενος εὐαγγελίζεσθαι εἰρήνην ἀπὸ... Puis, la construction revient à l'accusatif Ἰησοῦν τὸν ἀπὸ κτλ. qui reprend et explique τὸ γενόμενον ῥῆμα (cf. 283, e). Remarquer aussi (cf. b) l'alternance de l'accord et du désaccord.

217. *a*) Voici maintenant des exemples des LXX, *Josué*, XIII, 16-21 : καὶ ἔδωκε Μωυσῆς τῇ φυλῇ Ρουβὴν κατὰ δήμους αὐτῶν. καὶ ἐγενήθη αὐτῶν τὰ ὅρια ἀπὸ Ἀροήρ, ἥ ἐστι κατὰ πρόσωπον φάραγγος Ἀρνῶν καὶ ἡ πόλις ἡ ἐν τῇ φάραγγι Ἀρνῶν· καὶ πᾶσαν τὴν Μισὼρ ἕως Ἐσεβὼν καὶ πάσας τὰς πόλεις τὰς οὔσας ἐν τῇ Μισώρ... — Le complément de ἔδωκε est en réalité Ἀροήρ et tout ce qui suit ; mais la construction dépendante du complément ne commence qu'à πᾶσαν τήν... — XIII, 25-27 ; XIII, 29-30 : καὶ ἔδωκε Μωυσῆς τῷ ἡμίσει φυλῆς Μανασσῆ κατὰ δήμους αὐτῶν. καὶ ἐγένετο τὰ ὅρια αὐτῶν ἀπὸ Μαὰν καὶ πᾶσα βασιλεία Βασὰν καὶ πᾶσα βασιλεία Ὢγ βασιλέως τῆς Βασάν, καὶ πάσας τὰς κώμας Ἰαΐρ. — *2 Paral.*, IV, 2-5 : καὶ ἐποίησε τὴν θάλασσαν χυτήν,... καὶ ὁμοίωμα μόσχων ὑποκάτω αὐτῆς. κύκλῳ κυκλοῦσιν αὐτήν... καὶ ἡ θάλασσα ἐπ' αὐτῶν ἄνω, ἦσαν τὰ ὀπίσθια αὐτῶν ἔσω. καὶ τὸ πάχος αὐτῆς παλαιστής καὶ τὸ χεῖλος αὐτῆς ὡς χεῖλος ποτηρίου, διαγεγλυμμένα βλαστοὺς κρίνου, χωροῦσαν μετρητὰς τρισχιλίους. On voit χωροῦσαν revenir à l'accusatif dépendant de ἐποίησε. — Cf. aussi (*v. l.*) *2 Esd.*, II, 69. — *Daniel*, VII, 19-20 : καὶ ἐζήτουν ἀκριβῶς περὶ τοῦ θηρίου τοῦ τετάρτου, ὅτι ἦν διαφέρον παρὰ πᾶν θηρίον, φοβερὸν περισσῶς, οἱ ὀδόντες αὐτοῦ σιδηροῖ,... τὰ ἐπίλοιπα τοῖς ποσὶν αὐτοῦ συνεπάτει. καὶ περὶ τῶν κεράτων αὐτοῦ τῶν δέκα...., et cf. *Daniel* (LXX).

b) Le passage le plus curieux, celui qui montre le mieux comment la phrase suivait la mobilité de la pensée et de l'imagination chez les écrivains bibliques est certainement *1 Mac.*, VIII, 1 seqq. : καὶ ἤκουσεν Ἰούδας τὸ ὄνομα τῶν Ῥωμαίων ὅτι εἰσὶ δυνατοὶ ἰσχύϊ καὶ αὐτοὶ εὐδοκοῦσιν ἐν πᾶσι τοῖς προστιθεμένοις αὐτοῖς, καὶ ὅσοι ἂν προσέλθωσιν αὐτοῖς ἱστῶσιν αὐτοῖς φιλίαν, καὶ ὅτι εἰσὶ δυνατοὶ ἰσχύϊ. καὶ διηγήσαντο αὐτῷ τοὺς πολέμους αὐτῶν καὶ τὰς ἀνδραγαθίας ἃς ποιοῦσιν ἐν τοῖς Γαλάταις, καὶ ὅτι κατεκράτησαν αὐτῶν καὶ ἤγαγον αὐτοὺς ὑπὸ φόρον καὶ ὅσα ἐποίησαν ἐν χώρᾳ Σπανίας τοῦ κατακρατῆσαι τῶν μετάλλων τοῦ ἀργυρίου καὶ τοῦ χρυσίου τοῦ ἐκεῖ. καὶ κατεκράτησαν τοῦ τόπου παντὸς τῇ βουλῇ αὐτῶν καὶ τῇ μακροθυμίᾳ, καὶ ὁ τόπος ἦν μακρὰν ἀπέχων ἀπ' αὐτῶν σφόδρα, καὶ τῶν βασιλέων τῶν ἐπελθόντων ἐπ' αὐτοὺς ἀπ' ἄκρου τῆς γῆς ἕως συνέτριψαν αὐτοὺς καὶ ἐπάταξαν ἐν αὐτοῖς πληγὴν μεγάλην, καὶ οἱ ἐπίλοιποι διδόασιν αὐτοῖς φόρον κατ' ἐνιαυτόν· καὶ τὸν Φίλιππον καὶ τὸν Περσέα Κιτιέων βασιλέα καὶ τοὺς ἐπηρμένους ἐπ' αὐτοὺς συνέτριψαν αὐτοὺς ἐν πολέμῳ καὶ κατεκράτησαν αὐτῶν· καὶ Ἀντίοχον τὸν μέγαν βασιλέα τῆς Ἀσίας τὸν πορευθέντα ἐπ' αὐτοὺς εἰς πόλεμον ἔχοντα ἑκατὸν εἴκοσι ἐλέφαντας καὶ ἵππον καὶ ἅρματα καὶ δύναμιν πολλὴν σφόδρα καὶ συνετρίβη ἀπ' αὐτῶν· καὶ ἔλαβον αὐτὸν ζῶντα, καὶ ἔστησαν αὐτοῖς... διδόναι ὅμηρα καὶ διαστολὴν καὶ χώραν τὴν Ἰνδικὴν καὶ Μηδίαν καὶ Λυδίαν καὶ ἀπὸ τῶν καλλίστων χωρῶν αὐτῶν, καὶ λαβόντες αὐτὰς παρ' αὐτοῦ ἔδωκαν αὐτὰς Εὐμένει τῷ βασιλεῖ. καὶ ὅτι οἱ ἐκ τῆς Ἑλλάδος ἐβουλεύσαντο ἐλθεῖν καὶ ἐξᾶραι αὐτούς· καὶ ἐγνώσθη ὁ λόγος αὐτοῖς καὶ ἀπέστειλαν ἐπ' αὐτοὺς στρατηγὸν ἕνα...

Dans ce passage, διηγήσαντο a pour compléments τοὺς πολέμους, puis ὅτι κατεκράτησαν, et enfin ὅσα ἐποίησαν. La construction devient indépendante avec καὶ κατεκράτησαν. Ce dernier verbe a pour compléments τοῦ τόπου, puis τῶν βασιλέων, et la construction devient indépendante avec καὶ οἱ ἐπίλοιποι, et avec καὶ τὸν Φίλιππον. Elle redevient dépendante avec Ἀντίοχον, complément de διηγήσαντο ou de ἤκουσεν ; et indépendante avec καὶ συνετρίβη ἀπ' αὐτῶν jusqu'à τῷ βασιλεῖ. Elle redevient dépendante de διηγήσαντο ou de ἤκουσεν avec ὅτι οἱ ἐκ τῆς Ἑλλάδος. Elle redevient enfin indépendante avec καὶ ἐγνώσθη, et reste telle jusqu'à la fin; au v. 16.

COMPLÉMENT DEVENU INDÉPENDANT ET INVERSEMENT. 177

c) Pour l'alternance de l'accusatif et du nominatif dans le développement du complément, cf. 2 *Paral.*, IV, 19-22 : καὶ ἐποίησε Σαλωμὼν πάντα τὰ σκεύη οἴκου κυρίου καὶ τὸ θυσιαστήριον τὸ χρυσοῦν καὶ τὰς τραπέζας, καὶ ἐπ' αὐτῶν ἄρτοι προθέσεως, καὶ τὰς λυχνίας καὶ τοὺς λύχνους τοῦ φωτὸς κατὰ... πρόσωπον τοῦ δαβὶρ χρυσίου καθαροῦ, καὶ λαβίδες αὐτῶν καὶ οἱ λύχνοι αὐτῶν καὶ τὰς φιάλας καὶ τὰς θυίσκας καὶ τὰ πυρεῖα χρυσίου καθαροῦ, καὶ ἡ θύρα΄ τοῦ οἴκου ἡ ἐσωτέρα εἰς τὰ ἅγια τῶν ἁγίων, εἰς τὰς θύρας τοῦ οἴκου τοῦ ναοῦ χρυσᾶς. Mais καὶ ἐπ' αὐτῶν ἄρτοι προθέσεως est un nominatif parenthétique (= ἐφ' ὧν ἄρτοι προθέσεως) qui ne fait pas partie du complément. — Cf. aussi plusieurs des exemples précédents (217, *a* et *b*).

QUATRIÈME PARTIE

VERBE ET ATTRIBUT[1]

218. Nous avons parlé jusqu'ici de ce que les grammairiens appellent l'*attribut verbal*, c'est-à-dire du verbe lui-même, dans ses rapports avec le sujet et le complément. — Cf. 2.

Mais il peut y avoir dans la proposition un attribut nominal, substantif, adjectif, participe, pronom, comme le mot βασιλεύς dans : Κῦρος βασιλεὺς ἦν. (Cf. Curtius, 361, 4 seqq.)

Nous traiterons : 1° de l'attribut en lui-même et dans ses rapports avec son antécédent;

2° De l'expression et de la suppression du verbe copule;

3° De l'attribut complémentaire, c'est-à-dire de l'attribut apposé ou juxtaposé, sans lien, pour compléter le sens du sujet, du complément, de l'attribut proprement dit ou d'un mot quelconque de la phrase, et

4° En particulier de l'apposition.

---

1. Curtius, 361-367; Koch, 69-70; Madvig, 1 seqq.

CHAPITRE XXIII

De l'attribut.

Nature de l'attribut.

219 *a*) L'attribut est de même nature que le sujet et le complément (39 seqq.; 159 seqq.) et prend les mêmes développements :

L., X, 29 : καὶ τίς ἐστίν μου πλησίον; et cf. X, 36. — 2 *Cor.*, I, 18 : ὁ λόγος οὐκ ἔστιν Ναί καὶ Οὔ, et v. 19 : ὁ τοῦ θεοῦ γὰρ υἱὸς... οὐκ ἐγένετο Ναί καὶ Οὔ. — *H.*, VI, 8 : (ἡ γῆ ἐστὶν) ἀδόκιμος καὶ κατάρας ἐγγύς, ἧς τὸ τέλος εἰς ἀπώλειαν. — *Apoc.*, XXI, 6 : ἐγὼ τὸ Ἄλφα καὶ τὸ Ὦ (et cf. I, 8).
Une proposition peut servir d'attribut au moins logique, *J.*, XIX, 40 : καθὼς ἔθος ἐστὶν τοῖς Ἰουδαίοις ἐνταφιάζειν. — *Jac.*, I, 27 ; *1 J.*, I, 5 : ἔστιν αὕτη ἡ ἀγγελία ἥν... ἀναγγέλλομεν ὑμῖν, ὅτι ὁ θεὸς φῶς ἐστίν. — Cf. ma *Syntaxe des propositions*, 269-279 ; 284.
L'attribut peut être un terme de comparaison avec ou sans ὡς, *Apoc.*, XIX, 12 : οἱ δὲ ὀφθαλμοὶ αὐτοῦ φλὸξ πυρός (v. l. ὡς φλόξ).

b) L'attribut peut prendre les formes les plus variées dans le grec biblique, et particulièrement dans les LXX :

Gen., XI, 1 : καὶ ἦν πᾶσα ἡ γῆ χεῖλος ἕν. — XLVII, 9 : αἱ ἡμέραι τῶν ἐτῶν τῆς ζωῆς μου, ἃς παροικῶ, ἑκατὸν τριάκοντα ἔτη. — *Job*, XXXII, 8 : οὐχ ὁ χρόνος ἐστὶν ὁ λαλῶν, *ce n'est pas l'âge qui doit être seul à parler*. — *Ps.*, CXVIII, 75 : δικαιοσύνη τὰ κρίματά σου (v. *l.*), = δίκαιά ἐστιν..., et cf. 2 *Cor.*, V, 21 : ἵνα ἡμεῖς γενώμεθα δικαιοσύνη θεοῦ ἐν αὐτῷ, = ἵνα δικαιωθῶμεν ὑπὸ θεοῦ. — CXXVI, 2 : εἰς μάτην ὑμῖν ἐστι τοῦ ὀρθρίζειν. — *Prov.*, VIII, 8 : μετὰ δικαιοσύνης πάντα τὰ ῥήματα τοῦ στόματός μου, = δίκαιά ἐστιν..., et cf. dans le N. T. *R.*, II, 2 : τὸ κρίμα τοῦ θεοῦ ἐστιν κατὰ ἀλήθειαν ἐπὶ τούς... — XIII, 19 : ἔργα δὲ ἀσεβῶν μακρὰν ἀπὸ γνώσεως. — *Eccl.*, III, 15 : καὶ ὅσα τοῦ γίνεσθαι ἤδη γέγονε, = ὅσα ἐστὶν τοῦ... — *Cant.*, I, 13 : βότρυς τῆς κύπρου ἀδελφιδός μου ἐμοί, = ἐστὶν ὡς βότρυς, et I, 15 : ὀφθαλμοί σου περιστεραί, = ὡς ὀφθαλμοὶ περιστερῶν, et cf. IV, 1, 12, 13, 14. — *Nahum*, II, 5 : ἡ ὅρασις αὐτῶν ὡς λαμπάδες πυρός. — *Es.*, VII, 23; XXIII, 15 : ἔσται Τύρος ὡς ᾆσμα πόρνης, = *comme la prostituée qui chante*. — XL, 10 : καὶ ὁ βραχίων μετὰ κυρίας. — Cf. *Testam. XII Patriar.*,

III, 7 : καὶ ὁ πιστεύσας πρῶτος κλῆρος ἔσται, = καὶ τῷ πιστεύσαντι πρώτῳ κλῆρος ἔσται ; mais κλῆρος est l'attribut.

Cf. le participe, *1 R.*, XVI, 21 : ἐγενήθη αὐτῷ αἴρων τὰ σκεύη αὐτοῦ, *il devint son porteur d'armes.*

c) Pour le participe attribut ou partie intégrante de l'attribut, voy. ma *Syntaxe des propositions*, 310 seqq.

Développement de l'attribut.

220. Comme exemples de développement de l'attribut, nous citons seulement :

Jude, 7 ; *1 Tim.*, III, 2 : δεῖ οὖν τὸν ἐπίσκοπον ἀνεπίλημπτον εἶναι, μιᾶς γυναικὸς ἄνδρα, νηφάλιον, σώφρονα,... μὴ πλήκτην, ἀλλὰ ἐπιεικῆ..., τοῦ ἰδίου οἴκου καλῶς προϊστάμενον... — *Apoc.*, XIX, 11 : καὶ ὁ καθήμενος ἐπ' αὐτὸν πιστὸς [καλούμενος] καὶ ἀληθινός, καὶ ἐν δικαιοσύνῃ κρίνει καὶ πολεμεῖ · οἱ δὲ ὀφθαλμοὶ αὐτοῦ φλὸξ πυρός, καὶ ἐπὶ τὴν κεφαλὴν αὐτοῦ διαδήματα πολλά, ἔχων ὄνομα γεγραμμένον..., = καὶ ἐν δικαιοσύνῃ κρίνων καὶ πολεμῶν, ἔχων δὲ ὀφθαλμούς...

Distinction du sujet et de l'attribut.

221. *a*) Dans quelques passages, on se demande quel est le sujet et quel est l'attribut. Notons seulement :

A., XVII, 3 : διανοίγων καὶ παρατιθέμενος ὅτι τὸν χριστὸν ἔδει παθεῖν καὶ ἀναστῆναι ἐκ νεκρῶν, καὶ ὅτι οὗτός ἐστιν ὁ χριστός, ὁ Ἰησοῦς ὃν ἐγὼ καταγγέλλω ὑμῖν. Le sujet est οὗτος, et ὁ Ἰησοῦς κτλ. en est l'apposition ; ὁ χριστός est l'attribut. — *2 Cor.*, III, 17 : ὁ δὲ κύριος τὸ πνεῦμά ἐστιν. L'attribut est τὸ πνεῦμα. — IV, 6 : ὅτι ὁ θεὸς ὁ εἰπών Ἐκ σκότους φῶς λάμψει, ὃς ἔλαμψεν ἐν ταῖς καρδίαις ἡμῶν..., = ὁ θεὸς ὁ εἰπών... ἐστὶν ὃς ἔλαμψεν..., et ces mots ὃς ἔλαμψεν forment l'attribut, et cf. *L.*, VIII, 13. — V, 5 : ὁ δὲ κατεργασάμενος ἡμᾶς εἰς αὐτὸ τοῦτο θεός, ὁ δοὺς ἡμῖν τὸν ἀρραβῶνα τοῦ πνεύματος. L'attribut est θεός avec l'appostion ὁ δοὺς ἡμῖν... — XI, 13 : τοιοῦτοι est le sujet ; l'attribut est ψευδαπόστολοι κτλ. — *Ph.*, II, 11 : Κύριος est l'attribut.

Pour *1 Cor.*, II, 9 : ἃ ὀφθαλμὸς οὐκ εἶδεν καὶ οὖς οὐκ ἤκουσεν καὶ ἐπὶ καρδίαν, ἀνθρώπου οὐκ ἀνέβη, ὅσα ἡτοίμασεν ὁ θεὸς τοῖς ἀγαπῶσιν αὐτόν, nous croyons qu'il faut entendre : *ce sont des choses que l'œil n'a point vues..., toutes ces choses que...* et, par suite, l'attribut est placé le premier ; et pour cette construction du relatif cf. *J.*, IV, 18, etc.

Cf. LXX, *Job*, XXX, 4 : οἱ περικυκλοῦντες ἅλιμα ἐπὶ ἠχοῦντι, οἵτινες ἅλιμα ἦν αὐτῶν τὰ σῖτα, = *dont* (οἵτινες... αὐτῶν) *les plantes du rivage étaient la nourriture.*

b) Pour l'attribut complémentaire, conf. *H.*, I, 7 : ὁ ποιῶν τοὺς ἀγγέλους αὐτοῦ πνεύματα καὶ τοὺς λειτουργοὺς αὐτοῦ πυρὸς φλόγα, cité des LXX, *Ps.*, CIII, 4. Le sens est : *lui qui fait ses messagers des vents et ses serviteurs de la flamme du feu.*

Cf. maintenant dans les LXX, *1 R.*, II, 9 : κύριος ἀσθένη ποιήσει ἀντίδικον αὐτοῦ, avec l'antécédent ἀντίδικον sans article. — *Ps.*, XVII, 12 : ἔθετο σκότος ἀποκρυφὴν αὐτοῦ. — LXVIII, 12 : ἐθέμην τὸ ἔνδυμά μου σάκκον, = *j'ai fait mon vêtement d'un sac*, comme plus haut, *H.*, I, 7. — CIII, 3 : ὁ τιθεὶς νέφη τὴν ἐπίβασιν αὐτοῦ, *lui qui a établi les nuages comme son marchepied.* — *Job*, XXXVIII, 9 : ἐθέμην δὲ αὐτῇ νέφος ἀμφίασιν. — Cf. *Ps.*, CXLVII, 3 : ὁ τιθεὶς τὰ ὅρια σου εἰρήνην. — Cf. DRIVER, *ouv. cit.*, p. 262, *Observ.*

Expression du sujet et de l'attribut.

222. Le sujet auquel se rapporte l'attribut, et l'attribut, sont régulièrement exprimés. Ils sont supprimés parfois, quand on peut les suppléer facilement.

Suppression du sujet (et de εἶναι).

223. Le sujet auquel se rapporte l'attribut peut être supprimé et à suppléer du contexte ou de l'idée. Notons : *Mar.*, VIII, 27-28 : Τίνα με λέγουσιν οἱ ἄνθρωποι εἶναι; οἱ δὲ εἶπαν αὐτῷ λέγοντες ὅτι Ἰωάνην τὸν βαπτιστήν, καὶ ἄλλοι Ἠλείαν, ἄλλοι δὲ ὅτι Εἷς τῶν προφητῶν, = (λέγουσιν εἶναί σε) Ἰωάνην, καὶ ἄλλοι (λέγουσιν εἶναί σε) Ἠλείαν, ἄλλοι δὲ (λέγουσιν ὅτι σὺ εἶ) εἷς τῶν... — *R.*, XIV, 14 : πέπεισμαι ἐν κυρίῳ Ἰησοῦ ὅτι οὐδὲν κοινὸν δι' ἑαυτοῦ· εἰ μὴ τῷ λογιζομένῳ τι κοινὸν εἶναι, ἐκείνῳ κοινόν, = τοῦτο ἐκείνῳ κοινόν ἐστιν. — *2 Cor.*, VIII, 23 : εἴτε ὑπὲρ Τίτου, κοινωνὸς ἐμὸς καὶ εἰς ὑμᾶς συνεργός. εἴτε ἀδελφοὶ ἡμῶν, ἀπόστολοι ἐκκλησιῶν, δόξα χριστοῦ, = εἴτε ὑπὲρ Τίτου γράφω, κοινωνός ἐστιν ἐμός· εἴτε οὗτοι ὑπὲρ ὧν γράφω ἀδελφοὶ ἡμῶν εἰσίν... — *Jac.*, I, 2 : πᾶσαν χαρὰν ἡγήσασθε... ὅταν πειρασμοῖς περιπέσητε, = πᾶσαν χαρὰν ἡγήσασθε τοῦτο εἶναι ὅταν. — *2 P.*, III, 9 : ὥς τινες βραδυτῆτα ἡγοῦνται, = τοῦτο βραδυτῆτα εἶναι. — *Apoc.*, I, 19-20 : γράψον οὖν ἃ εἶδες καὶ ἃ εἰσὶν καὶ ἃ μέλλει γίνεσθαι μετὰ ταῦτα, τὸ μυστήριον ἑπτὰ ἀστέρων οὓς εἶδες ἐπὶ τῆς δεξιᾶς μου, = τοῦτό ἐστιν τὸ μυστήριον..., à moins de regarder τὸ μυστήριον κτλ. comme apposé à ἃ εἶδες... μετὰ ταῦτα (290). — *Apoc.*, XVIII, 18 : τίς ὁμοία τῇ πόλει τῇ μεγάλῃ; = τίς πόλις ὁμοία ἐστίν...

Dans les LXX, *1 Paral.*, V, 2 : καὶ Ἰούδας δυνατὸς ἰσχύϊ..., καὶ εἰς ἡγούμενον ἐξ αὐτοῦ, = καὶ ἐξ αὐτοῦ ἦν ἡγούμενός τις. — *Job*, XI, 8 : βαθύτερα

δὲ τῶν ἐν ᾅδου, τί οἶδας; ἢ μακρότερα μέτρου γῆς ἢ εὔρους θαλάσσης, = βαθύτερα δέ ἐστίν τινα τῶν..., *il y a des choses plus profondes..., qu'en connais-tu?* — *Dan.*, VIII, 26 : σφράγισον τὴν ὅρασιν, ὅτι εἰς ἡμέρας πολλάς.
Cf. aussi, *1 R.*, I, 26 : καὶ εἶπεν Ἐν ἐμοί, κύριε.

Cf. aussi *Gen.*, XXIII, 14-15 : ἀπεκρίθη δὲ Ἐφρών... Οὐχί, κύριε· ἀκήκοα γάρ· τετρακοσίων διδράχμων ἀργυρίου. ἀνὰ μέσον..., *le prix du champ est de 400 drachmes d'argent.*

Suppression de l'attribut.

224. Inversement, l'attribut peut être supprimé, et à suppléer du contexte ou de ce qui précède.
On le trouve exprimé comme dans *J.*, VI, 69 : σὺ εἶ ὁ ἅγιος τοῦ Θεοῦ. Il est à suppléer dans *J.*, IV, 25-26 : οἶδα ὅτι Μεσσίας ἔρχεται... Λέγει αὐτῇ ὁ Ἰησοῦς Ἐγώ εἰμι, ὁ λαλῶν σοι (= ἐγώ εἰμι ὁ Μεσσίας). Cf. *J.*, IX, 37 : καὶ ὁ λαλῶν μετὰ σοῦ, ἐκεῖνός ἐστιν (ὁ υἱὸς τοῦ ἀνθρώπου). Pour *J.*, VIII, 24, les discours qui précèdent montrent que l'attribut à suppléer est présent dans la pensée de l'orateur et des auditeurs : ἐὰν γὰρ μὴ πιστεύητε ὅτι ἐγώ εἰμι (ὁ Μεσσίας). Cf. *J.*, XIII, 19. — *A.*, XIII, 25 : τί ἐμὲ ὑπονοεῖτε εἶναι; οὐκ εἰμὶ ἐγώ. — L'attribut se supplée de ce qui précède immédiatement dans *1 J.*, IV, 2 : πᾶν πνεῦμα ὃ ὁμολογεῖ Ἰησοῦν Χριστὸν ἐν σαρκὶ ἐληλυθότα ἐκ τοῦ Θεοῦ ἐστίν, καὶ πᾶν πνεῦμα ὃ μὴ ὁμολογεῖ τὸν Ἰησοῦν (ἐν σαρκὶ ἐληλυθότα) ἐκ τοῦ Θεοῦ οὐκ ἔστιν. — *2 Cor.*, XI, 23 : διάκονοι Χριστοῦ εἰσίν; παραφρονῶν λαλῶ, ὑπὲρ ἐγώ, = ἐγώ εἰμι διάκονος ὑπὲρ αὐτῶν.

Répétition et place de l'attribut.

225. *a)* L'attribut peut être répété, pour la clarté, par emphase oratoire, etc.
R., IV, 11-12 : εἰς τὸ εἶναι αὐτὸν πατέρα πάντων τῶν πιστευόντων..., καὶ πατέρα περιτομῆς.

b) L'attribut est détaché, et mis avant ou après, si l'on insiste sur lui, et par exemple dans les exclamations :
Mat., V, 3 : μακάριοι οἱ πτωχοὶ τῷ πνεύματι. — XXI, 9; 41 : κακοὺς κακῶς ἀπολέσει αὐτούς. — *Eph.*, I, 3 : εὐλογητὸς ὁ θεὸς καὶ πατήρ..., et cf. au con-

traire avec un complément, *R.*, IX, 5 : θεὸς εὐλογητὸς εἰς τοὺς αἰῶνας... — *Apoc.*, IX, 11 : ἔχουσιν ἐπ' αὐτῶν βασιλέα τὸν ἄγγελον τῆς ἀβύσσου · ὄνομα αὐτῷ Ἑβραιστὶ Ἀβαδδών καὶ ἐν τῇ Ἑλληνικῇ ὄνομα ἔχει Ἀπολλύων.

Diverses espèces d'attributs.

226. Il faut distinguer l'attribut essentiel, et les attributs complémentaires.

a) Le premier est un élément essentiel de la proposition, comme πονηρός dans *Mat.*, XX, 15 : ὁ ὀφθαλμός σου πονηρός ἐστιν. — Il est uni au sujet au moyen du verbe εἶναι, ou d'un verbe de sens équivalent, exprimé ou à suppléer.

b) Les attributs complémentaires servent à compléter le sens du sujet ou du complément de la proposition qui pourrait exister sans eux.

c) Les uns font partie intégrante de la proposition ; ce sont :

L'attribut complémentaire, partie intégrante du sujet, comme *A.*, XII, 16 : ὁ δὲ Πέτρος ἐπέμενεν κρούων.

L'attribut complémentaire partie intégrante du complément, dans la construction transitive ; et du sujet, dans la construction passive ou intransitive correspondante ; comme *Mat.*, IV, 19 : ποιήσω ὑμᾶς ἁλεεῖς ἀνθρώπων. — *L.*, II 21 : ἐκλήθη τὸ ὄνομα αὐτοῦ Ἰησοῦς. — Dans les LXX, *Judith*, V, 3 : τίς ἀνέστηκεν ἐπ' αὐτῶν βασιλεύς ;

L'attribut complémentaire *proleptique,* partie intégrante du sujet ou du complément, avec la même construction que les précédents.

L'attribut complémentaire circonstanciel, se rapportant au sujet ou au complément, avec la même construction que les deux premiers.

d) Les autres sont intercalés dans la proposition, ou lui sont ajoutés ; ce sont :

L'attribut apposé à un mot quelconque de la proposition, ou simplement juxtaposé, c'est-à-dire l'apposition et la juxtaposition, comme *Apoc.*, XII, 1 : σημεῖον μέγα ὤφθη ἐν τῷ οὐρανῷ, γυνὴ περιβεβλημένη...

Le complément distinctif, qui correspond à une apposition intercalée dans la proposition.

e) Les attributs complémentaires s'ajoutent régulièrement à leur antécédent, c'est-à-dire au mot auquel ils se rapportent, sans le secours du verbe de liaison εἶναι, qui peut, cependant, être toujours suppléé à l'infinitif, et le plus souvent au participe, si l'on veut se rendre compte de la construction au point de vue purement grammatical.

CHAPITRE XXIV

Accord de l'attribut.

Accord de l'attribut avec le sujet.

227. L'attribut s'accorde toujours en cas, et, s'il y a lieu, en genre et en nombre avec le sujet (cf. Curtius, 361, 4; Madvig, 1, *b*). — De même, dans le N. T., avec un sujet simple :
228. *a*) *J.*, X, 16 : κἀκεῖνα δεῖ με ἀγαγεῖν... καὶ γενήσονται μία ποίμνη, εἷς ποιμήν. — X, 29 : ἐγὼ καὶ ὁ πατὴρ ἕν ἐσμεν, *une seule et même chose*, et cf. *Gal.*, III, 28 : πάντες γὰρ ὑμεῖς εἷς ἐστὲ ἐν Χριστῷ Ἰησοῦ, *vous ne faites qu'une seule personne*, et cf. *Eph.*, IV, 13. — *R.*, VII, 13; *1 Cor.*, IV, 13 : ὡς περικαθάρματα τοῦ κόσμου ἐγενήθημεν, πάντων περίψημα. Il ne s'agit que d'une seule personne (= ἐγενήθην). — VI, 11 : ταῦτά τινες ἦτε, = *voilà ce que vous étiez*. — *2 Cor.*, I, 14, et cf. *1 Th.*, II, 20. — *1 Th.*, I, 7 : ὥστε γενέσθαι ὑμᾶς τύπον, et *v. l.* τύπους. — *H.*, IX, 2 : σκηνή... ἥτις λέγεται Ἅγια, et cf. v. 3. — *Jude*, 7 : Σόδομα καὶ... αἱ περὶ αὐτὰς πόλεις... πρόκεινται δεῖγμα. — *Apoc.*, I, 6 : ἐποίησεν ἡμᾶς βασιλείαν, ἱερεῖς τῷ θεῷ. — I, 8 : ἐγώ εἰμι τὸ Ἄλφα καὶ τὸ Ὦ, λέγει κύριος ὁ θεός, ὁ ὢν καὶ ὁ ἦν καὶ ὁ ἐρχόμενος. — V, 11; V, 12 : ἄξιόν (*v. l.* ἄξιός) ἐστιν τὸ ἀρνίον. — XIX, 8.

Dans les LXX, *Josué*, III, 16 : ἔστη τὰ ὕδατα τὰ καταβαίνοντα ἄνωθεν, ἔστη πῆγμα ἓν ἀφεστηκός. — IV, 7 : ἔσονται οἱ λίθοι οὗτοι ὑμῖν μνημόσυνον. — *Eccl.*, VII, 27 : σαγῆναι καρδία αὐτῆς, *son cœur est un filet.*
b) Pour l'attribut avec εἰς et l'accusatif, voy. 266.
c) Le duel n'existant pas dans le grec biblique, on trouve toujours le pluriel *Mat.*, VIII, 28; *L.*, I, 6. — Il en est de même dans les LXX. — Cf. 154.
d) Avec un sujet pluriel neutre, et un verbe au singulier, l'attribut est au pluriel neutre, *1 Cor.*, XIV, 25 : τὰ κρυπτὰ τῆς καρδίας αὐτοῦ φανερὰ

γίνεται. — *1 J.*, III, 10. — Il en est de même dans les LXX. — Cf. l'accord du participe, 119.

e) Cf. aussi 235, *b;* ce cas pourrait se rencontrer avec un attribut ordinaire, et cf. *Mar.*, III, 32, 33 (τίς ἐστιν ἡ μήτηρ μου καὶ οἱ ἀδελφοί;)

229. Quand l'attribut est le pronom démonstratif neutre désignant quelque chose de vague, ou annonçant, par exemple, une proposition, il s'accorde avec le sujet, comme en grec classique, *J.*, III, 19 : αὕτη δέ ἐστιν ἡ κρίσις ὅτι... ἠγάπησαν, = ἡ δὲ κρίσις ἐστὶν τοῦτο ὅτι... — *Jac.*, I, 27 : θρησκεία καθαρὰ καὶ ἀμίαντος... αὕτη ἐστίν, ἐπισκέπτεσθαι ὀρφανούς, = θρησκεία... ἐστὶν τοῦτο, ἐπισκέπτεσθαι... — Cf. plus loin, 236 seqq.

Dans les LXX, *Néh.*, IV, 2 : αὕτη ἡ δύναμις Σομόρων ὅτι...; — Mais, *Gen.*, XL, 12 : εἶπεν αὐτῷ Ἰωσήφ Τοῦτο ἡ σύγκρισις αὐτοῦ· οἱ τρεῖς πυθμένες τρεῖς ἡμέραι εἰσίν..., et cf. v. 18 : αὕτη ἡ σύγκρισις αὐτοῦ...

Adjectif ou pronom attribut au neutre.

230. Classiquement, « le neutre d'un adjectif ou d'un pronom, au singulier comme au pluriel, s'emploie souvent substantivement... En conséquence, un adjectif neutre se construit souvent comme attribut d'un ou de plusieurs substantifs du masculin ou du féminin, pour exprimer la qualité en général, notamment dans les sentences et dans les locutions proverbiales. » (CURTIUS, 366; cf. CUCUEL et RIEMANN, 21; KOCH, 69, 4; MADVIG, 1, *b*. *Rem.*, 3).

a) Il existe dans le N. T. quelques exemples de l'adjectif neutre au singulier, *Mat.*, VI, 34 : ἀρκετὸν τῇ ἡμέρᾳ ἡ κακία αὐτῆς. — *2 Cor.*, II, 6 : ἱκανὸν τῷ τοιούτῳ ἡ ἐπιτιμία αὕτη. — *Mat.*, VI, 25 : οὐχὶ ἡ ψυχὴ πλεῖόν ἐστι τῆς τροφῆς (et cf. *L.*, XII, 23), tandis qu'on a, *A.*, XXIII, 13 : ἦσαν δὲ πλείους τεσσεράκοντα οἱ ταύτην τὴν συνωμοσίαν ποιησάμενοι (et cf. XXIII, 21; XXV, 6). Car

b) On emploie le neutre quand l'idée répond à *chose* en français, *chose juste*, etc.

Il en est de même avec ἕν, οὐδέν, etc., comme en grec classique, *J.*, X, 30 : ἐγὼ καὶ ὁ πατὴρ ἕν ἐσμεν. — *1 Cor.*, VII, 19 : ἡ περιτομὴ οὐδέν ἐστιν... — XI, 5; XIII, 2; *2 Cor.*, XII, 11; *Gal.*, VI, 3; etc.

Mais *Mat.*, XXIII, 16 (et 18) : ὃς ἂν ὀμόσῃ ἐν τῷ ναῷ, οὐδέν ἐστιν, = τοῦτο οὐδέν ἐστιν. Cf. plus loin, 305.

c) Dans les LXX, on trouve l'attribut au neutre, *Gen.*, I, 27 : ἐποίησεν ὁ θεὸς τὸν ἄνθρωπον, κατ' εἰκόνα θεοῦ ἐποίησεν αὐτόν· ἄρσεν καὶ θῆλυ ἐποίησεν αὐτούς. — *Tobie*, XII, 8 : ἀγαθὸν προσευχὴ μετὰ νηστείας. — *Prov.*, XX, 1 : ἀκόλαστον οἶνος καὶ ὑβριστικὸν μέθη. — *Eccl.*, VII, 26 (*v. l.*) : ἐρῶ πικρότερον ὑπὲρ θάνατον σὺν τὴν γυναῖκα[1], *je dirai que la femme est chose plus amère que la mort*. — VIII, 3; *Es.*, XVIII, 3.

Cf. *Eccl.*, VII, 9 : ἀγαθὴ ἐσχάτη λόγων ὑπὲρ ἀρχὴν αὐτοῦ· ἀγαθὸν μακρόθυμος ὑπὲρ ὑψηλὸν πνεῦμα, οὗ ἐσχάτη = τελευτή[2], *la fin d'un discours vaut mieux que son commencement.*

231. Classiquement, quand le sujet est un infinitif, « l'adjectif attribut se met quelquefois au pluriel (neutre), ἀδύνατά ἐστιν ἀποφεύγειν. » (CURTIUS, 364; KOCH, 69, 5).

a) Dans le N. T. on trouve le singulier, *Mat.*, XVII, 4; *H.*, VI, 18.

Dans les LXX, on trouve aussi le pluriel, *Job*, XXXIV, 20 : κενὰ δὲ αὐτοῖς ἀποβήσεται τὸ κεκραγέναι καὶ δεῖσθαι ἀνδρός.

b) Le neutre pluriel ἴσα s'emploie adverbialement, comme attribut, en grec classique, surtout en poésie. Il reste une trace de cet usage dans Paul, *Ph.*, II, 6 : οὐχ ἁρπαγμὸν ἡγήσατο τὸ εἶναι ἴσα θεῷ, tandis que ἴσα doit être considéré comme le pluriel ordinaire dans *Apoc.*, XXI, 16; avec l'exemple de Paul, cf. *J.*, V, 18.

Le pluriel existe aussi dans les LXX, *Job*, XXX, 19 : ἥγησαι δέ με ἴσα πηλῷ.

c) Les LXX offrent encore les pluriels ὅμηρα et ἐχόμενα.

Le premier est devenu un nom, qui s'emploie comme ἴσα, même avec un sujet singulier, *1 Mac.*, I, 10 : ὃς ἦν ὅμηρα ἐν τῇ Ῥώμῃ, et cf. IX, 53; XIII, 16; et XI, 62 : ἔλαβε τοὺς υἱοὺς ἀρχόντων αὐτῶν εἰς ὅμηρα. — Cet emploi de ὅμηρα est post-classique et biblique[3].

Le second s'emploie adverbialement comme ἴσα, *3 R.*, I, 9 : ὃς ἦν ἐχόμενα τῆς Ῥωγήλ. — XIII, 25 : ὁ λέων εἱστήκει ἐχόμενα τοῦ θνησιμαίου. — *Néh.*, II, 6 : ἡ παλλακὴ ἡ καθημένη ἐχόμενα αὐτοῦ, et cf. IV, 18. — L'accord existe au contraire dans *Ez.*, I, 15 : τροχὸς εἷς ἐπὶ τῆς γῆς ἐχόμενος τῶν ζώων, et cf. v. 19. — XLIII, 8 : ἐν τῷ τιθέναι αὐτούς... τὰς φλίας μου ἐχομένας τῶν φλιῶν αὐτῶν. — Cet emploi de ἐχόμενα est post-classique et sans doute populaire. Il n'existe pas dans le N. T.; cf. *Mar.*, I, 38; *H.*, VI, 9.

Sujet complexe collectif.

232. *a)* Avec un collectif indéfini, l'attribut peut être au pluriel dans les LXX, *1 Mac.*, VIII, 30 : ὃ ἐὰν προσθῶσιν ἢ ἀφέλωσιν ἔσται κύρια.

---

1. Σύν est le signe du complément direct devant l'accusatif γυναῖκα; cf. ce qui a été dit 203 et 206.
2. Ἐσχάτη pourrait bien être une sorte de neutre hébraïsant et cf. l'Appendice B. — λόγων, *les paroles* = *un discours*, d'où αὐτοῦ qui remplace λόγων.
3. Cf. C. L. W. GRIMM, *Kurzgefasstes exeget. Handbuch z. d. Apokryphen, Das erste Buch d. Macchabäer.* — Le *1er livre des Macchabées* aime l'attribut au pluriel neutre.

b) Classiquement, à un sujet collectif singulier « se rapporte assez souvent un attribut ou une apposition au pluriel ; l'accord se fait avec le sens du mot plutôt qu'avec le mot lui-même. » (Curtius, 362, 1). Dans le N. T., on trouve le pluriel (132, *a*) avec un collectif proprement dit, *J.*, VII, 49 : ὁ ὄχλος οὗτος, ὁ μὴ γινώσκων τὸν νόμον ἐπάρατοί εἰσιν, et cf. *Mar.*, V, 13 : ὥρμησεν ἡ ἀγέλη κατὰ τοῦ κρημνοῦ εἰς τὴν θάλασσαν, ὡς δισχίλιοι, καὶ ἐπνίγοντο ἐν τῇ θαλάσσῃ, = χοῖροι ὡς δισχίλιοι, et *A.*, III, 11 : συνέδραμεν πᾶς ὁ λαὸς ... ἔκθαμβοι.

Ce sont sans doute tous les exemples.

Avec un collectif improprement dit, on trouve l'accord régulier, comme *L.*, XI, 29 : ἡ γενεὰ αὕτη πονηρά ἐστιν.

Dans les LXX, *Nom.*, XVI, 3 : πᾶσα ἡ συναγωγὴ πάντες ἅγιοι. — *Jér.*, IX, 26 : καὶ πᾶς οἶκος Ἰσραὴλ ἀπερίτμητοι καρδίας αὐτῶν.

Voy. aussi l'accord du participe avec le sujet collectif, 131 ; 132 ; 136, *d, e.*

Sujet composé.

233. L'accord de l'attribut donne lieu à des remarques pour le nombre et pour le genre, suivant que l'attribut précède ou suit les sujets.

a) Quand il précède les sujets, il s'accorde en nombre et en genre avec le premier :

1 Th., V, 23 : ὁλόκληρον ὑμῶν τὸ πνεῦμα καὶ ἡ ψυχὴ καὶ τὸ σῶμα... τηρηθείη. — *Apoc.*, I, 3 : μακάριος ὁ ἀναγινώσκων καὶ οἱ ἀκούοντες τοὺς λόγους.

Mais dans les LXX, on peut avoir le pluriel, *Daniel* (LXX), II, 35 : τότε λεπτὰ ἐγένετο ἅμα ὁ σίδηρος καὶ τὸ ὄστρακον καὶ ὁ χαλκὸς... καὶ τὸ χρυσίον, καὶ ἐγένετο ὡσεὶ λεπτότερον ἀχύρου (= *et cela devint plus mince...*)
Conf. l'accord du participe, 141, *a.*

b) Quand l'attribut suit, on peut le trouver s'accordant avec l'un des deux regardé comme principal, ou avec le dernier seulement. On a :

H., III, 6 : ἐὰν τὴν παρρησίαν καὶ τὸ καύχημα τῆς ἐλπίδος [μέχρι τέλους βεβαίαν] κατάσχωμεν. Accord avec le premier sujet qui est principal.

Cf. l'accord du participe, 141, *b* ; et 147, *e*.

233bis. Dans les LXX, on trouve les accords suivants :

a) *3 R.*, VII, 19 ; *Ex.*, IX, 32 : ὁ δὲ πυρὸς καὶ ἡ ὀλύρα οὐκ ἐπλήγησαν, ὄψιμα γὰρ ἦν. — *Es.*, XLI, 21 : καὶ τὸ ἅγιον καὶ ὁ ναὸς ἀναπτυσσόμενος τετράγωνα. — Classique.

b) *Es.*, XXXV, 10 : τὰ δύο ἔθνη καὶ αἱ δύο χῶραι ἐμαὶ ἔσονται. — XLI, 20 : τὰ χερουβὶμ καὶ οἱ φοίνικες διαγεγλυμμένοι. — XLI, 22 : καὶ ἡ βάσις αὐτοῦ καὶ οἱ τοῖχοι αὐτοῦ ξύλινοι. — *Daniel*, II, 32.

Exemples en grec classique, quand on ne considère que le dernier sujet.

Mais dans les LXX la construction est plutôt hébraïsante : « L'adjectif (ou le participe) qui se rapporte à deux substantifs de genres différents préfère le masculin. » (PREISWERK, 556, 4).

c) *Josué*, VI, 19 ; *Es.*, XXIII, 18 : καὶ ἔσται αὐτῆς ἡ ἐμπορία καὶ ὁ μισθὸς ἅγιον κυρίῳ,... *seront chose consacrée au Seigneur*, comme plus haut, 230.

Accord de l'attribut avec le sujet de l'infinitif.

234. *a*) Quand le sujet de l'infinitif est le même que le sujet de la proposition principale, l'attribut s'accorde avec ce dernier :

1 Cor., VII, 25 : γνώμην δὲ δίδωμι ὡς ἠλεημένος ὑπὸ κυρίου πιστὸς εἶναι. — *2 Cor.*, X, 2.

Cf. dans les LXX, *Gen.*, XVII, 7 : καὶ στήσω τὴν διαθήκην μου... εἰς διαθήκην αἰώνιον, εἶναί σου θεός, *de manière à être ton Dieu*. — *1 Macc.*, II, 19 : εἰ πάντα τὰ ἔθνη τὰ ἐν οἴκῳ τῆς βασιλείας τοῦ βασιλέως ἀκούουσιν αὐτοῦ, ἀποστῆναι ἕκαστος ἀπὸ λατρείας πατέρων αὐτοῦ, *de manière à s'éloigner chacun du culte de ses ancêtres*, avec αὐτοῦ remplaçant ἕκαστος, et ἕκαστος se rapportant à τὰ ἔθνη, *les païens*.

b) Quand le sujet, différent de celui de la proposition principale, n'est pas employé comme complément dans celle-ci et n'est pas exprimé devant l'infinitif, son attribut est à l'accusatif, *A.*, XXVII, 21 : ἔδει μέν, ὦ ἄνδρες, πειθαρχήσαντάς μοι μὴ ἀνάγεσθαι.

c) Quand le sujet est employé comme complément dans la proposition principale et n'est pas exprimé devant l'infinitif, l'attribut est à l'accusatif, ou bien, par attraction, au cas de son antécédent, *Mat.*, XVIII, 8 : καλόν σοί ἐστιν εἰσελθεῖν εἰς τὴν ζωὴν κυλλὸν ἢ χωλόν. — *A.*, XVI, 21 : ἃ οὐκ ἔξεστιν ἡμῖν παραδέχεσθαι οὐδὲ ποιεῖν Ῥωμαίοις οὖσιν.

Cf. d'ailleurs ma *Syntaxe des propositions*, 252 et 253. — Pour tout ce qui concerne le participe, voy. plus haut 111-113 *bis* et plus loin 299.

d) Cf. dans les LXX, *1 Esd.*, IV, 4 : ἐὰν εἴπῃ (ὁ βασιλεὺς) αὐτοῖς ποιῆσαι πόλεμον ἕτερος πρὸς ἕτερον, ποιοῦσιν. — Cf. *Testam. XII Patr.* : ἔσται ἐν πάσῃ τῇ γῇ Αἰγύπτου σκότος καὶ πληγὴ μεγάλη σφόδρα τοῖς Αἰγυπτίοις, ὥστε μετὰ λύχνου μὴ ἐπιγινώσκειν ἕκαστος τὸν ἀδελφὸν αὐτοῦ. — Non classique.

235. *a*) L'attribut complémentaire s'accorde avec son antécédent, comme l'attribut ordinaire.

Cependant l'apposition peut être détachée ou simplement juxtaposée à son antécédent. Dans ce cas, l'accord cesse d'avoir lieu en tout ou en partie.

b) Une citation servant d'attribut complémentaire reste telle, c'est-à-dire invariable, *J:*, XIII, 13 : ὑμεῖς φωνεῖτέ με Ὁ διδάσκαλος.

c) L'attribut uni à son antécédent par ὡς, s'accorde régulièrement avec lui, comme il vient d'être dit; cf. *Apoc.*, XVIII, 21 : ἦρεν εἷς ἄγγελος ἰσχυρὸς λίθον ὡς μύλινον μέγαν, = *qui était comme une grosse meule de moulin.*

Cependant on peut trouver un attribut de ce genre détaché et construit d'une manière indépendante, comme *Apoc.*, XVI, 13 : καὶ εἶδον ἐκ τοῦ στόματος τοῦ δράκοντος... πνεύματα τρία ἀκάθαρτα ὡς βάτραχοι, = *qui étaient comme (sont) des grenouilles.*

Accord du sujet avec l'attribut; pronoms démonstratif et relatif.

236. Les pronoms démonstratif et relatif, sujets, au lieu d'être au neutre, peuvent s'accorder avec l'attribut. Le sujet et l'attribut sont alors regardés comme équivalents et comme pouvant permuter. Lorsqu'il en est autrement, cet accord ne peut avoir lieu. — Lorsqu'il y a accord, l'attention est appelée sur l'attribut annoncé déjà par le sujet; lorsque le pronom garde son genre neutre, l'attention reste sur lui, c'est-à-dire sur l'objet qu'il désigne.

237. Classiquement, « si le sujet d'une proposition est le pronom démonstratif, au lieu de se mettre au neutre, comme désignant quelque chose d'indéterminé, il s'accorde en genre et en nombre avec l'attribut auquel il se rapporte. » (Curtius, 369; Koch, 69, 9). Il en est souvent ainsi dans le N. T. :

Mat., XXII, 38 : αὕτη ἐστὶν ἡ μεγάλη... ἐντολή. — *Gal.*, IV, 24 : αὗται γάρ εἰσιν δύο διαθῆκαι, *car ce sont deux traités.* — *Apoc.*, XX, 4-5. — Cf. 229.

ACCORD DE L'ATTRIBUT. 191

De même nature est l'accord, 2 *Cor.*, VI, 13 : τὴν αὐτὴν ἀντιμισθίαν... πλατυνθῆτε καὶ ὑμεῖς, = πλατυνθῆτε καὶ ὑμεῖς τὸ αὐτό, τὴν ἀντιμισθίαν μου, = *vous aussi dilatez-vous la même chose que moi*, (*ce qui sera*) *ma récompense*.

Dans les LXX, *Ez.*, II, 1 : αὕτη ἡ ὅρασις ὁμοιώματος δόξης κυρίου.

237 bis. Un accord de ce genre (237) se retrouve fréquemment dans les paraboles quand il y a passage du signe, de genre neutre, à la chose signifiée, de genre masculin ou féminin, comme, *Mat.*, XIII, 38 : τὸ δὲ καλὸν σπέρμα, οὗτοί εἰσιν οἱ υἱοὶ τῆς βασιλείας. Le signe lui-même, sujet, peut s'accorder complètement avec la chose signifiée, attribut, comme *Mat.*, XIII, 20 : ὁ δὲ ἐπὶ τὰ πετρώδη σπαρείς, οὗτός ἐστιν ὁ τὸν λόγον ἀκούων. — Cf. *Mat.*, XIII, 4-8 et 19-23, avec *Mar.*, IV, 15-20 et *L.*, VIII, 12-15.

Cf. dans les LXX, *Dan.*, VIII, 21 : καὶ τὸ κέρας τὸ μέγα...; αὐτός ἐστιν ὁ βασιλεὺς ὁ πρῶτος, et 2 *R.*, XXIV, 17 : καὶ οὗτοι, τὰ πρόβατα, τί ἐποίησαν;

238. *a*) Mais classiquement, l'accord « ne se fait point quand le pronom démonstratif se rapporte à un objet que l'on veut définir; le pronom, en ce cas, se met au neutre. » (KOCH, 69, 9, *Rem.*, I et II). Cette construction se rencontre quelquefois dans le N. T., au moins dans Pierre et Paul :

1 P., II, 19 : τοῦτο γὰρ χάρις, εἰ διὰ συνείδησιν Θεοῦ ὑποφέρει τις λύπας πάσχων ἀδίκως. — *1 Cor.*, VI, 11 ; X, 6 : ταῦτα δὲ τύποι ἡμῶν ἐγενήθησαν. — Cf. *2 Cor.*, XIII, 9 : τοῦτο καὶ εὐχόμεθα, τὴν ὑμῶν κατάρτισιν. — *Ph.*, III, 7.

Dans les LXX, *Eccl.*, I, 17 : ἔγνων ἐγὼ ὅτι καὶ γε τοῦτό ἐστι προαίρεσις πνεύματος, et II, 15; XII, 13.

Quand on interroge, le pronom (auquel correspondrait τοῦτο dans la réponse) est aussi au neutre invariable (KOCH, *ibid.*). *J.*, XVIII, 38 : τί ἐστιν ἀλήθεια; — *H.*, II, 6, cité des LXX, *Ps.*, VIII, 5.

b) L'accord ne se fait pas non plus quand l'attribut et le sujet ne sont pas considérés comme équivalents, identiques, et ne peuvent permuter, *A.*, VIII, 10 : Οὗτός ἐστιν ἡ Δύναμις τοῦ Θεοῦ, *cet homme est...* — *2 P.*, II, 12-17 : ... οὗτοί εἰσιν πηγαὶ ἄνυδροι καὶ ὁμίχλαι. — *Apoc.*, XI, 3-4.

Dans les LXX, *Ex.*, VIII, 19 : δάκτυλος Θεοῦ ἐστὶ τοῦτο.

c) Classiquement, on emploie ταῦτ' ἔστιν invariable, avec le sens de *c'est-à-dire*. Il en est de même dans le N. T., mais rarement, une fois dans Mathieu (XXVII, 46), et une fois dans Marc, sans antécédent ni attribut nominal; une fois dans *1 P.*, III, 20; deux fois dans les *Actes* et deux fois dans Paul, *Phil.*, 12 et *H.*, II, 14.

Dans les LXX, on trouve, avec le même sens, une parenthèse avec accord du pronom, *Gen.*, XIV, 7 : ἦλθον ἐπὶ τὴν Πηγὴν τῆς Κρίσεως, αὕτη ἐστὶ Κάδης, = *c'est-à-dire Cadès.* — XIV, 8 ; *Jug.*, VII, 1 : ὤρθρισεν Ἱεροβάαλ, αὐτός ἐστι Γεδεών, *c'est-à-dire Gédéon*, et remarquez le pronom personnel. — Cf. *3 R.*, VI, 5 : ἐν μηνὶ Βαάλ, οὗτος ὁ μὴν ὁ ὄγδοος, συνετελέσθη ὁ οἶκος. — *1 Esd.*, IX, 23 ; *1 Mac.*, IV, 52. — C'est un hébraïsme (EWALD, 270, *a, sub fin.*).

239. Enfin, cet accord du pronom démonstratif peut se faire ou ne pas se faire, dans certains cas, au gré de l'écrivain, du moins dans les LXX.

Gen., XXVIII, 17 : ὡς φοβερὸς ὁ τόπος οὗτος· οὐκ ἔστι τοῦτο ἀλλ' ἢ οἶκος Θεοῦ καὶ αὕτη ἡ πύλη τοῦ οὐρανοῦ. — *Lév.*, XXV, 34 ; *Dan.*, IV, 21. — Cf. 229, *Gen.*, XL, 12 et 18.

240. De même (cf. 236), classiquement, « le pronom relatif s'accorde souvent en genre et en nombre, non avec le substantif antécédent, mais avec le suivant, c'est-à-dire avec l'attribut. » (CURTIUS, 367 ; KOCH, 69, 10). Il en est ainsi régulièrement quand le pronom est l'attribut réel (cf. 229), ou qu'il peut être remplacé par le pronom démonstratif qui s'accorderait :

a) Dans Luc et Paul, *A.*, XVI, 12 : εἰς Φιλίππους, ἥτις ἐστὶν πρώτη τῆς μερίδος Μακεδονίας πόλις. — *1 Cor.*, III, 17 : ὁ γὰρ ναὸς τοῦ Θεοῦ ἅγιός ἐστιν, οἵτινές ἐστε ὑμεῖς. — *Gal.*, III, 16 ; *Eph.*, III, 13 : αἰτοῦμαι μὴ ἐνκακεῖν ἐν ταῖς θλίψεσίν μου ὑπὲρ ὑμῶν, ἥτις (= αἵτινες) ἐστὶν δόξα ὑμῶν. — VI, 2 : τίμα τὸν πατέρα σου καὶ τὴν μητέρα, ἥτις ἐστὶν ἐντολὴ πρώτη. — VI, 17 ; *Ph.*, I, 28 ; *Col.*, II, 22 : τί ὡς ζῶντες ἐν κόσμῳ δογματίζεσθε Μὴ ἅψῃ... μηδὲ θίγῃς, ἅ ἐστιν πάντα εἰς φθοράν..., et cf. v. 23. — *1 Tim.*, III, 15.

Dans l'*Apocalypse*, on a : IV, 5 : ἑπτὰ λαμπάδες πυρὸς καιόμεναι ἐνώπιον τοῦ θρόνου, ἅ εἰσιν τὰ ἑπτὰ πνεύματα τοῦ Θεοῦ. — V, 9 : φιάλας... χρυσᾶς γεμούσας θυμιαμάτων, αἵ (*v. l.* ἅ) εἰσιν αἱ προσευχαὶ τῶν ἁγίων. — Mais non *Apoc.*, XXI, 8.

Cet accord s'emploie régulièrement quand le pronom est l'attribut réel, et que le sujet est un pronom personnel, comme, *1 Cor.*, III, 17 : οἵτινές ἐστε ὑμεῖς (= ὅ ἐστε ὑμεῖς).

Cf. *A.*, V, 17 : ὁ ἀρχιερεὺς καὶ πάντες οἱ σὺν αὐτῷ, ἡ οὖσα αἵρεσις τῶν Σαδδουκαίων, = οἵ εἰσιν αἵρεσις.

b) Cette manière d'employer le pronom relatif est rare dans le N. T. et presque tous les exemples se trouvent dans Paul ; on peut croire qu'elle était peu en usage dans la langue familière, et son caractère synthétique ne la recommandait pas aux écrivains bibliques.

c) Mais le pronom relatif reste régulièrement au neutre, quand son antécédent est un nom neutre, *Eph.*, I, 14 : τῷ πνεύματι... τῷ ἁγίῳ, ὅ (*v. l.* ὅς) ἐστιν ἀρραβών. — *Col.*, I, 24 : (σῶμα αὐτοῦ) ὅ ἐστιν ἡ ἐκκλησία, et cf. v. 27 : τοῦ μυστηρίου τούτου ἐν τοῖς ἔθνεσιν, ὅ (*v. l.* ὅς) ἐστιν Χριστὸς ἐν ὑμῖν.

241. Lorsque l'attribut est l'explication, la définition de ce qui vient d'être dit, le pronom relatif se met au neutre invariablement, quel que soit le genre de l'antécédent, et celui de l'attribut. Le pronom prend alors le sens du français *ce qui, chose qui, c'est-à-dire,* et le neutre s'explique de lui-même (cf. 238). Ainsi :

a) Pour expliquer un mot étranger, antécédent ou attribut : *Mat.*, XXVII, 33 : ἐλθόντες εἰς τόπον λεγόμενον Γολγοθά, ὅ ἐστιν Κρανίου Τόπος λεγόμενος, et cf. *Mar.*, XV, 22 : φέρουσιν αὐτὸν ἐπὶ τὸν Γολγοθᾶν τόπον, ὅ ἐστιν μεθερμηνευόμενος (WH. ; et Tisch. μεθερμηνευόμενον) Κρανίου Τόπος. — *Mar.*, III, 17 : ἐπέθηκεν αὐτοῖς ὄνομα Βοανηργές, ὅ ἐστιν Υἱοὶ Βροντῆς. — *Mat.*, I, 23 ; *Mar.*, V, 41 ; VII, 11, 34 ; XII, 42 ; λεπτὰ δύο, ὅ ἐστιν κοδράντης. — XV, 16, 22, 34, 42 ; *J.*, I, 39, 41, 42 ; IX, 7, etc. ; *A.*, IV, 36 ; *H.*, VII, 2.

b) Pour présenter l'idée sous un autre aspect, comme *Eph.*, V, 5 : πᾶς πόρνος ἢ ἀκάθαρτος ἢ πλεονέκτης, ὅ ἐστιν εἰδωλολάτρης, οὐκ ἔχει... *l'homme cupide,* = *ce qui est être idolâtre à sa manière.* — *Col.*, II, 10 porte maintenant ὅς.

c) Pour définir par une apposition épexégétique l'idée exprimée par un antécédent masculin ou féminin, *Mat.*, XII, 4 : πῶς... τοὺς ἄρτους τῆς προθέσεως ἔφαγον, ὃ οὐκ ἐξὸν ἦν αὐτῷ φαγεῖν, *chose que...,* et cf. *Mar.*, II, 26, et *L.*, VI, 4, qui donnent tous deux οὕς. — Variante de *Col.*, II, 17 : μὴ οὖν τις ὑμᾶς κρινέτω ἐν βρώσει καὶ ἐν πόσει ἢ ἐν μέρει ἑορτῆς ἢ νεομενίας ἢ σαββάτων, ἅ (*v. l.* ὅ) ἐστιν σκιὰ τῶν μελλόντων. Cf. *Col.*, II, 22, 23. — III, 14 : ἐπὶ πᾶσι δὲ τούτοις τὴν ἀγάπην, ὅ ἐστιν σύνδεσμος τῆς τελειότητος.

d) Pour définir l'idée exprimée dans la proposition qui précède, *Apoc.*, XXI, 8 : τοῖς δὲ δειλοῖς καὶ ἀπίστοις... καὶ πᾶσι τοῖς ψευδέσιν, τὸ μέρος αὐτῶν ἐν τῇ λίμνῃ τῇ καιομένῃ πυρὶ καὶ θείῳ, ὅ ἐστιν ὁ θάνατος ὁ δεύτερος, tandis que l'on a XX, 14-15 : οὗτος ὁ θάνατος... — Il en est de même de ὅ ἐστιν ἀληθές, *1 J.*, II, 8.

e) Ces emplois de ὅ ἐστιν sont classiques ; mais ils sont rares dans le N. T. sauf le premier. — Le pluriel ἅ de *Col.*, II, 17, 22, 23, est à remarquer.

Dans les LXX, *2 Esd.*, VI, 15 : ἕως ἡμέρας τρίτης μηνὸς Ἀδάρ, ὅ ἐστιν ἔτος ἕκτον τῆς βασιλείας Δαρείου, et cf. VII, 8 : ἤλθοσαν εἰς Ἰερουσαλὴμ τῷ μηνὶ τῷ πέμπτῳ, τοῦτο τὸ ἔτος ἕβδομον τῷ βασιλεῖ. — *Job*, VI, 16 : καθὼς ἡ χιὼν τακεῖσα θέρμης γενομένης, οὐκ ἐπεγνώσθη ὅπερ ἦν.

f) Cependant, au lieu du pronom neutre invariable, on peut trouver le pronom s'accordant avec l'attribut. Ainsi, tandis que l'on a, *Eph.*, V, 5 : πᾶς πόρνος ἢ ἀκάθαρτος ἢ πλεονέκτης, ὅ ἐστιν εἰδωλολάτρης, on lit *Col.*, III, 5 : νεκρώσατε... τὴν πλεονεξίαν, ἥτις ἐστὶν εἰδωλολατρία, = *qui est une espèce d'idolâtrie.*

Cf. dans les LXX, 4 R., IX, 27 : Γαί, ἥ ἐστιν Ἰεβλαάμ, = *c'est-à-dire Ieblaam*; et *Esther*, III, 13 : ἐν ἡμέρᾳ μιᾷ μηνὸς δωδεκάτου, ὅς ἐστιν Ἀδάρ. — Cf. EWALD, 297, *a*, *sub fin.*; et surtout voy. plus haut 238, c, exemples des LXX.

242. Comme le pronom démonstratif (238, *b*), le pronom relatif qui n'est pas l'équivalent de l'attribut, remplace le nom qui précède en s'accordant avec lui, et sert de sujet au verbe, *Eph.*, I, 23 : τῇ ἐκκλησίᾳ, ἥτις ἐστὶν τὸ σῶμα αὐτοῦ. — IV, 15 : εἰς αὐτὸν... ὅς ἐστιν ἡ κεφαλή, Χριστός. — *Col.*, II, 10 ; *Apoc.*, V, 6.

CHAPITRE XXV

Union du sujet et de l'attribut.

Expression et suppression du verbe copule.

243. Classiquement, « le plus souvent, l'attribut nominal est uni au sujet par le verbe *être* (verbe substantif) réellement exprimé... On appelle ce verbe *copule* quand il sert à cette union. » Le verbe *copule* s'emploie de même dans le grec biblique, mais avec des différences importantes.

244. Classiquement, « il arrive souvent que le verbe exprimant le rapport qui unit un attribut nominal au sujet n'a pas besoin d'être spécialement indiqué ; ainsi notamment : *a*) dans des sentences et des locutions proverbiales; *b*) dans des propositions où l'attribut est un des mots ἀνάγκη, θέμις, εἰκός, ἄξιον, καλόν, χαλεπόν, ἀδύνατον, ῥᾴδιον, οἷόν τε, δῆλον, καιρός, ὥρα et autres semblables, ou un adjectif verbal en τέος. Mais en règle générale cette ellipse n'a lieu que lorsqu'il s'agit de quelque chose de présent et que le verbe devrait être à l'indicatif présent... Il faut regarder comme des exceptions les exemples comme » ceux où l'on trouve supprimés l'imparfait et l'optatif (CURTIUS, 361, 5 ; KOCH, 69, 1.)

Dans le grec du N. T., et dans celui des LXX, l'ellipse de εἶναι est beaucoup plus fréquente qu'en grec classique (particulièrement dans l'*Apocalypse*, pour le N. T.)

245. Le verbe εἶναι se supprime non seulement lorsqu'il est simple copule, mais encore lorsqu'il marque l'existence ou qu'il fait fonction d'attribut (263).

Ainsi, lorsqu'il est employé :

a) Absolument (ou avec un adverbe), *1 Cor.*, XII, 16 : εἰ ὅλον τὸ σῶμα ὀφθαλμός, ποῦ ἡ ἀκοή ; — XV, 40 : καὶ σώματα ἐπουράνια καὶ σώματα ἐπίγεια, *il y a des corps...* — *Eph.*, IV, 4-6 ; *H.*, VIII, 1 ; X, 18 ; etc.

Avec un complément, *A.*, XIII, 11 : ἰδοὺ χεὶρ κυρίου ἐπὶ σέ. — *R.*, XI, 11 : τῷ αὐτῶν παραπτώματι ἡ σωτηρία τοῖς ἔθνεσιν. — *1 Cor.*, XV, 21 : ἐπειδὴ γὰρ δι' ἀνθρώπου θάνατος, καὶ δι' ἀνθρώπου ἀνάστασις νεκρῶν. — *Apoc.*, VI, 6 : χοῖνιξ σίτου δηναρίου (suppléez ἐστίν ou ἔσται, *vaut* ou *vaudra*). — *R.*, IV, 13 ; *1 Cor.*, IV, 20 ; VI, 13 ; *2 Cor.*, IV, 15 ; et souvent.

b) Il en est de même dans les LXX, encore plus fréquemment :
4 R., IV, 23 : καὶ εἶπε Τί ὅτι σὺ πορεύῃ πρὸς αὐτὸν σήμερον ; οὐ νεομηνία οὐδὲ σάββατον· ἡ δὲ εἶπεν Εἰρήνη. — *2 Esd.*, VI, 9 : καὶ ὃ ἂν ὑστέρημα, *tout ce dont il sera besoin.* — *Esther*, I, 7 : ποτήρια χρυσᾶ καὶ ἀργυρᾶ... οἶνος πολὺς καὶ ἡδύς, *il y avait des coupes d'or,... beaucoup de bon vin.* — *Job*, XI, 8 ; *Cant.*, II, 8 : φωνὴ ἀδελφιδοῦ μου, *c'est la voix...* — *Amos*, VI, 10 : καὶ ἐρεῖ Οὐκ ἔτι. — *Ez.*, I, 26 : ὁμοίωμα (ἦν). — VIII, 2 ; *Dan.*, II, 32 : εἰκὼν ἧς ἡ κεφαλὴ..., *c'était une statue dont la tête...*

2 Paral., XXIII, 13 : καὶ ἰδοὺ ὁ βασιλεὺς ἐπὶ τῆς στάσεως αὐτοῦ. — *Tobie*, XIII, 7 : ἡ ψυχή μου τῷ βασιλεῖ τοῦ οὐρανοῦ, *ma vie appartient...* — *Osée*, III, 3 : καὶ ἐγὼ ἐπὶ σοί. — *Es.*, XXXVIII, 10 (*v. l.*) : ἐγὼ εἶπα ἐν τῷ ὕψει τῶν ἡμερῶν μου Ἐν πύλαις ᾅδου (εἰμί ou ἔσομαι). — *Ez.* I, 18 ; XLI, 11 : καὶ ἡ θύρα ἡ μία πρὸς νότον. — *Lam.*, III, 1 : ἐν ῥάβδῳ θυμοῦ αὐτοῦ ἐπ' ἐμέ (ὄντι). — *Dan.*, VIII, 26 ; *1 Mac.*, IX, 14 : εἶδεν Ἰούδας ὅτι Βακχίδης καὶ τὸ στερέωμα τῆς παρεμβολῆς ἐν τοῖς δεξιοῖς.

Ez., XVII, 9 : καὶ οὐκ ἐν βραχίονι μεγάλῳ οὐδ' ἐν λαῷ πολλῷ τοῦ ἐκσπάσαι αὐτὴν ἐκ ῥιζῶν αὐτῆς ; la proposition infinitive sert de sujet logique, et il faut suppléer ἔσται, *sera possible, aura lieu.* Le sens : *et ne sera-t-il pas possible de la déraciner sans (y employer) beaucoup de forces ni beaucoup de gens ?*

246. Nous donnons maintenant le tableau des exemples où le verbe *copule* est supprimé, aux différents temps et modes.

Il faut se rappeler ce qui a été dit du pronom personnel ou démonstratif sujet (60 seqq.) : le pronom sujet exprimé tient lieu de verbe copule en hébreu ; il en est ainsi dans les LXX, très souvent, et parfois même dans le N. T. — Cf. 261, *b*.

Cette remarque s'applique à tous les temps et à toutes les personnes.

Présent de l'indicatif.

247. *a*) A la première personne, εἰμί et ἐσμέν se suppriment, mais peu souvent. Au singulier, le pronom ἐγώ est presque toujours exprimé et il est emphatique. Ainsi :

Mar., XII, 26 (et *A.*, VII, 32) : ἐγὼ ὁ θεὸς Ἀβραάμ (citation des LXX, *Ex.*, III, 6 ; les LXX ont suppléé εἰμί qui n'est pas dans l'hébreu, mais qui se trouve aussi dans *Matthieu*, XXII, 32). — *J.*, I, 23 : ἐγὼ φωνὴ βοῶντος ἐν τῇ ἐρήμῳ. — XIV, 10, 11, 20 ; XVII, 21 ; *A.*, XVIII, 6 : καθαρὸς ἐγώ (et cf. XX, 26). — *R.*, VII, 24 ; *2 Cor.*, XI, 6 : εἰ δὲ καὶ ἰδιώτης τῷ λόγῳ, ἀλλ' οὐ τῇ γνώσει (suppléez εἰμί). — *Apoc.*, XXII, 13.

A., X, 39 : καὶ ἡμεῖς μάρτυρες πάντων... — *R.*, VIII, 17 : ἐσμὲν τέκνα θεοῦ. εἰ δὲ τέκνα, καὶ κληρονόμοι· κληρονόμοι μὲν θεοῦ, συγκληρονόμοι δὲ Χριστοῦ. — *1 Cor.*, IV, 10 ; VIII, 6 ; *2 Cor.*, X, 7 ; XI, 6 : εἰ δὲ καὶ ἰδιώτης τῷ λόγῳ ἀλλ' οὐ τῇ γνώσει, ἀλλ' ἐν παντὶ φανερώσαντες ἐν πᾶσιν εἰς ὑμᾶς (suppléez ἐσμέν). — *Ph.*, III, 15 : ὅσοι οὖν τέλειοι, τοῦτο φρονῶμεν.

Il ne doit guère exister que ces exemples. La suppression du pronom personnel est extrêmement rare, et seulement lorsque le mouvement du raisonnement permet de le suppléer facilement.

Dans les LXX, *Gen.*, XV, 7 : ἐγὼ ὁ θεὸς ὁ ἐξαγαγών... — *Cant.*, II, 1 : ἐγὼ ἄνθος τοῦ πεδίου. — VII, 10 : ἐγὼ τῷ ἀδελφιδῷ μου. — *Es.*, XXXVIII, 10 (*v. l.*) : ἐγὼ εἶπα... Ἐν πύλαις ᾅδου, avec suppression du pronom. — *Baruch*, IV, 17.

Les LXX ont souvent réagi contre l'influence de l'hébreu, et exprimé le verbe copule, surtout au pluriel.

b) A la deuxième personne, εἶναι se supprime encore plus rarement qu'à la première :

L., I, 28 ; I, 42 ; *J.*, XVII, 21 : καθὼς σύ, πατήρ, ἐν ἐμοί... — XVII, 23 ; *H.*, V, 6 : σὺ ἱερεύς... (cité des LXX, *Ps.*, CIX, 4). — *Apoc.*, XV, 4 : τίς οὐ μή... δοξάσει τὸ ὄνομά σου, ὅτι μόνος ὅσιος ;

L., XII, 36 ; *J.*, XIV, 20 : γνώσεσθε ὅτι ἐγὼ ἐν τῷ πατρί μου καὶ ὑμεῖς ἐν ἐμοὶ κἀγὼ ἐν ὑμῖν. — *R.*, IX, 26 : οὐ λαός μου ὑμεῖς. — *1 Cor.*, III, 23 ; IV, 10 ; *1 Th.*, II, 10, 19 ; *1 P.*, II, 9, 10 (νῦν δέ (ἐστε) λαὸς θεοῦ) ; IV, 14 (cf. ma *Syntaxe des Propositions*, 194), et cf. *Mat.*, V, 11.

Il est extrêmement rare que le pronom sujet soit supprimé comme dans *Apoc.*, XV, 4 ; peut-être est-ce le seul exemple.
Dans les LXX, *Gen.*, IV, 11 : καὶ νῦν ἐπικατάρατος σὺ ἐπὶ τῆς γῆς. — *3 R.*, XIV, 2 : οὐ γνώσονται ὅτι σὺ γυνὴ Ἱεροβοάμ. — *4 R.*, IV, 16 ; *Ps.*, CIX, 4, cité plus haut ; *Osée*, I, 9 : διότι ὑμεῖς οὐ λαός μου. — *Baruch*, III, 3.
Le plus souvent, le verbe est exprimé comme pour la première personne.

248. La troisième personne du présent se supprime très fréquemment, surtout lorsqu'elle est une simple liaison. Nous citons seulement :
Mat., XX, 23 : ἀλλ' οἷς ἡτοίμασται ὑπὸ τοῦ πατρός μου. Suppléez : ἀλλὰ τὸ καθίσαι ἐκ δεξιῶν μου καὶ ἐξ εὐωνύμων ἐστὶν οἷς… — *Mar.*, I, 1 : ἀρχὴ τοῦ εὐαγγελίου…, et v. 3 : φωνὴ βοῶντος. — *L.*, XXII, 20 ; *A.*, XIII, 11 ; *R.*, IV, 9 : ὁ μακαρισμὸς οὖν οὗτος ἐπὶ τὴν περιτομὴν ἢ καὶ ἐπὶ τὴν ἀκροβυστίαν ; — IV, 16 : διὰ τοῦτο ἐκ πίστεως (suppléez ἐστίν). — V, 18 : ὡς δι' ἑνὸς παραπτώματος εἰς πάντας ἀνθρώπους εἰς κατάκριμα, οὕτως καὶ δι' ἑνὸς δικαιώματος εἰς πάντας ἀνθρώπους εἰς δικαίωσιν ζωῆς. Suppléez τοῦτό ἐστιν εἰς… — *2 Cor.*, IV, 6 (cf. 221) ; VIII, 12, εὐπρόσδεκτός (ἐστιν). — VIII, 23 : κοινωνὸς ἐμὸς (Τίτος ἐστίν). — *Ap.*, XIII, 9 : εἴ τις εἰς αἰχμαλωσίαν (ἐστίν), εἰς αἰχμαλωσίαν ὑπάγει. — XIX, 1 : ἡ σωτηρία… καὶ ἡ δύναμις τοῦ θεοῦ ἡμῶν (entendez ἐστὶν τοῦ θεοῦ).

Pour *1 J.*, III, 10, on peut répéter οὐκ ἔστιν ἐκ τοῦ θεοῦ après ὁ μὴ ἀγαπῶν ; mais ce dernier participe peut être considéré comme la seconde partie du sujet (143, *b*), avec καί = *ni non plus*.
Pour *1 Cor.*, I, 26 : βλέπετε γὰρ τὴν κλῆσιν ὑμῶν, ἀδελφοί, ὅτι οὐ πολλοὶ σοφοὶ κατὰ σάρκα, οὐ πολλοὶ δυνατοί, οὐ πολλοὶ εὐγενεῖς. Suppléez οὐ πολλοὶ ἐξ ὑμῶν σοφοί εἰσιν, ou, moins probablement, οὐ πολλοί ἐστε. Il nous paraît meilleur de suppléer εἰσίν que ἐκλήθησαν (ELLICOTT, *in loc.*; WINER-MOULTON, 64, *b*, 2, et cf. A. BUTTMANN, 129, 21). Pour *1 Cor.*, XII, 29 : μὴ πάντες δυνάμεις ; μὴ πάντες χαρίσματα ἔχουσιν ἰαμάτων ; on peut suppléer ἔχουσιν, verbe mental, avec δυνάμεις ; mais on pourrait aussi suppléer εἰσίν, d'après le principe général (5, *a*). — Pour *2 Cor.*, VIII, 23, suppléez εἰσίν avec ἀπόστολοι.
Dans les LXX, *Deut.*, XII, 23 : ὅτι αἷμα αὐτοῦ ψυχή. — *3 R.*, III, 22, 23. — *Ps.*, XXI, 2 : καὶ οὐκ εἰς ἄνοιαν ἐμοί, = καὶ τοῦτο οὐκ ἔστιν εἰς ἄνοιαν ἐμοί, *ce n'est pas une folie de ma part*. — *Eccl.*, III, 15 : καὶ ὅσα τοῦ γίνεσθαι, ἤδη γέγονε, = ὅσα ἐστὶν τοῦ γίνεσθαι, *tout ce qui doit arriver*. — *Zach.*, I, 9, et cf. IV, 4 ; VII, 7. — *Dan.*, VIII, 26. — Et perpétuellement dans les LXX.

a) Notons en particulier la suppression de ἐστίν et de ἦν, à la manière de l'hébreu, dans les descriptions de *l'Apocalypse*, I, 14-16 : ἡ δὲ κεφαλὴ αὐτοῦ καὶ αἱ τρίχες λευκαὶ ὡς ἔριον λευκόν, ὡς χιών, καὶ οἱ ὀφθαλμοὶ αὐτοῦ ὡς φλὸξ πυρός, καὶ οἱ πόδες αὐτοῦ ὅμοιοι χαλκολιβάνῳ, ὡς ἐν καμίνῳ πεπυρωμένης, καὶ ἡ φωνὴ αὐτοῦ ὡς... ὑδάτων πολλῶν, καὶ ἔχων ἐν τῇ δεξιᾷ χειρὶ αὐτοῦ ἀστέρας ἑπτά, καὶ ἐκ τοῦ στόματος αὐτοῦ ῥομφαία δίστομος ὀξεῖα ἐκπορευομένη, καὶ ἡ ὄψις αὐτοῦ ὡς ὁ ἥλιος... Il faut suppléer ἦν avec chaque détail de la description. — IV, 2-7; XXI, 12-14, 18-21, etc. — Cf. 261, *e*.

Dans les LXX, voy. *2 Paralip.*, XXIII, 13; *Cant.*, IV, 1 seqq.; *Ez.*, I, 4-8, 13, 22-23; *Daniel*, VII, 6-7-8; X, 5-6.

b) Notons, dans les LXX, la suppression du verbe copule dans les exclamations qui servent de formules de serment, d'attestation, comme *Ps.*, LXXXVIII, 38 : τὸ σπέρμα αὐτοῦ εἰς τὸν αἰῶνα μενεῖ... ὡς ἡ σελήνη κατηρτισμένη εἰς τὸν αἰῶνα. καὶ ὁ μάρτυς ἐν οὐρανῷ πιστός. — *Es.*, LI, 15 : ἐν γὰρ τῷ σώζεσθαί σε οὐ στήσεται οὐδὲ χρονιεῖ, ὅτι ἐγὼ ὁ θεός σου ὁ ταράσσων... — *2 Mac.*, II, 16-17 : καλῶς οὖν ποιήσετε ἄγειν τὰς ἡμέρας. ὁ δὲ θεὸς ὁ σώσας τὸν πάντα λαὸν αὐτοῦ, καὶ ἀποδοὺς τὴν κληρονομίαν..., *or Dieu est celui qui a sauvé...,* = *nous en prenons à témoin Dieu qui a sauvé...*

Cf. dans le N. T. *2 Cor.*, I, 18 : πιστὸς δὲ ὁ θεὸς ὅτι ὁ λόγος ἡμῶν... *Dieu est témoin que..., je prends Dieu à témoin que...* Puis, avec *2 Mac.*, II, 16-17, cf. *2 Cor.*, I, 20-21 : διὸ καὶ δι' αὐτοῦ τὸ Ἀμήν τῷ θεῷ πρὸς δόξαν δι' ἡμῶν. ὁ δὲ βεβαιῶν ἡμᾶς σὺν ὑμῖν εἰς Χριστὸν καὶ χρίσας ἡμᾶς Θεός, [ὁ] καὶ σφραγισάμενος ἡμᾶς... Ce dernier passage doit être regardé comme une formule exclamative de serment, suivant EWALD, 340, *c*, = *j'en prends à témoin celui qui nous fortifie... Dieu...*

249. Conformément à l'usage classique, ἐστίν se supprime régulièrement dans le N. T. quand l'idée demande à être exprimée avec vivacité et concision. — Cf. aussi 251.

Notons seulement :

a) Dans les sentences, *R.*, IV, 13; XI, 11; *1 Cor.*, VI, 12 : τὰ βρώματα τῇ κοιλίᾳ καὶ ἡ κοιλία τοῖς βρώμασιν.

b) Dans les affirmations vives, les exclamations, *Mat.*, VI, 23; XIII, 16 : ὑμῶν δὲ μακάριοι οἱ ὀφθαλμοὶ ὅτι... — *Mar.*, I, 27 : διδαχὴ καινή, *c'est une doctrine nouvelle!* — *A.*, XIX, 28 : ἔκραζον λέγοντες Μεγάλη ἡ Ἄρτεμις Ἐφεσίων. — *R.*, XI, 12 : πόσῳ μᾶλλον τὸ πλήρωμα αὐτῶν. — *2 Tim.*, II, 11. — Et particulièrement, quand il y a suppression du pronom démonstratif devant le pronom relatif, comme *R.*, IV, 8 : μακάριος ἀνὴρ οὗ οὐ μὴ λογίσηται Κύριος ἁμαρτίαν. — *Jac.*, I, 12.

c) Dans les formules doxologiques, *L.*, II, 14; XIX, 38; *Jude*, 24-25 : τῷ δὲ δυναμένῳ φυλάξαι ἡμᾶς... διὰ Ἰησοῦ Χριστοῦ τοῦ κυρίου ἡμῶν δόξα μεγαλωσύνη κράτος καὶ ἐξουσία πρὸ παντὸς τοῦ αἰῶνος καὶ νῦν καὶ εἰς πάντας τοὺς αἰῶνας. Et cf. *1 P.*, IV, 11, où le verbe est exprimé. — *R.*, XI, 36; XVI, 25-27 et cf. *Jude (l. cit.); Gal.*, I, 5; *Eph.*, III, 20-21; *Ph.*, IV, 20, etc.

d) Dans les formules interrogatives et les interrogations, *Mat.*, VIII, 29 : τί ἡμῖν καὶ σοί; — XXVII, 4 : τί πρὸς ἡμᾶς; — *Jac.*, III, 13; *1 P.*, III, 13 : καὶ τίς ὁ κακώσων ὑμᾶς; — *R.*, III, 3, 27; VI, 15; *1 Cor.*, V, 12.

e) Dans les propositions relatives, *R.*, IX, 3-4 : ὑπὲρ τῶν ἀδελφῶν μου τῶν συγγενῶν μου κατὰ σάρκα, οἵτινές εἰσιν Ἰσραηλεῖται, ὧν ἡ υἱοθεσία... καὶ αἱ ἐπαγγελίαι, ὧν οἱ πατέρες, καὶ ἐξ ὧν ὁ Χριστὸς τὸ κατὰ σάρκα.

f) Enfin : dans les formules toutes faites comme δῆλον ὅτι, μικρὸν ὅσον ὅσον, κεφάλαιον δέ, ἵνα τι, τί ὅτι, etc. — Et dans les locutions courantes énumérées plus haut (244), comme *Mat.*, XXIV, 24 : εἰ δυνατόν, et cf. XXVI, 39. — *A.*, XXVI, 14 : σκληρόν σοι πρὸς κέντρα λακτίζειν. — *R.*, XIII, 5 : διὸ ἀνάγκη ὑποτάσσεσθαι.

g) Il en est de même dans les LXX, puisque l'hébreu favorisait cette suppression; ainsi, *1 Paral.*, XVI, 27; *Ps.*, XLIV, 7; *Sag. Sal.*, XII, 16; XIII, 1; XVII, 1; *Sag. Sir.*, XIII, 6, 17; XX, 30; *Es.*, XII, 2; *2 Mac.*, XIV, 10.

Remarquons en particulier οὐκ = οὐκ ἐστίν, ἦν, ἔσται; *Amos*, VI, 10 : οὐκ ἔτι, = *il n'y a rien* ou *personne.* — *Zach.*, XIV, 7 : καὶ οὐχ ἡμέρα καὶ οὐ νύξ, = *il n'y aura ni jour ni nuit.*

Les constructions telles que *R.*, XIII, 5 (*f*) paraissent rares dans les LXX. Les constructions telles que *A.*, XXVI, 14 (*f*) n'y sont pas aussi fréquentes qu'on l'attendrait, du moins dans les livres traduits de l'hébreu. — L'influence de l'hébreu en est la cause, et cf. *Jug.*, XVIII, 19 avec *2 R.*, XVIII, 3.

Imparfait.

250. L'imparfait se supprime rarement aux première et deuxième personnes, souvent à la troisième, et particulièrement dans la locution ᾧ ὄνομα, ὄνομα αὐτῷ. Cette suppression de l'imparfait n'est pas classique, malgré les exemples qui se rencontrent exceptionnellement chez les classiques. — Ainsi :

a) *Apoc.*, XXII, 8 : κἀγὼ Ἰωάννης ὁ ἀκούων καὶ βλέπων ταῦτα. Suppléez ἦν, première personne. — *1 Cor.*, XII, 2 : suppléez ἦτε après ἀπαγόμενοι. — *1 P.*, II, 9-10 : ὑμεῖς δὲ γένος ἐκλεκτόν... οἵ ποτε οὐ λαὸς νῦν δὲ λαὸς Θεοῦ, οἱ οὐκ ἠλεημένοι νῦν δὲ ἐλεηθέντες, = οἵ ποτε οὐ λαὸς ἦτε νῦν δὲ λαὸς Θεοῦ ἐστέ.

b) *L.*, II, 25 : καὶ ἰδοὺ ἄνθρωπος ἦν ἐν Ἰερουσαλήμ, ᾧ ὄνομα Συμεών, καὶ ὁ ἄνθρωπος οὗτος δίκαιος καὶ εὐλαβής. — *J.*, I, 6 : ἐγένετο ἄνθρωπος ἀπεσταλμένος παρὰ Θεοῦ, ὄνομα αὐτῷ Ἰωάνης. — *A.*, IV, 5-6 : ἐγένετο δὲ ἐπὶ τὴν αὔριον συναχθῆναι αὐτῶν τοὺς ἄρχοντας καὶ τοὺς πρεσβυτέρους καὶ τοὺς γραμματεῖς ἐν Ἰερουσαλήμ (καὶ Ἄννας ὁ ἀρχιερεὺς καὶ Καιάφας καὶ Ἰωάνης καὶ Ἀλέξανδρος καὶ ὅσοι ἦσαν ἐκ γένους ἀρχιερατικοῦ), καὶ στήσαντες αὐτοὺς... Suppléez ἦσαν avec la parenthèse, *c'étaient Hanne...* — *Apoc.*, I, 4; IV, 1 : μετὰ ταῦτα εἶδον, καὶ ἰδοὺ θύρα ἠνεῳγμένη ἐν τῷ οὐρανῷ (= ἰδοὺ ἦν θύρα.) — XII, 7 : καὶ ἐγένετο πόλεμος ἐν τῷ οὐρανῷ, ὁ Μιχαὴλ καὶ οἱ ἄγγελοι αὐτοῦ τοῦ πολεμῆσαι μετὰ τοῦ δράκοντος, = ὁ Μιχαὴλ καὶ οἱ ἄγγελοι αὐτοῦ (ἦσαν) τοῦ... — XIV, 2 (ἦν ὡς...) — Cf. aussi 248, *a*.

Il en est de même dans les LXX, *1 Par.*, IX, 9 : καὶ ἀδελφοὶ αὐτῶν... ἐννακόσιοι πεντηκονταέξ. — IX, 13, 22, 23 (et cf. 26, 30 où le verbe est exprimé). — *Cant.*, I, 12[1].

c) Le pronom sujet αὐτός peut être exprimé, comme ἐγώ et σύ; ainsi *Jug.*, XIII, 16 : οὐκ ἔγνω Μανωὲ ὅτι ἄγγελος κυρίου αὐτός, et cf. avec ἐστίν, *Job*, XLI, 25 : αὐτὸς δὲ βασιλεὺς πάντων τῶν ἐν τοῖς ὕδασιν. Au lieu de αὐτός, on trouve aussi οὗτος, *Gen.*, XV, 2. Αὐτός et οὗτος tiennent lieu du verbe copule comme il a été dit, 60.

251. Après ἰδού et ἴδε, tous les écrivains du N. T., sauf Luc, suppriment εἶναι à la troisième personne, au présent de l'indicatif et de l'imparfait, *Mat.*, III, 17 : ἰδοὺ φωνὴ ἐκ τῶν οὐρανῶν. — *Mar.*, XIII, 21 : ἴδε ὧδε ὁ Χριστός. — *L.*, XIII, 11. Etc.

Cependant, le verbe est exprimé dans *Mat.*, XXIV, 26 (et cf. *Mar.*, XIII, 21; *L.*, XVII, 21 et 23); et, à la première personne, *Apoc.*, I, 18 : καὶ ἰδοὺ ζῶν εἰμί.

Luc présente cette particularité d'exprimer assez souvent le verbe, *L.*, XVII, 21 : Ἰδοὺ ὧδε, ἢ Ἐκεῖ· ἰδοὺ γὰρ ἡ βασιλεία Θεοῦ ἐντὸς ὑμῶν ἐστίν. — II, 25; VII, 25; XI, 41, etc.; *A.*, II, 7; V, 25; XVI, 1.

Dans les LXX, le verbe se supprime régulièrement, *1 R.*, III, 4 : καὶ εἶπεν Ἰδοὺ ἐγώ. — *3 R.*, XIX, 11 (*v. l.*) : ἰδοὺ πνεῦμα μέγα κραταιόν. — *Jér.*, XXVIII, 25. — Cf. 261, *d*.

Futur.

252. Le futur de εἶναι est parfois supprimé, à la troisième personne seulement, semble-t-il; cette suppression n'est pas classique.

L., XIV, 15 : μακάριος ὅστις φάγεται... On peut suppléer ἔσται; mais le présent ἐστίν est plus conforme à la rhétorique du N. T. (*Mat.*, V, 11, etc). — XXII, 25-26 : οἱ βασιλεῖς τῶν ἐθνῶν κυριεύουσιν

---

1. *2 Paral.*, XXIII, 13, il faut sans doute suppléer ἦσαν devant l'attribut ᾠδοί, et ἦσαν devant l'attribut ὑμνοῦντες αἶνον. — Pour *1 Paral.*, IX, 1 : πᾶς Ἰσραὴλ est l'attribut, devant lequel il faut suppléer ἦν, *était, = comprenait, s'étendait à.*

αὐτῶν, καὶ οἱ ἐξουσιάζοντες αὐτῶν εὐεργέται καλοῦνται· ὑμεῖς δὲ οὐχ οὕτως. On peut suppléer ποιήσετε, et même ἔσεσθε. Mais il est mieux encore de suppléer ἔσται (ou ἐστίν; cf. *Mat.*, XX, 26 et *Mar.*, X, 43) et d'entendre : ὑμεῖς δέ, οὐχ οὕτως ἔσται, comme dans les LXX, *Gen.*, XVII, 7 : καὶ ἐγώ, ἰδοὺ ἡ διαθηκή μου μετὰ σοῦ[1]. — *J.*, XXI, 21; *R.*, II, 8-9; 13 : δίκαιοι (ἔσονται), = δικαιωθήσονται, qui suit. — *Gal.*, VI, 16, εἰρήνη (ἔσται). — *Jac.*, IV, 14, ποία (ἔσται).

Dans les LXX, *Job*, VII, 4 : ἐὰν κοιμηθῶ, λέγω Πότε ἡμέρα; ὡς δ' ἂν ἀναστῶ, πάλιν Πότε ἑσπέρα; — *Dan.*, XII, 6, 12.

Impératif.

253. *a*) L'impératif est souvent supprimé, surtout à la troisième personne, avec les participes, dans les propositions impératives. Ainsi, *Mat.*, XXVII, 19 : μηδὲν σοὶ καὶ τῷ δικαίῳ ἐκείνῳ. — XXVII, 25 : τὸ αἷμα ἐφ' ἡμᾶς καὶ ἐπὶ τὰ τέκνα ἡμῶν (suppléez ἔστω). — *L.*, I, 28 : ὁ κύριός ἐστιν, et non ἔστω[2]; *A.*, XVIII, 6; *1 P.*, II, 18 : οἱ οἰκέται ὑποτασσόμενοι (ἔστωσαν), et de même III, 1, 7; III, 8, avec πάντες ὁμόφρονες, συμπαθεῖς... ὅτι εἰς τοῦτο ἐκλήθητε, on peut suppléer ἔστε, ou bien ἔστωσαν, comme avec les participes. — *R.*, XII, 9-14, 16, suppléez ἔστω et ἔστε; *2 Cor.*, I, 2; VIII, 16 (ἔστω); *Col.*, III, 16 (ἔστε) διδάσκοντες... — *H.*, XIII, 4-5 : (ἔστω) τίμιος... ἀμίαντος... ἀφιλάργυρος, et (ἔστε) ἀρκούμενοι τοῖς παροῦσιν.

Dans les LXX, *Gen.*, IX, 25-26 : ἐπικατάρατος Χαναάν... Εὐλογημένος ὁ θεὸς τοῦ Σήμ (et cf. *2 Paral.*, IX, 8 : ἔστω κύριος ὁ θεός σου εὐλογημένος). — *2 R.*, I, 16; *1 Paral.*, XXI, 3 : οἱ ὀφθαλμοὶ (ἔστωσαν) βλέποντες, et cf. 255.

b) Dans certaines propositions impératives, on pourrait suppléer indifféremment le futur ou l'impératif, comme *L.*, XXII, 25-26 (252); *A.*, XVIII, 6 : τὸ αἷμα ὑμῶν ἐπὶ τὴν κεφαλὴν ὑμῶν, et cf. LXX, *2 R.*, I, 16 : τὸ αἷμά σου ἐπὶ τὴν κεφαλήν σου, et *Ez.*, XVIII, 13 : τὸ αἷμα αὐτοῦ ἐπ' αὐτὸν ἔσται. — Cf. ma *Syntaxe des propositions*, 75.

La suppression de l'impératif n'est pas classique, quoique le grec classique puisse en offrir exceptionnellement des exemples.

Subjonctif.

254. Le subjonctif est supprimé quelquefois, *R.*, IV, 16 : διὰ τοῦτο ἐκ πίστεως, ἵνα κατὰ χάριν, εἰς τὸ εἶναι βεβαίαν... Entendez : ἐκ

---

1. Pour des constructions de ce genre, cf. 8-9; 47, *a* et *b*; 54-55.
2. Cf. ma *Syntaxe des propositions*, 88, *b*.

πίστεώς εἰσιν ἵνα ὦσι κατὰ χάριν. — *2 Cor.*, VIII, 11 : τὸ ποιῆσαι ἐπιτελέσατε ὅπως καθάπερ ἡ προθυμία τοῦ θέλειν οὕτως καὶ τὸ ἐπιτελέσαι ἐκ τοῦ ἔχειν. Entendez : ὅπως τὸ ἐπιτελέσαι ᾖ ἐκ τοῦ ἔχειν. — VIII, 13 : οὐ γὰρ ἵνα ἄλλοις ἄνεσις, ὑμῖν θλίψις. Suppléez ᾖ. — XII, 20 : φοβοῦμαι γὰρ μήπως... εὑρεθῶ ὑμῖν οἷον οὐ θέλετε, μή πως ἔρις, ζῆλος, θύμοι... ἀκαταστασίαι, = μήπως ᾖ (peut-être εὑρεθῇ) ἔρις κτλ. — *H.*, XII, 15-16 : μή τις (ᾖ) πόρνος ἢ βέβηλος...

La suppression du subjonctif n'est pas classique.

Elle se rencontre dans les LXX, 2 *Esd.*, VI, 9 : καὶ ὃ ἂν ὑστέρημα... ἔστω διδόμενον.

Optatif.

255. Il ne faut pas suppléer l'optatif, qui tend à être abandonné dans le grec du N. T., mais l'impératif; ainsi *J.*, XX, 19 : εἰρήνη ὑμῖν (ἔστω); *R.*, I, 7; XV, 33, etc. — Voy. ma *Syntaxe des propositions*, 71-88.

Pour *Mat.*, XVI, 22, ἵλεώς σοι est une locution toute faite, dont le verbe εἴη (mais peut-être aussi ἔστω) est tombé. — Pour *1 P.*, III, 14 : εἰ καὶ πάσχοιτε διὰ δικαιοσύνην, μακάριοι (et III, 17), on pourrait suppléer l'optatif avec ἄν; mais le génie de la langue du N. T. demande le présent de l'indicatif. Voy. ma *Syntaxe des propositions*, 194.

De même dans les LXX, du moins ordinairement, il faut suppléer l'impératif plutôt que l'optatif.

Parfois cependant, on pourrait suppléer l'optatif aussi bien que l'impératif comme *1 Paral.*, XXI, 3 (cf. 253) : προσθείη Κύριος ἐπὶ τὸν λαὸν αὐτοῦ ὡς αὐτοὶ ἑκατονταπλασίως, καὶ οἱ ὀφθαλμοὶ κυρίου μου τοῦ βασιλέως βλέποντες. On aura οἱ ὀφθαλμοὶ εἶεν ou ἔστωσαν, et d'ailleurs l'impératif de souhait se mélange parfaitement avec l'optatif.

Infinitif.

256. *Mar.*, I, 45 : ὁ δὲ ἐξελθὼν ἤρξατο κηρύσσειν πολλά... ὥστε μηκέτι αὐτὸν δύνασθαι φανερῶς εἰς πόλιν εἰσελθεῖν, ἀλλὰ ἔξω ἐπ' ἐρήμοις τόποις [ἦν]. Si on rejette ἦν, on peut suppléer εἶναι. — VI, 8 : παρήγγειλεν αὐτοῖς ἵνα μηδὲν αἴρωσιν εἰς ὁδόν..., ἀλλὰ ὑποδεδεμένους σανδάλια, καὶ μὴ ἐνδύσασθαι δύο χιτῶνας. La proposition finale se change brusquement en proposition infinitive, parce que παρήγγειλεν peut être suivi des deux avec le même sens. Il faut entendre ὑποδεδεμένους εἶναι (mieux que ἀπέρχεσθαι, 259). — *J.*, IV, 23 : καὶ γὰρ ὁ πατὴρ τοιούτους ζητεῖ τοὺς προσκυνοῦντας αὐτόν. On peut entendre τοιούτους ζητεῖ εἶναι τοὺς προσκυνοῦντας αὐτόν. Mais ces derniers mots sont en réalité un attribut de τοιούτους; voy. 272.

— *Jac.*, I, 2 : πᾶσαν χαρὰν ἡγήσασθε (τοῦτο εἶναι) ὅταν... — *Eph.*, I, 17-18 ; on peut entendre πεφωτισμένους (εἶναι), infinitif final ; mais il est plus simple de regarder le participe comme une apposition semi-indépendante de ὑμῖν ; cf. 112, *b*. — Cf. aussi 226, *e*.

Dans les LXX, *1 Paral.*, XXI, 12 : ἔκλεξαι σεαυτῷ... ἢ τρεῖς μῆνας φεύγειν σε ἐκ προσώπου ἐχθρῶν σου.... ἢ τρεῖς ἡμέρας ῥομφαίαν Κυρίου καὶ θάνατον ἐν τῇ γῇ, suppléez εἶναι.

Participe.

257. Le participe est assez souvent supprimé, comme en grec classique, *Mar.*, VI, 20 : εἰδὼς αὐτὸν ἄνδρα δίκαιον, = δίκαιον ὄντα. — *1 P.*, IV, 9 : φιλόξενοι εἰς ἀλλήλους, suppléez ὄντες, comme l'indiquent les participes qui précèdent et suivent. — *2 Cor.*, XII, 6 : μή τις εἰς ἐμὲ λογίσηται ὑπὲρ ὃ βλέπει με, = ὑπὲρ τοῦτο ὃ βλέπει με ὄντα. — *Ph.*, I, 30 : οἷον εἴδετε ἐν ἐμοὶ καὶ νῦν ἀκούετε ἐν ἐμοὶ (ὄντα). — Cf. aussi 226, *e*.

a) Τυγχάνειν, *se trouver dans tel ou tel état*, ne se trouve pas dans le N. T. Il est remplacé par εὑρίσκεσθαι, verbe employé dans ce sens par la langue populaire.
On ne trouve pas le participe ὤν avec εὑρίσκεσθαι employé dans ce sens, quoiqu'on ait par exemple *R.*, VII, 10 : εὑρέθη μοι ἡ ἐντολὴ ἡ εἰς ζωὴν αὕτη εἰς θάνατον. — *1 Cor.*, IV, 2 : ζητεῖται ἐν τοῖς οἰκονόμοις ἵνα πιστός τις εὑρεθῇ. — XV, 15 ; et passim.
A l'actif, εὑρίσκω, *je trouve dans tel ou tel lieu, dans tel ou tel état*, prend son complément sans ὤν, οὖσα, ὄν. On a seulement *A.*, IX, 2 : ἐάν τινας εὕρῃ τῆς ὁδοῦ ὄντας.
b) Dans les LXX, *Gen.*, IX, 20 : καὶ ἤρξατο Νῶε ἄνθρωπος γεωργὸς γῆς. Suppléez ὤν pour *gréciser* la construction, quoiqu'en réalité on ait ἤρξατο = *commença d'être, devint*, d'après 262, *a*, et 269. — *Néh.*, XIII, 28 καὶ ἀπὸ υἱῶν Ἰωαδά, τοῦ Ἐλισοὺβ τοῦ ἱερέως τοῦ μεγάλου, νυμφίου τοῦ Σαναβαλλὰτ τοῦ Οὐρανίτου, καὶ ἐξέβρασα αὐτόν. Entendez : καὶ τινος ἀπὸ υἱῶν Ἰωαδά... νυμφίου ὄντος τοῦ Σαναβαλλάτ, et ce génitif absolu est repris par αὐτόν. — *Cant.*, II, 14 : καὶ ἐλθέ, σὺ περιστερά μου, ἐν σκέπῃ τῆς πέτρας ἐχομένα τοῦ προτειχίσματος, = οὖσα ἐν σκέπῃ, et ἐχόμενα = *près de, attenant à* (231, *o*).
Cf. ma *Syntaxe des propositions*, 325.

258. Dans certains passages, le sens demanderait l'aoriste ; on peut suppléer le présent oratoire ἐστίν, ou l'imparfait ἦν avec le sens de l'aoriste (*Mat.*, XXV, 21, et cf. *L.*, XIX 17 ; *R.*, IV, 13 et cf. I, 18 ; etc).

259. Dans certains passages, le contexte admettrait un autre verbe que εἶναι. Mais si le choix de ce verbe est laborieux ou trop recherché, il vaut mieux, conformément au génie de la langue du N. T. (et des LXX), suppléer εἶναι qui peut s'accommoder d'attributs et de compléments de toute nature. Ainsi *R.*, IV, 9 (cf. *Mat.*, XXVII, 25, et *A.*, XVIII, 6); V, 16-18, ἐστὶν εἰς κατάκριμα (et cf. *Mat.*, XXVI, 8, et *A.*, VIII, 20); *1 Cor.*, I, 26; *2 Cor.*, VIII, 13 : τὸ ὑμῶν περίσσευμά ἐστιν εἰς τὸ...

Mais pour *A.*, X, 13-16, entendez φωνὴ πάλιν ἐγένετο. — Pour *H.*, VII, 21, suppléez γεγονώς.
Pour *Mat.*, XXVI, 5, on peut aussi suppléer τοῦτο γινέσθω.

260. La suppression de εἶναι est bien plus fréquente et plus étendue dans le grec biblique que dans le grec classique[1].

Elle constitue une particularité caractéristique du grec biblique et devait être en usage dans le grec familier.

Cette suppression rend la langue vive et concise. Le mouvement de la pensée a amené parfois cette suppression. Mais elle est due aussi, souvent, à l'influence de l'hébreu.

261. *a*) En hébreu, « le substantif ou l'adjectif (y compris le participe), qui sert d'attribut, se joint au sujet sans aucune liaison verbale; pour la traduction, il nous faut suppléer le verbe de liaison *être*. » (PREISWERK, 457, A). « L'union de ces deux éléments (sujet et attribut) forme dans les langues sémitiques, comme en toute langue primitive, une proposition complète. Un signe extérieur qui indique leur union..., en d'autres termes, une *copule* est absolument inutile..., et en hébreu, il est très rare que l'on emploie un mot spécial pour cet usage[2]. » (EWALD, 297, *a*). Les exemples abondent dans les LXX.

---

1. Quoiqu'il en existe un certain nombre d'exemples. — Ainsi :
1º L'ellipse de εἰμί est fréquente classiquement avec ἕτοιμος, tandis qu'il n'existe dans le N. T. qu'un seul exemple avec cet adjectif (*Mat.*, XXII, 4), sur onze passages. L'usage des LXX est flottant ; mais ils expriment souvent le verbe.
2º A l'indicatif présent, signalons la suppression de : εἰμί Soph. *A. R.*, 92; *Ajax*, 813; Platon *Euthyd.*, p. 301; et Esch. *Prom.*, 474; ἐσμέν, *Antig.*, 634; Xénop. *Anab.*, I, 3, 9; εἰσί, *A. R.*, 499.
3º Puis, signalons la suppression de ἦ, *Iliade*, XIV, 376; Eurip. *Hipp.*, 659; *Antiph.*, 133, 14.
Mais ce ne sont là que des exceptions, qui se présentent surtout chez les poètes et qui sont rares en prose classique.
Il est clair que ἐστί est souvent supprimé en grec classique, par exemple, dans les locutions dont il a été question plus haut (244).
2. En hébreu, le verbe correspondant à εἶναι ne s'emploie régulièrement que pour exprimer l'idée de *devenir*, et celle d'*exister*, pour les temps passé et futur et pour l'impératif (= un futur, ἔστιν et ἔσται), et cf. *Job*, I, 1 : ἄνθρωπός τις ἦν ἐν τῇ χώρᾳ.

b) Mais dans ce cas, lorsque le sujet est un pronom, il est exprimé en hébreu, comme il l'est aussi dans les LXX par imitation de l'hébreu. A la troisième personne, les LXX ont αὐτός et οὗτος. Ainsi, *Gen.*, XV, 2 : ὁ δὲ υἱὸς Μασὲκ τῆς οἰκογενοῦς μου, οὗτος Δαμασκὸς Ἐλιέζερ. — *Jug.*, XIII, 16 : οὐκ ἔγνω Μανωὲ ὅτι ἄγγελος κυρίου αὐτός. — *2 R.*, XVII, 2; XX, 18; *2 Esd.*, VII, 6 : αὐτὸς Ἐσδρὰς ἀνέβη ἐκ Βαβυλῶνος, καὶ αὐτὸς γραμματεὺς ταχὺς ἐν νόμῳ Μωυσῆ. — *Tobie*, XIII, 4; *Job*, XLI, 25 : πᾶν ὑψηλὸν ὁρᾷ, αὐτὸς δὲ βασιλεὺς πάντων τῶν ἐν τοῖς ὕδασιν. — Cf. 60.

L'idée du verbe copule s'était si bien soudée au pronom sujet exprimé qu'on trouve çà et là, dans les LXX, des constructions où ἐγώ εἰμι n'a pas plus de valeur que ἐγώ; ainsi, *Jug.*, V, 3 : ἐγώ εἰμι τῷ κυρίῳ, ἐγώ εἰμι ᾄσομαι. — *Ruth*, IV, 4; *2 R.*, XI, 5; *3 R.*, II, 2; *4 R.*, IV, 13; *Job*, XXXIII, 31 ; etc.

Par contre, lorsque le sujet est un nom, on peut trouver le pronom uni au verbe copule, en plus du nom (en hébreu, il y a le nom, et le pronom qui tient lieu de copule); ainsi *1 R.*, XVII, 14 : καὶ Δαυὶδ αὐτός ἐστιν ὁ νεώτερος. — *Gen.*, XXXVI, 8 : Ἡσαῦ αὐτός ἐστιν Ἐδώμ. — Cf. 54, *b*.

c) En conséquence, le pronom sujet, exprimé quand le verbe copule est supprimé, ne doit pas toujours être regardé comme emphatique. Voy. plus haut 62.

Cependant la valeur du pronom ne doit pas être complètement annihilée.

En hébreu et dans le grec biblique, particulièrement dans les LXX, le sujet et l'attribut se juxtaposent régulièrement sans verbe *copule*. On trouve souvent alors le pronom personnel de la troisième personne, regardé comme tenant lieu de copule.

Distinguons deux cas : le pronom *suit* l'attribut; le pronom est intercalé entre le sujet et l'attribut.

Exemple du premier cas, *Nom.*, XIII, 4 : πάντες ἄνδρες ἀρχηγοὶ υἱῶν Ἰσραὴλ οὗτοι, = *ils étaient tous chefs des Israélites, ceux-là*.

Le pronom ne tient pas vraiment lieu de copule, puisque le sujet et l'attribut se trouvent juxtaposés et la proposition complète avant que le pronom soit exprimé. Le pronom sert à la facilité et à la clarté de la phrase en rappelant le sujet (par cette construction familière).

Exemples du second cas, *Deut.*, IV, 35 : ὥστε εἰδῆσαί σε ὅτι Κύριος ὁ θεός σου, οὗτος θεός ἐστιν, καὶ οὐκ ἔστιν ἔτι πλὴν αὐτοῦ. — *3 R.*, XVIII, 39 : ἀληθῶς κύριος ὁ θεὸς αὐτὸς ὁ θεός.

Le pronom reprend et par là renforce le sujet; il indique en même temps quel mot est le sujet, et il le met en relief. Il ne remplace donc pas à proprement parler la copule; mais il fait du moins sentir clairement qu'il faut la suppléer.

D'après DRIVER, *ouvr. cit.*, *Appendix V*, n. 198 seqq.

d) La règle dans le grec du N. T., sauf pour *Luc* (151), et dans celui des LXX est de supprimer la copule après ἰδού, ἴδε. Cette habitude est hébraïsante. En hébreu, « l'on emploie aussi, pour exprimer l'idée du verbe copulatif », la particule correspondant à ἰδού. Elle « sert souvent à remplacer le verbe *être*, tout en gardant d'ailleurs sa signification de *voici.* » (Preiswerk, 458, *b*, 3 ; cf. Ewald, 299, *a*). Ainsi dans les LXX, *Gen.*, XVIII, 9 : Ποῦ Σάρρα ἡ γυνή σου... Ἰδοὺ ἐν τῇ σκηνῇ. — *1 R.*, XIX, 22 ; *4 R.*, VI, 33 ; etc.

e) L'habitude de supprimer ἐστί et ἦν dans les descriptions (248, *a*) est hébraïsante. En hébreu, « le sujet est placé le premier, seul, pour être ensuite décrit, et dépeint tel qu'il est ; la phrase entière nous offre la peinture harmonieuse et tranquille de quelque chose de durable ou de continu... Cette manière de présenter la pensée est de la plus haute importance... Dans ce cas, le verbe est le plus souvent au participe, parce que l'écrivain considère alors l'acte comme ayant lieu au moment même et se continuant. » (Ewald, 306, *c*). Ainsi, *Ex.*, XII, 11 : οὕτω δὲ φάγεσθε αὐτό· αἱ ὀσφύες ὑμῶν περιεζωσμέναι, καὶ τὰ ὑποδήματα ἐν τοῖς ποσὶν ὑμῶν, καὶ αἱ βακτηρίαι ἐν ταῖς χερσίν· καὶ ἔδεσθε αὐτὸ μετὰ σπουδῆς. — *Néh.*, XIII, 4 ; *Job*, XII, 16-24 ; mais *Jér.*, VII, 17-18, les verbes ont été mis à l'indicatif présent de description. — Avec ἰδού, *2 Paralip.*, XXIII, 13 ; *Amos*, VII, 1 : οὕτως ἔδειξέ μοι κύριος ὁ θεός, καὶ ἰδοὺ ἐπιγονή... ἐρχομένη ἑωθινή, καὶ ἰδοὺ βροῦχος εἷς Γὼγ ὁ βασιλεύς. — VII, 7 ; *Ezéch.*, I, 4 seqq. ; *Dan.*, X, 5-6.

Cf. les descriptions de l'*Apocalypse*, I, 14-16 ; IV, 2-8 ; XXI, 12-14 et passim.

f) Nous signalons, *Job*, XV, 14 : τίς γὰρ ὢν βροτὸς ὅτι ἔσται ἄμεμπτος ; ἢ ὡς ἐσόμενος δίκαιος γεννητὸς γυναικός ; Ὅτι est une particule de consécution placée devant le verbe copule, = *car qui étant homme est tel qu'il puisse être...*, et ὅτι = ὅς[1]. Puis, entendez : ἢ τίς, γεννητὸς γυναικὸς ὤν, ἐστὶν ὡς ἐσόμενος δίκαιος, = *est tel qu'il puisse être juste.*

262. Outre le verbe εἶναι, il faut encore regarder comme des verbes de liaison entre le sujet et l'attribut :

a) Les verbes intransitifs synonymes de εἶναι, ou enfermant en eux l'idée de εἶναι, comme : γίνεσθαι, εὑρίσκεσθαι, κεῖσθαι, μένειν (*rester*), ὑπάρχειν ; comme δοκεῖν (*sembler*), etc.

b) Les verbes du sens de *nommer*, *faire* (*élire*, *créer*), *regarder comme*, quand ces verbes sont employés au passif (Curtius, 361 ; Koch, 69, 1 et *Rem.*, 1). Ils sont alors accompagnés de deux nominatifs, celui du sujet et celui de l'attribut.

L'accord de l'attribut avec le sujet est obligatoire.

Il en est de même dans le N. T. Ainsi, *Apoc.*, I, 18 : καὶ ἐγενόμην νεκρὸς καὶ ἰδοὺ ζῶν εἰμι. — Εὑρίσκεσθαι remplace τυγχάνειν dans la langue post-classique[2], *L.*, IX, 36 ; XVII, 18 ; *1 Cor.*,

---

1. Voy. *Appendice C*.
2. Voy. ma *Syntaxe des propositions*, 312, *a*. — Εὑρίσκεσθαι n'est pas un synonyme de εἶναι, il dit plus. Il implique cette idée que l'on s'aperçoit de l'état, de la qualité attribuée au sujet, = le français *se trouver...* Cf. *R.*, VII, 10 ; *2 Cor.*, V, 3. — Cependant, dans certains cas, ce verbe est sensiblement synonyme de εἶναι ; dans les LXX, *1 R.*, IX, 8, etc.

IV, 2 ; *Apoc.*, V, 4, etc. ; et cf. 257, *a*. — *1 Cor.*, I, 1 : Παῦλος κλητὸς ἀπόστολος Ἰησοῦ Χριστοῦ, et cf. VII, 22 : ὁ γὰρ ἐν κυρίῳ κληθεὶς δοῦλος. — *2 Cor.*, VIII, 19 ; *1 Tim.*, V, 9. — Cf. 271, *b, c, d*.

c) Dans les LXX, *Gen.*, V, 4 ἐγένοντο δὲ αἱ ἡμέραι Ἀδὰμ ἔτη ἑπτακόσια, et cf. XLVII, 9. — *Deut.*, XVII, 2 : ἐὰν εὑρεθῇ ἐν μιᾷ τῶν πόλεών σου... ἀνὴρ ἢ γυνὴ ὃς ποιήσει... — *És.*, XLIX, 6. — Cf. 271, *b, c, d*.

Verbe copule faisant fonction d'attribut.

263. Classiquement, « le plus grand nombre des verbes qui viennent d'être cités et le verbe εἶναι lui-même sont employés quelquefois de telle manière qu'ils font en réalité fonction d'attribut, et non pas simplement de copule ; en conséquence, ils sont alors accompagnés d'adverbes. » (*Curtius,* 361, 7, *Rem.*; *Koch,* 69, 1, *Rem.* III.). Il en est de même dans le grec du N. T.

a) On trouve assez souvent des adverbes de temps et de lieu, *Mar.*, XIII, 28 ; *R.*, XIII, 11 : νῦν γὰρ ἐγγύτερον ἡμῶν ἡ σωτηρία. — *Eph.*, II, 13 : οἵ ποτε ὄντες μακρὰν ἐγενήθητε ἐγγύς. — *L.*, X, 29 : τίς ἐστίν μου πλησίον;

b) On trouve des adverbes de manière, *Mat.*, I, 18 : τοῦ δὲ [Ἰησοῦ] χριστοῦ ἡ γένεσις οὕτως ἦν. — XI, 26 ; XVIII, 14 : οὕτως οὐκ ἔστιν θέλημα ἔμπροσθεν τοῦ πατρός μου τοῦ ἐν οὐρανοῖς ἵνα..., *ce n'est pas la volonté de mon Père céleste que...* — XXIV, 37 : ὥσπερ γὰρ αἱ ἡμέραι τοῦ Νῶε, οὕτως ἔσται ἡ παρουσία τοῦ υἱοῦ τοῦ ἀνθρώπου. — Et très souvent avec εἶναι, mais non dans les *Actes*, ni dans Paul, sauf dans des exemples tels que ceux-ci, *A.*, XXVII, 25 : οὕτως ἔσται καθ' ὃν τρόπον λελάληταί μοι, et *1 Cor.*, VII, 26 : τὸ οὕτως εἶναι..., ou dans une citation des LXX, comme *R.*, IV, 18 cité de *Gen.*, XV, 5 : οὕτως ἔσται τὸ σπέρμα σου. — *1 Th.*, II, 10 : ὡς ὁσίως καὶ δικαίως καὶ ἀμέμπτως ὑμῖν τοῖς πιστεύουσιν ἐγενήθημεν. Et ailleurs avec γίνεσθαι, mais non dans les *Actes*. — Pour *2 Cor.*, XI, 23, cf. 224.

c) Avec un impersonnel, *Mat.*, IX, 33 : οὐδέποτε ἐφάνη οὕτως ἐν τῷ Ἰσραήλ. — XX, 26 : οὐχ οὕτως ἔστιν ἐν ὑμῖν.

d) Dans les formules de comparaison, *2 Cor.*, XI, 12 : ἵνα... εὑρεθῶσιν καθὼς καὶ ἡμεῖς, = ἵνα οὕτως εὑρεθῶσιν ὡς καὶ ἡμεῖς ἐσμέν. — *Apoc.*, II, 18 ; IV, 1. (Voy. 219 *b*.)

Nota. — Cf. Appendice A.

e) Dans les LXX, *Josué*, III, 4 : ἀλλὰ μακρὰν ἔστω ἀνὰ μέσον ὑμῶν καὶ ἐκείνης. — *Néh.*, VI, 8 : οὐκ ἐγενήθη ὡς οἱ λόγοι οὗτοι οὓς σὺ λέγεις, ὅτι ἀπὸ καρδίας σου σὺ ψεύδη αὐτούς, *rien n'a été comme tu le dis*, = οὐδὲν οὕτως ἐγενήθη οἷοι οἱ λόγοι οὗτοι.

Avec *Mat.*, IX, 33 cf. *3 R.*, X, 20 : οὐ γέγονεν οὕτως πάσῃ βασιλείᾳ, *il n'existe rien de pareil pour aucune royauté* (= *aucun roi*).

Attribut précédé de ὡς et de εἰς.

264. L'attribut essentiel, et l'attribut complémentaire, partie intégrante de la proposition (226bis, *a, b, c, e*), peuvent être unis au sujet ou à l'antécédent au moyen de ὡς ou de εἰς, outre le verbe de liaison. Il en est ainsi dans la construction intransitive avec εἶναι, γίνεσθαι, etc. (262, *a*), et dans la construction transitive et passive (226bis, *b* et *c*; 262, *b*).

265. Emploi de ὡς.

Mat., XXI, 26 : πάντες γὰρ ὡς προφήτην ἔχουσιν τὸν Ἰωάνην, = εἶναι ou ὄντα ὡς προφήτην. — *L.*, XV, 21 : ποίησόν με ὡς ἕνα τῶν μισθίων σου. — *1 Cor.*, IV, 1 : οὕτως ἡμᾶς λογιζέσθω ἄνθρωπος ὡς ὑπηρέτας χριστοῦ. — IV, 9; *2 Cor.*, X, 2; *2 Th.*, III, 15; cf. *1 Tim.*, V, 1-2.

L., XXIV, 11 : ἐφάνησαν ἐνώπιον αὐτῶν ὡσεὶ λῆρος τὰ ῥήματα ταῦτα. — *2 Cor.*, XI, 14-15 : οἱ διάκονοι αὐτοῦ μετασχηματίζονται ὡς διάκονοι δικαιοσύνης.

Dans les LXX, *Job*, XIX, 11 : ἡγήσατο δέ με ὥσπερ ἐχθρόν. — *Es.*, XL, 17 : πάντα τὰ ἔθνη ὡς οὐδέν εἰσι καὶ εἰς οὐθὲν ἐλογίσθησαν. — *Ps.*, XLIII, 23 cité dans le N. T., *R.*, VIII, 36; *Michée*, III, 12 : Ἰερουσαλὴμ ὡς ὀπωροφυλάκιον ἔσται (= *sera un*...)

a) La particule ὡς conserve au moins implicitement son sens de terme de comparaison; elle indique ce qu'une chose paraît être à l'auteur, ce à quoi elle lui paraît ressembler. — Ces constructions sont peu ou ne sont pas classiques.

b) Bien plus, on trouve ὡς même après ὁμοιοῦμαι, *je deviens tel·que* (sens hébraïsant; EWALD, 298, *b*); mais cette construction est hébraïsante. Ainsi *R.*, IX, 29 : ὡς Σόδομα ἂν ἐγενήθημεν καὶ ὡς Γόμορρα ἂν ὡμοιώθημεν, cité des LXX, *Es.*, I, 9, et cf. *Osée*, IV, 5-6 : ὡμοιώθη ὁ λαός μου ὡς οὐκ ἔχων γνῶσιν, *mon peuple est devenu comme quelqu'un qui n'a pas...* — Ailleurs, dans le N. T., on a la construction classique du datif, *Mat.*, VI, 8, etc.

Cf. aussi *Es.*, XIII, 4 : φωνὴ ἐθνῶν πολλῶν ἐπὶ τῶν ὀρέων, ὁμοία ἐθνῶν πολλῶν, = ὡς φωνὴ ἐθνῶν πολλῶν.

c) Dans les LXX, on trouve l'attribut complémentaire juxtaposé sans la particule ὡς, comme dans *Prov.*, XII, 18 : εἰσὶν οἱ λέγοντες τιτρώσκουσιν μάχαιραι, *il y en a qui en parlant blessent comme* (*le font*) *des épées.* — Cf. *Es.*,

XIII, 3 : γίγαντες ἔρχονται πληρῶσαι θύμον μου, *ils viennent en géants, comme des hommes de grande force, accomplir ma colère*..

La construction devient alors celle de l'attribut circonstanciel, 276 seqq., et celle de l'apposition (N. T. et LXX) signalée plus loin, 287, *c*; 292.

266. Emploi de εἰς.

a) L'emploi de εἰς équivaut rigoureusement à celui de ὡς, dans le grec biblique, comme le montrent les exemples suivants :

Mat., XXI, 46 : ἐπεὶ εἰς προφήτην αὐτὸν εἶχον, *ils le tenaient pour un prophète*, et cf. *Mat.*, XXI, 26, cité plus haut, 265. — *2 Cor.*, XI, 14-15 : αὐτὸς γὰρ ὁ Σατανᾶς μετασχηματίζεται εἰς ἄγγελον φωτός· οὐ μέγα οὖν εἰ καὶ οἱ διάκονοι αὐτοῦ μετασχηματίζονται ὡς διάκονοι δικαιοσύνης. — Dans les LXX, *Michée*, III, 12 : Ἰερουσαλὴμ ὡς ὀπωροφυλάκιον ἔσται, καὶ τὸ ὄρος τοῦ οἴκου εἰς ἄλσος δρυμοῦ.

b) L'emploi de εἰς devant l'attribut est assez fréquent en grec biblique. Ainsi :

A., VII, 21 : ἀνεθρέψατο αὐτὸν ἑαυτῇ εἰς υἱόν. — XIII, 22 : ἤγειρεν τὸν Δαυεὶδ αὐτοῖς εἰς βασιλέα. — XIII, 47 : τέθεικά σε εἰς φῶς ἐθνῶν, cité des LXX, *Es.*, XLIX, 6.

Mat., XIX, 5 : καὶ ἔσονται οἱ δύο εἰς σάρκα μίαν, *les deux ne feront qu'un, seront comme une seule personne* (et cf. *Mar.*, X, 8, et 1 *Cor.*, VI, 16), cité des LXX, *Gen.*, II, 24. — *A.*, XIII, 47, cité de *Es.*, XLIX, 6. — *1 Cor.*, IV, 3 : ἐμοὶ δὲ εἰς ἐλάχιστόν ἐστιν ἵνα... XIV, 22; *2 Cor.*, VI, 18; VIII, 14; *Col.*, II, 22; *H.*, I, 5, cité de *2 R.*, VII, 14; VIII, 10, cité des LXX, *Jér.*, XXXVIII, 33.

Jac., V, 3 : ὁ ἰὸς αὐτῶν εἰς μαρτύριον ὑμῖν ἔσται. — *1 P.*, II, 9 : ὑμεῖς δὲ... λαὸς εἰς περιποίησιν, cité des LXX, *Mal.*, III, 17, = λαὸς ὢν εἰς περιποίησιν = λαὸς περιούσιος (*Tite*, II, 14).

Mat., XXI, 42 : λίθον ὃν ἀπεδοκίμασαν οἱ οἰκοδομοῦντες, οὗτος ἐγενήθη εἰς κεφαλὴν γωνίας, cité des LXX, *Ps.*, CXVII, 22. — *L.*, XIII, 19; *1 Cor.*, XV, 45 : ἐγένετο ὁ πρῶτος ἄνθρωπος Ἀδὰμ εἰς ψυχὴν ζῶσαν, cité de *Gen.*, II, 7.

A., XIX, 27 : ἀλλὰ καὶ τὸ τῆς μεγάλης θεᾶς ἱερὸν εἰς οὐθὲν λογισθῆναι. — *R.*, IV, 5 : λογίζεται ἡ πίστις αὐτοῦ εἰς δικαιοσύνην.

c) Cette construction est un hébraïsme pur. Aux références des LXX déjà données, nous ajoutons :

Gen., XVII, 20 : δώσω αὐτὸν εἰς ἔθνος μέγα, = *je ferai de lui un grand peuple*. — XLVII, 26; *Lév.*, XXII, 27: *1 R.*, XI, 15 : ἔχρισε Σαμουὴλ ἐκεῖ τὸν Σαοὺλ εἰς βασιλέα. — *4 R.*, IV, 1; *Judith*, III, 8 : ὅπως... αἱ φυλαὶ αὐτῶν ἐπικαλέσωνται αὐτὸν εἰς θεόν. — *Joël*, II, 26 : ἃ ἐποίησε μεθ' ὑμῶν εἰς θαυμάσια, = *ce qu'il a fait comme miracles*. — *Jér.*, V, 13 : οἱ προφῆται ἡμῶν ἦσαν εἰς ἄνεμον, n'étaient que du vent. — *Daniel* (LXX), VIII, 13 : τὰ ἅγια ἐρημωθήσεται εἰς καταπάτημα avec un attribut proleptique, = καὶ καταπάτημα ἔσται ou καὶ καταπατουμένη ἔσται. Cf. *Daniel* (Théodotion). — Cf. *Testam.* XII *Patriar.*, V (sub. fin.) : καὶ ἔσται ἐξ ὑμῶν εἰς ἡγεμονίαν = καί τις ἐξ ὑμῶν ἔσται ἡγεμών.

d) Les LXX ont si bien pris l'habitude de cette construction qu'ils l'emploient là où rien ne correspond en hébreu (actuellement), *Josué*, IV, 6 : ἵνα ὑπάρχωσιν οὗτοι εἰς σημεῖον.

Avec et sans εἰς, *Gen.*, XI, 3 : καὶ ἐγένετο αὐτοῖς ἡ πλίνθος εἰς λίθον, καὶ ἄσφαλτος ἦν αὐτοῖς ἡ πηλός.

c) Au lieu de εἰς, on trouve aussi, dans les LXX, ἐν; *Ex.*, XII, 13 : καὶ ἔσται τὸ αἷμα ὑμῖν ἐν σημείῳ ἐπὶ τῶν οἰκιῶν, et cf. *Nom.*, XVI, 38 : ἐγένοντο εἰς σημεῖον τοῖς υἱοῖς, et XXXII, 22, et 29 : δώσετε αὐτοῖς τὴν γῆν Γαλαὰδ ἐν κατασχέσει. — Cf. *Gen.*, XLVII, 22 et XLIX, 30.

Pour *Gen.*, XXI, 12 : ἐν Ἰσαὰκ κληθήσεταί σοι σπέρμα, cité dans le N. T., *R.*, IX, 7, ἐν Ἰσαὰκ ne doit pas être regardé comme un attribut (comme le voudrait Ewald, 299, *b*), mais comme un complément ordinaire du verbe.

267. *a*) Littéralement, le verbe εἶναι lui-même doit être regardé comme faisant alors fonction d'attribut (263). La préposition εἰς et le nom qui la suit lui sert de complément indirect; elle indique que l'idée exprimée par ce nom est conçue comme un résultat, un aboutissement. Mais ce sens littéral, rigoureux, ne doit pas être pressé, ni recherché, le plus souvent, puisqu'on trouve indifféremment l'attribut seul et cet attribut précédé de εἰς pour les mêmes cas; ce qui indique que le sens est le même. Ainsi, *2 Cor.*, VI, 16-17 : ἔσομαι αὐτῶν θεός, καὶ αὐτοὶ ἔσονταί μου λαός... καὶ ἔσομαι ὑμῖν εἰς πατέρα καὶ ὑμεῖς ἔσεσθέ μοι εἰς υἱούς, et cf. *H.*, VIII, 10 : καὶ ἔσομαι αὐτοῖς εἰς θεόν, καὶ αὐτοὶ ἔσονταί μοι εἰς λαόν. Maintenant, *2 Cor.*, VI, 16-17 est cité textuellement des LXX, *Lév.*, XXVI, 12; et *H.*, VIII, 10 de *Jér.*, XXXVIII, 33.

b) Il faut, comme de raison, distinguer de la construction précédente la construction où εἰς garde toute sa valeur, comme, *1 J.*, V, 8 : καὶ οἱ τρεῖς εἰς τὸ ἕν εἰσιν, *les trois concourent à, se réunissent en, un seul et même témoignage*.

268. *a*) Parfois aussi, la construction de l'attribut de γίνεσθαι avec εἰς indique une idée de *développement* ou de *changement*. Ainsi, *L.*, XIII, 19 : ὁμοία ἐστὶν κόκκῳ σινάπεως ὃν λαβὼν ἄνθρωπος ἔβαλεν εἰς κῆπον ἑαυτοῦ, καὶ ηὔξησεν καὶ ἐγένετο εἰς δένδρον. — *J.*, XVI, 20 : ἡ λύπη ὑμῶν εἰς χαρὰν γενήσεται. — *A.*, V, 36; *R.*, XI, 9 est cité des LXX, *Ps.*, LXVIII, 23 : γενηθήτω ἡ τράπεζα αὐτῶν ἐνώπιον αὐτῶν εἰς παγίδα καὶ εἰς ἀνταπόδοσιν καὶ εἰς σκάνδαλον. — *Ap.*, VIII, 11 : καὶ ἐγένετο τὸ τρίτον τῶν ὑδάτων εἰς ἄψινθον, et cf. XVI, 19. — Et cf. sans εἰς, *Apoc.*, XVI, 3 : ὁ δεύτερος ἐξέχεεν τὴν φιάλην αὐτοῦ εἰς τὴν θάλασσαν· καὶ ἐγένετο αἷμα ὡς νεκροῦ, *elle devint du sang*...

b) Cette idée de *transformation* se retrouve ailleurs, *L.*, III, 5 : καὶ ἔσται τὰ σκολιὰ εἰς εὐθείας καὶ αἱ τραχεῖαι εἰς ὁδοὺς λείας, cité des LXX, *Es.*, XL, 4. Et cf. LXX, *Sag. Sal.*, II, 14 : (ὁ δίκαιος) ἐγένετο ἡμῖν εἰς ἔλεγχον ἐννοιῶν ἡμῶν. — *Apoc.*, XI, 6 : ἐξουσίαν ἔχουσιν ἐπὶ τῶν ὑδάτων στρέφειν αὐτὰ εἰς αἷμα. Ce sens et cette construction de στρέφειν ne paraissent pas être classiques; on a dans les LXX, *Ex.*, VII, 15 : τὴν ῥάβδον τὴν στραφεῖσαν εἰς ὄφιν λήψῃ. — Cf. sans εἰς (comme dans *Apoc.*, XVI, 3), *Ex.*, IV, 9 : ἔσται τὸ ὕδωρ... αἷμα, et VII, 19 : καὶ ἔσται αἷμα· καὶ ἐγένετο αἷμα, = *toutes ces eaux deviendront du sang, et elles devinrent du sang*.

CHAPITRE XXVI

Attributs complémentaires.

Attribut complémentaire du sujet.

269. L'idée exprimée par le verbe n'est complète, parfois, qu'avec un attribut complémentaire qui indique l'état du sujet; cf. 226, c. — Ainsi :

Avec un participe, *Mat.*, I, 18 : εὑρέθη ἐν γαστρὶ ἔχουσα, *elle se trouva*... — *L.*, XVIII, 18; *A.*, XII, 16 : ὁ δὲ Πέτρος ἐπέμενεν κρούων. — Voyez ma *Syntaxe des propositions*, 310-316, et les exemples des LXX, *ibid.*

Avec un nominal, *A.*, XXVI, 5 : ἔζησα Φαρισαῖος. — Cf. dans les LXX, *2 R.*, XX, 3 : χῆραι ζῶσαι.

Cf. avec ἄρχομαι, *je commence d'être* ou *je deviens tel* ou *tel* (sens hébraïsant du verbe; EWALD, 298, *b*), *Gen.*, IX, 20 : καὶ ἤρξατο Νῶε ἄνθρωπος γεωργὸς γῆς. — Cf. aussi 265, c.

Attribut complémentaire du complément ou *attribut nominal dépendant.*

270. L'idée exprimée par le verbe peut n'être complète qu'avec un attribut complémentaire du complément du verbe. On appelle encore cet attribut : attribut nominal dépendant. (Cf. CURTIUS, 361, 10; KOCH, 69, 1, *Rem.* 1.)

Cette construction se rencontre toutes les fois qu'un verbe transitif est suivi de deux accusatifs : celui du complément direct et celui de l'attribut complément. — Au passif, le complément direct devient le sujet, et l'attribut du complément devient, au nominatif, celui du sujet. — Il faut assimiler à la construction passive la construction intransitive de même sens.

Cette construction se rencontre dans le grec biblique, et parfois avec des verbes qui ne la prendraient pas en grec classique.

271. Les exemples se classent ainsi :

a) Le complément des verbes de perception peut être accompagné d'un participe attribut, *L.*, IV, 23 : ὅσα ἠκούσαμεν γενόμενα, — Sans participe exprimé, *Mar.*, VI, 20 : εἰδὼς αὐτὸν ἄνδρα δίκαιον καὶ ἅγιον (ὄντα). — Classique.

Voyez ma *Syntaxe des propositions*, participe de l'attribut se rapportant au complément direct, 317-322.

b) Le complément des verbes du sens de : *nommer quelqu'un ceci* ou *cela; faire de quelqu'un* (ou *de quelque chose*) *quelque chose; choisir pour, élire, créer; établir comme; destiner comme* ou *pour être,* peut prendre un attribut, comme en grec classique :

Mat., IV, 19 : καὶ ποιήσω ὑμᾶς ἁλεεῖς ἀνθρώπων, *je ferai de vous des pêcheurs d'hommes;* et cf. *Mar.*, I, 17 : καὶ ποιήσω ὑμᾶς γενέσθαι ἁλεεῖς ἀνθρώπων, avec ἁλεεῖς[1] attribut propre. — XIX, 4; *L.*, XX, 43 : ἕως ἂν θῶ τοὺς ἐχθρούς σου ὑποπόδιον τῶν ποδῶν σου, cité des LXX, *Ps.*, CIX, 1. — *J.*, VI, 15; *A.*, VII, 10; XX, 28; *R.*, III, 25 : ὃν προέθετο ὁ θεὸς ἱλαστήριον, *que Dieu a destiné comme* (= *pour être*) *victime expiatoire*. — 2 *Th.*, II, 13 (*v. l.* ἀπαρχήν); *H.*, I, 2 : ὃν ἔθηκεν κληρονόμον πάντων. — I, 13; X, 20, οὗ ὁδὸν πρόσφατον est attribut de ἥν. — *Jac.*, II, 5; 2 *P.*, I, 8 (en suppléant ὑμᾶς); II, 5; *Apoc.*, I, 6.

Au passif *1 P.*, II, 5; *2 Tim.*, I, 11 : εἰς ὃ ἐτέθην ἐγὼ κῆρυξ. — *Apoc.*, XIV, 4. *1 Cor.*, X, 6 : ταῦτα δὲ τύποι ἡμῶν ἐγενήθησαν, passif de ταῦτα τύπους ἡμῶν ἐποίησεν.

Dans les LXX *Gen.*, VI, 14 : νοσσιὰς ποιήσεις τὴν κιβωτόν. — *Ex.*, XII, 17; XXVI, 1 : καὶ τὴν σκηνὴν ποιήσεις δέκα αὐλαίας ἐκ βύσσου..., χερουβὶμ ἐργασίᾳ ὑφάντου ποιήσεις αὐτάς, = *tu leur feras représenter des chérubins*. — XXIX, 2; XXXII, 4 : καὶ ἐποίησεν αὐτὰ μόσχον χωνευτόν. — *Lév.*, II, 1; *3 R.*, XI, 30; XIII, 33 : ἐποίησεν ἐκ μέρους τοῦ λαοῦ ἱερεῖς ὑψήλων, *il fit d'une partie du peuple des prêtres des sommets*. — *4 R.*, III, 16, 27; *Job*, XXXVIII, 14 : ἢ σὺ λαβὼν γῆν πηλὸν ἔπλασας ζῶον[2], καὶ λαλητὸν αὐτὸν ἔθου ἐπὶ τῆς γῆς; *ayant pris de la terre comme argile, en as-tu fait un être vivant ?* — *Jér.*, V, 14; *1 Mac*, XI, 3 : ἀπέτασσε τὰς δυνάμεις φρουρὰν ἐν ἑκάστῃ πόλει, *il disposa ses troupes (en) garnison*...

Avec une construction intransitive, *Judith*, V, 3 : τίς ἀνέστηκεν ἐπ' αὐτῶν

---

1. Ἁλεεῖς, forme post-classique et sans doute populaire, = ἁλιεῖς.
2. Πηλόν est l'attribut ou plutôt l'apposition de γῆν ; cf. plus loin 292, *a*, et dans les LXX, *Gen.*, II, 7 : χοῦν ἀπὸ τῆς γῆς. On a ζῶον = ἄνθρωπον ; d'où λαλητὸν αὐτόν. — Remarquez λαλητός, *doué de la parole, qui parle;* peut-être le seul exemple de ce mot en grec.

βασιλεὺς ἡγούμενος στρατηγιὰς ; (construct. trans. : ἀνιστάναι τινὰ βασιλέα ἡγούμενον.)

Il faut ajouter les verbes du sens de *envoyer comme* ou *pour être ;* ainsi :

1 J., IV, 10 : ἀπέστειλεν τὸν υἱὸν αὐτοῦ ἱλασμὸν περὶ τῶν ἁμαρτιῶν ἡμῶν. — — Construction intransitive correspondante : *J.*, III, 2 : ἀπὸ θεοῦ ἐλήλυθας διδάσκαλος, et cf. XII, 46. — Le passif, en effet, ne se rencontre pas dans ce sens.

c) Les verbes signifiant *regarder comme, tenir pour, donner pour, prendre* et *recevoir comme* peuvent avoir un attribut de leur complément. Ainsi :
L., XIV, 18 : ἔχε με παρῃτημένον. — *Jac.*, IV, 10 : ὑπόδειγμα λάβετε... τοὺς προφήτας. — *R.*, IV, 11 (*v. l.* περιτομήν); *Ph.*, III, 17; *H.*, XII, 9.

Dans les LXX, *És.*, XXIX, 13 : διδάσκοντες διδασκαλίας ἐντάλματα ἀνθρώπων, *enseignant (= donnant) comme doctrines des préceptes qui viennent des hommes,* cité dans le N. T., *Mat.*, XV, 9.

Il faut ajouter les verbes du sens de *se montrer tel* ou *tel*, comme *Tit.*, II, 7 : περὶ πάντα σεαυτὸν παρεχόμενος τύπον καλῶν ἔργων. (cf. Koch, 83, 7, *Rem.*, II.)

d) Le complément des verbes qui signifient *donner le nom de, appeler quelqu'un du nom de,* peut avoir un attribut :
Mat., I, 25 : ἐκάλεσεν τὸ ὄνομα αὐτοῦ Ἰησοῦν. — *L.*, I, 59 : ἐκάλουν αὐτὸ... Ζαχαρίαν.
Au passif, *L.*, II, 21 : ἐκλήθη τὸ ὄνομα αὐτοῦ Ἰησοῦς, et *J.*, I, 43 : σὺ κληθήσῃ Κηφᾶς. — Construct. intransit., *R.*, VI, 3 : μοιχαλὶς χρηματίσει. — Classique.

Dans les LXX, *Es.*, LVIII, 5 : οὐδ' οὕτως καλέσετε νηστείαν δεκτήν, *même dans ces conditions vous n'appellerez pas ce jeûne (un jeûne) agréable pour moi,* et cf. dans le N. T., *Mat.*, XXIII, 9. — XLIX, 6 : μέγα σοί ἐστι τοῦ κληθῆναί σε παῖδά μου.

272. *a)* L'adjectif sans article, placé avant ou après le nom complément, en est l'attribut, comme en grec classique (Koch, 72, 8, *b*) :
Mar., VIII, 17 : πεπωρωμένην ἔχετε τὴν καρδίαν ὑμῶν; — *A.*, XXI, 3 : καταλιπόντες αὐτὴν εὐώνυμον. — *1 Cor.*, XII, 12 : μέλη πολλὰ

ἔχει, = μέλη πολλὰ ὄντα ἔχει. — *H.*, V, 14; VII, 24 : ἀπαράβατον ἔχει τὴν ἱερωσύνην. — XI, 32.

Pour *J.*, IV, 23, voy. 256.

Au passif, *A.*, XX, 9 : ἤρθη νεκρός. — Construct. intransit., *A.*, XXVIII, 6 : καταπίπτειν ἄφνω νεκρόν.

Cette construction, synthétique, ne paraît employée couramment que dans des expressions faciles comme *Mar.*, VIII, 17; *1 Cor.*, XII, 12, et surtout dans les livres mieux écrits, comme les *Actes*, les *Lettres* de saint Paul. — Elle est appelée *construction attributive de l'adjectif*, et cf. 315.

Pour le participe, voy. ma *Syntaxe des propositions*, participe complément.

Dans les LXX, *Josué*, IX, 18-19 : οὗτοι οἱ ἄρτοι, θερμοὺς ἐφωδιάσθημεν αὐτούς..., καὶ οὗτοι οἱ ἀσκοὶ οὓς ἐπλήσαμεν καινούς, καὶ οὗτοι ἐρρώγασι. — *Tobie*, XII, 3; *Es.*, XIII, 9 : θεῖναι τὴν οἰκουμένην ἔρημον.

b) De même forme est *J.*, IV, 18 : τοῦτο ἀληθὲς εἴρηκας, = τοῦτο ἀληθὲς ὂν εἴρηκας, = τοῦτο ὃ ἀληθές ἐστιν εἴρηκας.

Mat., XXI, 41 : κακοὺς κακῶς ἀπολέσει αὐτούς, où κακούς est apposé comme attribut à αὐτούς. — Cf. pour le passif, *L.*, XXIII, 32 : ἤγοντο δὲ καὶ ἕτεροι κακοῦργοι δύο σὺν αὐτῷ ἀναιρεθῆναι, avec κακοῦργοι apposition attributive de ἕτεροι δύο, = κακοῦργοι ὄντες. — Pour une construction intransit., *1 Tim.*, V, 13 : ἅμα δὲ καὶ ἀργαὶ μανθάνουσιν, *étant inoccupées, elles vont aux nouvelles* (construct. trans. ἀργὰς διδάσκειν αὐτάς).

273. Avec un pronom comme attribut, *L.*, XVI, 2 : τί τοῦτο ἀκούω περὶ σοῦ; et cf. l'expression complète, *J.*, XVI, 17 : τί ἐστιν τοῦτο ὃ λέγει ἡμῖν; Cf. *Gal.*, II, 10 : ὃ καὶ ἐσπούδασα αὐτὸ τοῦτο...

Dans les LXX, *Jug.*, VIII, 1 : εἶπαν πρὸς Γεδεὼν ἀνὴρ[1] Ἐφραΐμ Τί τὸ ῥῆμα τοῦτο ἐποίησας ἡμῖν τοῦ μὴ καλέσαι...; avec τὸ ῥῆμα τοῦτο = τοῦτο (89, c); et cf. *2 R.*, III, 24 : τί τοῦτο ἐποίησας;

274. *a*) L'emploi de l'attribut dépendant est fréquent dans le N. T.; cette construction devait faire partie de la langue familière.

De plus, cet emploi a été favorisé par l'influence de l'hébreu où il est presque illimité, particulièrement avec des noms.

b) Il faut noter que ce complément, *dans les exemples cités*, ne se trouve qu'au nominatif et à l'accusatif, et n'est jamais précédé de ὡς ou εἰς. — La construction grecque classique se trouvait être exactement équivalente à la construction hébraïque, transportée telle dans les LXX.

---

1. Collectif indéfini (126), = *les Ephraïmites*.

ATTRIBUTS COMPLÉMENTAIRES. 215

c) D'un autre côté, il existe des constructions de même sens, mais non aussi étendues, avec ὡς et εἰς, et nous les avons signalées plus haut, 265 (*L.*, XV, 21 ; *1 Cor.*, IV, 1 ; etc.) et 266 (*Mat.*, XXI, 46 ; *A.*, VII, 21, etc.).

Mais il existe une nuance de sens. Sans ὡς ni εἰς, la phrase indique ce qu'est la chose dont on parle. Avec ὡς, elle indique que l'idée est conçue comme une comparaison ; avec εἰς, elle implique une idée de résultat ou d'aboutissement, ou de développement, de changement (267-268).

Attribut proleptique.

275. Classiquement, « une espèce particulière d'attribut complémentaire est l'attribut *proleptique,* ainsi nommé parce que le résultat de l'action exprimée par le verbe est indiqué à l'avance par un attribut nominal. » (Curtius. 361, 8, *Rem.*) « Les verbes signifiant *élever* (au propre et au figuré), *faire croître, faire grandir,* peuvent être accompagnés d'un des adjectifs μέγας, ὑψηλός, μετέωρος, comme d'un attribut proleptique placé avant ou après le verbe. » (Koch, 69, 1, *Rem.* II et la note.)

L'attribut proleptique est, grammaticalement, l'attribut d'une seconde proposition supprimée, joint au complément de la première.

a) Il en existe quelques exemples dans le N. T. : *1 Cor.*, I, 8 : ὃς καὶ βεβαιώσει ὑμᾶς ἕως τέλους ἀνεγκλήτους ἐν τῇ ἡμέρᾳ τοῦ κυρίου, = καὶ ἀνέγκλητοι ἔσεσθε, ou ὥστε ἀνεγκλήτους ὑμᾶς εἶναι... — *2 Cor.*, III, 6 : ὃς καὶ ἱκάνωσεν ἡμᾶς διακόνους καινῆς διαθήκης, = καὶ διάκονοι ἐγενήθημεν. — *Ph.*, III, 21 ; *1 Th.*, III, 13 : εἰς τὸ στηρίξαι ὑμῶν τὰς καρδίας ἀμέμπτους ἐν ἁγιωσύνῃ... ἐν τῇ παρουσίᾳ τοῦ κυρίου ἡμῶν Ἰησοῦ.

b) Au passif, ou avec un verbe intransitif, *Mat.*, XII, 13 : (ἡ χεὶρ) ἀπεκατεστάθη ὑγιής, = καὶ ὑγιὴς ἐγένετο. — *A.*, XIV, 10 : ἀνάστηθι ἐπὶ τοὺς πόδας σου ὀρθός, = καὶ ἴσθι ὀρθός (on aurait à l'actif : ἀνιστάναι τινὰ ὀρθόν). — *Ph.*, II, 27 : καὶ γὰρ ἠσθένησεν παραπλήσιον θανάτου, = καὶ ἐγένετο παραπλήσιον θανάτου (on aurait à l'actif ποιεῖν τινα παραπλήσιον...).

Avec un adverbe, au lieu de l'adjectif (Appendice A) : *1 Th.*, V, 23 : ἡ ψυχὴ καὶ τὸ σῶμα ἀμέμπτως ἐν τῇ παρουσίᾳ τοῦ κυρίου ἡμῶν Ἰησοῦ Χριστοῦ τηρηθείη (avec la variante ἀμέμπτους), et cf. *1 Th.*. III, 13, cité plus haut.

Pour *Luc*, I, 6 : ἦσαν δὲ δίκαιοι ἀμφότεροι ἐναντίον τοῦ θεοῦ, πορευόμενοι ἐν πάσαις ταῖς ἐντολαῖς καὶ δικαιώμασιν τοῦ κυρίου ἀμέμπτοι, on peut entendre ὅτι ἐπορεύοντο ἐν πάσαις... ὥστε ἀμέμπτους εἶναι, et alors ἄμεμπτοι est proleptique. Mais comme l'adjectif et l'adverbe permutent dans le grec biblique (*Append. A*), on peut entendre aussi ὅτι ἐπορεύοντο ἄμεμπτοι ὄντες, = ἀμέμπτως. L'adjectif est alors employé comme à 277, *a*.

c) Dans les LXX, *1 R.*, X, 9 : μετέστρεψεν αὐτῷ ὁ θεὸς καρδίαν ἄλλην, = ἢ ἄλλη ἐγένετο. — *Prov.*, XXV, 4 : τύπτε ἀδόκιμον ἀργύριον, καὶ καθαρισθήσεται καθαρὸν ἅπαν, = καὶ ἔσται ἅπαν καθαρόν.

Avec un nom, *Nom.*, XVI, 38 : καὶ ποίησον αὐτὰ λεπίδας ἐλατὰς περίθεμα τῷ θυσιαστηρίῳ, = καὶ αὐταὶ περίθεμα ἔσονται τῷ...

d) L'emploi de l'attribut proleptique n'existe guère que dans Paul, et ailleurs exceptionnellement ; le caractère synthétique de cette construction devait l'écarter de la langue familière. En particulier, l'emploi des verbes signifiant *élever* avec un attribut proleptique semble être complètement absent du N. T., et peut-être aussi des LXX.

Attribut complémentaire circonstanciel.

276. L'attribut complémentaire indique une circonstance accessoire de l'acte, que l'auteur juge utile d'indiquer, quoique l'idée soit complète sans elle : c'est l'attribut complémentaire circonstanciel, qui se rapporte au sujet ou au complément (KOCH, 71, 1).

Remarque. — Pour le participe complément attributif, servant à exprimer un rapport de temps, de condition, de cause, de concession, de manière d'être, voy. ma *Syntaxe des propositions*, 296-309.

277. *a*) Classiquement, « la langue grecque exprime par des adjectifs beaucoup de rapports de temps, de manière, et plus souvent de lieu, qui sont exprimés en français par des locutions adverbiales : ὄρθριος, de bonne heure ; ὄψιος, tard ; ἑσπέριος, νύχιος, μεσονύκτιος, σκοταῖος ; δευτεραῖος, le second jour ; ἑκών, ἄσμενος, de bon gré ; ἄκων, malgré soi ; ἥσυχος, tranquillement... » (CURTIUS, 361, 8 ; KOCH, 71, 1).

Voici ce que l'on trouve dans le N. T. :
Αἰφνίδιος et ἐφνίδιος (forme postérieure), *L.*, XXI, 34 : προσέχετε δὲ ἑαυτοῖς μὴ... ἐπιστῇ ἐφ' ὑμᾶς ἐφνίδιος ἡ ἡμέρα, et *1 Th.*, V, 3 ; ἄκων et ἑκών, *R.*, VIII, 20 ; *1 Cor.*, IX, 17. — αὐθαίρετος, *2 Cor.*, VIII, 17 : αὐθαίρετος ἐξῆλθεν πρὸς ὑμᾶς. — αὐτόματος, *Mar.*, IV, 28 : αὐτομάτη ἡ γῆ καρποφορεῖ, et *A.*, XII, 10. — αὐτόχειρ, *A.*, XXVII, 19. — δευτεραῖος, *A.*, XXVIII, 13, et τεταρταῖος, *J.*, XI, 39 : τεταρταῖος γάρ ἐστιν. — εὐώνυμος, *A.*, XXI, 3, et ἐξ εὐωνύμων, partout ailleurs, *Mat.*, XX, 21 ; *Mar.*, X, 37, etc. ; de même, on a toujours ἐκ δεξιῶν, ἐν δεξιᾷ ; *L.*, I, 11, etc. — μέσος, *Mat.*, XIV, 24 (Tis. et leç. marg. W. H.) ; *L.*, XXII, 55 ; XXIII, 45 ; *J.*, I, 26 et XIX, 18 (cf. *L.*, XXIV, 36) ; *A.*, I, 18 :

ἐλάκησεν μέσος. — ὀρθρινός, *L.*, XXIV, 22 : γενόμεναι ὀρθριναὶ ἐπὶ τὸ μνημεῖον, tandis qu'on a, *J.*, XX, 1 : ἔρχονται πρωΐ. — πρόδρομος, *H.*, VI, 20 : ὅπου πρόδρομος ὑπὲρ ἡμῶν εἰσῆλθεν Ἰησοῦς. — τετράμηνος, *J.*, IV, 35 : ἔτι τετράμηνός ἐστιν (cf. 75, *c*). — *Apoc.*, XXI, 16 : ἡ πόλις τετράγωνος κεῖται, terme emprunté aux LXX, *Ez.*, XLI, 21; XLIII, 16, etc.

Dans deux passages seulement, on trouve ces adjectifs avec la construction distinctive, *J.*, XIX, 18, et *A.*, XXI, 3; cf. 272, *a*.

On trouve pareil emploi de ces adjectifs dans les LXX, sans qu'il ait été favorisé par l'hébreu. Ainsi : ἄκων et ἑκών, *Job*, XIV, 17, et *Ex.*, XXI, 13. — ἄσμενος, 2 *Mac.*, X, 33 : ἄσμενοι (*v. l.*) περιεκάθισαν τὸ φρούριον. — αὐτόματος, *Job*, XXIV, 24 : αὐτόματος ἀποπεσών. — ἑωθινός, *Amos*, VII, 1 : ἰδοὺ ἐπιγονὴ ἀκρίδων ἐρχομένη ἑωθινή. — μέσος, *Gen.*, XV, 10; 2 *Mac.*, X, 30. — ὀρθρινός, *Osée*, VI, 4. — πολυχρόνιος, *Gen.*, XXVI, 8. — τετράγωνος, *Ex.*, XXVII, 1.

b) Classiquement, « avec les verbes ῥέω, *couler,* et πνέω, *souffler,* le grec exprime par des adjectifs attributifs les idées de force, d'abondance ou de direction : μέγας, *avec force;* πολύς ou ἄφθονος, *avec abondance;* ἐναντίος, *en face.* » (Koch, 71, 1. Remarque II.) On lit dans le N. T., *J.*, VI, 18 : ἥ τε θάλασσα ἀνέμου μεγάλου πνέοντος διεγείρετο, *le vent soufflant avec force, le lac se soulevait.* — Ce doit être le seul exemple de ce genre.

c) Au lieu d'un adjectif, on peut trouver un participe pour exprimer une circonstance accessoire que nous rendrions par une locution adverbiale, comme *A.*, XI, 44 : ἀρξάμενος δὲ Πέτρος ἐξετίθετο αὐτοῖς. — *1 Tim.*, I, 13 : ἀγνοῶν ἐποίησα, *je l'ai fait par ignorance,* tandis que l'on a *A.*, III, 17 : κατὰ ἄγνοιαν ἐπράξατε.

Cette construction très classique, mais qui paraît rare dans le N. T., existe dans les LXX, *Ex.*, IV, 18 : βάδιζε ὑγιαίνων. — *Tobie*, I, 18 : ἔθαψα αὐτοὺς κλέπτων, *à la dérobée.*

278. Nous regardons comme un attribut complémentaire (de manière) du sujet le participe présent employé comme dans *Mat.*, XIII, 14 : βλέποντες βλέψετε, cité d'*Es.*, VI, 9. — *A.*, VII, 34 : ἰδὼν εἶδον, cité de *Ex.*, III, 7. — *H.*, VI, 14 : εὐλογῶν εὐλογήσω σε καὶ πληθύνων πληθυνῶ σε, cité de *Gen.*, XXII, 17. — Et cf. 177, *c*.

C'est une construction hébraïsante. En hébreu, « la place du verbe est en tête de la proposition. Si l'on veut mettre en relief l'idée qu'il exprime, on met en tête le verbe à l'infinitif, suivi du verbe fini au temps et à la personne convenables... Le participe, actif ou intransitif, peut également être mis ainsi en relief. » (Ewald. 312. *a*). Les exemples sont extrêmement nombreux dans les LXX, *Gen.*, XXVI, 28 : ἰδόντες ἑωράκαμεν. — XXXVII, 8 : μὴ βασιλεύων βασιλεύεις ἐφ' ἡμᾶς; — *Josué*, VIII, 11 ; *Jug.*, VII, 19 ; XIV, 12 ; et cf. 2 *R.*, XIII, 19.

Pour la construction de ce participe, voy. ma *Syntaxe des Propositions*, 296.

279. Classiquement, « les adjectifs exprimant des déterminations relatives au rang, πρῶτος, πρότερος, ὕστερος, τελευταῖος, ainsi que μόνος, s'emploient de la même manière (que 277, *a*), quand ils servent à opposer l'un à l'autre des sujets différents. » (CURTIUS, 361, 8.)

Dans le N. T., cette construction se rencontre plusieurs fois avec : πρῶτος, *Mat.*, XVII, 27 : τὸν ἀναβάντα πρῶτον ἰχθύν. — *J.*, I, 15 et 30; VIII, 7; XX, 4, 8, etc. — δεύτερος, *J.*, IV, 54; *2 P.*, II, 5; III, 1. — ἔσχατος, *1 Cor.*, IV, 9; XV, 26.

Nous y ajoutons : ἀπαρχή, *prémisses*, = *le premier*, comme *1 Cor.*, XV, 20-23 : ἐν τῷ χριστῷ πάντες ζωοποιηθήσονται. Ἕκαστος δὲ ἐν τῷ ἰδίῳ τάγματι : ἀπαρχὴ χριστός, ἔπειτα οἱ τοῦ χριστοῦ ἐν τῇ παρουσίᾳ αὐτοῦ. Cf. *Apoc.*, XIV, 4, et la même idée exprimée par πρωτότοκος, *Col.*, I, 15, 18; *Apoc.*, I, 5.

Les exemples avec d'autres adjectifs classiques doivent être rares, s'il en existe. Τελευταῖος et ὕστατος ne se rencontrent pas dans le N. T., où on lit, *Mat.*, XXII, 27 : ὕστερον δὲ πάντων ἀπέθανε, et XXVI, 60 : ὕστερον δὲ προσελθόντες δύο, et cf. *Mar.*, XII, 22.

Quelques exemples se rencontrent dans les LXX, *Deut.*, I, 22 : ἀποστείλωμεν ἄνδρας προτέρους ἡμῶν, et *Josué*, I, 14. — *Job*, XV, 7 : μὴ πρῶτος ἀνθρώπων ἐγεννήθης; *es-tu né avant tous les hommes?* — *Prov.*, XIV, 13 : τελευταία δὲ χαρὰ εἰς πένθος ἔρχεται. — *Dan.*, V, 7 : καὶ τρίτος ἐν τῇ βασιλείᾳ μου ἄρξει. Cependant, ces locutions, sauf peut-être πρῶτος et πρότερος, paraissent peu fréquentes.

280. Les constructions synthétiques qui précèdent (276-279), très employées en grec classique, sont relativement rares dans le grec biblique; elles ne devaient pas être fréquentes dans la langue grecque familière, et l'influence de l'hébreu leur était défavorable. — Elles se rencontrent surtout dans Luc et Paul, et particulièrement dans les *Actes*. Quelques-unes seulement, qui paraissent toutes faites et d'un usage courant (avec πρῶτος, πρότερος, par exemple), se retrouvent partout, dans le N. T. et les LXX.

281. On peut encore regarder comme un attribut circonstanciel les mots ou locutions qui indiquent la partie ou la totalité du sujet ou du complément, et les distributifs, = *en entier, en partie, complètement, l'un après l'autre, par groupes*, etc. Ainsi :

Mat., XX, 9 : ἔλαβον ἀνὰ δηνάριον, = ἔλαβον τὸν μισθὸν ἀνὰ δηνάριον, *par denier* = *chacun un denier*. — *Mar.*, VI, 39-40 : ἐπέταξεν αὐτοῖς ἀνακλῖναι (*v. l.* ἀνακλιθῆναι) πάντας συμπόσια συμπόσια, καὶ ἀνέπεσαν πρασιαὶ πρασιαὶ κατὰ ἑκατὸν καὶ κατὰ πεντήκοντα, et cf. *L.*, IX, 14 : κατακλίνατε αὐτοὺς κλισίας ὡσεὶ ἀνὰ πεντήκοντα. — *J.*, V, 22; *A.*, XXVII, 44, avec οὓς μὲν... οὓς δέ attribut de τοὺς λοίπους *1 Cor.*, VI, 11 : καὶ ταῦτά τινες ἦτε, *et voilà ce que vous étiez en partie* (τινές).

Plusieurs de ces constructions ne sont pas classiques, *Mat.*; XIX, 9; *Mar.*, VI, 39-40; etc.

Josué, VIII, 33 : οἳ ἦσαν ἥμισυ πλησίον ὄρους Γαριζείν, καὶ οἳ ἦσαν ἥμισυ πλησίον ὄρους Γαιβάλ. — *2 R.*, XVIII, 3 : ἐὰν ἀποθάνωμεν τὸ ἥμισυ ἡμῶν... ὅτι σὺ ὡς ἡμεῖς δέκα χιλιάδες. — *Eccl.*, XI, 5 : ὅσα ποιήσει τὰ σύμπαντα.

282. Enfin, notons l'attribut circonstanciel secondaire dans des exemples tels que *L.*, IX, 36 : (τὸ σῶμά σου) ἔσται φωτινὸν ὅλον, où ὅλον, *tout entier, complètement*, est un attribut secondaire, tandis que φωτινόν est l'attribut principal. — *1 Th.*, V, 23 : ὁλόκληρον ὑμῶν τὸ πνεῦμα καὶ ἡ ψυχὴ καὶ τὸ σῶμα ἀμέμπτως τηρηθείη, avec ὁλόκληρον, attribut secondaire, se rapportant aux trois sujets. — Classique.

Dans les LXX, *Ps.*, XXXVIII, 7 : πλὴν τὰ σύμπαντα ματαιότης πᾶς ἄνθρωπος ζῶν. — *Prov.*, XXV, 4 : καθαρισθήσεται καθαρὸν ἅπαν. — *Cant.*, IV, 7 : ὅλη καλὴ εἶ, et V, 16 : φάρυγξ αὐτοῦ γλυκασμοὶ καὶ ὅλος ἐπιθυμία.

Un attribut de cette espèce se retrouve avec ἀστράπτων dans *L.*, IX, 29 : καὶ ἐγένετο... ὁ ἱματισμὸς αὐτοῦ λευκὸς ἀστράπτων, avec gradation des idées exprimées par les attributs, = *devint d'une blancheur éclatante*.

Rapprochez-en LXX, *Ps.*, XLIV, 14 : ἐν κροσσωτοῖς χρυσοῖς περιβεβλημένη πεποικιλμένη. — Avec des adjectifs attributs, *Gen.*, XLIX, 3 ; Ρουβήν... σκληρὸς φέρεσθαι καὶ σκληρὸς αὐθάδης.

CHAPITRE XXVII

Apposition.

L'apposition est une espèce particulière d'attribut ; elle s'ajoute à la phrase sans en faire partie intégrante comme l'attribut ordinaire. En effet :

283. *a*) Classiquement, « l'apposition est un simple complément explicatif ou descriptif d'un nom, et qui n'apporte aucune restriction à l'idée exprimée par ce dernier. » Elle pourrait être supprimée, ou exprimée dans une proposition incidente.

b) Elle a pour antécédent non seulement le sujet et le complément, mais encore un mot quelconque de la proposition ; elle peut même s'ajouter à une proposition, à une phrase entière, ou à une partie seulement. Elle s'accorde au moins en cas avec son antécédent (Curtius, 361, 11 et 12 ; Koch, 70, 2).

c) Elle est très fréquente dans le grec biblique. Elle peut y être indépendante, ou sans accord ; elle peut y être juxtaposée plutôt qu'apposée (8, 9, 10, 10 *bis*).

d) L'apposition peut être d'une autre nature que son antécédent, comme *Apoc.*, I, 6 : ἐποίησεν ἡμᾶς βασιλείαν, ἱερεῖς τῷ θεῷ, où l'on a βασιλείαν apposé à ἡμεῖς, et ensuite ἱερεῖς (cf. n. 12). — Cf. V, 10.

e) L'apposition peut elle-même se développer par d'autres appositions, ou avec toute espèce de compléments. Enfin, ce développement ne suit pas d'autres lois que la liaison logique des idées et la mobilité d'esprit de celui qui parle. Notons seulement :

A., X, 37 : ὑμεῖς οἴδατε τὸ γενόμενον ῥῆμα καθ' ὅλης τῆς Ἰουδαίας, ἀρξάμενος ἀπὸ τῆς Γαλιλαίας μετὰ τὸ βάπτισμα ὃ ἐκήρυξεν Ἰωάνης, Ἰησοῦν τὸν ἀπὸ Ναζαρέθ, ὡς ἔχρισεν αὐτὸν ὁ θεός... On a, pour τὸ γενόμενον ῥῆμα, l'apposition explicative Ἰησοῦν τὸν κτλ. (216, *d*). — *2 Th.*, II, 3 : ἐὰν μή... ἀποκαλυφθῇ ὁ ἄνθρωπος τῆς ἀνομίας, ὁ υἱὸς τῆς ἀπωλείας, ὁ ἀντικείμενος καὶ ὑπεραιρόμενος..., et la phrase est interrompue après θεός. — *Apoc.*, XII, 9 ; XIII, 16.

Mais 2 *P.*, II, 18 : τοὺς ἐν πλάνῃ ἀναστρεφομένους est le complément, et non une apposition, de τοὺς ἀποφεύγοντας.

Cf. dans les LXX, *1 Paral.*, XII, 8 : ἐχωρίσθησαν πρὸς Δαυίδ... ἰσχυροὶ δυνατοὶ ἄνδρες παρατάξεως πολέμου, αἴροντες θυρεοὺς καὶ δόρατα, καὶ πρόσωπον λέοντος πρόσωπα αὐτῶν, καὶ κοῦφοι ὡς δορκάδες ἐπὶ τῶν ὀρέων, avec κοῦφοι continuant αἴροντες. — *Es.*, XVII, 2-7.

284. *a)* L'apposition suit régulièrement son antécédent. Mais parfois elle le précède, pour des raisons particulières à chaque exemple, *Jac.*, III, 6 : ὁ κόσμος τῆς ἀδικίας, ἡ γλῶσσα. — *1 P.*, III, 7 (σκεύει); III, 15 : κύριον δὲ τὸν χριστὸν ἁγιάσατε, où cependant τὸν χριστόν peut être considéré comme l'apposition de κύριον.

b) D'un autre côté, l'apposition est parfois détachée de son antécédent et mise en relief, comme *J.*, XIII, 14; *R.*, VIII, 28 : τοῖς ἀγαπῶσι τὸν θεὸν πάντα συνεργεῖ [ὁ θεὸς] εἰς ἀγαθόν, τοῖς κατὰ πρόθεσιν κλητοῖς οὖσιν. — *1 Cor.*, V, 7 : καὶ γὰρ τὸ πάσχα ἡμῶν ἐτύθη Χριστός. — *2 Cor.*, VII, 6; *H.*, VII, 4; *Jac.*, I, 7; *1 P.*, III, 15; V, 8; *Jude*, 4; *Apoc.*, IX, 11. — Et souvent.

R., VII, 21 : quelques-uns font de τὸ καλόν, une apposition détachée de τὸν νόμον[1].

2 Cor., XI, 2 : ἑνὶ ἀνδρί est le complément de ἡρμοσάμην, tandis que παραστῆσαι, infinitif final, a pour complément τῷ χριστῷ.

Tit., I, 3 : θεοῦ est apposé pour empêcher d'entendre σωτῆρος Ἰησοῦ, et cf. *1 Tim.*, II, 3; *2 Tim.*, I, 10.

285. L'apposition s'emploie pour définir ou décrire l'antécédent.

a) Un antécédent de sens général prend une apposition ayant un sens particulier, *Mat.*, XVIII, 23; *Apoc.*, XVI, 3 : πᾶσα ψυχὴ ζωῆς ἀπέθανεν, τὰ ἐν τῇ θαλάσσῃ.

Avec un infinitif, *2 Cor.*, X, 13 : κατὰ τὸ μέτρον τοῦ κανόνος οὗ ἐμέρισεν ἡμῖν ὁ θεὸς μέτρου, ἐφικέσθαι ἄχρι καὶ ὑμῶν, où la proposition infinitive définit οὗ... μέτρου.

Avec un pronom *L.*, XI, 11; XI, 39 : νῦν ὑμεῖς οἱ Φαρισαῖοι.

---

1. Cette construction nous paraît être la vraie, malgré les objections, celles de Meyer par exemple. Car aux v. 16-18 on a ὁ νόμος = τὸ ἀγαθόν = τὸ καλόν. Le v. 21 est une conclusion (ἄρα) qui résume le raisonnement. L'apposition de τὸ καλόν, bien loin d'être faible, est au contraire très forte parce qu'elle est détachée de τὸν νόμον; bien loin d'être forcée, elle est au contraire naturelle puisqu'elle reprend ce qui a été dit; et elle est à sa place, puisqu'elle doit être en antithèse avec τὸ κακόν qui va suivre.

b) Un antécédent, nom propre, a pour apposition un nom commun qui l'explique, *Mat.*, III, 6 : ἐν τῷ Ἰορδάνῃ ποταμῷ. — *H.*, VII, 4.

c) L'antécédent est renforcé par son apposition, *Gal.*, V, 2 : ἐγὼ Παῦλος λέγω ὑμῖν.

d) L'apposition explique en quoi consiste l'antécédent, *1 J.*, II, 25 : αὕτη ἐστὶν ἡ ἐπαγγελία ἣν αὐτὸς ἐπηγγείλατο ἡμῖν, τὴν ζωὴν αἰώνιον. — *Apoc.*, XIII, 6 : ... βλασφημῆσαι τὸ ὄνομα αὐτοῦ καὶ τὴν σκηνὴν αὐτοῦ, τοὺς ἐν τῷ οὐρανῷ σκηνοῦντας. L'apposition explique τὴν σκηνήν.

e) L'apposition qualifie l'antécédent, *L.*, XXIII, 50 : Ἰωσήφ, ἀνὴρ ἀγαθὸς καὶ δίκαιος. — *J.*, IX, 13 : ἄγουσιν αὐτὸν... τόν ποτε τυφλόν. — XIII, 14. — *Apoc.*, XX, 2.

Remarque. — Certaines constructions du participe sont de véritables appositions. Par exemple :
La construction suivante du participe complément distinctif, *Mar.*, III, 22 : οἱ γραμματεῖς οἱ ἀπὸ Ἱεροσολύμων καταβάντες. Voy. ma *Syntaxe des propositions*, 291-295.
La construction suivante du participe complément attributif, *Apoc.*, I, 15 : οἱ πόδες αὐτοῦ ὅμοιοι χαλκολιβάνῳ, ὡς ἐν καμίνῳ πεπυρωμένης. Voy. ma *Syntaxe...*, 303.
Certaines constructions du participe au nominatif indépendant, *ibid* 337 seqq.

286. L'apposition est : dépendante et régulière, quand elle s'accorde au moins en cas avec son antécédent ; irrégulière et indépendante, quand elle est sans accord ou sans rapport grammatical avec son antécédent. Dans le dernier cas, elle forme souvent une sorte de *juxtaposition*.

Apposition dépendante.

287. L'antécédent est soit un nom, soit un adjectif ou un participe employés comme noms :
a) *Mat.*, II, 18 : φωνὴ ἐν Ῥαμὰ ἠκούσθη..., Ῥαχὴλ κλαίουσα, cité des LXX, *Jér.*, XXXVIII, 15. — XIV, 20 : ἦραν τὸ περισσεῦον τῶν κλασμάτων δώδεκα κοφίνους πλήρεις, et cf. *Mar.*, VIII, 8 : ἦραν περισσεύματα κλασμάτων ἑπτὰ σφυρίδας... — *A.*, V, 14, avec πλήθη apposé à πιστεύοντες. — *1 Cor.*, I, 2 ; IV, 13 ; XV, 20 : Χριστὸς ἐγήγερται ἐκ νεκρῶν, ἀπαρχὴ τῶν κεκοιμημένων. — *Eph.*, I, 7 : ἔχομεν τὴν ἀπολύτρωσιν διὰ τοῦ αἵματος αὐτοῦ, τὴν ἄφεσιν τῶν παραπτωμάτων.

— *Ph.*, IV, 1 ; *1 Th.*, IV, 3 : τοῦτο γάρ ἐστιν τὸ θέλημα τοῦ θεοῦ, ὁ ἁγιασμὸς αὐτῶν. — *Col.*, III, 4, 5 ; *Jac.*, III, 6 : ὁ κόσμος τῆς ἀδικίας ἡ γλῶσσα καθίσταται ἐν τοῖς μέλεσιν ἡμῶν, ἡ σπιλοῦσα ὅλον τὸ σῶμα, *ce monde d'iniquité, la langue...* — *1 P.*, I, 18 : οὐ φθαρτοῖς ἀργυρίῳ ἢ χρυσίῳ ἐλυθρώθητε. A φθαρτοῖς est apposé ἀργυρίῳ ἢ χρυσίῳ. — V, 8 ; *Apoc.*, I, 13 : εἶδον... ἐν μέσῳ τῶν λυχνιῶν ὅμοιον, υἱὸν ἀνθρώπου, ἐνδεδυμένον... *je vis... un être semblable à nous, un homme...* et cf. XIV, 14. Mais voy. 161, *a* ; 287, *c*. — XII, 1 : καὶ σημεῖον μέγα ὤφθη ἐν τῷ οὐρανῷ, γυνὴ περιβεβλημένη, et cf. v. 3 : ὤφθη ἄλλο σημεῖον ἐν τῷ οὐρανῷ, καὶ ἰδοὺ δράκων μέγας, avec l'apposition complètement détachée. — XVI, 3 (285 *a*).

b) Une citation peut servir d'apposition sous différentes formes, *R.*, X, 9 : ἐὰν ὁμολογήσῃς τὸ ῥῆμα ἐν τῷ στόματί σου ὅτι Κύριος Ἰησοῦς. Les mots τὸ ῥῆμα ont pour apposition la citation Κύριος Ἰησοῦς avec ὅτι de citation. Cf. IV, 23, XIII, 9, et *1 Cor.*, XII, 3. — Cf. *L.*, XXII, 37 : τοῦτο τὸ γεγραμμένον δεῖ τελεσθῆναι ἐν ἐμοί, τό Καὶ μετὰ ἀνόμων ἐλογίσθη, et *J.*, XVI, 18, οὐ μικρόν est la citation apposée à τοῦτο.

c) Avec ὡς, *Apoc.*, XXI, 11 : ὅμοιος λίθῳ τιμιωτάτῳ, ὡς λίθῳ κρυσταλλίζοντι. — Mais le grec biblique aime souvent à supprimer ὡς et à juxtaposer l'apposition, *1 P.*, I, 8 ; *Apoc.*, I, 13 (?) ; XXII, 15 : εἶχεν μέτρον κάλαμον χρυσοῦν, *il tenait à la main une mesure, (qui était) une canne en or,* = εἶχεν, ὡς μέτρον, κάλαμον χρυσοῦν. — Cf. 264 et 265, *c*.

d) *Apoc.*, VIII, 12 : ἵνα... ἡ ἡμέρα μὴ φάνῃ τὸ τρίτον αὐτῆς, et pour cette apposition du nom de la quantité, au nominatif ici plutôt qu'à l'accusatif, cf. les exemples des LXX, 293. On a auparavant : ἐπλήγη τὸ τρίτον τοῦ ἡλίου... καὶ τὸ τρίτον τῶν ἀστέρων ἵνα σκοτισθῇ τὸ τρίτον αὐτῶν.

288. L'antécédent est un pronom ou un pronominal : *Mar.*, XII, 44 : ἐκ τῆς ὑστερήσεως αὐτῆς πάντα ὅσα εἶχεν ἔβαλεν, ὅλον τὸν βίον αὐτῆς. — *L.*, XI, 11 : τίνα δὲ ἐξ ὑμῶν τὸν πατέρα αἰτήσει ὁ υἱός, où τίνα a pour apposition τὸν πατέρα. — XXIII, 32 (272, *d*) ; *J.*, IX, 2 : τίς ἥμαρτεν, οὗτος ἢ οἱ γονεῖς αὐτοῦ, ἵνα τυφλὸς γεννηθῇ ; — Avec un pronom à suppléer devant le partitif, IX, 40 : ἤκουσαν ἐκ τῶν Φαρισαίων ταῦτα, οἱ μετ' αὐτοῦ ὄντες, = ἤκουσάν τινες ἐκ τῶν..., οἱ μετ' αὐτοῦ ὄντες. — XIII, 14 ; XVI, 13 : ἐκεῖνος, τὸ πνεῦμα τῆς ἀληθείας. — *R.*, IX, 20 ; 24 : οὓς καὶ ἐκάλεσεν ἡμᾶς οὐ μόνον ἐξ Ἰουδαίων ἀλλὰ καὶ ἐξ ἐθνῶν, où ἡμᾶς est apposé à οὕς. — *1 Cor.*, VII, 7 : ἕκαστος ἴδιον ἔχει χάρισμα, ὁ μὲν οὕτως, ὁ δὲ οὕτως. — *2 Cor.*, V, 10 : ἵνα κομίσηται ἕκαστος τὰ διὰ τοῦ σώματος πρὸς ἃ ἔπραξεν, εἴτε ἀγαθὸν εἴτε φαῦλον. — *Gal.*, V, 2 : ἐγὼ Παῦλος λέγω ὑμῖν. — *Eph.*, I, 12 ; *H.*, IV, 3 ; *1 P.*, III, 21 : διεσώθησαν δι' ὕδατος · ὃ καὶ ὑμᾶς ἀντίτυπον νῦν σώζει βάπτισμα, *laquelle eau, sous la forme du baptême qui est l'antitype.* — V, 1 ; *1 J.*, V, 13.

a) Avec le pronom antécédent à suppléer, *1 P.*, V, 1 : παρακαλῶ ὁ συμπρεσβύτερος καὶ μάρτυς.

b) Avec l'adjectif pronominal = le pronom, *1 Cor.*, XVI, 21 : ὁ ἀσπασμὸς τῇ ἐμῇ χειρὶ Παύλου, = τῇ χειρί μου Παύλου. — Se rencontre en prose classique (KOCH, 76, 4, *Rem.* 2).

c) Avec l'adverbe, = le pronom, ou y correspondant, *Mar.*, VIII, 4 δυνήσεταί τις ὧδε χορτάσαι ἄρτων ἐπ' ἐρημίας ; — *L.*, IV, 23 : ποίησον καὶ ὧδε, ἐν τῇ πατρίδι σου. — *Jac.*, IV, 1 : οὐκ ἐντεῦθεν, ἐκ τῶν ἡδονῶν ὑμῶν (= οὐκ ἐκ τούτου, au neutre). — Cf. *1 P.*, II, 15.

d) Avec un changement de préposition : *1 J.*, III, 24 : καὶ ἐν τούτῳ γινώσκομεν ὅτι μένει ἐν ἡμῖν, ἐκ τοῦ πνεύματος οὗ ἡμῖν ἔδωκεν. Α ἐν τούτῳ est apposé ἐκ τοῦ πνεύματος κτλ. Cf. *1 J.*, IV, 13.

e) Pour οὗτος et οὕτως avec une proposition apposée, voy. plus bas, 289, *b, c, d*.

f) Lorsque l'on parle à quelqu'un (au lieu de parler de lui), et qu'on le nomme, le nom est apposé au vocatif, comme *Apoc.*, XI, 17 : εὐχαριστοῦμέν σοι, κύριε, avec κύριε apposé au vocatif à σοι. — *Mat.*, XXVII, 46 : θεέ μου, θεέ μου, ἵνα τί με ἐγκατέλιπες ; et cf. LXX, *Ps.*, XXI, 2 : ὁ θεὸς ὁ θεός μου, πρόσχες μοι· ἵνα τί ἐγκατέλιπές με ; — Cf. 299, *b.*

g) L'apposition s'accorde, par attraction, avec le pronom relatif au lieu de s'accorder avec l'antécédent de ce pronom qui est aussi celui de l'apposition ; construction classique d'ailleurs ; ainsi :

R., IV, 23 ; *2 Cor.*, X, 13 : μέτρου s'accorde avec οὗ ; *Ph.*, III, 18 : οὕς... τοὺς ἐχθρούς. — *Phil.*, 10 : παρακαλῶ σε περὶ τοῦ ἐμοῦ τέκνου, ὃν ἐγέννησα ἐν τοῖς δεσμοῖς Ὀνήσιμον, τόν ποτε... — *1 J.*, II, 25.

289. L'antécédent ou l'apposition sont constitués par un infinitif ou une proposition infinitive :

a) *R.*, IV, 13 : οὐ γὰρ διὰ νόμου ἡ ἐπαγγελία τῷ Ἀβραὰμ ἢ τῷ σπέρματι αὐτοῦ, τὸ κληρονόμον αὐτὸν εἶναι κόσμου. — *2 Cor.*, X, 13 (285, *a*) ; *Eph.*, I, 10.

b) *2 Tim.*, II, 14 : ταῦτα ὑπομίμνησκε... μὴ λογομαχεῖν, ἐπ' οὐδὲν χρήσιμον, *chose absolument inutile.*

c) Pour l'emploi très fréquent de l'infinitif épexégétique apposé, cf. ma *Syntaxe des Propositions*, 255 ; 263-268.

d) L'antécédent est le pronom démonstratif οὗτος ou l'adverbe correspondant οὕτως ; une proposition dépendante, affirmative, finale, causale, conditionnelle, temporelle, infinitive, forme l'apposition :

L., X, 11 : τοῦτο γινώσκετε ὅτι ἤγγικεν ἡ βασιλεία τοῦ θεοῦ.

Mat., XVIII, 14 : οὕτως οὐκ ἔστιν θέλημα ἔμπροσθεν τοῦ πατρός μου τοῦ ἐν οὐρανοῖς, ἵνα μὴ ἀπόληται ἕν.. — *L.*, I, 43 ; *J.*, VI, 29 ; VI. 39, 40.

1 J., IV, 13 : ἐν τούτῳ γινώσκομεν ὅτι ἐν αὐτῷ μένομεν καὶ αὐτὸς ἐν ἡμῖν, ὅτι ἐκ τοῦ πνεύματος αὐτοῦ δέδωκεν ἡμῖν, et cf. III, 24.

J., XIII, 35 : ἐν τούτῳ γνώσονται πάντες ὅτι ἐμοὶ μαθηταί ἐστε, ἐὰν ἀγάπην ἔχητε ἐν ἀλλήλοις.

1 J., V, 2 : ἐν τούτῳ γινώσκομεν ὅτι ἀγαπῶμεν τὰ τέκνα τοῦ θεοῦ, ὅταν τὸν θεὸν ἀγαπῶμεν...

2 Cor., II, 1 : ἔκρινα γὰρ ἐμαυτῷ τοῦτο, τὸ μὴ πάλιν ἐν λύπῃ πρὸς ὑμᾶς ἐλθεῖν. — *1 Th.*, IV, 3; *1 P.*, II, 15 : οὕτως ἐστὶν τὸ θέλημα τοῦ θεοῦ, ἀγαθοποιοῦντας φιμοῖν τὴν... ἀγνωσίαν.

L'emploi de οὗτος, οὕτως, avec une proposition apposée, finale, conditionnelle, temporelle, doit appartenir à la langue familière, plutôt qu'à la langue littéraire, surtout après οὕτως. — C'est une particularité caractéristique du style de Jean.

290. De l'antécédent et de l'apposition, l'un des deux est un groupe de mots ou de propositions. Il en est de même parfois des deux. — Ainsi :

a) *Tit.*, I, 5-6 : ἵνα... καταστήσῃς κατὰ πόλιν πρεσβυτέρους, ὡς ἐγώ σοι διεταξάμην, εἴ τίς ἐστιν ἀνέγκλητος, μιᾶς γυναικὸς ἀνήρ... On a comme apposition : εἴ τίς ἐστιν... — *Jac.*, V, 11, avec ὅτι πολύσπλαγχνός ἐστιν, apposition de τὸ τέλος.

J., VIII, 55 : ἔσομαι ὅμοιος ὑμῖν, ψεύστης.

b) *R.*, XII, 1 : παρακαλῶ οὖν ὑμᾶς... παραστῆσαι τὰ σώματα ὑμῶν θυσίαν ζῶσαν ἁγίαν τῷ θεῷ εὐάρεστον, τὴν λογικὴν λατρείαν ὑμῶν. — *Tit.*, I, 2-3, avec τὸν λόγον apposé à ζωῆς αἰωνίου ἣν... ἰδίοις. — *1 Tim.*, II, 6 : Χριστὸς Ἰησοῦς, ὁ δοὺς ἑαυτὸν ἀντίλυτρον ὑπὲρ πάντων, τὸ μαρτύριον καιροῖς ἰδίοις · εἰς ὃ ἐτέθην... On a τὸ μαρτύριον, sans doute à l'accusatif, apposé à ce qui précède. — *Apoc.*, I, 19-20 : γράψον οὖν ἃ εἶδες... καὶ ἃ μέλλει γίνεσθαι μετὰ ταῦτα, τὸ μυστήριον τῶν ἑπτὰ ἀστέρων οὓς εἶδες. D'autres (WH) coupent la phrase après ταῦτα, et entendent τὸ μυστήριόν ἐστιν τῶν..., et cf. plus haut, 223. — XII, 7 : καὶ ἐγένετο πόλεμος ἐν τῷ οὐρανῷ, ὁ Μιχαὴλ καὶ οἱ ἄγγελοι αὐτοῦ τοῦ πολεμῆσαι μετὰ τοῦ δράκοντος, avec ὁ Μιχαὴλ κτλ., apposé à πόλεμος. On régularise la phrase en suppléant ἦσαν (ou ὄντες) devant τοῦ πολεμῆσαι (250, *b*); voyez ma *Syntaxe*..., 274, 5°.

L'apposition est déterminative avec l'article, qui équivaut au pronom relatif suivi de ἐστίν, ἦν, ἔσται, etc.

c) *A.*, XXVI, 22-23 : οὐδὲν ἐκτὸς λέγων ὧν τε οἱ προφῆται ἐλάλησαν μελλόντων γίνεσθαι καὶ Μωυσῆς, εἰ παθητὸς ὁ χριστός, εἰ πρῶτος ἐξ ἀναστάσεως νεκρῶν φῶς μέλλει καταγγέλλειν... On a εἰ παθητός... apposé à ce qui précède (ὧν τε...). — *Jac.*, IV, 3 : κακῶς αἰτεῖσθε, ἵνα ἐν

ταῖς ἡδοναῖς ἡμῶν δαπανήσητε, avec la proposition finale, épexégétique, apposée, = αἰτοῦντες ἵνα... — *Eph.*, I, 17-18 : ἵνα ὁ
θεὸς δῴη[1] ὑμῖν πνεῦμα σοφίας καὶ ἀποκαλύψεως ἐν ἐπιγνώσει αὐτοῦ, πεφωτισμένους... On peut faire du participe une apposition à ἵνα...
αὐτοῦ; cf. 112, *b*, et note 1, et 256. — *Apoc.*, I, 1 : ἀποκάλυψις
Ἰησοῦ Χριστοῦ ἣν ἔδωκεν αὐτῷ ὁ θεὸς δεῖξαι τοῖς δούλοις αὐτοῦ, ἃ δεῖ
γενέσθαι ἐν τάχει (WH). On peut regarder ἃ δεῖ... comme apposé
à ce qui précède, et particulièrement à ἀποκάλυψις. Mais il est
plus simple de donner ces mots pour complément direct à
δεῖξαι. — I, 2 : ὃς ἐμαρτύρησεν τὸν λόγον... καὶ τὴν μαρτυρίαν Ἰησοῦ
Χριστοῦ, ὅσα εἶδεν. Les deux derniers mots sont apposés à (ἐμαρτύρησεν) τὸν λόγον καὶ τὴν μαρτυρίαν. — Cf. pour ces derniers
exemples, 298.

2 *Th.*, I, 4-5 : ὥστε αὐτοὺς ἡμᾶς ἐν ὑμῖν ἐνκαυχᾶσθαι... ὑπὲρ τῆς
ὑπομονῆς ὑμῶν καὶ πίστεως ἐν πᾶσιν τοῖς διωγμοῖς ὑμῶν καὶ ταῖς θλίψεσιν
αἷς ἀνέχεσθε, ἔνδειγμα τῆς δικαίας κρίσεως. On a ἔνδειγμα..., au nominatif et plutôt à l'accusatif, apposé à ὑπὲρ τῆς... ἀνέχεσθε. — Cf.
aussi *Apoc.*, XXI, 17 : καὶ ἐμέτρησεν τὸ τεῖχος αὐτῆς ἑκατὸν τεσσεράκοντα τεσσάρων πηχῶν, μέτρον ἀνθρώπου ὅ ἐστιν ἀγγέλου. Mais pour
cet exemple, voy. 305, *c*.

Dans ces exemples l'apposition est explicative.

Remarque. — Quand un mot est apposé à une phrase, il est au nominatif ou à l'accusatif (KRÜGER, I, 7, 10, 10).

Pour *Tit.*, II, 7 : περὶ πάντα σεαυτὸν παρεχόμενος τύπον καλῶν ἔργων, ἐν τῇ
διδασκαλίᾳ ἀφθορίαν, σεμνότητα, λόγον ὑγιῆ ἀκατάγνωστον, répétez παρεχόμενος
devant ἀφθορίαν κτλ. pour la régularité.

On rencontre classiquement, du moins en poésie, des appositions du même genre que les précédentes.

d) L'apposition peut être jointe à son antécédent par τοῦτ' ἔστιν et ὅ ἐστιν,
invariables, 238, *c* ; 241. Mais ὅ ἐστιν (*qui est aussi celle*) garde son sens
propre dans *Apoc.*, XXI, 17 (305, *c*).

Dans quelques-uns des exemples précédents, on peut déjà sentir la
tendance de l'apposition à devenir indépendante dans sa construction,
par exemple *A.*, XXVI, 22-23 ; *Apoc.*, XII, 7.

291. L'emploi de l'apposition est extrêmement étendu et extrêmement libre dans les LXX ; l'apposition peut y revêtir toutes les formes
compatibles avec la clarté de la pensée, quelle que soit d'ailleurs leur

---

1. Sur cet optatif, cf. ma *Syntaxe*..., 131, *b*, et 152.

régularité grammaticale et leur accord ou leur rapport avec l'antécédent. Voy. d'ailleurs *Chap. II.*

L'antécédent est un nom, *Gen.*, II, 7 : ἔπλασεν ὁ θεὸς τὸν ἄνθρωπον, χοῦν ἀπὸ τῆς γῆς. — *Lév.*, XXIII, 3 : τῇ ἡμέρᾳ τῇ ἑβδόμῃ σάββατα ἀνάπαυσις κλητὴ ἁγία τῷ κυρίῳ, *le septième jour, c'est le sabbat, repos consacré au Seigneur.* — *1 R.*, IX, 7 : πλεῖον οὐκ ἔστι μεθ' ἡμῶν εἰσενεγκεῖν τῷ ἀνθρώπῳ τοῦ θεοῦ, τὸ ὑπάρχον ἡμῖν. — *3 R.*, XX, 2 ; *Es.*, XVIII, 7 : εἰς τὸν τόπον οὗ τὸ ὄνομα κυρίου Σαβαώθ, ὄρος Σιών. — Cf. 287.

Ex., VI, 3 : καὶ τὸ ὄνομά μου Κύριος οὐκ ἐδήλωσα αὐτοῖς. — *1 R.*, IX, 9-10 : τὸν προφήτην ἐκάλει ὁ λαὸς ἔμπροσθεν 'Ο βλέπων. — 2 *Paral.*, II, 17. — Cf. 287, *b*.

Ex., XXIV, 5 : ἔθυσαν θυσίαν σωτηρίου τῷ θεῷ μοσχάρια, = ἔθυσαν μοσχάρια ὡς θυσίαν..., et cf. *Apoc.*, XXI, 15 (287, *c*).

292. Notons les juxtapositions de substantifs, quand nous aurions attendu une autre construction :

a) Gen., VI, 17 : ἰδοὺ ἐπάγω τὸν κατακλυσμὸν ὕδωρ ἐπὶ τὴν γῆν, = *le déluge d'eau*, et cf. PREISWERK, 535, et *Nom.*, VI, 5 : ἅγιος ἔσται τρέφων κόμην τρίχα κεφαλῆς. — *Deut.*, IV, 16 : μὴ... ποιήσητε ὑμῖν ἑαυτοῖς γλυπτὸν ὁμοίωμα, πᾶσαν εἰκόνα ὁμοίωμα ἀρσενικοῦ ἢ θηλυκοῦ... — *5 R.*, I, 2 : ζητησάτωσαν τῷ βασιλεῖ παρθένον νεάνιδα. — VII, 6 : καὶ ἔργον κρεμαστῶν, δύο στίχοι ῥοῶν χαλκῶν δεδικτυωμένοι, ἔργον κρεμαστόν, στίχος ἐπὶ στίχον. — *4 R.*, V, 17 : δοθήτω δὴ τῷ δούλῳ σου γόμορ ζεῦγος ἡμιόνων, *une charge (qui soit celle d') un attelage.* — *1 Esd.*, IX, 8 : καὶ νῦν δότε ὁμολογίαν δόξαν τῷ κυρίῳ, = *dites des paroles (qui soient) une louange pour...* — *Esther*, VI, 1-2 : εἶπε τῷ διακόνῳ αὐτοῦ εἰσφέρειν γράμματα μνημόσυνα τῶν ἡμερῶν, *les écrits (qui sont) les mémoires.* — *Job*, XXXVIII, 14 : ἢ σὺ λαβὼν γῆν πηλὸν ἔπλασας... *de la terre (qui était de la) boue, de l'argile* (271, *b*). — *Osée*, X 4, : τί ποιήσει ἡμῖν, λαλῶν ῥήματα προφάσεις ψευδεῖς ; *prononçant des paroles (qui sont des) prétextes mensongers.* — *Es.*, IX, 2 : οἱ κατοικοῦντες ἐν χώρᾳ σκιᾷ θανάτου, et cf. dans le N. T., *Mat.*, IV, 16 : ἐν χώρᾳ καὶ σκιᾷ θανάτου, *dans un pays (où règnent les) ténèbres de la mort.* — XVIII, 7 : ἀπὸ τοῦ νῦν καὶ εἰς τὸν αἰῶνα χρόνον, *le temps (qui est) l'éternité.* — XIX, 4 : εἰς χεῖρας ἀνθρώπων κυρίων σκληρῶν. — *Jér.*, XVIII, 17 : ὡς ἄνεμον καύσωνα διασπερῶ αὐτούς, = *comme un vent brûlant.* — Cf., *Ez.*, I, 26 : καὶ ἐπὶ τοῦ ὁμοιώματος τοῦ θρόνου ὁμοίωμα ὡς εἶδος ἀνθρώπου.

b) Deut., X, 7 : γῆ χείμαρροι ὑδάτων, *pays (qui ne se compose que de) cours d'eau.* — XV, 9 : πρόσεχε σεαυτῷ μὴ γένηται ῥῆμα κρυπτὸν ἐν τῇ καρδίᾳ σου ἀνόμημα, *prends garde qu'il n'y ait de caché dans ton cœur une pensée (qui soit une) iniquité.* — *1 Paral.*, IX, 33 : καὶ οὗτοι ψαλτῳδοί, ἄρχοντες τῶν πατριῶν τῶν Λευιτῶν, διατεταγμέναι ἐφημερίαι, avec ces deux derniers mots apposés. — 2 *Paral.*, IV, 11-13 : συνετέλεσε Χιρὰμ ποιῆσαι... δύο γένη ῥοΐσκων, tandis que l'on a, IV, 3 : δύο γένη ἐχώνευσαν τοὺς μόσχους, *on fondit deux espèces de bœufs.*

Pour tout ce qui précède, cf. PREISWERK, 534 seqq. ; EWALD, p. 93, *h*.

c) Les exemples précédents rendent possible l'apposition de l'*Apocalypse*, I, 13, et XIV, 14 : ὅμοιον υἱὸν ἀνθρώπου. Cf. 161, *a* ; 287, *a*.

293. Les substantifs de quantité, de mesure, de nombre, se juxtaposent avec la plus grande facilité, au nominatif ou à l'accusatif :

a) Jug., VI, 38 : ἔσταξε δρόσος ἀπὸ τοῦ πόκου, πλήρης λεκάνη ὕδατος, = *il dégoutta de la toison de la rosée, (qui était) un vase plein d'eau.* — *4 R.*, IV, 39 : εὖρεν ἄμπελον ἐν τῷ ἀγρῷ, καὶ συνέλεξεν ἀπ' αὐτῆς τολύπην ἀγρίαν πλῆρες τὸ ἱμάτιον αὐτοῦ, = *du fruit sauvage (qui était) son manteau plein.*

b) 4 R., X, 21 : ἐπλήσθη ὁ οἶκος τοῦ Βαὰλ στόμα εἰς στόμα, = *d'une porte à l'autre.* — *2 Paral.*, IV, 1-2 : ἐποίησε θυσιαστήριον χαλκοῦν, εἴκοσι πήχεων τὸ μῆκος καὶ εἴκοσι πήχεων τὸ εὖρος..., καὶ ἐποίησε τὴν θάλασσαν χυτήν, δέκα πήχεων τὴν διαμέτρησιν, στρογγύλην κυκλόθεν, καὶ πέντε πήχεων τὸ ὕψος. On peut voir là un accusatif de relation, sauf pour καὶ (ἦν) πέντε πήχεων τὸ ὕψος, où l'apposition est une proposition indépendante.

c) 2 R., X, 6-7 : ἐμισθώσαντο τὴν Συρίαν Βαιθρὰμ καὶ τὴν Συρίαν Σουβὰ καὶ Ροὼβ εἴκοσι χιλιάδας πεζῶν καὶ τὸν βασιλέα Ἀμαλὴκ χιλίους ἄνδρας καὶ Ἰστὼβ δώδεκα χιλιάδας πεζῶν, καὶ τὸν βασιλέα Ἀμαλὴκ χιλίους ἄνδρας καὶ Ἰστὼβ δώδεκα χιλιάδας ἀνδρῶν. καὶ ἤκουσε Δαυεὶδ καὶ ἀπέστειλε τὸν Ἰωὰβ καὶ πᾶσαν τὴν δύναμιν τοὺς δυνατούς, = *ils prirent à leur solde les Syriens de Baithram, de Souba et de Roob (au nombre de) 20 000 hommes de pied, le roi d'Amalek (avec) 2 000 hommes... David envoya Joab et toutes ses troupes (qui étaient) des vaillants.* — *1 Paral.*, V, 21 : ᾐχμαλώτευσαν τὴν ἀποσκευὴν αὐτῶν, καμήλους πεντακισχιλίας, καὶ προβάτων διακοσίας πεντήκοντα χιλιάδας, ὄνους δισχιλίους, καὶ ψυχὰς ἀνδρῶν ἑκατὸν χιλιάδας. — *2 Esd.*, VI, 3 : ἔθηκεν ἔπαρμα ὕψος πηχεῖς ἑξήκοντα, πλάτος αὐτοῦ πήχεων ἑξήκοντα, = *il établit une élévation (qui était comme) hauteur (de) soixante coudées ; sa largeur était de...* — *Ps.*, LIX, 2 : ἐπέστρεψεν Ἰωὰβ καὶ ἐπάταξεν τὴν φάραγγα τῶν ἁλῶν δώδεκα χιλιάδας. — *Es.*, XLV, 2 : καὶ ἔσται ἐκ τούτου ἁγιάσματα, πεντακόσιοι ἐπὶ πεντακοσίους, τετράγωνον κυκλόθεν, καὶ πεντήκοντα πήχεις διάστημα αὐτῷ κυκλόθεν, = *il y aura (de fait) avec ce terrain un sanctuaire, (qui sera de) cinq cents cannes sur cinq cents, (qui sera) un carré en périmètre, et (il y aura) tout autour de lui un espace (de) cinquante coudées.* — *Dan.*, XII, 11 : δοθήσεται τὸ βδέλυγμα ἐρημώσεως ἡμέραι χίλιαι διακόσιαι ἐνενήκοντα, et cf. *Daniel* (LXX) : ἀφ' οὗ ἂν... ἑτοιμασθῇ δοθῆναι τὸ βδέλυγμα τῆς ἐρημώσεως ἡμέρας χιλίας διακοσίας ἐνενήκοντα.

Pour tout ce qui précède, cf. PREISWERK, 535, et EWALD, p. 92-93, *h*; DRIVER, *Appendix IV*.

294. *a)* Notons l'apposition faite suivant le principe général de la cause et de l'effet, etc. (5) :

Ex., XXIV, 12 : δώσω σοι τὰ πυξία τὰ λίθινα, τὸν νόμον καὶ τὰς ἐντολὰς ἃς ἔγραψα νομοθετῆσαι αὐτοῖς.

b) Notons l'apposition hébraïsante, consistant à répéter un mot pour exprimer la grande quantité, la totalité, la distribution, la différence, comme, *Gen.*, VII, 2 : εἰσάγαγε πρὸς σὲ ἑπτὰ ἑπτά, *sept par sept.* — *Ex.*, XXX, 7 : θυμιάσει ἐπ' αὐτοῦ Ἀαρών... τὸ πρωὶ πρωί, *chaque matin.* — *Nom.*, XVII, 2; et cf. *Deut.*, XIV, 22 : ἐνιαυτὸν κατ' ἐνιαυτόν, *chaque année.* — *4 R.*, XVII, 29 : ἦσαν ποιοῦντες ἔθνη ἔθνη θεοὺς αὐτῶν, κτλ., = *les nations se faisaient chacune leurs dieux.* — Pour la différence, il y a καὶ entre les deux noms, comme *Deut.*, XXV, 13-14 : οὐκ ἔσται ἐν τῇ οἰκίᾳ σου μέτρον καὶ μέτρον, *deux mesures différentes*, et *Ps.*, XI, 3 : μάταια ἐλάλησεν ἕκαστος πρὸς τὸν πλησίον αὐτοῦ, χείλη δόλια, ἐν καρδίᾳ καὶ ἐν καρδίᾳ ἐλάλησαν,... *les lèvres étaient trompeuses ; ils ont parlé avec un cœur double.*

295. L'antécédent est un pronom (cf. 288) :

Deut., XXXIV, 11-12 : Μωυσῆς... ὃν ἀπέστειλεν αὐτὸν Κύριος ποιῆσαι αὐτὰ ἐν γῇ Αἰγύπτῳ Φαραώ... καὶ πάσῃ τῇ γῇ αὐτοῦ, τὰ θαυμάσια τὰ μεγάλα καὶ τὴν χεῖρα τὴν κραταιάν, ἃ ἐποίησε Μωυσῆς ἔναντι παντὸς Ἰσραήλ. On a τὰ θαυμάσια κτλ., appose à αὐτά. — *Ps.*, XVII, 1 : ἃ ἐλάλησε τῷ κυρίῳ τοὺς λόγους τῆς ᾠδῆς ταύτης ἐν ἡμέρᾳ ᾗ ἐρρύσατο αὐτὸν κύριος, où l'on a τοὺς λόγους apposé à ἅ (?). — *Es.*, XLVI, 3, 5-6 ; XLVII, 5 et 8.

a) Josué, III, 10-11 : ἐν τούτῳ γνώσεσθε ὅτι θεὸς ζῶν ἐν ὑμῖν... ἰδοὺ ἡ κίβωτος διαθήκης κυρίου διαβαίνει... Au pronom τούτῳ est apposée la proposition indépendante ἰδοὺ ἡ κίβωτος...

b) L'apposition se rapporte au pronom relatif au lieu de se rapporter à son antécédent, *Eccl.*, V, 12 : ἔστιν ἀρρωστία ἣν εἶδον ὑπὸ τὸν ἥλιον, πλοῦτον φυλασσόμενον. — Cf. 288, *g*.

296. L'apposition est un infinitif (cf. 289) :

Néh., XIII, 27 : καὶ ὑμῶν μὴ ἀκουσώμεθα ποιῆσαι πᾶσαν πονηρίαν ταύτην, ἀσυνθετῆσαι ἐν τῷ θεῷ ἡμῶν, καθίσαι γυναῖκας ἀλλοτρίας. — *Es.*, XXIII, 18 : καὶ ἔσται αὐτῆς ἡ ἐμπορία..., πᾶσα ἡ ἐμπορία αὐτῆς, φαγεῖν καὶ πιεῖν καὶ ἐμπλησθῆναι.

Eccl., V, 17 : ἰδοὺ εἶδον ἐγὼ ἀγαθὸν ὅ ἐστι καλόν, τοῦ φαγεῖν καὶ πιεῖν καὶ τοῦ ἰδεῖν ἀγαθωσύνην. Les infinitifs sont apposés à ἀγαθόν.

297. L'apposition et l'antécédent sont l'un des deux, ou tous deux, un groupe de mots, une proposition, une phrase entière (cf. 290).

Ex., XXXII, 25 : διεσκέδασε γὰρ αὐτοὺς Ἀαρών, ἐπίχαρμα τοῖς ὑπεναντίοις αὐτῶν, *Aaron les avait fait disperser, (ce qui était un) sujet de joie pour leurs ennemis*. — *Deut.*, IV, 11 : καὶ τὸ ὄρος ἐκαίετο πυρὶ ἕως τοῦ οὐρανοῦ, σκότος, γνόφος, θύελλα, avec une apposition (proleptique) au nominatif, = *la montagne était embrasée jusqu'au ciel, (et devenait) ténèbres*... — *1 R.*, V, 9 : γίνεται χεὶρ κυρίου τῇ πόλει, τάραχος μέγας σφόδρα · καὶ ἐπάταξε τοὺς ἄνδρας, = *la main du Seigneur s'appesantit sur la ville, (et ce fut un) grand bouleversement,* avec une apposition (proleptique) comme précédemment. — *3 R.*, VIII, 59 : τοῦ ποιεῖν τὸ δικαίωμα τοῦ δούλου σου καὶ τὸ δικαίωμα λαοῦ Ἰσραήλ, ῥῆμα ἡμέρας ἐν ἡμέρᾳ ἐνιαυτοῦ, *(ce qui est une) chose de tous les jours*. — Cf. *2 Paral.*, XVIII, 7 : ἔτι ἀνὴρ εἷς τοῦ ζητῆσαι τὸν κύριον δι' αὐτοῦ..., οὗτος Μιχαὰς υἱὸς Ἰεμβλά. — *Zach.*, XIV, 4 : σχισθήσεται τὸ ὄρος τῶν ἐλαιῶν, τὸ ἥμισυ αὐτοῦ πρὸς ἀνατολὰς καὶ θάλασσαν, χάος μέγα σφόδρα, avec χάος κτλ. comme apposition proleptique indiquant le résultat de σχισθήσεται κτλ. — Cf. *Es.*, XXIII, 15 : καταλειφθήσεται Τύρος ἔτη ἑβδομήκοντα, ὡς χρόνος βασιλέως, ὡς χρόνος ἀνθρώπου, = *ce qui est le temps que vit un roi, le temps que vit un homme.*

Le nom apposé paraît être au nominatif dans tous ces exemples.

298. En particulier, l'apposition est une proposition relative :

Ps., XVII, 1 : εἰς τὸ τέλος · τῷ παιδὶ Κυρίου τῷ Δαυείδ, ἃ ἐλάλησεν τῷ κυρίῳ τοὺς λόγους τῆς ᾠδῆς ταύτης ἐν ἡμέρᾳ ᾗ ἐρρύσατο αὐτὸν Κύριος. La proposition ἃ ἐλάλησεν est apposée à ψαλμός, à suppléer en tête de l'inscription (?). — *Joël*, II, 26 : αἰνέσετε τὸ ὄνομα κυρίου τοῦ θεοῦ ἡμῶν, ἃ ἐποίησε μεθ' ὑμῶν εἰς θαυμάσια, *louez le nom du Seigneur votre Dieu, (en louant) ce qu'il a opéré comme prodiges avec vous.*

Testam. XII Patriar., I, 1 : ἀντίγραφον διαθήκης Ῥουβήμ, ὅσα ἐνετείλατο τοῖς υἱοῖς αὐτοῦ, avec ὅσα κτλ. apposition explicative de ἀντίγραφον διαθήκης. — IV, 1 : ἀντίγραφον λόγων Ἰούδα, ὅσα ἐλάλησε, et cf. XII, 1 : ἀντίγραφον λόγων Βενιαμὶν ὧν διέθετο τοῖς υἱοῖς αὐτοῦ.

Avec les derniers exemples cf. les passages de l'*Apocalypse* cités plus haut, 290, *c*.

Apposition irrégulière.

299. La construction de l'apposition est irrégulière quand l'accord cesse par suite d'une anacoluthe ou d'une syllepse.

Nous n'avons d'exemples que pour les participes. On les trouvera tous plus haut, 20; 111-113bis (et cf. 234) et 121.

Nota. — Lorsqu'on s'adresse à quelqu'un, le nom ou pronom, exprimé ou non, est au vocatif, et son apposition, participe, adjectif, etc., est au nominatif avec l'article, comme en grec classique (KOCH, 82) :

Mat., VI, 9 : πάτερ ἡμῶν ὁ ἐν τοῖς οὐρανοῖς. — VII, 23; L., XI, 39; A., XIII, 16, 26; R., II, 1 : ὦ ἄνθρωπε πᾶς ὁ κρινών. — Apoc., IV, 11; XI, 17 : εὐχαριστοῦμέν σοι, κύριε, ὁ θεός, ὁ παντοκράτωρ. — XVIII, 20; XIX, 5.

Cf. 288, f, et bien distinguer le sens des deux constructions. Par le vocatif, on s'adresse à la personne en la nommant. Le nominatif apposé qualifie ou décrit la personne, et l'article équivaut à ὅς εἶ, etc. Ainsi Mat., VI, 9 : *notre Père, toi qui es dans les cieux.* — Apoc., XI, 17 : *nous te rendons grâces, ô Seigneur, toi qui es (le) Dieu (unique), le Tout-Puissant.* — Cf. pour ce sens de l'article, 301 ; 302, c.

Apposition indépendante.

300. L'apposition indépendante repose sur le principe suivant :

Lorsque l'apposition exprime un trait, une particularité caractéristique de la chose dont on parle, elle tend à devenir indépendante, et l'accord grammatical cesse.

Nous distinguerons : 1° les exemples où l'apposition cesse de s'accorder avec son antécédent en cas, en nombre, ou en genre, que l'accord cesse pour les trois choses ou pour l'une des trois seulement ; 2° les exemples où l'antécédent et l'apposition sont juxtaposés sans autre lien que celui qui consiste à se rapporter logiquement à la même idée.

Exemples du premier cas :

301. L'apposition, précédée de l'article, est un nominal autre qu'un participe :

Apoc., I, 5 : ἀπὸ Ἰησοῦ Χριστοῦ, ὁ μάρτυς ὁ πιστός, ὁ πρωτότοκος τῶν νεκρῶν καὶ ὁ ἄρχων τῶν βασιλέων τῆς γῆς. — II, 13 : ἐν ταῖς ἡμέραις Ἀντίπας (v. l. Ἀντίπα), ὁ μάρτυς μου, ὁ πιστός [μου], ὃς ἀπεκτάνθη παρ' ὑμῖν. — XX, 2 : ἐκράτησεν τὸν δράκοντα, ὁ ὄφις ὁ ἀρχαῖος, ὅς ἐστιν Διάβολος καὶ ὁ Σατανᾶς.

Dans ces exemples, l'article équivaut à ὅς ἐστιν; ainsi I, 5 : ὅς ἐστιν ὁ μάρτυς, = *paix à vous de la part de Jésus-Christ : c'est lui qui est le témoin fidèle...*

302. L'apposition, précédée de l'article, est un participe :
 a) Elle suit son antécédent, comme *Mar.*, XII, 38-40 ; *L.*, VI, 25 ; *Ph.*, III, 18-19, avec retour du participe au nominatif de son antécédent (cf. 15-16). — *Apoc.*, II, 20 ; IX, 13-14 ; XIV, 3 : αἱ ἑκατὸν τεσσεράκοντα τέσσαρες χιλιάδες, οἱ ἠγορασμένοι ἐπὶ τῆς γῆς.
 b) Elle suit un antécédent complexe, *Apoc.*, III, 10 ; VIII, 9 ; XIV, 12 ; XIX, 20 ; XXI, 9 : εἷς ἐκ τῶν ἑπτὰ ἀγγέλων τῶν ἐχόντων τὰς ἑπτὰ φιάλας, τῶν γεμόντων. — XVI, 3, τὰ... (ὄντα).
 c) Elle précède son antécédent, comme *J.*, VII, 38 ; *Apoc.*, II, 26 ; III, 12, 21 (et cf. II, 17) : ὁ νικῶν, δώσω αὐτῷ.

 Voy. la liste, 114 ; 123 ; 131 ; 140-147.

 Comme précédemment (301), l'article équivaut au pronom relatif avec le verbe fini ; ainsi pour *Mar.*, XII, 38-40, on aurait οἳ κατέσθουσιν, qu'on lit *L.*, XX, 46. En français : *lui qui, eux qui...!* exclamatif. Quand l'apposition précède, *celui qui...*
 Cf. ma *Syntaxe...*, 228 ; 230 ; 293 ; 299.

303. L'apposition, sans article, est un nominal, autre qu'un participe :
 Jac., III, 8 : τὴν δὲ γλῶσσαν οὐδεὶς δαμάσαι δύναται ἀνθρώπων · ἀκατάστατον κακόν, μεστὴ ἰοῦ θανατοφόρου, = *c'est un mal inquiet, elle est pleine d'un venin mortel.* — *Apoc.*, VII, 4 : ἤκουσα τὸν ἀριθμὸν τῶν ἐσφραγισμένων, ἑκατὸν τεσσεράκοντα τέσσαρες χιλιάδες, ἐσφραγισμένοι ἐκ πάσης φυλῆς, *j'entendis le nombre de ceux qui avaient reçu le signe : (il y en avait) 144000 (de) marqués de toutes les tribus...* — XII, 5 : καὶ ἔτεκεν υἱόν, ἄρσεν, ὃς μέλλει ποιμαίνειν, *elle enfanta un fils, (c'était) un enfant mâle, qui doit...*

 Cf. *Apoc.*, XIII, 8 : καὶ προσκυνήσουσιν αὐτὸν πάντες οἱ κατοικοῦντες ἐπὶ τῆς γῆς, οὗ οὐ γέγραπται τὸ ὄνομα αὐτοῦ ἐν τῷ βιβλίῳ, avec οὗ... αὐτοῦ au singulier, apposé à πάντες οἱ κατοικοῦντες, et passage du pluriel au singulier, comme souvent avec un collectif indéfini ; cf. 126 ; 149.

304. L'apposition sans article est un participe.
 a) Pour le cas, comme *Apoc.*, V, 6, ἔχων ; XI, 1 (113) ; XI, 3 ; XIV, 6, 14 ; XVII, 3 ; XIX, 6 (*v. l.* λέγοντες) ; XXI, 10-12,
 Voy. la liste, 112-113 ; 123 ; 131-132 ; 141-142.

Avec l'apposition indépendante en cas, il faut suppléer ἐστίν, ἦν, comme pour *Jac.*, III, 8 (303).

L'apposition indépendante peut être détachée, au point de former une proposition nouvelle. Ainsi : *Apoc.*, XII, 1-2 : καὶ σημεῖον μέγα ὤφθη ἐν τῷ οὐρανῷ, γυνὴ περιβεβλημένη..., on a γυνή comme apposition. Mais, XII, 3 ; ὤφθη ἄλλο σημεῖον ἐν τῷ οὐρανῷ, καὶ ἰδοὺ δράκων μέγας πυρρός, ἔχων..., les mots καὶ ἰδοὺ δράκων commencent une proposition, tandis qu'on aurait dû avoir une apposition. — Cf. 10 et 10 *bis*.

L'apposition revient à la construction initiale, *Apoc.*, VII, 9 ; XII, 1-2 ; XIX, 11-12. — Cf. 15-16.

b) Il y a accord logique, si l'on veut, mais indépendance grammaticale :

Pour le genre, *Apoc.*, IV, 1 : ἡ φωνὴ ἡ πρώτη... λέγων. — V, 6 (*bis*), 11-12 ; VII, 4 ; IX, 13-14 ; XI, 4, 15 ; XVII, 3 ; 4 (*v. l.*).

Pour le nombre, *Apoc.*, VII, 9 : ὄχλος πολὺς... ἑστῶτες...

Voy. la liste, aux numéros cités *sub a*. — Cf. *Ap.*, XVI, 3 (302, *b*).

305. Exemples du second cas :

Il n'existe qu'un lien logique entre les deux parties de la phrase juxtaposée :

a) L'apposition est en tête, au nominatif absolu :

1 P., III, 8 : τὸ δὲ τέλος, ὁμόφρονες, συμπαθεῖς, = *ceci est la fin*, = le classique τέλος δέ, *enfin, en dernier lieu*. — *H.*, VIII, 1 : κεφάλαιον δὲ ἐπὶ τοῖς λεγομένοις, τοιοῦτον ἔχομεν ἀρχιερέα, = *résumé de ce qui a été dit : nous avons un grand-prêtre...*

b) L'apposition, placée en tête, met en relief l'idée à laquelle se rapporte logiquement ce qui suit ; elle est au nominatif absolu : *Mat.*, XXIII, 16 (et 18) : ὃς ἂν ὀμόσῃ ἐν τῷ ναῷ, οὐδέν ἐστιν, = *cela n'est rien*. — *L.*, XXI, 6 : ταῦτα ἃ θεωρεῖτε, ἐλεύσονται ἡμέραι ἐν αἷς οὐκ ἀφεθήσεται λίθος ἐπὶ λίθῳ ὧδε ὃς οὐ καταλυθήσεται, avec ὧδε qui rappelle l'apposition. — *R.*, VIII, 3 : τὸ γὰρ ἀδύνατον τοῦ νόμου, ἐν ᾧ ἠσθένει διὰ τῆς σαρκός, ὁ θεὸς τὸν ἑαυτοῦ υἱὸν πέμψας ἐν ὁμοιώματι σαρκὸς ἁμαρτίας καὶ περὶ ἁμαρτίας κατέκρινε τὴν ἁμαρτίαν ἐν τῇ σαρκί, ἵνα τὸ δικαίωμα τοῦ νόμου πληρωθῇ ἐν ἡμῖν τοῖς μὴ κατὰ σάρκα περιπατοῦσιν ἀλλὰ κατὰ πνεῦμα. Les mots ὁ θεὸς... κατὰ πνεῦμα expliquent comment Dieu a fait ce qui était impossible à la Loi. — *2 Cor.*, I, 20 : ὅσαι γὰρ ἐπαγγελίαι θεοῦ, ἐν αὐτῷ τό Ναί, = *toutes les promesses faites par Dieu, l'accomplissement en est en lui*.

c) Nous voudrions rattacher à cette classe d'exemples, *Apoc.*, XXI, 17 : καὶ ἐμέτρησεν τὸ τεῖχος αὐτῆς ἑκατὸν τεσσεράκοντα τεσσάρων πηχῶν, μέτρον ἀνθρώπου ὅ ἐστιν ἀγγέλου, *il en mesura les murailles qui avaient 144 coudées :*

(*c'était*) *une mesure d'homme* (*dont il se servait, mesure*) *qui est aussi celle de l'ange.* Μέτρον serait alors au nominatif absolu d'apposition (290 *bis*).

d) Pour *Eph.*, V, 23 : ἀνήρ ἐστιν κεφαλὴ τῆς γυναικὸς ὡς καὶ ὁ Χριστὸς κεφαλὴ τῆς ἐκκλησίας, αὐτὸς σωτὴρ τοῦ σώματος, les mots αὐτὸς κτλ. sont une juxtaposition à ce qui précède pour indiquer un point où cesse la comparaison et où le Christ l'emporte ; ce mot est fortement mis en relief par le détachement de l'apposition qui devient indépendante, = *tandis que lui est aussi, en même temps, le sauveur du corps.*

306. Dans les LXX, l'apposition sans accord est très fréquente et se présente sous les formes les plus variées. Voy. *Chap.* II.

Apposition anormale (299) :

a) Par syllepse (voix et personne), *Gen.*, XV, 1.

b) Avec un collectif antécédent, *Jér.*, IX, 1 : κλαύσομαι τὸν λαόν μου τοῦτον ἡμέρας καὶ νυκτός, τοὺς τετραυματισμένους...

c) Nominatif et vocatif apposés.

Néh., I, 5 : Μὴ δή, κύριε, ὁ θεὸς τοῦ οὐρανοῦ ὁ ἰσχυρὸς ὁ μέγας καὶ φοβερὸς φυλάσσων... — *Lament.*, II, 13 : τίς σώσει... σε, παρθένος θύγατερ Σιών. — *Baruch*, II, 12 : ἠδικήσαμεν, κύριε ὁ θεὸς ἡμῶν. — Cf. 288, *f*, et 299.

Apposition indépendante.

307. L'apposition, précédée de l'article, est un nominal autre qu'un participe (301) :

Pour le cas :

4 R., X, 29 : οὐκ ἀπέστη Ἰοὺ ἀπὸ ὄπισθεν αὐτῶν, αἱ δαμάλεις αἱ χρυσαῖ ἐν Βαιθὴλ καὶ ἐν Δάν, avec αἱ δαμάλεις apposé à αὐτῶν.

Pour le nombre :

Ex., XIII, 15 : ἐγὼ θύω... πᾶν διανοῖγον μήτραν, τὰ ἀρσενικά, τῷ κυρίῳ, = *chaque premier-né, les enfants mâles.* Mais l'antécédent est un collectif indéfini (126 ; 149).

308. L'apposition, précédée de l'article, est un participe (302) :

2 *Paral.*, IV, 14 : ἐποίησαν αὐτοὺς δώδεκα μόσχους, οἱ τρεῖς βλέποντες βορρᾶν καὶ οἱ τρεῖς δυσμὰς... — *Job*, XXII, 16 : ποταμὸς ἐπιρρέων οἱ θεμέλιοι αὐτῶν, οἱ λέγοντες (ce participe se rapporte à αὐτῶν). — XXV, 2 : τί γὰρ προοίμιον ἢ φόβος παρ' αὐτοῦ, ὁ ποιῶν τὴν σύμπασαν ἐν ὑψίστῳ ; — *Amos*, VI, 2-3 : κατάβητε ἐκεῖθεν εἰς Γὲθ ἀλλοφύλων... εἰ πλέονα τὰ ὅρια αὐτῶν ἐστι τῶν ὑμετέρων ὁρίων · οἱ ἐρχόμενοι εἰς ἡμέραν κακήν (= *ce sont eux qui viennent...*) — *Es.*, XVIII, 1-2 : οὐαὶ γῆς πλοίων πτέρυγες ἐπέκεινα ποταμῶν Αἰθιοπίας, ὁ ἐξαποστέλλων ἐν θαλάσσῃ ὅμηρα... On a ὁ ἐξαποστέλλων apposé à τῆς Αἰθιοπίας, parce que l'auteur pense au roi du pays, sujet réel du participe, = *c'est son roi qui envoie* ou *dont c'est le roi qui envoie...* (Cf. EWALD, p. 136), et cf. plus haut, 5.

Voyez d'ailleurs ma *Syntaxe des propositions*, 347-352.

309. L'apposition, sans article, est un nominal, autre qu'un participe (303) :

a) Pour le cas :

Lév., XXIII, 12-13 : καὶ ποιήσετε, ἐν τῇ ἡμέρᾳ ἐν ᾗ ἂν φέρητε τὸ δράγμα, πρόβατον ἄμωμον ἐνιαύσιον εἰς ὁλοκαύτωμα τῷ κυρίῳ, καὶ τὴν θυσίαν αὐτοῦ δύο δέκατα σεμιδάλεως ἀναπεποιημένης ἐν ἐλαίῳ, θυσία τῷ κυρίῳ, ὀσμὴ εὐωδίας κυρίῳ, καὶ σπονδὴν αὐτοῦ τὸ τέταρτον τοῦ ἓν οἴνου. Suppléez ποιήσετε avec τὴν θυσίαν et σπονδήν, (v. l.) tandis que θυσία et ὀσμή sont apposés au nominatif indépendant parenthétique (ce sera un sacrifice pour le Seigneur). — XXV, 36 : καὶ φοβηθήσῃ τὸν θεόν σου, ἐγὼ κύριος, καὶ ζήσεται ὁ ἀδελφός σου μετὰ σοῦ, avec ἐγὼ κύριος apposition exclamative, (= c'est) moi le Seigneur! — Nom., XX, 5 : ἀνηγάγετε ἡμᾶς ἐξ Αἰγύπτου παραγενέσθαι εἰς τὸν τόπον τὸν πονηρὸν τοῦτον, τόπος οὗ οὐ σπείρεται, οὐδὲ συκαῖ οὐδὲ ἄμπελοι, = vous nous avez amenés dans ce détestable pays-ci : (c'est) un pays où l'on ne peut rien semer... — Deut., VIII, 7-8 : ὁ θεός σου εἰσάξει σε εἰς γῆν ἀγαθὴν καὶ πολλήν, οὗ χείμαρροι ὑδάτων... διὰ τῶν ὀρέων · γῆ πυροῦ καὶ κριθῆς, ἄμπελοι, συκαῖ, ῥοαί, γῆ ἐλαίας ἐλαίου καὶ μέλιτος, = (c'est) un pays de blé et d'orge, (il y a) des vignes, des figuiers, des ruisseaux, un pays d'oliviers... — X, 7 : ἀπῆραν εἰς Γαδγάδ, καὶ ἀπὸ Γαδγὰδ εἰς Ἐτεβατά, γῆ χείμαρροι ὑδάτων, = (c'est) un pays (de) cours d'eau. — XXXII, 25 ; 3 R., V, 16 : χωρὶς τῶν ἀρχόντων τῶν καθεσταμένων ἐπὶ τῶν ἔργων τῷ Σαλωμών, τρεῖς χιλιάδες καὶ ἑξακόσιοι ἐπιστάται, οἱ ποιοῦντες τὰ ἔργα, le surveillants des travaux : (au nombre de) 3600. — 3 R., XVI, 28 : καὶ ὄνομα τῆς μητρὸς αὐτοῦ Γαζουβά, θυγάτηρ Σελί. Mais remarquez que l'antécédent est une expression complexe formée d'un nominatif et d'un génitif qui le détermine et que le nominatif précède immédiatement (3 ; 123). — Cf. 4 R., XXIII, 31 : ὄνομα τῇ μητρὶ αὐτοῦ Ἀμιτάλ, θυγάτηρ Ἱερεμίου ἐκ Λοβνά, = (elle était) fille de Jérémie. — 2 Paral., XIII, 3 : Ἱεροβοὰμ παρετάξατο πρὸς αὐτὸν πόλεμον ἐν ὀκτακοσίαις χιλιάσι, δυνατοὶ πολεμισταὶ δυνάμεως, et cf. XIV, 8. — Esther (addit.), I, 10 : καὶ ἰδοὺ ἡμέρα σκότους καὶ γνόφου, θλῖψις καὶ στενοχωρία, κάκωσις καὶ τάραχος μέγας ἐπὶ τῆς γῆς, et cf. plus haut, Deut., VIII, 7-8. — Es., XVIII, 1-2 : οὐαὶ γῆς πλοίων πτέρυγες ἐπέκεινα ποταμῶν Αἰθιοπίας..., malheur au pays des vaisseaux, (qui n'est qu') ailes (d'insectes) au delà des fleuves d'Éthiopie... — XVIII, 7, avec ἔθνος ἐλπίζον apposition exclamative de λαοῦ. — XXXIII, 20 : ἰδοὺ Σιὼν ἡ πόλις, τὸ σωτήριον ἡμῶν, οἱ ὀφθαλμοί σου ὄψονται Ἱερουσαλήμ, πόλις πλουσία, σκηναὶ αἳ οὐ μὴ σεισθῶσιν οὐδὲ μὴ κινηθῶσιν αἱ πάσσαλοι τῆς σκηνῆς αὐτῆς εἰς τὸν αἰῶνα χρόνον..., = (c'est une) ville riche, (faite de) tentes qui... — Jér., V, 15-16, en faisant de πάντες ἰσχυροί une apposition indépendante de ἔθνος. — Cf. XV, 10 : οἴμοι ἐγώ, μῆτερ, ὥς τινά με ἔτεκες ἄνδρα δικαζόμενον (v. l.), avec ἐγώ au nominatif absolu en tête de la phrase. — Dan., III, 4 : ὑμῖν λέγεται λαοῖς, φυλαί, γλῶσσαι, (mais λαοῖς est peut-être une faute). — Dan., VII, 15 : ἔφριξε τὸ πνεῦμά μου ἐν τῇ ἕξει μου, ἐγὼ Δανιήλ, καὶ αἱ ὁράσεις τῆς κεφαλῆς μου ἐτάρασσόν με, tandis qu'on lit Daniel (LXX) : καὶ ἀκηδιάσας ἐγὼ Δανιὴλ ἐν τούτοις ἐν τῷ ὁράματι τῆς νυκτός, ἐτάρασσόν με οἱ διαλογισμοί μου, avec anacoluthe. — Cf. VII, 28 : ἐγὼ Δανιήλ, οἱ διαλογισμοί μου συνετάρασσόν με, et cf. Daniel (LXX) : ἐγὼ Δανιὴλ σφόδρα ἐκστάσει περιειχόμην, avec construction régulière. — Cf. VIII, 1 : ὅρασις ὤφθη πρός με, ἐγὼ Δανιήλ, μετὰ τὴν ὀφθεῖσάν μοι τὴν ἀρχήν, et cf. Daniel (LXX) : ὅρασις ἣν εἶδον ἐγὼ Δανιὴλ μετὰ τὸ ἰδεῖν με τὴν πρώτην. — Et de même Dan., VIII, 15.

Il faut voir un datif de relation dans 1 Paral., VIII, 6 : οὗτοί εἰσιν ἄρχοντες πατριῶν τοῖς κατοικοῦσι Γαβέρ, ceux-ci sont les chefs de familles pour ceux qui habitent. — Ps., CII, 17-18 ; Ez., I, 15 : ἰδοὺ τρόχος εἷς ἐπὶ τῆς γῆς ἐχόμενος τῶν ζώων τοῖς τέσσαρσι, il y avait une roue par terre auprès des animaux par rapport aux quatre, = une roue pour chacun des quatre, (= 4 roues).

APPOSITION.   235

b) Pour le nombre :

Josué, I, 14 : ὑμεῖς δὲ διαβήσεσθε εὔζωνοι πρότεροι τῶν ἀδελφῶν ὑμῶν, πᾶς ὁ ἰσχύων, καὶ συμμαχήσετε αὐτοῖς. — *Amos*, VI, 2 : κατάβητε ἐκεῖθεν εἰς Γὲθ ἀλλοφύλων, τὰς κρατίστας ἐκ πασῶν τῶν βασιλείων τούτων, en remarquant que l'antécédent est complexe : accusatif féminin et génitif déterminatif au pluriel. — *1 Mac.*, I, 52 : καὶ συνηθροίσθησαν ἀπὸ τοῦ λαοῦ πρὸς αὐτὸν πολλοί, πᾶς ὁ ἐγκαταλιπὼν τὸν νόμον. — II, 42 : συνήχθησαν πρὸς αὐτοὺς συναγωγὴ Ἰουδαίων, ἰσχυροὶ ἀπὸ Ἰσραήλ, πᾶς ὁ ἑκουσιαζόμενος τῷ νόμῳ. Le pluriel ἰσχυροί est conforme à l'accord du verbe et du participe avec le collectif défini (126).

c) Pour le genre (et parfois le nombre en même temps) :

Nom., XXVI, 62 : ἐγενήθησαν ἐξ ἐπισκέψεως αὐτῶν τρεῖς καὶ εἴκοσι χιλιάδες, πᾶν ἀρσενικὸν ἀπὸ μηνιαίου καὶ ἐπάνω, avec un collectif singulier neutre = un collectif masculin indéfini (126 ; 149), comme souvent dans les LXX. — *2 Paral.*, XVII, 16 : καὶ μετ' αὐτοῦ διακόσιαι χιλιάδες δυνατοὶ δυνάμεως, et XVII, 18, et cf. dans le N. T. *Apoc.*, VII, 4.

d) L'apposition revient à la construction première, *Deut.*, XI, 8-9 : κληρονομήσετε τὴν γῆν εἰς ἣν ὑμεῖς διαβαίνετε τὸν Ἰορδάνην ἐκεῖ κληρονομῆσαι αὐτήν · ἵνα μακροημερεύσητε ἐπὶ τῆς γῆς ἧς ὤμοσε κύριος τοῖς πατράσιν ὑμῶν δοῦναι αὐτοῖς..., γῆν ῥέουσαν γάλα καὶ μέλι. — *Deut.*, XXVI, 9-10 ; *Josué*, VIII, 21-25 : ἐπάταξαν τοὺς ἄνδρας τῆς Γαί... καὶ ἐπέστρεψεν Ἰησοῦς εἰς Γαὶ καὶ ἐπάταξεν αὐτὴν ἐν στόματι ῥομφαίας · καὶ ἐγενήθησαν οἱ πεσόντες ἐν τῇ ἡμέρᾳ ἐκείνῃ... δώδεκα χιλιάδες, πάντας τοὺς οἰκοῦντας Γαί. — *Cant.*, III, 9-10 : φορεῖον ἐποίησεν ἑαυτῷ ὁ βασιλεὺς Σαλωμὼν ἀπὸ ξύλων τοῦ Λιβάνου · στύλους αὐτοῦ ἐποίησεν ἀργύριον καὶ ἀνάκλιτον αὐτοῦ χρύσεον · ἐπίβασις αὐτοῦ πορφυρᾶ, ἐντὸς αὐτοῦ λιθόστρωτον, ἀγάπην ἀπὸ θυγατέρων Ἰερουσαλήμ. On a pour φορεῖον κτλ. l'apposition ἀγάπην. — Avec ces exemples cf. dans le N. T., *Apoc.*, VII, 9, et pour ce retour à la construction primitive, cf. 15 ; 16 ; 216.

Cf. *Ez.*, XLVIII, 16 : καὶ ταῦτα τὰ μέτρα αὐτῆς · ἀπὸ τῶν πρὸς βορρᾶν πεντακόσιοι καὶ τετρακισχίλιοι..., καὶ ἀπὸ τῶν πρὸς θάλασσαν τετρακισχιλίους πεντακοσίους. La construction aurait pu être : ποιήσετε ou δώσετε ταῦτα τὰ μέτρα. — Cf. 17 ; 217.

310. L'apposition est un participe sans article (304) :

Deut., XV, 9 : πρόσεχε σεαυτῷ μὴ γένηται ῥῆμα κρυπτὸν ἐν τῇ καρδίᾳ σου ἀνόμημα, λέγων (= λέγοντι ou λέγοντος). — *3 R.*, V, 14 : καὶ ἀπέστειλεν αὐτοὺς εἰς τὸν Λίβανον, δέκα χιλιάδες ἐν τῷ μηνὶ ἀλλασσόμενοι. — XII, 10 : τάδε λαλήσεις τῷ λαῷ τούτῳ τοῖς λαλήσασι πρὸς σὲ λέγοντες. — *Ps.*, XLIV, 14 : πᾶσα ἡ δόξα αὐτῆς, θυγατρὸς τοῦ βασιλέως Ἐσεβών, ἐν κροσσωτοῖς χρυσοῖς περιβεβλημένη πεποικιλμένη. — *Sag. Sir.*, LI, 7 (= ὁ βοηθῶν · ἦν ἐμβλέπων...).

Voy. d'ailleurs ma *Syntaxe des Propositions*, 347-352.

311. Il n'existe qu'un lien logique entre les deux membres de la phrase juxtaposée (305) :

Gen., XXI, 12 : πάντα ὅσα ἂν εἴπῃ σοι Σάρρα, ἄκουε τῆς φωνῆς αὐτῆς. — *1 Paral.*, IX, 22 : πάντες οἱ ἐκλεκτοὶ ἐπὶ τῆς πύλης ἐν ταῖς πύλαις διακόσιοι καὶ δέκα δύο · οὗτοι ἐν ταῖς αὐλαῖς αὐτῶν, ὁ καταλοχισμὸς αὐτῶν, = (c'était) *leur recensement, la manière dont ils étaient rangés*. — *Eccl.*, I, 10 : ὃς λαλήσει καὶ ἐρεῖ Ἴδε τοῦτο καινόν ἐστιν, ἤδη γέγονεν ἐν τοῖς αἰῶσι τοῖς γενομένοις ἀπὸ ἔμπροσθεν ἡμῶν, et le sujet de γέγονεν est τοῦτο. — *Sag. Sal.*, XVI, 17 : τὸ γὰρ παραδοξότατον, ἐν τῷ πάντα σβεννύντι ὕδατι πλεῖον ἐνεργεῖ τὸ πῦρ. On a τὸ παραδοξότατον = καὶ ὁ παραδοξότατόν ἐστιν (et cf. KOCH, 78, 2, Rem. II). — *Daniel* (LXX), IV, 19 : τὸ δὲ ἀνυψωθῆναι τὸ δένδρον ἐκεῖνο καὶ ἐγγίσαι τῷ ὁ ὑρανῷ καὶ τὸ κύτος αὐτοῦ ἅψασθαι τῶν νεφελῶν, σύ, βασιλεῦ, ὑψώθης ὑπὲρ πάντας τοὺς ἀνθρώπους, et cf. *Daniel* (*Théod.*), IV, 17-19, où la première partie va de τὸ δένδρον à τοῦ οὐρανοῦ, tandis que la seconde est σὺ εἶ βασιλεῦ. — *Daniel* (*Théodotion*), VII, 17 : ταῦτα τὰ θηρία τὰ τέσσερα, τέσσαρες βασιλεῖαι ἀναστήσονται ἐπὶ τῆς γῆς, et cf. *Daniel* (LXX) : ταῦτα τὰ θηρία τὰ μεγάλα εἰσὶ τέσσαρες βασιλεῖαι.

Cf. encore *Tobie*, IV, 16 : πᾶν ὃ ἐὰν περισσεύῃ σοι, ποίει ἐλεημοσύνην.

312. Il faut noter dans les LXX l'apposition ou plutôt la juxtaposition des deux verbes, quand l'idée de l'un complète l'idée de l'autre, comme :

Ps., CV, 13 : ἐτάχυναν, ἐπελάθοντο τῶν ἔργων αὐτοῦ, = *ils ont oublié rapidement ses œuvres.* — Avec καί, *Zach.*, V, 1 : ἐπέστρεψα καὶ ἦρα τοὺς ὀφθαλμούς μου. = *j'ai levé de nouveau mes yeux.* — Cf. PREISWERK, 521.

313. Le grand nombre d'appositions de toute nature, dépendantes et indépendantes, que l'on rencontre dans le grec du N. T. et dans celui des LXX, doit être regardé comme une particularité du langage familier, pour le grec et pour l'hébreu (EWALD, *loc. cit.*).

De plus, certaines constructions très libres et très variées que l'on rencontre dans les LXX et dans l'*Apocalypse,* particulièrement les constructions indépendantes de l'apposition, doivent être regardées comme hébraïsantes.

Quelques exemples d'appositions cités par nous trouveraient des analogues chez les auteurs grecs profanes, particulièrement chez les poètes. Mais ce sont des exceptions, particulièrement pour la prose classique. Beaucoup d'exemples présentent une construction et une allure propres au grec biblique.

CHAPITRE XXVIII

Complément distinctif ou épithète.

314. On appelle *complément distinctif* (parfois *déterminatif*), ou épithète, « tout mot déterminant si étroitement uni à un nom que les deux ensemble n'expriment qu'une seule idée, mais moins étendue que celle du nom tout seul... On emploie comme compléments distinctifs, non seulement des adjectifs, des participes, ou des noms, mais même des adverbes, surtout des adverbes de lieu et de temps. » (KOCH, 70, 1 ; cf. CURTIUS, 361, 11). Le complément distinctif restreint le sens du nom. Il s'accorde avec le nom en genre, en nombre et en cas, s'il est possible.

Il en est de même dans le N. T.

Mat., III, 6 : ἐν τῷ Ἰορδάνῃ ποταμῷ. — VII, 3 : τί δὲ βλέπεις τὸ κάρφος τὸ ἐν τῷ ὀφθαλμῷ τοῦ ἀδελφοῦ σου, τὴν δὲ ἐν τῷ σῷ ὀφθαλμῷ δοκὸν οὐ κατανοεῖς ; — XVI, 23, ἀνθρώπῳ βασιλεῖ. — XXV, 34 : κληρονομήσατε τὴν ἡτοιμασμένην ὑμῖν βασιλείαν. — *A.*, II, 22 : ἄνδρες Ἰσραηλεῖται. — *Gal.*, IV, 26 : ἡ δὲ ἄνω Ἱερουσαλήμ. — *Apoc.*, I, 16 : ἐκ τοῦ στόματος αὐτοῦ ῥομφαία δίστομος, ὀξεῖα, ἐκπορευομένη. — XX, 2 : ὁ ὄφις ὁ ἀρχαῖος. — XX, 9 : τὸ πλάτος τῆς γῆς.

Avec détachement du complément et de son substantif, *H.*, II, 9 : τὸν δὲ βραχύ τι παρ' ἀγγέλους ἠλαττωμένον βλέπομεν Ἰησοῦν.

a) Pour l'accord, il y a des anomalies, comme *Apoc.*, XI, 4 : αἱ δύο λυχνίαι [αἱ]... ἑστῶτες. — XIV, 19 : τὴν ληνὸν τοῦ θυμοῦ τοῦ θεοῦ τὸν μέγαν. — Cf. *Ph.*, II, 1 : εἴ τις σπλάγχνα καὶ οἰκτιρμοί. Tandis qu'on a *A.*, XI, 5 : ἐν πόλει Ἰόππῃ, on lit *2 P.*, II, 6 : πόλεις Σοδόμων καὶ Γομόρρας.

b) Les noms, compléments distinctifs, sont au génitif avec ou sans préposition, ou à un autre cas avec préposition, comme en grec classique, *Mat.*, VII, 3 ; *Apoc.*, XXI, 9.

c) Le nom propre de la fête est considéré comme un nom dépendant au génitif, *L.*, II, 41 : τῇ ἑορτῇ τοῦ πάσχα, et cf. LXX, *2 Mac.*, VI, 7.

315. Par ce qui vient d'être dit, on voit qu'un même mot peut prendre les deux constructions attributive (272, *a*) et distinctive. Ainsi :

Construction attributive : *Mat.*, VII, 11 : ὑμεῖς πονηροὶ ὄντες. — VII, 17 : πᾶν δένδρον ἀγαθὸν καρποὺς καλοὺς ποιεῖ, = ἀγαθὸν ὄν, et καρποὺς καλοὺς ὄντας; — XX, 15 : ὁ ὀφθαλμός σου πονηρός ἐστιν.

Construction distinctive : *Mat.*, XII, 35 : ὁ πονηρὸς ἄνθρωπος ἐκ τοῦ πονηροῦ θησαυροῦ ἐκβάλλει πονηρά.

CONCLUSIONS

Les conclusions générales relatives à la nature du grec biblique que suggère cette étude sont exactement les mêmes que celles de notre thèse française sur la *Syntaxe des Propositions*. Nous prions donc le lecteur de vouloir bien s'y reporter.

Nous ajoutons seulement quelques remarques :

1° L'étude du sujet, du complément et de l'attribut dans leurs rapports avec le verbe, nous a permis d'établir les principes généraux de la syntaxe des déclinables et de préparer ainsi le lecteur à l'étude particulière de cette syntaxe.

2° La syntaxe des cas a été profondément modifiée dans le grec biblique, surtout pour le complément. La syntaxe des cas contiendra le détail de ces modifications et montrera jusqu'où elles se sont étendues.

3° Il existe certaines leçons, parfaitement autorisées par les manuscrits, mais qui sont rejetées, ou renvoyées à la marge, ou acceptées faute d'autres dans le N. T., parce que ces leçons paraissent étranges, bizarres, inexplicables. Nous croyons que presque toutes, cependant, peuvent se ramener à certaines lois déterminées, propres au grec biblique, et les LXX nous fournissent, d'ailleurs, des constructions qui leur sont identiques ou analogues. Dès lors, l'étrangeté d'une leçon, bien autorisée par les manuscrits, ne doit pas empêcher son admission dans le texte du N. T. (et encore moins dans celui des LXX).

APPENDICE A

Pronoms et adjectifs, et adverbes correspondants.

Dans le grec biblique, on trouve souvent l'adverbe quand on aurait attendu le pronom ou l'adjectif correspondant. Cette tendance à employer la forme adverbiale doit appartenir à la langue familière qui évitait ainsi les difficultés de l'accord ; mais elle a dû être très favorisée par l'hébreu qui emploie un mot invariable.

Voici des exemples :

a) *Mat.*, I, 18 : ἡ γένεσις οὕτως ἦν. — VII, 12 : πάντα οὖν ὅσα ἐὰν θέλητε ἵνα ποιῶσιν ὑμῖν οἱ ἄνθρωποι, οὕτως καὶ ὑμεῖς ποιεῖτε, avec οὕτως qui répond à πάντα ὅσα ; et cf. *L.*, VI, 31 : καθὼς... ὁμοίως. — XII, 6 : λέγω δὲ ὑμῖν ὅτι τοῦ ἱεροῦ μεῖζόν ἐστιν ὧδε, avec ὧδε = *ici, en moi*; cf. *Col.*, IV, 7 : τὰ κατ' ἐμὲ πάντα γνωρίσει ὑμῖν, et v. 9 : πάντα ὑμῖν γνωρίσουσιν τὰ ὧδε. — XII, 45 : οὕτως ἔσται καὶ τῇ γενεᾷ ταύτῃ, et cf. XVI, 22 : οὐ μὴ ἔσται σοι τοῦτο. — XVIII, 14 : οὕτως οὐκ ἔστιν θέλημα ἔμπροσθεν τοῦ πατρός μου... ἵνα ἀπόληται ἕν..., et cf. *J.*, VI, 39 : τοῦτο δέ ἐστιν τὸ θέλημα τοῦ πέμψαντός με ἵνα..., et cf. aussi *1 P.*, II, 15 : οὕτως ἐστὶν τὸ θέλημα τοῦ θεοῦ, ἀγαθοποιοῦντας φιμοῖν... — XXIV, 37 : ὥσπερ γὰρ αἱ ἡμέραι τοῦ Νῶε, οὕτως ἔσται ἡ παρουσία. — *Mar.*, IV, 30 : πῶς ὁμοιώσωμεν τὴν βασιλείαν τοῦ θεοῦ, ἢ ἐν τίνι αὐτὴν παραβολῇ θῶμεν ; ὡς κόκκῳ σινάπεως[1]..., et cf. *L.*, XIII, 18 : τίνι ὁμοία ἐστὶν ἡ βασιλεία τοῦ θεοῦ καὶ τίνι ὁμοιώσω αὐτήν ; ὁμοία ἐστὶν κόκκῳ σινάπεως... — *L.*, I, 6 : ἦσαν δὲ δίκαιοι... πορευόμενοι ἐν πάσαις ταῖς ἐντολαῖς... τοῦ κυρίου ἄμεμπτοι (*v. l.* ἀμέμπτως) ἐν ἁγιωσύνῃ, et cf. *1 Th.*, V, 23. — V, 14, X, 21 : οὕτως εὐδοκία ἐγένετο ἔμπροσθέν σου, et cf. *Mat.*, XI, 26. — XX, 32 ; *J.*, VI, 58 : οὗτός ἐστιν ὁ ἄρτος, ὁ ἐξ οὐρανοῦ καταβάς, οὐ καθὼς ἔφαγον οἱ πατέρες καὶ ἀπέθανον, = *non (ce n'est pas du pain) comme en ont mangé vos ancêtres, qui n'en sont pas moins morts.* — VIII, 28 : καθὼς ἐδίδαξέν με ὁ πατήρ, ταῦτα λαλῶ. — *A.*, III, 18 : ὁ δὲ θεὸς ἃ προκατήγγειλεν διὰ στόματος πάντων τῶν προφητῶν παθεῖν τὸν Χριστὸν αὐτοῦ, ἐπλήρωσεν οὕτως. — *1 Cor.*, VII, 36 : εἰ δέ τις... οὕτως ὀφείλει γίνεσθαι, ὃ θέλει ποιείτω. — XI, 2 : καθὼς παρέδωκα ὑμῖν, τὰς παραδόσεις κατέχετε. — *Apoc.*, III, 3 : μνημόνευε οὖν πῶς εἴληφας καὶ ἤκουσας καὶ τήρει, = μνημόνευε ποῖα... καὶ αὐτὰ τήρει.

Remarquons d'ailleurs que l'emploi de τοιοῦτος... οἷος et de οἷος seul est rare dans le N. T. : cf. ma *Syntaxe des Propositions*, 240.

b) Dans les LXX. *Gen.*, IX, 23 : καὶ τὸ πρόσωπον αὐτῶν ὀπισθοφανῶς (*v. l.*), καὶ τὴν γύμνωσιν τοῦ πατρὸς οὐκ εἶδον. — *Deut.*, V, 29 : τίς δώσει εἶναι οὕτω τὴν καρδίαν αὐτῶν ὥστε... — XV, 2 : καὶ οὕτω τὸ πρόσταγμα τῆς ἀφέσεως, et cf. *Gen.*, XVII, 10 : καὶ αὕτη ἡ διαθήκη... — *Josué*, VII, 10 : ἵνα τί τοῦτο σὺ πέπτωκας ἐπὶ πρόσωπόν σου ; avec τοῦτο = οὕτως, comme *2 R.*, XII, 23 : ἵνα

---

1. Sur l'emploi de ὡς, après ὁμοιοῦν, devant le terme de comparaison, voy. 265.

τί τοῦτο ἐγὼ νηστεύω; — *3 R.*, IV, 25 : καὶ τὸ ὕψος τοῦ χερουβὶμ τοῦ ἑνὸς δέκα ἐν πήχει, καὶ οὕτω τῷ χερουβὶμ τῷ δευτέρῳ (*v. l.*), = οὕτω ἦν τῷ χερουβίμ, = τὸ αὐτὸ ὕψος ἦν τῷ... — VII, 3 : καὶ οὕτως στῦλος ὁ δεύτερος, *la seconde colonne était de même* (= *telle que la première*). — *2 Paral.*, III, 3 : καὶ ταῦτα ἤρξατο Σαλωμὼν τοῦ οἰκοδομῆσαι τὸν οἶκον τοῦ θεοῦ· μῆκος πήχεων ἡ διαμέτρησις ἡ πρώτη..., avec ταῦτα = οὕτως. — *2 Esd.*, VII, 21 : πᾶν ὃ ἐὰν αἰτήσῃ ὑμᾶς Ἔσδρας... ἑτοίμως γινέσθω. — VII, 27 : ὃς ἔδωκεν ἐν καρδίᾳ τοῦ βασιλέως οὕτως, τοῦ δοξάσαι..., avec οὕτως = τοῦτο, et cf. *1 Esd.*, VIII, 25 : ὁ δοὺς ταῦτα εἰς τὴν καρδίαν τοῦ βασιλέως, δοξάσαι (*v. l.*)... — *Tobie*, IV, 8 : ὥς σοι ὑπάρχει κατὰ τὸ πλῆθος ποίησον ἐξ αὐτῶν ἐλεημοσύνην, avec ἐξ αὐτῶν reprenant ὡς, = *autant de biens qu'il t'en appartiendra, fais l'aumône avec eux*. — V, 20 : ὡς γὰρ δέδοται ἡμῖν ζῆν παρὰ τοῦ κυρίου, τοῦτο ἱκανὸν ἡμῖν ὑπάρχει, avec τοῦτο correspondant à ὡς. — VII 10 (et 11) : φάγε, πίε καὶ ἡδέως γίνου, *sois de bonne humeur*, et cf. *Esther*, I, 10 : ἡδέως γενόμενος ὁ βασιλεύς, et 2 *Mac.*, XI, 26; tandis que l'on a *Jér.*, XXXVIII, 26 : ἡδὺς ἐγενήθη. — *Sag. Sir.*, XXXVIII, 22 : μνήσθητι τὸ κρίμα αὐτοῦ, ὅτι οὕτω ὡς καὶ τὸ σόν. — *Amos*, VII, 7 : οὕτως ἔδειξέ μοι κύριος, avec οὕτως = ταῦτα. — *Es.*, LXVI, 8 : τίς ἤκουσε τοιοῦτο καὶ τίς ἑώρακεν οὕτως ; — *Es.*, I, 28 : οὕτως ἡ στάσις τοῦ φέγγους (cf. dans le N. T., *Mat.*, I, 18). — 2 *Mac.*, IV, 13 : ἦν δ' οὕτως ἀκμὴ τοῦ Ἑλληνισμοῦ καὶ πρόσβασις ἀλλοφυλισμοῦ... ὥστε... — *Dan.*, VIII, 26 : καὶ ἡ ὅρασις τῆς ἑσπέρας καὶ τῆς πρωίας τῆς ῥηθείσης ἀληθής ἐστι, et cf. *Daniel* (LXX) : τὸ ὅραμα... ηὑρέθη ἐπ' ἀληθείας. — IX, 15 : ἐποίησας σεαυτῷ ὄνομα ὡς ἡ ἡμέρα αὕτη, = τοιοῦτο ὄνομα οἷόν ἐστιν ἐν τῇ ἡμέρᾳ ταύτῃ...

Testam. XII *Patriar.*, I, 3 : Βαλλὰ ἦν μεθύουσα καὶ κοιμωμένη καὶ ἀκαλύπτως κατέκειτο ἐν τῷ κοιτῶνι.

APPENDICE B

Rapports entre les trois genres dans le grec biblique.

a) Dans certains exemples cités, l'emploi des genres présente quelque chose d'étrange; il en est ainsi surtout pour le genre neutre et pour le genre des noms de choses. Voici une série d'exemples à considérer.

b) Sens d'un collectif indéfini ou défini : *L.*, VI, 17 : πλῆθος πολὺ τοῦ λαοῦ... οἳ ἦλθαν. — *J.*, XVII, 2 : ἵνα πᾶν ὃ δέδωκας αὐτῷ δώσει αὐτοῖς ζωὴν αἰώνιον. — XVII, 7 : νῦν ἔγνωκαν ὅτι πάντα ὅσα ἔδωκάς μοι παρὰ σοῦ εἰσίν, avec πάντα ὅσα = πάντες ὅσοι et cf. v. 6 et v. 8. — XVIII, 24 : ὃ δέδωκάς μοι, θέλω ἵνα ὅπου εἰμὶ ἐγὼ κἀκεῖνοι ὦσιν μετ' ἐμοῦ. — *Apoc.*, XVI, 3; πᾶσα ψυχὴ ζωῆς ἀπέθανεν, τὰ ἐν τῇ θαλάσσῃ, = πάντα τὰ ζῷα...τὰ... — Cf. 126; 149.

c) Avec une idée complexe, *Col.*, II, 19 : οὐ κρατῶν τὴν κεφαλήν, ἐξ οὗ πᾶν τὸ σῶμα..., avec οὗ se rapportant à κεφαλήν = Χριστός; et cf. *Eph.*, IV, 16. — *Apoc.*, XVII, 3 : ἐπὶ θηρίον κόκκινον, γέμοντα ...βλασφημίας, ἔχων κεφαλάς... : avec les masculins γέμοντα et ἔχων, parce que l'auteur donne à θηρίον les attributs d'un homme. Ce changement de genre est fréquent dans les paraboles, dans les figures, les comparaisons, avec les animaux représentant les hommes, etc. — Cf. 5; 120-124 bis.

d) Avec des noms de choses, *Eph.*, V, 3 et 4 : πορνεία δὲ καὶ ἀκαθαρσία πᾶσα ἢ πλεονεξία μηδὲ ὀνομαζέσθω ἐν ὑμῖν, καθὼς πρέπει ἁγίοις, καὶ αἰσχρότης καὶ μωρολογία ἢ εὐτραπελία, ἃ οὐκ ἀνῆκεν..., avec ἅ se rapportant aux noms féminins de choses. — *Ph.*, II, 1 : εἴ τις σπλάγχνα καὶ οἰκτιρμοί... — *H.*, X, 8-9 : θυσίας καὶ προσφορὰς καὶ ὁλοκαυτώματα... αἵτινες κατὰ νόμον προσφέρονται, avec αἵτινες se rapportant en réalité aux trois noms précédents, et cf. plus haut, 147, *e*; 233, *b*. — Nous avons déjà cité (119, *c*), *Apoc.*, XVII, 4 : ποτήριον γέμον (*v. l.* γέμων); XXI, 14 : τὸ τεῖχος τῆς πόλεως ἔχων; XXII, 2 : ξύλον ζωῆς ποιοῦν (*v. l.* ποιῶν)..., ἀποδιδοῦν (*v. l.* ἀποδιδούς) τὸν καρπὸν αὐτοῦ.

Voici maintenant les exemples des LXX :

e) Sens collectif, *Deut.*, XXVIII, 50 : ἔθνος ἀναιδὲς προσώπῳ, ὅστις οὐ θαυμάσει πρόσωπον πρεσβύτου, avec ὅστις ayant pour antécédent ἔθνος. — *Ex.*, XXIII, 27 : ἐκστήσω πάντα τὰ ἔθνη εἰς οὓς σὺ εἰσπορεύῃ εἰς αὐτούς. — *Lév.*, XXII, 22 : τυφλὸν ἢ συντετριμμένον ἢ γλωσσότμητον... ἢ λειχῆνας ἔχοντα, οὐ προσάξουσι ταῦτα τῷ κυρίῳ, avec ταῦτα remplaçant τυφλὸν κτλ. — *Esther*, I, 8 : πᾶν ἔθνος δίκαιον, φοβούμενοι. — III, 14 : προσετάγη πᾶσι τοῖς ἔθνεσιν ἑτοίμους εἶναι.

f) Nom abstrait de chose, qui peut être remplacé par un nom concret, comme la *loi* et les *préceptes* de la loi; la *prière*, et les *choses demandées dans la prière*; le *conseil* et les *choses conseillées*, etc.

Ex., XIV, 31 : εἶδε δὲ Ἰσραὴλ τὴν χεῖρα τὴν μεγάλην ἃ ἐποίησε Κύριος, avec τὴν χεῖρα = *les actes, les œuvres*; d'où ἅ. — *Nom.*, XIX, 2 : αὕτη ἡ διαστολὴ τοῦ νόμου ὅσα συνέταξε κύριος, avec ὅσα au lieu de ὅν. — *Nom.*, XXX, 7-8 : ἐὰν δὲ γενομένη γένηται ἀνδρί, καὶ αἱ εὐχαὶ αὐτῆς ἐπ' αὐτῇ κατὰ τὴν διαστολὴν τῶν χειλέων αὐτῆς οὕς (*v. l.* ὅσα) ὡρίσατο κατὰ τῆς ψυχῆς αὐτῆς, καὶ ἀκούσῃ ὁ ἀνὴρ αὐτῆς..., οἱ ὁρισμοὶ αὐτῆς οὓς ὡρίσατο κατὰ τῆς ψυχῆς αὐτῆς στήσονται, avec οὕς, parce que dans le passage αἱ εὐχαί = οἱ ὁρισμοί. — *3 R.*, XII, 8, 13 : ἐγκατέλιπε Ῥοβοὰμ τὴν βουλὴν τῶν πρεσβυτέρων ἃ συνεβουλεύσαντο αὐτῷ καὶ ἐλάλησε πρὸς αὐτοὺς κατὰ τὴν βουλὴν τῶν παιδαρίων. — *3 R.*, VIII, 30 : καὶ εἰσακούσῃ τῆς δεήσεως τοῦ δούλου σου καὶ τοῦ λαοῦ σου Ἰσραὴλ ἃ ἂν προσεύξωνται εἰς τὸν τόπον τοῦτον. — *2 Paral.*, V, 10 : οὐκ ἦν ἐν τῇ κιβωτῷ πλὴν δύο πλάκες ἃς ἔθηκεν Μωυσῆς ἐν Χωρήβ, ἃ διέθετο κύριος μετὰ τῶν υἱῶν Ἰσραήλ. Il s'agit des tables de la Loi, et par suite des (*préceptes*) *que*..., et cf. plus haut *Nom.*, XIX, 2. — *Es.*, XLVII, 12 : στῆθι νῦν ἐν ταῖς ἐπαοιδαῖς σου καὶ τῇ πολλῇ φαρμακείᾳ σου, ἃ ἐμάνθανες. — *Ez.*, XXIII, 21 : ἐπεσκέψω τὴν ἀνομίαν νεότητός σου, ἃ ἐποίεις ἐν Αἰγύπτῳ, = τὰ ἀνομήματα ἅ...

Ces exemples nous offrent déjà une idée complexe dont dépend l'emploi du genre.

g) De même, *1 R.*, XII, 21 : μὴ παραβῆτε ὀπίσω τῶν μηθὲν ὄντων, οἳ οὐ περανοῦσιν οὐθὲν καὶ οἳ οὐκ ἐξελοῦνται, avec τὰ μηθὲν ὄντα = τὰ εἴδωλα = οἱ θεοὶ οἵ... — XX, 26 : εἴρηκε Σύμπτωμα φαίνεται μὴ καθαρὸς εἶναι, ὅτι οὐ κεκαθάρισται, avec permutation des idées du cadavre et de la personne. — *Let. de Jérém.*, 38 : τοῖς ἀπὸ τοῦ ὄρους λίθοις ὡμοιωμένοι εἰσὶ τὰ ξυλινὰ καὶ τὰ περίχρυσα καὶ τὰ περιάργυρα, comme pour *1 R.*, XII, 21. — *Daniel*, XI, 20 : ἀναστήσεται ἐκ τῆς ῥίζης αὐτοῦ φυτὸν τῆς βασιλείας ἐπὶ τὴν ἑτοιμασίαν αὐτοῦ παραβιβάζων, πράσσων δόξαν βασιλείας, avec φυτόν (*rejeton, successeur* du roi) φυλάσσων.

h) Avec λόγοι = ῥήματα et πράγματα, il peut y avoir permutation des genres, comme :

4 R., I, 18 : καὶ τὰ λοιπὰ τῶν λόγων Ὀχοζίου ἃ ἐποίησεν, οὐκ ἰδοὺ ταῦτα γεγραμμένα..., avec λόγων = πραγμάτων, sens hébraïsant ; et XV, 11 : καὶ τὰ λοιπὰ τῶν λόγων Ζαχαρίου, ἰδού εἰσι γεγραμμένα... — XX, 20 : καὶ τὰ λοιπὰ τῶν λόγων Ἐζεκίου καὶ πᾶσα ἡ δυναστεία αὐτοῦ καὶ ὅσα ἐποίησε, τὴν κρήνην καὶ τὸν ὑδραγωγὸν καὶ εἰσήνεγκε τὸ ὕδωρ εἰς τὴν πόλιν, οὐχὶ ταῦτα γεγραμμένα... ; On a κρήνην et ὑδραγωγόν apposés à ὅσα. Puis καὶ εἰσήνεγκε... πόλιν continue l'apposition, mais en passant à la construction parenthétique indépendante (11). — *Ps.*, XVII, 1, voy. *Append.* C, *c*.

i) Avec des noms de personnes, *Gen.*, I, 27 : καὶ ἐποίησεν ὁ θεὸς τὸν ἄνθρωπον, κατ' εἰκόνα θεοῦ ἐποίησεν αὐτόν · ἄρσεν καὶ θῆλυ ἐποίησεν αὐτούς. — *Deut.*, XXII, 21 : ἐξάξουσιν τὴν νεᾶνιν ἐπὶ τὰς θύρας τοῦ οἴκου τοῦ πατρὸς αὐτῆς καὶ λιθοβολήσουσιν αὐτήν..., καὶ ἐξαρεῖς τὸν πονηρὸν ἐξ ὑμῶν αὐτῶν. Le masculin τὸν πονηρόν a été amené par le caractère abstrait de l'idée, et cf. v. 24. — *Dan.*, I, 17 : καὶ τὰ παιδάρια ταῦτα, οἱ τέσσαρες αὐτοί.

Jér., XXVII, 12 : ᾐσχύνθη ἡ μήτηρ ὑμῶν σφόδρα, μήτηρ ἐπ' ἀγαθά, ἐσχάτη ἐθνῶν.

j) Avec des noms de choses, *Gen.*, I, 11 : βλαστησάτω ἡ γῆ βοτάνην χόρτου σπεῖρον σπέρμα κατὰ γένος..., et v. 12 : ἐξήνεγκεν ἡ γῆ βοτάνην χόρτου σπεῖρον σπέρμα κατὰ γένος... — I, 29 : ἰδοὺ δέδωκα ὑμῖν πᾶν (*v. l.* πάντα) χόρτον σπόριμον σπεῖρον σπέρμα, ὅ ἐστιν ἐπάνω πάσης τῆς γῆς. — *Lév.*, VI, 10 : ἀφελεῖ τὴν κατακάρπωσιν ἣν ἂν καταναλώσῃ τὸ πῦρ, τὴν ὁλοκαύτωσιν ἀπὸ τοῦ θυσιαστηρίου, καὶ παραθήσει αὐτὸ ἐχόμενον τοῦ θυσιαστηρίου. On a τὴν ὁλοκαύτωσιν apposé à τὴν κατακάρπωσιν κτλ., et τὴν κατακάρπωσιν est remplacé par αὐτὸ (ἐχόμενον). — *1 R.*, V, 4 : καὶ κεφαλὴ Δαγὼν καὶ ἀμφότερα τὰ ἴχνη χειρῶν αὐτοῦ ἀφῃρημένα ἐπὶ τὰ ἐμπρόσθια Ἀμαφὲθ ἕκαστοι (*v. l.* ἕκαστον), καὶ ἀμφότεροι οἱ καρποί... — *3 R.*, XVI, 28 *d* : καὶ τὰ λοιπὰ τῶν συμπλοκῶν ἃς ἐπέθεντο... — *Hosée*, IX, 4 : αἱ θυσίαι αὐτῶν ὡς ἄρτος πένθους αὐτοῖς, πάντες οἱ ἐσθίοντες αὐτὰ μιανθήσονται διότι οἱ ἄρτοι αὐτῶν ταῖς ψυχαῖς αὐτῶν οὐκ εἰσελεύσονται... — *Jér.*, VIII, 2 ; *Daniel* (LXX), II, 34 : (λίθος) ἐπάταξε τὴν εἰκόνα ἐπὶ τοὺς πόδας αὐτοῦ τοὺς σιδηροῦς καὶ ὀστρακίνους καὶ κατήλεσεν αὐτά, avec αὐτά remplaçant πόδας, et cf. *Daniel* (THÉODOTION) ἐλέπτυνεν αὐτούς. Et cf. aussi *1 R.*, XXI, 3 : καὶ νῦν εἰσὶν ὑπὸ τὴν χεῖρά σου πέντε ἄρτοι · δὸς εἰς χεῖρά μου τὸ εὑρεθέν.

Notons comme curiosité, *Tobie*, X, 10 : ἔδωκεν αὐτῷ Σάρραν τὴν γυναῖκα αὐτοῦ καὶ τὰ ἥμισυ τῶν ὑπαρχόντων, σώματα καὶ κτήνη, ἀργύριον. L'autre texte porte τὸ ἥμισυ.

k) Avec le pronom féminin de choses, *Jug.*, XIX, 30 : καὶ ἐγένετο πᾶς ὁ βλέπων ἔλεγεν Οὐκ ἐγένετο καὶ οὐχ ἑόραται ὡς αὕτη ἀπὸ ἡμέρας ἀναβάσεως. — *4 R.*, III, 18 : καὶ κοῦφος καὶ αὕτη ἐν ὀφθαλμοῖς Κυρίου · καὶ παραδώσω τὴν Μωὰβ ἐν χειρὶ ὑμῶν, *et ceci est même peu de chose pour le Seigneur ; de plus, je livrerai la terre de Moab entre vos mains.* — *Ps.*, XXVI, 4 : μίαν ᾐτησάμην παρὰ Κυρίου, ταύτην ἐκζητήσω · τοῦ κατοικεῖν με ἐν οἴκῳ Κυρίου, *je n'ai demandé qu'une seule chose au Seigneur, voici ce que je réclamerai : c'est que j'habite...*

APPENDICE C

Relation entre ὅς *et* ὅτι.

a) Nous avons dit (58, 174) qu'en hébreu le pronom relatif se composait d'une particule de relation, invariable, et du pronom personnel.

b) Cependant, le pronom personnel n'a pas toujours besoin d'être exprimé après les particules de relation et alors celles-ci deviennent l'équivalent de notre pronom relatif (Ewald, 331, a, (1), 1; c, (1), (2).) On ne s'étonnera donc pas qu'un mot relatif grec invariable prenne la valeur d'un pronom relatif dans certains passages des LXX, et que les traducteurs aient hésité entre le pronom relatif grec et une particule relative, ou inversement. — Nous citons :

Gen., XL, 13 : δώσεις τὸ ποτήριον Φαραὼ... κατὰ τὴν ἀρχήν σου τὴν προτέραν, ὡς ἦσθα οἰνοχοῶν (ὡς = particule relative de l'hébreu, Ewald). — *Josué*, XXII, 17 : μὴ μικρὸν ὑμῖν τὸ ἁμάρτημα Φογώρ, ὅτι οὐκ ἐκαθαρίσθημεν ἀπ' αὐτοῦ ἕως τῆς ἡμέρας ταύτης (réunissez ὅτι et ἀπ' αὐτοῦ). — 2 *R.*, XXIII, 6; *3 R.*, VIII, 59 : ἔστωσαν οἱ λόγοι οὗτοι, ὡς δεδέημαι ἐνώπιον κυρίου, ἐγγίζοντες πρὸς κύριον (ὡς = οὕς ou οἷς). — XI, 27 : τοῦτο τὸ πρᾶγμα ὡς ἐπήρατο χεῖρας ἐπὶ βασιλέα Σαλωμών, *voici l'affaire à cause de laquelle..., l'occasion où il leva la main...* (Ewald). — 2 *Esd.*, X, 16 : καὶ διεστάλησαν Ἔσδρας ὁ ἱερεὺς καὶ ἄνδρες ἄρχοντες πατριῶν τῷ οἴκῳ καὶ πάντες ἐν ὀνόμασιν, ὅτι ἐπέστρεψαν ἐν ἡμέρᾳ μιᾷ τοῦ μηνὸς τοῦ δεκάτου ἐκζητῆσαι τὸ ῥῆμα. On aurait pu avoir οἳ ἐπέστρεψαν, et cf. *1 Esd.*, IX, 16 : καὶ συνεκλείσθησαν τῇ νουμηνίᾳ... ἐτάσαι τὸ πρᾶγμα, οὗ καὶ συνεκλείσθησαν = ὅτι ἐπέστρεψαν. — *Judith*, X, 19; *Ps.*, XVI, 2 : κύριός μου εἶ σύ, ὅτι τῶν ἀγαθῶν μου οὐ χρείαν ἔχεις (= *toi qui n'as besoin...*) — *Jér.*, XXXVIII, 32 : ὅτι αὐτοὶ οὐκ ἐνέμειναν ἐν τῇ διαθήκῃ μου, καὶ ἐγὼ ἠμέλησα αὐτῶν (ὅτι... μου, *moi dans l'alliance de qui...*, Ewald). — *Dan.*, II, 20 : εἴη τὸ ὄνομα τοῦ θεοῦ εὐλογημένον... ὅτι ἡ σοφία καὶ ἡ σύνεσις αὐτοῦ ἐστί, = *lui à qui appartiennent...*

c) Cf. au contraire avec le pronom relatif, *Nom.*, X, 29 : ἐξαίρομεν ἡμεῖς εἰς τὸν τόπον ὃν εἶπεν κύριος Τοῦτον δώσω ὑμῖν (= ὃν εἶπε κύριος ὅτι δώσει ἡμῖν). — X, 31 : μὴ ἐγκαταλίπῃς ἡμᾶς οὗ ἕνεκεν ἦσθα μεθ' ἡμῶν ἐν τῇ ἐρήμῳ, οὗ ἕνεκεν = *par rapport à ce que tu étais*, = ὃς ἦσθα ou ὅτι ἦσθα. — *Ps.*, XXVI, 7 : εἰσάκουσον, κύριε τῆς φωνῆς μου ἧς ἐκέκραξα (ἧς = la particule hébraïque sans pronom personnel; et cf. plus haut ὡς, *3 R.*, VIII, 59).

Ps., XVII, 1 : εἰς τὸ τέλος. τῷ παιδὶ κυρίου τῷ Δαυείδ, ἃ ἐλάλησε τῷ κυρίῳ τοὺς λόγους τῆς ᾠδῆς ταύτης... Très probablement, ἃ traduit simplement la particule hébraïque invariable correspondante, avec le sens de *par rapport à ce que, au moment que,* = *quand.*

d) Les exemples qui concernent le pronom relatif, sujet et complément, font mieux comprendre certains passages du N. T., : *Mar.*, VI, 17-18 : αὐτὸς γὰρ ὁ Ἡρῴδης ἀποστείλας ἐκράτησεν τὸν Ἰωάννην καὶ ἔδησεν αὐτὸν ἐν φυλακῇ διὰ Ἡρῳδιάδα τὴν γυναῖκα Φιλίππου τοῦ ἀδελφοῦ αὐτοῦ, ὅτι αὐτὴν ἐγάμησεν. On

aurait pu avoir ἣν ἐγάμησεν, proposition relative causale. — VIII, 24 :
βλέπω τοὺς ἀνθρώπους ὅτι ὡς δένδρα ὁρῶ περιπατοῦντας, ὅτι = οὕς. — J., IX,
17 : τί σὺ λέγεις περὶ αὐτοῦ ὅτι ἠνέῳξέν σου τοὺς ὀφθαλμούς; = *toi dont il a
ouvert les yeux.* — A., VIII, 20 : τὸ ἀργύριόν σου σὺν σοὶ εἴη εἰς ἀπώλειαν, ὅτι
τὴν δωρεὰν τοῦ θεοῦ ἐνόμισας, et cf. A., IX, 33 : εὗρεν δὲ ἐκεῖ ἄνθρωπόν τινα...
κατακείμενον ἐπὶ κραβάττου, ὃς ἦν παραλελυμένος, quand on aurait attendu
ὅτι ἦν. — Apoc., XV, 4 : τίς οὐ μὴ... δοξάσει τὸ ὄνομά σου, ὅτι μόνος ὅσιος; =
toi qui seul es saint.

ADDITIONS ET CORRECTIONS

Remarques. — Dans les séries d'exemples cités par nous, il y en a parfois qui ne sont donnés que pour permettre la comparaison entre eux et les autres. — La traduction des exemples n'est souvent qu'une explication, ou une paraphrase, destinée à éclairer les règles grammaticales. — Les références des LXX suivent rigoureusement, pour les chapitres et les versets, l'édition de M. Swete. Mais il peut y avoir des différences importantes, par exemple dans la ponctuation; ainsi : 2 *Par.*, IV, 2 seqq. (p. 16); *Josué*, XIII, 28 (p. 88); *3 R.*, I, 36 (p. 126); *Eccl.*, VIII, 26 (p. 169, *f*).

Pages 6, *d*), *L.*, XX, 27, lire : τινες τῶν...
— 12, ligne 25, lire : et cf...
— 14, n. 14, *A.*, X, 36-37, M. Blass lit τὸν λόγον ὅν..., et met entre crochets κύριος et ἀρξάμενος... Γαλιλαίας.

Pages 14-15. Pour le développement logique par juxtaposition, étudier particulièrement *L.*, I, 68-79. On a le v. 71 apposé au v. 69; le verset 72 exprime le but de 71. Le v. 73 est une apposition (avec attraction inverse de ὅρκον) à διαθήκης. Quant au v. 74, τοῦ δοῦναι est l'infinitif final marquant le but de ce qui est dit au v. 72; ou bien il dépend de ὅρκον. Cf. ensuite 76-79 qui se suivent dans l'ordre logique, avec deux infinitifs de finalité, indiquant chacun le but de ce qui est dit dans le verset précédent.

Pages 29, lignes 4-5, lire : (*étaient*), et *supplier*.
— 37, n. 43 *bis*, lire : *b*). Le partitif, *L.*, XX, 27.
— 39, chap. IV, ajoutez ce qui suit : L'acte peut être attribué par l'écrivain à une ou plusieurs personnes, sujet principal, tandis qu'il est fait aussi par d'autres personnes en même temps. Ainsi, *L.*, XIX, 1 : εἰσελθὼν διήρχετο τὴν Ἱερειχώ. Le sujet total est évidemment ὁ Ἰησοῦς καὶ οἱ μαθηταί. Ainsi, *A.*, XXVII, 29, pour ηὔχοντο ἡμέραν γενέσθαι, le sujet grammatical est οἱ ναῦται, et le sujet total est : *toutes les personnes du navire*. De même XXVIII, 10, pour οἳ καὶ πολλαῖς τιμαῖς ἐτίμησαν ἡμᾶς, le sujet grammatical est οἱ τεθεραπευμένοι, et le sujet total est : *eux et tous les habitants de l'île témoins de ces guérisons* (Cf. Blass, *in locum*).

Page 39, ligne 2. L'expression σάρξ καὶ αἷμα signifie *un homme, quelqu'un*; et avec négation (comme ici) *personne*. Mais cette expression enferme toujours en elle l'idée de la faiblesse et de l'impuissance de la nature humaine contrastée avec celle de Dieu. Il faut donc comprendre ainsi la traduction explicative : *ce n'est pas la nature humaine, considérée soit en toi, soit aussi dans les autres,*...

Page 41, d), ajouter 5 R., VIII, 41 : καὶ τῷ ἀλλοτρίῳ ὃς οὐκ ἔστιν ἀπὸ λαοῦ σου οὗτος, καὶ ἥξουσιν καὶ προσεύξονται. On a τῷ ἀλλοτρίῳ collectif indéfini (149) suivi de ὅς...οὗτος = ὅς (58), et l'on devrait avoir grammaticalement : καὶ οἱ ἀλλότριοι, οἵ...σου, ἥξουσιν.

Pages 41, d), à la fin, lire : 95, e.

— 44, n. 51, c), quand le sujet de l'infinitif est identique au sujet de la proposition principale, il est exprimé, s'il est utile, comme L., XIX, 11 ; XXIV, 51 ; J., II, 24 ; etc. — Quand il n'est pas utile de l'exprimer, il est supprimé, comme Mat., XXVI, 2, Mar., XIV, 55, et très souvent, conformément à l'usage classique. Cependant, même dans ce cas, ou le trouve exprimé un certain nombre de fois, comme Mat., XXVII, 12 ; Mar., XIV, 28 ; L., I, 8 ; IX, 34 ; A., I, 3 ; VIII, 40 ; R., III, 26 ; IV, 11 ; 2 Cor., II, 12 ; Jac., IV, 3 ; etc. Comparez H., VII, 23 et 24 : οἱ μὲν πλείονές εἰσιν γεγονότες ἱερεῖς διὰ τὸ θανάτῳ κωλύεσθαι παραμένειν· ὁ δὲ διὰ τὸ μένειν αὐτὸν εἰς τὸν αἰῶνα ἀπαράβατον ἔχει τὴν ἱερωσύνην. Cf. aussi Mat., XIII, 4 et Mar., IV, 4.

Pages 44, e), cf. aussi És., XXXIII, 19.

— 51, b), 4 R., XIV, 21, lire : ἐβασίλευσαν αὐτόν.

— 62, n. 79, lire : sans être exprimé.

— 63, ligne 31, lire λέγων ou (v. l.) λέγοντες, se rapportant logiquement à τὸν λαόν.

Page 69, n. 91. Il ne s'agit ici que de l'emploi de τις, ἄνθρωπος, etc., dans les affirmations générales, et dans certains cas où ces mots ne s'appliquent à aucun objet réel particulier.

Page 72, n. 95. La 3me personne du pluriel impersonnel peut ne se rapporter réellement qu'à une seule personne, comme Mat., XVII, 12, et cf. n. 149 et 150.

Page 79, n. 99. Pour les LXX, cf. encore És., XIII, 9 : καὶ σκοτισθήσεται τοῦ ἡλίου ἀνατέλλοντος.

Page 83, note 1, L., II, 1-3. Le v. 2 n'est peut-être qu'un maladroit essai d'harmonisation entre S. Luc et Flavius Joseph. Cf. pour un exemple de ce genre, A., V, 36 et la note de M. Blass.

Page 93, ligne 28, lire ἐπέκεινα.

Page 99, n. 118, b). Cf. aussi És., XXXIV, 13.

Page 106, 2°. Cf. FLAVIUS JOSEPH, G. J., V, 8, 2 : τοῦ δ'ἐναντίου πλήθους, ὥσπερ ὑπερβάλλοντος βάρους, ἥδοντο δαπανωμένων.

Page 112, dernière ligne, lire εἶπαν.

Page 117, 2° d), ajouter H., IX, 13.

Page 120-121, 152, b). Ajouter Ps., IX, 23, où il faut suppléer οἱ πτωχοί comme sujet de συνλαμβάνονται.

Page 122, n. 154. Le duel persévère évidemment chez les auteurs après 417. Mais il s'agit ici de la langue parlée, de la langue familière, et non de la langue littéraire écrite.

Page 123-124, n. 156, cf. aussi Mat., XXIII, 37 ; L., I, 42 et 45 ; XIII, 34 ; et dans les LXX, Josué, VII, 6.

Page 131, n. 165, a), ajouter Mar., II, 22 (WH).

Page 135, n. 170, a), ajouter Daniel (THÉOD.), I, 17.

Page 145, n. 183, voir aussi A., IX. 27 ; XVI, 19. XVIII, 17 ; etc.

Page 145, n. 183, ajouter A., X, 18.

Page 147, c), ajouter παραδιδοῦν, le permettre, A., IV, 29 ; c'est-à-dire : ὅταν ὁ καρπὸς παραδοῖ αὐτὸν ἀποστέλλειν τὸ δρέπανον, εὐθύς...

Page 148, n. 190. On trouve classiquement ἔχειν, *se trouver*, avec ἑτοίμως, καλῶς, etc. Dans le N. T., on trouve ἔχειν employé dans ce sens avec : ἄλλως, *A*., X, 28 ; ἐσχάτως, *Mar.*, V, 23 ; ἑτοίμως, *A.*, XXI, 13 ; *2 Cor.*, XII, 14 ; *1 P.*, IV, 5 ; κακῶς, souvent dans *Mathieu* et *Marc*, et deux fois dans *Luc*, V, 31, VII, 2 ; καλῶς, *Mar.*, XVI, 18, οὕτως et un sujet de choses, *A.*, VII, 1 ; XII, 15 ; XVII, 11 ; XXIV, 9 ; et enfin κομψότερον, *J.*, IV, 52. — Cette locution ne se rencontre plus que dans des expressions très courantes et toutes faites, comme κακῶς, καλῶς, οὕτως ἔχειν, ou bien c'est un reste de la langue littéraire comme ἑτοίμως ἔχειν. On trouve ordinairement εἶναι ou γίνεσθαι au lieu de ἔχειν.

Page 148, n. 191-194. Ajouter ce qui suit : Classiquement, on trouve des locutions telles que βαρέως φέρειν, *supporter avec peine*. Voici ce que l'on trouve dans le N. T. : καλῶς ποιεῖν, *benefacere*, *Mat.*, XII, 12 ; *L.*, VI, 27, etc., et, dans le même sens εὖ ποιεῖν, *Mar.*, XIV, 7, puis, ὁμοίως ποιεῖν, et οὕτως ποιεῖν, souvent ; εὖ πράσσειν, *A.*, XV, 29, dont on peut rapprocher l'emploi de εὖ dans *Mat.*, XV, 21 et 23 ; *L.*, XIX, 17 ; et *Eph.*, VI, 3. Les locutions de ce genre, très simples et très courtes, continuent d'être employées ; les autres d'un caractère plus littéraire, sont abandonnées.

Pages 151, ligne 2, lire : 159, *b*.

— 160, ligne 28, effacer 1 *Mac.*, X, 65.

— 163, 207 *a*, *L.*, X, 21, sens très probable : *il tressaillit de joie sous l'impulsion de l'Esprit Saint*.

Page 167, ligne 10, *Ps.* CX, 2. Le sens est donné d'après l'hébreu. Mais le grec pourrait donner : τὰ θελήματα αὐτοῦ ἐστὶν ἐξεζητημένα εἰς πάντα.

Page 168, ligne 41, plus clairement : *s'étonnant qu'il n'y eût rien à craindre*.

Pages 168-169, n. 211. Ajouter : *Testam. XII Patriar.*, I, 3 : ἀπόλλυται πᾶς νεώτερος, σκοτίζων τὸν νοῦν ἀπὸ τῆς ἀληθείας καὶ μὴ συνίων ἐν τῷ νόμῳ τοῦ Θεοῦ, μήτε ὑπακούων νουθεσίας πατέρων αὐτοῦ... Μὴ προσέχετε ἐν ὄψει γυναικός. — I, 4 : μὴ οὖν προσέχετε κάλλος γυναικῶν..., et encore : ἐὰν γὰρ μὴ κατισχύσῃ ἡ πορνεία τὴν ἔννοιαν, οὐδὲ ὁ Βελιὰρ κατισχύσει ὑμῶν.

Pages 171, *b*), *A.*, XXVI, 20, M. Blass lit : εἰς πᾶσαν...

— 172, ligne 27, *Lam.*, I, 7, on peut ponctuer : Ἱερουσαλήμ, ἡμερῶν, et alors ἡμερῶν est un génitif de temps, tandis que ἐμνήσθη a pour complément τὰ ἐπιθυμήματα.

Pages 174, — 9, lire : καὶ τοῖς ὀδοῦσιν αὐτοῦ.

— 180. n. 219, *b*), ajouter : *1 R.*, I, 15 : γυνὴ ἡ σκληρὰ ἡμέρα ἐγώ εἰμι. Peut-être faut-il comprendre : ἐγώ εἰμι γυνὴ ἡ σκληρὰ ἡμέρᾳ, *je suis une femme (qui suis) malheureuse par ma vie*.

Page 182, nn. 222 et 223, etc. Au lieu de *sujet*, lire plus exactement : *antécédent*.

Pages 190, n. 235, s'il s'agit de *l'accord de l'attribut complémentaire*.

— 191, n. 238, *Mat.*, XXVI, 26 : τοῦτό ἐστιν τὸ σῶμά μου. Τοῦτο n'est pas οὗτος ὁ ἄρτος, mis au neutre par accord avec l'attribut. Le sens est réellement neutre : *ceci que je tiens dans mes mains et que je vous offre*.

Pages 193, *c*), pour *Mat.*, XII, 4, voir aussi *Appendice B*.

— 198, 249, *b*), cf. *Mat.*, XXV, 21 et 23 : εὖ, δοῦλε ἀγαθέ, et PHILON, *De mundi opificio*, 9 : εὖ μέντοι καὶ τὸ φάναι...

Page 200, n. 252, *Mat.*, XXVI, 39 : πλὴν οὐχ ὡς ἐγὼ θέλω, ἀλλ' ὡς σύ. — *Mar.*, XIII, 4.

Page 202, n. 255, 2 R., XVIII, 33 (XIX, 1) : τίς δῴη τὸν θάνατόν μου ἀντὶ σοῦ; ἐγὼ ἀντὶ σοῦ, Ἀβεσσαλώμ, = ἐγὼ εἴην, ou bien δῴην τὸν...

Pages 210, n. 268, *b*), cf. *Baruch*, II, 29.

— 215, n. 275. L'attribut proleptique peut toujours être joint à son antécédent par le pronom relatif (ou par καὶ ou ὥστε) et γίνεσθαι au temps convenable, avec le sens et la force d'une proposition relative consécutive. Καί est alors consécutif, comme il l'est souvent dans le grec biblique.

Page 215, n. 275, *b*). Ajouter la leçon autorisée de *Mat.*, XXIII, 38 : ἀφίεται ὑμῖν ὁ οἶκος ὑμῶν ἔρημος.

Page 216, n. 275, *c*). Avec *Nom.*, XVI, 38, cf, *3 R.*, XI, 30 : διέρρηξεν αὐτὸ δώδεκα ῥήγματα.

Page 218, n. 281, cf. C. I. A., III, *a* : ἄν τις ὀρύσσῃ μοι ἐκ τοῦ κατόχου, δύο πόδες ὀπίσω μεταβάτω.

Page 223, n. 288 : *Mat.*, XXVI, 13, avec ὅπου expliqué par l'apposition ἐν ὅλῳ τῷ κόσμῳ. — *L.*, II, 2, αὕτη a pour apposition explicative : ἀπογραφὴ πρώτη (οὖσα).

Pages 224, ligne 19, lire : 299 *Nota*.

— 225, n. 290, avec un nom de mesure apposé (n. 293), *L.*, IX, 17 : καὶ ἤρθη τὸ περισσεῦσαν αὐτοῖς κλασμάτων κόφινοι δώδεκα, et cf. *Mat.*, XIV, 20.

Page 225, 290, *c*), ajouter *L.*, I, 71, avec σωτηρίαν apposé au v. 69 ; et I, 73, avec ὅρκον... apposé au v. 72.

Pages 226, ligne 23, ajouter : mais plutôt à l'accusatif, et cf. 297.

— 227, n. 291, à *Ex.*, VI, 3, etc., ajouter *Jér.*, III, 17.

— 228, l. 4, ou, comme on dit aussi, *plein son manteau*.

— 229, nn. 295 et 298, pour *Ps.*, XVII, 1, voir *Appendices B* et *C*.

— 229, n. 297, remarquer le nominatif de l'apposition, qui est peu ou n'est pas classique.

Page 230, n. 299, NOTA. Cf. entre eux *L.*, VI, 24 : οὐαὶ ὑμῖν τοῖς πλουσίοις, et VI, 25 : οὐαὶ ὑμῖν, οἱ ἐμπεπλησμένοι.

Pages 239-240, *Appendice A*, cf. *3 R.*, XXII, 22, ἐν τίνι = πῶς.

TABLE ANALYTIQUE DES MATIÈRES

Nota. — Les chiffres renvoient : à la *page* pour le titre des chapitres, et aux *numéros* pour leur contenu.

INTRODUCTION................................... p. I

Araméen, I, II. — Les livres du N. T. demandent à être lus à haute voix, II-III. — Grec des LXX, III-IV. — Supplément à la Bibliographie, IV-V.

SYNTAXE DES ÉLÉMENTS DE LA PROPOSITION : *Préliminaires* .... p. 1

Division de l'ouvrage .... p. 1

PREMIÈRE PARTIE : PRINCIPES GÉNÉRAUX......... p. 3

Loi de la dissociation des éléments de la pensée, 1-3.

CHAPITRE I : *Structure générale de la phrase*....... p. 5

La pensée règle l'accord, 4. — Accord quand l'idée est complexe, 5. — Constructions grammaticale et oratoire, 6. — Mots manquants ou redondants, 7. — Détachement et mise en relief d'un mot, etc., qui tend à devenir indépendant, 8 et 9. — Les parties de la phrase, en s'éloignant, tendent à devenir indépendantes, et le deviennent brusquement, 10 et 10 bis. — Propositions accessoire, parenthétique, ou indépendante, 11. — Emprunts faits sans changement aux LXX ; influence sur la construction, 12. — Synthèse d'idées séparées, 13. — Insertion des idées à leur place logique, 14 et 14 bis, et *Additions*. — Tendance à revenir à la construction régulière, 15.

CHAPITRE II : *Apposition et juxtaposition*.......... p. 18

Apposition et juxtaposition dans l'hébreu et dans le grec biblique, et *casus pendens*, avec influence de l'accent oratoire et de la pause, 16, 17, et dans le grec du N. T., 18.

CHAPITRE III : *Éléments de la proposition*.......... p. 26

Définition. — Conséquences des principes précédents pour : le verbe simple, 19, et certaines constructions, 20 ; le sujet, 21-26 ; le complément, 27-31 ; l'attribut, 32-34 ; et remarques, 35-37.

DEUXIÈME PARTIE : LE VERBE ET LE SUJET...... p. 35

Division, 38.

CHAPITRE IV : *Nature du sujet*................... p. 35

Sujet : simple, 39-42 ; complexe, 43 et 43 *bis* ; composé, 44. — Développement du sujet, 45. — Sujet principal et sujet total, *Additions*.

CHAPITRE V : *Expression du sujet*................ p. 40

Sujet seul, 46. — Au nominatif, et nominatif seul non sujet, 47 *a* et *b* ; attraction au cas du relatif, 47, *c* ; sujet réel au datif et à l'accusatif dans les LXX, 47, *d* et *Additions*. — Place du sujet ; et avec l'infinitif, 48. — Prolepse, 49. — Pronom personnel sujet, 50 ; avec l'infinitif, 51 et *Additions* ; pronom démonstratif sujet, 52. — Sujet complexe repris par un pronom, 53. — Sujet réel détaché et repris par un pronom, 54 et 55. — Pronom personnel simple sujet, 56, 57 ; et pronom relatif à réunir au pronom personnel, 58. — Pronom démonstratif simple sujet, 59. — Pronom personnel ou démonstratif, simple sujet, et remplaçant le verbe copule, 60 ; équivalant à une proposition relative ou participe, 60-61. — Multiplicité des pronoms sujets, 62, et tendance à exprimer le pronom sujet, 63. — Répétition du sujet, 64.

CHAPITRE VI : *Suppression du sujet (avec un verbe ordinaire)*..................................... p. 53

Suppression du pronom personnel sujet, surtout avec l'infinitif, 65-67. — Changement brusque de sujet et suppression du sujet à suppléer, 68-74. — Sujet mental, 75-77. — Cause de la suppression du sujet, 78. — Usage des LXX, 79-85, et sujet mental, 86-87.

CHAPITRE VII : *Suppression du sujet (avec un impersonnel)*..................................... p. 66

Verbes employés impersonnellement, 88. — Impersonnel avec un sujet logique, ou un sujet vague, 89. — Avec un sujet indéterminé ou inconnu, 90. — Actif impersonnel (sujet *on*), 91 et *Additions* ; particularités des LXX, 92 ; sujet indéterminé se suppléant d'un mot qui s'y rapporte, 93. — Actif à la 1re et 2e personne, = un impersonnel, 94. — Actif, impersonnel, à la 3e personne du pluriel, 95 et *Additions*. — Actif, impersonnel, à la 3e personne du singulier, 96. — Passif impersonnel, et particularités des LXX, 97-99. — Verbes impersonnels ordinaires sans sujet, 100-102.

CHAPITRE VIII : *Principes généraux d'accord*...... p. 85

Règles générales de l'accord du verbe avec le sujet, et principes des anomalies, 107-109.

CHAPITRE IX : *Accord en nombre avec un sujet simple.* p. 87

Règle de cet accord et particularités des LXX, 110. — Accord du participe en nombre, genre et cas, 111. — Anomalies de l'accord en cas, 112, et indépendance du participe, 112 *bis*. — Participe, sans article, sans accord, 113 et 113 *bis*; et avec l'article, sans accord, 114. Accord avec un sujet pluriel neutre, substantif, 115; et pronominal, 116; remarques et usage des LXX, 117. — Sujet féminin pluriel = un neutre 118. — Accord du participe avec le sujet neutre, et particularités, 119.

CHAPITRE X : *Accord en nombre avec le sujet complexe*.................. p. 100

Sujet complexe, 120. — Périphrase du sujet simple, 121. — Déterminé et déterminant et accord régulier, 122; anomalies de l'accord du participe, 123. — Usage des LXX, 124 et 124 *bis*. — Collectif, 125.

CHAPITRE XI : *sujet complexe : collectif, participe, et distributif*.................. p. 103

Accord du verbe : avec le collectif indéfini, 126. — Avec le collectif défini, 127-130. — Accord du participe, 131. — Accord grammatical, 132 ; à la 2º personne, 133. — Remarque, 134. — Usage en hébreu et dans les LXX, 135 et 136. — Accord avec le partitif et le distributif, 137; et usage des LXX, 139.

CHAPITRE XII : *Accord en nombre avec le sujet composé*.................. p. 112

Verbe au singulier, 140 et 141; au pluriel, 142, 143 et usage des LXX, 144. — Sujet composé avec σύν, μετά, ἤ, 146. — Accord du participe en genre et en cas, 147; et dans les LXX, 148.

CHAPITRE XIII : *Changement de nombre*.......... p. 118

Avec le sujet de la catégorie, équivalant à un collectif, 149. — Pluriel oratoire, 150. — Exemples du grec classique et des LXX, 151 et 152. Accord du verbe avec l'attribut, 153. — Disparition du duel, 154 et *Additions*.

CHAPITRE XIV : *Accord en personne*............ p. 122

Sujets de personnes différentes, et personne du pronom relatif, 155. — Changement oratoire de personnes, 156; et usage des LXX, 157.

TROISIÈME PARTIE : LE VERBE ET LE COMPLÉMENT. p. 125

Division, 158.

Chapitre XV : *Nature du complément* .... p. 125

Le complément est un nominal et un pronominal, 159. — Complément complexe, 160 et 161 ; composé, 162 ; et accumulation des compléments, 163. — Développement du complément, et usage des LXX, 164.

Chapitre XVI : *Expression du complément* ...... p. 131

Complément seul, 165. — Place du complément, 166. — Complément détaché, 167. — Complément complexe ou composé, détaché, repris par un pronom, 167 *bis* et 168 ; détaché au nominatif absolu, 169 ; et au génitif absolu, 171 ; et constructions oratoires de même nature, 172. — Multiplicité du complément, 173. — Relatif complément répété par le pronom personnel, 174 ; et usage des LXX, 175. — Répétition du complément, 176. — Compléments redondants, 177 et 178. — Prolepse, 179. — Changement brusque du complément, 180 et 181.

Chapitre XVII : *Suppression du complément* .... p. 144

Suppression du complément déterminé, avec un ou plusieurs verbes, 182 et 183. — Complément déterminé à suppléer du contexte, de l'idée, etc., 184 et 185. — Verbe dont le complément devient indépendant, 186. — Complément mental, 187. — Usage des LXX, 188. — Complément intérieur, 189 ; et complément supprimé dans les locutions toutes faites, 189, c et *Additions*. — Verbes sans pronom réfléchi, 190 et *Additions*. — Suppression : du complément indéterminé, 191-194 et *Additions*; et avec un partitif, 195 ; du complément inutile à l'idée, 196-197 *bis*.

Chapitre XVIII : *Relation entre le verbe et le complément* .... p. 153

Les diverses espèces de complément par rapport au verbe, 198-200. — Constructions classiques du verbe et du complément, et causes de leurs changements, 201 et 202.

Chapitre XIX : *Relation entre le verbe et les cas...* p. 157

Sans préposition : accusatif, 203 ; génitif, 204 ; datif, 205. — Avec une préposition, 206.

Chapitre XX : *Variations de la construction* .... p. 163

Après un verbe simple, et exemples, 207. — Après les verbes composés, 208. — Après un passif, 209. — Après différents verbes avec la même préposition, 210. — Usage des LXX, 211. — Remarques, 212.

Chapitre XXI : *Variation dans un même exemple*.. p. 171

Dans des exemples très rapprochés et dans le même exemple, 213. — Usage des LXX, 214.

CHAPITRE XXII : *Complément devenu indépendant et inversement*.................................. p. 173

Le complément devient indépendant, 215. — Revient à la construction régulière, 216. — Usage des LXX, 217.

QUATRIÈME PARTIE : VERBE ET ATTRIBUT......... p. 179
Division, 218.

CHAPITRE XXIII : *De l'attribut*.................. p. 180

Nature et développement, 219 et 220. — Distinction du sujet et de l'attribut, 221 ; leur expression, 222. — Suppression du sujet et de εἶναι, 223. — Suppression de l'attribut, 224. — Répétition et place de l'attribut, 225. — Diverses espèces d'attributs, 226.

CHAPITRE XXIV : *Accord de l'attribut*...... ...... p. 185

L'attribut s'accorde en cas, parfois en genre et en nombre, avec le sujet, 227-229. — Adjectif ou pronom attribut au neutre, 230-231. — Accord avec un sujet complexe, 232 ; avec un sujet composé, 233 et 233 *bis*; avec le sujet de l'infinitif, 234. — Accord de l'attribut complémentaire avec l'antécédent, 235. — Accord des pronoms-sujets, avec l'attribut, 236-242.

CHAPITRE XXV : *Union du sujet et de l'attribut*..... p. 194

Verbe copule, 243. — Suppression très étendue, 244-246; aux différents temps et modes, 247-257 ; et remarques sur le verbe copule à suppléer, 258 et 259. — Suppression classique de εἶναι, 260 ; et usage des LXX, 261. — Verbes copules autres que εἶναι, 262. — Verbe copule faisant fonction d'attribut, 263. — Emploi de ὡς et εἰς devant l'attribut, 264-268.

CHAPITRE XXVI : *Attributs complémentaires*...... p. 211

Attribut complémentaire du sujet, 269. — Attribut complémentaire du complément, ou attribut nominal dépendant, 270-273. — Fréquence de l'attribut dépendant, 274. — Attribut proleptique, 275 et *Additions*. — Attributs complémentaires circonstanciels, 276-281 ; et attribut circonstanciel secondaire, 282.

CHAPITRE XXVII : *Apposition*.................. p. 220

Nature, 283 ; place, 284, emploi, 285, division, 286. — Apposition dépendante et son antécédent, 287-290 et *Additions*. — Usage des LXX, 291-298. — Apposition irrégulière, 299 et *Additions*. — Apposition indépendante, son principe, 300 ; précédée de l'article, 301-302 ; sans article, 303-304. — Juxtaposition avec lien logique, 305. — Usage des LXX pour l'apposition : irrégulière, 306, indépendante 307-312. — Fréquence de l'apposition, 313.

CHAPITRE XXVIII : *Complément distinctif* ou *épithète*.   p. 236
    Définition, accord et emploi, 314 et 315.

CONCLUSIONS .... p. 237
    Appendices : *A*, pronoms et adjectifs, et adverbes correspondants, p. 239. — *B*, rapport entre les trois genres, p. 240. — *C*, relation entre ὅς et ὅτι, p. 243.

ADDITIONS ET CORRECTIONS...................... p. 245

Table analytique des matières.
Index de la grécité.
Index alphabétique des matières.
Index des passages cités des LXX et du N. T.
Supplément pour le volume intitulé : *Syntaxe des propositions*.

INDEX DE LA GRÉCITÉ

Nota. — Consulter aussi le même index au *Supplément* pour le volume sur la *Syntaxe des Propositions*. — Les chiffres renvoient à la page.

ἀγαλλιᾶν, 163-164.
ἄγε, 120.
αἰῶνα χρόνον, 227.
ἁλεεῖς, 212.
ἀλλότριος, 109.
ἁμαρτάνειν, 165.
ἀνά, distributif, 127, 219.
ἀνέβη 63, 66.
ἀνεμίζεσθαι, 147.
ἀνῆκει, 80.
ἀνήρ, 69, 73, 111.
ἄνθρωπος, 69, 109, 150; = ἕκαστος, 111; ἄνθρωπος ἄνθρωπος, 69; οὐ... ἄνθρωπος, 69.
ἀπαρχή, 218.
ἀπέχει, 80.
ἀρκεῖ, 80.
ἀρκετόν, 186.
ἄρχομαι, 203, 211.
ἀστράπτων, 219.
αὐτός, 43, 45-46, 47, 48-49, 109, 205; αὐτό, 148.
βραδύνειν, 160.
βρέχειν, 79-80.
γίνεσθαι, 206, 208; γίνεσθαι εἰς, 210; καὶ ἐγένετο, etc., 30, 78, 81.
γονυπετεῖν, 147.
δαιμονίζεσθαι, 147.
δεύτερος, 218.
δῆλον ὅτι, 199.
διεδίδετο, 57.
δοκεῖ, 80; δοκεῖν, 206.
ἐγώ εἰμι = ἐγώ, 205.

εἶναι, 182, 194-206, 202, 207, 208; εἶναι εἰς, 210; εἰμί, εἶ, etc., 196-199, 203, 204; ἦν, 199, 203; ἔσομαι, 200; ἴσθι, 201, et ἔστω, 81; ὦ, etc., 201-204; εἴην, 202; ἔστιν ὅς, ὅτε, etc., 81; καὶ ἔσται, ἔσται δέ, 30, 81.
εἰς et l'attribut, 32, 185, 209-210, 214, 215; εἰς devant le complément direct, 169.
(εἰς) ἕν, 186; εἷς ἕκαστος, 111.
ἕκαστος, 70, 109, 111; ἕκαστος... οὐ, 70.
ἐκεῖνος et κἀκεῖνος, 45; ἐκεῖνο, 148.
ἐν, 161, 163, 210; ἐν ἐμοί, 132.
ἐνδέχεται, 80.
ἔξεστι, 80.
ἔσχατος, 218; ἐσχάτη = le neutre, 187.
ἑτεροδιδασκαλεῖν, 146.
ἑτεροζυγεῖν, 146.
εὐδοκεῖν, 158.
εὑρίσκεσθαι, 203, 206.
ἐφνίδιος, 216.
ἔχει, ἐχέτω, 67, 80. — ἔχειν avec un adverbe, 148 *Additions*.
ἐχόμενα, 187, 203.
ἕως, 64; avec l'infinitif, 70; ἕως ἐρχομένων, 74.
ἤ, ἤ — ἤ, 116, 122.
ἥμισυ, 110, 219, 242.
θέλω, 158.
θεοδίδακτος, 147.
ἴδε, ἰδού, 45, 120, 232; ἰδού (εἰμι, etc.), 200, 205-206.

ἱκανόν, 186.
ἵλεώς σοι, 202.
ἵνα τι, 199.
ἴσα, 187.
καθ' εἷς, 111.
καθήκει, 80.
καί, 20, 83, 116, 197, 228, 236.
κατακλυσμὸν ὕδωρ, 227.
κεῖσθαι, 206.
κεφάλαιον δέ, 199.
κληρονομεῖν, 159, 160.
κοινωνεῖν, 159, 160.
κόμην τρίχα, 227.
κρατεῖν, 159, 160.
λαλητός, 212.
λευκὸς ἀστράπτων, 219.
λόγος, 68, 187, 241 ; μὴ... λόγος = μηδέν, 71.
μέγας, 215, 217.
μέλει, 81.
μένειν, 206.
μετά (= καί), 115, 128, 129.
μικρὸν ὅσον ὅσον, 199.
μνημονεύειν, 159, 160.
μοσχοποιεῖν, 146.
οἷος, 239.
ὅλος, et ὁλόκληρος, 219.
ὅμηρα, 187.
ὅμοιος, 127, 227.
ὁμοιοῦν et ὁμοιοῦμαι ὡς, 208, 239.
ὁμοίωμα ὡς, 127, 227.
ὅς, 192-194 ; ὅ ἐστιν, 193, 226 ; ὃς εἰ, ἐστίν, etc., 230, 231 ; ὅς... αὐτός, αὐτοῦ, etc., 49, 138-139 ; οἵτινες... αὐτῶν, 181 ; ὅς et ὅτι, 243-244.
οὐδείς, οὐδέν, 150, 186.
οὐκ = οὐκ ἔστιν, ἦν, 199.
οὔτε... οὔτε, 116.
οὗτος, 48, 49, 50, 186, 190-191, 192, 205 ; αὕτη = un neutre, 242; τοῦτο, 67-68, 133, 149; τοῦτ' ἐστίν, 226 et ταῦτ' ἐστίν, 191 ; τοῦτο ᾖ οὕτως, 224, 229, 239-240.
ὀχλοποιεῖν, 146.
παραδιδοῦν, 147 *Additions*.
πᾶς, 109.
περιέχει, 81.
πιστεύειν, 164-165.
πλεῖον, πλείους, 38, 186.
πλεονεκτεῖν, 159.
πνέω, 217.
(τὸ) πρᾶγμα τοῦτο, 149.
πρασιαὶ πρασιαί, 219.
πρέπει, 80.
προσωποληπμτεῖν, 146-147.
πρῶτος, 218.
πρωτότοκος, 218.
(τὸ) ῥῆμα, (=τοῦτο), 68, 149, 214, 220, 227.
ῥιπίζεσθαι, 147.
σκληρὸς αὐθάδης, 219.
συμβαίνει, 81.
συμπόσια συμπόσια, 219.
σύν (= καί), 115-116, 128, 129, 169; σύν et l'accusatif, 187.
τις, 69, 120, 150 ; εἴ τις, 120.
τί ἐστιν, 191 ; τί τοῦτο, 214.
τί ὅτι, 199.
τό, 36.
τοιοῦτος... οἷος, 239.
τρίτον, 110.
τυγχάνειν, 203 ; εἰ τύχοι, 81.
ὑπάρχειν, 206.
ὑψηλοφρονεῖν, 147.
φρεναπατᾶν, 147.
χαλιναγωγεῖν, 147.
ἡ χείρ μου, = ἐγώ, 37.
ψυχή, = τις, 69.
ὤν, 203.
ὡς, ὡσεί, 38, 127 ; ὡς devant l'attribut, 32, 190, 208, 214, 216 ; ὡς après ὁμοιοῦμαι, *q. v.*; ὡς ὁμοίωσις, 37: ὡς devant l'apposition 223.

INDEX ALPHABÉTIQUE DES MATIÈRES

Nota. — Les chiffres renvoient à la page.

Accent oratoire et pause, 19, 24.
Accord tendant à cesser, 9-10, 14, 17, 24, 32, 107, 108. — Voir *Construction, Détachement, Dissociation, Parenthèse, Principes généraux*.
Accord du verbe avec le sujet : absence d'accord, 30 ; principes généraux de l'accord et des anomalies, 85-87.
Accord en nombre avec un sujet simple, 87-100. — Avec un sujet ordinaire, 87 ; verbe au singulier avec un sujet pluriel, 88 ; et pour le participe, 88-94. — Avec un sujet pluriel neutre, 94-100 ; un pronominal pluriel neutre, 96 ; et par le participe, 99-100. — Avec un sujet complexe, 37, 100-111 ; une périphrase, 100 ; une idée complexe, 5-7, 101 ; et pour le participe, 101-103. — Avec un collectif, 37, 101, 103-110 ; un collectif indéfini, 103, et défini, 104-107 ; et pour le participe, 106-107 ; à la 2ᵉ personne, 107 ; avec le collectif dans les LXX, 108-110 ; avec un partitif, 38, 110 ; un distributif, 38, 111 ; et pour le participe, 38, 111. — Avec un sujet composé, 38, 112-117 ; et dans les LXX, 114-115 ; composé de σύν ou μετά et d'un nom, 115-116 ; de deux noms unis par ἤ ou οὔτε, 116 et cf. 122 ; et pour le participe, 116-117. — Avec l'attribut, 121-122. — Voir *Nombre* et *Personnes*.
Accusatif, voir *Cas*.
Actes des Apôtres, 3, 37, 85, 116, 138, 191, 207, 214, 218.
Adjectif : attribut, 108, 213, 214, et voir *Attribut*. — complément direct, 126, 150, 151, et voir *Complément*. — épithète, 32, et voir *Complément distinctif*. — numéral, 151. — pronominal = le pronom, 224. — sujet, 36, 71, et voir *Sujet*.
Adjectifs (et pronoms) et adverbes correspondants, 126, 215-216, 224, 239-240.
Anacoluthe, 40, 44, 90, 92, 132, 230, 234.
Analytiques (expressions et constructions), voir *Dissociation* et *Grec familier*.
Antécédent, voir *Sujet, Attraction, Attribut, Apposition, Participe*.
Anticipation, voir *Prolepse*.
Apocalypse, 11-13, 25, 26, 28, 29, 31, 32, 42, 87, 88, 97, 99, 100, 108, 113, 127, 138, 146, 173, 192, 195, 198, 206, 227, 229, 236.
Apposition et juxtaposition. Principes généraux, 16, 18-26 ; nature, 220 ; place, 221 ; usage, 221-222. Voir *Comparaison* et *Principes généraux*.

Apposition dépendante: dépendant d'un nominal, 222; sous forme de citation, 223; avec et sans ὡς, 223; dépendant d'un pronominal exprimé ou non, 223; du pronom au vocatif, 224 et 299; dépendant d'un infinitif ou de οὕτως, 224; d'un groupe de mots ou d'une proposition, 225; jointe à l'antécédent par τοῦτ' ἔστιν et ὅ ἐστιν, 226. — Usage des LXX, 18-26, 226-229; juxtaposition de substantifs, 227; de noms de quantité, de mesure, etc., 223, 227 seq.; juxtaposition du nom de mesure répété, 258; apposition proleptique, 229. — Apposition irrégulière, 229; et dans les LXX, 233.

Apposition indépendante ou juxtaposition : par cessation de l'accord, et par juxtaposition de deux éléments reliés logiquement, 19-24, 32, 136, 226, 230-231, 232-233; par le *casus pendens*, 20-21; mélange des deux constructions, 23-24; avec influence de l'accent oratoire et de la pause, 24. — Usage des LXX, 19-24, 40, 233-236. — Retour à la construction première, 15, 235, et voir *Construction*.

Araméen, I, 4, 19.

Attraction : du participe et de son antécédent, 89; de l'attribut, 189; du sujet, 41; du complément, 136; de l'apposition, 224, 239.

Attribut verbal et nominal, 26, 179; nature et formes, 31-32, 180-181, et voir *Principes généraux*; développement, 181; distingué du sujet, 181-182, 200, 202; suppression du sujet ou antécédent de l'attribut, 150, 182-183, et de l'attribut, 183 ; et attribut mental, 183. Répétition et place de l'attribut, 183; ses espèces, 184; multiplié par la conjugaison périphrastique, 28; uni par ὡς et εἰς à l'antécédent, 32, 208, 209-210, 215, et par ἐν dans les LXX, 210; sens de εἰς, 210; ὡς supprimé dans les LXX, 208. — Accord de l'attribut avec son antécédent, 107, 108, 117, 185-194, et voir *Accord du participe avec le sujet* ; adjectif ou pronom attribut au neutre, 186-187; au pluriel avec un collectif singulier, 187-188; accord avec le sujet composé, 188; avec le sujet de l'infinitif, 189, et voir *Infinitif*; accord de l'attribut complémentaire, 190; accord des pronoms démonstratif et relatif, sujets, avec l'attribut, 190-192, 192-194.

Attribut complémentaire, 181, 184, 190; du sujet, 212; du complément, ou attribut nominal dépendant et classement des exemples, 211-215; juxtaposé à l'antécédent, 20, 208; adjectif et pronom, attributs, 213-214; accord avec l'antécédent, 190.

Attribut complémentaire circonstanciel, 208, 216-219; pour le temps, la manière, le lieu, 216-217, et pour le participe du verbe exprimé devant le verbe, 217; pour le rang, 218; pour la partie et le tout et les distributifs, 218; attribut circonstanciel secondaire, 219.

Attribut proleptique, 215-216 et *Additions* à la p. 215.

Accords et constructions synthétiques de l'attribut tendant à disparaître, 31-32, 189, 190, 192-193, 213.

Brachylogie, 8.

Canon des Juifs, I.

Caractère du grec biblique, du grec du N. T., des LXX : voir *Grec*.

Cas : syntaxe profondément modifiée et ses principes, 237, et voir *Complément* (Relation...). — *Casus pendens*, 19, 20-24, 67, et voir *Apposition* et *Détachement*. — Cas avec des prépositions, 161-163; 163-169. — Nominatif : du sujet, 40-41; absolu ou indépendant, 8, 20, 41, 44, 92, 134-136, 232-234, apposé à un vocatif, 230, 233, 234; nominatif ou accusatif apposé à une phrase, 226, 227, 229; nominatif et accusatif du complément, alternants, 175-177. — Vocatif, 230. — Génitif du complément, 28, 159-160; du nom de la ville ou de la fête, 237; partitif, voir *Partitif;* absolu, 91, 136-137, et voir *Participe*. — Datif : du sujet réel, 29, 41, 74, 78, et voir *Sujet;* du complément, 160-161; de relation, 234. — Accusatif : du sujet, 42, et voir *Sujet;* du complément et double accusatif, 28, 157-159, et avec le passif, 22, 41; avec des prépositions et σύν, 158, 161, 169, 187; de relation, 157, 228; absolu, 135, 136; apposé à une phrase, 226, 227, 229, et voir *Apposition*.

Casus pendens, voir *Cas.*

Catégorie : voir *Nombre* et *Collectif*.

Citations : des LXX dans le N. T. et surtout dans l'Apocalypse, 11-14; avec changement de personnes, 123; sans sujet, 61-62; servant de sujet, 36, de complément, 125-126, d'attribut, 190, 227, d'apposition, 223, 227. Voir *Principes généraux*.

Collectif : régulièrement remplacé par le pronom pluriel, et servant de sujet ou d'antécédent le plus souvent, 21, 37, 41, 56, 63, 70, 103-110, 118, 121, 233, 235, 240-241; nombre du collectif, 231; tendance à suppléer du collectif le sujet réel, 104-110. — Voir *Accord du verbe,* et *Participe.*

Comparaison : apposition du terme de comparaison, 22; formules de comparaison, 207; attribut, 180, et voir *Attribut* avec ὡς.

Complément : anticipé, voir *Prolepse* — attributif, voir *Attribut* complémentaire.

Complément du verbe, 26, 30-31; 125-178, et voir *Principes généraux*. Nature, 125-131; nominaux, 125, 126, 150; pronominaux et adverbes correspondants, 126; complexes, 127-128, 131, 133; composés, 128-130, 131; accumulés et développés, 130-131. — Espèces : déterminé ou non, 144, 148; direct, indirect, et circonstanciel, 153-155, 169; mental, 14, 146, 152; partitif et distributif, voir ces mots; attributif et distinctif, voir plus haut et plus bas.

Expression du complément, 30, 131, 143; resté seul, 131-132; placé 132-133; détaché et mis en relief, 8, 20, 31, 133-137; repris par un pronom : au même cas, 133-135 et cf. 150; au nominatif absolu, 134-135; ou répété au cas convenable, 20, 135-136; ou au génitif absolu du participe, 136-137; multiplicité des compléments, 28, 30, 137-138, 141-142; complément formé d'un relatif et du pronom personnel, 138-140, et voir *Relatif;* répété, 30, 140; redondant et descriptif, 7-8, 89, 140-141; de même sens ou radical que le verbe, 141, 161; proleptique, 142; changement brusque du complément, 30, 142-143.

Suppression du complément, 144-153. — Déterminé, défini, connu, 144-145; suppléé du contexte, de l'idée, 145, et de l'attribut, 146; détaché et indépendant, 34, 146 et voir plus bas *Complément devenu indépendant;* mental, et à suppléer des LXX, 14, 146-152; intérieur, 146-147; supprimé avec les locutions, les verbes techniques et de mouvement, 147-148 et *Additions.* — Indéterminé, indéfini, inconnu, 148-153; vague, 148-150; supprimé avec le participe, l'adjectif, l'attribut qui restent seuls, 126, 151; et quand l'acte du verbe importe seul, 152-153.

Relation entre le verbe et le complément, 153-157; verbe transitif, intransitif, absolu, avec les diverses espèces de compléments, 153-

155; changement dans le rapport entre le verbe et le complément, 155-156. — Le verbe et les cas du complément, 157-163, et voir *Cas*; sans préposition : accusatif, 28, 29, 157-159; génitif, 159-160; datif, 160-161; avec une préposition, 31, 161-163.

Variation de la construction entre le verbe et le complément, 28, 31, 163-170; après un même verbe simple, 163-166, et après les verbes composés, 166; après le passif, 22, 41, 74, 166-167; après différents verbes avec la même préposition, 167-168; dans les LXX, 168-169; complément indirect au lieu du direct, et complément direct avec une préposition dans les LXX, 169; remarques sur les variations au point de vue de la pensée, 170.

Variation de la construction du verbe et du complément dans des phrases très rapprochées, et dans la même phrase, 28, 31, 171-172; passif avec un complément direct, 172, et voir *Cas* (accusatif).

Complément devenu indépendant et inversement, 8-10, 18, 131, 146, 173-177; prenant une construction indépendante, 173-174; et retour à la construction régulière, 16-18, 174-176; et dans les LXX, 176-177; alternance de l'accord et du désaccord, 175-177, et voir *Cas* (nominatif et accusatif alternants).

Compléments direct, indirect, circonstanciel, 153-155, 169, et voir tout ce qui précède.

Complément distinctif ou épithète : nature et accord, 236-237, et voir *Construction*.

Concision, 8.
Conclusions, 237.
Construction : *ad sensum*, 5, 100; attributive et distinctive, 214, 215, 217; classique et postclassique, voir *Grec*; grammaticale et oratoire, 7-10; hébraïsante, voir *Hébraïsmes*; personnelle et impersonnelle du passif, 78. — Indépendance et variation de la construction, 9-10, 11, 17, 18, 107, etc., voir *Accord tendant à cesser, Apposition et juxtaposition, Complément, Principes généraux, Détachement et Dissociation*. — Retour à la construction régulière, 16-18, 174-177, 231, 232, 235, et voir *Complément*.

Coordination, 4, 14-15, 19, 29, 30.
Copule (verbe) : exprimé, 194; — supprimé, même marquant l'existence ou faisant fonction d'attribut, 20, 46, 182, 194-196; à l'indicatif présent, 196-199, 202; ἐστίν et ἦν dans les descriptions, 198, 206; à l'imparfait, 199; ἐστίν et ἦν après ἰδού, ἴδε, 200, 205; au futur, 200; à l'impératif, 201, 202; au subjonctif, 201; à l'optatif, 202; à l'infinitif, 202; au participe 203; au sens de l'aoriste, 203; verbe εἶναι à suppléer de préférence, 197, 201, 204; à suppléer avec l'apposition, 91, 231, 232, 233, 234; en hébreu et dans les LXX, 204-206; remplacé par le pronom exprimé, 46, 50-52, 205, et ἐγώ εἰμι = ἐγώ, 205; verbes, autres que εἶναι, faisant fonction de copule, 206; verbe copule faisant fonction d'attribut, 207, 210.

Datif, voir *Cas*.
Détachement et mise en relief d'un mot ou groupe de mots, 7, 8-9, 10-11, 19, 118, 192; du sujet, voir *Sujet* (expression); du Complément, 31, 234, et voir *Complément* (expression); de l'apposition, 18-26, 190, 221, 223, 227-228, 232-236, 237, et voir *Apposition indépendante* ou *juxtaposition*; de l'attribut, 20, 107, 183, 190, et voir *Attribut*. Voir *Principes généraux, Participe, Dissociation, Parenthèse*.

Déterminé et déterminant, voir *Idée complexe*.

Dissociation des éléments de la pensée, 3-4, 14-16, 18-26, 29-32,

40-41, 43, 44, 51, 52, 65, 86, 89, 91-93, 131, 134-135, 136, 173-177, 218, 232, 234. Voir *Détachement* et *Cas*.
Distributif, 38, 70, 111, 127, 218-219, 228. Voir *Sujet*, *Complément* et *Accord du verbe*.
Duel, 122 et *Additions*, 185.
Ellipse, 8, 195.
Épexégèse, 32.
Épithète, 60, 236 ; voir *Adjectif* et *Complément distinctif*.
Exclamation, 24-26, 198, 231, 234.
Féminin, voir *Genres*.
Figura etymologica, 141.
Formules, 199 ; doxologiques, 198, et voir *Comparaison*.
Futur, voir *Copule* (verbe).
Génitif, voir *Cas*.
Genre ; 45, 48, 49, 51, 87, 98-99, 100, 108, 109, 116-117, 191 ; neutre et féminin, 22, 45, 98-99, 187 ; rapports entre les trois genres, 240-242.
Grec biblique, I-IV, 5-33, 54, voir *Grec du N. T., des LXX, Hébraïsmes*, et *Grec familier*. — Grec classique, 38, 71, 72, 74-75, 77, 78, 79, 81, 97, 121, 186 (n. 230, *a*), 187, 191, 192, 193, 204, 214, 217, 218. — Grec du N. T., I, II-III, 3-4, 11, 14, 24 ; voir ce qui précède et ce qui suit. — Grec des LXX, I-IV, 11, 13, 14, 19, 23, 26, 196 ; voir ce qui précède et ce qui suit, et *Hébraïsmes*. — Grec hellénistique, post-classique, familier, I-II, 28, 32-33, 43, 47, 52, 62, 66, 69, 72, 81, 86, 88, 91, 97, 98, 107, 120, 122, 124, 135, 136-137, 138, 140-141, 142, 147-148, 151, 153, 156, 159-160, 162, 187, 195, 199, 200, 201-204, 208, 212, 214, 219, 220, 225, 226 (n. 290), 236, 239, et voir *Principes généraux*.
Hébraïsmes et influence des LXX et de l'hébreu, 3-4, 11-14, 19-24, 24-25, 27, 28, 29, 33, 36, 40-41, 42, 43, 44, 45-46, 48-49, 50, 51-52, 54, 62-65, 66, 67, 69, 70, 71, 73-77, 78-79, 80, 81, 85, 87, 88, 90-91, 91-93, 101-103, 105-106, 108-110, 120-121, 123, 124, 126, 127, 133, 135-136, 138, 139-140, 141-142, 148, 149, 150, 151, 156, 157, 158, 159, 161, 162-163, 165, 168-169, 172, 173-177, 187, 189, 192, 194, 195, 198, 199, 204-206, 208, 209, 211, 214, 217, 219, 223, 226-229, 233-236, 240-244. Voir d'ailleurs les nombreux exemples des LXX cités à presque toutes les pages.
Hébreu, voir *Araméen* et *Hébraïsmes*.
Hiphil, 80.
Idée : règle seule l'accord et la construction, 5, 14-16, 85-87, 100-103. — Idée complexe (déterminé et déterminant, possession démoniaque, la voix et la personne, etc.), 5-7, 37-38, 58, 99, 100-103, 110, 119, 127, 143, 191, 228, 231, 233, 234, 235, 240, 241. Voir *Principes généraux*, *Accord*, *Sujet*, *Participe*.
Imparfait, 199, 203 ; voir *Copule*.
Impératif, voir *Copule*.
Impersonnels (verbes), 66-85. — Impersonnels ordinaires, 79-81 ; καὶ ἔσται, ἔσται δέ, 30, 81-82, 85 ; καὶ ἐγένετο, ἐγένετο δέ, 30, 82-85 et 83 *Additions*. —Verbes ordinaires employés impersonnellement, 66-68 ; à l'actif, 69-77, 172 ; et voir *Sujet* (suppression) ; au passif (y compris l'infinitif), 77-79, 172 ; avec un complément au datif (sujet réel) dans les LXX, 29, 74, 78, et avec un complément direct à l'accusatif, 172 et voir *Cas* ; à l'actif et au passif mélangés, 30, 78, 172-173 ; impersonnel servant de copule et d'attribut, 207 ; sujet vague ou supprimé de l'impersonnel, 66 et voir *Sujet* (suppression) ; infinitif impersonnel, 71, 77 ; et participe impersonnel, voir *Participe*. — Voir *Sujet* (suppression).
Indépendance de la construction, voir *Accord tendant à cesser*.
Indicatif présent, 57, 196, 203, et voir *Copule*.
Infinitif, 42, 44 et *Additions*, 53-54, 56, 58, 59, 65, 69-70, 71, 92, 189-190 ; infinitif final des LXX, 63 ; infinitif dans l'apposition, 224-225, 229, et après οὗτος, οὕτως, 224 ;

infinitif εἶναι supprimé, 202, et voir *Copule*. — Voir *Sujet* (suppression), *Attribut, Apposition, Proposition, Impersonnel*.

Interrogation, 199.

Introduction, I-V.

Jean, III, 45, 96, 133, 225 ; voir *Apocalypse*.

Juxtaposition et apposition, 14-16, 18-26, 220, 222, 227-228, 232-233 ; juxtaposition du sujet et de l'attribut, 20, 204 ; de l'attribut, 20, 22, 208 ; de propositions, 23 ; d'idées, 62 ; de verbes, 235-236. — Voir *Apposition, Hébraïsmes, Principes généraux*.

Langue et style du N. T., langue familière, langue littéraire : voir *Caractère* et *Grec*.

Lettres de S. Paul, 131, 214 ; aux *Hébreux*, 3 ; voir *Paul*.

Luc, 43, 51, 78, 82-85, 97, 192, 200, 218 ; voir *Actes*.

Marc, 82, 85, 191 ; et fin de son Évangile, 55.

Matthieu, 82, 85, 191.

Mise en relief, voir *Détachement*.

Neutre, 45, 98-99, 100, 187 ; voy. *Genre*.

Noms de nombre, de quantité, de mesure, 19, 20, 21, 223, 227-228, 231, 234 et *Additions*; nom de l'objet et de la matière, 19. Voir *Hébraïsmes*.

Nombre : son changement, 97, 108-109, 118-122, et par suite de l'accord du verbe avec l'attribut, 121-122 ; mélange, 111 ; pluriel pour une personne, 119-120 ; et dans les LXX, 120-121 ; singulier et pluriel de la catégorie, 6, 108-109, 118, 119, 138, 143, 234 ; nombre dans l'accord de l'apposition, 235, voir *Accord* et *Pluralis*.

Nominatif, voir *Cas*.

Notes insérées dans le récit, 10-11 ; voir *Parenthèse*.

Optatif, 202 ; voir *Copule*.

Ouvrages consultés, IV.

Paraboles, 191.

Parenthèse et proposition parenthétique, 10-11, 23, 89, 91-92, 175, 177, 192, 200, 234. Voir *Principes généraux*.

Participe : sujet indéfini, 70 ; au pluriel neutre, 97, 98 ; sans article et sans pronom, 36, 71 ; complément, sans article ni pronom, 126, 150-151 ; attribut, 92, 181, 211, 212, 213, 214, 216, (devant son verbe) 217, 222 ; complément distinctif, 222 ; apposé, 222, 231-233 ; supprimé comme copule, voir *Copule*; au pluriel impersonnel hébraïsant, 74. — Sujet ou antécédent du participe, 44, 56, 63, et antécédent mental, 89. — Proposition participe : reprise par un pronom, 45 ; construite au génitif absolu au lieu d'être sujet ou complément, 56, 67, 136, 144 ; au génitif absolu, 56, 63, 91, 136-137, et avec son sujet supprimé, 56. Accord du participe : avec l'antécédent, 59 ; principes d'accord, 85-87, et absence d'accord, 30. — Avec le sujet simple, 88-89, et sujet mental, 89 ; anomalies de l'accord en cas, 89-91 ; construction indépendante du participe sans article, 91-93, 222, 231-232, 235, et avec l'article, 93, 102, 222, 231, 233. — Avec un sujet neutre, 99-100, 108. — Avec un sujet complexe et une idée complexe, 99, 101-103, 119. — Avec un collectif, 102, 106-107, 109-110 ; un partitif et un distributif, 110-111. — Avec un sujet composé, 112-115, et pour le genre et le cas, 116-117. — Avec le nom de la catégorie, 118-120. — Avec l'attribut, 121. — Voir *Attraction*.

Partitif : sujet, 37, 58, 64, 71, 110-111, 223, et voir *Accord du verbe* et *Participe*; complément, 126, 135, 151. Voir *Pronom*.

Passif : personnel, 78 ; impersonnel, voir *Impersonnel*. Voir aussi *Sujet* (suppression), *Complément, Cas, Infinitif*.

Paul, 43, 51, 78, 89, 97, 191, 192, 207, 216, 218 ; voir *Lettres*.

INDEX ALPHABÉTIQUE DES MATIÈRES. 263

Pause, 19, 24-26.
Périphrase : du verbe, 27-28; du sujet, 37, 100-101; du complément, 127.
Permutation des éléments de l'idée complexe, 5-7. Voir *Idée*.
Personne : 1re, 68, 71, 119, 121, 124, 143, 196; 2me, 68, 71, 107, 119, 121, 124, 143, 196; 3me, 68, 72, 73, 74-79, 124, 143, 196; 1re et 2me personnes = un impersonnel, 71-72.
Accord du verbe en personne, 122-124; avec des sujets de différentes personnes, 122; avec la personne du pronom relatif, 123; changement brusque de personnes, 14, 87, 123-124, 143.
Piël, 80.
Pierre, 191.
Pléonasme, 8.
Pluralis majestaticus ou *excellentiæ*, 121.
Possession démoniaque, 58, 101, 119, etc. Voir *Idée complexe*.
Préposition devant le complément : voir *Complément*.
Présent historique, 82.
Principes généraux, II-III, 1-33; dissociation, voir ce mot : — Structure générale de la phrase, 5-18; l'idée régit la construction, 5-7, et voir *Idée*; constructions oratoire et grammaticale, 7-8, et voir *Construction*; détachement et mise en relief d'un mot ou groupe de mots, voir *Détachement*; interruption de la construction 8-10, et voir *Accord tendant...*; parenthèse et notes, 10-11; construction avec des citations des LXX, surtout dans l'*Apocalypse*, 11-14, et voir *Citation*; idées séparées logiquement, 14; énumération des parties de la phrase par juxtaposition logique, 14-16, et voir *Juxtaposition*; retour à la construction régulière, 16-18, et voir *Construction*. — Apposition et juxtaposition, 18-26, et voir ces mots. — Conséquences pour : le verbe, 27-29; le sujet, 29-30; le complément, 30-31; l'attribut, 31-32; et remarques, 32-33. — Voir *Syntaxe psychologique*.
Prolepse : du sujet, 42-43; du complément, 142; proleptique, voir *Attribut* et *Apposition*.
Pronoms personnel et démonstratif, sujet exprimé, 43-47; simple sujet, 47-52; complément, placé le premier, 136, et voir *Complément* (expression et suppression); multitude des pronoms dans le grec biblique, 50, 51, 142; pronom indéfini, sujet ou complément, supprimé, surtout avec le partitif, 36, 37, 58, 126, 150, 151, 223, et voir *Partitif*; pronom personnel remplaçant un sujet inconnu, 73. — Pronom sujet tenant lieu du verbe copule, 46, 50, 196, 200, 205, et voir *Copule*. — Accord du pronom (ou adjectif) attribut avec le sujet, 186, 190-194; pronom attributif, 214. — Pronoms (et adjectifs) et adverbes correspondants, 126, 239-240. — Pronom féminin avec le sens neutre, 242, et voir *Genres*. — Voir *Relatif et relation*; *Complément* et *Sujet*.
Propositions : juxtaposées, 23, et voir *Apposition* et *Juxtaposition*; parenthétiques, 23, et voir *Parenthèse*; conditionnelles, 45; sujet logique, 38, 66, 195; complément, 128; éléments de la proposition, 26-33. — Voir *Dissociation*, *Principes généraux* et *Relatif*.
Rapports entre les trois genres, voir *Genres*.
Redondance, 8, et voir *Complément* (Expression).
Relatif et relation : relatif formé d'un mot relatif et du pronom personnel (parfois le nom), 49, 138-140, 243-244; relation entre ὅς et ὅτι, 49, 138-140, 243-244; relatif sujet s'accordant avec l'attribut, 192-194. — Proposition relative : apposée, 229; exprimée, à suppléer, équivalente, 49, 51, 199, 225, 226, 229, 231, 243-244.

Relation entre le verbe et le complément; voir *Complément.*
Répétition, 8; — hébraïsante du même mot, 111, 161, 217, 228.
Signe et chose signifiée, 191; voir *Idée complexe* et *Paraboles.*
Structure générale de la phrase, 5-18; voir *Principes généraux.*
Style direct et indirect, 18, 52, 56, 57, 90, 123, 128.
Subordination, 4, 14-15, 19.
Sujet : définition, 26; nature, 35-39; sujet simple, nominal, indéclinable, proposition, citation, pronominal, 35-37 et cf. 66, 71, 87-100; sujet complexe, périphrase, groupe de mots, idée complexe, collectif, partitif, distributif, proposition, 37-38; et cf. 44-45, 53, 100-111; sujet composé, 38-39, 43, 122, et cf. 112-117; sujet développé, 39; sujet principal et sujet total, 86, 112-113, 115, 121 *Additions.*
Expression du sujet, 29; resté seul, 40; au nominatif, 40-41; attiré au cas du relatif, 41; au datif, 29, 41 et *Additions,* 42, 78; à l'accusatif, 42, et voir *Cas;* place, 42-43; prolepse, 42; sujet détaché, 20, 29, 44-47; pronom personnel sujet, 43-44, et sujet du participe, 44; sujet complexe, ou ordinaire, détaché et repris par un pronom ou un synonyme, 20, 44-47; pronoms simples sujets, 47-50, et voir *Pronom;* remplaçant le verbe copule, 50, et voir *Copule* et *Pronom;* équivalent de ὅς ἐστιν, 51; répétition du sujet, 29, 52-53; multiplicité des sujets, 28, 29, 51.
Suppression du sujet avec un verbe ordinaire, 53-66, 196-197; du pronom sujet de l'infinitif, 53-54; changement brusque et suppression du sujet, 29, 54-59, 77; sujet à suppléer : de ce qui précède immédiatement, 55, d'un terme général, 56, de l'idée même, 57, du possesseur et du possédé, 58, de plus haut, 58; sujet mental, 5, 14, 89, 120, à suppléer du contexte, 59-60, 89, de l'attribut ou de l'épithète, 60, de l'A. T., 61-62; usage des LXX, 14, 62-65. — Suppression du sujet avec un impersonnel, 66-85; une proposition servant de sujet logique, 38, 66; sujet vague, 66, 67-68; sujet indéterminé ou inconnu, 68; avec l'actif impersonnel (sujet = *on, personne, rien,* etc.), 69-71, et 69 *Additions;* sujet à suppléer d'un mot qui s'y rapporte, 71; actif à la 1re ou à la 2e personne = un impersonnel, 71-72; actif impersonnel à la 3e personne du pluriel, 72-74 et 72 *Additions,* et du singulier, 74-77; sujet inconnu remplacé par un pronom pluriel, 73; impersonnel passif, 77-79; et l'acte du verbe importe seul, 79; passif et actif mélangés, 30, 78, et voir *Passif;* avec les impersonnels ordinaires, 79-81; avec καὶ ἔσται et καὶ ἐγένετο, 81, et voir *Impersonnel.*
Accord du verbe avec le sujet, voir *Accord;* du pronom avec l'attribut, 190-194, et voir *Pronom* et *Attribut.*
Sujet : juxtaposé, 20, et voir *Juxtaposition;* détaché, voir *Détachement* et plus haut (*Expression...*); mental, voir plus haut (*Suppression...*).
Sujet : de l'infinitif, voir *Infinitif;* du participe, voir *Participe.*
Syllepse, 230, 233.
Syntaxe psychologique, II-III, 4, 5, 14, 56, 58, 62, 85-87; voir *Idée,* et *Principes généraux.*
Synthèse des éléments de la pensée, et expressions synthétiques, 14, 18; voir *Dissociation,* et *Grec classique.*
Unification et équivalence des constructions, 7, 156-170; voir *Accord du verbe, du participe; Sujet, Complément, Relatif.*
Variation entre le verbe et le complément; voir *Complément.*

Verbe, 26-28. — Verbes composés, 162, 166; post-classiques, 70, 73, 162. — Verbes signifiant : *aller*, 161; *condamner* ou *absoudre*, 159; *éloigner* ou *séparer*, 160; *infériorité* ou *supériorité*, 159; *percevoir, connaître*, et *faire connaître*, 149, et leur passif, 78; *recevoir* ou *donner une part de*, 159; *toucher*, 159; *se souvenir*, 159; et voir *Complément*. — Verbe *copule*, voir *Copule*.

Verbosité, 8.

INDEX DES PASSAGES CITÉS

Nota. — Les chiffres romains indiquent le chapitre. — Après chaque tiret, le *premier chiffre* arabe indique le verset, et les *chiffres qui suivent* renvoient aux pages du volume.

SEPTANTE

GENÈSE

I, 11, 142 — 12, 242 — 26, 121 — 26-28, 121 — 27, 13, 187, 242 — 27-28, 109 — 29, 242.
II, 5, 80 — 7, 209, 212, 227 — 9, 12 — 16, 12 — 17, 12, 21, 70, 135 — 18, 121 — 24, 209.
IV, 11, 197 — 19, 161 — 23, 161.
V, 4, 207 — 12, 242.
VI, 5, 141 — 13, 167 — 14, 212 — 17, 19, 20, 98, 227 — 19, 146.
VII, 2, 20, 228 — 7, 19, 20.
IX, 2, 150 — 12, 7 — 15-16, 7 — 17, 7 — 20, 203, 211 — 23, 114, 239 — 25-26, 201.
X, 21-22, 79.
XI, 1, 180 — 3, 210 — 9, 75 — 29, 61.
XII, 3, 95 — 12, 48, 82.
XIII, 8, 48 — 10, 70 — 11, 111 — 14, 48 — 15, 48 — 16, 69.
XIV, 2, 28 — 7, 51, 192 — 8, 51, 192 — 10, 22 — 22-24, 23.
XV, 1, 101, 149, 233 — 2, 200, 205 — 4, 45 — 5, 207 — 5-6, 165 — 6, 67 — 7, 196 — 10, 217 — 13, 104.
XVI, 4, 167 — 5, 167 — 8, 48 — 11, 48.
XVII, page 61 — 4, 21, 24, 135 — 7, 189, 201 — 10, 239 — 14, 21, 53 — 15, 21 — 20, 209.
XVIII, page 61 — 1, 136 — 9, 206 — 10, 150 — 11, 115, 117.
XIX, 3, 115 — 12, 137 — 24, 80 (*bis*).
XX, 6, 166.
XXI, 6, 150 — 11-12, 68 — 12, 210, 235 — 23, 172.
XXII, 1, 85 — 17, 217.
XXIII, 10, 150 — 13, 169 — 14-15, 183.
XXIV, 6, 161 — 12, 28 — 30, 85 — 37, 48.
XXV, 22, 61 — 23, 98 — 24, 42.
XXVI, 4, 98 — 8, 217 — 15, 21 — 28, 217 — 32, 85.
XXVII, 27, 157 — 29, 198 — 34, 157.
XXVIII, 13, 20, 21, 135 — 17, 192 — 18, 22.
XXIX, 2, 168 — 2-3, 73.
XXX, 33, 167 — 34, 81.
XXXI, 16, 41 — 37, 151.
XXXII, 4, 126 — 31, 80, 161.
XXXIII, 5, 161 — 7-8, 114, 115.
XXXV, 11, 50 — 19, 48 — 27, 48.
XXXVI, 1, 48 — 6-8, 52 — 8, 205.
XXXVII, 8, 217 — 9, 37 — 21, 168.
XXXVIII, 13, 22 — 15, 48.
XXXIX, 3, 13 — 9, 166 — 21, 13.
XL, 12, 186, 192 — 13, 243 — 18, 186, 192.
XLI, 11, 43 — 13, 38, 67, 85 — 40, 157 — 41, 61 — 43, 168.
XLIV, 4, 158 — 14, 23, 91.

XIV, 16, 103 — 20, 98.
XLVI, 26, 103.
XLVII, 9, 139, 180, 207 — 22, 210 — 24, 97 — 26, 209.
XLVIII, 1, 75, 77 — 7, 24 — 14, 24.
XLIX, 3, 219 — 10, 22 — 30, 139, 210.

EXODE

I, 1, 111 — 6, 114.
II, 2, 12 — 11-12, 146 — 22, 12.
III, 6, 196 — 7, 217 — 9, 48 — 13, 48 — 14, 12.
IV, 8, 165 — 9, 210 — 10, 48 — 14, 48 — 16, 48 — 18, 217 — 21, 91.
V, 17, 12 — 20, 136.
VI, 3, 227, 248 — 4, 139 (bis) — 26, 139.
VII, 13, 148 — 15, 210 — 17, 150 — 19, 210.
VIII, 4, 13 — 19, 191.
IX, 7, 37, 101 — 18, 80 — 19, 115 — 24, 108 — 32, 189.
XII, 11, 206 — 13, 210 — 16, 167 — 17, 212 — 39, 22 — 43, 126 — 45, 168.
XIII, 15, 48, 233.
XIV, 61 — 18, 91 — 25, 158 — 31, 165, 241.
XV, 14, 98 — 19, 116.
XVI, 65 — 1, 108 — 4, 80 — 17-18, 40.
XVII, page 65.
XX, 2, 123 — 18, 109.
XXI, 4, 115 — 13, 217 — 23-24, 132.
XXIII, 15, 166 — 17, 167 — 27, 22, 241 — 33, 166.
XXIV, 3, 61 — 5, 227 — 12, 228.
XXV, 40, 61.
XXVI, 1, 22, 212 — 7, 22 — 14, 23 — 31, 23.
XXVII, 1, 217.
XXVIII, 21, 111 — 23, 24.
XXIX, 2, 212 — 40, 21.
XXX, 7, 228 — 14, 104 — 23-24, 21 — 23-25, 24 — 25, 23.
XXXI, 13-15, 121 — 17-18, 148.
XXXII, 1, 134, 135 — 4, 147, 212 — 6, 106 — 25, 229 — 30, 165 — 33, 137, 143.
XXXIII, 8, 109 — 10, 109 — 16, 98.
XXXIV, 1-4, 64 — 27, 168 — 29, 53.
XXXVI, 4, 48.
XXXVII, 15, 20.
XXXVIII, 12, 75, 76 — 23, 20.
XXXIX, 4-5, 21.

LÉVITIQUE

I, 2, 69, 72.
II, 1, 69, 72, 212 — 2, 39 — 4, 72 — 5, 72 — 6, 72 — 6-8, 124 — 11, 72, 135 — 13, 168.
IV, 3, 166 — 8, 24 — 11-12, 21 — 13-14, 165.
V, 3, 150 — 4, 150 — 5, 165 — 15, 165 — 17, 150.
VI, 3, 165 — 10, 242 — 27, 64 — 38 135.
VII, 4, 138 — 8, 23, 138 — 17, 69 — 22, 23.
VIII, 7, 138.
X, 18, 64.
XI, 11-12, 61.
XIII, 48, 135 — 48-49, 75 — 49, 76.
XV, 6, 168 — 29, 48.
XVI, 61 — 23, 91 — 32, 75.
XVII, 7, 48, 139.
XIX, 9, 121 — 11, 70.
XX, 2, 53, 151 — 3, 151 — 6, 135 — 9, 69 — 16, 135.
XXI, 5, 157 — 6, 19 — 9, 46, 48.
XXII, 2, 48 — 3, 53 — 11, 45 — 12, 46, 48 — 22, 150, 241 — 23, 46 — 27, 41, 209.
XXIII, 3, 227 — 12-13, 233.
XXIV, 5-6, 21 — 9, 50.
XXV, 10, 111 — 33, 135 — 34, 192. — 36, 234 — 44, 135, 136 — 46, 70, 135.
XXVI, 12, 210.

NOMBRES

I, 52, 111.
IV, 6, 148.
V, 15, 21.
VI, 3, 168 — 4, 172 — 5, 227.
VII, 13, 21.
X, 29, 243 — 30, 132 — 31, 243.
XI, 22, 80.
XII, 1, 144.
XIII, 4, 205.
XIV, 1-2, 109 — 15, 98 — 24, 135
XV, 4, 21 — 4-7, 21 — 8, 151 — 19, 151.
XVI, 3, 12, 67, 80, 188 — 13, 22 — 17-18, 138 — 18, 109 — 34, 168 — 38, 210, 216, 248.
XVII, 2, 228 — 5, 21.
XIX, 2, 241 (bis) — 5, 115 — 14, 23 15, 21.

XX, 5, 70, 234 — 12, 165.
XXI, 14, 20 — 29, 99.
XXII, 22, 48.
XXV, 18, 22.
XXVI, 62, 235 — 64, 139.
XXX, 3, 13 — 7-8, 241.
XXXI, 8, 161.
XXXII, 4, 21, 41 — 9, 158 — 13, 109
— 22, 210 — 29, 210.
XXXIV, 2, 23.
XXXV, 30, 136.

DEUTÉRONOME

I, 8, 123 — 22, 139, 218.
III, 4-5, 24 — 24, 139.
IV, 8, 98 — 11, 229 — 16, 227 — 35,
45, 205 — 39, 45 — 41-42, 44.
V, 29, 239.
VI, 1, 139 — 4, 107, 136.
VII, 21, 168 — 22, 168.
VIII, 7-8, 234 (bis).
X, 7, 227, 234 — 17, 46, 50 — 29,
239.
XI, 6, 139 — 8-9, 235 — 10, 65 —
19, 121.
XII, 21, 151 — 23, 197 — 30, 98.
XIV, 22, 228.
XV, 2, 239 — 9, 227, 235 — 10, 91
— 18, 24, 67 (bis).
XVI, 20, 121.
XVII, 2, 207.
XVIII, 19, 82.
XX, 19, 137, 138 — 20, 128.
XXII, 1, 116 — 4, 116 — 8, 70 — 21,
124, 242 — 21-22, 121 — 24, 242.
XXIII, 2, 64.
XXIV, 7, 53.
XXV, 2-3, 74 — 13-14, 228.
XXVI, 9-10, 235.
XXVII, 6, 23.
XXVIII, 49, 139 — 50, 241 — 56, 28
— 60, 109 — 60, 165.
XXX, 6, 48.
XXXI, 20, 148.
XXXII, 4, 21 — 14, 20 — 25, 234 —
43, 61.
XXXIII, 16, 98 — 17, 22.
XXXIV, 5-6, 74 — 11-12, 228.
XLV, 26, 65.

JOSUÉ

I, 7, 158, 163 — 8, 163 — 11, 41 —
14, 218, 235.

II, 2, 93 — 4, 138 — 6, 138 — 8, 44
— 10, 139.
III, 1, 62 — 4, 208 — 10-11, 229 —
16, 185.
IV, 5-6, 111 — 6, 210 — 7, 168, 185.
V, 6, 160 — 12, 52 — 15, 139.
VI, 1, 71 — 19, 189.
VII, 1, 157 — 9, 138 — 6, 246 — 10,
239. — 15, 98.
VIII, 11, 217 — 21-25, 235 — 22, 71
— 33, 219.
IX, 12, 21 — 18, 21 — 18-29, 214.
X, 30, 30 — 32, 30.
XIII, 2-6, 24 — 6, 136 — 8-10, 17 —
8-32, 17 — 15-17, 17 — 16-21, 176
— 25-27, 176 — 28, 88, 245 — 29-
30, 174.
XIV, 4, 38.
XVII, 3, 21.
XXII, 12, 93 — 17, 243 — 22, 45, 52,
150.
XXIV, 15, 67 — 17, 45 (bis) — 20,
138 — 22, 141 — 26, 42.

JUGES

II, 18, 169.
V, 3, 205.
VI, 24, 14 — 38, 228.
VII, 1, 51, 192 — 3, 88 — 19, 217 —
24, 104.
VIII, 1, 214 — 11, 11, 29 — 12, 114.
XIII, 8, 41 — 16, 200, 205 — 18, 49.
XIV, 12, 217.
XVI, 2, 80 — 28, 160.
XVIII, 5, 139 — 19, 199.
XIX, 9, 115 — 19, 115 — 26, 80 —
30, 242.

RUTH

IV, 4, 70, 205.

1 ROIS

I, 15, 247 — 16, 168 — 26, 132, 183.
II, 9, 182 — 10, 80.
III, 4, 200 — 11, 21, 236.
IV, 1, 85.
V, 4, 242 — 9, 37, 229.
VII, 6, 166 — 12, 20.
IX, 7, 227 — 8, 206 — 9, 70 — 9-10,
227.
X, 9, 216 — 19, 49.

ROIS, PARALIPOMÈNES. 269

XI, 15, 209.
XII, 21, 241 (bis), 248.
XIII, 15, 109 — 20, 108.
XIV, 28, 13 — 45, 64.
XV, 3, 169.
XVI, 16, 68 — 21, 181.
XVII, 14, 46, 50, 205 — 30, 108.
XIX, 20, 23 — 22, 74, 206 — 23. 74.
XX, 24, 141 — 25, 172 — 26, 241.
XXI, 3, 242 — 6, 88.
XXIII, 17, 126.
XXV, 14, 99.
XXVI, 21, 12.
XXVII, 1, 67 — 8, 114.
XXXI, 7, 114 — 12, 108.

2 ROIS

I, 16, 201 (bis) — 20, 163.
III, 23, 214.
IV, 2, 11 — 4, 11, 135, 157.
VII, 14, 209 — 22, 70 — 23-24, 24.
VIII, 10, 209.
IX, 1, 36 — 3, 36, 157 — 7, 141 — 9, 70 — 10, 138, 140.
X, 6-7, 228 — 7, 20.
XI, 5, 205.
XII, 21, 63 — 23, 239.
XIII, 19, 217.
XIV, 11, 64 — 32, 67.
XV, 20, 23 — 23, 109.
XVII, 2, 205 — 5, 140 — 8-10, 48 — 14, 52, 205 — 17, 114.
XVIII, 3; 67, 199, 219 — 18, 76 (bis) — 33, 248.
XIX, 1, 248.
XX, 3, 211 — 10, 153 — 18, 205.
XXI, 1, 21 — 3, 242 — 6, 75, 76 — 11, 98.
XXII, 14, 80.
XXIII, 6, 243 — 16, 157.
XXIV, 13, 67 — 15, 88 — 16, 169 — 17, 191.

3 ROIS

I, 2, 227 — 9, 187 — 36, 126, 245 — 40, 109 — 48, 28.
II, 2, 205.
III, 18, 70 — 22, 197 — 23, 197 — 28, 108.
IV, 25, 240.
V, 14, 109, 235 — 15, 88, 109 — 16, 234.

VI, 5, 192 — 12, 115 — 28, 159.
VII, 3, 240 — 6, 227 — 10-14, 21 — 16, 20 —19, 189 — 34-36, 133.
VIII, 18, 54 — 25, 54 — 28, 54 — 30, 241 — 31, 54 — 36, 54 — 37-38, 172 — 38, 111 — 41, 49, 109, 246 — 42, 168 — 48, 158 — 50, 158, 168, 169 — 52, 54 — 54, 157 — 56, 169 — 57-58, 54 — 58, 161 — 59, 54, 229, 243 (bis) — 61, 161 — 62, 169 — 63, 157, 169 — 64, 54, 70 — 65, 109 — 66, 111.
IX, 8, 135.
X, 12, 98 — 20, 208.
XI, 27, 243 — 30, 212, 218 — 41, 98.
XII, 8, 241 — 9, 136 — 9-10, 93, 109 — 10, 235 — 13, 241 — 20, 109.
XIII, 25, 187 — 33, 212.
XIV, 2, 197 — 19, 46, 49, 50 — 29, 46, 49.
XV, 23, 46, 98, 157.
XVI, 20, 46 — 22, 160 — 27, 46 — 28, 234, 242.
XVIII, 39, 205.
XIX, 4, 128, 157 — 11, 200.
XX, 2, 227 — 7, 145 — 9, 93, 173.
XXII, 22, 248 — 31, 158 — 39, 98.

4 ROIS

I, 2, 172 — 3, 163 — 4, 21 — 18, 242.
III, 7, 169 — 16, 212 — 18, 242 — 21, 108, 109 — 27, 212.
IV, 1, 209 — 7, 123 — 13, 205 — 16, 197 — 23, 195 — 39, 228.
V, 17, 22, 227.
VI, 33, 206.
VIII, 15, 148.
IX, 27, 194 — 33, 64.
X, 10, 64, 71 — 21, 228 — 29, 21, 24, 136, 233 — 34, 41.
XI, 4, 157 — 5, 108, 157 — 7, 32.
XIV, 21, 51 — 21-25, 48.
XV, 11, 242.
XVII, 29, 228.
XVIII, 5, 169.
XX, 20, 242.
XXIII, 31, 234.
XXIV, 3, 79 — 20, 79.

1 PARALIPOMÈNES

II, 7, 158, 169 — 55, 103, 109.
V, 2, 182 — 9, 74 — 16, 172 — 21, 228.

VI, 49, 29 — 65, 75, 76.
VII, 22-23, 62 — 23, 78.
VIII, 6, 234.
IX, 1, 200 — 9, 200 — 13, 200 — 22, 200, 235 — 23, 200 — 26, 200 — 28, 110 — 29, 110 — 30, 200 — 33, 227.
X, 12, 104.
XI, 4, 51 — 5, 51 — 12, 51 — 12-13, 50 — 20, 51 — 22-23, 50.
XII, 8, 221 — 23, 7, 103.
XIII, 2, 10.
XV, 12, 146 — 26, 128.
XVI, 12, 160 — 15, 160 — 27, 199.
XXI, 3, 128, 201, 202 — 12, 203.
XXIII, 14, 21.
XXIX, 1, 126 — 4, 126 — 8, 139.

2 PARALIPOMÈNES

II, 17, 227.
III, 3, 240 — 4, 22.
IV, 1-2, 228 — 2, 16, 245 — 2-5, 176 — 3, 103, 227 — 4-5, 109 — 11-13, 227 — 14, 233 — 19-22, 177.
V, 10, 70, 241 — 11-12, 23.
VI, 5, 163 — 9, 13.
VII, 21, 135.
VIII, 11, 64.
IX, 8, 201 — 11, 98.
X, 7, 161 — 9, 161 — 10, 161.
XI, 12, 114.
XII, 15, 39.
XIII, 3, 22, 234.
XIV, 5, 146 — 6, 146 — 8, 24, 234 — 9-10, 146.
XV, 1, 21.
XVII, 16, 235 — 18, 235.
XVIII, 7, 168, 169, 229.
XIX, 7, 10, 38 — 10, 23, 24, 165.
XX, 14, 21 — 19, 161.
XXIII, 11, 114 — 12, 109 — 13, 195, 198, 200, 206.
XXVII, 7, 117.
XXVIII, 13, 166.
XXIX, 10, 157 — 15, 141.
XXXI, 6, 43.
XXXII, 15, 165.
XXXV, 8, 114 — 18, 109 — 25, 169 — 26, 114, 115, 117.

1 ESDRAS

I, 31, 111.
III, 5-6, 131 — 9, 131 — 13, 64 — — 22, 128.

IV, 4, 190 — 5, 131 — 6, 152 — 11, 153 — 43-44, 131 — 49-51, 131.
V, 69, 99.
VIII, 25, 240.
IX, 8, 227 — 12, 41 — 16, 243 — 23, 192.

2 ESDRAS

II, 68, 64 — 69, 176.
IV, 2, 172 — 10, 128, 139, 172 — 12, 27 — 14, 80 — 17, 128 — 24, 7.
V, 4, 98 — 5, 79 — 7, 98 — 8, 48 — 11, 18 — 14, 139.
VI, 3, 228 — 8, 27 — 9, 27, 172, 195, 202 — 10, 27, 168 — 11, 62 — 15, 193 — 21, 172.
VII, 6, 205 — 7, 64 — 8, 193 — 10, 159 — 21, 240 — 27, 240 — 28, 135.
VIII, 25, 109, 114.
IX, 3, 151 — 4, 108.
X, 1, 109 — 12, 108 — 14, 41 — 16, 243 — 17, 41.

NÉHÉMIE

I, 5, 233 — 8, 135.
II, 6, 187 — 19, 114, 115 — 20, 114.
III, 6, 160.
IV, 2, 186 — 7, 161 — 11, 64 — 13, 172 — 15-16, 108 — 16, 172 — 18, 122, 187 — 21, 110.
V, 3, 9 — 4, 9, 22 — 5, 64, 110.
VI, 1, 78 — 8, 208 — 12, 114.
XIII, 3, 108 — 4, 206 — 10, 111 — 12, 108 — 15, 126, 150 — 27, 229 — 28, 203 — 29, 160 — 31, 160.

TOBIE

I, 18, 217.
IV, 5, 161 — 8, 240 — 12, 46 (bis) — 16, 236 — 18, 162 — 21, 98.
V, 20, 240.
VI, 9, 135.
VII, 10, 240 — 11, 43, 240.
X, 5, 81 — 10, 242.
XII, 3, 214 — 4, 78, 79 — 8, 187 — 9, 50.
XIII, 1-4, 50 — 3, 124 — 4, 205 — 7, 155, 196 — 13, 164.

JUDITH

III, 8, 209.
V, 3, 184, 212 — 8, 63 — 11, 63 — 20, 63.
VI, 18, 109.
X, 7, 10, 11, 17 — 19, 243.

ESTHER

I, 5, 168 — 7, 195 — 8, 241 — 10, 234, 240 — 10-15, 109 — 19, 80.
II, 22, 49, 63.
III, 13, 194 — 14, 241.
IV, 2, 80 — 3, 77 — 8, 123 — 14, 115.
V, 13, 67, 68, 98.
VI, 1, 54 — 1-2, 63, 227 — 3, 121 — 8-9, 63, 76 (bis) — 10, 71.
VII, 2, 64.
IX, 1, 97.

JOB

I, 1, 204.
III, 5, 114.
IV, 18, 165, 169.
V, 2, 126, 150 — 13, 62.
VI, 16, 194 — 16-17, 117 — 17, 78.
VII, 4, 201 — 17-18, 206.
IX, 7, 80.
X, 3, 67.
XI, 8, 182, 195.
XII, 6, 121 — 16-24, 206.
XIV, 17, 217 — 19, 98.
XV, 7, 218 — 14, 206 — 24, 115.
XVIII, 15, 98.
XIX, 11, 208 — 23, 44.
XX, 11, 99, — 12-13, 138 — 21, 98.
XXI, 16, 98 — 27, 142 — 34, 159, 168.
XXII, 16, 233.
XXIII, 6, 169 — 15, 168.
XXIV, 15, 37 — 15-16, 120 — 24, 217.
XXV, 2, 136, 233.
XXVI, 14, 169.
XXVIII, 3, 65, 76 (bis) — 3-4, 120 — 9, 65 — 10, 65 — 11, 65.
XXIX, 21-22, 168.
XXX, 4, 140, 181 — 19, 187.
XXXI, 35, 150.
XXXII, 8, 180.
XXXIII, 31, 205.
XXXIV, 20, 187.
XXXV, 2, 136 — 15, 36, 71.
XXXVIII, 7, 161 — 9, 182 — 14, 212, 227.
XLI, 25, 200, 205.

PSAUMES

I, 2, 168.
II, 2, 9 — 9, 13 — 11, 163.
VIII, 65 — 5, 61, 191.
IX, 2, 170 — 3, 164 — 15, 164, 170 — 23, 246.
X, 4, 21, 135.
XI, 3, 228.
XII, 6, 164.
XIII, 1, 104 — 3, 36 — 5, 161.
XV, 65 — 3, 135 — 10, 61.
XVI, 65 — 2, 243.
XVII, page 65, — 1, 229 (bis), 241, 242, 243, 248 — 12, 182 — 14, 80 — 23, 98 — 30, 167 — 31, 21 — 36, 46.
XVIII, 6, 164.
XX, 13, 23.
XXI, 2, 197, 224 — 9, 63, 158.
XXV, 9, 133.
XXVI, 4, 22, 24, 242 — 7, 243 — 11, 158.
XXIX, 8, 12.
XXX, 21, 168 — 25, 169.
XXXI, 2, 69.
XXXII, 9, 68, 77.
XXXIV, 28, 168.
XXXVI, 23, 167 — 31, 99.
XXXVIII, 5, 142 — 6, 20 — 7, 146, 219.
XXXIX, 7, 61, 62.
XL, 7, 158.
XLI, 4, 78 — 5, 20.
XLIII, 23, 208.
XLIV, 7, 199 — 8, 159 — 14, 219, 235.
XLVII, 4, 164 — 12, 164.
XLVIII, 6-7, 21.
LIV, 6, 115.
LIX, 2, 228.
LXII, 2, 161, 169 — 7, 168.
LXV, 1-2, 161.
LXVII, 17, 139 — 19, 61, 62.
LXVIII, 12, 182 — 23, 210.
LXXI, page 65.
LXXII, 23, 160.
LXXVII, 8, 148 — 11-12, 139 — 18, 65 — 19, 65 — 24, 62 — 32, 165.
LXXX, 1, 164.

LXXXIII, 3, 164.
LXXXV, 8, 64 — 15, 12.
LXXXVI, 3, 20, 98.
LXXXVIII, 38, 12, 198.
LXXXIX, 13, 169.
XC, 9, 23.
XCIV, page 146.
XCV, 12-13, 164.
CI, 28, 95.
CII, 2-3, 11 — 15, 9 — 17-18, 234.
CIII, pages 23 et 65 — 3, 182 — 4, 62, 182 — 27, 54.
CIV, 8-9, 132 — 30, 157.
CV, 13, 236.
CVIII, 78, 168.
CIX, 1, 212 — 1, 196, 197.
CX, 2, 167, 247.
CXI, 1, 62 — 9, 62.
CXIII, 21, 12.
CXVI, 1, 170.
CXVII, 22, 41, 45, 209 — 26, 12.
CXVIII, 75, 180 — 162, 164.
CXXVI, 1, 64 — 1-2, 64 — 2, 180.
CXXX, 11, 169.
CXXXI, page 151 — 11, 13 — 16, 164.
CXLII, 2, 166 — 10, 159.
CXLIV, 6, 21 — 7, 164 — 15, 169.
CXLVII, 3, 182.
CXLVIII, 5, 76 — 6, 76 (*bis*).
CXLVIII, page 63.

PROVERBES

I, 11, 160 — 17, 97.
II, 21, 158.
III, 13, 69.
VI, 12, 69 — 12-13, 46 — 35, 28.
VIII, 8, 180 — 32, 69.
IX, 10, 67 — 22, 50.
XI, 12, 69 — 26, 21.
XII, 10, 169 — 18, 23, 208.
XIII, 11, 152 — 19, 180 — 21, 98.
XIV, 13, 218 — 21, 36 — 22, 36.
XVI, 33, 98.
XX, 1, 187.
XXII, 23, 157.
XXV, 4, 216, 219 — 9, 115 — 10, 115 (*bis*).

ECCLÉSIASTE

I, 10, 63, 68, 235 — 17, 191.
II, 15, 135, 191 — 16, 41 — 17, 169 — 23, 22.
III, 11, 13 — 14, 49 — 15, 180, 197 — 19, 160 — 22, 169.
V, 12, 78, 229 — 15-17, 65 — 15-18, 64 — 17, 229 — 18, 39, 65.
VII, 9, 187 — 26, 123, 169, 187, 245 — 27, 185.
VIII, 3, 187 — 12, 67.
IX, 4, 46 — 6, 115 — 7, 158.
X, 3, 98 — 8, 134.
XI, 4, 36 — 5, 219.
XII, 9, 159, 169 — 13, 191.

CANTIQUE DES CANTIQUES

I, 12, 200 — 13, 180 — 15, 180.
II, 1, 196 — 5, 160 — 8, 195 — 14, 203.
III, 9-10, 235.
IV, 1, 180, 198 — 7, 219 — 12, 180 — 13, 180 — 14, 180.
V, 16, 219.
VI, 11, 159, 171.
VII, 10, 196.

SAGESSE DE SALOMON

II, 14, 210 — 16, 155.
V, 10, 139.
VI, 23, 160.
VII, 11, 98 — 15, 48 — 17, 48 — 21, 65.
VIII, 1, 65 — 3-8, 65 — 14, 98.
X, 1-4, 64 — 15-21, 65.
XII, 2, 165 — 14, 116 — 14, 42, 54, 199.
XIII, 1, 199.
XV, 7, 14 — 11-13, 109 — 17, 43.
XVI, 17, 235.
XVII, 1, 199 — 15, 45 — 16, 45 — 17, 45 — 17-18, 117.
XVIII, page 65.
XIX, 1, 65 — 2, 65 — 3, 65 — 17, 111.

SAGESSE DE SIRACH

I, 16, 168.
II, 9, 169.
VI, 11, 169.
IX, 1, 169.
XII, 3, 98.
XIII, 6, 199 — 12, 169 — 17, 199.
XVI, 3, 71.
XVII, 30, 98.

XIX, 11, 168.
XX, 11, 81 — 30, 199.
XXIII, 3, 97.
XXIV, 9, 13 — 29, 168.
XXVIII, 12, 98.
XXX, 3, 163.
XXXIV, 11, 98.
XXXVI, 13, 14.
XXXVII, 7, 168 — 8, 168.
XXXVIII, 13, 81 — 22, 240.
XXXIX, 25, 98.
XL, 7, 168.
XLI, 17, 168.
XLIV, 8, 81.
XLVI, 17, 80.
XLVIII, 11, 48.
XLIX, 2-16, 48.
LI, 7, 70, 235.

ÉSAÏE OU ISAÏE

I, 7, 21 — 9, 208 — 12, 67.
III, 6, 111.
V, 2, 54 — 29-30, 120.
VI, 9, 62, 141, 217 — 10, 62, 123.
VII, 17, 22 — 21, 69 — 23, 60, 122, 180.
VIII, 1, 81 — 4, 76 (*bis*) — 11, 160 — 13, 135 — 21, 124.
IX, 2, 135, 227 — 14, 24 — 15, 23.
XI, 9, 22.
XII, 2, 199.
XIII, 146 — 2, 136 — 3, 208 — 4, 127, 208 — 9, 214, 246 — 14, 62 — 21, 97.
XVI, 5, 64.
XVII, 2-7, 221 — 5-6, 88, 99 — 12, 91 — 13, 53, 91, 127.
XVIII, 1, 93 — 1-2, 234 — 2-3, 122 — 3, 37, 187 — 7, 224, 227, 234.
XIX, 1-4, 123, 124 — 2, 22, 111, 172 — 4, 121, 227 — 11, 21 — 17, 23, 40 — 18, 100, 109 — 22, 141.
XXI, 2, 153 — 11, 76.
XXII, 1, 121 — 22. 12.
XXIII, 3, 91 — 15, 180, 229 — 18, 189, 229.
XXIV, 10, 76.
XXV, 32, 95.
XXVI, 1, 23 — 3-4, 168.
XXVII, 12, 111 — 13, 12.
XXVIII, 7, 114, 117 — 16, 20.
XXIX, 4, 122 — 10, 21 — 13, 104, 213 — 16, 14 — 19, 164.
XXX, 2, 12, 121 — 21 21 — 26, 13 — 31-32, 87, 120 — 32, 22, 173.

XXXII, 18, 110.
XXXIII, 19, 76, 246 — 20, 234.
XXXIV, 13, 98, 246 — 14, 97.
XXXVI, 17, 22.
XXXVIII, 10, 195, 196 — 12, 64, 110 — 18, 169 (*bis*) — 19, 98.
XL, 3, 50, 62 — 4, 210 — 10, 180 — 17, 208 — 22, 62, 65.
XLI, 5-6, 111 — 10, 164.
XLII, 1, 62 — 4, 95.
XLIII, 3, 28.
XLV, 8, 13 — 9, 14.
XLVI, 2, 48 — 3, 229 — 5-6, 229 — 8, 126.
XLVII, 1, 78 — 5, 229 — 8, 229 — 12, 241 — 15, 111.
XLVIII, 12, 48.
XLIX, 6, 42, 67, 207, 209 (*bis*), 213 — 7, 167.
L, 2, 152.
LI, 9, 22 — 9-10, 20 — 15, 198.
LIII, 4, 48, 49 — 10, 151 — 11, 49.
LV, 3, 61.
LVIII, 5, 150, 213.
LIX, 2, 97.
LX, 1-2, 61 — 7, 98 — 13, 13 — 21, 121.
LXI, 10, 164.
LXV, 1, 166, 167 — 14, 164 — 16, 12.
LXVI, 2, 37 — 7, 13 — 8, 126, 240.
LXVIII, 5, 150, 213.

JÉRÉMIE

III, 7, 157 — 16, 66 — 17, 248 — 20, 169 (*bis*) — 25, 123.
IV, page 124 — 3, 157 — 5, 157 — 5-6, 124.
V, 1, 128 — 9, 169 — 13, 168, 209 — 14, 212 — 15-16, 234 — 17, 168 18, 168 — 22, 23 — 31, 168.
VI, 21, 169 — 22, 109 — 28, 33.
VII, 4, 157 — 9, 168 — 10, 168 — 11, 139 (*bis*) — 18, 157 — 24, 169.
VIII, 2, 242 — 2-3, 74 — 5, 157 — 6, 168 — 14, 157 — 15, 98.
IX, 1, 233 — 4, 111 — 5, 121 — 7-8, 120.
IX, 16, 168, 169 — 18, 157 — 20, 133 — 25-26, 157 — 26, 188.
X, 1, 169 — 3, 87, 120.
XII, 6, 165, 169 — 11, 133 — 17, 141 — 22, 98.
XIII, 22, 98.
XIV, 12, 12 — 19, 98.
XV, page 162 — 5, 168, 169 — 10, 234.

XVI, 17, 97.
XVIII, 6, 14 — 17, 227.
XX, 13, 170.
XXI, 2, 63.
XXII, 7, 121 — 19, 157.
XXIII, 27, 111.
XXIV, 2, 98 — 5, 22 — 8, 22, 98 — 9, 28.
XXV, 10, 20 — 16, 21, 140.
XXVII, 12, 242.
XXVIII, 3, 169 — 25, 200.
XXIX, 7, 169.
XXXI, 36, 122.
XXXII, 9, 169.
XXXVI, 2, 114 — 4, 169 — 7, 168 — 32, 104, 121.
XXXVII, 6, 10, 173 — 8, 109.
XXXVIII, 15, 222 — 26, 240 — 31, 10 — 32, 74, 243 — 33, 62, 209, 210.
XLII, 8, 54 — 9, 54 — 11, 54.
XLIII, 14, 21.
XLV, 9, 168.
LI, 2-3, 110 — 15, 110 — 20, 63, 110 — 21, 66, 68, 124 — 27, 110.

LAMENTATIONS

I, 7, 23, 172, 217.
II, 3, 22 — 13, 233 — 21-22, 124 — 22, 71.
III, 1, 195 — 27, 67.

LETTRE DE JÉRÉMIE

9, 81 — 22, 7 — 24, 98 — 27-28, 114 — 38, 7, 103, 241 — 45, 98 — 50, 78.

BARUCH

I, 19, 160.
II, 3, 111 — 9, 146 — 12, 233 — 29, 248.
III, 3, 43, 48, 197.
IV, 17, 196 — 22, 43 — 25, 158.

ÉZÉCHIEL

I, 4, 206 — 4-8, 198 — 13, 198 — 15, 173, 187, 234 — 18, 195 — 19, 187 — 22, 22 — 22-23, 198 — 26, 22, 195, 227 — 28, 240.
II, 1, 191 — 2, 138.

III, 18-20, 23.
IV, 12, 23.
V, 5, 22 — 6, 20.
VI, 6, 98 (bis).
VIII, 2, 195 — 6, 54.
IX, 11, 126.
XIV, 11, 109.
XVI, 27, 20 — 48, 115, 123 — 51, 165 — 55, 123.
XVII, 9, 195.
XVIII, 13, 201 — 31, 28.
XXIII, 21, 241 — 30, 131.
XXVI, 21, 23.
XXVII, 27, 108 — 36, 27.
XXVIII, 15, 97.
XXIX, 18, 159.
XXXIII, 27, 12 — 30, 111.
XXXV, 10, 189.
XXXVI, 8, 169.
XL, 5, 22.
XLI, 11, 195 — 20, 189 — 21, 189, 217 — 22, 189.
XLII, 13, 13.
XLIII, 8, 187 — 16, 217 — 19, 63, 72 — 23, 63 — 24, 63 — 25, 63 — 26, 63.
XLIV, 23, 153 — 25, 120.
XLV, 2, 228.
XLVIII, 15, 42 — 16, 235 — 18, 97.

DANIEL (LXX).

I, 2, 131 — 17, 158, 163, 242.
II, 11, 68 — 13, 74 — 15, 79 — 18, 114 — 20, 243 — 27, 12, 135 — 28, 12 — 29, 12 — 30, 68 — 31, 174 — 32, 189, 195 — 34, 242 — 35, 114, 188 — 41, 7 — 47, 46.
III, 2, 53 — 4, 234 — 33, 28 — 92, 127 — 96, 32.
IV, 5, 115 — 19, 235 — 21, 192 — 25-26, 98 — 33, 115 — 34, 131.
V, 2, 114, 147 — 3, 98 — 7, 76 (bis), 135, 218 — 9, 141 — 11-12, 93 — 19, 117 — 23, 123, 134 — 29, 63, 75, 76 (bis).
VI, 27, 98.
VII, 6, 127 — 7, 174 — 6-8, 198 — 13, 127, 174 — 14, 117 — 15, 135, 234 — 17, 236 — 19-20, 176 — 25, 79 — 26, 109 — 27, 115 — 28, — 234.
VIII, 1, 234 — 3, 174 — 6, 93, — 7, 27 — 8, 127 — 10, 74 — 11, 13, 78 — 13, 20, 210 — 13-14, 22 — 15, 234 — 21, 191 — 26, 183, 195, 197, 240.

IX, 15, 240 — 26, 12 — 27, 13.
X, 5-6, 198, 206 — 16, 37 — 17, 135.
XI, 7, 65 — 15, 78 — 20, 103, 241 — 31, 13 — 32, 110.
XII, 3, 64 — 6, 201 — 11, 228 — 12, 201.

DANIEL (*Théodotion*).

I, 2, 131 — 17, 246.
II, 15, 79 — 27, 135 — 34, 242 — 47, 46.
III, 92, 127.
IV, 17-19, 236.
V, 2, 147 — 3, 98 — 7, 135.
VII, 6, 127 — 7, 174 — 13, 127 — 15, 135, 234 — 17, 236 — 19-20, 176 — 25, 79 — 28, 234.
VIII, 1, 234 — 3, 174 — 6, 93 — 13, 210 — 15, 234 — 26, 240.
X, 16, 37, 127.
XI, 7, 65 — 32, 110.
XII, 11, 228.

DANIEL (*Suzanne*).

3, 159.

OSÉE

I, 9, 197.
II, 10, 82 — 21-22, 172.
III, 3, 195.
IV, 5-6, 208 — 6, 172 — 10, 20.
IX, 4, 242 — 12, 21.
X, 4, 227 — 12, 168.
XIV, 124 — 3, 128 — 4, 126.

JOËL

II, 26, 209, 229 — 28, 81.
III, 1, 151 — 18, 157.
IV, 16, 169.

AMOS

II, 14, 160.
IV, 7, 80.
V, 6-9, 23 — 25, 108.
VI, 2, 235 — 2-3, 233 — 9-10, 64 — 10, 63, 71, 76 (*bis*), 120, 195, 199.
VII, 1, 206, 217 — 7, 36, 71, 206, 240.
IX, 12, 138.

JONAS

I, 1, 162 — 6-15, 162.
III, 6, 168.
IV, 2, 162 — 5, 162 — 6, 162, 168 — 8, 162 — 10, 162, 169 — 11, 162.

MICHÉE

I, 12, 98.
III, 1, 67 — 2, 93 — 12, 208, 209.
IV, 11, 158.
V, 1, 63, 74, 76 (*bis*) — 2, 65.
VII, 2, 36 — 11, 52.

NAHUM

I, 11, 29.
II, 5, 180.

HABACUC

I, 3, 146 — 6-7, 64 — 9, 64 — 14, 150, 14-15, 64.
II, 1, 65 — 1-2, 64 — 5, 51.
III, 17, 97.

ZACHARIE

I, 2, 157 — 9, 197 — 14, 157 — 19, 169.
IV, 2-3, 12 — 4, 197 — 11, 12 — 14, 12.
V, 1, 236 — 9, 31 — 9-10, 10.
VII, 7, 115, 197.
VIII, 4, 117 — 15-16, 111.
XII, 10, 12, 172.
XIII, 3, 114 — 4-5, 120 — 7, 95.
XIV, 4, 229 — 7, 199 — 17, 159.

MALACHIE

II, 15, 121.
III, 1, 12, 47 — 17, 209.

1 MACCHABÉES

I, 6, 91 — 10, 187 — 29-35, 121 — 32, 121 — 52, 235.
II, 10, 160 — 19, 189 — 42, 103, 108, 110, 235 — 51, 172 — 66, 45.

III, 30, 160 — 32, 172.
IV, 52, 192.
V, 2, 110.
VI, 24, 166, 167 — 59, 161.
VII, 6, 76 — 16, 76 — 44-47, 63 — 46, 50.
VIII, 1, 137, 140, 143, 176 — 1-9, 132 — 8, 138 — 16, 172, 176 — 18, 103, 110, 159 — 22, 76 — 27, 103, 110 — 30, 187.
IX, 14, 195 — 29, 172 — 53, 187.
X, 20, 131 — 36, 64 — 37, 110 — 38, 173 — 42, 80 — 45, 153 — 65, 247 — 84, 65.
XI, 3, 212 — 4, 65, 160 — 4-5, 64 — 5, 65 — 21, 166 — 22, 166 — 27, 131, 160 — 33, 103, 110 — 57, 131 — 62, 187.
XIII, 14, 65 — 16, 187 — 17, 63, 65 — 19-20, 64 — 31, 161 — 47, 98.
XIV, 27, 76 — 28, 76, 77.
XV, 22, 76 (*bis*) — 24, 76.

2 MACHABÉES

I, 1, 40.
II, 16-17, 198 (*bis*).

III, 2, 81 — 16, 67, 72.
IV, 13, 240.
V, 8, 158, 171.
VI, 7, 237.
VII, 19, 147.
X, 30, 217 — 33, 217.
XI, 18, 80 — 26, 240.
XIII, 3, 148.
XIV, 10, 199.

HÉNOCH

VI, 2, 158.
IX, 1, 45 — 2, 103.
X, 12, 98 (*bis*) — 14, 104.
XI, 1, 114.

TESTAMENT
DES XII PATRIARCHES

I, 1, 229 — 3, 240, 247 — 4, 247.
III, 5, 172 — 6, 172 — 7, 180.
IV, page 158 — 1, 129 — 15, 161.
V (*sub fine*), page 210.
IX, 158.
XII, 1, 229.

NOUVEAU TESTAMENT

Nota. — Les chiffres romains indiquent le *chapitre*. — Après chaque tiret, le *premier chiffre* arabe indique le verset, et les *chiffres qui suivent* renvoient aux pages du volume.

MATTHIEU

I, 18, 14, 56, 154, 207, 211, 239, 240 — 19, 132 — 20, 132, 141, 149 — 21, 132 — 22, 166 — 23, 132, 193 — 24, 132 — 25, 132, 213.
II, 3, 149 — 13, 118, 152 — 16, 145 — 18, 222 — 20, 218.
III, 3, 62 — 5, 112 — 5-6, 107 — 6, 222, 237 — 11, 43 — 12, 49, 139 — 14, 58 — 15, 58, 80 — 17, 200, 209.
IV, 4, 168 — 16, 104, 134, 135, 227 — 19, 184, 212 — 23, 167 — 23-24, 57 — 24, 147.
V, 3, 183 — 4, 48 — 11, 55, 89, 197, 200 — 11-12, 59 — 12, 163 — 15, 160 — 16, 160 — 17, 153 — 18, 96, 112, 116 — 19, 45, 49 — 21-27, 119 — 29, 167 — 34, 162 — 34-35, 171 — 38, 132 — 39, 167 — 40, 134 — 42, 134, 154 — 45, 48, 48 (*bis*) — 46, 126 — 48, 48.
VI, 1, 53 — 1-2, 72 — 3, 136 — 5-7

119 — 8, 208 — 9, 230 (bis) — 19, 113 — 23, 198 — 25, 186 — 26, 43. 152 — 28, 43, 95, 158 — 32, 149 — 33, 96, 149 — 34, 186.
VII, 1, 152, 155 — 3, 237 (bis) — 7, 77 — 9, 159 — 11, 237 — 12, 126, 128, 239 — 17, 237 — 23, 161, 230 — 28, 82, 83.
VIII, 1, 136 — 3, 27 — 4, 48 — 8, 141, 161 — 9, 149 — 10, 149 (bis), — 12, 112 — 17, 48, 49 — 23, 134 — 25, 144 — 28, 185 — 29, II, 199 — 29-32, 58 — 30, 102, 105, 107 — 32, 105, 106 — 34, 104, 107.
IX, 1-2, 57 — 2, 73 (bis) — 4, 137, 141 — 4-7, 56 — 10, 82 (bis), 83 — 12, 149 — 13, 158 — 14, 43 (bis), 122 — 15, 141 — 16, 126, 151, 166 — 16-17, 73 — 18, 166 — 25, 105, 159 — 27, 134 — 33, 207, 208.
X, 2, 95 — 13, 104 — 14, 24 — 21, 96-97 — 22, 45 — 28, 167 — 29, 95 — 32, 134, 161 — 36, 39 — 38, 170.
XI, 1, 82 — 3, 12 — 7, 147 — 10, 44, 47 — 11, 36 — 14, 149 — 16, 98, 119 — 17, 96 — 25, 148, 149, 162 — 26, 207, 239 — 27, 96.
XII, 2, 80 — 3, 48 — 3-4, 55 — 4, 193, 247 — 6, 239 — 7, 62 — 10, 152 — 12, 247 — 13, 154, 215 — 14, 141 — 14-15, 149 — 18, 62, 158, 167 — 21, 95 — 24, 149 — 25, 104 (bis), 116, 137 — 28, 47 — 35, 237 — 36, 8 (bis), 34, 136 — 45, 94, 95, 99, 239 — 50, 43.
XIII, 2, 105 (bis) — 3, 141 — 4, 94, 96, 246 — 4-8, 194 — 7, 167 — 12, 77 — 14, 62, 141, 161, 217 — 16, 198 — 19, 6, 101 — 19-23, 191 — 20, 191 — 26, 94 — 28, 149 — 31, 69 — 32, 167 — 38, 94, 121, 191 — 44, 69 — 47, 151 — 47-48, 59 — 53, 82, 147.
XIV, 1-2, 118 — 1-10, 59 — 13, 149 — 19, 140 — 19-20, 55 — 20, 222, 218 — 21, 38 — 24, 216 — 26, 167 — 27, 26 — 29, 167.
XV, 5, 166 — 8, 104 — 9, 213 — 11, 45 — 18, 45, 94 — 20, 70 — 21, 247 — 23, 247 — 27, 95 — 28, 126 — 31, 92, 106 — 36-37, 55.
XVI, 8, 158, 168 — 9, 129 (bis) — 13-15, 48 — 14, 129 — 17, 39, 149 — 22, 67, 202, 239 — 23, 237 — 24, 170 — 25, 50.
XVII, 1, 128 — 2, 94 — 3, 113, 114 — 4, 187 — 5, 166 — 6, 149 — 12,

59, 118, 246 — 14, 56 — 14-21, 58 — 22, 78 — 26, 56 — 27, 218.
XVIII, 2, 137 — 4. 45 — 4-5, 49 — 6, 165 — 8, 92, 116, 189 — 14, 207, 224, 239 — 18, 96 — 19, 67 — 23, 221 — 24, 59 — 26, 168 — 28, 128 — 35, 167.
XIX, 1, 82 — 3, 71 — 4, 7, 13, 212 — 5, 209 — 9, 219 — 13, 95, 166 — 18, 125 — 25, 149 — 26, 67 — 28, 52, 167.
XX, 2, 162, 171 — 9, 127, 219 — 10, 127 — 13, 162 — 14, 171 — 15, 26, 184, 237 — 18, 78 — 19, 54 — 20, 115, 159 — 21, 216 — 23, 197 — 24, 149 — 26, 201, 207 — 29, 105 — 31, 105.
XXI, 8, 105 — 9, 183 — 10, 104 — 18, 147 — 26, 162, 208, 209 — 28, 69 — 41, 183, 214 — 42, 41, 45 (bis), 209 — 46, 162, 209, 215.
XXII, 4, 204 — 16, 81 — 22, 149 — 23, 149 — 27, 218 — 29-30, 57 — 32, 196 — 38, 190 — 40, 168.
XXIII, 7, 129 — 9, 150, 213 — 14-39, 56 — 16, 24, 41, 67, 186, 232 — 18, 67, 186, 232 — 23, 148, 149 — 33, 158 — 34, 151 — 37, 57, 246 — 38, 248.
XXIV, 6, 67 — 7, 104 — 9, 26 — 13, 45 — 15, 13, 99, 124 — 24, 199 — 26, 200 — 34, 96 — 35, 113, 114 — 36, 152 — 37, 59, 207, 239 — 38, 57, 59, 73 — 43, 148.
XXV, 9, 80 — 21, 203, 247 — 23, 245 — 27, 128 — 28, 57 — 29, 55 — 34, 237.
XXVI, 1, 82 — 2, 246 — 4, 141 — 5, 204 — 8, 204 — 9, 57 — 12, 50 — 13, 50, 248 — 22, 111 — 23, 45 — 26, 247 — 27, 151 — 29, 151 — 31, 95 — 32, 42 — 39, 47, 58, 199, 247 — 48, 43 — 50, 58 — 60, 218 — 61, 47 — 66, 120 — 70, 48 — 71, 134, 136.
XXVII, 1, 141 — 4, 199 — 9, 37, 58 (bis) — 12, 246 — 14, 27 — 15-16, 57 — 19, 201 — 25, 104, 106, 201, 204 — 29, 162 — 30, 167 — 33, 121, 193 — 43, 68, 158 — 46, 191, 224 — 47, 149 — 51, 167 — 52, 95 (bis) — 52-53, 101 — 57, 166 — 61, 112, 114 — 64, 144 — 65, 144, 155.
XXVIII, 4, 167 — 9, 159 — 15, 126.

MARC

I, 1, 197 — 2, 47 — 3, 197 — 5, 112 — 7, 139 — 9, 82, 83 — 15, 165 — 16, 147 — 16-21, 38 — 17, 212 — 21-22, 57 — 23-26, 58 — 27, 198 — 29, 58 — 31, 29 — 33, 104 — 36, 112 — 38, 149, 187 — 39, 167 — 40, 137 — 41, 145 — 42, 48, 55 — 43, 137 — 45, 72, 202.

II, 1, 78 — 3, 55, 72 — 8, 149 — 8-12, 56 — 11, 155 — 12, 126 — 13, 105 — 15, 82 — 15-23, 84 — 21, 166 — 22, 246 — 24, 58, 80 — 25, 48 — 26, 193.

III, 2, 58, 137 — 6, 141 — 7, 105 (*bis*) 115 — 7-8, 86, 106 — 11, 58, 95, 101 — 14, 15 — 17, 193 — 20, 105, 141 — 22, 222 — 25, 101, 112 — 28, 96 — 31, 113 — 32, 105, 186 — 33, 186 — 35, 43, 45.

IV, 1, 86, 105 — 4, 82, 83, 84, 94, 246 — 6, 97 — 7, 167 — 8, 96 — 11, 96 — 12, 77, 79 — 15-20, 191 — 18, 101 — 22, 71 — 24, 79 — 28, 216 — 30, 119, 239 — 36, 94 — 37, 91, 148 — 41, 113, 157.

V, 2, 91 — 2-12, 58 — 8-10, 55 — 9-10, 30 — 10, 6 — 10-12, 101, 119 — 11, 105-107 — 12, 6 — 13, 95, 105, 188 — 18, 136 — 21, 105, 136 — 23, 138, 247 — 24, 30, 105 — 32, 149 — 33, 30 — 36, 164 — 38, 129 — 41, 148, 193 — 43, 70, 149 (*bis*).

VI, 5, 145 — 8, 90, 202 — 11, 104 — 16, 45 — 17-18, 243 — 20, 203, 212 — 22, 56 — 31-32, 55 — 37, 48 — 39-40, 219 (*bis*) — 41, 140 — 43, 55, 129, 151 — 50, 162 — 52, 158, 168.

VII, 1-5, 24 — 6, 104 — 11, 193 — 18-19, 88 — 20, 45, 46, 50 — 24, 149 — 25, 139 — 28, 95, 151 — 34, 193.

VIII, 1, 105, 106, 107 — 2, 24, 41 — 4, 69, 224 — 6-8, 55 — 8, 222 — 9, 38 — 12, 104 — 14, 57 — 17, 149, 152, 213, 214 — 17-20, 129 — 18-20, 24 — 19, 131 — 20, 131 — 21, 152 — 24, 244 — 27, 48, 112 — 27-28, 24, 182 — 28, 129 — 29, 48 — 34, 129 — 35, 50.

IX, 3, 94 — 7, 166 — 12, 77 — 12-13, 168 — 15, 105, 106 — 18-27, 58 — 20, 6, 101, 142 — 25, 105 — 26, 58, 101 — 28, 136 — 29, 104 — 30, 149 — 32, 141, 149 — 45, 13, 73.

X, 8, 209 — 17, 137 — 32-33, 130 — 35, 113 — 37, 216 — 38, 157 — 43, 201 — 46, 112.

XI, 3, 149 — 4, 115 — 5, 27 — 11, 58 — 12, 58 — 15, 58 — 18, 105 — 19, 58 — 25, 128 — 27, 91.

XII, 1, 69 — 10, 41, 45 — 19, 50 — 22, 218 — 26, 196 — 29, 107 — 37, 105 — 38, 129 — 38-40, 24, 25, 93, 231 — 41, 105 — 42, 193 — 44, 151, 223.

XIII, 3, 112 — 4, 96, 247 — 6, 168 — 8, 104 — 12, 96 — 13, 45 — 14, 13, 99 — 21, 200 (*bis*) — 28, 207 — 29, 149 — 30, 96.

XIV, 1, 112 — 4, 170 — 5, 57 — 7, 247 — 8, 50 — 19, 111 — 21, 168 — 23, 151 — 27, 95 — 28, 44, 246 — 36, 43 — 41, 80 — 44, 43 — 46, 138 — 55, 246 — 58, 47 — 65, 138 — 68, 48.

XV, 8, 105 — 16, 193 — 19, 167 — 22, 121, 193 (*bis*) — 34, 40, 119, 193 — 41, 138 — 42, 193 — 45, 119 — 45-46, 143.

XVI, 2, 80 — 6, 73 — 6-7, 55 — 12, 151 — 13, 164 — 18, 55, 247.

LUC

I, 3, 80 — 5, 83 — 6, 185, 215, 239 — 8, 84 — 10, 105 — 11, 216 — 14, 112 (*bis*) — 21, 101, 106 — 23, 83 — 26, 166 — 28, 196, 201 — 41, 83 (*bis*) — 42, 196, 246 — 43, 67, 224 — 45, 246 — 47, 163, 170 — 57, 42 — 59, 83 (*bis*), 84, 213 — 64, 112 — 65, 93, 149 — 68-79, 245 — 69, 245, 248 — 71, 245 (*bis*), 248 — 72, 245 (*bis*), 248 — 73, 41, 245, 248 — 73-74, 92 — 73-75, 54 — 74, 245 — 76, 79, 245.

II, 1, 83 — 1-3, 83 (*bis*), 246 — 2, 246, 248 — 4-5, 83 — 6, 84 — 8, 246 — 13, 102, 105 (*bis*), 106, 170 — 14, 198 — 15, 83, 84, 149 — 15-16, 83 — 20, 170 — 21, 184, 213 — 25, 199, 200 — 26, 54 — 33, 113, 117 — 36, 11, 48, 50, 51 — 36-37, 46 — 41, 237 — 46, 83 — 48, 43, 117, 122.

III, 1, 83 — 5, 210 — 12, 11 — 16, 139 — 17, 139 — 19, 52-53 — 21, 84.

IV, 1, 166 — 7, 162 — 9, 145 — 12,
77 — 15, 48 — 16, 137 — 23, 212,
224 — 28, 149 — 29, 145, 170 —
33-35, 58 — 39, 55 — 41, 95, 97.
V, 1, 48, 83 — 4, 59 — 6, 94 — 12,
83, 138 — 14, 48, 123, 239 — 17,
42, 83 — 18, 73 (bis) — 29, 105 —
31, 247 — 35, 141 — 36, 160 —
37, 43.
VI, 1, 84 — 4, 193 — 5, 160 — 6, 84
— 7, 137 — 11, 151 — 12, 83 —
17, 240 — 19, 105 — 21, 48 — 24,
248 — 25, 10, 93, 231, 248 — 27,
247 — 29, 167 — 31, 239 — 35, 48
— 36, 48 — 38, 77.
VII, 9, 149 — 2, 247 — 11, 83 (bis)
12, 51 — 25, 200 — 27, 47 —
29, 104 — 32, 96 — 40, 58 — 42,
58.
VIII, 1, 83 — 2, 95 — 4, 105 — 5,
94, 141 — 7, 167 — 11, 6, 101 —
12-15, 25, 191 — 13, 181 — 16,
137 — 19, 112 — 20, 77 — 21, 43
— 22, 83 — 26-33, 58 — 27, 97 —
28, 50 — 29, 55, 97 — 30, 95, 97
— 31, 97 — 32, 97, 102, 105, 107 —
33, 95, 97, 105, 106, 107 — 35, 95
— 37, 105 — 38, 95 — 40, 105 —
41, 48, 51 — 42, 11, 48.
IX, 13, 38, 47 — 14, 219 — 16, 145 —
17, 248 — 18, 84 — 19, 18, 20, 48,
129 — 24, 45, 49 — 28, 41, 83, 85
— 29, 219 — 33, 84 — 34, 246 —
36, 206, 219 — 37, 83, 84, 85, 105
— 37-43, 58 — 45, 141, 149 — 48,
45, 46 — 51, 83.
X, 8, 57 — 10, 57 — 11, 224 — 13,
107 — 17, 95 — 20, 95 — 21, 148,
163, 239, 247 — 22, 96 — 29, 180,
207 — 30, 69 — 36, 180.
XI, 1, 84, — 11, 14, 221, 223 — 14,
83, 84 — 20, 47 — 21, 94 — 26,
94, 95 — 27, 84 (bis) — 29, 188 —
37, 36 — 39, 221, 230 — 39-52, 56
— 41, 200 — 42, 148 — 46, 158 —
49, 151 — 50, 55 — 51, 55.
XII, 6, 95, 166 — 10, 67 — 16, 153 —
20, 73, 96 — 23, 186 — 26, 126,
150 (bis) — 27, 95 — 30, 95 — 31,
96 — 32, 107 — 36, 56, 197 — 38,
126 — 48, 73, 78 — 53, 113.
XIII, 4, 46 — 11, 200 — 17, 105 — 18,
239 — 19, 55, 94, 167, 209, 210 —
33, 80 — 34, 57, 246.
XIV, 1, 83 — 5, 116 — 8, 71 — 14,
77 — 15, 149, 200 — 17, 96 — 18,
213 — 31, 148.

XV, 151 — 14, 48 — 15, 55 — 16,
162 — 21, 208, 215 — 31, 96.
XVI, 2, 138, 214 — 4, 58, 59 — 14,
149 — 21, 151, 167 — 22, 84, 138
— 23, 170.
XVII, 1, 42, 66, 94 — 2, 55 — 11, 83
— 14, 84 — 18, 206 — 21, 200 (bis)
— 23, 200 — 26-27, 73 — 29, 80
— 31, 49.
XVIII, 18, 211 — 22, 149 — 27, 94
— 31, 94 — 35, 84 (bis) — 36, 106.
XIX, 2, 10, 46, 48, 51 — 11, 149, 246
— 15, 83 — 17, 203, 247 — 29, 83
— 37, 7, 37, 105, 106 — 38, 198
— 42, 96 — 48, 125.
XX, 1, 84 — 6, 106, 107 — 17, 45 —
27, 6, 37, 102, 245 (bis) — 28, 29
— 32, 239 — 43, 212 — 46, 231 —
47, 93.
XXI, 4, 141 — 6, 25, 134, 232 — 10,
104 — 11, 94, 95 — 13, 67 — 16,
151 — 22, 42 — 25, 95 — 30, 147
— 33, 114 — 34, 216 — 37, 167.
XXII, 17, 167 — 18, 162, 167, — 20,
6, 102, 197 — 24, 66 — 25-26, 200,
201 — 34, 53 — 37, 223 — 47, 58
— 54, 58, 145 — 55, 216 — 60, 48
— 63, 138 — 65, 157, 160.
XXIII, 1, 86, 105, 106 — 11, 115 —
15, 166 — 27, 105 — 32, 214, 223
— 39, 158 — 45, 216 — 50, 222 —
51, 51, 162 — 52-53, 6, 143.
XXIV, 4, 83 — 9-11, 55 — 10, 113 —
11, 95, 208 — 14, 48 — 15, 83 —
— 21, 75, 77 — 22, 217 — 25, 165
19, 129 — 30, 84 (bis) — 35, 127,
36, 216 — 44, 162 — 45-48, 25 —
46, 9, 18 — 46-47, 90, 123 — 51,
84, 246.

JEAN

I, 1, 52 — 1-13, 60 — 6, 166, 199 —
7, 165 — 9, 60 — 10, 52, 104, 143
— 14, 17 — 15, 11, 218 — 16, 31,
129, 130, 151 — 18, 44, 45, 50, 149,
170 — 23, 50, 96 — 24, 58, 64 —
26, 216 — 28, 96 — 30, 218 — 32,
10, 55 — 33, 44, 45, 50, 55 — 35,
112 — 37, 143 — 39, 193 — 40,
143 — 41, 193 — 42, 193 — 43,
213.
II, 4, 11 — 6, 127 — 9, 25 — 12, 112
— 23, 165, 170 — 24, 42, 43, 44,
164, 246 — 25, 69.
III, 1, 11, 30, 39 — 2, 213 — 11, 119

— 11-12, 119 — 17, 104 — 19, 95, 186 — 20, 95 — 21, 95 — 22, 112 — 23, 73, 94 — 26, 44, 45.

IV, 1, 52 — 2, 11 — 10, 129 — 13-14, 151 — 18, 181, 214 — 21, II — 23, 202, 214 — 25-26, 183 — 29, 28 — 34, 38, 66 — 35, 60, 217 — 41, 165 — 51, 136 — 52, 217 — 53, 112 — 54, 218.

V, 3, 105 — 6, 27 — 11, 27, 45, 50 — 13, 105 — 18, 27, 187 — 20, 43 — 22, 219 — 32, 28 — 35, 163, 170 — 36, 28, 30, 52 — 37, 46 — 39, 43 — 42, 141 — 42-45, 43 — 44, 10 — 46, 164.

VI, 2, 105, 168 — 5, 105 — 7, 126, 150 — 13, 96, 97 — 14, 28, — 15, 212 — 17, 150 — 18, 217 — 22, 105, 106 — 22-23, 25 — 22-24, 105, 26, 151 — 29, 224 — 31, 162 — 37-38, 99 — 38, 239 — 39, 134, 224, 239 — 40, 224 — 45, 36 — 46, 14, 45, 46 — 50, 151 — 51, 126, 151 — 57, 43, 45 — 58, 239 — 63, 121 — 69, 183 — 70, 43.

VII, 3, 28 — 4, 43, 44, 48 — 7, 95, 104 — 8, 43 — 18, 45 — 20, 105 — 38, 25, 31, 93, 134, 231 — 40, 58 — 49, 106, 107, 121, 188 — 51, 7, 57, 60, 77 — 53, 111.

VIII, 7, 218 — 9, 111 — 21, 48 — 22, 48 — 24, 183 — 28, 239 — 40, 123 — 44, 75 — 53, 10 — 55, 225 — 56, 154, 163.

IX, 2, 223 — 7, 193 — 8, 43 — 13, 222 — 17, 244 — 18, 165 — 37, 45, 50, 183 — 40, 149, 223.

X, 1, 45, 50 — 3, 95 — 4, 95, 97 — 6, 96 — 8, 59, 95, 144 — 12, 95 — 14, 96 — 16, 97, 185 — 17-18, 48 — 21, 95 — 22, 28, 86, 94 — 25, 45 (bis), 96 — 27, 95 — 29, 122, 144, 185 — — 30, 186 — 33, 123 — 36, 123 — 38, 164.

XI, 33, II — 38, II — 39, 216 — 47, 11 — 50, 104 — 56, 80.

XII, 1, 52 — 5, 6, 57 (bis) — 9, 105 — 12, 37, 102, 105, 106 (bis), 107 — 16, 96 — 17, 105, 138 — 18, 105 — 19, 104 — 22, 86, 87, 112, 114 — 21, 48 — 27-28, 144 — 34, 105 — 38, 28 — 39-40, 123 — 40, 62 — 46, 213 — 47, 140 — 48, 45 (bis), 46 — 49, 27, 43.

XIII, 13, 190 — 14, 221, 222, 223. — 17, 148 — 19, 67, 183 — 20, 128 — 21 II, — 26, 30 — 27, 141 — 29, 133 — 32, 33, II — 35, 225.

XIV, 3, 40 — 4, 48 — 8, 80, — 10, 196 — 11, 196 — 12, 45 — 20, 196, 197 — 21, 45, 138 — 26, 45, 46 — 29, 67.

XV, 2, 134 — 5, 45 (bis), 46, 122, 124 — 6, 73, 96, 143 — 7, 95 — 8, 133 — 17, 133 — 19, 143 — 20-22, 143 — 23, 143 — 24, 143.

XVI, 2, 128 — 4, 142 — 13, 223 — 17, 58, 110, 214 — 18, 223 — 20, 210 — 23, 150 — 25, 152 — 30, 69, 165.

XVII, 2, 55, 134, 136, 240 — 5, 43 — 6, 240 — 6-12, 60 — 7, 96, 240 — 8, 240 — 10, 96 — 13, 60 — 20, 165 — 21, 196 (bis) — 23, 196 — 24, 45 (bis) — 26, 158.

XVIII, 4, 141 — 9, 151 — 15, 112 — 21, 240 — 29, 27 — 38, 191.

XIX, 2, 158 — 6, 145 — 9, 127 — 14, III — 15, 145 — 18, 216, 217 — 19, 67 — 22, 26 — 25, 57, 113 — 26, 113, 117 — 29, 57 — 31, 55, 95 — 34, 112 — 36, 96 — 40, 180.

XX, 1, 217 — 1-2, 119 (bis) — 2, 73 — 3, 112, 114 — 4, 218 — 7, 167 — 8, 218 — 13, 119 — 14-16, III — 19, 202 — 23, 144 — 30, 96 — 31, 57, 96.

XXI, 1, 148 — 2, 86, 113 — 6, 145 — 12, 90 — 15-19, III — 20, III (bis) — 21, 201 — 24, 57 — 25, 96.

ACTES

I, 3, 44, 54, 246 — 4-5, 25, 123 — 15, 59, 105 — 18, 94, 216 — 19, 27, 67 — 22, 59 — 23-26, 59 — 24, 151 — 26, 162.

II, 2, 120 — 3, 58 — 4, 161 — 6, 105, 111 — 7, 200 — 14, 27, 67, 116 — 17, 26, 61, 81 (bis) — 18, 151 — 21, 81 — 22, 134, 237 — 30, 13, 28, 141, 151 — 36, 104, 134.

III, 2, 73 (bis) — 4, 116 — 6, 113 — 9, 106 — 11, 188 — 12, 119, 136 — 13, 91 — 14, 128 — 17, 217 — 18, 239 — 23, 69, 81, 82 — 24, 55.

IV, 1, 119, 136 — 5-6, 199 — 5-7, 83, 84 — 6, 11 — 9, 130, 166, 168 — 10, 6, 66, 134, 166 — 13, 128 — 18, 168 — 19, 113 (bis) — 21, 125, 130 — 27, 113 — 28, 39 —

29, 158, 162, 168, 246 — 32, 96, 112 — 35, 57 (bis) — 36, 193 — 36-37, 30.
V, 1, 115 — 2, 151 — 3, 171 — 3-4, 57 (bis) — 4, 149, 171 — 5, 149 — 7, 83, 84 — 11, 149 — 12, 95 — 14, 55, 59, 106, 133, 222 — 15, 59 — 16, 105, 106 — 17, 112, 114, 121, 192 — 21, 114 — 25, 200 — 26, 116 — 29, 112, 114 — 32, 114, 149 — 33, 141, 149 — 35, 128 — 36, 105, 210, 246.
VI, 5-6, 55 — 7, 105 (bis).
VII, 1, 67, 247 — 2, 59, 96 — 4-5, 59 — 6, 73 (bis), 104 — 9-10, 63 — 10, 46, 61, 168, 212 — 11, 112 — 14, 46 — 15, 112 — 19, 27 — 21, 136, 138, 209, 215 — 23, 62, 66 — 24, 27, 146 — 27, 119 — 32, 196 — 34, 217 — 35, 8 (bis), 119, 134 — 36-38, 44 — 40, 8, 134 (bis), 135 — 41, 27, 147 — 42, 108 — 48, 61 — 50, 37 — 54, 141, 149.
VIII, 7, 6, 58, 101 — 10, 191 — 20, 204, 244 — 22, 160 — 26, 51 — 35, 154 — 37, 165 — 40, 42, 246.
IX, 2, 203 — 3, 84 — 15, 44 — 25, 145 — 27, 55, 56, 246 — 31, 161 — 32, 84 — 33, 244 — 37, 84, 145 — 40, 59, 67 — 41, 59 — 42, 67, 165, 170 — 43, 59, 84 (bis).
X, 7, 143 — 8-11, 160 — 10, 56 — 11, 102 — 12, 86, 94 — 13-16, 204 — 17, 141, 152 — 18, 245 — 19, 141 — 25, 42, 66, 84 — 28, 247 — 31, 166 — 36, 41 — 36-37, 14, 175, 245 — 36-38, 17, 25 — 37, 91, 142 (bis) 149, 220 — 39, 60 (bis), 149, 168, 196 — 41, 123 — 47, 42.
XI, 1, 95 — 5, 102, 157, 237 — 8, 36, 116 — 10, 96 — 11, 119 — 14, 43, 122 — 17, 88 — 18, 149 — 21, 105, 106 — 24, 105 — 26, 54, 84 — 29, 111, 152 — 44, 217.
XII, 5, 27 — 10, 216 — 12, 36 (bis), 149 — 15, 67, 247 — 16, 184, 211 — 17, 149 — 18, 66 — 22, 104 — 25, 113.
XIII, 3, 60, 145 — 11, 112, 195, 197 — 13, 37 — 16, 230 — 22, 209 — 25, 60, 183 — 26, 230 — 28-29, 60 (bis) — 29, 145 — 32, 154 — 34, 61 — 35, 61 — 41, 164 — 42, 68 — 44, 104 — 46, 113 (bis) — 47, 209 (bis) — 48, 95.

XIV, 1, 84 — 4, 105 — 10, 215 — 16, 161 — 21, 126, 150 — 22, 123 — 25, 167 — 27, 129.
XV, 21, 73 (bis), 151 — 8-9, 88 — 10, 122 — 11, 40 — 12, 105, 113 — 17, 138 — 18, 27 — 20, 129 — 22, 90, 92, 129 — 23, 40 — 25, 92, 129 — 29, 247 — 35, 113 — 38, 134.
XVI, 1, 78, 200 — 10, 55 — 12, 192 — 15, 104 — 16, 84 — 18-19, 58 — 19, 246 — 21, 92, 189 — 22, 105 — 25, 113 — 26, 94 — 31, 122 — 32, 129 — 33, 112, 167 — 37-39, 55.
XVII, 2, 56 — 3, 123, 167, 181 — 6, 45, 47 — 8, 55, 149 — 9, 150 — 11, 67 (bis), 247 — 14, 113 — 16, 89 — 20, 96, 150 — 21, 150 — 23, 36.
XVIII, 2-3, 44, 53 — 3, 56, 92 — 5, 113 — 6, 132, 196, 201 (bis), 204 — 7, 27 — 8, 132, 164 — 9, 132 — 12, 141 — 13, 132 — 15, 94 — 17, 246 — 18, 88 — 26, 113.
XIX, 1, 84 — 4, 133 — 11, 133 — 15-16, 58 — 17, 67 (bis) — 19, 36 — 21, 96 — 24, 129 — 27, 18, 58, 67, 104, 112, 209 — 28, 198 — 29, 104 — 32, 104 — 33, 58, 170 — 34, 90 — 38, 60.
XX, 9, 214 — 26, 196 — 28, 212 — 32, 113, 115 — 36, 115.
XXI, 1, 84 — 3, 213, 216, 217 — 5, 84 — 10, 56 — 12, 42, 149 — 13, 167, 247 — 16, 58, 64 — 19, 128 — 21, 161 — 29-30, 59 — 30, 104 — 35, 81 — 36, 105, 106 — 40, 170.
XXII, 4, 123 — 6, 84 — 10, 77 (bis), 152 — 17, 53 — 22, 80 — 29, 130.
XXIII, 7, 105 — 13, 186 — 15, 129 — 21, 186.
XXIV, 1, 115, 153 — 5-6, 90 — 9, 67 (bis), 247 — 11, 38 — 23, 56, 59 — 24, 116 — 25, 90 — 26, 94.
XXV, 2, 52 — 6, 186 — 8, 154 — 10, 27 — 13, 113 (bis), 119 — 15, 149 — 17, 56 — 23, 112, 114 — 24, 105, 106 — 25, 136, 144 — 27, 92.
XXVI, 5, 211 — 6, 27 — 7, 104 — 14, 199 (bis) — 20, 92, 171, 247 — 22, 89 — 22-23, 225, 226 — 24, 94 — 28, 145 — 30, 112, 114.
XXVII, 1, 42, 57 — 3, 92 — 9-10, 60 — 13, 60, 147 — 14, 148 — 15, 148 — 19, 216 — 20, 42 — 21, 92, 189 — 25, 207 — 27, 60 — 29, 245

— 43, 148, 155 — 44, 84, 219.
XXVIII, 4, 168 — 6, 214 — 8, 84, 138, 145 — 9, 145 — 10, 245 — 13, 216 — 17, 56, 84 — 22, 66 — 28, 144.

JACQUES

I, 2, 182, 203 — 6, 147 — 7, 221 — 12, 69, 198 — 13, 59, 166 — 14, 166 — 17, 59, 116 — 18, 59 — 19, 149 — 23, 45 (bis) — 25, 45 — 26, 147 — 27, 180, 186.
II, 5, 212 — 11, 126 — 14, 72 — 15, 113, 116 (bis), 117, 121 — 15-16, 124 — 16, 69 — 18, 72 — 19, 95 — 20, 120 — 22, 72, 120 — 24, 72, 120.
III, 2, 45, 69 — 4, 94 — 6, 221, 223 — 8, 231, 232 — 10, 68, 112 — 11, 155 — 13, 199.
IV, 1, 224 — 2-3, 152 — 3, 225, 246 — 5, 59 — 6, 59 — 10, 213 — 11-12, 124 — 13, 120 — 14, 201 — 15, 148 — 17, 67, 134.
V, 1, 120 — 2, 94 — 3, 113, 209 — 11, 225 — 15, 67 — 17, 79, 80.

1 PIERRE

I, 2, 113 — 4, 57 — 6, 163, 170 — 8, 163, 223 — 12, 77, 96, 148 — 18, 223.
II, 5, 212 — 6, 81 — 7, 41, 45 — 9, 197, 209 — 9-10, 199 — 10, 197 — 11, 54, 92, 146 — 11-12, 17, 92 — 13-III, 9, 92 — 15, 224, 225, 239 — 18, 201 — 19, 39, 45, 191 — 20, 39, 45 — 22, 49 — 23-24, 49 — 24, 161.
III, 1, 201 — 6, 157 — 7, 201, 221 — 8, 201, 232 — 13, 199 — 14, 202 — 15, 221 (bis) — 17, 202 — 20, 191 — 21, 223.
IV, 3, 54, 78, 92 — 5, 247 — 6, 77 — 7-11, 15, 25 — 9, 203 — 11, 18, 199 — 13, 163 — 14, 197.
V, 1, 223, 224 — 8, 152, 221, 223 — 10, 43 — 13, 112.

2 PIERRE

I, 2, 113 — 5, 148 — 8, 96, 146, 212 — 9, 68 — 17, 46, 90, 167.

II, 1-3, 92 — 4-10, 15 — 5, 212, 218 — 6, 237 — 12-17, 191 — 18, 130, 221 — 20, 94 — 21, 92.
III, 1, 218 — 1-3, 18, 92, 93 — 4, 96 — 5, 66, 114, 117 (bis) — 7, 113, 114 (bis), 117 — 9, 69, 149, 160, 168, 182 — 10, 37, 94, 113, 114, 115 — 11, 54 — 12, 94 — 15-16, 137 — 16, 96 — 17, 149.

1 JEAN

I, 1-2, 7 — 1-3, 16 — 5, 180.
II, 2, 51 — 6, 44 — 8, 193 — 19, 78 — 25, 90, 222, 224.
III, 2, 77 — 10, 96, 186, 197 — 17, 167 — 18, 171 — 20-21, 144 — 23, 164, 170 — 24, 31, 171, 224, 225.
IV, 2, 183 — 10, 213 — 13, 151, 224, 225 — 16, 164.
V, 2, 225 — 8, 167, 210 — 13, 223 — 14, 56 — 14-16, 56 — 16, 29, 118, 154.

2 JEAN

2, 10 — 3, 112 — 4, 110, 151 — 7, 118 — 9, 45 — 13, 96.

3 JEAN

10, 168 — 12, 77, 78.

JUDE

2, 113 — 4, 221 — 7, 181, 185 — 16, 17, 18, 37, 101 — 24-25, 198, 199.

ROMAINS

I, 1-8, 119 — 7, 202 — 18, 203 — 19, 144 — 24, 42 — 28, 54, 80 — 32, 148.
II, 1, 72, 230 — 2, 180 — 3, 148 — 6-8, 9, 173 — 8-9, 201 — 13, 201 — 14, 46, 95 — 17, 72 — 17-21, 15.
III, 1-2, 118 — 3, 199 — 8, 94 — 10, 36 — 12, 36 — 17, 124 — 20, 166 (bis) — 25, 212 — 25-26, 130 — 26, 246 — 27, 199 — 28, 69 — 29, 124.

CORINTHIENS. 283

IV, 1, 124 — 3, 67 — 5, 124, 209 —
6, 61 — 8, 69, 198 — 9, 197, 204
— 11, 213, 246 — 11-12, 183 — 13,
195, 198, 203, 224 — 13-16, 8 —
16, 197, 201 — 18, 165 (bis), 207
— 23, 223, 224.
V, 10, 88 — 12. 15 — 15, 113 —
16-18, 204 — 18, 97.
VI, 3, 213 — 13-16, 124 — 15, 199
— 15-16, 72 — 18, 126.
VII, 4, 124 — 5, 94 — 7, 72 — 10,
44, 46, 161, 203, 206 — 13, 185 —
16-18, 221 — 21, 221 (bis) — 22,
161 — 24, 196.
VIII, 3, 232 — 9, 45 — 14, 45, 166 —
17, 196 — 20, 216 — 24, 58, 69 —
28, 221 — 36, 208 — 38-39, 116.
IX, 3, 43, 44 — 3-4, 199 — 5, 184 —
6-8, 46 — 8, 96 — 10, 40 — 11,
61 — 12, 40 — 14-19, 56 — 16,
132 — 17, 148 — 18, 56 — 19, 56
— 20, 223 — 20-21, 14 — 24, 223
— 26, 81, 82, 197 — 29, 208 —
30, 95 — 31, 104 — 33, 170.
X, 5, 69 — 9, 223 — 9-10, 164 —
14, 6, 57 — 14-15, 104 — 19, 61,
104 — 20, 166.
XI, 7, 104 — 9, 210 — 11, 195,
198 — 12, 198 — 14, 151 — 20, 27
— 21, 147 — 25, 105 — 26, 104 —
35, 143 — 36, 199.
XII, 1, 225 — 3-19, 91—4, 95 — 4-20,
25 — 6, 15, 90 — 6-8, 15, 130 —
6-9, 9 — 7-8, 6 — 9, 90 — 9-14,
201 — 15-16, 15 — 16, 201.
XIII, 1, 69 — 5, 122, 199 (bis) —
6, 148 — 7, 131 — 8, 125 — 9,
36, 38, 89, 113, 223 — 10, 89 —
11, 38, 66, 89, 207 — 14, 167.
XIV, 2, 164 — 14, 134, 182 — 19, 127.
XV, 4, 96 — 5, 130 — 10, 61, 97 —
11, 96, 97 — 12, 61, 95 — 13, 130
— 14, 170 — 16, 157 — 27, 95 —
33, 202.
XVI, 2, 48 — 3-5, 130 — 21, 112 —
23, 112 — 25, 15 — 25-27, 132,
199 — 26, 130.

1 CORINTHIENS

I, 1, 207 — 1-2, 106 — 2, 129, 222
— 8, 215 — 10, 94 — 11, 77 —
26, 197, 204 — 31, 123.
II, 6. 162 — 9, 56, 181.
III, 13, 134 — 19, 62 — 21, 96 —
23, 197.

IV, 1, 69, 208, 215 — 2, 203, 206 —
2-3, 66 — 3, 209 — 9, 208, 218 —
10, 196, 197 — 13, 185, 222 — 20,
195.
V, 7, 221 — 10-11, 129 — 12, 199.
VI, 7, 66 — 11, 185, 191, 219 — 12,
198 — 13, 195 — 15, 95 — 16,
209 — 18, 158, 167.
VII, 1, 66 — 7, 223 — 8, 66 — 12,
29 — 12-13, 10, 51 — 14, 96 — 15,
116 — 17, 56 — 19, 186 — 22,
207 — 25, 189 — 26, 207 — 31,
28, 158 — 34, 113 — 36, 57, 118,
239 — 37, 10.
VIII, 3, 45 — 6, 196.
IX, 11, 66 — 16, 155 — 17, 216.
X, 6, 191, 212 — 7, 106 — 7-11,
124 — 9, 145 — 11, 94, 96 — 14,
158, 167 — 16, 41 — 17, 151, 162
— 20, 57, 95 — 23, 96.
XI, 2, 239 — 4, 145 — 5, 186 — 6,
66 — 14-15, 134 — 28, 70, 111,
151 — 30, 36.
XII, 2, 199 — 3, 125, 223 — 4-11,
25 — 5, 129 — 7, 129 — 10, 129
— 12, 96, 213, 214 — 16, 195 — 19,
96 — 22, 95 — 23, 94, 121 — 24,
94 — 25, 94, 95 — 26, 95 — 28,
129 — 28-29, 6 — 28-30, 25 — 29,
197.
XIII, 2, 186 — 7, 164 — 13, 112.
XIV, 5, 104 — 7, 94, 116 — 10, 81,
94 — 16, 125 — 22, 129 — 23,
104 — 24, 94, 116 — 25, 185 — 26,
96 — 29-30, 79 — 31, 111 — 33, 95.
XV, 1, 157 — 12, 78 — 15, 203 —
20, 222 — 20-23, 218 — 21, 195 —
23-27, 59 — 26, 218 — 27, 96 —
36-37, 59 — 36-44, 63 — 37, 81 —
40, 195 — 42-43, 59 — 44, 59 —
45, 209 — 50, 113 — 52, 75.
XVI, 2, 128 — 4, 42 — 12, 133 —
14, 96 — 15, 104, 106 — 21, 224.

2 CORINTHIENS

I, 1, 129 — 2, 201 — 5, 94, 148 — 6,
15 — 7, 89 — 8, 119 — 14, 185 —
17, 36 — 18, 180, 198 — 19, 36,
180 — 20, 8, 36, 232 — 20-21, 198
— 21, 129.
II, 1, 225 — 2, 166 — 3, 148 — 5, 38
— 6, 186 — 12, 246.
III, 2, 43 — 3, 39, 78 — 6, 152, 215
— 14, 94 — 15-16, 56 — 17, 181
— 18, 157.

IV, 6, 181, 197 — 15, 195 — 17-18, 53, 136.
V, 3, 206 — 5, 148, 181 — 6-8, 90 — 10, 223 — 17, 94 — 21, 180.
VI, 1, 89 — 1-2, 56 — 1-10, 91 — 3, 89 (bis) — 9, 10 — 9-10, 89 — 13, 191 — 16-17, 210 (bis) — 18, 209.
VII, 2, 159 — 5, 101 — 6, 221 — 11, 43 — 15, 94, 136.
VIII, 6, 56 — 11, 202 — 12, 197 — 13, 202, 204 — 14, 209 — 15, 40 — 16, 201 — 17, 216 — 18, 91 — 18-20, 89 — 19, 207 — 23, 132, 182, 197 (bis).
IX, 4, 126 — 7, 40 — 8, 89 — 8-11, 89 — 9, 62 — 9-10, 89 — 12, 89 — 13, 89.
X, 1, 43, 123 — 2, 189, 208 — 7, 196 — 8-11, 60 — 10, 75 — 13, 221, 224 (bis) — 18, 45, 46, 50.
XI, 2, 221 — 3, 94 — 5-6, 119 — 6, 196 (bis) — 12, 207 — 13, 181 — 14-15, 208, 209 — 15, 66 — 19-20, 129 — 23, 183, 207 — 23-27, 174.
XII, 2-4, 43 — 6, 127, 203 — 11, 186 — 12, 95 — 14, 96, 152, 153, 247 — 15, 152 — 16, 26, 67, 81 — 17, 132 — 20, 202 — 21, 102, 136.
XIII, 5, 43 — 9, 191.

GALATES

I, 5, 199 — 7, 57 — 8, 122 — 8-9, 119 — 22, 107 — 22-23, 57.
II, 4-6, 132 — 10, 148, 214 — 16, 69.
III, 7, 46 — 8, 95 — 11, 166 — 14, 124 — 16, 192 — 18, 79, 144 — 19, 79, 104 — 27, 123 — 28, 185.
IV, 6-7, 120 — 9, 15 — 17, 57 — 24, 96, 190 — 26, 237 — 30, 61.
V, 2, 222, 223 — 4, 123 — 12, 57 — 14, 130, 170 — 16, 161 — 17, 96 — 19, 95 — 20, 96.
VI, 1, 69, 120 — 3, 147, 186 — 6, 162 — 7, 69 — 12, 45 — 16, 201.

ÉPHÉSIENS

I, 3, 183 — 7, 222 — 10, 224 — 10-11, 140 — 12, 155, 223 — 13, 165 — 14, 193 — 16, 15 — 17-18, 90 (bis), 203, 226 — 23, 194.
I-II, 15.

II, 1, 143 — 1-5, 140 — 5, 140, 143 — 13, 207 — 21-22, 140.
III, 13, 192 — 14-18, 9, 15, 90 (bis), 92 — 20-21, 199.
IV, 1, 18 — 1-4, 92 — 4-6, 195 — 8, 61, 62, 157 — 9, 36 — 13, 185 — 15, 157, 167, 194 — 16, 240 — 17, 99 — 25, 124 — 29, 40 — 31, 113 — 32, 27.
V, 3, 116, 241 — 4, 241 — 5, 116, 193, 194 — 9-10, 89 — 11, 145 — 13, 96 — 14, 61, 75 — 18, 170 — 21, 40 — 22, 40 — 23, 233 — 24, 104 — 33, 111.
VI, 2, 192 — 3, 247 — 17, 192 — 22, 148.

PHILIPPIENS

I, 1, 129 — 6, 148 — 7, 140 — 12, 96 — 19, 67 (bis) — 22, 46 — 23-24, 39 — 28, 192 — 28-30, 89 — 29, 39 — 30, 203.
II, 1, 237, 241 — 5, 40 — 6, 53, 187 — 11, 128, 133, 181 — 27, 215.
III, 3, 118 — 7, 96, 191 — 10, 89 — 15, 196 — 17, 213 — 18, 224 — 18-19, 17, 93, 231 — 21, 42, 215.
IV, 1, 223 — 5, 166 — 6, 94 — 8, 96, 129, 137 — 9, 134.

COLOSSIENS

I, 15 — 9, 170 — 9 — 10, 92, 93 — 15, 218 — 16, 96 — 17, 96 — 18, 218 — 19, 56 — 24, 193 — 26, 10 — 27, 193.
II, 1-2, 101 — 10, 193, 194 — 13, 140, 143 — 15, 155, — 17, 193 (bis) — 18, 158 — 19, 157, 240 — 20, 155, 167 — 21, 126 — 22, 192, 193 (bis), 209 — 23, 192, 193 (bis).
III, 4, 223 — 5, 6, 194, 223 — 9, 167 — 14, 193 — 15, 89 — 16, 89, 201 — 18, 80 — 20, 67.
IV, 3-4, 119 — 7, 239 — 8, 148 — 9, 129, 139 — 10, 112 — 14, 112 — 16, 142 (bis) — 17, 142.

I THESSALONICIENS

I, 3, 159 — 7, 185 — 9-10, 92.
II, 9, 159 — 10, 197, 207 — 11, 89 — 19, 197 — 20, 185.

III, 2-3, 42 — 3, 70 — 6, 129 — 7,
130 — 9, 130 — 10, 53 — 13,
215 (bis).
IV, 3, 223, 225 — 3-6, 42 — 9,
69, 70, 75, 147 — 10, 148 — 13,
153.
V, 1, 77 — 3, 73, 216 — 23, 113, 188,
215, 219, 239 — 27, 158.

2 THESSALONICIENS

I, 4-5, 226 — 10, 168.
II, 3, 220 — 3-4, 15 — 11, 42 — 11-
12, 164 — 13, 212.
III, 10, 38 — 14, 53 — 15, 208.

HÉBREUX

I, 1, 59 — 2, 212 — 5, 59, 209 —
6, 59 — 7, 59, 62, 181, 182 — 9,
158, 159 — 12, 95 — 13, 59, 212.
II, 3, 27 — 6, 61, 75, 191 — 9, 237
— 10, 54, 92 — 11, 59 — 12, 59 —
14, 95, 159, 191.
III, 6, 188 — 7, 123 — 15, 15, 132 (bis)
— 16, 146 — 16-18, 132 — 17,
94.
IV, 3, 223.
V, 4, 36 — 6, 196 — 7, 167 — 12,
42, 69, 70 — 14, 214.
VI, 1, 160 — 4, 171 — 4-5, 158 —
8, 180 — 9, 187 — 14, 217 — 18,
187 — 20, 217.
VII, 2, 193 — 4, 221, 222 — 8, 57 —
13, 45, 96, 168 — 14, 162, 168 —
21, 204 — 23, 246 — 24, 214,
246.
VIII, 1, 195, 232 — 4, 61 — 9, 74 —
10, 10, 62, 210 (bis) — 11, 111 —
13, 126.
IX, 2, 185 — 3, 185 — 6, 10, 61 —
9, 117, 114 — 13, 113, 246 — 19,
61 — 22, 96 — 24, 59 — 28, 59.
X, 1, 60, 61 — 5, 59, 61, 62 —
8-9, 241 — 8, 14, 60 — 9, 60 — 10,
60 — 11, 60 — 14, 60 — 16, 62 —
18, 195 — 20, 212 — 26, 27 —
28, 36 — 38, 56.
XI, 4, 78 — 11-12, 61 — 19, 145 —
22, 153 — 29, 61 — 30, 95 — 32,
214 — 36, 27.
XII, 9, 213 — 15-16, 202 — 27, 94.
XIII, 4-5, 201 — 11, 95 — 17, 68,
130 — 19-20, 119 — 22, 153.

1 TIMOTHÉE

I, 3, 15, 147 — 3-7, 60 — 9-10, 7,
104, 129 — 13, 217 — 16, 165.
II, 3, 68, 221 — 6, 225 — 12, 154 —
13-15, 118.
III, 2, 59, 181 — 2-12, 174 — 7, 59
— 15, 192 — 16, 56.
IV, 3, 157.
V, 1-2, 208 — 4, 68 — 9, 207 — 9-10,
39 — 13, 214 — 16, 104 — 22,
159 — 24-25, 95.
VI, 1, 113 — 2, 56, 145 — 3, 70 —
4-5, 112 — 10, 70 — 17, 27, 147.

2 TIMOTHÉE

I, 10, 221 — 11, 212 — 12, 164.
II, 11, 198 — 14, 224 — 16, 60 —
17, 112 — 20, 94.
III, 2, 59 — 8, 113 — 11, 96 — 13,
59.
IV, 1, 73 — 2, 73 — 3, 59, 73 — 16,
67 — 21, 112.

TITE

I, 2-3, 225 — 3, 221 — 5-6, 225.
II, 1-9, 89 — 7, 213, 226.
III, 8, 96 — 10, 150 — 14, 209.

PHILÉMON

7, 94 — 10, 224 — 12, 191 — 21,
150 — 23, 112.

APOCALYPSE

I, 1, 226 — 1-2, 25 — 3, 188 — 4,
12, 126, 200 — 4-7, 25 — 5, 11, 12,
32, 138, 218, 230, 231 — 6, 134,
185, 212, 220 — 7, 12, 112 — 8,
180, 185 — 10, 90 — 12-13, 150
— 12-16, 15, 92 — 13, 127, 223
(bis), 227 — 13-16, 9 — 14, 11 —
— 14-16, 198, 206 — 19, 12, 96 —
— 19-20, 182, 225 — 20, 12.
II, 2, 10, 130 — 6, 149 — 7, 12, 134,
151 — 9, 10, 11, 12 — 10, 151 —
13, 230 — 14, 126, 150 — 16, 27,
161 — 17, 134, 151, 231 — 18, 9,

10, 127, 173, 207 — 20, 8, 31, 93,
231 — 22, 12, 23, 48, 161 — 24,
48 — 26, 8, 31, 93, 134 (bis), 231
— 27, 12, 94.
III, 2, 96 — 3, 239 — 4, 6, 96 — 7,
12, 39 — 8, 138 — 9, 10, 12, 106,
151 — 12, 31, 93, 134, 231 — 12-
21, 15 — 13, 37 — 14, 36 — 17,
12, 28 — 21, 31, 93, 134, 231.
IV, 1, 8, 90, 102, 173, 200, 207 —
1-4, 18, 32 — 1-5, 174, 232 — 2,
36, 71 — 2-7, 198 — 2-8, 206 —
5, 96, 192 — 6, 37 — 7-8, 102 —
8, 95, 100, 111, 127 — 9, 95 —
11, 96 (bis), 230.
V, 1, 173 — 2, 161, 173 — 4, 48, 207
— 5, 144 — 6, 9, 92, 100, 102, 173,
194, 231, 232 — 7, 144 — 8, 182 —
9, 192 — 9-10, 151 — 10, 220 —
11, 107, 185 — 11-12, 232 — 12,
161, 185 — 13, 99 — 14, 95.
VI, 1, 146, 151, 173 — 2, 173 — 4,
66, 134 — 6, 127, 195 — 8, 31,
146, 171 — 11, 66 — 12, 173 —
14, 114, 127.
VII, 1, 173 — 2, 138, 173 — 4, 107,
109, 231, 232, 235 — 4-9, 15 —
5, 107, 109 — 8, 107, 109 — 9, 92,
105, 107, 138, 175, 232 (bis), 235 —
14, 9.
VIII, 2, 88 — 3, 94 — 3-4, 161 bis —
7, 94, 105, 112, 113, 114 (bis), 117
(bis) — 8, 37 — 9, 105 (ter), 107, 231
— 11, 97, 105, 210 — 12, 105, 223.
IX, 1, 10 — 4, 66 — 5, 56, 66 — 7,
7, 127 — 8, 127 — 8-10, 29 — 11,
56, 126, 184, 221 — 12, 99 — 13,
93 — 13-14, 9, 231, 232 — 13-15,
6, 102 — 17, 10, 102, 112 — 18,
86, 105, 113 — 20, 96.
X, 1, 10 — 1-2, 92 — 8, 40, 90 — 11,
168.
XI, 1, 92, 93, 173, 231 — 3, 18, 28,
175, 231 — 3-4, 191 — 4, 12, 102,
116, 232, 237 — 6, 80, 210 — 7,
27, 238 — 8, 15 — 9, 58 — 13, 27,
95 — 14, 36 — 15, 232 — 17, 224,
230 (bis) — 18, 12, 28 (bis), 32, 56,
95, 171 — 19, 19-20, 53, 172.
XII, 1, 184, 223 — 1-2, 17, 89, 232
— 3, 223, 232 — 5, 12, 231 —
6, 73 — 7, 200, 225, 226 — 7-8,
114, 115 — 9, 93, 220 — 11, 48 —
13, 12 — 14, 138.

XIII, 1, 175 — 1-3, 17, 175 (bis) — 2,
175 — 2-3, 151 — 3, 175 — 4, 107
— 6, 222 — 8, 32, 231 — 9, 197
— 11-14, 102 — 12, 43, 139, 142
— 16, 142 (bis), 220.
XIV, 1, 107 — 2, 200 — 3, 107, 231
— 4, 212, 218 — 6, 10, 168, 231 —
6-7, 92 — 10, 43 — 11, 38 — 12,
15, 93, 102, 231 — 14, 81, 92, 150,
175 (bis), 223, 227, 231 — 15, 152
— 19, 6, 102, 237.
XV, 2, 162 — 4, 94, 196, 197, 244.
XVI, 3, 12, 210 (bis), 221, 223, 231,
232, 240 — 4, 94 — 5, 149 — 6,
29 — 9, 157 — 10, 57 — 13, 12, 32,
140, 190 — 14, 95, 96, 127 — 19,
210 — 20, 95.
XVII, 2, 10 — 3, 16, 95, 100, 102,
172, 231, 232, 240 — 3-4, 92 — 4,
31, 100, 172, 232, 241 — 8, 90 —
9, 95, 138 — 12, 121 — 16, 6, 46.
XVIII, 3, 95 — 3-4, 158 — 4, 108,
151 — 11-13, 175 — 14, 73, 94 —
18, 182 — 20, 230 — 21, 58, 190
— 23, 93 — 24, 94 (bis).
XIX, 1, 102 (bis), 107, 197 — 4,
102, 117 — 5, 170, 230 — 6, 102,
107, 231 — 8, 94, 185 — 9, 58
— 10, 58, 102 — 11, 10, 31, 181 —
11-12, 232 — 11-13, 17 — 12, 92,
180 — 14, 94, 104, 107, 117 — 15,
48 — 19, 117 (bis) — 20, 102, 117,
231 — 21, 95, 151.
XX, 1-24, 95 — 2, 93, 222, 230, 237
— 2, 95 — 4, 60, 175 (bis) — 4-5,
190 — 6, 118 — 7, 95 — 8, 139 —
9, 237 — 11, 112 — 12, 86, 94 —
13, 114 — 14, 114 — 14-15, 193.
XXI, 1, 114 — 1-2, 17 — 3, 43 —
4, 95, 97 — 5, 168 — 5-6, 96 (bis)
— 6, 151, 180 — 8, 42, 102, 192,
193 — 9, 6, 59, 101, 231, 237 —
10-12, 92, 130, 231 — 11, 127,
223 — 11-14, 16 — 12, 96, 221 —
12-14, 198, 206 — 13, 111 — 14,
100 (bis), 241 — 15, 59, 227 — 16,
187, 217 — 17, 226 (bis), 232 —
18-21, 198 — 21, 38, 111 — 22,
114 — 23, 43, 142 — 26, 73 — 27,
36, 112.
XXII, 1, 59 — 2, 100, 241 — 5, 12,
28 (bis), 31, 172 — 8, 199 — 11,
130 — 13, 196 — 15, 223 — 17, 113
— 19, 111, 117, 172 — 20, 31, 172.

SUPPLÉMENT

Au volume intitulé : **Syntaxe des propositions.**

ADDITIONS ET CORRECTIONS

Page X, ligne 25, lire : de Syrie, Palestine et Arabie... (C. I. G, III; pars XXVI, sectio quinta); mais elles sont en général d'une époque postérieure.

L'édition araméenne de la *Guerre Juive* était destinée aux Juifs appelés par l'auteur τοῖς ἄνω βαρβάροις, c'est-à-dire aux Juifs de la Mésopotamie, de la Babylonie et de la Perse, qui ne savaient pas le grec. Cf. Jos. *Cont. Apion.* I, 7; 2 *Mac.* IX, 23; Philon, *De legat. ad Gaium* : ᾔδει γὰρ (ὁ Πετρώνιος) Βαβυλῶνα καὶ πολλὰς ἄλλας τῶν σατραπιῶν ὑπὸ Ἰουδαίων κατεχομένας.

Page XXIII, ajouter : Chez les Juifs hellénisants de la Dispersion, à la synagogue, la lecture de l'A. T. avait lieu dans le texte grec des LXX (passé ensuite dans l'Église), et tout le service religieux se faisait en grec. Il en était de même pour les Juifs de la Palestine qui ne savaient que le grec.

Page XXIX, ligne 19, lire : dans les livres (et dans les apocryphes) du N. T., et dans d'autres écrits primitifs, le *Pasteur* de Hermas, et cf. Hilgenfeld, *Novum Testamentum extra canonem*.....

Page 14, ligne 9, lire : διψήσεις, καὶ.....

—. n. 28, *d*, *3 R.*, XII, 6 : πῶς ὑμεῖς βουλεύεσθε καὶ ἀποκριθῶ τῷ λαῷ τούτῳ λόγον; = *que voulez-vous que je réponde à ce peuple?*

Page 29. Cf. *Ex.*, IX, 19; *És.*, XXXIII, 20 : ἰδοὺ Σιὼν ἡ πόλις, τὸ σωτήριον ὑμῶν, οἱ ὀφθαλμοί σου ὄψονται Ἰερουσαλήμ, πόλις πλουσία, σκηναὶ αἵ οὐ μὴ σεισθῶσιν οὐδὲ μὴ κινηθῶσιν οἱ πάσσαλοι τῆς σκηνῆς αὐτῆς.

Page 18, ligne 9, ajouter : En principe, au moins dans le grec biblique οὐ μή avec le subjonctif aoriste, = un futur, peut se rencontrer dans toutes les propositions indépendantes et dépendantes, comme dans les LXX, *Dan.*, I, 8 ; ἔθετο Δανιὴλ εἰς τὴν καρδίαν αὐτοῦ ὡς οὐ μὴ ἀλισγηθῇ ἐν τῇ τραπέζῃ τοῦ βασιλέως... καὶ ἠξίωσε τὸν ἀρχιευνοῦχον ὡς οὐ μὴ ἀλισγηθῇ, et cf. *Daniel* (LXX) : ἐνεθυμήθη Δανιήλ... ὅπως μὴ ἀλισγηθῇ... καὶ ἠξίωσε... ἵνα μὴ συμμολυνθῇ — *1 Mac.*, II, 41 : Πολεμήσωμεν κατέναντι αὐτοῦ καὶ οὐ μὴ ἀποθάνωμεν πάντες καθὼς...

Cf. aussi le mélange du subjonctif et du futur, *Apocalypse* XV, 4

Il faut remarquer encore que le grec biblique emploie fréquemment le subjonctif aoriste, quand on attendait le futur, dans une proposition indépendante ou dépendante, et sans qu'il y ait idée de délibération ou de résolution; ainsi dans les LXX, *Ex.*, VIII, 8 : ἐξαποστελῶ αὐτούς, καὶ θύσωσι τῷ κυρίῳ. — 2 *R.*, XVI, 23 ; 3 *R.*, VIII, 47-48 ; *Esther*, VIII, 8 : ὅσα γὰρ γράφεται τοῦ βασιλέως ἐπιτάξαντος καὶ σφραγισθῇ τῷ δακτυλίῳ μου, οὐκ ἔστιν αὐτοῖς ἀντειπεῖν.

Page 21, note 1, lire *employées* au lieu de *usitées*.

Page 23, n° 51, ajouter : En hébreu, « le mot sur lequel tombe particulièrement l'interrogation est placé le premier. La mise en relief de ce mot et le ton interrogatif peuvent suffire, sans aucune particule, pour indiquer la nature de la proposition. » (Ewald, 324, a). Les LXX reproduisent cette construction, comme le N. T.

N°ˢ 52-56, la proposition interrogative ne présente pas de forme syntactique propre au grec biblique ; mais elle est beaucoup plus employée qu'en grec classique, et employée souvent là où elle ne le serait pas en grec classique. Outre les exemples cités, cf. dans les LXX, 3 *R.*, VIII, 53 ; XI, 41 ; XIV, 29 ; XV, 7, 23, 31 ; XVI, 5, 14, 20, 27, 28 ; XXII, 46. — Cette habitude est une particularité du style biblique et de la langue populaire.

Le grec des LXX, au contraire, présente pour la proposition interrogative des particularités; ainsi l'emploi de l'optatif seul, *Ps.*, CXIX, 3 : τί δοθείη σοι καὶ τί προστεθείη σοι πρὸς γλῶσσαν δολίαν ; = *quel avantage peut-il bien te revenir en ce qui concerne ta langue (= parole) trompeuse ?*

Page 26, ligne 18, avec *A.*, XI, 17 cf. LXX, 2 *Paral.*, II, 6 : καὶ τίς ἰσχύσει οἰκοδομῆσαι αὐτῷ οἶκον ; ... καὶ τίς ἐγὼ οἰκοδομῶν αὐτῷ οἶκον ; ὅτι ἀλλ' ἢ τοῦ θυμιᾶν κατέναντι αὐτοῦ, *et qui suis-je pour lui bâtir une maison ?* — *Judith*, XII, 14 : καὶ τίς εἰμι ἐγὼ ἀντεροῦσα τῷ κυρίῳ μου; *et qui suis-je pour contredire...?* — Cf. *Baruch*, IV, 17 : ἐγὼ δὲ τί δυνατὴ βοηθῆσαι ὑμῖν ;

Page 28, n° 63-64, *a, ajouter* : Il existe un exemple du subjonctif aoriste, *A.*, VII, 34 : καὶ νῦν δεῦρο ἀποστείλω σε εἰς Αἴγυπτον, cité textuellement des LXX, *Ex.*, III, 10 ; exemples en poésie grecque : *Bacchantes*, 341 ; *Médée*, 1242.

— n° 64, *b, ajouter* : *Tobie*, VIII, 12 : εἰ δὲ μή, ἵνα θάψωμεν αὐτόν, καὶ μηδεὶς γνῷ, *sinon, enterrons-le, sans que personne le sache*, avec la proposition finale indépendante au sens de l'impératif (et voy. plus loin n° 76). — *Ps.*, XCIV, 1 : δεῦτε ἀγαλλιασώμεθα (v. l. ἀγαλλιασόμεθα) τῷ κυρίῳ, ἀλαλάξωμεν τῷ θεῷ.

Page 29, note 1, cf. *Mar.*, VI, 24 : εἶπεν τῇ μητρὶ αὐτῆς Τί αἰτήσωμαι ;

Page 30, ligne 13, *ajouter* : Dans les LXX, *Gen.*, XLIV, 16 et cf. 1 *R.*, XVI, 2 ; *Jér.*, V, 7, 9.

— lignes 33-34, *ajouter* : *És.*, I, 5 : τί ἔτι πληγῆτε προστιθέντες ἀνομίαν ;

— 65, *e* et *f, ajouter* : 1 *R.*, XX, 10 : καὶ εἶπε Δαυὶδ πρὸς Ἰωνάθαν Τίς ἀπαγγελῇ μοι ἐὰν ἀποκριθῇ ὁ πατήρ μου σκληρῶς ; — *Tobie*, VIII, 10 : μὴ καὶ οὕτως ἀποθάνῃ ;

Page 31 seq., 67, *a, ajouter* : *Mar.*, X, 35-36 : θέλομεν ἵνα ὃ ἐὰν αἰτήσωμέν σε ποιήσῃς ἡμῖν. Ὁ δὲ εἶπεν αὐτοῖς Τί θέλετε ποιήσω ὑμῖν ;

Page 33, ligne 28, lire : (= *je me demande*.....)

Page 34, n° 71 seqq., *ajouter* : L'habitude de mettre deux impératifs de suite, à la même personne, au lieu de mettre le premier au participe, est essentiellement hébraïsante ou populaire, J., I, 46 ; dans les LXX, Ex., IV, 19 : βάδιζε ἄπελθε... — VI, 11 : εἴσελθε λάλησον Φαραώ.

Page 35, n. 75, *ajouter* : On lit, *Apoc.*, XIX, 7 : χαίρωμεν καὶ ἀγαλλιῶμεν, καὶ δώσομεν (*v. l.* δῶμεν) τὴν δόξαν αὐτῷ. Cf. dans les LXX, 2 *Esd.*, VI, 6-7 : νῦν δώσετε, ἔπαρχοι πέραν τοῦ ποταμοῦ..., μακρὰν ὄντες ἐκεῖθεν, ἄφετε τὸ ἔργον οἴκου τοῦ θεοῦ.

Page 36, n. 76 : *ajouter* : LXX, *1 Paral.*, XXI, 3.

— 37, ligne 5, *lire* : 77, 1. L'ordre...

— 38, n. 82, *b*, dans les LXX, *Job*, XXV, 3 : μὴ γάρ τις ὑπολάβοι ὅτι ἐστὶ παρέλκυσις πειραταῖς.

Pour les n°s 82-84, cf. LXX, *Job*, XV, 28-33 ; XVI, 17-18 ; XVIII, 13-19 ; XX, 23 seqq. — L'emploi de l'optatif dans les LXX mériterait une courte monographie.

Page 45, n. 99, *ajouter* : L'optatif est très rare ou douteux ; voy. 12, *a*.

— 51, ligne 26, *ajouter* : ἐπικαλεῖσθαι, *demander par appel que*, A., XXV, 21.

—, — 31 : φάσκω, A., XXIV, 9 ; XXV, 19 ; R., I, 22.

Page 64 seq., n° 130, *ajouter* : Dans les LXX, 2 *R.*, XXIV, 13 : "Ἔκλεξαι σεαυτῷ γενέσθαι εἰ ἔλθῃ σοι τρία ἔτη λιμὸς ἐν τῇ γῇ σου, ἢ τρεῖς μῆνας φεύγειν σε ἔμπροσθεν τῶν ἐχθρῶν σου καὶ ἔσονται διώκοντές σε... Νῦν οὖν γνῶθι καὶ ἴδε τί ἀποκριθῶ... — *1 Paral.*, XII, 32 : γινώσκοντες σύνεσιν εἰς τοὺς καιρούς, γινώσκοντες τί ποιῆσαι (*v. l.* ποιήσει) Ἰσραήλ. — *Jonas*, III, 9 : τίς οἶδεν εἰ μετανοήσει ὁ θεὸς καὶ ἀποστρέψει ἐξ ὀργῆς θυμοῦ αὐτοῦ, καὶ οὐ μὴ ἀπολώμεθα ;

Page 75, n° 146, *ajouter* : Pour plus de détails et pour une énumération complète, voy. 284.

Page 80, n° 152, *ajouter* : Pour cet emploi de l'optatif, cf. encore : *Duæ viæ* vel *Judicium Petri* (Hilgenfeld, p. 116) : τῆς ἀγάπης εἰς πάντας περισσευέτω, μήποτε περί τινος ἐλεγχθεὶς ἐπίσκοπος ἀπὸ τῶν πολλῶν γενηθείη. — *Testam. XII Patriar.*, I, 4 : πορεύεσθε ἐν ἁπλότητι καρδίας, ἐν φόβῳ Κυρίου... ἕως ὁ Κύριος δῴη ὑμῖν σύζυγον, ἣν αὐτὸς θέλει, ἵνα μὴ πάθητε ὡς κἀγώ.

Page, 81, n° 154, cf. LXX, *Ez.*, VI, 6 : ὅπως ἐξολοθρευθῇ τὰ θυσιαστήρια ὑμῶν καὶ συντριβήσονται τὰ εἴδωλα ὑμῶν καὶ ἐξαρθῇ τὰ τεμένη ὑμῶν.

Page 84, n. 158 et cf. 159, LXX, *1 R.*, IX, 5 : Σαοὺλ εἶπεν τῷ παιδαρίῳ αὐτοῦ τῷ μετ' αὐτοῦ Δεῦρο καὶ ἀναστρέψωμεν, μὴ ἀνεὶς ὁ πατήρ μου τὰς ὄνους φροντίζει περὶ ἡμῶν.

Page 85, n. 161, LXX, *Esther*, VII, 8 : εἶπε δὲ ὁ βασιλεὺς "Ὥστε καὶ τὴν γυναῖκα βιάζῃ ἐν τῇ οἰκίᾳ μου ; *En est-ce au point que...*

Pages 85-86, n. 161, *c* et 163. La proposition finale avec ἵνα exprime le résultat, la conséquence aussi bien que le but, et elle équivaut alors à la proposition finale avec ὥστε.

On trouve plusieurs fois la proposition avec ἵνα, employée pour exprimer la conséquence qui sortira de ce qui vient d'être dit. Noter les exemples suivants de Jean :

XV, 13 : μείζωνα ταύτης ἀγάπην οὐδεὶς ἔχει, ἵνα τις τὴν ψυχὴν αὐτοῦ θῇ ὑπὲρ τῶν φίλων αὐτοῦ. La proposition ἵνα κτλ. ne correspond pas à ταύτης qui se rapporte à ce qui précède immédiatement. Le sens est : *personne ne nourrit un amour plus grand que celui que je viens de dire, au point que quiconque a cet amour donne sa vie pour ses amis.* — XVIII, 8 : ἀπεκρίθη Ἰησοῦς Εἶπον ὑμῖν ὅτι ἐγώ εἰμι· εἰ οὖν ἐμὲ ζητεῖτε, ἄφετε τούτους ὑπάγειν · ἵνα πληρωθῇ ὁ λόγος ὃν εἶπεν, *de telle sorte que s'accomplît la parole...*, = *le résultat en fût tel que...* — XIX, 24, 35, 36 en comparant 24 et 36.

XIX, 24 : εἶπαν οὖν πρὸς ἀλλήλους Μὴ σχίσωμεν αὐτόν, ἀλλὰ λάχωμεν περ αὐτοῦ τίνος ἔσται· ἵνα ἡ γραφὴ πληρωθῇ... La proposition finale exprime la conséquence de ce qui vient d'être raconté immédiatement.

Le verset 36 exprime la conséquence de ce qui a été raconté 33-34, et le verset 35 est une interruption. Pour la clarté, l'idée a été complètement exprimée au n. 36 par : ἐγένετο γὰρ ταῦτα ἵνα ἡ γραφὴ πληρωθῇ...

Page 89, dernière ligne, *lire :* la qualité ou la quantité. — 98, n. 179, c, cf. *1 Esd.*, IV, 32 : πῶς οὐχὶ ἰσχυραὶ αἱ γυναῖκες ὅτι [οὕτως πράσσουσι] *comment les femmes ne sont-elles pas puissantes puisqu'elles...* (= *elles qui...*)?

Page 104, n. 186, a, cf. *És.*, IX, 5 : καὶ θελήσουσιν εἰ ἐγένοντο πυρίκαυστοι, = *ils seront contents qu'ils soient consumés par le feu.*

Page 110, 2°, dans les LXX, *2 Esd.*, VII, 18 : καὶ εἴ τι... ἀγαθυνθῇ... (*v. l.*).

Page 114, n° 196, d, cf. dans les LXX, *Dan.*, III, 15, en suppléant la proposition principale du v. 6, et en faisant de ἵνα... ἐποίησα une proposition dépendant de ἔχετε ἑτοίμως. Cf. *Daniel* (LXX).

Page 124, ligne 8 (*L.*, XXI, 7), reporter l'exemple à la page 60, n° 124, b et c. — Ligne 30, *lire :* ἐλεημοσύνην.

Page 130 : *Examinons maintenant J.*, XXI, 19-23... Opinion seulement probable.

Page 131, n°ˢ 222-223 : Après ἕως on trouve l'infinitif et le subjonctif dans les LXX, *Gen.*, XXVII, 44-45 : ...ἕως τοῦ ἀποστρέψαι τὸν θυμὸν καὶ τὴν ὀργὴν τοῦ ἀδελφοῦ σου ἀπὸ σοῦ, καὶ ἐπιλάθηται ἃ πεποίηκας αὐτῷ. Mais XXIX, 8, il faut détacher le futur de ἕως.

Ajouter : La proposition principale peut être supprimée dans les LXX, *Jug.*, XVI, 2 : ἐκώφευσαν ὅλην τὴν νύκτα λέγοντες Ἕως διαφαύσῃ ὁ ὄρθρος, καὶ φονεύσωμεν αὐτόν, = κωφεύσωμεν ἕως... καὶ φονεύσωμεν.

Page 133, ligne 36, *ajouter :* 1 P., V, 12.

— 134, lignes 18-19, *ajouter :* L., XVIII, 19-30.

— 135, n° 229, c, *ajouter :* LXX, 1 R., XX, 19 : ἥξεις εἰς τὸν τόπον σου οὗ κρυβῇς ἐν τῇ ἡμέρᾳ τῇ ἐργασίμῃ. — *Sag. Sal.*, XII, 20 : δοὺς χρόνους καὶ τόπον δι' ὧν ἀπαλλαγῶσι τῆς κακίας.

Page 141, n° 240 seqq., cf. dans les LXX, *Deut.*, XXII, 26 : ὡς εἴ τις ἐπαναστῇ ἄνθρωπος ἐπὶ τὸν πλησίον καὶ φονεύσῃ αὐτοῦ ψυχήν, οὕτως τὸ πρᾶγμα τοῦτο. — *És.*, XVIII, 3 : ἡ χώρα αὐτῶν (ἔσται) ὡς εἰς σημεῖον ἀπὸ ὄρους ἀρθῇ. — *Lament.*, I, 12 : ἴδετε εἰ ἔστιν ἄλγος κατὰ τὸ ἄλγος μου ὃ ἐγενήθη, = εἰ ἔστιν τοιοῦτόν ἄλγος οἷον ἐγενήθη τὸ ἄλγος μου.

Dans les LXX, la proposition principale est souvent répétée seule après, comme *Gen.*, XLI, 13 ; *Nom.*, I, 54 : ἐποίησαν οἱ υἱοὶ Ἰσραὴλ κατὰ πάντα ἃ ἐνετείλατο κύριος τῷ Μωυσῇ καὶ Ἀαρών · οὕτως ἐποίησαν. — *2 R.*, XVI, 23 : καὶ ἡ βουλὴ Ἀχιτόφελ ἣν ἐβουλεύσατο ἐν ταῖς ἡμέραις πρώταις ὃν τρόπον ἐπερωτήσῃ τις ἐν λόγῳ τοῦ θεοῦ · οὕτως πᾶσα ἡ βουλὴ τοῦ Ἀχιτόφελ. Suppléez ἣν devant ὃν τρόπον ἐπερωτήσῃ, qui est le terme de comparaison : *l'avis d'Achitophel était de la même façon que si l'on avait interrogé l'oracle divin,* = *était regardé à l'égal de la parole divine.*

N° 242, aux exemples du N. T. ajouter : *L.*, XI, 36, ὡς ὅταν ; *1 Th.*, II, 7 : ὡς ἐὰν τροφὸς θάλπῃ.

Page 145, n° 247 seq., cf. dans les LXX, *1 R.*, XX, 15 : καὶ εἰ μή, ἐν τῷ ἐξαίρειν Κύριον τοὺς ἐχθροὺς Δαυὶδ ἕκαστον ἀπὸ τοῦ προσώπου τῆς γῆς, εὑρεθῆναι τὸ ὄνομα τοῦ Ἰωνάθαν ἀπὸ τοῦ οἴκου Δαυίδ, καὶ ἐκζητῆσαι κύριος ἐχθροὺς τοῦ Δαυίδ. On peut suppléer γένοιτο avec l'infinitif ; le sens est : *puisse le nom de Jonathan être trouvé dans ce nombre — et puisse le Seigneur tirer vengeance...*

Page 147, n° 249 seqq. cf. LXX, *1 R.*, XII, 23 : καὶ ἐμοὶ μηδαμῶς τοῦ ἁμαρτεῖν τῷ κυρίῳ ἀνιέναι τοῦ προσεύχεσθαι περὶ ὑμῶν, et cf. plus bas (p. 167).
Page 148, lignes 8-9, *ajouter,* 2 *Cor.*, V, 19.
— 153, — 9, *lire* 253 *bis*.
— 166, — 4, lire l'infinif employé avec des prépositions.
— 167 seq., 3° et 5°, voy. 284, 5°.

— n°s 274-275, cf. LXX, *1 R.*, XII, 23 : καὶ ἐμοὶ μηδαμῶς τοῦ ἁμαρτεῖν τῷ κυρίῳ ἀνιέναι τοῦ προσεύχεσθαι περὶ ὑμῶν, = καὶ ἐμοί μηδαμῶς γένοιτο, ou εἴη τοῦ..., = *qu'il ne m'arrive jamais de pécher contre le Seigneur en me relâchant de prier pour vous* ; et pour ἀνιέναι, cf. 268 *a*.
Page 184, lignes 12-13, cf. en effet *J.*, VI, 64 : εἰσὶν ἐξ ὑμῶν τινες οἳ οὐ πιστεύουσιν, = *tels qu'ils ne croient pas*.
Page 186, dernière ligne, *ajouter* : *A.*, XVI, 21.
— 193, 313, *a*, LXX, *Josué*, IV, 1 (et 17) : συνετέλεσεν... διαβαίνων.
— 194, avec 314, *a*, cf. LXX, *3 R.*, VIII, 18 : καλῶς ἐποίησας ὅτι ἐγενήθη ἐπὶ τὴν καρδίαν σου, *de ce que cette pensée t'est venue*. — Ligne 4, *lire* ὑπάγω.
— 195, ligne 26, cf. LXX, *2 R.*, XVIII, 5.
— 197; n° 321, on la trouve dans les LXX, *Tobie*, III, 8 : οὐ συνίεις ἀποπνίγουσά σου τοὺς ἄνδρας;
Page 198 ; 324-346, section à compléter par ce que nous disons ailleurs de l'attribut.
Page 215, effacer les lignes 4-6.
— Les deux dernières lignes, *ajouter* : *És.*, LVIII, 11.
— 218, lignes 10-11, *ajouter* : *Jér.*, V, 7.
— 220, note 2; voy. *Jonas*, III, 9 ; *Osée*, XIV, 3.
— 228, lignes 1-2, *lire* : *Rattachement de la proposition dépendante à la proposition principale*.
Page 231 : n° 371, 3° Pour l'équivalence des formes et leur mélange cf. *Josué*, XXIII, 15-16 : οὕτως ἐπάξει κύριος ὁ θεὸς ἐφ᾽ ὑμᾶς πάντα τὰ ῥήματα τὰ πονηρά..., ἐν τῷ παραβῆναι ὑμᾶς τὴν διαθήκην κυρίου τοῦ θεοῦ ἡμῶν ἣν ἐνετείλατο ἡμῖν, καὶ πορευθέντες λατρεύσητε θεοῖς ἑτέροις καὶ προσκυνήσητε αὐτοῖς. On aurait pu avoir : 1° ἐν τῷ παραβῆναι ὑμᾶς... καὶ πορευθέντας λατρεῦσαι καὶ προσκυνῆσαι... ; ou bien, 2° ὅταν παραβῆτε ὑμεῖς τὴν διαθήκην... καὶ λατρεύσητε καὶ προσκυνήσητε... Les deux constructions équivalentes ont été mélangées.

INDEX DE LA GRÉCITÉ

N.-B. — Les chiffres romains et arabes renvoient aux pages. — Voir aussi l'index du volume intitulé : *Le sujet, le complément et l'attribut*.

Ἀβασανίστως, XVI.
ἀβάσκαντος, -τως, XV.
ἀγαλλιᾶσθαι (et ἀγάλλομαι), XV, 194.
ἀγανακτεῖν, XVI.
ἀγάπη, ἀγάπημα, ἀγάπησις, ἀγαπησμός, XV, XLI.
ἀγγαρεύειν, XIX.
ἄγε (δή), 28.
ἄγει (νέμει, φέρει), subjonctif, XIX.
ἁγιωσύνη, XLI.
αἱματεκχυσία, XLI.
αἱρεῖσθαι et προαιρεῖσθαι, XV.
ἀκαταστασία, XVIII.
ἀκολουθεῖν, XVIII.
ἀκούειν, 195.
ἀλήθω et ἀλῶ, XV.
ἀλλοτριεπίσκοπος, XLI.
ἅμα, 187.
ἄν, XVI, 3, 4, 5, 18, 20, 33, 66, 73, 80, 91, 95-96, 105-108 (cf. 109-113), 114, 115-116, 120, 122, 123, 125-129, 132, 137-139, 141, 142, 178, 224.
ἄν, conjonction, 103, 127.
ἄνδραν (γυναῖκαν, θυγατέραν), XIX.
ἀνῆκεν, 18.
ἀνθ' ὧν, 97.
ἀντιλέγειν, 58.
ἀπέσταλκες, XXXVII.
ἀποθηκάριος, XX.
ἆρα, 22, 23.
ἀρνεῖσθαι, 58, 213.
ἀρξάμενος, 191.
Ἀρτεμώι, XV.
ἄτε, 98.
ἄφες, 32.
ἀφ' οὗ (ἄν), 120.
ἄχρις (οὗ et ἄν), 120.
βάπτισμα, XLI.

βλέπειν, etc., 82, 83.
βούλει, βούλεσθε, XLI, 31, 32.
γάζα, XIX.
(μή) γένοιτο, 39.
γήρει, XXXVII.
γίνεσθαι, 190-191.
γινώσκειν, 53.
δεῖ, 37.
δείκνυμι, 54.
δῆλον ὅτι, 153.
δηλῶ, 54.
διὰ τὸ..., 101.
διακατέχειν et κατέχειν, XV, XVI.
(οὐ) διαλείπειν, 193.
διάλεκτος (ἡ Ἑβραΐς), IX.
διατελῶ, 192.
διότι, 97.
δόγμα, XVIII.
δοῖ, 66,
δοκῶ, 152.
δὸς ἐργασίαν, XXXIII.
δῷ et δώῃ, 66, 80.
ἐάν, 103, 104, 109-111, 115, 120, 122; avec une autre particule 116. — ἐάν τε... ἐάν τε, 115.
ἐβουλόμην, 19.
ἔδει, 18.
ἐδυνάμην, 18.
εἰ, 22, 42, 43, 60-62, 70, 103, 109-112, 115. — avec une autre particule, 116. — εἰ γάρ et εἴθε, 18, 19, 40 ; εἰ καί, 117, 118 ; εἴπως, 62 ; εἴτε... εἴτε, 61, 115.
εἰδήσουσιν, 2 ; εἶδον, 53.
εἴη, 40.
εἶναι, XXXV, 191-192.
εἶπα, ἦλθα, XV.
εἰς, XXXV.

εἰσήλθατε, ἐξήλθατε, XXXVII.
εἴχοσαν, ἐλάδοσαν, etc., XIX, XXXVII.
ἐκκλησία, XVII.
ἔλαβαν, ἐλήλυθαν, ἔφαγαν, XV, XIX.
Ἕλληνες (οἱ), X-XI.
Ἑλληνική (ἡ), V.
ἐνκακεῖν, 193.
ἐν οἷς, ἐν ᾧ, 120.
ἐξέφνης, XIX.
ἑόρακαν, XV.
ἐπάν, 120; ἐπεί, 95, 97; ἐπειδή et ἐπειδήπερ, 12, 97, 120.
ἐπιδιορθοῦν, LIII.
ἐπιμένειν, 192.
ἐπισκιάζειν, XVI.
ἐπιτιμία, XVI.
ἐπὶ τῷ, 101.
ἐραυνῶ, XIX.
ἔστε, 12, 95.
εὐαγγέλιον, XLI.
εὑρίσκομαι, 192.
ἐφ' ᾧ, 97.
ἔχων, 190.
ἕως, 120, 129-131, 290.
ἤ, 22-23, 30; ἢ 22-23; ἢ ὥστε, 90.
ἤν, 18.
ἡνίκ' ἄν, 120.
ἥξω, 125.
ζηλοῦτε, 84.
θαυμάζω εἰ, 105.
θέλεις, θέλω, 31, 32, 37.
(τὸ) ἱκανὸν ποιῆσαι XXXIII.
ἵνα, XV, XVI, XLI, 11-12, 32, 36, 42, 73-82, 84-86, 90-91, 135, 175-177, 179. — ἵνα et ὅπως, 86.
Ἰούλις, XV.
ἴσος... ὡς. 141.
καθά, καθάπερ, 141. — καθό, καθότι, 97, 141. — καθώς, καθώσπερ, 97, 141.
καθῆκεν, 18.
καί, 15, 81, 92. — καίπερ, 117, 189, 218. — καὶ ταῦτα, 189, 218. — καίτοι, 117.
(ὁ) καλούμενος, 182.
κἄν, κἄν... κἄν, 118-119.
καταβραβεύειν, καταδικάζειν, XVI.
κατέσχοσαν, XXXVII.
κεκοπίακες, XXXVII.
κεκράξομαι, 2.
κελεύειν, 157.
κεντουρίων, XX.
κερέα, XIX.
κοινή (ἡ) V.
λαβών, 190-191.
λαλεῖν ὅτι, etc., 50.
λανθάνειν, 193.

λεγεών, λέντιον, XX, XXXIII.
(ὁ)λεγόμενος, 182.
λέγων et λέγων ὅτι, recitativum, 50; λέγων, 204-205.
λίαν... ὥστε, 90.
μάγος, XIX.
μανθάνειν, 193.
μαχαίρῃ, XIX.
μέλλω, 134.
μέχρι (οὗ), 120.
μή, ne... pas, 5, 27, 35, 38, 39, 86, 87, 100, 103, 106, 109, 123, 136-138, 164, 171-172, 178, 208, 212-221. — est-ce que, 22-23. — si... ne... pas, 60-62, 70, 84. — de peur que, 73, 74, 78, 80-84. — μηδέ, 220. — μήποτε, 220.
μωρός, XLI.
'να, 177.
νικᾶν, 194; νικοῦντι, XIX.
νομίζειν ὅτι, 52.
οἶδα, 53.
οἷον et οἷα, 98.
ὄμνυμι, 154.
ὅμως, 190.
ὃν τρόπον, 141.
ὁπότε, 61, 120.
ὅπως, XV, XLI, 12, 37, 42, 60-61, 73-75, 77-80, 82, 83, 86. — ὅπως ἄν, 73, 80, 83, 177. — ὅπως μή, 82-83.
ὅρα μή, 21, 37, 83. — ὁρῶ, 53.
ὅς et ὅστις, 132. — ὁσάκις ἐάν, 120. — ὅσος, 90.
ὅταν, 115, 120, 122. — ὅτε, 120, 125.
ὅτι, que, 11, 42, 49-55, 59, 100, 223; ὅτι recitativum, 49-50. — parce que, 25, 97-100. — pourquoi, 22, 101. — pronom, 61.
οὐ, ne... pas, 5, 17, 18, 27, 35-38, 49, 58, 60, 86, 97, 103, 104, 108, 109, 117, 118, 121, 123, 133, 134, 136-138, 178, 208, 212-221. — est-ce que... ne... pas, 22-23. — οὐκ ἂν φθάνοις, 37. — οὐ μή, 18, 35, 220, 287. — οὐ faisant corps avec le verbe, 214, 221. — οὐδέ, 220.
οὕτως, 190;... ὥστε, 89.
ὄφελον, XXXV, 19, 20, 40.
παραδοῖ, XIX.
παρακαλεῖν, XVI.
πᾶς et le participe, 183;... ὥστε, 90.
πατριώτης, XVIII.
παύεσθαι, 193.
πείθειν, 154.
πίστις, XLI.
ποιεῖν, 192.

ποταπός, 22.
πότερον... ἤ, 22, 23, 60.
(εὖ et καλῶς) πράσσειν, 194.
πρίν et πρὶν ἤ, 12, 120, 130-131.
πρόδηλον ὅτι, 153.
προσαναφέρειν, XV.
προυπάρχειν, 191.
προφθάνειν, 193.
ρ, LXI.
ῥέδη. XX.
ῥεραντισμένοι, LXI.
σκόπει μή, 21.
σταυρός, XVIII.
συνείδησις, XVIII.
συντηρεῖν et τηρεῖν, XV.
τελῶ, 193.
τεσσεράκοντα, XIX.
τιθέναι, 231.
τί ὅτι, 22, 101.
τό devant une proposition, 67 ; τὸ μή avec l'accusatif de l'infinitif, 164.
τοῦ et l'infinitif, 166-174 ; τοῦ μή, 171-172.
τοιοῦτος... οἷος, 141 ; ὥστε 89.
τοσοῦτος... ὅσος, 141 ; ὥστε, 89.

τυγχάνω, 192 ; εἰ τύχοι, 113.
τυχόν, 200.
— τωσαν, XV.
ὑπάγειν, 194.
ὑπάρχειν, 191.
ὑποζύγιον, XVIII.
φαίνεσθαι, 193.
φάναι et φημί, XVI, 50.
φανερῶ et φανεροῦμαι, 54, 193.
φέρε (δή), 28 ; φέρων, 191.
Φιλημάτιν, XV.
φυσικά (τά), XVIII.
φυσιοῦσθε, 84.
φωνή, 195.
χαίρειν, 146.
χάρις, XLI.
ὤν, 198.
ὡς, 49, 53, 64, 73-74, 87, 91, 98, 120, 127, 141, 162, 188-189, 199 ; ὡς ἄν, 120, 127, 218 ; ὡσεί, 188-189 ; ὥσπερ, 188-189, 218 ; ὥστε, 73, 74, 78, 86, 93.
ὡς ἔπος εἰπεῖν, 162.
ὡς ὅτι, 49, 97, 98.
ὤφειλον, 18 ; ὤφελον, 19.

INDEX

ANALYTIQUE ET ALPHABÉTIQUE DES MATIÈRES

N.-B. — Les chiffres romains et arabes renvoient aux pages. Voir aussi l'index du présent volume aux mêmes mots. — Les pages 287-291 sont celles du *Supplément*.

Abréviations, LXI.
Accidents de syntaxe, 12.
Accusatif de l'infinitif, 164-166 ; du participe, 200.
Acte du verbe, 3-6.
Actes des Apôtres, XXVI-XXVII, 9, 12, 74.
Adjectif verbal en τέος, 2 ; en τός, 2.
Affirmation et volition renforcées, 4, 16, 20-24, 36, 63, 113, 220.
Affirmation et proposition affirmative : indépendante, 6, 17-21 ; dépendante, 49-60, 51, 52-59 ; à compléter, 58-59 ; — affirmative, interrogative et relative, 68-70.
Analogie. Voir *Unification et équivalence*.
Antécédent (proposition), 102.
Anticipation. Voir *Prolepse*.
Aoriste, 4, 19, 32-33, 69, 89, 103, 104, 121. — Voir sous les modes, et *Proleptique*.
Apocalypse, XLIII.
Apodose, 102, 108, 114.
Aposiopèse, 114.
Araméen, VIII.
Asyndète, 10.
Atticisme, VI, XVII.
Attribut, 148-150, 178, 191-196, 291.
Car, 98.
Caractères du grec du N. T. Voir *Grec du N. T.*
Cause et propositions causales, 96-101 ; particules, 96-97 ; temps et modes,

97-98 ; en rapport avec le pronom démonstratif, 100 ; causalité remplaçant la finalité, 99.
Circonstanciels (verbes), 37, 108. Voir aussi *devoir, falloir*, etc.
Circonstances et propositions circonstancielles, 43 ; division et caractères communs, 95-96.
Citations des LXX dans le N. T., LVI.
Comparaison. Voir *Degrés de*, et *Propositions corrélatives*.
Complément anticipé. Voir *Prolepse*.
Complément, et complétives : directes, indirectes, circonstancielles, 41-44 ; formation 42-43 ; rapport avec la proposition principale, et règles, 42-48, 95 ; complétives directes, 48, et infinitives, 153-157 ; mélange avec le complément direct, 70. — indirectes, 71, et infinitives, 157-161. — circonstancielles, 95-96, et infinitives, 165, 172-174.
Concession et propositions concessives, 37-38, 117-119.
Conclusions, 232-235.
Condition et propositions conditionnelles, 102-116 ; particules, 102-104 ; périodes, 102 ; 1re forme, 103-105 ; équivalant à une complétive, 105 ; 2e forme, 105-108, et omission de ἄν, 107 ; 1re et 2e formes mélangées, 108-111 ; 3e forme, 108-111 ; 4e forme, 112-113 ; — remplacées par d'autres, 115 ; conditionnelles

et temporelles équivalentes, 127; remplaçant la propos, infinitive, 152.
Conditionnel présent, 19, 20, 69, 106. — Passé, 19, 106.
Conjugaison, 1-2; 191-192.
Conséquence et proposition consécutive, 71-93; avec ὥστε, 86-92; après les degrés de comparaison, 89-91; avec ἵνα, 91, 289-290; remplacée par une propos. coordonnée 92. et causale, 92, 99. — Voir aussi (*Proposition*) *relative* et *corrélative* et *Participe final*.
Conséquent (proposition), 102.
Constructions classiques, XXXII, 232, et voir les sommaires à la fin de chaque chapitre.
— hébraïsantes, XXXVIII-XXXIX, 232. Voir aussi *Hébraïsmes*, et voir les sommaires à la fin de chaque chapitre.
— post-classiques. Voir *Langue familière*, et *Grec du N. T.*, et voir les sommaires à la fin de chaque chapitre.
Construction personnelle pour la construction impersonnelle, 152-153, 155, 193.
Coordination, 10, 16, 17, 78, 81, 87-88, 92; — hébraïque, 14. Voir aussi *Idée par énumération* et *Dissociation*.
Corrélation et proposition corrélative, 141-143; corrélative consécutive, 143.
Craindre, *ne pas oser*, 83, 84.
Déclaratifs (verbes). — Voyez *Verbes* signifiant *dire*.
Déclaratives : locutions, 51; — propositions, 6, 17-27, 42, 44, 48, et à l'infinitif, 153-155.
Degrés de comparaison, 87-91, 141-143.
Délibération et proposition délibérative, 28-33, 60-67, 288.
Dépendance et propositions dépendantes. Voir *Propositions dépendantes*.
Devoir, 28, 29, 32. Voir *Verbes circonstanciels* et μέλλω.
Dialectes grecs, IV.
Discours.., Voir *Style*.
Dispersion (la), VI, VII, XIII, XXVI-XXVII, 287.
Dissociation des éléments de la pensée, L, 4, 9-16, 81, 83, 92, 133, 141, 150, 153, 190, 197, 199, 201-208, 232-233.

Docteurs de la loi ou *Scribes*, VIII.
Epexégèse, 16, 48, 70, 85, 92, 115, 151, 161-162, 169, 178.
Équivalence, 225-231, 291. — Voir *Unification*.
Exclamation, 24, 61, 63.
Faire en sorte que, *obtenir de* ou *que*, 91.
Falloir, 28, 29, 32, 34.
Fin, finalité, et conséquence, 3, 71-78, 88, 160-161, 164, 166, 174; finalité théologique, 72, 73; finalité remplacée par la causalité, 99.
Finales (Propositions), XVI; indépendantes, 36, 42, 288. — dépendantes, 71-93, 289-290; particules, 73-74; extension de leur emploi, 75-77; emploi et règles au mode éventuel, 78-86, et au mode réel, 84-85; ayant le verbe supprimé, 86. — finales et consécutives avec ὥστε, 86-94; après les degrés de comparaison, 90-91; et avec ἵνα et ὡς, 91, remplaçant une proposition relative, 135; remplaçant la proposition infinitive, 76, 174-177, 178-179, et coordonnée avec elle, 77. — Voir aussi *Proposition relative et Participe*.
Formules de serment, 51.
Fréquence indéterminée et proposition fréquentative, 4, 110, 122, 123, 124, 127, 136-137, 138, 142.
Futur, XXXV, 2-5, 18, 27-31, 34-36, 38, 39, 45, 56, 61, 64-65, 67, 69, 78-79, 81-83, 97, 103, 108-111, 118, 123, 125, 126, 133, 134-135, 138, 139, 154. — Voir aussi *Mode éventuel*.
Garder (se) de, *prendre garde*, 82.
Génitif du participe, 198-200.
Gentils, X.
Grammaire : du grec chrétien, LVI; du grec post-classique, LII-LIV; du N. T., XLV-LI; des LXX, XXXVI, LIV-LVI.
Grec : alexandrin, XVIII; byzantin, XI-XII; chrétien, XI, LVI; hébraïsant, XI, XXII-XXIII; hellénistique, VI, XI; judéo-chrétien, XI, XIII, XXIX; moderne, XIII, 177, 220; du N. T., XI, XXIV-XLI; post-classique, III-VI, XIII-XXII; ses caractères, XIII-XIV; ses changements, XV-XIX, ses éléments étrangers, XIX-XX. — Voir aussi *Langue*.....
Hébraïsmes et Hébreu, VIII, XXXVIII-

XXXIX, LVI, 15-16, 20, 82. — Voir les sommaires à la fin de chaque chapitre.
Hellénisme, IV-XI ; (Juif) helléniste ou hellénisant, XI.
Hésiter, ne pas oser, 83.
Hypothèse, 4 ; propositions hypothétiques, voir *Conditionnelles.*
Idées : verbale indéfinie, 3, 5 ; énumérées, 10-11 ; pareilles et égales, 13 ; enfilées, 14-15 ; renforcées par la forme interrogative, 21, 23-24, et voir *Affirmation renforcée* ; accessoires, 31-32, 209 ; règlent la construction, le temps et le mode, 92-93, 96, 102, 103, 113, 139, 225-231, 234. — Voir aussi *Temps et modes,* et *Unification.*
Imparfait, 19, 69, 88, 104-108, 117, 121, 123. — (irréel), 4, 18-19, 105-108.
Impératif et proposition impérative ou jussive, 5, 27-29, 34-39, 40, 42, 87, 114, 133, 145-147, 288-289. — Présent, 35, 87 ; parfait, 2, 35 ; aoriste, 35.
Impersonnels : Verbes, constructions, locutions, 18-19, 32, 51, 151-153, 155, 163, 166, 174-176, 178-179, 193, 197 ; impersonnel passif remplacé par le passif personnel, 155, 193, 197.
Indicatif, 3, 4, 17, 32, 44, 56, 61, 64-65, 67, 69, 79, 84-85, 97, 103, 113, 114, 117, 120-121, 122, 123, 133, 134, 136, 137, 142 ; indicatif et subjonctif distingués, 113. — Voir sous chaque temps ; voir aussi *Mode réel* et *Mode de certitude.*
Infinitif et proposition infinitive ; mode, sens, rôle, 5, 12, 43-44, 88, 151 ; et emploi, 144-179. — Indépendant, pour l'impératif, 145-147, 290-291. — Dépendant, 43-44 ; son sujet, 147-150 ; après les verbes du sens de *dire, croire* et *percevoir,* 51-54, 153-155 ; final et consécutif, 61, 83, 88, 90, 92, 157-161, et 164 ; avec le sens de *en ce que,* 162 ; avec ὡς, 162 ; épexégétique, 151, 161, 169, 178. — sans article, 147-162 ; formes et rôle, 150-151 ; sujet logique d'un impersonnel, 151-153, 163 ; déclaratif, 153-155 ; volitif, 155-157 ; final, 157-162 ; et extension de cet emploi, 160-161. — avec l'article et comme substantif, 162-177 ;

son rôle, 162-163 ; au nominatif, 163 ; au génitif, 152, 166-173 ; à l'accusatif, 164-165 ; au datif, 173 ; avec des prépositions, 101, 131, 165, 172-174. — avec οὐ et μή, 216-217. — remplacé par la proposition finale, 174-179, et coordonné avec elle, 77 ; coordonné avec un substantif, 177-178. — Voir aussi *Style direct* et *indirect* et *Sujet.*
Infinitif : aoriste, 18, 89, 131, 154. — parfait, 89, 154. — présent, 18, 88. — futur, 2, 154.
Inscriptions grecques, XXI, LII-LIII, 287.
Intensives (formes), XV.
Interrogation renforçant l'idée. Voir *Affirmation* et *Idées.*
Interrogation et proposition interrogative, 6, 17 ; déclarative, 22-27, 288 ; avec deux pronoms, 25, et un participe, 25 ; délibérative ou volitive, 29-34. — Dépendante, 60-70 ; après quels verbes, 61-64 ; temps et modes, 65-70 ; comparée avec la propos. relative, 63-64, 68-70 ; employée avec τό, 67-68 ; après *si... ne... pas,* 84 ; et exprimant la conséquence, 87. — Interrogations fondues ou mélangées, 68.
Jugement, 3, 4, 6.
Jusqu'à ce que..., 122-129.
Langue commune, V-VII, XII, XIII, et voyez *Grec post-classique.* — Familière ou parlée, XIII, XIV seqq., XXV, 20, 47, 232-235, et voir les sommaires à la fin de chaque chapitre. — Grecque, IV, 232-233, et voir *Grec.* — Judéo-grecque, VI, XIII, 233, 287, et voir *Grec.* — Littéraire, XIII, XIV ; voir *Grec* et les sommaires à la fin de chaque chapitre. — du N. T., XXIV-XLI, 232-234 ; caractères généraux, XXIV-XXVII, XL ; éléments constitutifs, XXVIII-XXX ; élément : grec et latin, XXX-XXXIII, hébraïque et hébraïsant, XXXVIII-XL, chrétien, XL-XLI ; caractères de sa syntaxe, XLI-XLV, 232-233. Voir *Grec* et les sommaires à la fin de chaque chapitre.
Langue de S. Luc, XXX.
Lettres : *aux Hébreux,* XXIV, XXVI, 9, 12 ; de S. Jacques, XXVI ; de S. Paul, XXVI, XXVII, 12, 116.
Lexique du N. T., XXX-XXXI, XLIV.

Locutions : déclaratives, 51 ; impersonnelles et avec un substantif, 18-19, 153, 160-161, 163, 174-176 ; et propositions qui suivent, 152, 166, 174, 178.
Modalité et modes, 3-5 ; dépendants, 4 ; indéfinis, 44 ; régis par l'idée, 44-45, 225-227. Voir aussi sous chaque mode ; voir *Temps et modes* et *Idées*.
Mode éventuel, LVI, 3, 4, 17, 23, 27, 28-33, 34-38, 39-40, 44-45, 56, 61, 65, 69, 77-79, 80-84, 87-89, 97, 103, 108-111, 113, 117-119, 123-125, 127, 133-142, 178. — Voir aussi *Futur* à tous les modes, *Impératif, Subjonctif, Participe présent*.
Mode irréel, 4, 17-19, 38, 40, 56, 61, 64-65, 85, 87, 97, 103, 105-108, 113, 116, 133, 178. — Voir aussi *Aoriste, Imparfait* et *Plus-que-parfait*, avec ou sans ἄν, et ἄν avec ces temps.
Mode potentiel, 3, 4, 20-21, 29, 33, 37, 40, 56, 65-66, 87, 97, 103, 111. — Voir aussi *Optatif* et ἄν avec ce mode.
Mode réel, LVI, 3, 17, 23, 29, 32-33, 44, 45, 56, 61, 62, 64-65, 67, 78, 79, 84, 85, 88, 89, 97, 103-105, 116, 117, 120-123, 133, 134, 136, 137, 139, 142, 178. — Voir aussi l'*Indicatif*, et sous les différents temps de ce mode. — Modes réels et éventuels mélangés, 65, 66.
Mode de certitude dogmatique et prophétique, 4-5, 23, 56.
Modes en hébreu, 7, 13.
Morphologie, XXXI, XLIV.
Négations, 5, 212-222 ; dans les propositions indépendantes, 213-216 ; dépendantes, 213-216 ; avec l'infinitif, 216-217 ; le participe, 217-220 ; négation double valant une affirmation, 220-221 ; négation suivie de l'interrogation, 61-64 ; négations faisant corps avec le verbe, 108, 214, 221 ; sans verbe, 213.
Nominatif : de l'infinitif, 163 ; du participe 200-207.
Nouveau Testament, XXIV ; sa langue, voir *Langue*.
Optatif et proposition optative, 2, 3, 5, 12 ; indépendant, 20, 27, 34, 37-40, 288-289 ; dépendant, 66, 79-82, 103, 112-113, 115, 118, 122-123. —

Oblique, XVI, 5, 46-47, 65, 67, 79, 98, 111, 115, 124, 224-225. — Présent et aoriste, 38, 40.
Ordre, voir *Impératif* et *Futur*.
Ouvrages consultés, LVII-LXI.
Parfait, 2, 69, 103, 121. Voir sous les modes.
Parole et pensée, identiques pour le Juif, 55-56.
Participe et proposition participe, 3, 5, 12 ; pour l'impératif, 37, 205-207 ; après les verbes de *perception*, 52-53, 195-197 ; rôle et emploi, 41, 181-210. — Dépendant, 182-197 ; complément distinctif, 182-184, et avec πᾶς, 183 ; attributif, 184 ; explicatif, 185 ; final et consécutif, 61, 185-186 ; causal, 186 ; conditionnel et concessif, 187 ; temporel, 187 ; avec des particules, 98, 117, 187-191, et à suppléer avec ὡς, 189 ; descriptif, 190-191 ; attribut ou partie de l'attribut, 191-192 ; se rapportant au sujet, 192-195, et au complément direct, 195-198. — Indépendant, 198-210 ; au génitif, 198-200 ; à l'accusatif, 200 ; au nominatif, 140, 200-207 ; remplaçant l'impératif, 205-207. — Avec εἶναι et γίνεσθαι, 2, 191-192 ; devant son verbe, 209. — Propositions participe et relative équivalentes, 135, 140, 184, 185-186, etc.
Participe futur, 2, 135, 184, 185-186, 189 ; présent, 185-186.
Particules de fréquence indéterminée, 4, 123 ; du sens de *jusqu'à ce que*, 122-129 ; de subordination, 12, 13 ; avec le participe, 98, 117, 187-191. — Voir sous chaque espèce de proposition.
Pendant que, tant que, 122.
Périodes, 6, 10, 15, 41, 96, 102, 141.
Permettez-vous que, 29.
Permutation de l'indicatif futur avec les modes éventuels, 5, 287-288.
Phonétique, XXXI.
Plus-que-parfait, 69, 104-107, 121.
Poétiques (mots et expressions), XV.
Potentiel, voir *Mode* et *Optatif*.
Pour essayer si, pour savoir si, 61-62, 70.
Pouvoir, 21, 29, 30, 32-33.
Préliminaires, 1-7 ; conjugaison, 1 ; temps, 2 ; modes, 3-5 ; propositions, 6-7.
Présent, 21, 32, 69, 88, 103, 121, 123,

127, 139. Voir sous chaque mode, et *Mode réel*, et *Proleptique*.
Principes généraux, 9-16, 44-48.
Prolepse ou Anticipation, 48, 70, 85.
Proleptique : aoriste et présent, 45, 127, 134, 139.
Pronom : démonstratif (ou οὕτως) annonçant la proposition complétive (déclarative), finale, etc., 176 ; réfléchi, sujet de l'infinitif, 148-149. — Voir *Relation et Relatif*.
Propositions : définition, division, tableau, 6-7.
— Dépendantes, 6, 7, 41-48, 48-143 ; rapport et rattachement avec la proposition principale, 22, 42-43, 47, 48, 62, 228-231 ; principes de leur syntaxe, 44-48 ; mélangées après le même verbe, 58 ; rapport entre les propositions affirmative, interrogative et relative, 68-69 ; incomplètes, 47, 58, 59, 86, 118, 196.
— Indépendantes, 6-7, 17-40, 114 ; avec καί pour remplacer les propos. consécutive et finale, 81, 92.
— Principale, 6, 41, 222, 290 ; supprimée et à suppléer, 47, 59, 68, 85, 102, 114-115, 143, 290 ; ayant son verbe supprimé, 114-115, 140.
— Secondaire, 6, 41, 102, 223. Voir *Dépendantes*.
Protase, 102, 108.
Relatifs et relation, 22, 43, 60-61, 63-64, 68, 73, 87, 95-96, 98-100, 128-129, 132, 140, 170 ; relatif complément d'un participe, 140 ; corrélatifs et corrélation, 141-143.
Relatives et corrélatives (Propositions), 132-143 ; explicative, 133 ; finale et consécutive, 33, 82, 133-135, et remplacée par le participe, 135, 185-186 ; causale, 136 ; conditionnelle, 136-140 ; temporelle et locale, 140 ; corrélative, 141-143. — Rapport entre les propos. relative, affirmative et interrogative, 68-70, 135.
Romains de l'Est, XII.
Septante, VII, XXVI-XXVIII, LVI.
Serment, 51 ; dans la propos. conditionnelle, 114.
Souhait, voir *Optatif*.
Style asiatique, VI.
Style direct, 11, 45-47, 49-50, 56-58, 64, 66, 69, 77, 97, 111, 121, 124, 127, 139, 146, 155, 188, 222, 223, 225. — Indirect, 11, 45-47, 49-50, 56, 57, 65, 67, 69, 77, 98, 146, 155, 188, 222, 225.
Subjonctif, 2-5, 11, 12. — Indépendant, 26-27, 28-34 ; avec ἵνα, 36-37.
— Dépendant, 42, 45-47, 61, 64-66, 69, 77-83, 88-89, 91, 103, 109-111, 113, 116, 118, 123-125, 126, 129, 134-135, 137-139, 142. — Aoriste, 18, 21, 35, 45, 46, 67, 79, 80, 82, 89, 109-110, 123, 129, 139, 287-288. — Présent, 45-46, 71, 83, 88, 109-110, 123, 139 ; présent et aoriste mélangés, 111. — Parfait, 2, 43, 46, 79, 80, 109-110.
— Aoriste, 18, 21, 35, 45, 46, 67, 79, 80, 82, 89, 109-110, 123, 129, 139.
— Voir aussi *Mode éventuel*.
Subordination et proposition subordonnée, 12-13, 43, 83, 88, 92. — Voir *Propositions dépendantes*.
Sujet avec l'infinitif, 91, 147-150 ; 162-163, 174 ; avec le participe, 198-199, 201-207 ; proposition ou nom, sujet logique d'une construction impersonnelle, 151-153, 160, 163 ; infinitif sujet, 163, 178-179.
Syntaxe du N. T., XXXII-XXXIII, XLI-XLVII.
Syriaque, VIII.
Temps et propositions temporelles, 2, 120, 121-131 ; avec le mode réel, 120-122 ; de fréquence indéterminée, 122-123 ; le mode éventuel, 123-126 ; avec des particules du sens de *jusqu'à ce que*, 128-129, 131 ; remarques, 127, 130-131.
Temps : principal et secondaire, 2-3 ; passés pour le souhait, 18-20 ; dans la propos. dépendante, 44 ; dans la propos. affirmative, 56-58 ; temps de la narration, 56-58, 69, 97-98, 106, 117 ; temps du discours direct et de la narration mélangés, 57. — Temps et modes régis par l'idée, 44-46, 96, 102, 103, 113, 139, 225-227, et voir *Idées*. — Temps et modes comparés dans les propositions, 225-227.
Unification et équivalence des constructions, 27, 31, 42, 44-47, 54-57, 62, 64-65, 70, 78, 82, 84, 86-87, 92-93, 96, 102, 126, 133, 135-138, 140, 142, 152, 154, 161, 171, 178-179, 196, 214-215, 217, 221, 233-234, 291.
Verbes circonstanciels ; voir *Circonstanciels*.
Verbes exprimant une des idées sui-

vantes : *affirmer* par serment, 51, 164 ; *croire et penser,* XVI, XLIII, 49, 51-52, 54-55, 89, et passif personnel, 155 ; *craindre, ne pas oser, hésiter,* 78, 83 84, 220 ; *déclarer et dire,* LVI, 49, 50-51, 54-55, 61-63, 75, 89, 155-156, 174-175, et passif personnel, 155 ; *demander et se demander,* 61-63, 84; une émotion, un sentiment, 101, 194 ; *percevoir,* 49, 52-55, 61-63, (avec le participe) 52-53, 195-196, et *faire percevoir,* 54, 197, et passif personnel, 193, 197 ; *persuader, engager,* etc., 154-155 ; *prendre soin, s'efforcer,* 78, 82-83; *promettre, espérer,* etc., 154 ; la volonté, et le désir, *commander,* *déterminer (que), permettre, faire* ou *laisser faire, désirer, défendre,* etc., 155-157, 174-175 ; *empêcher de* avec τοῦ μή, 171-172 ; l'aptitude et la capacité, 159, 175 ; la destination, le but, l'effort, le résultat, le mouvement vers, 158-159, 175.

Verbes faisant corps avec la négation, voir *Négation* ; à suppléer avec μή, 213.

Verbes impersonnels, voir *Impersonnels.*

Volition, volonté, et proposition volitive, 4, 6, 22-40, 75, 114, 133 ; dépendantes, 155-157, 175. — *Voulez-vous que...,* 29.

Waw consécutif, 15.

INDEX DES PASSAGES CITÉS

Nota. — Les chiffres romains indiquent le chapitre. — Après chaque tiret, le *premier chiffre arabe* indique le verset, et les *chiffres qui suivent* renvoient aux pages de la *Syntaxe des propositions* et au *Supplément* à cette Syntaxe (pp. 287-291).

SEPTANTE

GENÈSE

II, 15, 161 — 18, 153.
III, 14, 207 — 22, 220.
IV, 2, 159, 209.
VI, 4, 128, 137.
XI, 5, 93, 161.
XII, 12, 125, 128 — 13, 14 (*bis*).
XIII, 6, 14.
XIV, 14, 58.
XV, 1, 205 — 7, 93 — 14, 138 — 15, XXXVII.
XVI, 2, 170, 172 — 4, 58.
XVIII, 1, 199 — 17, 55 — 19, 72 — 24 : 110.
XX, 6 : 172.
XXII, 12, 55 — 14, 73, 80 — 17, 209 — 20, 204.
XXIV, 3, 13, 177 — 5, 220 — 6, 83 — 33, 173.
XXV, 1, 202 — 24, 170 (*bis*).
XXVI, 9, 22 (*bis*) — 10, 25 — 13, 122.
XXVII, 44-45, 290.
XXVIII, 11-12, 14 — 13, 202 — 16, 50 — 20, 110.
XXIX, 4, 24 — 5, 24 — 6, 24 — 7, 153 — 8, 290 — 19, 153 — 25, 24.
XXX, 18, 136.
XXXI, 24, 83 — 29, 172 — 42, 106 — 50, 110, 111.
XXXIII, 8, 37.
XXXIV, 7, 19 — 14, 136.
XXXVIII, 16, 55, 58.
XXXIX, 24, 136.
XLI, 13, 290.
XLII, 2, 55, 196 — 16, 65, 70 — 38, 153.
XLIII, 3-4, 110 — 6, 33 — 9, 107.
XLIV, 16, 30, 288 — 17, 39 — 22, 110. — 23, 110, 113 — 26, 113 — 28, 55 — 29, 110 — 30, 110 — 32, 110 — 34, 32, 33, 37, 115.
XLVI, 30, 28.
XLVII, 29, 170 (*bis*).
XLVIII, 2, 204, 205 — 11, 104.
XLIX, 10, 125.

EXODE

I, 10, 125 — 16, 123.
II, 3, 13 — 15, 93, 161.
III, 10, 288 — 11, 99 — 17, 209.
IV, 5, 55 — 19, 289.
V, 14, 204, 205 — 19, 56 — 20, 199 — 22, XXXVII.
VI, 11, 289.
VIII, 1, 80 — 8, 288 — 26, 153.
IX, 16, 80, 86, 176 — 18, 142 (*bis*) — 19, 287 — 34, 93.
X, 27, 93.
XI, 9, 80.

XV, 16, 125.
XVI, 3, 20, 122.
XVIII, 20, 135.
XIX, 13, 119.
XX, 3, 36 — 12, 80, 81 — 13-16, 36.
XXI, 15, 137.
XXV, 40, 83.
XXXII, 1, 134 — 6, 159 — 30, 62, 80, 177 — 33, 104.
XXXIII, 19, 139.
XXXV, 31-33, 162 — 34, 161.

LÉVITIQUE

I, 14, 104.
X, 6, 81 (bis).
XVI, 29, 36.
XVIII, 5, 140.
XIX, 18, 36.
XX, 7, 81.
XXII, 9, 111.
XXV, 16, 126.

NOMBRES

I, 54, 290.
VIII, 11, 88.
XI, 9, 123 — 13, 72, 177 — 21, 93.
XIV, 21-23, 51 — 24, 202.
XVI, 28, 213 — 29, 213.
XXII, 11, 62 — 23, 201.
XXXIII, 40, 122.

DEUTÉRONOME

I, 27, 166.
II, 31, 13.
V, 12, 146 — 16, 81 — 27, 124.
VII, 2, 220 — 3, 220.
VIII, 17, 55.
XI, 2, 137 — 27, 13.
XIV, 10, 137, 216.
XIX, 17, 139.
XX, 7, 81.
XXII, 26, 290 — 30, 116.
XXVIII, 1, 162 — 67, 19.
XXIX, 4, 168 — 19, 80.

JOSUÉ

III, 4, 80.
IV, 1, 291 — 17, 291.
V, 13, 23.

IX, 20, 147.
X, 14, 89.
XXIII, 15-16, 291.

JUGES

VIII, 15, 99 — 19, 107.
IX, 19-20, 39 — 28, 99.
X, 18, 126.
XI, 24, 126.
XIII, 6, 66 — 10, 209 — 23, 106.
XIV, 16, 30.
XV, 3, 99.
XVI, 2, 290.
XX, 10, 93.

RUTH

I, 13, 33.
II, 2, 14, 92 — 9, 14 — 10, 170.

1 ROIS

I, 8, 99, 100.
II, 3, 36 — 8, 162 — 8-9, 201 — 10, 178 — 14, 104 — 25, 99 — 28, 162.
III, 2-4, 14 — 8, 58 — 11, 183, 186, 200.
IV, 9, 36 — 18, 14.
VI, 2, 30 — 4, 30.
VIII, 7, 172 — 11-13, 146.
IX, 5, 289.
XII, 23, 290, 291.
XIII, 8, 14.
XIV, 6, 66 — 47, 170.
XV, 23, 161.
XVI, 2, 186, 288 — 4, 133 — 11, 186.
XVII, 34, 123.
XX, 10, 288 — 15, 290 — 19, 290 — 28-29, 155.
XXI, 8, 65.
XXIII, 2, 30 — 13, 138 — 16, 14 (bis).
XXX, 4, 122.

2 ROIS

IX, 37, 14.
X, 11, 168.
XIII, 5, 80 — 20, 158.
XV, 4, 24 — 37, 14.
XVI, 11-12, 66, 67 — 23, 288, 290.
XVII, 18-19, 14.

XVIII, 5, 291 — 19, 28 — 22, 28.
XXII, 1, 13.
XXIII, 3, 30.
XXIV, 13, 289.

3 ROIS

I, 27, 22 — 35, 170.
III, 8, 134.
V, 14, 202.
VIII, 18, 291 — 47-48, 288 — 53, 288.
XI, 41, 288.
XII, 6, 287 — 9, 200, 205 — 10, 204, 205.
XIV, 29, 288.
XV, 7, 288 — 23, 288 — 31, 288.
XVI, 5, 288 — 14, 288 — 20, 288 — 27, 288 — 28, 288.
XVII, 20, 170.
XXII, 4, 142 — 46, 288.

4 ROIS

V, 3. 20.
XIV, 8-9, 186.

1 PARALIPOMÈNES

XII, 32, 289.
XVII, 6, 22.
XXI, 3, 289.

2 PARALIPOMÈNES

II, 6, 26, 288.
XIV, 11, 213.
XXV, 16, 83.
XXXII, 17, 161.

1 ESDRAS

IV, 32, 290 — 46, 177.
VI, 22, 231.

2 ESDRAS

III, 12, 168.
IV, 14, 153.
V, 3, 231 — 3, 231 — 13, 231.
VI, 1, 231 — 3, 231 — 6-7, 289 — 8, 164, 231 — 11, 231.
VII, 18, 290.

NÉHÉMIE

III, 5, XXXVII.
VI, 2, 52 — 6, 52.
X, 29, 170.
XIII, 1, 192.

TOBIE

I, 12, 97 (bis).
III, 8, 291.
IV, 3, 127.
VIII, 10, 288, — 12, 288.
XII, 13, 209.
XIV, 15, 131.

JUDITH

IX, 14, 170.
X, 7, 204.
XII, 14, 288.

ESTHER

III, 4, 13 — 8, 153.
IV, 8-9, 155 — 13, 55 — 13-14, 98 — 14, 66, 97.
VI, 6, 55.
VII, 8, 289.
VIII, 8, 288.

JOB

II, 9, 65.
III, 6, 40.
IV, 12, 107.
VI, 11, 99.
VII, 1-2, 23 — 7, 55 — 11, 28.
IX, 16, 55 — 33, 19.
X, 3, 115 — 5-6, 99 — 7, 55.
XI, 2, 148 (bis).
XIV, 5, 118 — 13, 20.
XV, 28-33, 289 — 31, 55.
XVI, 13, 19 — 17-18, 289.
XVIII, 2, 37 — 13-19, 289.
XX, 23 seqq., 289.
XXII, 3, 104 — 20, 104.
XXIV, 23, 52.
XXV, 3, 55, 289.
XXVIII, 3, 115.
XXX, 24, 20.
XXXI, 5, 22 — 17, 215 — 19, 215 — 32, 183.
XXXII, 11, 126.

XXXIV, 16-26, LV.
XXXVI, 9, 55 — 10, 55, 58.
XXXIX, 22, 18 — 24, 18.

PSAUMES

VII, 12, 218 — 13, 215.
VIII, 3, 50 — 5, 99 (*bis*), 100.
IX, 27, 55.
XII, 6, 39.
XIII, 1, XLI — 2, 186.
XIV, 4, 14.
XV, 10, 156.
XVI, 6, 99.
XVII, 31-36, 201.
XXII, 4, 118 — 6, 164.
XXVII, 6, 207.
XXXVIII, 2, 172.
XXXIX, 6, 64 — 8-9, 170.
L, 2, 173 — 6, 80, 82, 173.
LV, 12, 64.
LVI, 9, 28.
LXVIII, 16, 110 — 24, 167, 170, 172
— 26, 186.
LXXI, 7, 126.
LXXII, 13, 22.
LXXVII, 18, 162.
LXXXIII, 4, 135 — 6, 136.
LXXXIX, 2, 173.
XC, 11, 166, 170.
XCI, 2-3, 166 — 15, XXXVII —
15-16, 170,
XCIV, 1, 288 — 8, 127 — 11, 87,
114.
XCV, 11, 154.
CI, 3, 123, 137 — 23, 173.
CII, 2-3, 204.
CIII, 1-15, 201 — 13-14, 202 — 31-32, 202.
CV, 13, 14 (*bis*).
CVIII, 8, 39 (*bis*) — 14-15, 39 —
32, 123.
CXI, 9, 11.
CXVIII, 30, 40.
CXIX, 3, 288 — 7, 123.
CXXXIX, 15, 13.
CXLIII, 3, 99.

PROVERBES

I, 1-4, 162 — 22, 123, 137 — 26,
126 — 27, 126 — 28, 126.
III, 12, 136, 137 — 24, 127.
IV, 25, 36 — 27, 36.
VI, 22, 126.

VIII, 25, 173.
IX, 13, 215.
XI, 14, 215 — 29, 219.
XII, 1, 183.
XXIV, 23, 153.
XXXI, 18, 153.

ECCLÉSIASTE

III, 14, 80.
IV, 9, 14, 136.
V, 9, 183.
XI, 4, 183 — 5, 186.

CANTIQUE DES CANTIQUES

V, 5, 93.

SAGESSE DE SALOMON

II, 12, 97.
VI, 27, 87.
XI, 26, 107.
XII, 20, 290.
XIII, 9, 80, 91.
XIV, 4, 118.
XVI, 4, 19.
XIX, 17, 151.

SAGESSE DE SIRACH

VII, p. 213.
VIII, p. 213 — 13, 189.
IX, p. 213.
XI, 19, 28.
XXII, 15, 153.
XXIII, 14, 105.
XXVII, 22-23, 151.
XXVIII, 1, 183.
XLI, 20, 153.
XLIX, 14, 142 — 15, 142.
LI, 7, 202.

ÉSAIE OU ISAIE

I, 5, 288.
III, 1, 186.
IV, 4, 97.
V, 4, 93.
VI, 9, 209 (*bis*) — 10, 80, 82.
IX, 5, 290.
X, 2, 93 — 14, 135 — 32, 93.
XI, 10, 159.

XIII, 9, 162.
XIV, 21, 80 — 31, 168.
XVIII, 3, 290.
XXII, 4, 32 — 13, 146 (*bis*) — 14, 126.
XXIV, 10, 172.
XXVIII, 3, 73 — 19, 126.
XXX, 2, 93 — 29, 153.
XXXIII, 20, 287.
XXXVI, 5, 99.
XL, 3, 183 — 13, 134 — 14, 92.
XLII, 4, 126.
XLV, 23-24, 51.
XLVI, 2, 14, 92 — 9-10, 204 — 10, 131 — 10-11, 201.
XLIX, 6, 166, 167, 170.
LIV, 1, 218 — 10, 220.
LV, 9, 14 — 11, 137.
LVIII, 11, 291.
LXI, 1, 93, 159 — 1-3, 161.

JÉRÉMIE

I, 12, 93.
II, 17, 164.
III, 16, 151 — 20, 16 (*bis*).
IV, 6, 36 — 8, 36.
V, 7, 288, 291 — 9, 288 — 15, 135.
VII, 9-10, 93 — 10, 172 — 16, 186.
IX, 1-2, 39 — 24, 178.
XI, 11, 135 — 12, 135.
XX, 7, 192.
XXIII, 20, 126.
XXXIII, 22, 142 — 23, 14.
XXXVIII, 15, 199 — 32, 210 — 34, 2.
XL, 4, 153.
XLIX, 5, 110.
LI, 7-8, 93 — 21, 151.

LAMENTATIONS

I, 12, 290.
III, 29, 65.
IV, 12, 20.

BARUCH

I, 9, 165.
II, 5, 166 — 28, 210.
III, 13, 107.
IV, 17, 288.

ÉZÉCHIEL

I, 20, 137.
VI, 6, 289.
XXI, 11, 170.
XXIII, 5-7, 204 — 12, 204 — 22-23, 204.
XXXIII, 22, 131.
XXXVI, 5, 115.

DANIEL

I, 8, 287.
II, 20, 100 — 25, 135 — 27, 153 — 28, 153 — 31, 204.
III, 6, 290 — 7, 123 — 10-11, 11, 231 — 15, 290 — 22, 97.
IV, 4-5, 122.
V, 7, 139 — 17, 40 — 19, 137.
VI, 1-2, 79.
VII, 15, 204.

DANIEL (*Susanne*)

54, 65.

OSÉE

VIII, 4, 73, 80.
XIV, 3, 291.

JOEL

II, 17, 93 — 21, 170 — 26, 93.

AMOS

II, 6-7, 140, 202 — 7, 73, 80.
IV, 4, XXXVII.
V, 6-7, 201, 202 — 12, 204.
VII, 2, 127.
IX, 12, 80 (*bis*).

JONAS

I, 8, 65 — 10, 58 — 11, 30, 99.
III, 9, 289, 291.

HABACUC

I, 5, 109.

ZACHARIE

III, 2, 39.
V, 1, 14 (bis).
VIII, 23, 14.
XIV, 9-10, 204.

MALACHIE

II, 9, 97.
III, 1, 134.

1 MACCHABÉES

II, 41, 287.
III, 15, 170 — 18, 153.
IV, 10, 62 (bis), 65.
V, 39, 170 — 61, 52.
VI, 9, 55, 58 — 59, 170.
XII, 11, 153.
XIII, 5, 153.
XV, 20, 153 — 21, 104.

2 MACCHABÉES

I, 9, 36 — 18, 197.
II, 3, 166.

III, 9, 192.
IV, 6, 153 — 32, 52, 192 — 47, 106, 138.
VII, 19, 52 — 22, 61.
VIII, 36, 101.
IX, 18, 218 — 21, 153 — 22, 218 — 23, 287.
XI, 24, 195.
XII, 3, 218.
XIV, 10, 122, 153 — 29, 97.

3 MACCHABÉES

I, 2, 91.

4 MACCHABÉES

XIV, 1, 91.

TESTAMENT DES XII PATRIARCHES

I, 4, 289.

NOUVEAU TESTAMENT

Nota. — Les chiffres romains indiquent le chapitre. — Après chaque tiret, le *premier chiffre arabe* indique le verset, et les *chiffres qui suivent* renvoient aux pages de la Syntaxe des Propositions et du Supplément à cette Syntaxe (pp. 287-291).

MATTHIEU

I, 16, 182 — 18, 130, 192, 199 — 19, 157, 158, 186, 218 — 20, 83, 159, 212 — 21, XXXVIII — 22, 72 — 23, 2 — 25, 121, 128.
II, 4, 65, 69 — 8, 72, 160, 186 — 9, 121, 129 — 10, 194 — 12, 158, — 13, 124, 128, 158, 167 (bis), 172, 227, 231 — 16, 53, 186 — 18, 158, 199, 212 — 22, 159 — 23, 72.
III, 3, 183 — 7, 53, 159 — 9, 50, 56, 155, 157 — 11, 160, 209 — 13, 167, 192 — 14, 228 — 15, 152 — 16, 208.
IV, 1, 159 — 3, 75, 155, 174, 175, 183, 223 — 6, 50 — 7, 18, 212 — 9, 109 — 19, 178.
V, 1-2, 199 — 4, 97 — 11, 124-125. — 12, 43, 96 — 13, 109 — 14, 220 — 15, 92 — 17, 52 — 18, 199, 220 — 20, 220 — 21, 52 — 22, XLI, 183 — 23, 52, 111 — 25, 10, 121, 122, 129 — 26, 128, 129, 220 — 27, 35, 52 — 28, 165, 183 — 29, 75, 104, 174, 178 — 34, 158 — 39, L — 40, 158 — 42, 35 — 44, 35 —

44-48, 36 — 16, 127 — 47, 109, 110 (bis).
VI. 1, 35, 83, 159, 165 — 2, 124 — 3, 79 — 5, 36, 159 — 7, 52 — 8, 173 — 9, 35 — 9-10, 39 — 15, 116 — 16, 35, 36, 45, 80, 212 — 18, 193 — 22, 109 — 22-23, 127 — 23, 24, 25, 116 — 25, 23, 65 — 26, 43 — 27, 24, 159, 186 — 31, 65 — 34, XXXVIII.
VII, 1, 10 — 5, 159, 160 — 6, 81 (bis), 236, 231 — 8, 183 — 11, 159, 187 — 12, 32 — 13-14, 98 — 14, 25 — 16, 23 — 21, 183 — 23, 49, 50 — 24, 185, 208 — 26, 219 — 27, 12 — 28-29, 98 — 29, 188.
VIII, 2, 109 — 4, 83 (bis) — 8, 175 — 14-16, 12 — 18, 157, 158 — 22, 156 — 24, 88 (bis) — 27, 99, 230 — 28, 90, 159, 216 — 29, 23 (bis) — 31, 42 — 34, 93, 229.
IX, 6, 35 — 8, 88 — 9, 160 — 15, 121, 124 (bis) — 24, 18 — 25, 121 — 28, 52 — 30, 83 — 36, 98.
X, 1, 88, 171 — 8-9, 35 — 11, 63, 124 — 13, 35, 109, 116 — 19, 42, 63 (bis), 64, 124, 125, 227 — 22, 2 — 23, 124 — 25, 77, 152, 174, 178, 229 — 26, 2 (bis), 135 — 32, 138 (bis), 226 — 33, 139 — 34, 24 — 38, 137, 215.
XI, 1, 93, 167 (bis), 172, 193 — 2, 186 — 3, 22, 183 — 7, XXXVII — 8, 159 — 10, 134 — 11, XXXVIII — 14, 158 — 21, 97, 107 — 23, 107 — 25, 101 — 29, 97.
XII, 2, 151 — 3, 63, 167 — 7, 63, 107 — 10, 22 — 10-12, 87 — 14, 89 — 20, 129 — 24, 42, 51 — 26, 103 — 29, 23 — 33, 23 — 34, 32, 33 — 38, 21 — 39, 10 — 43, 124 — 44, 195 — 46, 151, 158.
XIII, 3, 167, 172 — 4, L, 173 — 5, 165, 216 — 6, 165 — 11, 151 — 13, 99 — 14, 42, 209 (bis) — 15, 82 — 17, 158 — 19, 183, 199, 219 — 25, 173 — 28, 32 — 30, 165 — 31, 191 (bis) — 32, 43, 88, 124, 127 — 33, 121, 129, 191 (bis), — 35, 80 — 46, 191 — 47, 191 seqq. — 54, 88.
XIV, 2, 57 — 7, 50, 139, 154 — 8, 37, 42 — 16, 158, 230 — 19, 156, 208 — 22, 122, 124, 125, 129, 227 (bis), 231 — 23, 93, 159 — 26, 56 — 28, 103, 156 — 36, 137, 175, 227.
XV, 5, 21 — 14, 109 — 20, 163 — 30, 190 — 31, 89 — 32, XXXVIII, 62,

63 (bis), 226 — 33, 76, 89 (ter), 91 (bis), 229 — 35, 158.
XVI, 1, 158, 160 — 3, 159 — 4, 114, — 5, 158 — 7, 50 — 9, 50 — 12, 52, 157 — 13, 51 — 15, 51 — 16, 228 — 18, 118 — 19, 2 — 20, 46, 57 — 21, 50, 151 — 22, 36, 220 — 24, 35 — 26, 21, 30, 31 (bis), 33, 109 (bis), 115, 187, 230 — 28, 124, 129.
XVII, 4, 32 — 9, 42, 223 — 14, 198 — 17, 24 — 24, 23 — 25, 193 — 26, 198.
XVIII, 4, 138, 139 — 6, 174 — 7, 152 — 8, 150, 152 — 8-9, 113 — 9, 150, 226 — 12-13, 109 — 13, 151 — 14, 76, 175, 176 — 15, 4 — 19, 111, 127 — 21, 9 — 22, 158 — 25, 156 (bis), 157, 159 — 30, 124, 125, 129, 183 — 32, 97 — 33, 18 — 34, 124, 129.
XIX, 3, 22, 42 — 7, 157 — 8, 50 — 10, 103, 152 — 14, 156 — 16, 230 — 21, 183 — 24, 152 — 28, 5 — 29, 136, 230, 231.
XX, 6, 195 — 10, 57, 69, 225 — 15, 23 — 19, 165 — 23, 164 (bis) — 31, 175.
XXI, 3, 35, 111 — 9, 40 — 16, 50 — 19, 39 — 21, 111, 118 — 32, 167 (bis), 172, 230 — 34, 44 — 41, 134 — 45, 52, 57, 225 — 46, 44.
XXII, 4, XIX — 11, 217 — 11-12, 219 — 23, 51, 216 (bis) — 29, 218 — 44, 128 — 46, 159.
XXIII, 5, 165, 2 0 — 6, 159 — 7, 178 — 15, 124, 127 — 23, 4, 18, 149, 216 — 30, 106 — 31, 50 — 33, 30, 31, 32 — 34-35, 73, 92 — 36, 125 — 37, 141 — 39, 128.
XXIV, 2, 24, 134 — 4, 83 — 6, 83 — 12, 101, 165 — 15, 183 — 17, 35 — 21, 143 — 22, 215 — 24, 90, 93 (bis), 230, 231 — 30, 196 — 35, 18 — 38, 128 — 39, 128 — 42, 18 — 43, 57 — 106, 156 — 45, 167 (bis), 172 — 49, 158.
XXV, 9, 86, 220 — 13, 48 — 34, 182 — 40, 137.
XXVI, 2, 165 — 4, 175 — 9, 18 — 12, 165 — 16, 171, 175 — 17, 158 — 22, 23 — 24, 18, 107, 108, 215 — 29, 124, 32, 131, 165 — 33, 111 — 34, 130 — 35, 116, 118 — 36, 129 — 39, 47, 68, 143, 230 — 42, 214 — 46, 28, 29, 34 — 47, 190 — 50, L, 25, 47, 68 —

53, 21, 23 — 54, 30 — 56, 85 — 59-60, 187 — 62, L, 25, 26 — 63, 61, 62, 175, 230 — 75, 130.
XXVII, 1, 88, 89 — 1-2. 91 — 3, 52, 186 — 10. 141 — 12. 173 — 13, 63 — 14, 88 — 15, 158 — 18, 57 (*bis*) — 20, 175 — 24, 52 — 25, 10 — 26, 175 — 31, 165 — 32, 175 — 34, 158 — 41-43, 26 — 43, 50 — 48, 208 — 49, 32, 61, 65, 93, 185 — 64, 156.
XXVIII, 8, 159 — 10, 175 — 19, XLI.

MARC

I, 1, 93 (*bis*), 226 — 2, 93, 134 — 3, 183 — 5, 187 — 7, 187, 209 — 9-10, 208 — 12-13, 12 — 14, 131, 165 — 17, 156, 178 — 22, 188 — 24, 63, 70 — 27, 88 — 34, 156 — 38, 80 — 44, 83.
II, 1, 155 — 4, 218 — 6, 18 — 7, 43 — 12, 88 — 16, 52 — 19, 121 — 20, 10, 124 — 23, 151 (*bis*), 178 — 25-26, 64.
III, 2, 61, 80 — 9, 46, 79 (*bis*), 155, 156, 175 — 10, 88 — 11, 4, 44, 123, 227 — 14, 79 — 14-16, 43 — 22, 42, 182 — 23, 51 — 24, 113 — 26, 113.
IV, 3, 209 — 4, L, 173 — 5, 165 — 6, 165 — 9, 160 — 10, 121 — 11-12, 99 — 12, 42 — 13, 24, 30, 31 — 14, 31 — 17, 198 — 22, 76, 85, 135 — 23, 103 — 25, 137, 139, 226 — 26, 142, 143 (*bis*) — 32, 88 — 37, 88, 101, 230 — 39, 35.
V, 2, 199 — 4, 165 — 15, 196 — 17, 93, 159 — 18, 199, 229 — 19, 35 — 23, 85 — 26, 185 — 28, 118 — 29, 53, 197 — 30, 53, 195 — 32, 159, 160 — 33, 69 — 35, 24 — 36, 35, 195 — 39, 24 — 43, 155, 156, 157.
VI, 2, 88 — 4, 50 — 8, 42, 175 — 9, L — 12, 175 — 14, 57, 69 — 17-18, 10, 100 (*bis*) — 20, 178 — 21, 121 — 23, 50 — 24, 288 — 25, 2, 37, 42 — 29, 10 — 30, 64 — 31, 158 — 37, 10, 43, 110 — 38, 10 — 39, 157, 158 — 45, 121, 122, 129, 227 — 48, 173 — 49, 52, 56 — 55, 57 — 56, 4, 118, 137, 227 (*bis*).

VII, 4, 159 — 18, 24 — 19, 10 — 24, 156 — 25, XXXV — 26, 175 — 27, 152 — 36, 175 — 37, 89.
VIII, 1, 198 — 2, 220 — 12, 114 — 14, 158 — 19, 121 — 24, 53, 59, 100 (*bis*) — 27, 51 — 29, 51 — 30, 46 — 31, 50 — 35, 4, 139 — 36, 230 — 37, 30, 31, 33 — 38, 124.
IX, 4, 2 — 6, L, 46, 68, 69, 225, 226, 231 — 9, 42, 124, 223 — 10, 62, 163 (*bis*) — 21, 121 — 22, 80 — 28, 22 — 30, 175 — 32, 83, 159 — 34, 62 — 36, 191 — 38, 98 (*bis*), 156, 195, 226, 231 — 39, 134 — 41, 51 — 42, 178 — 43-45, 111 — 45-47, 113 — 47, 226 — 49, 2 — 50, 109.
X, 2, 22, 42 — 5, 50 — 8, 212 — 14, 156 (*bis*) — 17, 25, 32 — 18, 24 — 19, 35 — 24, 152 — 25, 152 — 29, 134 — 29-30, 140, 230, 231 — 35-36, 288 — 37, 175 — 40, 164.
XI, 1, 121 — 2, 195 — 3, 35 — 5, 2, 192 — 13, 2, 62, 65, 226 — 14, 37, 39 — 16, 175 — 18, 62 — 19, 122 — 23, 52 — 25, 4, 105, 123, 227 — 28, 88, 175 — 32, 44, 52, 57.
XII, 2, 44, 45, 175 — 4, 209 — 12, 44, 158 — 14, 23, 30, 212 — 18, 51 — 18-19, 75 — 19, 175 — 33, 150, 163 (*bis*) — 38-40, 182, 202 — 41, 69.
XIII, 2, 24, 134 — 5, 83 — 11, 124, 125, 185 — 19, 141, 142 — 20, 215 — 22, 93, 165, 230, 231 — 25, 2 — 26, 196 — 28, 124 — 30, 124, 129 — 32-34, 143 — 31, 175.
XIV, 2, 81 — 5, 4, 18 — 7, 127, — 8, 159 (*bis*), 209 — 10, 66 — 11, 158 — 12, 121, 175 — 14, 61, 134 — 19, XXXVIII — 24, 107, 108 (*bis*), 215 — 25, 124 — 28, 165 — 29, 111 — 30, 130 — 31, 50 — 36, 47, 68, 230 — 49, 85 — 55, 165 — 60, L, 25 — 62, 196 — 64, 51, 149, 151, 156 — 72, 70, 130.
XV, 4, 63 — 5, 88 — 7, 133 — 10, 57 — 15, XXXIII — 20, 81, 175 — 21, 175 — 24, 43, 62, 68, 120 — 43, 209 — 44, 65, 105, 230 — 47, 64, 65, 69.
XVI, 11, 52 — 14, 196 — 19, 165.

LUC

I, 1, 97, 158 — 1-3, XXX — 3, 150, 151 — 7, 97 — 8, 173 — 9, 170, 172 — 20, 97, 124, 125, 128, 129, 136, 218, 219 (bis) — 21, 173 (bis) — 22, 57 — 23, 121 — — 25, 158 — 28, 40 — 29, 67, 224 — 30, 40 — 35, XVI — 36, XXXVII — 41, 121 — 43, 76, 176 — 45, 52 — 54, 161 — 57, 168, 170, 172, 228 — 62, 33, 62, 66, 68, 156, 226 — 69-72, 161 — 73, 168 — 73-74, 150 — 74, 172 — 76-77, 169 — 77, 172 — 78-79, 161, 169 — 79, 172.

II, 1, 160 — 4, 165 — 6, 168 — 12, 195 — 15, 28 — 21, 168, 173 — 22-24, 167 (bis) — 26, L, 124 (ter), 131, 149, 227 — 27, 167 — 34-35, 80 (bis) — 42, 121 — 44, 52, 130 — 45, 185, 218 — 49, 22.

III, 4, 183 — 10, 30 — 11, 218 — 15, 61, 67, 70, 224 — 18-20, 10 — 19, 10.

IV, 3, 175 — 10, 166, 167, 170 — 16, 159, 160, 208 — 18, 159 — 23, 195 — 25, 121 — 31, 10 — 36, 88, 99 — 41, 54, 156 — 42, 167, 171 (bis).

V, 3, 158 — 4, 193 — 7, 167 — 17, 165 (bis) — 19, 63 — 21, 43, 134 — 26, 88 — 34, 156 — 35, 10 — 36, 116.

VI, 3, 61, 63, 120 — 3-4, 64 — 4, 151 — 9, 67 — 11, 62, 66 — 13-14, 43 — 19, 88 — 23, 43, 96 — 25, 202 — 30, 35 — 32, 127 — 33, 111 — 34, 52, 111, 154 — 37, 10 — 40, 183 — 42, 217 — 44, 23 — 47, 208 — 48, 11, 185, 209 (bis).

VII, 1, 120, 121 — 3, 75 — 4, 134, 135, 229 — 6, 185 — 7, 157 — 12, 121 — 19, 186 — 27, 134 — 30, 218 — 37, 52, 208 — 39, 56, 63, 70, 106 — 42, 159 — 43, 52 — 45, 121, 193 — 49, 134, 226.

VIII, 5, 167 — 6, 165 — 9, 67, 224 — 10, 79, 99 — 17, 76, 134, 135 — 18, 139, 226 — 23, 88 — 25, 99 — 27, 199 — 32, 42 — 36, 64 (bis) — 38, 157 — 43, 185 — 46, 53, 195 — 47, 64 (bis), 69 — 49, 24 — 52, 24 — 55, 156.

IX, 1, 160, 178 — 2, 123 — 3, 11, 42, 146, 225 — 7, 57 — 10, 64 — 13, 43, 110, 114, 116 — 18, 2, 51 — 20, 51 — 25, 115, 187, 230 — 28, L — 30, 133 — 33, 32, 68, 69 (bis), 152, 225, 231 — 40, 77, 175 — 45, 159 — 46, 66 (bis), 68 — 49, 98, 195, 226, 231 — 51, 167 — 52, 74, 91 (bis), 93 — 54, 51.

X, 1, 123 — 6, 35, 109 — 18, 196 — 19, 168, 170 — 20, 101 — 25, 25 — 40, 175.

XI, 1, 159, 193 — 4, 183 — 5, 10 seqq., 27, 31 (bis) seqq. — 5-8, 25 — 6, 62, 63, 134, 135, 226 — 8, 104, 111, 118, 214 — 11, 10 — 11-12, 25 — 18, 51, 99, 116 — 22, 124, 127 — 23, 219 — 34, 109, 124, 127 (bis) — 35, 21, 61, 65 — 36, 124, 290 — 38, 101 — 42, 18 — 50, 80.

XII, 1, 90, 140 — 5, 131, 165 — 6, 219 — 8, 138 — 11, 125 — 12, 63 — 13, 156, 157 — 23, 23 — 24, 43 — 26, 214 — 32, 158 — 35, 2 (bis), 35 — 36, 65, 70, 198 — 38, 119 — 39, 106 — 39-42, 24 — 42, 167 (bis) — 45, 159 — 49, 104 — 51, 24, 52 — 52, 2 — 58, XXXIII, 10, 81, 160.

XIII, 2, 57 — 7, 121 — 9, 114 — 11, 218 — 14, 101 — 16, 19, 212 — 19, 43, 191 — 21, 191 — 24, 124, 158 — 28, 125 — 32, 125 — 33, 151 — 35, L, 124 (bis), 125, 227.

XIV, 3, 23 — 7, 69 — 8-9, 45, 80 — 10, 81 — 18, 195 — 26, 104, 214 — 26-27, 215 — 28, 61 — 31, 61, 65.

XV, 8, 129 — 16, 158 — 17-18, 28 — 18, 208 — 19, 160 — 20, 130 — 26, 66.

XVI, 1, 189, 197 — 2, 25 — 3, 157, 230 — 4, 63, 225 — 11, 104 (bis) — 17, 21, 152 — 25, 52 — 26, 45, 79 — 27, 75, 80, 92 — 28, 93 — 31, 104, 214.

XVII, 1, 152, 166, 170, 171, 179, 229 — 2, 75, 86, 174, 229 — 6, 108, 226 — 8, 63 — 18, 159, 192 — 22, 125, 227 — 31, 159 — 33, 139, 226, 231.

XVIII, 1, 149, 165 — 4, 117, 214 — 5, 79 — 8, 22 — 9, 52, 183 — 11, 101 — 18, 25 — 19-30, 290 — 29-30, 140, 230, 231 — 32-34, 12 — 36, 67, 195, 224 — 37, 50, 64 — 40, 156 — 41, 32.

XIX, 8, 104 — 11, 159, 209 — 12-13, 130 — 13, 11, 225 — 15, L,

51, 68, 155, 156 (*ter*) — 31, 111 — 33, 192 — 40, 2, 4, 111, 226 — 42, 114.
XX, 6, 44, 52 — 10, 45, 81, 175 — 11, 159, 193, 209 — 12, 193 — 13, 28 — 15, 31 — 16, 38, 212 — 20, 52, 148 — 27, 51 (*bis*), 217 — 28, 175 — 36, 186 — 37, 50 — 46, 202 — 46-47, 182.
XXI. 6, 134 — 7, 124, 290 — 8, 83 — 14, 158, 159 — 21, 35 — 22, 169, 228 — 24, 124, 125 — 27, 196 — 28, 97 — 33, 18 — 34, 83 — 36. 159.
XXII. 2, 67 — 4, 62 — 5, 158 — 6, 168, 170, 228 — 11, 61, 134 — 15, 173 — 20, 165 — 23, 67, 224 — 24, 62, 66 — 30, 81, 175 — 31. 167 — 33, 160 — 34, 51, 131, 217 — 35, 123 — 40, 159 — 42, 114, 230 — 47, 190 — 49, 30, 31, 184 — 60, 68, 230 — 61, 130 — 67, 62, 230.
XXIII. 2, 98, 148, 155, 189 — 5, 98, 189 — 6, 61 — 7, 52 — 8, 154 — 12, 191 — 14, 98, 189 — 19, 191 — 23, 157 — 24, 156 — 31, 25, 30 — 32, 159 — 34, 68, 230 — 53, 220 — 55, 64.
XXIV, 7, 70 — 15, 167, 171 — 16, 171 — 18, 9 — 18-20, 70 — 20, 60 — 21, XXXV, XXXVIII, 52, 57, 69 — 23, 51, 148 — 25, 169 — 28, 159 — 29, 167 — 32, 121 — 35, 63 — 39, 196 — 45, 167 — 46, 51, 225 — 46-49, 155 — 47-48, 11.

JEAN

I, 7, 86 — 7-8, 85 — 8, 47 — 14, 198 — 24, 2 — 25, 104, 214 — 27, 74, 134, 135, 175, 229, 231 — 32, 13, 196 — 33, 139 — 34, 57, 225 — 37, 195 — 38, 196 — 46, 9, 10, 289 — 48, 173 — 49, 10 — 51, 196.
II, 1, 26 — 5, 139 — 9, 121 — 14, 195 — 17, 52, 57 — 18, 99 (*bis*) — 19, 114 — 23, XLI — 24, 165 (*bis*) — 25, 69, 75, 171, 175.
III, 12, 104, 113, 214 — 16, 87 — 18, 100, 213 — 19, 51 — 27, 2, 110, 220 — 28, 2 — 33, 50.
IV, 1, 10 — 9, 157 — 10, 63, 70, 106 — 15, 79 — 21, 52, 125 — 23, 125 — 33, 33, 159 — 34, 176 — 40, 158, 160 — 47, 12, 52, 158 — 49, 130 — 50, 12 — 52-53, 59.

V, 7, 135, 229 — 15, 50 — 19, 220 — 20, 81 — 23, 218 — 25, 76, 125 — 26, 157 — 36, 230 — 39, 157 — 45, 52 — 46, 3, 4, 106 — 47, 30, 101, 116, 214.
VI, 5, 30, 110 — 6, 69 — 7, 21, 73, 76, 89, 91, 229 — 10, 156, 230 — 17, 18 — 19, 196 — 21, 19 — 22, 52 — 22 24, 57 — 24, 52, 57 — 27, 213 — 28, 29, 79 — 29, 176 — 37, 125 — 39, 176 — 40, 175 — 61, 24, — 61-62, 114 — 64, 218, 291 — 65, 2 — 68, 21.
VII, 3, 81 — 4, 148 (*ter*) — 10, 189 — 15, 219 — 17, 60, 109 — 23, 101 — 26, 33 — 27, 124, 127 — 35, 99 — 38, 202.
VIII. 5, 157 — 7, 121, 192 — 9, 191 — 13-14, 118 — 14, 65, 109 — 15, 220 — 16, 109 — 18, 184, 192 — 19, 106 (*bis*) — 22, 99 — 25, 26 — 27, 52 — 39, L, 108 — 42, 106 — 45-46, 37 — 55, 118 — 56, 47, 75, 175 — 58, 130.
IX. 2, 229 — 2-3, 72 — 4, 121 (*bis*), 130 — 5, 124, 127 — 8, 57, 70 — 16-17, 99 — 17, 100 (*bis*) — 18, 121, 122, 130 — 22, 111, 175 — 25, 61 — 32, 52, 155, 179 — 33, 106, 108, 215 — 36, 135 — 39, 218 — 41, 106.
X, 6, 69 — 12, 196, 217 — 17, 100 — 18, 160 — 35, 214 — 37, 104, 214 — 38, 113, 118.
XI, 4, 72 — 7, 34 — 8, 18 — 11, 76, 93 (*bis*), 175, 226, 229 — 12, 104 — 14-15, 47 — 15, 77, 175, 230, 231 — 16, 76 — 21, 106 — 25, 118 — 32, 106 — 37, 18, 230 — 47, 32 — 50, 52, 174 — 51, 50 — 53, 175 — 56, 47, 48, 59 — 57, 74, 80, 86, 111.
XII, 3, 190, 191 — 7, L, 85 — 9, 175 — 18, 54 — 23, 171 — 26, 109, 27, 29 — 29, 51 — 32, 103, 127 — 33, 69 — 36, 227, 231 — 48, 218.
XIII, 1, 77 — 2, 175 — 6, 24 — 8, 35 — 9, 213 — 12, 63 — 14, 158 — 17, 113, 226, 231 — 19, 173 — 20, 103 — 23, 2 — 24, 62 — 34, 77 — 37, 38, 21 — 38, 130.
XIV, 2, 9, 160 — 3, 127 — 4-5, 32 — 7, 107 — 11, 116 — 22, 99, 101, 229 — 23, 106 — 29, 130.
XV, 8, 81, 176 — 12, 176 — 13, 76, 91, 176, 289 — 16, 86 — 19, 100 — 22, 107 (*bis*), 116, 215 — 24, XXXVII, 107 (*bis*), 215 — 25, 51.

XVI, 2, 228 — 4, 70 — 13, L — 16,
18 — 19, 57, 225 — 21, 124 — 23,
103 — 25, 125, 228 — 31, 23, 24 —
32, 76, 176.
XVII, 2, 81, 97 — 3, 76, 85, 176 (bis),
— 5, 131, 173 — 19, 80 — 22-23,
80.
XVIII, 3, 190 — 8, 289 — 14, 50, 152
— 21, 62 — 30, 106, 116, 215 — 36,
45, 106 — 39, 32, 76, 171, 176 —
40, 213.
XIX, 11, L, 107 (bis), 215 — 23, 43,
68, 120 — 24, 28 (bis), 62, 70, 212,
289 (bis), 290 — 33-24, 290 — 35,
289 — 36, 289 (bis), 290 — 39, 191
— 40, 152, 163.
XX, 11, 121 — 12, 196 — 14, 196 —
19, 40 — 20, 194 — 21, 40 — 23,
103, 109 — 26, 40.
XXI, 3, 130 (bis) — 5, 23 — 6, 159
18, 134, 137 — 19, 61, 63 — 19-23,
130, 290 — 22, 129, 156 — 23, 130
— 25, L. 52, 109.

ACTES

I, 2, 121 — 3, 165 — 4, 155 — 4-5, 11,
225 — 10, 121 — 11, 196 — 19, 89
— 20, 39, 186 — 23, 182 — 24-25,
158.
II, 1, 173 — 2, 188, 189 — 12, L —
20, 130 — 24, 152 — 27, 156 —
29, 10, 200 — 30, 154 — 45, 142.
III, 2, 167, 172 — 5, 52 — 12, 167,
172, 188, 230 — 14, 51, 157 — 18,
51 — 19, 80, 165, 231.
IV, 2, 165 — 12, 183, 184 — 13, 52
— 15, 156 — 17, 157 — 19, 61,
152 — 20, 220 — 21, 68 — 28, 156
— 29, 157, 230 — 32, 51 — 35, 142.
V, 4, 104 — 7, 219 — 8, 67 — 9, 152,
155, 229 — 15, 81, 118 — 16, 191
— 21, 157 — 23, 195 — 24, 62, 66
— 26, 85 — 33, L — 34, 156 — 36,
26, 148 — 38-39, 109, 113 — 39,
104 — 41, 158 — 42, 193.
VI, 2, 152 — 9, X.
VII, 2, 130 — 3, 209 — 4, 165 — 5,
217 — 7, 125, 138 — 12, 55, 195,
196 — 18, 121, 128, 129, 227 —
19, 165, 167, 216 — 23, 121, 151 (bis),
178 — 25, 52 (bis) — 34, 209, 288
— 40, 134 — 42, 156 — 46, 157.
VIII, 9, 191 — 11, 165 — 16, 18, 191
— 20, 38, 40, 52 — 22, 62, 65 —
23, 53, 196 — 24, 62 — 26, 208 —

27, 185 — 30, 22 — 31, 3, 4, 33,
111 (bis) — 39, 26 — 40, 162, 172.
IX, 2, 111 — 4, 195 — 6, 61, 63,
64 (bis) — 11, L — 15, 168 — 17,
80 — 20, X, 50 — 21, 80 — 22, 50
— 23, 158 — 25, 191 — 26, 159,
218 — 27, 50, 68 — 29, 158 — 38,
57, 158.
X, 5, 182, 186 — 11, 196 — 17, 66 —
18, 61, 65, 182 — 22, 158 — 25,
166 (bis), 170, 229 — 28, 152, 159
— 33, 194 — 34, 52 — 36-38, 13,
203 — 37, 70 — 38, L — 40, 156,
230 — 42, 50 — 43, 51 — 47, 136,
171 — 48, 156.
XI, 7, 195 — 16, 70 — 17, 26, 141,
148, 288 — 28, 51, 158 — 29, 158,
160.
XII, 1, 159 — 3, 52, 159, 194, 209 —
4, 158 — 6, 121, 158 — 14, 51 —
15, 51, 149 — 16, 192, 209 — 17,
63 — 18, 62 — 25, 182.
XIII, 7, 158 — 10, 37, 220 — 25, L,
26, 52, 67, 74, 228, 231 — 28, 156,
157 — 32, 50 — 40, 83 — 41, 109
— 42, 157, 229 — 43, 52, 158 —
46, 152 — 47, 167, 170.
XIV, 1, 89 (bis) — 5, 160 — 9, 168
— 12, 97 — 15, 25, 140, 159 —
16, 156 — 17, 118 — 18, 167, 171
— 19, 52 — 22, 58.
XV, 2, 156 — 7, 52 — 10, 162 — 14,
52 — 14, 158 — 16-17, 80 (bis) —
19-20, 166 — 20, 167 — 22, 13, 150
— 23, 146 — 25, 150 — 29, 194 —
38, 157, 218 — 39, 89.
XVI, 3, 52, 57, 191 — 7, 156 — 10,
159 — 15, 51, 52, 104 — 21, 150,
291 — 22, 156, 157 — 27, 52, 158
— 29, 35 — 30, 32 — 34, 194, 230.
XVII, 3, 50 (bis) — 6, 50, 218 — 11,
67, 134, 224 — 14, 159 — 18, 33,
66 — 21, 158 — 26, 156 — 26-27,
67, 161 — 27, 224 — 29, 29, 52.
XVIII, 2, 156 — 10, 167 — 14, 106 —
27, 157 — 28, 54.
XIX, 2, 61 — 4, 86, 156, 175, 176 —
11, 218 — 13, 158 — 21, 158 —
25, 52 — 27, 158 — 30, 156 —
32, 69 — 31, 13, 52 — 35, 195,
196 — 36, 37, 191 — 40, 158.
XX, 3, L, 13, 168 — 11, 190 — 16,
67, 151, 158, 224 — 18-20, 68 — 20,
169, 171 — 24, 74 (bis), 91, 160 —
— 26, 50 — 27, 167, 171 — 29,
218 — 30, 167 — 31, 52 — 35, 54.
XXI, 10, 198 — 12, 93, 167 (bis),

229 — 13, 160, 192 — 16, 134, 226 — 20, 61, 63 — 21, 50, 158 — 24, 81 (bis) — 25, 51, 52 — 29, 52 — 31, 18, 51 — 33, 67 (bis), 224, 225, 226, 231 — 34, 156 — 35, 152 — 40, IX.

XXII, 2, IX, 57 — 5, 110, 185 — 10, 152 — 14, 51, 156 — 17, 12, 199 — 22, 18, 151 — 24, 63, 156 — 30, 63, 68.

XXIII, 2, 158 — 3, 156 — 9, 114 — 10, 83 — 12, 124 — 14, 124 — 15, 169, 173, 189 — 20, 167, 189 — 21, 124 — 26, 146 — 27, 52 — 28, 63 — 30, 51, 156, 198 — 32, 156 — 34, 62 — 35, 52.

XXIV, 1-2, XXVII — 4, 79, 157 — 5, 197 — 9, 149, 289 — 10, 158, 195, 196 — 15, 158 — 16, 158, 178 — 17, 185 (bis) — 19, 111, 133, 224, 227 — 23, 156 (bis) — 25-26, 187 — 26, 52.

XXV, 4, 51, 148, 151, 156, 157 — 4-5, 225 — 11, 104, 162, 164, 214 — 15, 140 — 16, 50, 67, 124, 131 (bis), 152, 224, 227 — 19, 289 — 20, 61, 67, 224 — 21, 128, 157 (bis), 289 — — 22, 19 — 24, 51, 149 — 25, 54 — 26, 63 — 27, 150, 151 (bis), 178.

XXVI, 1, 151 — 2, 195 — 3, 149 — 7, 154 (bis) — 9, 149, 151, 152 — 17-18, 169 — 21, 159 — 22-23 : 70 — 26, 52 — 29, L, 20, 40, 141 (bis), 142, 157 — 32, 18, 108, 116, 215.

XXVII, 1, 162, 163, 166, 179 — 3, 150 — 10, 58, 158 — 12, 67, 116, 224 — 17, 83, 190 — 20, 168 — 21, 149, 150, 151 — 22, 158 — 23, 140 — 27, 52 — 29, 157 — 30, 189, 199 — 32, 156 — 33, 121, 122, 192 — 39, L, 67, 224 — 40, 187.

XXVIII, 2, 218 — 4, 156 — 6, 51, 52 — 16, 151 — 18, 19 — 19, 98, 188, 218 (bis) — 20, 159 — 22, 157.

ROMAINS

I, 1-6, 140 — 7, 40 — 10, 65 — 11, 158, 165 — 13, 52, 158 — 15, 160, 168 — 20, 165 — 22, 148, 154, 289 — 24, 169, 172 — 25, 136 — 27, 149 — 28, 151, 157, 161 — 31, 136.

II, 3, 52 — 4, 52 — 14, 219 — 16, 125 — 19, 52, 148 — 21, 158.

III, 3, 39 — 3-21, 37 — 4, 80, 82, 173 — 5, 30 — 6, 21, 39 — 8, 50, 59 — 9, 51 — 11-12, 186 — 28, 52 — 30, 116 — 31, 39.

IV, 1, 23 — 13, 164 — 15, 215 — 16, 86 — 17, 188 — 24, 158.

V, 7, 21, 159 — 14, 218.

VI, 1, 30, 31, 39 — 6, 169, 172 — 8, 52 — 11, 148, 154 — 13, 188 (ter), 189 — 15, 30, 39 — 20, 121.

VII, 2, 109 — 3, 169 — 4, 86 — 7, 106, 107 (bis), 215 — 13, 39 — 18, 163 — 21, 52 — 24, 24.

VIII, 9, 104, 214 — 12, 168, 172 — 16, 50 — 18, 52, 158 — 20, 218 — 26, 68 — 32, 136 — 38, 44, 50.

IX, 3, 19, 148 (ter), 157 — 11, 198 — 21, 178 — 25, 218 — 31-32, 100.

X, 3, 83 — 6, 24 — 14, 30, 31 — 20, 209 (bis).

XI, 2, 70 — 8, 168 — 10, 167, 170, 171 — 21, 104, 214 — 25, 37, 79, 124.

XII, 1-2, XL — 2, 63 — 3, 146 — 3-16, 146 — 3-19, 206, 207 — 3-21, 11 — 4, 207 — 5, 207 — 6-8, 207 — 6-21, 13, 207 — 9, 207 — 21, 194.

XIII, 3, 114 — 5, 149 — 8, 164 — 11, 121, 152, 228 — 13, 189, 213.

XIV, 2, 158 — 4, 159 — 7-9, XL — 8, 110, 115, 116, 226 — 11, 51 — 13, 164 — 14, 52 — 19, 28 — 21, 163 — 23, 215 — 25, 13 — 27, 13.

XV, 4, 85 — 8, 51 — 13, 173 — 15, 189 — 18-19, 89 — 20, 159 — 22, 167, 171 — 23, 168 — 24, 124, 127, 154, 227 — 26, 158 — 28, 3, 4 — 33, 40.

XVI, 22, XXVII (bis).

1 CORINTHIENS

I, 4-5, 99 — 7, 88 — 10, 80, 93 — 11, 50, 155, 229 — 13, 23 — 28, 218 — 31, 86.

II, 2, 52 — 8, 107 — 16, 134.

III, 13, 60 — 14-15, 111 — 18-21, 87 (bis).

IV, 1-5, 87 — 2, 178 — 2-3, 174 (bis) — 6, 84, 140 — 7, 188, 218 — 8, 4, 19 — 14, 185, 218 — 17, 186 — 18, 18, 199, 218.

V, 1, 88, 89, 141, 142 — 3-4, 158 — 6-8, 87 — 9, 157 — 10, 18 — 11, 157.

VI, 7, 24, 48 — 15, 30.
VII, 1, 152 — 8, 152, 179, 229 — 9, 104, 214 — 11, 116 — 12, 158 — 13, 10, 158 — 16, 61 — 21, 114, 117 — 25, 188 — 26, 52, 70, 163 — 27, 24, 114 — 28, 109 — 29, 86, 219. — 36, 52, 113 — 37, 137, 219 — 39, 160.
VIII, 9, 83.
IX, 2, 104, 214 — 8, 23 — 10, 168 — 11, 111, 115, 226 — 14, 157 — 18, 81, 176 — 20, 219 — 26, 218 (bis).
X, 1, 52, 156 — 7, 159 — 7-9, 34 — 11, L — 12, 87 — 13, 134, 156, 169 — 19, 50 — 20, 156.
XI, 6, 104, 117, 163 (bis), 214 — 13, 151 — 18, 54 — 22, 30 (bis) — 23, 228 — 25, 165 — 25-26, 124 — 26, 109, 124 (bis), 125, 127 — 27, 87 — 31, 106 — 33, 87, 93 — 34, 124 (bis), 126 (bis), 127.
XII, 2, 123, 128 — 3, 50 — 12, 142 — 15, 113, 221 — 19, 106, 114 — 23, 52 — 28, 13.
XIII, 1-3, 118 — 2, 89, 90 — 3, 81 — 11, 121.
XIV, 5, 4, 110, 116, 227 — 7, 190 — — 10, 113 — 12, 83, 175 — 13, 74 (bis), 175 — 23, 111 — 24, 111 — 27, 116 — 34, 151 — 35, 152, 163 — 36, 23 — 39, 87, 164.
XV, 3, 50 — 12, 155 — 13, 104, 214 — 14-17, 104 — 15-17, 214 — 16, 104 — 25, 124 — 27, 51, 153 — 32, 5 — 37, 113, 184 — 48, 141 — 50, 50 — 58, 87.
XVI, 3, 159, 186 — 4, 166, 170, 229 — 6, 139, 200 — 10, 83, 175 — 11, 35 — 12, 85 — 15, 52 — 21, XXVII — 22, 40, 104, 214.

2 CORINTHIENS

I, 4, 93 (bis), 229 — 6-8, 205 — 8, 89, 90, 91, 170 — 9, 80 — 13, 52 — 18, 51 — 23, 51.
II, 1, 164 — 3, 18 — 4, 86 — 5, 85, 104 — 6, 90 — 9, 61, 70 — 11, 221 — 12, 173 — 16, 24.
III, 3, 54, 193 — 13, 165, 216 — 15-16, 124.
IV, 2, 218 — 8, 218, 16, 117 — 17-18, 199.
V, 2, 158 — 3, 116 — 4, 97 — 9, 159 — 11, 154 — 15, 50 — 16, 117 — 18-19, 98 — 19, 219, 291 — 20, 188, 199.

VI, 1-10, 206 (bis) — 14, 2.
VII, 7, 91 — 8, 117 (bis) — 11, 51, 148, 163 (bis) — 12, 117, 172 — 14, 104.
VIII, 7, 36 — 10, 164, 11, 163-164, 168, 172 — 12, 142 — 13, 85, 86 — 22, 195.
IX, 1, 163 — 3, 45 — 3-4, 86 — 5, 151, 161, 196 — 8-13, 206 — 9, 11.
X, 1-2, 229 — 2, 148, 164 (bis), 196, 216 — 6, 160 — 7, 52 — 9, 152 — 11, 52.
XI, 1, 19 — 3, 83 — 4, 108 — 5, 52 — 10, 51 — 12, 80 — 16, 35, 52, 118 — 21, 49.
XII, 1, 149, 152 — 2, 53 (bis), 60, 195 — 3, 60 — 4, 200 — 6, 158 — 7, 86, 135 — 11, 18, 117, 214 — 13, 100 — 15, 29 — 16, 38 — 19, 52 — 20, 83, 220.
XIII, 2, 50 — 5, 61, 70 (bis), 116, 225 — 7, 157.

GALATES

I, 7, 116, 183, 184 (bis), 186 — 8, 40 — 8-9, 113 — 9, 40 — 10, 106 — 13, 52 — 11, 74 — 20, 51.
II, 2, 62, 66, 84, 213 — 4, 81 — 6, 60, 63 — 7, 52 — 9, 86 — 10, 85, 86, 159 — 12, 173 — 13, 87 — 17, 22.
III, 10, 167 — 11, 153 — 19, 124 — 21, 39, 107 — 23, 158, 173.
IV, 3, 2 — 5, 135 — 8, 219, — 11, 84, 225 — 15, 106, 107 — 16, 87 — 17, 84 — 18, 173 — 20, 19 — 27, 218 (bis).
V, 3, 160 — 7, 157, 217 — 10, 52, 138 — 12, XXXV, 39 — 15, 83.
VI, 1, 83, 116 — 9, 28, 29, 193, 218 — 10, L, 124, 125, 126, 227, 231 — 12, 84.

ÉPHÉSIENS

I, 3-11, XL — 15-17, 80, 226, 231 — 16, 193 — 16-18, 161 — 17, 74.
II, 2, XXXVIII — 12, 219.
III, 1, 114 — 2, 114 — 3-6, 178 — 9, 63 — 13, 156 — 14 seqq., 10 — 14-16, 80, 226 — 14-18, 206 — 15-17, 226 — 16, 81, 231 — 16-17, 161 — 18, 63, 159.
IV, 1-4, 206 — 11-13, 124, 127 — 13,

125 — 17, 51 — 18, 2 — 21, 116 — 22, 148.
V, 3-4, 18 — 5. 2 — 6, 35 — 12, 152 — 33, 36 — 27, 85.
VI, 3, 81 — 7, 189 — 10, XLI — 11, 165, 229 — 20, 159 — 21, 18.

PHILIPPIENS

I, 7, 152, 165 — 9, 74 — 12, 151, 156 — 13, 89 — 14, 159 — 17, 52 — 21, 163, 164 — 22, 63, 163 — 24, 163 — 27, 70 — 29, 163.
II, 3, 195 — 6. 164 — 9-11, 81 — 10-11, 81 — 11, 50 — 12, 87 — 13, 164 — 17, 117 — 23, 124, 126 (bis) — 28, 194.
III, 1, 152 (bis) — 3, 218 — 4, 117, 189 — 7, 137 — 7-8, 54, 196 — 8, 52 — 8-10, 169 — 9, 219 — 12, 62 (ter), 65, 226 — 13, 52, 148 — 15, 117 — 18-19, 184, 202 — 21, 9, 170.
IV, 1, 87 — 10, 164 — 11, 148 — 14, 194.

COLOSSIENS

I, 9, 175 (bis), 193 — 9-11, 206 — 10, 161.
II, 1, 64 — 5, 117, 209 (bis) — 8, 83, 183, 184, 186 — 19. 218.
III, 6, 136 — 15-17, 207 — 16, 13 — 18, 18 — 23, 189.
IV, 2-4, 161 — 3, 187 — 6, 161 — 16, 83, 85, 175 — 17, 48, 85 — 28, XXVII.

1 THESSALONICIENS

I, 9, 60.
II, 4, 159, 189 — 7, 127, 290 — 9, 165 — 16, 156.
III, 2-3, 93, 164. 229 — 5, 62, 65, 66, 84, 226 — 6, 70 — 8, 104, 127, 226, 230 — 10, 165, 229.
IV, 1, 68 — 3-6, 164 — 9, 228 — 11, 159 — 14, 190 — 18, 87.
V, 1, 228, 231 — 4, 74 (ter) — 9-10, 45, 110, 115, 226 — 10, 116 — 23, 38 — 24, 91 — 27, 157 (bis).

2 THESSALONICIENS

I, 11-12, 86.
II, 1, 229 — 2, 19, 189 — 3, 35 — 4, 50, 183 — 11, 165.

III, 3, 134, 135, 229 — 6, 51 — 7, 68, 149 — 7-8, 100 — 8, 165 — 10, 50 (bis), 214 — 11, 195 — 13, 193 — 14, 214 — 17, XXVII.

1 TIMOTHÉE

I, 7, 68 — 13, 185 — 18, L — 20, 159.
II, 1, 93, 229.
III, 5, 214 — 7, 149 — 14, 130 (bis) — 15, 149.
IV, 13, 121, 130, 227 — 14, 129.
V, 4, 159 — 8, 214 — 13, 193 — 14, 156 — 21, 175.
VI, 1, 197 — 5, 52 — 13, 51.

2 TIMOTHÉE

I, 6, 157 — 8, 37.
II, 5, 110, 111, 116 — 24, 37 — 24-26, 66, 82, 226.
IV, 3, 125 — 11, 190 — 14-15, 133 — 16, 38.

TITE

I, 11, 137, 215, LIII — 16, 148.
II, 1-4, 84 — 1-10, 145 — 10, 155 — 12, 175.
III, 8, 101, 156, 158 — 13, L — 15, 40.

PHILÉMON

9, 141 — 13, 19, 156 — 20, 39.

HÉBREUX

I, 4, 141.
II, 6, 199 (bis) — 8, 173, 196 — 10, 150, 154 — 11, 101, 158 — 15, 163, 172.
III, 5, 184 — 7, 127 — 8, 35 — 11, 87, 114 — 12, 83, 173 — 12-13, 122 — 13, 121, 227 — 14, 116 — 18, 119, 154 — 20, 119.
IV, 1, 79, 83, 160 — 2, 218 — 3, 87, 114, 117 — 6, 151, 229 — 8, 107 — 15, 219.
V, 4, 141 — 5, 50, 158 — 8, 117, 189 — 12, 168, 228.
VI, 1, 219 — 3, 116 — 4, 152 — 9, 117 — 10, 160 — 11, 157 — 14, 114, 209 — 18, 152, 159.

HÉBREUX, S. JACQUES, S. PIERRE, S. JEAN, S. JUDE, APOCALYPSE.

VII, 4, 63 — 5, 117, 160, 189 — 9, 162 — 11, 106, 116, 178, 216, 228 — 14, 51, 153 — 14-17, 216 — 23, 165 — 24, 165 — 26, 134.
VIII, 3, 63, 64, 134, 152 — 4, 106 — 7, 106 — 9, 210 — 11, 2 — 13, 173.
IX, 5, 151 — 8, 54, 178 — 17, 100, 214 — 19, 190 — 23, 152 — 27, 151 (bis), 229.
X, 2, 165, 193 — 4, 152 — 7, 167 — 8-9, 187 — 15, 165 — 22, LXI — 25, 141, 152 — 26, 165 — 31, 163 — 34, 54, 148.
XI, 1, 218 — 3, 52, 216 — 4, 155 — 5, 167 — 6, 152 — 8, 92, 158 — 12, 189 — 14, 50, 108 — 15, 108, 160 — 18, 50 (bis) — 19, 52 — 24, 157, 217 — 28, 18 — 32, 21 — 35, 218.
XII, 6, 136, 137 — 15, 79 — 17, 117, 189 — 19, 157, 217 — 25, 214 — 27, 188.
XIII, 2, 193, 209 — 6, 88 — 9, 152 — 18, 185, 188, 189 (bis) — 23, 195 — 53, 196.

JACQUES

I, 7, 52 — 18, 165 — 24, 60, 63, 69 — 27, 164.
II, 10, 4, 139 (bis), 227 — 11, 214 — 14, 148 — 15, 191 — 24, 52, 53.
III, 2, 214 — 3, 165 — 5, 25 — 10, 152 — 13, 9.
IV, 2, 165 — 14, 172.
V, 11, 70 — 15, 110 — 17, 167 (bis), 172.

1 PIERRE

I, 8, 218, 219 — 11, 63, 69 — 12, 50, 57 — 21, 88, 91.
II, 2, 189 — 3, 116 — 5, 188 — 10, 218 — 11, 136, 150 (bis), 159 — 11-12, 206 — 13-III, 9, 207 — 15, 150, 160, 176, 178 — 20, 111.
III, 1, 81 — 3, 133 — 7, 165 — 10, 167, 171, 172 — 13, 184, 186 — 13-14, 112 — 14, 114, 118, 227 — 17, 112 — 19, 121 — 19-22, 140.
IV, 2, 165 — 3, 160 — 11, 189 — 12, 188, 199 — 13, 141 — 17, 168, 179, 170, 172, 228 — 19, 87.
V, 9, 54 — 12, 51, 290.

2 PIERRE

I, 9, 137, 215 — 10, 159 — 12, 117, 118, 189 — 15, 156 — 19, 194.
II, 4, 214 — 10, 193 — 21, 18, 150.
III, 1, 134 — 1-2, 161 — 1-3, 206 — 9, 156 — 10, L — 11, 149 — 17, 83, 175.

1 JEAN

I, 1-4, 10 — 5, 51, 176 — 9, 74, 76, 91, 134, 135, 229.
II, 3, 109, 115 — 6, 148 (bis) — 9, 148 — 19, 85, 106, 193 — 22, 50, 58, 213 — 27, 228, 231 — 28, 127.
III, 1, 91 — 2, 63, 127 — 11, 175, 176 — 12, 100 — 13, 105 — 16, 70 — 17, 32, 196 — 19, 197 — 19-20, 100 — 20, 50, 52 — 23, 176.
IV, 1, 61 — 2, 196 — 3, 70, 133, 137, 215 — 7, 99 — 17, 176 — 21, 175.
V, 3, 176 — 11, 51, 176 — 14, 176 — 14-15, 104, 226 — 15, 45 — 20, 45, 85, 176, 226.

2 JEAN

5, 188 — 7, 184, 196 — 8, 83 — 9-10, 214 — 12, 154.

3 JEAN

2, 157 — 4, 91, 176, 195 — 6, 194.

JUDE

3, 159, 160 — 4, 183 — 5, 52 — 9, 39 — 10, 215 — 14-15, XXXVI — 17-18, 70.

APOCALYPSE

I, 2, 13 — 4-5, 202 — 4-6, 10 — 4-7, 13 — 10, 188 — 10-11, 10, 205 — 12-16, 203 — 13-14, 13 — 15, 10, 13, 188, 199 (bis) — 16, 10, 13 — 18, 2 — 20, 10.
II, 2, 148 — 3, XXXVII — 4, 52 — 5, 111, 116 — 9, 148 — 10, L — 14, 185 — 17, 202 — 20, L, 52, 140, 202 — 21, 171, 176 — 22, 111, 125

316 APOCALYPSE.

— 24, 215 — 25, 125, 227 — 26, 202.
III, 2, 136, 192 — 3, 63, 65 — 9, 81, 118 — 12, 202 (*bis*) — 15, 19 — 16, 100, 158 — 18, 158 — 21, 202.
IV, 1, 188, 205 — 1-5, 203 — 8, 205 — 9, 125, 227.
V, 5, 92, 93, 159, 160, 194 — 6, 203.
VI, 1, 122 — 2, 76 — 3, 122 — 4, 77, 81, 177 — 5, 122 — 7, 122 — 8, XXXVIII — 9, 122 — 11, 43, 124, 128, 130, 175 — 12, 122.
VII, 1, 171 — 3, 124, 128, 227 — 4, 203 — 9, 203 — 13, 25.
VIII, 1, 122, 227 — 3, 81, 226 — 6, 175.
IX, 4, 81, 175 — 5, 81, 175, 230 — 13-14, 202 — 20, 81.
X, 1-2, 203 — 4, 205 — 6, 51 — 7, 124 — 8, 205 — 9, 158.
XI, 1, 204, 205 — 3, 9 — 5, 110, 111, 190 — 6, 124 — 18, 177, 228.
XII, 1-2, 203 — 5, 134 — 6, 84 — 7, 168, 172 — 9, 182.

XIII, 1-3, 203 — 10, 111 — 12, 81, 85, 230 — 13, 73, 90, 230 — 16, 85 — 17, 175.
XIV, 3, 202 — 4, 4, 137, 227 — 6, 203, 205 — 12, 202 — 13, 36, 42, 81 — 14, 185, 203 (*bis*).
XV, 4, 288 — 8, 124.
XVI, 9, 92, 158, 160, 230 — 18, 121 — 18-19, 90.
XVII, 3, 203 — 8, 70 — 16, 127 — 17, 125, 127 (*bis*), 227.
XVIII, 3, L — 7, 56, 141 — 9, 124 — 13, XX.
XIX, 7, 289 — 8, 175 — 10, 83 — 11-12, 203 — 15, 135.
XX, 2, 202 — 3, 124, 125, 127 — 5, 124, 125, 127 — 7, L — 15, 104, 214, 226.
XXI, 10-12, 203 — 16, 142 — 21, XXXVIII — 23, 48, 85.
XXII, 8, 159 — 8-9, 37 — 9, 83, 86 — 14, 81 — 15, 183.

RENNES, IMPRIMERIE FR. SIMON, SUCC' DE A. LE ROY
Imprimeur breveté.

www.ingramcontent.com/pod-product-compliance
Lightning Source LLC
Chambersburg PA
CBHW060649170426
43199CB00012B/1724